本书由上海文化发展基金会图书出版专项基金资助出版

中国经济运行风险研究报告

Research on the Risk of Chinese Macroeconomic Operation 2012

2012

唐海燕 贾德奎等／著

图书在版编目(CIP)数据

中国经济运行风险研究报告. 2012 / 唐海燕等著.
—上海：立信会计出版社，2012. 9
ISBN 978-7-5429-3660-8

Ⅰ. ①中… Ⅱ. ①唐… Ⅲ. ①中国经济-经济运行-风险评价-研究报告-2012 Ⅳ. ①F123

中国版本图书馆 CIP 数据核字(2012)第 214440 号

责任编辑　赵新民
封面设计　周崇文

中国经济运行风险研究报告 2012

出版发行	立信会计出版社		
地　　址	上海市中山西路 2230 号	邮政编码	200235
电　　话	(021)64411389	传　　真	(021)64411325
网　　址	www.lixinaph.com	电子邮箱	lxaph@sh163.net
网上书店	www.shlx.net	电　　话	(021)64411071
经　　销	各地新华书店		

印　　刷	上海中华印刷有限公司		
开　　本	787 毫米×1092 毫米　1/16		
印　　张	21.75	插　　页	4 页
字　　数	519 千字		
版　　次	2012 年 9 月第 1 版		
印　　次	2012 年 9 月第 1 次		
书　　号	ISBN 978-7-5429-3660-8/F		
定　　价	60.00 元		

中国经济运行风险研究报告课题组

课题组负责人 唐海燕　贾德奎

课题组成员（按姓氏笔画排序）

王双成　王淑贞　王楚明　邓小洋　朱为华

毕玉江　邵　军　张丕强　张会清　张志谦

张利兵　赵迎春　袁　敏　贾德奎　曹惠民

黄　波　程新章　裴　瑱

课题组秘书 卞世博　姚　杰

前　　言

2011 年 9 月,《中国经济运行风险研究报告 2011》顺利出版发行,这是我们连续出版的第五本年度报告,报告对中国经济运行的总体风险状况的持续性跟踪研究,赢得了较好的社会评价。

从 2012 年前两个季度的实际经济运行状况来看,2011 年的研究报告较好地刻画了中国经济运行中的主要风险因素及其特征。而且,报告对于中国经济运行态势的关键分析和判断,也与后来的实际经济发展状况基本吻合。但是,由于报告的出版周期为一年,因此对全球范围内新出现的可能影响中国经济运行的一些风险因素,难以在研究中及时、全面地反映出来。并且,由于报告的研究和写作时间要早于实际经济运行,因此在研究侧重点的安排、视角的选择以及具体风险因素的识别方面,也可能难以完全反映中国实际经济运行中正在显现的各种新情况、新特点。

为较好地解决上述问题,自 2010 年开始,研究院在年度报告的基础上,同时组织研究并按季度出版了《中国经济运行风险指数季报》,通过风险指数季报的发布,一方面尽可能弥补年度报告在时效性上的不足,另一方面也便于重点聚焦于某个正在显现中的风险问题,从而努力使研究更为系统和深入。已经出版的 10 期风险指数季报,较好地跟踪和预测了中国宏观经济运行中的主要风险因素的动态变化,并对经济运行的总体风险状况和宏观调控政策的可能变化进行了前瞻性把握,持续发布的风险指数季报因其更好的时效性和更准确的预测表现,赢得了良好的社会反响。

《中国经济运行风险研究报告 2012》在研究思路和基本框架上,将与上一年的研究基本保持一致。即采用“4＋1＋X”的基本架构,在选取宏观政策调控的四大最终目标作为基本因素(“4＋1＋X”中的“4”)的基础上,再根据当年经济运行中的热点问题或重要领域(“4＋1＋X”中的“X”)及微观经济主体运行状况(“4＋1＋X”中的“1”)确定若干有代表性的扩展特征因素,通过深入研究这些因素引致宏观经济运行风险的传导机制和风险水平,以最终反映中国宏观经济运行的总体风险状况。

经过几年的锻炼和磨合，中国立信风险管理研究院围绕年度报告构建了一支稳定的研究团队，即以校内的教授、博士等学术骨干为主体，并通过风险专题研究项目的形式，充分整合了国内各大高校中有志于风险管理研究的优秀中青年学者，组建了项目团队以开展研究工作。

具体负责研究和报告撰写的人员为：总论，唐海燕、贾德奎；经济增长风险，唐海燕、程新章、毕玉江、张会清、裴瑱和王双成；通货膨胀风险，贾德奎；就业风险，黄波；国际收支失衡风险，张丕强；金融系统风险，王楚明、张利兵；财税风险，赵迎春；能源安全风险，何亚群；微观主体运行风险，邵军、袁敏。

本报告严格遵循风险识别、风险度量和风险管理的基本研究范式，力图全面、准确地回答中国宏观经济运行的风险来源、风险大小及风险管理对策等关乎国计民生的重大现实问题，并期待能够为中国宏观经济运行风险方面的学术研究注入活力，为经济工作者和决策者提供有益参考。

最后需要指出的是，尽管本报告努力以数据为基础、以事实为依据，但部分风险主题的研究却不可避免地存在着主观推理和判断的成分，这有可能会在一定程度上影响到本报告研究结果的准确性。除此之外，本研究报告也许还存在着诸多我们尚未意识到的问题或缺陷，希望各位同仁能不吝指正，以便于我们在今后的研究中继续探索、完善和解决。

唐海燕

2012年9月于立信园

目　　录

Contents

第一章　总　　论

一、绪论

经济运行风险，主要指实际经济运行相比较其正常(或均衡)状态而产生显著偏离的可能性。在实践中，宏观经济各个目标的实现程度通常被用于衡量经济运行的实际状况。因此，经济运行风险的大小程度，也主要表现为反映经济运行质量的各关键经济变量对其正常值的偏离程度。

2012 年以来，中国国内消费需求增长保持稳定，固定资产投资增长较快，城乡居民的收入稳定增加，但发达国家或地区的经济复苏仍不容乐观，各经济体都在注重发展实体经济，关注国内就业，但是仍然缺少明确的经济增长点；与此同时，各经济体在关注内需时可能会引发新的更加激烈的贸易摩擦，这将导致支撑中国经济增长的外需因素的不确定性加大，而内需是否能够成为中国经济平稳增长的有力支撑也仍不确定。另外，中国经济的结构调整与转型升级给就业和财政收支带来较大压力，这使得中国经济运行的整体风险将继续增加。

在宏观调控政策方面，预计 2012 年及其之后的财政政策都可能由积极转向稳健，并且，财政政策将围绕“十二五”期间加快经济发展方式转变和改善民生来进行结构性优化。未来一段时期内，结构性减税、中小企业税收减免、高科技新兴企业的补贴、税收的结构性转变等将成为财政政策的重要着力点。除此之外，财政政策还将改进和完善对战略性新兴产业、节能环保产业、现代服务业、科技自主创新以及农田水利建设等的财政支持。

在货币政策方面，预计中国的货币政策将在 2012 年持续出现微调，即在确定通货膨胀上涨态势得到有效控制的情况下，2012 年之后的时间内，法定存款准备金率继续降低的可能性仍然很大；而在利率调整方面，考虑到国际经济环境的复杂性，欧美等经济体仍将在较长时期内保持低利率政策，如果中国加息将会导致境外热钱的进一步流入，并对实体经济产生较大的负面影响，因此，货币当局在利率调整方面仍将会保持谨慎。

当前中国经济面临的有利因素有：中国国内消费需求保持稳定，投资增速仍在较高水平，对外贸易保持稳定增长，货币信贷保持较快增长，农业生产形势较好，工业生产平稳增长。但同时不容忽视的是，当前中国经济发展的内外环境仍极为复杂，经济增长难以继续前期的高速增长，持续扩大居民消费、改善收入分配、促进经济结构优化的任务艰巨，财政金融领域的潜在风险也不容忽视；与此同时，世界经济运行中不确定因素依然较多，全球金融危机的影响尚没有完全消除，欧洲主权债务问题仍有继续恶化的趋势，世界局部地区政治动荡加剧，全球经济新的增长点尚不明朗。

在对中国经济运行风险进行研究时，本报告将严格遵循风险相关问题的规范研究思路而展开，即首先识别中国经济运行风险的主要引致因素，并探讨这些因素引致风险的传导机制；其次在对中国经济运行中的风险状况进行定性描述的基础上，通过设计风险衡量指数，尝试对中国经济运行中所面临的风险大小程度进行量化，以提供反映中国经济未来所面临风险大小的数量结果；最后基于前述风险因素识别及影响机制分析，提出相应的管理中国经济运行风险的政策建议。

本研究的主要内容有中国经济运行中的风险引致因素识别，中国经济运行风险的量化研究以及管理风险的对策建议等。在对经济运行风险的基本概念进行界定后，主要的后续研究内容具体安排如下：

第一部分，通过对 2012 年以来中国的居民消费、固定资产投资、就业状况、各类价格指数、国际收支、货币信贷增长、政府财政收入支出和居民未来预期等方面的变化进行分析，以对中国当前经济运行现状进行描述，并识别和归纳影响经济运行的主要风险因素。

第二部分，筛选衡量经济运行风险的经济指标，并计算不同指标引致经济运行风险的相对权重，以构建经济运行风险的衡量指数。

第三部分，利用所构建的经济运行风险指数，对 2012 年和 2013 年的中国经济运行风险进行预测，并在此基础上对量化结果进行分析。

第四部分，根据前述风险引致因素识别的结果及利用经济运行风险指数所得到的量化结果，提出管理中国经济运行风险的政策建议。

二、中国经济运行中的风险因素及特征表现

（一）经济增长速度出现下滑趋势

2012 年以来，中国经济运行总体上趋于稳定，消费、投资和进出口都呈现了稳定增长的态势，但同时从统计数据上也可以看出，在总体保持稳定的情况下，中国经济的运行环境仍然复杂多变，面临的不确定性也依然较大。如图 1－1 所示，自 2011 年第四季度以来，中国国内发电量增长速度开始放缓；与此相适应的是，如图 1－1 和图 1－2 所示，2012 年第一季度以来，中国工业增加值同比增长率和 GDP 增长率数据出现了较明显的回落趋势。

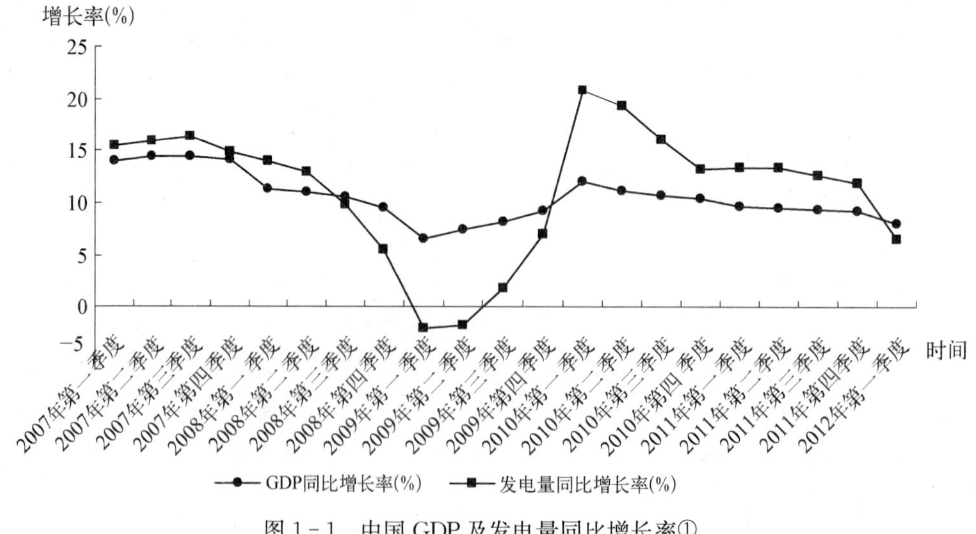

图 1－1　中国 GDP 及发电量同比增长率①

① 数据来源：Wind 数据库，下同。

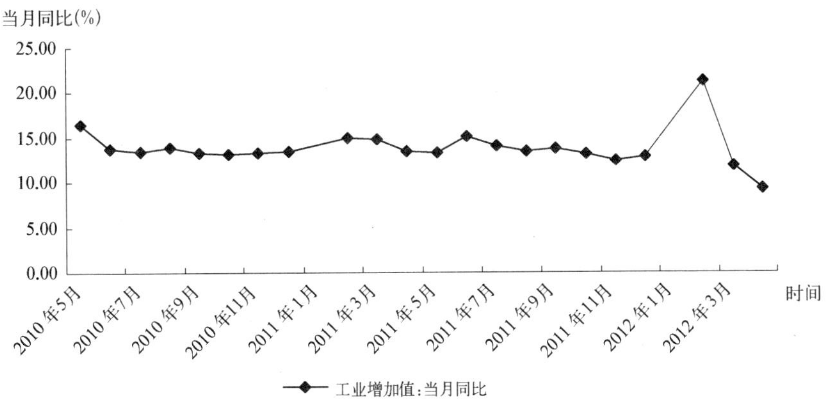

图 1-2 中国工业增加值同比增长率

2012年以来,中国国内消费增长总体良好,稳中略降。如图 1-3 所示,2012 年第一季度社会消费品零售总额同比增长 14.8%,比 2011 年同期低 1.5 个百分点。从城乡来看:城镇消费品零售额 42 688 亿元,同比增长 14.9%;乡村消费品零售额 6 631 亿元,同比增长 14.6%。

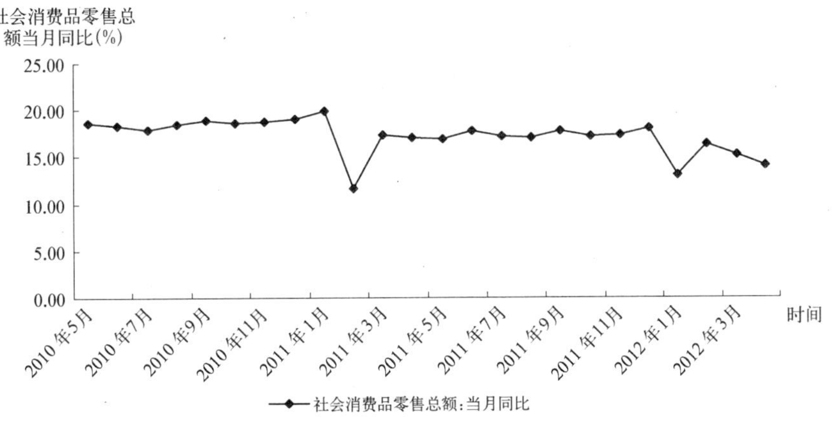

图 1-3 中国社会消费品零售总额增长状况

2012年以来,中国国内固定资产投资增速高位趋缓。如图 1-4 所示,2012 年第一季度固定资产投资完成 47 865 亿元,同比增长 20.9%,比 2011 年同期低 4.1 个百分点,实际增长

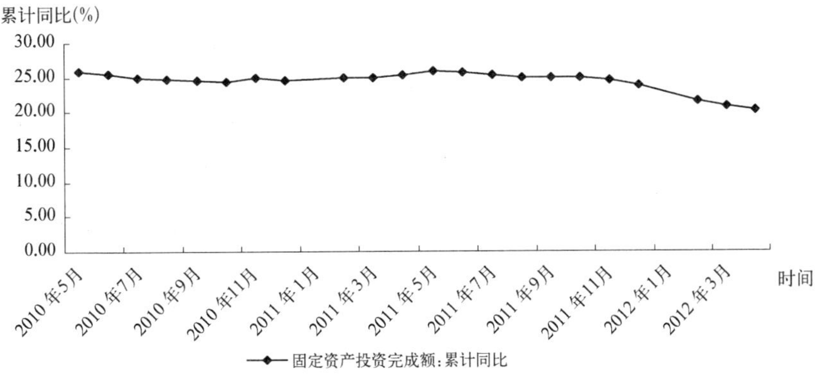

图 1-4 中国国内固定资产投资完成额增长状况

18.2%。从地区看，中部和西部投资增速明显快于东部，东、中、西部地区固定资产投资同比分别增长18.9%、27.1%和26.9%。

（二）劳动力供需的结构性矛盾仍然突出

如图1-5所示，中国国内就业状况总体良好，城镇失业人数稳中有降。根据中国人力资源市场信息中心2012年第一季度对全国91个城市公共就业机构市场供求情况进行的信息统计，商业和服务业人员、生产运输设备操作工这两类职业的用人倍率（岗位数与求职人数之比）分别为1.22和1.14，就业形势总体良好。但细分到劳动力市场供给与需求的学历、职业资格等级和职称等级来看，对高学历人员、不具有职业资格和技术职称人员的需求相对不足，而学历不高、但拥有较高等级的职业资格和技术职称的人员，则出现了供不应求的用工局面，由此可以看出，中国国内的就业形势仍存在较为突出的结构性供需矛盾，同时这也意味着就业市场上的人才消费更趋于理性。

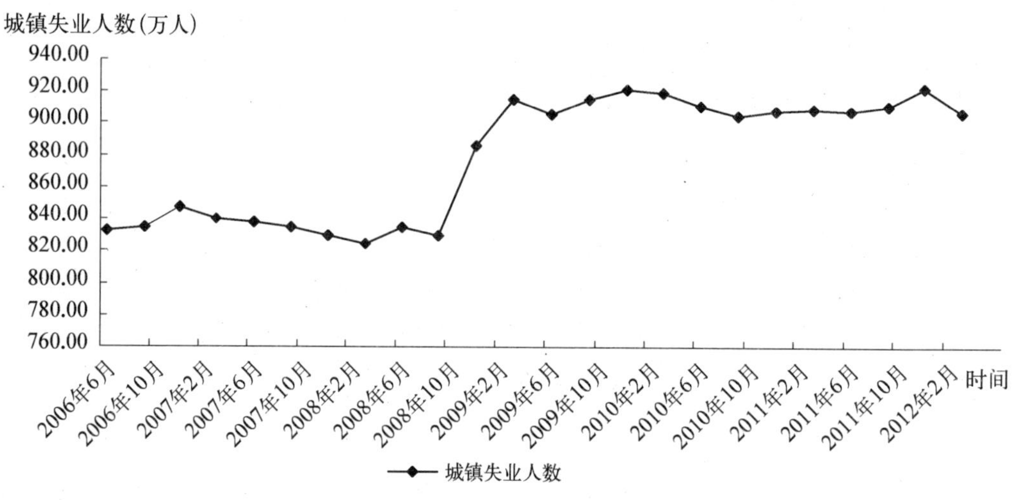

图1-5　中国城镇失业人数变化

（三）通货膨胀压力尚未缓解

2012年第一季度以来，中国国内的物价水平总体上呈现平稳回落走势。如图1-6所示，其中，2012年第一季度CPI同比上涨3.8%，较2011年第四季度下降0.8个百分点；2012年1～3月份CPI同比涨幅分别为4.5%、3.2%和3.6%，剔除基数影响，新涨价因素基本保持稳定；工业生产价格涨幅显著下降，2012年第一季度，工业生产出厂价格同比上涨0.1%，比2011年第四季度下降3个百分点；2012年1～3月份同比涨幅分别为0.7%、0和－0.3%，呈逐月回落走势。但不容忽视的是，在一段时间的整体回落之后，中国居民消费价格指数在2012年3月份之后出现了反弹；而且截至2012年5月初，中国食品价格上涨仍在继续，汽柴油零售价格均创出历史新高。不仅如此，国内各地也纷纷酝酿调整水价和电价，居民通货膨胀预期开始出现反复，这些都有可能导致新的通货膨胀压力产生。

考虑到中国经济运行的实际状况，2012年及未来较长一段时间内，货币供应增长过快仍将有可能是中国通货膨胀风险的主要引致因素；除此之外，固定资产投资增速较高、通货膨胀预期的可能性上升、国际通货膨胀的输入以及人民币升值预期下的热钱流入等因素，也仍将有可能成为通货膨胀压力上升的重要原因。

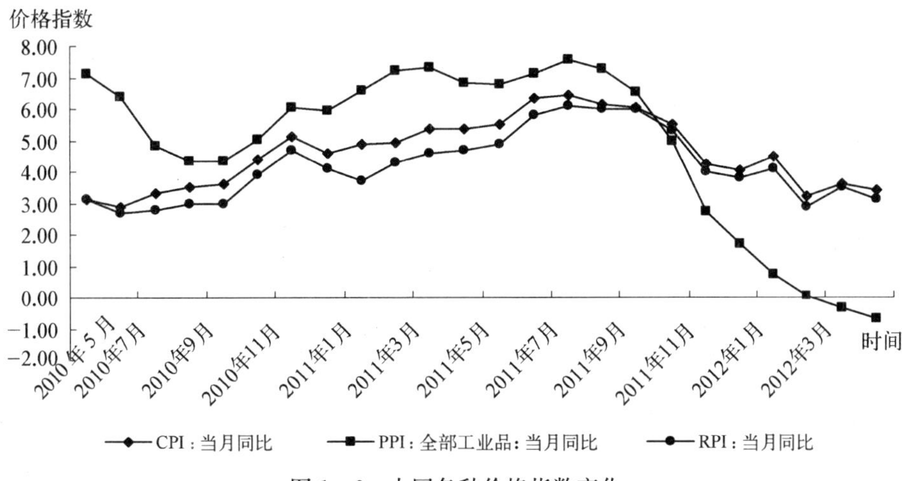

图 1－6　中国各种价格指数变化

(四) 国际收支波动幅度增大

2012 年以来，如图 1－7 所示，中国外贸进出口继续保持增长，但同比增速明显回落。2012 年第一季度，累计出口 4 300 亿美元，同比增长 7.6%；累计进口 4 294 亿美元，同比增长 6.9%；进出口总额同比增长 7.3%。虽然中国与欧美主要国家的进出口贸易增长速度回落明显，但与俄罗斯和巴西等新兴市场经济体的进出口贸易保持了快速增长，2012 年前 4 个月，中国进出口贸易总额为 11 671.8 亿美元，比 2011 年同期增长 6.0%。

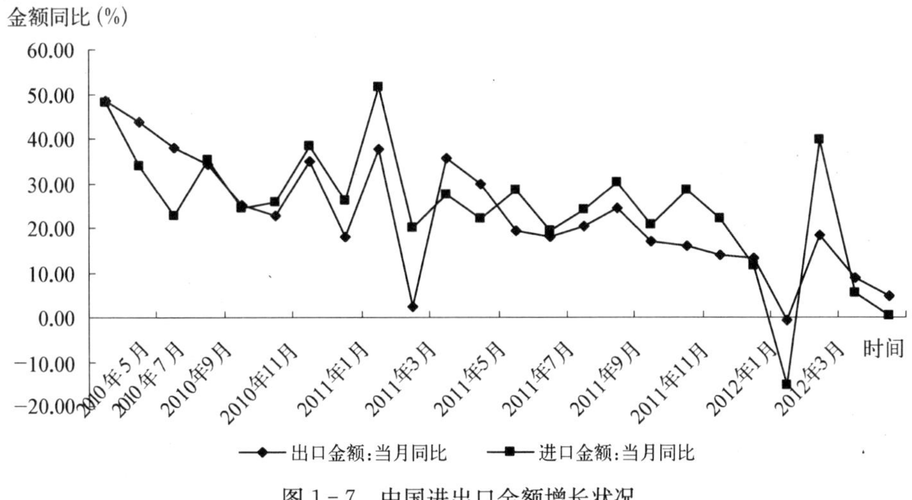

图 1－7　中国进出口金额增长状况

2011 年以来，中国长期保持的国际收支方面的“双顺差”趋势一度得以改变，2012 年 2 月甚至出现了 316 亿美元的贸易逆差，这在某种程度上改善了中国的国际收支状况。截至 2012 年 4 月底，中国累计贸易顺差为 193 亿美元，总体来看，中国的国际收支仍以顺差为主，但顺差规模有下降的趋势(见图 1－8)。

综观中国经济运行的外部环境，可以发现，2012 年以来，全球多个国家或地区政治持续动荡，自然灾害频繁冲击经济，从而导致中国宏观经济环境仍不稳定；国际金融市场存在较多不确定性，欧洲多个国家的主权债务危机仍有进一步恶化的趋势，全球经济下行风险依然存在。并

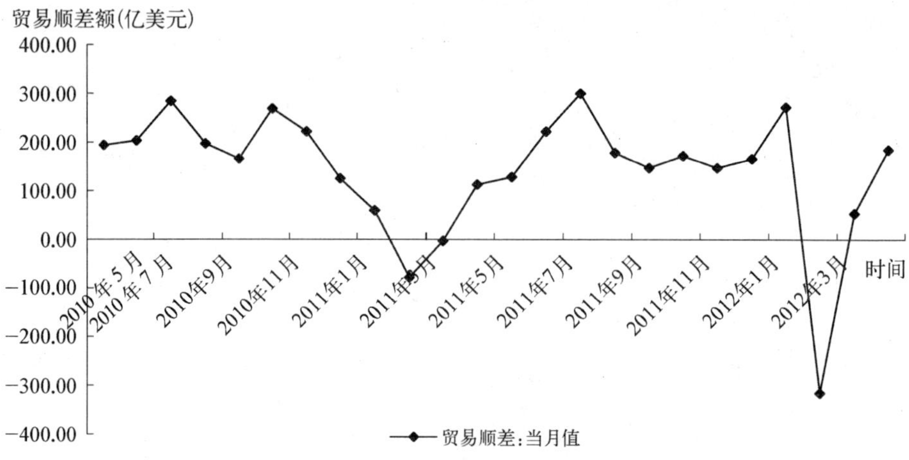

图1-8 中国对外贸易顺差变化状况

且,发达经济体的经济复苏缓慢,新兴市场经济体的可持续增长也面临挑战。除此之外,中国汇率制度改革后的人民币升值趋势仍然会持续一段时间,经济结构转型正处于关键时期,这都将对出口产生持续的负面影响,多种因素交织将可能导致中国的国际收支状况出现较大的波动。

（五）货币信贷保持较快增长

2012年以来,在通货膨胀上涨得到有效控制的情况下,面对实体经济出现的下滑趋势,中国货币当局开始连续下调法定存款准备金率,金融机构的信贷增长也保持了较高水平。如图1-9所示,虽然与前期的高增长率相比较,中国的货币信贷增长率略有下降,但总体增速仍然较高。

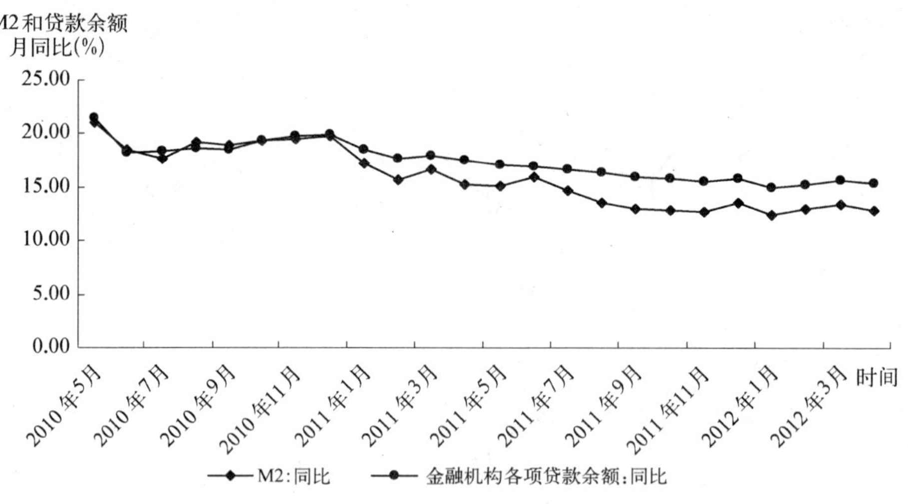

图1-9 中国货币信贷变化状况

在货币供应及信贷数据方面,2012年3月末,中国广义货币供应量(M2)余额为89.6万亿元,同比增长13.4%,增速比上年年末略低0.2个百分点。狭义货币供应量(M1)余额为27.8万亿元,同比增长4.4%,增速比上年年末低3.5个百分点。流通中货币(M0)余额为5.0万亿元,同比增长10.6%,增速比上年年末低3.2个百分点。2012年3月末,中国全部金融机构本外币贷款余额为60.8万亿元,同比增长15.5%,增速比上年年末略低0.2个百分点,人民币贷款余额为57.2万亿元,同比增长15.7%,增速比上年年末略低0.1个百分点。

从数据上来看，相比较 2009 年和 2010 年，自 2011 年以来，中国的货币供应及信贷增长逐步回归了常态，但同时仍需要注意的是，虽然目前的信贷结构得以改善，短期贷款相对增加较多，但中长期贷款增长仍处高位，信贷扩张势头仍然较强。一方面，金融危机以来的经济刺激计划，在建项目的资金需求量巨大，导致中长期贷款投放有刚性需求，项目贷款需求旺盛无疑会加大金融机构的流动性风险；另一方面，地方政府融资平台可能引发的潜在问题和风险仍然不容忽视。不仅如此，在政府对房地产市场的严厉调控措施下，目前多地的房价下降明显，如果出现房地产价格的大幅波动，无疑会导致商业银行的不良贷款上升，从而引发金融风险。

（六）财政收支增速回落较快

2012 年以来，中国财政收支的增长速度出现了较明显的回落。2012 年第一季度，中国财政收入（不含债务收入）29 976 亿元，同比增长 14.7%，比 2011 年同期低 18.4 个百分点；财政支出 24 118 亿元，同比增长 33.6%，比 2011 年同期高 7.6 个百分点。并且，如图 1－10 所示，2012 年 4 月份，中国财政预算收入和支出分别同比增长了 6.9%和 8%，增长速度明显放慢。

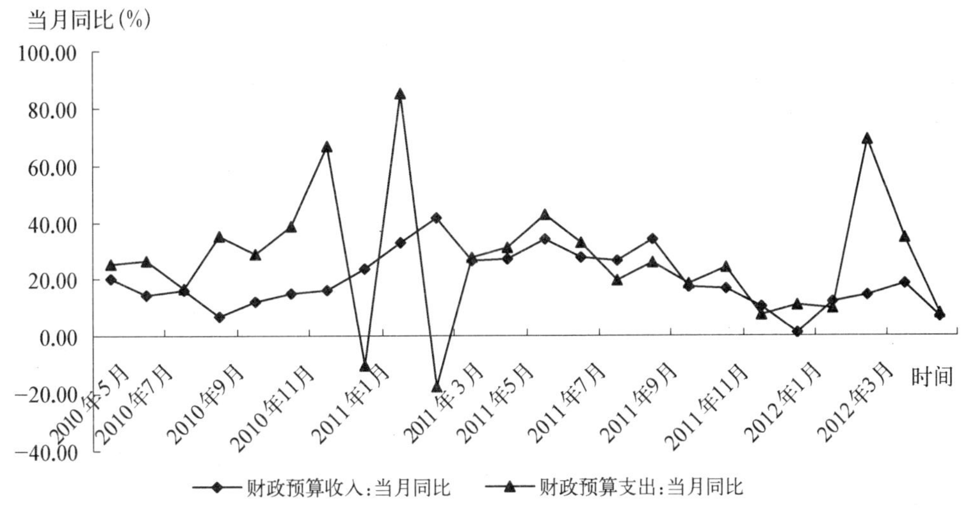

图 1－10 中国财政收支变化状况

2012 年以来，中国经济增长速度的放缓，国内物价水平的回落，以及政府采取的结构性减税政策等，都是促使税收收入和财政收入增速大幅回落的主要原因。与财政收入增速明显回落相比较，财政支出增速虽有回落，但对基础设施投资的支持力度仍在加强，并且受社会保障体系完善、教育投入和公共服务支出增加等影响，财政支出总体上仍存在刚性增长的需要，从 2012 年 4 月份公布的数据来看，财政在交通运输、住房保障、医疗卫生和环境保护等领域的支出增速仍维持在较高水平。从财政收入走势看，随着房地产市场调控效果的进一步显现，以及政府正在制定的减税政策逐步开始实施等，预计中国未来的财政收入增幅还会有所回落。

（七）居民未来预期不甚乐观

2012 年以来，中国居民的收入感受、各种未来预期以及消费意愿等均表现得不能让人乐观。如图 1－11 所示，中国居民的收入感受指数及未来的收入信心指数均处于较低水平。不仅如此，如图 1－12 所示，中国居民对当前物价的满意指数下降到了相当低的水平，高企的物价已经影响到了绝大多数家庭的消费支出决策。在房地产调控政策的影响下，各地的商品房价格开始下降，居民的观望气氛越来越浓，如图 1 - 13 所示，中国居民的住房购买意愿处于历史上的低水平，并且仍有进一步持续下滑的趋势。并且从图 1 - 13 也可以看出，居民的消费意愿也处于较低水平。

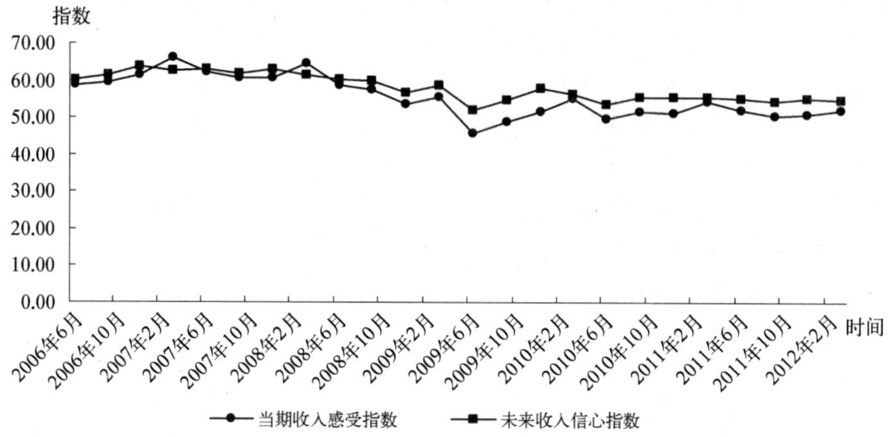

图 1 - 11 中国居民收入感受和收入信心指数变化状况

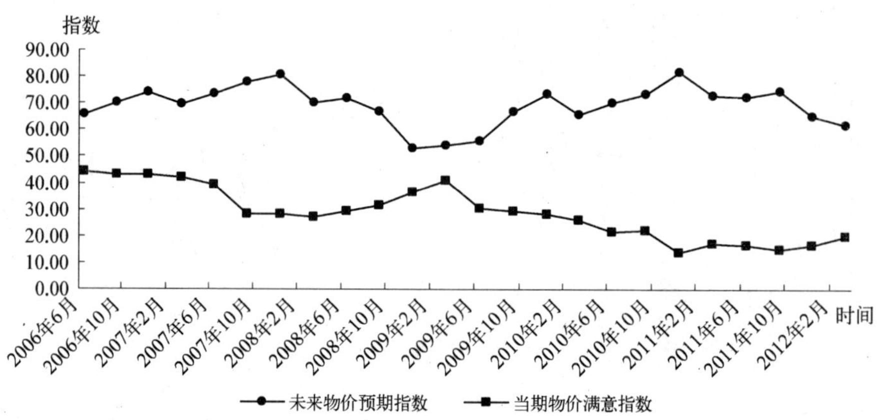

图 1 - 12 中国居民物价预期和物价满意指数变化状况

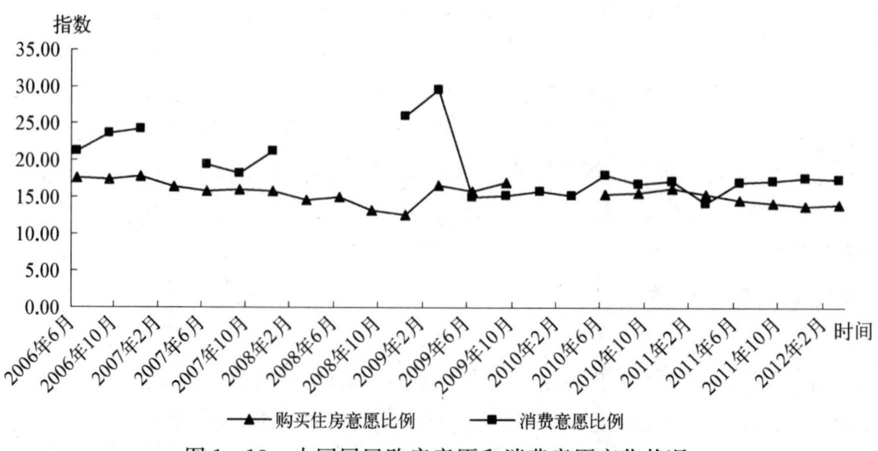

图 1 - 13 中国居民购房意愿和消费意愿变化状况

总体来看，居民对未来收入增长的信心不足，并且对物价水平的反弹仍心存疑虑，再加上房地产价格下降通道中的持币观望气氛浓厚，在此影响之下，中国居民的购房意愿和消费意愿均不同程度地出现了下降，这种趋势在中长期内的延续，将极有可能会影响到宏观经济的稳定运行。

从上面的分析可以看出：中国经济运行虽然总体良好，但不容忽视的是，日趋复杂的外围环境和日益上升的各种不确定性，仍然是影响中国经济长期持续稳定运行的潜在风险；并且在房地产综合调控下市场交易萎靡也对经济产生了较大的负面影响；再加上中国淘汰落后产能、转变经济发展方式的政策导向等因素的影响，2012 年及之后的中国经济运行仍将面临较大的不确定性。

三、中国经济运行风险指数构建

本报告尝试在 2011 年中国宏观经济运行风险研究报告的基础上，继续通过构建中国经济运行风险指数(Risk Index of Economic Operation, RIEO)，以对中国经济的总体运行态势进行前瞻性把握。经济运行风险指数的编制过程如下：首先，筛选一组能够较好地反映经济运行态势的代表性指标，以构建风险测度模型；其次，利用上述模型考察宏观经济在一定时间范围内的变动趋势，得到风险测度结果；再次，对测度结果及相应的风险区间进行标准化处理；最后，得到风险指数值，以反映宏观经济在未来一段时间内的可能运行状况。

(一) 指标选取

由于本报告所涉及的风险测度实际上是一种对经济运行态势的综合评价，因此所建立的风险测度指标体系要遵循相关性、全面性、可测性、稳定性、重要性和独立性等原则。经济运行风险指数的构建是否具有科学性，以及在实际应用中能否有较好的风险指示和预警功能，其首要的决定因素就是合适的指标选择。然而，指标体系的全面性不可避免地会影响指标的相互独立，造成指标之间的信息重叠。指标的个数多，指标之间信息重叠的程度就可能高；反之，指标个数少，虽然可以提高指标的独立性，但会影响指标的全面性。因此，需要在指标体系的全面性和独立性之间求得一种平衡，这也是本研究选择风险测度指标的基本原则。

对于经济运行风险测度指标选取而言，上述原则中的相关性是指所选取的指标，其变动状况在很大程度上能够直接反映出宏观经济在未来一段时间内的变化趋势；全面性是指测度指标的选取尽可能做到不遗漏各种能够影响或反映宏观经济运行态势的因素；可测性是指所选的指标必须是可以量化的，并且相对应的数据是现行统计核算体系中可以获取的；稳定性是指对所选取的指标变化幅度进行不同状态划分后，划分的标准能够保持相对的稳定；重要性是指选择尽量少的关键指标来反映经济运行的风险状况，而不刻意追求指标选取的全面性和系统性；独立性是指所选取的各指标之间尽可能没有显著的相关关系或因果关系。

在实际经济发展过程中，对经济运行状况的评价，很大程度上反映为宏观政策调控目标的实现程度。而根据宏观经济学的一般原理，宏观政策调控的主要目标是经济增长、物价稳定、充分就业和国际收支平衡。除此之外，现实的政策实践中，一国内部的财政收支平衡、金融系统的稳定以及经济主体的未来预期也常常是政策当局所重点关注的目标。因此，在具体构建经济运行风险指数时，用于反映经济运行状况的指标应当涵盖以上几个方面的内容。

根据上述经济运行风险状况的评价目标，初步选择的指标如表 1-1 所示。

表 1-1

构建经济运行风险指数的指标初选结果

经 济 增 长	物 价 稳 定	充 分 就 业
固定资产投资增长率(*X*1) 消费品零售增长率(*X*2) 出口增长率(*X*3)	居民消费价格指数(*X*4) 工业品出厂价格指数(*X*5)	城镇登记失业率(*X*6) 城镇单位就业增长率(*X*7)
国 际 收 支 平 衡	**财 政 收 支**	**金 融 稳 定**
进出口商品差额(*X*8) 外汇储备/GDP(*X*9)	各项税收完成比率(*X*10) 财政赤字/GDP(*X*11)	金融机构各项贷款增长率(*X*12) 货币供应量 *M*2 增长率(*X*13) 股票市值/GDP(*X*14)
经济主体预期	企业家信心指数(*X*15) 居民消费意愿指数(*X*16)	

与 2011 年研究报告所不同的是，2012 年的研究报告增加了反映经济主体预期的指标，这样能够更为全面地刻画宏观经济运行的潜在风险状况。与 2011 年的研究报告相同的是，在反映就业状况的指标初步选择上，2012 年的研究报告继续拟用城镇登记失业率①和城镇单位就业增长率指标来反映就业状况。

接下来进行指标筛选，分析所用数据来源均为 Wind 宏观经济数据库，时间范围为 2001 年 1 月至 2012 年 3 月。即首先对上述 16 个指标进行相关分析，从相关系数较大的指标中选取相对更重要的指标；接下来进行 Granger 因果关系检验分析以进一步精简指标②，选择作为 Granger 成因的指标，如果指标间互为 Granger 成因或不存在因果关系，则依据定性分析来选取指标；一些与其他指标相关系数较小的指标则直接作为暂时的评价指标。

对初选指标进行相关分析后，筛选后的指标包括：消费品零售增长率(*X*2)、出口增长率(*X*3)、居民消费价格指数(*X*4)、城镇单位就业增长率(*X*7)、外汇储备/GDP(*X*9)、各项税收完成比率(*X*10)、财政赤字/GDP(*X*11)、金融机构各项贷款增长率(*X*12)、股票市值/GDP(*X*14)和企业家信心指数(*X*15)。

对上述指标进行 Granger 因果关系检验分析，并选择有显著 Granger 因果关系的成因指标，最后筛选出的 9 个指标包括：消费品零售增长率(*X*2)、出口增长率(*X*3)、居民消费价格指数(*X*4)、城镇单位就业增长率(*X*7)、外汇储备/GDP(*X*9)、财政赤字/GDP(*X*11)、金融机构各项贷款增长率(*X*12)、股票市值/GDP(*X*14)和企业家信心指数(*X*15)。

消费品零售增长率进入指标体系，其原因在于，在拉动经济增长的三个最主要的因素中，消费支出的变化更能够真实地反映经济主体对未来经济发展趋势的预期，并且消费拉动经济增长的贡献效率要比投资和进出口更大。由于中国目前的经济增长在很大程度上仍依赖于对

---

① 由于中国失业率数据一直具有争议，因此本章在 RIEO 指数的编制时暂时放弃城镇登记失业率指标，而参考城镇单位就业人数、就业增长率等数据以估计失业状况。

② Granger 因果检验分析要求各检验变量是平稳或同阶单整的，通过对上述指标进行 ADF 检验，结果表明上述指标都是 I(1)序列，因此可继续进行因果检验分析。

外贸易的增长，并且外贸企业尤其是出口企业的经营状况会直接影响到劳动力的就业水平，因此出口增长率能够直接反映宏观经济的运行状况。基于此，出口增长率被选为风险指数构建的一个主要指标。固定资产投资增长率从指标体系中被剔除，这在理论上可以作如下解释：中国长期以来为保持经济增长速度的稳定，在消费和进出口受到各种冲击时，政府就会通过促进固定资产投资增长来避免外来冲击造成的经济下滑或恶化。据此可以推知，固定资产投资增长率在某一时期的迅速上升，某种程度上可间接反映出消费增长和进出口增长在此时期有较大波动，所以为避免因素重叠，可将固定资产投资增长率指标剔除。

在反映物价水平的变动状况方面，居民消费价格指数(CPI)被认为是最具有代表性的指标，并且实际的统计分析也证实了这一点。因此，居民消费价格指数将成为构建风险指数的另一个重要指标。

另外，在反映就业状况的指标中，由于城镇登记失业率的可靠性较差，因此需选择其他指标来替代就业率指标。而在劳动力稳定供给的情况下，城镇单位就业增长率如果出现较大的波动，则在很大程度上可以反映出宏观经济中的就业变化。因此，城镇单位就业增长率可选为反映就业状况的指标。

在中国目前的国际经济往来和外汇管制制度下，国际收支状况的变化会直接反映为外汇储备的增长变动。不仅如此，在中国目前的财政收支预算体系下，经济正常运行情况下财政赤字会相对较小并且稳定，如果经济过热(或过冷)，则会表现为财政收入增长速度加快(或降低甚至负增长)，因此财政赤字的变动及大小能够间接反映经济运行的变化状况。基于此，外汇储备/GDP 和财政赤字/GDP 可作为构建风险指数的指标选择。

在现代经济发展中，金融系统的运行状况会对经济运行产生重要影响。在反映金融稳定状况的指标中，金融机构各项贷款的变动，一方面，会在未来一段时间内直接反映为实体经济的变化；另一方面，由于长期以来，中国政策当局会根据经济调控需要来对金融机构的贷款发放施加影响，因此，金融机构各项贷款的变化能够反映出政府对未来经济运行态势的判断。除此之外，由于股票市场一般被认为是经济运行状况的“晴雨表”，并且随着股票交易价格的波动，相应发生变化的股票市值能够较好地反映出市场主体的未来经济预期。基于此，金融机构各项贷款增长率和股票市值/GDP 被选为风险指数构建的另外两个指标。

企业家信心指数反映了经济主体对未来经济运行的预期，这种预期将直接影响到投资增长乃至实体经济的运行状况，因此可用于反映宏观经济运行的风险状况。最后得到的用于经济运行风险指数计算的指标体系如表 1-2 所示。

表 1-2

指标选择结果

对应的经济调控目标	指 标 选 取
经济增长	消费品零售增长率(S_1)
	出口增长率(S_2)
物价稳定	居民消费价格指数(S_3)
充分就业	城镇单位就业增长率(S_4)
国际收支平衡	外汇储备/GDP(S_5)

（续表）

对应的经济调控目标	指 标 选 取
财政收支平衡	财政赤字/GDP(S_6)
金融稳定	金融机构各项贷款增长率(S_7)
	股票市值/GDP(S_8)
经济主体预期	企业家信心指数(S_9)

（二）指标权重确定

由于上面所选取的9个指标对经济运行风险影响的重要性和代表性不尽相同，这需要确定各因素对经济运行风险影响的相对权重。下面采用层次分析法（AHP）进行权重计算①。在具体确定不同指标之间相对重要程度时，主要参考中国政策当局公开的官方表述及货币当局政策实施中对不同政策目标的倾向性。按上述原则无法确定相对重要程度的指标间的关系时，则采用德尔菲法（Delphi Method）来进行确定。最终采用层次分析法算出的各指标权重系数如表1－3所示。

表1－3

经济运行风险指数中各指标的权重系数

构 成 指 标	权 重 系 数
消费品零售增长率(S_1)	0.188 9
出口增长率(S_2)	0.187 5
居民消费价格指数(S_3)	0.217 3
城镇单位就业增长率(S_4)	0.122 4
外汇储备/GDP(S_5)	0.070 2
财政赤字/GDP(S_6)	0.025 6
金融机构各项贷款增长率(S_7)	0.103 3
股票市值/GDP(S_8)	0.046 2
企业家信心指数(S_9)	0.038 6

（三）模型构建及风险区间设定

将各个指标与其权重相乘再求和便可得到经济运行风险的加权评价模型。根据前面的指标确定及权重计算结果，最后得出的评价经济运行状况的风险指数模型为：

$$RIEO = 0.188\,9S_1 + 0.187\,5S_2 + 0.217\,3S_3 + 0.122\,4S_4 + 0.070\,2S_5 + 0.025\,6S_6 + 0.103\,3S_7 + 0.046\,2S_8 + 0.038\,6S_9 \quad (1-1)$$

利用模型（1－1）进行经济运行风险的评价，对模型中每一个指标都将根据其预测值进行评分和划分风险状态，以便对经济运行风险作标准化处理，便于最终进行综合评价。

① 具体计算使用了层次分析法软件 yaahp Version 0.4.1 免费版，在此对软件作者表示感谢。

本报告中单个指标的评分将采用百分制,并拟将风险状况划分为"无风险"(0～20 分)、"风险关注"(20～50 分)、"有风险"(50～70 分)、"较高风险"(70～90 分)和"高风险"(90～100 分)五个级别。各个划分级别界限值的确定主要参照国际上通用的警戒值设置及现有的研究成果,对于目前尚没有可参考界限值的指标,则结合中国实际情况按近期的经济预测目标值的平均数调整而得。为综合衡量经济运行风险,需要对指标进行标准化处理,指标对应的风险状态是由区间表示的,因此可采用映射法将指标原始数据还原成分数值。

由于不同的指标有不同的性质且取得原始数据的方式不一,故映射的原理一样,但在方法上有差异。在评价指标中,基本上分为正取向(指标值越大,对应区间显示的风险越大)、逆取向(指标值越小,对应区间显示的风险越大)和中性(指标数值对应某一区间风险最小,偏离该区间程度越大,风险越大)指标三大类。对于正取向和中性评价指标,在数据处理时,首先找出指标值对应的风险状态区间,根据该风险状态区间的警戒上限和下限的相对位置,按照相同的比例把原始指标值映射到分值上限和下限的对应百分位位置。对于逆取向指标评分使用的原理与前者相同,只是在映射时初始对应区间需要从上限开始对应。对于单个指标的风险临界值的确定,将分两种情况而定:其一,在国际上有可参考警戒值的指标,将参考已有标准,并结合中国实际情况进行适当调整后确定(如居民消费价格指数、外汇储备/GDP、财政赤字/GDP 和股票市值/GDP 等指标);其二,对于没有可参考标准的指标,将根据这些指标在近年来的实际波动与其平均值的离差状况进行确定(如消费品零售增长率、出口增长率、城镇单位就业增长率、金融机构各项贷款增长率和企业家信心指数等)。具体映射及赋值结果如表 1－4 所示。

表 1－4

经济运行风险指数所选指标的风险状态界定

指 标 名 称	无 风 险	风险关注	有 风 险	较高风险	高 风 险
消费品零售增长率(S_1)	13%～18%	10%～13% 18%～22%	5%～10% 22%～25%	0～5% 25%～30%	0 以下 30%以上
出口增长率(S_2)	10%～25%	0～10% 25%～30%	－10%～0 30%～35%	－10%～－20% 35%～40%	－20%以下 40%以上
居民消费价格指数(S_3)	1%～3%	3%～5% 0～－1%	5%～7% －1%～－3%	7%～10% －3%～－5%	10%以上 －5%以下
城镇单位就业增长率(S_4)	2.5%以上	1.5%～2.5%	0.5%～1.5%	－0.5%～0.5%	－0.5%以下
外汇储备/GDP(S_5)	10%～30%	30%～40% 8%～10%	40%～50% 5%～8%	50%～60% 3%～5%	60%以上 3%以下
财政赤字/GDP(S_6)	2%以下	2%～4%	4%～7%	7%～10%	10%以上
金融机构各项贷款增长率(S_7)	13%～15%	10%～13% 15%～18%	8%～10% 18%～23%	5%～8% 23%～28%	5%以下 28%以上
股票市值/GDP(S_8)	20%～30%	15%～20% 30%～50%	10%～15% 50%～70%	5%～10% 70%～100%	5%以下 100%以上
企业家信心指数(S_9)	125 以上	100～125	90～100	70～90	70 以下
指标评分	0～20 分	20～50 分	50～70 分	70～90 分	90～100 分

上述指标体系中，如果某个指标变量 S_i 达到一定程度后，将可能对整体经济运行起到决定性作用，从而引发系统性风险。因此，本报告将以“高风险”状态的中间值为界，构造经济运行风险指数的函数表达式如下：

$$\begin{cases} RIEO = \sum S_i W_i, \text{任何 } S_i < 90 \text{ 时} \\ RIEO = S_i, \text{任何 } S_i \geqslant 90 \text{ 时} \end{cases} \tag{1-2}$$

通过各个指标的预测值及其对应的风险状态评分，并利用函数解析式(1－2)，就可以直接计算出经济运行风险指数值。

四、中国经济运行风险预测

下面将对 2012 年和 2013 年影响中国经济运行风险的各风险因素的可能变动情况进行预测。其中，各指标数据的预测采用了自回归移动平均模型(ARMA)方法，数据来源均为 Wind 宏观经济数据库。在利用实证方法得到预测结果后，又结合定性分析和其他研究机构的相关判断和预测，对预测值进行了适度调整，最后的预测结果如表 1－5 所示。

表 1－5

2012—2013 年中国经济运行风险指数各指标预测结果

指标构成	2012 年		2013 年	
	预测值	风险值	预测值	风险值
消费品零售增长率(S_1)	15%	**12**	17%	**4**
出口增长率(S_2)	10%	**20**	8%	**26**
居民消费价格指数(S_3)	3.5%	**27.5**	3.8%	**32**
城镇单位就业增长率(S_4)	2.3	**26**	2.1	**32**
外汇储备/GDP(S_5)	45%	**50**	43%	**46**
财政赤字/GDP(S_6)	3%	**35**	3.5%	**42.5**
金融机构各项贷款增长率(S_7)	15.8%	**28**	16%	**30**
股票市值/GDP(S_8)	68%	**68**	70%	**70**
企业家信心指数(S_9)	124	**21.2**	115	**32**
***RIEO* 值**	**26.4**		**28.4**	

从表 1－5 的各指标预测结果来看，2012 年可能影响中国经济运行的各主要因素中，外汇储备/GDP 和股票市值/GDP 指标接近或处于“有风险”状态，这反映了在长期持续顺差的影响下，中国外汇储备的总体规模已经处于过高的水平，人民币持续升值和美元价值的大幅波动，会导致中国以美元资产为主的巨额外汇储备面临着很大的价值缩水风险。不仅如此，国内外经济运行环境存在极大不确定性，再加上中国资本市场扩容速度的加快，将使得股票市场的风险逐步上升。在上述几个主要因素的影响下，2012 年中国的经济运行风险指数 *RIEO* 值为 26.4，处于“风险关注”级别。

根据表 1－5 的预测结果，2013 年中国经济运行风险的主要风险因素中，资本市场的波动仍是主要的风险来源，其对应指标的风险评级已经接近或处于“较高风险”状态。而与 2012 年相比较，在对外贸易顺差增速回落，甚至出现逆差的情况下，国际收支问题会得到一定的缓解，外汇储备规模过大的风险会有略微的回落。与 2012 年相比，在经济增长速度回落和居民消费意愿下降的影响下，2013 年中国的通货膨胀压力将处于较温和的状态，风险等级处于“风险关注”级别。在经济增长放缓、政府减税政策实施的影响下，中国政府的财政收支状况相比较 2012 年以前会有所波动，对应的风险会有所上升。

基于上述预测结果可以看出，在没有其他意外冲击的情况下，2013 年可能影响中国经济运行风险的其他指标的变动都比较小。在上述几个主要因素的影响下，2013 年中国的经济运行风险指数 *RIEO* 值为 28.4，处于“风险关注”级别。并且可以推断，如果政府的各项政策措施得当的话，2013 年中国经济运行风险将仍然处于完全可控的状态，经济有望继续平稳较快地增长。

五、结论及对策建议

本章通过对影响中国经济运行风险的主要风险因素进行识别，并在此基础上，建立了经济运行风险指数模型，通过对构建经济运行风险指数的各个主要指标的预测，借以评价中国未来经济运行的总体风险状况。研究结果表明，2012 年和 2013 年中国经济运行的总体风险状况均为“风险关注”级别，但可能引致风险的因素略有区别。其中，2012 年风险因素主要来自外汇储备规模过大和资本市场的波动；具体到 2013 年，除了外汇储备规模过大和资本市场波动这两个风险影响因素之外，在经济增长放缓、政府减税政策实施的影响下，中国政府的财政收支状况相比较 2012 年以前会有所波动，对应的风险会有所上升。

在未来较长的一段时间内，除了上述可能的风险因素外，中国经济运行还可能面临政策操作风险、地方政府融资平台风险和房地产市场及其相关的信贷风险等其他挑战。具体而言，其一，在宏观政策的多目标约束下，中国政策当局习惯于相机抉择的政策操作方式，这是导致经济周期性波动的重要原因之一，因此政策调控部门非常有必要逐渐改变一直以来的宏观调控思路，从而将稳定价格水平作为政策调控的核心目标，以尽可能避免使解决问题的手段成为导致新问题的原因。其二，中国地方政府融资平台所涉及的信贷规模很大，这些融资主要以政府所拥有的土地作质押进行融资，或用综合收费能力来保证项目的还款能力，房地产调控政策造成土地价格下降和地方财政收入下滑，都会严重影响到融资平台涉及的贷款归还，由此给银行系统带来很大的风险。其三，在严厉的房地产调控政策的影响下，中国房地产市场的风险迅速累积，由此会波及金融市场的稳定以及政府财政的稳健状况；为避免房地产市场的泡沫累积对民生和长期实体经济的发展造成伤害，中国政府采取了限购和限贷等多种手段，以遏制房地产市场的非理性增长。两年多来的政策实施已经对房地产市场的发展产生了显著的影响，由此直接导致了一些地区与房地产市场相关的资金链断裂。这种调控模式的持续，一方面有利于挤出房地产市场的价格泡沫、重新整合配置资源；另一方面也会抑制住房市场的正常需求，进而可能导致商业银行的不良资产上升，最终引发金融风险。

除此之外，在全球范围内，各主要发达经济体的复苏步伐仍旧缓慢，并且包括西班牙、希腊等国在内的欧洲主权债务危机问题有进一步恶化的迹象，将可能造成中国经济赖以增长的外部需求的持续低迷态势；还有，人民币的持续升值，也会导致外贸企业的生存状况进一步恶化，并加大国内劳动力的就业压力；再加上其他微观经济主体的运营也面临着各种挑战，这些都将给中国经济运行风险增加诸多的不确定性。

基于此,中国政策当局应有所区别地调节信贷投放数量和投放方向,保持适度的信贷和货币供应增长速度,尤其通过利率调整等价格型货币政策工具,以正确引导通货膨胀预期,从而避免资产价格泡沫的滋生和通货膨胀快速上升的风险。为减少地方政府债务风险的快速积累,中国政府需要逐步创新和完善目前的行政管理体制和官员激励机制,实施有效的行政监督并分散或约束地方政府官员在决策过程中高度集中的权力;对于房地产市场的调整,中国政策当局应尽可能避免过多地借助限购等行政措施来调控房价,而更多地通过房地产相关税收政策的调整和完善,以及从体制上根除房地产开发与交易各环节中的寻租腐败等问题,以在抑制过快的房价上涨过程中,不至于同时错误地抑制了正常合理的市场需求。除此之外,中国政府还需要严格控制固定资产投资增速和新开工项目数量,继续坚持经济结构转变,并通过税收优惠等政策引导市场过剩资本进一步向民营企业和实体经济转移,以确保经济增长质量,从而实现经济长期的持续、健康运行。

参考文献

[1] 唐海燕,贾德奎.中国经济运行风险研究报告 2011[M].上海:立信会计出版社,2011.
[2] 唐海燕,贾德奎.中国经济运行风险指数[M].上海:上海人民出版社,2012.
[3] 中国人民银行货币政策分析小组.中国货币政策执行报告[R].北京:中国金融出版社,2012.

第二章　投资与经济增长风险

一、绪论

（一）2011 投资与经济增长风险报告回顾

在 2011 年的投资与经济增长风险报告中，我们认为，2010 年预算内资金增加率在 40%，会导致 2011 年 GDP 增长率增长 8.2%。结果的实际情况是预算内资金增加率为 15%，导致 2011 年 GDP 增长率为 3.7%，而 2011 年实际经济增长率为 9.3%。这一状况与我们预期的结果不相吻合，这可能说明两个方面的问题：一是我们模型的数据时间过短，因而预测存在问题；二是投资对经济增长的促进作用有所降低，或者预算内资金对经济增长的促进作用程度下降。

2011 年投资与经济增长风险报告对 GDP 增长率与每项投资数据进行回归检验，发现电力、燃气及水的生产供应业中央投资与滞后 1 期 GDP 增长率最相关，相关系数达到了 0.966 9。该报告认为，如果 2010 年电力、燃气及水的生产供应业中央投资增长 10%，2011 年 GDP 名义增长率将增长 9.67%。然而，2010 年电力、燃气及水的生产供应业中央投资增长率仅为1.17%，这说明我们的数据时序过短，引致结果出现如此大的偏差，或者说明我们的模型有待数据的进一步完善和补充。

在 2011 年的投资与经济增长风险报告中，我们提出：扩大服务业投资，走一条新型工业化道路；保持房地产适度投资规模，稳定房地产市场预期；鼓励民间投资，提高投资效率和效益；充分考虑区域差异，实施有差别的投资调控等投资引致经济增长风险的防范与管理措施。事实证明，我们的判断与实际比较吻合。

（二）2011 年中国投资的总体特征

2010 年同 2009 年相比，显著的特点是，消费对 GDP 的贡献稳定，经济主要靠投资带动的局面缓解了，中国的出口增速也已企稳回升。而 2011 年，国家经济结构调整又有新进展。投资和消费对经济增长的贡献进一步提高，内需对经济增长的贡献率为 105.8%。其中，最终消费的贡献率为 51.6%，资本形成总额的贡献率为 54.2%。

2011 年，固定资产投资（不含农户）301 933 亿元，比上年增长 23.8%，增速比 1～11 月回落 0.7 个百分点，扣除固定资产投资价格上涨因素，实际增长 16.1%（以下除特别标明外均为名义增长）。从环比看，12 月份固定资产投资（不含农户）下降 0.14%。

从产业看，2011 年，第一产业投资 6 792 亿元，比上年增长 25%，增速比 1～11 月回落 3.8 个百分点；第二产业投资 132 263 亿元，增长 27.3%，增速提高 0.3 个百分点；第三产业投资 162 877 亿元，增长 21.1%，增速回落 1.3 个百分点。2011 年，工业投资 129 011 亿元，增长 26.9%，增速比 1～11 月提高 0.1 个百分点。其中：采矿业投资 11 810 亿元，增长 21.4%；制造业投资 102 594 亿元，增长 31.8%；电力、燃气及水的生产和供应业投资 14 607 亿元，增长 3.8%。

从地区看，2011 年，东部地区投资 144 536 亿元，比上年增长 21.3%，增速比 1～11 月回落 0.4 个百分点；中部地区投资 82 524 亿元，增长 28.8%，增速比 1～11 月回落 0.1 个百分点；西部地区投资 69 489 亿元，增长 29.2%，增速与 1～11 月持平。

从登记注册类型看，2011 年，内资企业投资 281 741 亿元，比上年增长 24.7%，增速比 1～11 月回落 0.7 个百分点；中国港、澳、台商投资 9 362 亿元，增长 19.9%，增速回落 0.8 个百分点；外商投资 9 437 亿元，增长 12%，增速回落 1.1 个百分点。

从项目隶属关系看，2011 年，中央项目投资 20 209 亿元，比上年下降 9.7%，增速比 1～11 月回落 1.2 个百分点；地方项目投资 281 724 亿元，增长 27.2%，增速回落 0.3 个百分点。

从施工和新开工项目情况看，2011 年，施工项目计划总投资 632 121 亿元，比上年增长 18.7%，增速比 1～11 月回落 0.8 个百分点；新开工项目计划总投资 240 344 亿元，比上年增长 22.5%，增速回落 1.5 个百分点。

从到位资金情况看，2011 年，到位资金 334 219 亿元，比上年增长 20.3%，增速比 1～11 月回落 2.4 个百分点。其中，国家预算内资金增长 10.8%，增速回落 1.6 个百分点；国内贷款增长 3.5%，增速回落 2.4 个百分点；自筹资金增长 28.6%，增速回落 1.1 个百分点；利用外资增长 8.2%，增速回落 2 个百分点；其他资金增长 9%，增速回落 6.5 个百分点。

（三）2012 年第一季度投资特征

2012 年第一季度，中国 GDP 同比增长 8.1%，投资同比增长仅为 20.9%，同比增速创 10 年以来的最低水平。4 月份社会用电量同比增长为 3.7%，创下了 16 个月以来的最低水平。这些表明，中国经济在 2012 年遭遇了前所未有的压力。从表 2－1 数据可以具体地看出 2012 年投资的行业特征。

表 2－1

2012 年中国各行业投资统计表

主要行业	投资额		比重(以全国总计为 100)	
	自年初累计(亿元)	比去年同期增长(%)	自年初累计	去年同期
全国总计	47 865.40	20.9	100.0	100.0
(一) 农、林、牧、渔业	885.84	36.0	1.9	1.6
(二) 采矿业	1 302.43	20.8	2.7	2.7
(三) 制造业	17 243.52	24.8	36.0	34.9
(四) 电力、热力、燃气及水的生产和供应业	2 118.65	18.4	4.4	4.5
(五) 建筑业	605.39	67.7	1.3	0.9
(六) 批发和零售业	1 124.23	25.9	2.3	2.3
(七) 交通运输、仓储和邮政业	3 671.66	−7.2	7.7	10.0
(八) 住宿和餐饮业	633.51	27.8	1.3	1.3
(九) 信息传输、软件和信息技术服务业	329.40	82.8	0.7	0.5
(十) 金融业	200.14	158.0	0.4	0.2

（续表）

主要行业	投资额		比重(以全国总计为100)	
	自年初累计(亿元)	比去年同期增长(%)	自年初累计	去年同期
(十一) 房地产业	13 305.62	27.0	27.8	26.5
(十二) 租赁和商务服务业	571.96	28.3	1.2	1.1
(十三) 科学研究和技术服务业	286.08	18.8	0.6	0.6
(十四) 水利、环境和公共设施管理业	3 211.24	3.8	6.7	7.8
(十五) 居民服务、修理和其他服务业	191.47	19.6	0.4	0.4
(十六) 教育	556.37	14.2	1.2	1.2
(十七) 卫生和社会工作	362.85	27.4	0.8	0.7
(十八) 文化、体育和娱乐业	505.41	24.0	1.1	1.0
(十九) 公共管理、社会保障和社会组织	759.62	11.4	1.6	1.7

从表 2-1 中可以看出，制造业、房地产业两项占总投资比重较大的项目同比增长率还是比较强劲的，制造业同比增长 24.8%，房地产业同比增长 27%。而电力、热力、燃气及水的生产和供应业增速下降到了 18.4%，水利、环境和公共设施管理业下降到了 3.8%，交通运输、仓储和邮政业比 2011 年同期减少了 7.2%。

二、风险因素识别

由投资引致经济增长的风险，我们可以从以下视角加以说明：一是国有经济投资挤出私人投资的风险，包括国有经济挤出国外直接投资的风险；二是环境破坏和污染导致的经济增长风险；三是国有部门投资过多的经济增长风险。

（一）国有经济投资挤出私人投资的风险

一般而言，公共投资对私人投资有两种影响：一是刺激民间投资，产生挤入效应；二是抑制民间投资，产生挤出效应。事实上，公共投资对私人投资的影响并不是某种效应单独作用的结果，而是这两种效应共同作用的综合结果。因此，需要对各种挤入和挤出效应的基本原理进行梳理。

1. 公共投资对私人投资的挤入效应

财政政策新古典模型和财政政策的均衡理论的发展，使人们注意到公共投资发挥的作用在于作为私人生产的有效投入。在这些模型中，特定类型的公共投资，比如基础设施，有利于提升私人资本和劳动力的生产率。Aschauer(1989)将它称为公共投资的挤入效应。在他研究美国的过程中，检验了私人投资的长期和短期对公共投资变化的反应程度，发现公共投资对私人投资具有很强的长期正面效应。他将这种事实描述为公共投资的生产率提升作用和互补作用，或更一般地称其为财政政策模型化的均衡方法。

挤入效应是公共投资通过生产性公共资本的形成，在增加总需求的同时改善经济供给能力，提高私人资本的边际生产力，从而达到进一步刺激私人投资，推动整个社会经济增长的效应。它主要包括：① 政府通过在基础设施领域的投资形成生产性的公共资本，从而有效地改善投资环境，降低私人投资成本，这样即便是在收益既定的情况下，也会增加企业利润，从而刺激私人投资的积极性，提高私人的投资水平。② 公共投资领域往往具有很强的外部效应，如教育、科研、基础设施等，其本身的发展能够带动相关生产要素和产业的发展，实现对相关产业的辐射效应，为这些行业提供新的、有利的投资机会，从而增加这些领域的私人投资，促进经济发展。③ 公共投资在基础产业的投资，如农业、重工业和能源业等，不仅可以直接促进经济发展，还为社会生产的顺利进行提供必要的生产资料，保障私人生产的有效进行，从而促进整个社会经济的发展。④ 公共投资作为总需求的一个重要组成部分，其扩张本身就意味着总需求的扩张，同时公共投资又扩大了就业量，增加了人们的收入，从而进一步提高社会总需求，为私人投资创造更多的机会，也进一步刺激私人投资的增加，促进整个社会经济的发展。

2. 公共投资对私人投资的挤出效应

在大多数的研究中，对于公共投资的挤出效应仅仅是从宏观经济学角度讲的，即通过利率、供求状况来分析其对私人投资的影响。但在实际上，这是对挤出效应较为狭义的理解。挤出效应是指政府在运用公共投资政策进行需求管理时，随着公共投资增加，不但没有带动私人投资相应的增长，甚至出现反向的变化，从而导致国民经济增长没有达到预期目标的效应。

(1) 传统的挤出效应。传统的挤出效应是政府通过向公众和商业银行进行借款以实行扩张性的投资政策，从而引起实际利率上升或贷款资金的竞争，导致私人投资由于融资成本的上升而减少，最终使财政投资的扩张部分或全部被私人投资的减少所抵消的现象。这主要是从公共投资对货币交易性需求影响的角度来解释挤出效应。但事实上，在成熟的市场经济国家，上述两种情况在内在逻辑上是一致的，因为借贷资金需求上的竞争在资本市场上就体现为利率上升。

(2) 经济体制制约下的挤出效应。中国市场经济建设虽带来了很大的变化，但与此相适应的制度安排尚在建立中，旧的制度仍然继续产生作用，并对私人投资的扩张起到限制作用，表现为对私人投资的歧视和限制。首先，行业准入的制度限制。经济生活中的行业垄断及部门与地方保护主义的存在，致使私人经济在公用事业、邮电通讯、金融保险等领域遇到不同程度的进入障碍。其次，金融服务体系的不完善。中国当前金融体制中缺乏为中小企业、民营企业提供服务的金融机构，造成非国有经济融资困难。同时，商业银行运作的谨慎性和民营企业的特殊性的矛盾，势必使商业银行对规模小、风险大、监管难度大的民营企业的融资缺乏积极性，这就使得私人投资不足。

(3) 公共投资失效下的挤出效应。这部分挤出效应主要是指由于公共投资在具体实施中存在问题，导致私人投资的减少，从而影响国民经济增长的现象。首先，政府投资于竞争性领域。在当前市场经济条件下，存在政府投资于竞争性领域，与私人资本争夺投资项目的情况，从而导致私人投资的萎缩而产生挤出效应。其次，政府投资管理的效率低下，如乱申报投资建设项目、低水平重复建设等问题，严重制约了公共投资效率，不能有效地构成社会生产所需的条件，限制了社会总供给量的扩大，从而影响了公共投资刺激经济增长的预期效果。

如上所述，中国公共投资的挤出效应，不仅包含资金的利率、供求的状况对私人资本和产出水平的挤出，而且还应考虑到经济体制和公共投资效率等方面的影响，从而更真实地揭示中国公共投资挤出效应的本质。

3. 资金来源之间的挤入、挤出效应分析

(1) 资金来源的滤波处理。对 1981 年至 2009 年的预算内资金、国内贷款、利用外资以及自筹资金等四个方面的资金增长情况分别进行滤波处理，可以得到如图 2-1 至图2-4 的趋势增长曲线，其中，sm 的线图是趋势图，即滤去增长趋势的部分，下面的线是波动部分的图。

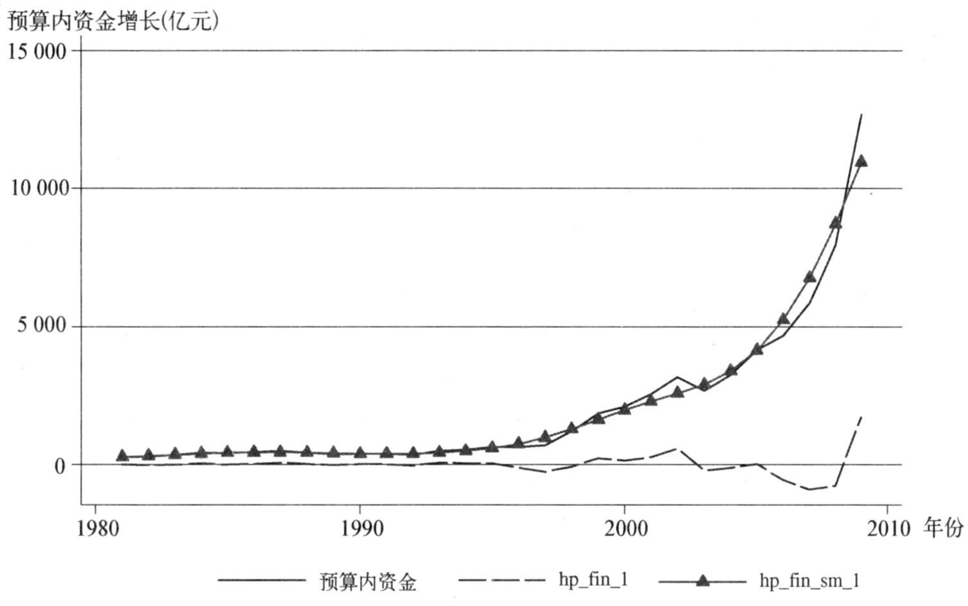

图 2-1 预算内资金增长的滤波图示

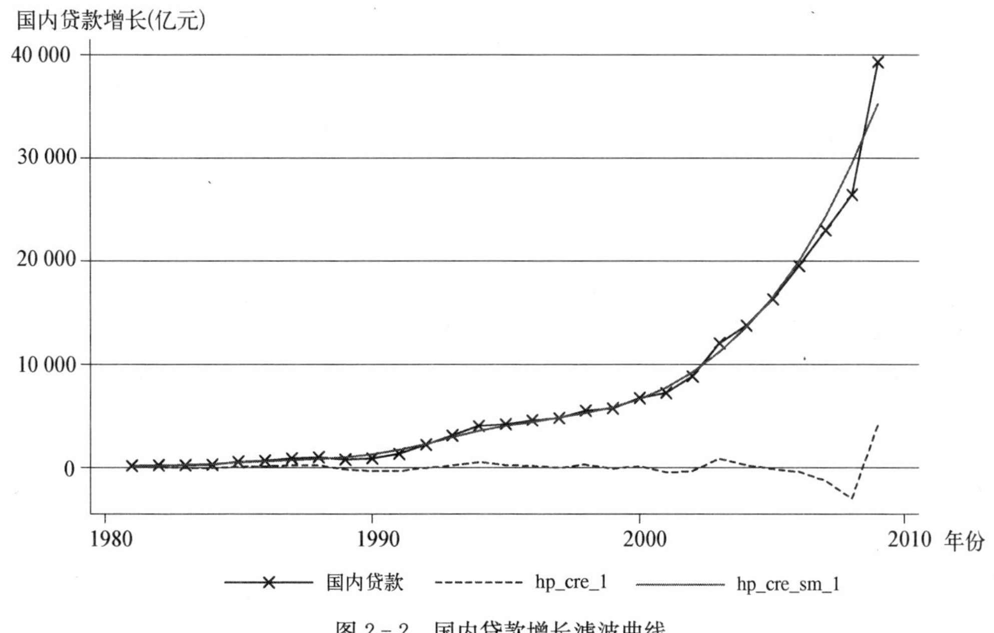

图 2-2 国内贷款增长滤波曲线

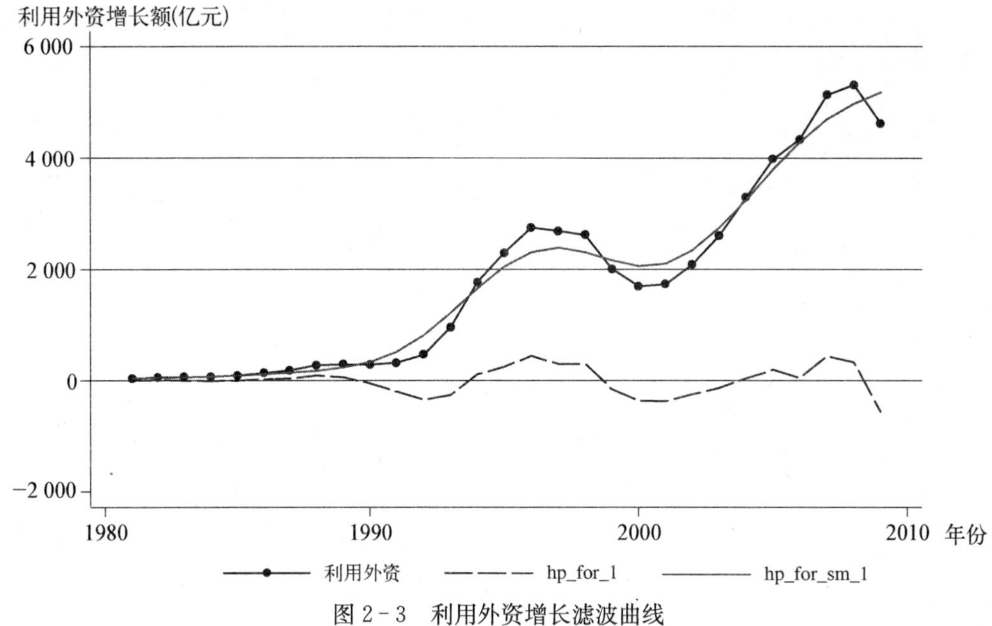

图 2-3　利用外资增长滤波曲线

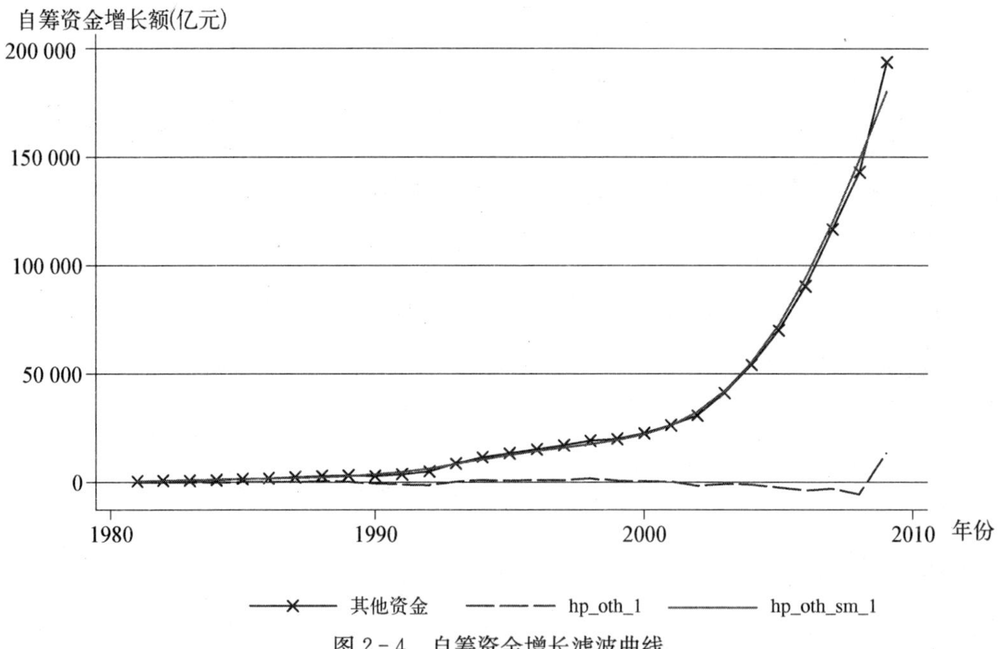

图 2-4　自筹资金增长滤波曲线

(2) 资金间的挤入、挤出效应。图 2-5 是四个变量的相关系数矩阵。从图中可以看出,预算内资金(fin)与其他三类变量存在显著的相关关系。同时,预算内资金和外商直接投资存在负相关关系,这可能表明这两者存在挤出关系,而和另两个变量却可能存在挤入效应。

从图 2-5 可以看出,预算内资金每增加 1 单位,导致国内贷款增长 0.81 单位,自筹资金增加 0.85 单位,外商直接投资减少 0.69 单位。国内贷款每增加 1 单位,导致外商直接投资减少 0.48 单位,自筹资金每增加 1 单位,外商直接投资减少 0.43 单位。

	hp_fin_1	hp_cre_1	hp_for_1	hp_oth_1
hp_fin_1	1.000 0			
hp_cre_1	0.812 9 0.000 0	1.000 0		
hp_for_1	−0.685 3 0.000 0	−0.478 4 0.008 7	1.000 0	
hp_oth_1	0.853 7 0.000 0	0.909 0 0.000 0	−0.428 6 0.020 3	1.000 0

图 2-5 滤波后的变量的相关系数矩阵图

图 2-6 表明了预算内资金与外商直接投资之间回归的结果。回归结果表明，预算内资金与外商直接投资之间存在明显的挤出效应。

regress fin for

Source	SS	df	MS
Model	142 469 057	1	142 469 057
Residual	79 506 380.6	27	2 944 680.76
Total	221 975 438	28	7 927 694.21

Number of obs	= 29
$F(1, 27)$	= 48.38
Prob>F	= 0.000 0
R-squared	= 0.641 8
Adj R-squared	= 0.628 6
Root MSE	= 1 716

fin	Coef.	Std. Err.	t	$P>\|t\|$	[95% Conf.	Internal]
for	1.333 051	0.191 648 5	6.96	0.000	0.939 820 4	1.726 281
_cons	−338.641 4	469.307 7	−0.72	0.477	−1 301.581	624.298 5

图 2-6 预算内资金与外商直接投资回归结果

(二) 环境破坏和污染导致的经济增长风险

由于各级政府不愿意或不能实行严格的环保管制，大量的制造业投资同时导致了国家能源在内的自然资源的滥用，导致环境恶化。中国 70%左右的河流和湖泊都遭到了严重污染。根据世界卫生组织的报告，中国 2/3 以上城市的空气质量不达标，其中 9 个城市是世界上 10 大污染城市，特别是过高的一氧化碳的含量。政府估计，每年有 40 万人死于与空气污染相关的疾病(Hunt，2006)。

环境问题是指由于人类活动作用于周围环境所引起的环境质量变化，以及这种变化对人类的生产、生活和健康造成的影响。人类在改造自然环境和创建社会环境的过程中，自然环境仍以其固有的自然规律变化着。社会环境一方面受自然环境的制约，也以其固有的规律运动着。人类与环境不断地相互影响和作用，产生环境问题。

中国的经济增长主要还是建立在丰富而廉价的劳动力资源和不十分丰富却较廉价的自然资源基础之上。这是过去 30 年资源、生态、环境过度消耗的重要原因。中国现已成为世界资源消耗大国，进入了持续性生态资源短缺和大范围复合性环境污染的阶段，未来的持续发展面临前所未有的挑战。目前中国进入了环境灾难事件随时会密集爆发和自然资源极其短缺的阶段。

目前，水资源的短缺和水体污染已成为中国最突出的社会问题之一。从 1980 年到现在

30 多年间，水资源消耗总量持续增加，随着社会经济规模的扩大，水污染出现了加剧的趋势，多数湖泊、河流受到污染或严重污染，经济的快速增长让我们已经付出了十分昂贵的水环境代价。同时，随着经济的发展、城市化水平的加快、人口的增长和人民生活水平的提高，污染物排放现象非常严重，中国废水排放总量、废气排放量、固体废弃物产生量都在逐年增加。

虽然中国仍处于快速工业化的阶段，这一阶段绝对需要消耗大量物质资源。然而，资源的供给毕竟是有限的。对西方发达国家来讲，其实力、生产能力、在贸易秩序中的发言权等，基本上确保它们维持在高位的资源需求。中国是快速工业化的国家，作为“世界工厂”，需要在全球范围内配置资源，而中国真正融入国际社会，参与自然资源的再配置仅仅才二三十年，这无疑打破了原有资源配置流向，会或多或少受到抵制、排斥，这期间中国在国际范围通过合法国际规则获取自然资源保障的路途肯定充满种种摩擦。

中国的生态环境已经被严重破坏，如果遭到进一步的破坏将引发巨大的经济成本。比如，中国的二氧化硫排放量可能已经两倍于可持续发展所限定的水平。如果空气质量继续恶化，将出现严重的城市健康危机。水污染的情况与空气污染类似。为了解决这类问题，所有工厂必须安装相应的处理设备，这会增加生产成本，并减缓经济增长步伐。

中国压低生产要素价格的做法是不可持续的。由于政府拥有所有关键生产要素，为了降低生产成本、推动经济增长，这些要素的价格就被压低。但没有合适的定价，这些资源将被滥用，无法实现经济的可持续增长。

总之，总体投资快速增长导致的经济增长风险，包括生产能力过剩导致的经济增长风险和环境污染导致的经济增长风险。除此之外，总体投资快速增长非常重要的原因是利用了中国劳动力非常丰富的特点，这就导致投资过于集中在低附加值、低技术和非品牌货物上，经济增长的利益并没有在区域间、技巧水平或产业部门间实现共享，造成富人和穷人之间的收入差距日益扩大。收入差距扩大化无疑会诱发社会矛盾，影响社会稳定，进而不利于经济增长。

（三）国有部门投资过多的经济增长风险

尽管国有部门创造的 GDP 只占中国 GDP 的 1/3 左右，但依然控制了中国资本的大部分。例如，许多私人投资是由国有或集体所有的企业完成的，这些投资往往得到的是内部资金或国有商业银行贷款。从 1993 年至 2000 年，60%以上的贷款进入国有企业（Wolf，2005）。虽然国外投资有所增长，但仍然只占总投资的 5%左右（Shane 和 Gale，2004）。

过多的投资依然集中在制造业出口领域（Blanchard 和 Giavazzi，2006），投资回报率非常低，在 20 世纪 80 年代至 90 年代期间，2～3 美元的新投资，能产生 1 美元的额外增长，但到了 21 世纪，需要有 4 美元的新投资，才能产生 1 美元的额外增长（Zhang，2006）。东亚新兴国家和地区从来没有过如此高的资本产出比例。即使在印度，从这个角度衡量的效率也高于中国。

国有企业是这种低效率的主要来源（OECD，2005）。其表现差的原因可部分地归因于政府部门要实现社会政策目标，但关键在于政府干预其经济管理而导致的灵活性不足（OECD，2002）。国有企业的低效率导致低利润和债务的上涨，并进一步地导致政府干预（将低效国有企业的资源转移到效益好的企业）。国有企业同时接受了政府部门不同的优惠待遇，避免外部的严酷竞争。OECD（2005）估计中等国有企业只是赢得了 1.5%的利润回报率。

政府经济活动的干预和腐败会导致资源错配。中央政府的经济增长驱动政策在地方层面上被解释为不惜一切代价推动经济增长。为了推动 GDP 的增长，地方政府不惜代价上马政绩工程和形象工程。Hunt(2006)指出中国存在着地方企业、地方政府和地方银行三种势力，无论建造什么类型的工厂，每股势力都有自身的利益。在通常情况下，这些工厂的投资都是零成本的资本，其中，腐败的官员在这一过程中获利良多。

在金融行业里，政府一直把全部注意力集中在国有部门上，实际上不允许非国有部门进入金融体系，尤其是不允许非国有部门进入银行业，这是对中国经济发展、经济改革不利的政策。

2011 年，国有部门对投资增长的拉动进一步增强，累计达 14.6%，较 2010 年大幅增加 6.7%；有限责任公司的投资增长拉动也由 2010 年的 6.4%提高到 8.2%，私营企业投资增长拉动由 2010 年的 6.0%提高到 6.8%。预计到 2012 年，国有部门投资同样会进一步加大。

三、风险度量

我们可以从两个不同的视角度量投资引致的经济增长风险：一是投资的资金来源(即投资是国家预算内资金、银行贷款、国外投资、自有资金及其他资金来源)；二是投资的资金流向(即投资投向的行业，如农业、服务业和制造业等)。

(一) 投资的资金来源引致的经济增长风险度量

国家投资资金来源不合理，往往导致经济增长大起大落的风险。从中国的实际情况看，短期内政府资本每增加 1 个百分点，产出将会增加 0.80 个百分点；而民间投资对产出的贡献并不明显，它每增加 1 个百分点将带来产出增加 0.11 个百分点。也就是说，政府投资在短期可以暂时替代民间投资来扩大总需求，拉动经济的增长。尤其是在经济紧缩阶段民间投资将仅仅维持在自发投资的水平上，此时增加政府投资可以弥补民间投资的不足，启动需求，很好地发挥经济增长效应。但是从长期来看，政府投资的效率是远低于民间投资的，过多的政府投资会对民间投资产生挤出效应。实证分析结果表明：长期政府资本的产出弹性为负，其每增加 1 个百分点将引起产出降低 0.99 个百分点；民间资本的产出弹性为正，每增加 1 个百分点的民间资本将引起产出同方向增长 0.48 个百分点。因此，长期政府投资对经济增长并没有促进作用，拉动经济增长的原动力应该是民间投资，只有民间投资得到持续适度的增长，才能保证一个更高的经济增长水平。

本报告引用前述的中国经济增长风险状况，鉴于预算内资金增长率、国内贷款增长率、利用外资增长率和自筹资金增长率指标中的数据都是名义数据(即不考虑物价指数)，因此，GDP 增长率数据也采用名义数据。本报告以预算内资金增长率作为政府投资的度量指标。

表 2-2

1982—2009 年 GDP 风险、资金来源增长率

年 份	GDP 风险	名义 GDP 增长率(%)	投资增长率(%)	预算内资金增长率(%)	国内贷款增长率(%)	利用外资增长率(%)	自筹资金增长率(%)
1982	1.0	9.0	28.03	3.5.	44.4	66.4	34.1
1983	1.0	12.3	16.23	21.6	−0.4	10.0	18.7
1984	3.0	21.0	28.17	23.9	47.3	6.2	27.6
1985	4.0	24.8	38.75	−3.1	97.4	29.5	41.6
1986	1.0	13.6	22.70	11.7	29.0	50.1	21.9

（续表）

年　份	GDP风险	名义GDP增长率(%)	投资增长率(%)	预算内资金增长率(%)	国内贷款增长率(%)	利用外资增长率(%)	自筹资金增长率(%)
1987	1.0	17.3	21.51	9.0	32.4	32.50	19.9
1988	2.0	24.8	22.74	−13.0	12.1	51.30	32.5
1989	4.0	13.1	−5.23	−15.3	−22.0	5.70	0.7
1990	3.0	10.1	2.43	7.4	16.1	−2.20	−1.2
1991	2.0	16.6	23.84	−3.2	48.5	12.00	21.2
1992	3.0	23.4	44.43	−8.7	68.4	47.00	41.0
1993	3.0	30.9	61.78	39.2	38.8	103.60	69.6
1994	2.0	36.4	36.37	9.5	30.1	85.40	34.7
1995	1.0	24.3	15.13	17.3	5.0	29.80	16.3
1996	1.0	17.3	13.81	0.8	8.9	19.60	14.9
1997	1.0	11.3	8.14	11.3	4.6	−2.30	10.9
1998	2.0	6.4	13.69	71.9	15.9	−2.50	13.2
1999	2.0	6.6	3.61	54.7	3.3	−23.30	4.2
2000	2.0	10.8	11.28	13.9	17.5	−15.50	11.9
2001	2.0	10.3	14.73	20.7	7.6	2.00	17.2
2002	2.0	10.2	18.59	24.1	22.4	20.50	16.9
2003	1.0	13.5	30.12	−15.0	36.0	24.70	33.4
2004	1.0	18.1	27.21	21.1	14.5	26.40	31.4
2005	1.0	15.4	26.86	27.6	18.4	21.10	29.3
2006	2.0	15.8	25.76	12.5	20.0	8.90	28.8
2007	2.0	18.0	26.77	25.4	17.6	18.40	29.2
2008	2.0	16.8	25.90	35.8	14.8	3.50	25.7
2009	1.0	8.4	36.80	59.5	48.6	−12.96	35.2

1. 经济增长风险高的年份投资资金来源特征

从表2-2中可以看出，1985年和1989年经济增长风险都高达4，从这两年投资的当年基本特征看，1985年投资过快增长（达到了38.75%），1989年投资减少（减少了5.23%），这是引致经济增长风险的关键因素。从预算内资金增长率看，两者都为负值，预算内资金（政府投资）的减少可能是经济增长高风险的原因之一。

1984年、1990年、1992年和1993年的经济增长风险都较高，经济增长风险为3，处于有风险状态。从这几年投资当年投资增幅的基本特征看，1990年投资过慢增长，增长率仅为2.43%，是导致经济增长率下滑的关键。1984年、1992年和1993年的经济增长风险较高的关键原因在于投资过快增长。从预算内资金增长率看，1992年预算内资金增长率为负，1993年预算内资金增长率过快增长可能是经济增长高风险的原因之一。

2. 度量投资资金来源与经济增长风险间的关系

我们以 MYGDPZZL 表示名义 GDP 增长率，YSNZJZZL 表示预算内资金增长率，GNDKZZL 表示国内贷款增长率，LYWZZZL 表示利用外资增长率，ZCZJZZL 表示自筹资金增长率，TZZZL 表示投资增长率，可以得到如图 2－7 所表示的六变量趋势图。

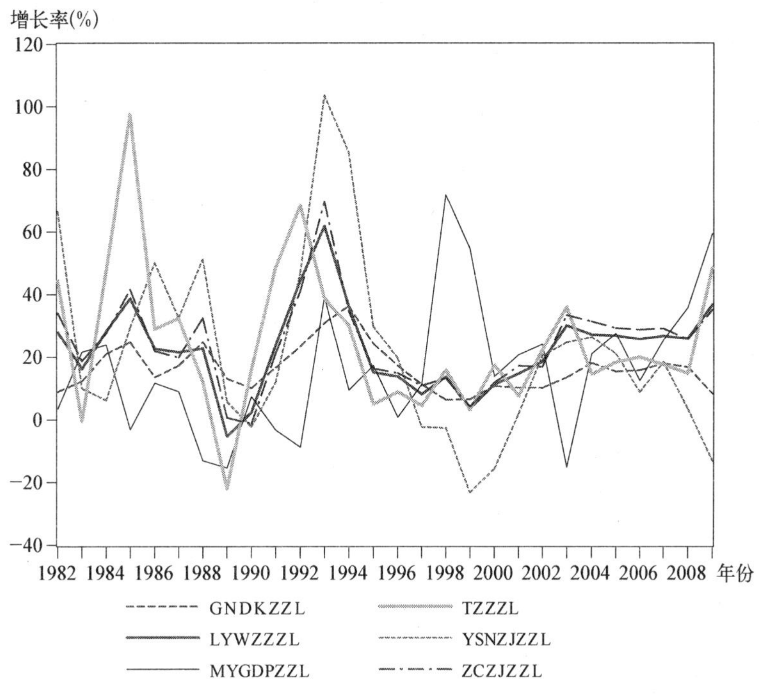

图 2－7　六变量趋势图

从图 2－7 可以看出，名义 GDP 增长率和预算内资金增长率之间关系比较密切，然而名义 GDP 增长率和投资增长率、国内贷款增长率、利用外资增长率之间关系并不明显。

(1) 格兰杰因果分析。为了判断经济增长风险与各项投资之间的关系，我们对变量进行格兰杰因果关系分析。见表 2－3 至表 2－4。

表 2－3

滞后 1 期结果

配对格兰杰因果关系检验
日期：2007/05/11 时间：10:25
数据来源：1982—2009 年
滞后：1

空位假设	观察量	F 统计	可能性
GNDK 不是 GDP 变化的原因	25	0.205 68	0.654 62
GDP 不是 GNDK 变化的原因		0.742 78	0.398 07
LYWZ 不是 GDP 变化的原因	25	1.989 02	0.172 43
GDP 不是 LYWZ 变化的原因		0.549 94	0.466 18

（续表）

空 位 假 设	观 察 量	*F* 统计	可能性
YSNZJ 不是 GDP 变化的原因	25	1.569 86	0.223 38
GDP 不是 YSNZJ 变化的原因		2.176 07	0.154 34
ZCZJ 不是 GDP 变化的原因	25	3.995 52	0.058 13
GDP 不是 ZCZJ 变化的原因		0.356 68	0.556 46

表 2-4

滞后 2 期结果

配对格兰杰因果关系检验
日期：2007/05/11 时间：10:26
数据来源：1982—2009 年
滞后：2

空 位 假 设	观 察 量	*F* 统计	可能性
GNDK 不是 GDP 变化的原因	24	1.795 04	0.193 17
GDP 不是 GNDK 变化的原因		0.316 03	0.732 79
LYWZ 不是 GDP 变化的原因	24	1.201 32	0.322 64
GDP 不是 LYWZ 变化的原因		0.552 28	0.584 61
YSNZJ 不是 GDP 变化的原因	24	2.615 96	0.099 19
GDP 不是 YSNZJ 变化的原因			0.358 50
ZCZJ 不是 GDP 变化的原因	24	0.881 89	0.430 28
GDP 不是 ZCZJ 变化的原因			0.481 37

从上述格兰杰因果关系分析的结果（表 2-3 和表 2-4）看，无论是滞后 1 期，还是滞后 2 期，预算内资金是 GDP 变化的格兰杰原因，而 GDP 并不是预算内资金变化的格兰杰原因。其他变量（国内贷款、利用外资和自筹资金等）都不是 GDP 变化的格兰杰原因。

（2）GDP 与预算内资金之间的相关性分析。在验证预算内资金是 GDP 的格兰杰原因基础上，我们可以对预算内资金和 GDP 进行回归分析。见表 2-5 至表 2-6。

通过因果关系和相关回归分析，预算内资金变化是 GDP 增长和下降的原因，而 GDP 的变化并不是预算内资金增长和下降的原因。通过相关性分析（表 2-5 和表 2-6），可以发现预算内资金每变化 1%，将导致当期 GDP 增长 0.18%，也将导致下一年度 GDP 减少 0.007 7%。

从短期看，2010 年中国经济在进一步深化的国际经济危机及自身周期调整压力下，将继续处于增长方式转型过程中的艰难阶段，政府对投资的拉动将是 2010 年中国经济增长的主导性因素，成为支撑需求并使之不加速下滑的关键力量（2010 年固定资产投资增长率年同比为 23.9%）。但从长期看，由于政府投资增幅过快和过大，2012 年后中国经济增长下行的风险将增加。

表 2-5

GDP 与预算内资金的当期回归结果

因变量：GDP
方法：最小二乘法
日期：2007/05/11　时间：10:29
数据来源：1982—2009 年
累计观察值：27

变　量	相关系数	标准差	t-统计	可能性
YSNZJ	0.181 232	0.035 302	5.133 719	0.000 0
C	12.229 83	1.326 201	9.221 704	0.000 0

R-平方值	0.523 385	自变量平均值	16.588 46
调整的 *R*-平方值	0.503 526	自变量的均方差	7.372 778
回归的标准误差	5.194 929	阿凯克信息标准	6.207 046
总平方剩余	647.694 8	*Schwarz* 标准	6.303 823
对数似然	−78.691 60	*F* 统计	26.355 07
Durbin-Watson 统计	1.259 180	*F* 统计的可能性	0.000 030

表 2-6

GDP 与预算内资金当期和滞后 2 期的回归结果

因变量：GDP
方法：最小二乘法
日期：2007/05/11　时间：10:31
数据来源：1983—2009 年
累计观察值：25

变　量	相关系数	标准差	t-统计	可能性
YSNZJ	0.210 635	0.039 196	5.373 936	0.000 0
YSNZJ(−1)	−0.007 734	0.048 161	−0.160 593	0.874 0
YSNZJ(−2)	0.072 065	0.035 478	2.031 277	0.055 7
C	10.644 48	1.147 672	9.274 851	0.000 0

R-平方值	0.780 577	自变量平均值	17.083 33
调整的 *R*-平方值	0.747 663	自变量的均方差	7.451 563
回归的标准误差	3.743 153	阿凯克信息标准	5.628 745
总平方剩余	280.223 8	*Schwarz* 标准	5.825 088
对数似然	−63.544 94	*F* 统计	23.716 03
Durbin-Watson 统计	2.008 793	*F* 统计的可能性	0.000 001

3. 基本结论

在向市场经济转型过程中，由于未能实现政府主导型投资向市场主导型投资的转变，各级地方政府为追求 GDP 增长的短期目标，各种政绩形象工程缺乏有效的约束，不计成本收益的投资冲动掩盖了在政府主导下出现的大量的无效投资和投资浪费。大量无效投资虽然在统计上促进了 GDP 增长率和账面上资本存量的增加，但投资项目的失败和低效，生产能力未能相应提高，使得资本短缺的中国资本—产出比却异常地高于资本富余的发达国家，表明中国的投资效率极为低下。虽然 GDP 保持高速度增长，但国民总产出中有相当的部分是用于弥补无效投资和浪费的，真正能够用来提高社会福利、改善居民生活水平、增加社会财富的部分则所剩不多，由此造成中国的居民消费占 GDP 的比重也不断下降，远远低于世界平均水平，影响了人民生活和社会福利的提高，违背了发展经济的目的。所以，从长期看，政府投资存在着严重的经济增长风险。

2011 年预算内资金增加率在 35%，导致 2012 年 GDP 增长率增长 7.6%，与此同时将导致 2013 年经济增长率下降 0.217%。

（二）投资的资金流向引致的经济增长风险度量

投资资金流向不合理，往往会导致经济不可持续增长的风险。

1. 经济增长风险高年份的投资资金流向特征

经济增长风险最高的年份是 1992 年和 1993 年，从这两年的投资资金流向看，非常显著的特征是建筑业和服务业投资的大幅度增加，特别是 1993 年，建筑业增幅高达 394.71%，服务业增幅高达 64.68%。如表 2-7 所示。

表 2-7

1990—2010 年 GDP 风险、资金流向增长率

年 份	GDP 风险	名义 GDP 增长率(%)	投资增长率(%)	农、林、牧、渔业(%)	采掘业(%)	制造业(%)	水的生产和供应业(%)	建筑业(%)	服务业(%)
1990	2.0	9.86	2.43	31.53	19.90	5.71	26.01	−24.78	2.74
1991	2.0	16.68	23.84	25.93	18.90	25.11	16.40	21.04	29.16
1992	3.0	23.61	44.43	30.04	24.62	25.39	30.48	84.52	61.25
1993	3.0	31.24	61.78	6.23	15.86	47.59	38.29	394.71	64.68
1994	2.0	36.41	36.37	22.83	12.31	37.51	49.72	20.28	42.05
1995	1.0	26.13	15.13	34.91	10.95	26.62	9.36	5.20	13.37
1996	1.0	17.08	13.81	42.84	13.89	9.07	22.84	25.98	15.43
1997	1.0	10.95	8.14	40.66	30.09	−8.79	25.42	−17.68	20.62
1998	2.0	6.87	13.69	46.46	−16.66	−3.13	10.61	4.86	34.06
1999	2.0	6.25	3.61	32.67	−12.27	−20.31	2.27	41.30	9.76
2000	2.0	10.64	11.28	20.70	24.29	−0.64	13.07	−11.70	6.71
2001	2.0	10.52	14.73	20.41	9.37	28.42	−11.43	−4.17	14.17
2002	2.0	9.74	18.59	35.26	5.49	39.02	11.94	42.13	17.54

（续表）

年　份	GDP风险	名义GDP增长率（%）	投资增长率（%）	农、林、牧、渔业（%）	采掘业（%）	制造业（%）	水的生产和供应业（%）	建筑业（%）	服务业（%）
2003	1.0	12.87	30.12	−29.10	31.51	73.48	20.59	41.80	26.26
2004	1.0	17.71	27.21	14.43	34.96	33.33	46.25	4.28	22.37
2005	1.0	15.67	26.86	22.90	49.73	35.69	30.36	16.08	19.50
2006	2.0	16.97	25.76	18.34	30.41	28.27	13.65	0.58	23.43
2007	2.0	22.88	26.77	23.77	25.66	30.55	10.27	15.70	23.82
2008	2.0	18.15	25.85	48.80	31.08	27.41	16.16	19.48	24.79
2009	1.0	8.55	29.95	36.14	19.53	24.53	31.26	28.06	33.76
2010	2.0	17.69	23.83	14.91	19.43	25.50	8.63	40.64	25.23

2. 度量投资资金流向与经济增长风险间的因果关系

我们以GGDP代表经济增长率，TZX1表示投资增长率，LLMYX2表示农、林、牧、渔业投资增长率，CJX3表示采掘业投资增长率，ZZX4表示制造业投资增长率，SSGX5表示水的生产和供应业投资增长率，JZX6表示建筑业投资增长率，FWX7表示服务业投资增长率。

我们可以得到格兰杰因果关系检验（见表2－8、表2－9）。

表2－8

滞后1期结果

配对格兰杰因果关系检验（滞后1期检验）

空 位 假 设	观察量	*F*统计	可能性
ZZX4不是GGDP变化的格兰杰原因	18	2.171 78	0.161 24
GGDP不是ZZX4变化的格兰杰原因		0.159 67	0.695 09
SSGX5不是GGDP变化的格兰杰原因	18	0.029 81	0.865 24
GGDP不是SSGX5变化的格兰杰原因			0.328 27
JZX6不是GGDP变化的格兰杰原因	18	17.299 5	0.000 84
GGDP不是JZX6变化的格兰杰原因		17	0.905 35
FWX7不是GGDP变化的格兰杰原因	18	9.507 52	0.007 57
GGDP不是FWX7变化的格兰杰原因			0.753 85

表2－9

滞后2期结果

配对格兰杰因果关系检验（滞后2期检验）

空 位 假 设	观察量	*F*统计	可能性
TZX1不是GGDP变化的格兰杰原因	17	10.592 0	0.002 24
GGDP不是TZX1变化的格兰杰原因		0.434 67	0.657 28

（续表）

空位假设	观察量	F统计	可能性
LLMYX2 不是 GGDP 变化的格兰杰原因	17	1.257 04	0.319 41
GGDP 不是 LLMYX2 变化的格兰杰原因		1.660 07	0.230 95
CJX3 不是 GGDP 变化的格兰杰原因	17	0.146 05	0.865 62
GGDP 不是 CJX3 变化的格兰杰原因		0.302 45	0.744 47
ZZX4 不是 GGDP 变化的格兰杰原因	17	1.244 49	0.322 75
GGDP 不是 ZZX4 变化的格兰杰原因		2.298 40	0.142 87
SSGX5 不是 GGDP 变化的格兰杰原因	17	0.662 16	0.533 60
GGDP 不是 SSGX5 变化的格兰杰原因		0.621 92	0.553 36
JZX6 不是 GGDP 变化的格兰杰原因	17	11.116 2	0.001 86
GGDP 不是 JZX6 变化的格兰杰原因		3.537 79	0.061 98
FWX7 不是 GGDP 变化的格兰杰原因	17	3.450 84	0.065 48
GGDP 不是 FWX7 变化的格兰杰原因		2.005 36	0.177 26

从表 2－8 和表 2－9 的结果看，无论是滞后 1 期，还是滞后 2 期，建筑业和服务业的投资增长都是经济增长率变化的原因。因此，我们认为，可以就建筑业和服务业的投资增长与 GDP 增长率之间的关系进行回归分析。

3. GDP 增长率与建筑业投资增长率之间的相关性分析

GDP 增长率与建筑业投资增长率当期回归结果和滞后 1 期回归结果见表 2－10、表 2－11；GDP 增长率当期与建筑业投资增长率当期、滞后 1 期和滞后 2 期回归结果见表 2－12；GDP 增长率当期与建筑业投资增长率滞后 1 期和滞后 2 期回归结果见表 2－13。

表 2－10

GDP 增长率当期与建筑业投资增长率当期回归结果

因变量：GGDP
方法：最小二乘法
日期：2005/08/12　时间：15:43
样本：1990—2010 年
累计观察值：21

变量	相关系数	标准差	*t*-统计	可能性
JZX6	0.095 926	0.055 438	1.730 342	0.101 7
C	14.857 13	2.007 120	7.402 212	0.000 0

R-平方值	0.149 748	自变量平均值	16.773 68
调整的 *R*-平方值	0.099 734	自变量的均方差	7.689 592
回归的标准误差	7.296 067	阿凯克信息标准	6.911 849
总平方剩余	904.954 1	*Schwarz* 标准	7.011 263
对数似然	−63.662 56	*F*-统计	2.994 082
Durbin-Watson 统计	0.760 714	*F* 统计的可能性	0.101 680

表 2－11

GDP 增长率当期与建筑业投资增长率滞后 1 期回归结果

因变量：GGDP
方法：最小二乘法
日期：2005/08/12　时间：15:44
样本(调整)：1991—2010 年
累计观察值：20(调整后)

变　量	相关系数	标 准 差	*t*-统计	可 能 性
*JZX*6(−1)	0.178 614	0.042 971	4.156 587	0.000 7
C	13.209 76	1.586 185	8.328 003	0.000 0

R-平方值	0.519 190	自变量平均值	16.783 33
调整的 *R*-平方值	0.489 140	自变量的均方差	7.912 406
回归的标准误差	5.655 351	阿凯克信息标准	6.407 521
总平方剩余	511.728 0	*Schwarz* 标准	6.506 451
对数似然	−55.667 69	*F* 统计	17.277 21
Durbin-Watson 统计	0.704 612	*F* 统计的可能性	0.000 743

表 2－12

GDP 增长率当期与建筑业投资增长率当期、滞后 1 期和滞后 2 期回归结果

因变量：GGDP
方法：最小二乘法
日期：2005/08/12　时间：15:46
样本(调整)：1992—2010 年
累计观察值：19(调整后)

变　量	相关系数	标 准 差	*t*-统计	可 能 性
*JZX*6	0.118 604	0.037 071	3.199 405	0.007 0
*JZX*6(−1)	0.126 198	0.036 350	3.471 709	0.004 1
*JZX*6(−2)	0.131 255	0.034 573	3.796 463	0.002 2
C	8.602 962	1.467 828	5.861 017	0.000 1

R-平方值	0.821 148	自变量平均值	16.794 12
调整的 *R*-平方值	0.779 875	自变量的均方差	8.155 786
回归的标准误差	3.826 492	阿凯克信息标准	5.724 098
总平方剩余	190.346 5	*Schwarz* 标准	5.920 148
对数似然	−44.654 83	*F* 统计	19.895 29
Durbin-Watson 统计	0.969 340	*F* 统计的可能性	0.000 039

表 2 - 13

GDP 增长率当期与建筑业投资增长率滞后 1 期和滞后 2 期回归结果

因变量：GGDP
方法：最小二乘法
日期：2005/08/12 时间：15:50
样本(调整)：1992—2010 年
累计观察值：18(调整后)
6 次迭代后的回归结果

变 量	相关系数	标准差	*t*-统计	可能性
*JZX*6(−1)	0.101 652	0.022 194	4.580 173	0.000 6
*JZX*6(−2)	0.072 327	0.021 842	3.311 303	0.006 2
C	10.979 87	2.879 484	3.813 137	0.002 5
AR(1)	0.742 293	0.144 867	5.123 947	0.000 3

R-平方值	0.910 133	自变量平均值	16.381 25
调整的 *R*-平方值	0.887 666	自变量的均方差	8.237 736
回归的标准误差	2.760 977	阿凯克信息标准	5.081 364
总平方剩余	91.475 90	*Schwarz* 标准	5.274 511
对数似然	−36.650 91	*F* 统计	40.510 28
Durbin-Watson 统计	1.822 127	*F* 统计的可能性	0.000 001
反向 *AR* 根	0.74		

综合表 2 - 10 至表 2 - 13,我们可以发现,GDP 增长率当期与建筑业投资增长率滞后 1 期和滞后 2 期回归结果最优,即表 2 - 13 能最优地预测未来 GDP 的增长率。具体方程可以写作为：

$$GGDP = 10.979\,87 + 0.101\,652JZX6(-1) + 0.072\,327JZX(-2)$$

4. GDP 增长率与服务业投资增长率之间的相关性分析

GDP 增长率当期与服务业投资增长率当期回归结果见表 2 - 14;GDP 增长率当期与服务业投资增长率滞后 1 期回归结果见表 2 - 15;GDP 增长率当期与服务业投资增长率当期和滞后 1 期回归结果见表 2 - 16。

表 2 - 14

GDP 增长率当期与服务业投资增长率当期回归结果

因变量：GGDP
方法：最小二乘法
日期：2005/08/12 时间：16:02
样本：1990—2010 年
累计观察值：21

变 量	相关系数	标准差	*t*-统计	可能性
*FWX*7	0.283 091	0.091 235	3.102 891	0.006 5
C	9.745 425	2.689 657	3.623 296	0.002 1

（续表）

R-平方值	0.361 573	自变量平均值	16.773 68
调整的 R-平方值	0.324 018	自变量的均方差	7.689 592
回归的标准误差	6.322 238	阿凯克信息标准	6.625 324
总平方剩余	679.501 7	*Schwarz* 标准	6.724 739
对数似然	−60.940 58	*F* 统计	9.627 932
Durbin-Watson 统计	0.850 554	*F* 统计的可能性	0.006 464

表 2-15

GDP 增长率当期与服务业投资增长率滞后 1 期回归结果

因变量：GGDP
方法：最小二乘法
日期：2005/08/12　时间：16:05
样本（调整）：1992—2010 年
累计观察值：19（调整后）
10 次迭代后的回归结果

变　量	相关系数	标准差	t-统计	可能性
*FWX*7(−1)	0.244 447	0.076 080	3.213 034	0.006 3
C	9.775 410	3.768 081	2.594 267	0.021 2
AR(1)	0.684 372	0.191 024	3.582 643	0.003 0

R-平方值	0.782 828	自变量平均值	16.794 12
调整的 R-平方值	0.751 803	自变量的均方差	8.155 786
回归的标准误差	4.063 160	阿凯克信息标准	5.800 584
总平方剩余	231.129 8	*Schwarz* 标准	5.947 622
对数似然	−46.304 97	*F* 统计	25.232 48
Durbin-Watson 统计	1.828 780	*F* 统计的可能性	0.000 023
反向 *AR* 根	0.68		

表 2-16

GDP 增长率当期与服务业投资增长率当期和滞后 1 期回归结果

因变量：GGDP
方法：最小二乘法
日期：2005/08/12　时间：16:03
样本（调整）：1991—2010 年
累计观察值：20（调整后）

变　量	相关系数	标准差	t-统计	可能性
*FWX*7	0.144 674	0.089 331	1.619 531	0.126 2
*FWX*7(−1)	0.291 294	0.084 406	3.451 126	0.003 6

（续表）

变　　量	相关系数	标准差	t-统计	可能性
C	5.781 496	2.386 532	2.422 552	0.028 5

R-平方值	0.667 007	自变量平均值	16.783 33
调整的 R-平方值	0.622 608	自变量的均方差	7.912 406
回归的标准误差	4.860 767	阿凯克信息标准	6.151 281
总平方剩余	354.405 9	*Schwarz* 标准	6.299 677
对数似然	−52.361 53	F 统计	15.023 01
Durbin-Watson 统计	1.077 326	F 统计的可能性	0.000 262

综合表 2－14 至表 2－16，我们可以发现，GDP 增长率当期与服务业投资增长率滞后 1 期回归结果最优，即表 2－15 能最优地预测未来 GDP 的增长率。具体方程可以写为：

$$GGDP = 9.775\,4 + 0.244\,44FWX(-1)$$

5. 基本结论

综上所述，无论是建筑业投资，还是服务业投资，滞后 1 期或滞后 2 期的投资效果都能带动 GDP 的增长，即这种投资增长都是 GDP 增长的格兰杰原因。而且，通过分析，我们得知服务业投资增长能在更大程度上导致 GDP 的增长。如果 2011 年服务业投资增长 30%，将有效地拉动 2012 年 GDP 增长 7.7%左右。

四、风险防范与管理

为有效遏制投资增长不均衡导致的经济增长风险，我们认为，2012 年中国投资应围绕以下方面展开：投资适度稳定增长；改善投资环境，鼓励民间投资；优化投资结构，实现投资增长方式的转变；坚定不移地积极发展房地产业，加快保障性住房建设；鼓励民间投资，提高投资效率和效益。

（一）投资适度稳定增长

鉴于 2012 年国际经济形势依然严峻，特别是欧债危机进一步蔓延，中国出口形势和对外投资环境恶化，中国经济增长依然要有强劲的内需作为动力，这种形势和 2009 年金融危机期间的形势颇为类似。因此，加快新项目审批、核准和备案进度，努力增加新开工项目和加大项目储备力度，明确投资项目工作责任制，成了中国投资适度稳定增长的重要条件。

投资要保持稳定增长必须要有新的项目开工予以支撑，尤其是重点大项目。要保持 2012 年全国投资的适度增长，就必须做到：一是要多方筹措项目投资，加大对大项目引资的力度；二是要严格执行新开工项目有关规定，加快项目审批、核准和备案工作，为符合条件的投资项目尽快开工提供条件；三是要集中力量抓好一批符合国家产业政策和节能减排环保要求的重大项目建设，保持新开工项目的适度增长；四是要强化各省、各自治区和直辖市政府部门对投资项目推进工作负责制，加强各部门的协调，做好投资各项工作整体推进。项目储备对投资规模的扩大有着重要支撑作用，要充分发挥中国的区域优势和东西桥梁纽带作用，要不断强化措施，创新招商引资方式，上下联动，力争使外来投资在中国投资建设中的比重逐步上升，打破地方投资一统天下的格局，力保 2012 年全国投资稳步增长。

（二）改善投资环境，鼓励民间投资

当前，要保持全国投资的稳步增长，各级政府应进一步采取措施：一是争取国家预算内和中央建设资金支持，同时加强政府、银行、企业的沟通协调，争取金融机构更多的信贷支持；二是进一步拓宽市场融资渠道，要充分利用中国金融机构比较集中的优势，组合运用多种金融工具，加大市场融资力度，形成多渠道市场融资格局；三是要充分发挥政府桥梁纽带作用，为企业和金融机构牵线搭桥，为企业提供融资担保，充分发挥国债与民间资本作用，进一步为投资拓宽资金来源渠道，积极引导信贷资金挑选经济效益、社会效益好，偿还能力强的项目，提高资金的使用效率；四是进一步加快全国投资软环境建设，为投资创造更加宽松的环境，吸纳国外具有实力的企业到中国开发投资。

（三）优化投资结构，实现投资增长方式的转变

长期以来，中国采用的是以外延扩大资本存量的投资增长方式，造就大批产业重复建设，其主要标志是高投入、低产出和低效益。企业的国际竞争力不强，重要原因是投资结构不合理，促成工业布局不够合理、产业集聚不高和技术创新乏力。因此，投资方式要向调整产业结构、加快发展产业集群倾斜，加强产业培育，优化工业布局，加快产业升级，促进工业集聚、集约、集群式发展，不断增强经济发展的内生动力。具体包括：一是加大第一产业的投资总量，提高农产品的附加价值及市场竞争力。二是加大传统产业改造的投资力度。在新一轮工业企业结构调整中，要加大更新改造力度，提高科技水平，注重技术改造的投入，注重先进技术的引进、消化、吸收和创新，把技术开发与引进投资紧密结合起来，提高投资的技术含量，使传统产业提高产品质量。三是加快发展高新技术产业和战略性新兴产业。高新技术产业的发展可以为国民经济发展培育新的增长点和新兴产业，增加就业机会，带动产业结构的调整和优化，更好地推进经济快速发展。

（四）坚定不移地积极发展房地产业，加快保障性住房建设

在市场调节的基础上，充分发挥政府宏观调控作用，严格控制房价过快增长，要严格控制房地产市场出现价格波动过大，激发购买者信心，正确引导市场的供需，防止供求失衡引起市场的大起大落，推动房地产开发企业融资方式创新，消除融资出现重大隐患。加快落实和完善保障性住房建设的政策措施，加强廉租房、公租房和经济适用房等各类保障性住房建设力度，建立健全多层次、多元化住房供应体系。正确引导市场的供需，积极开发二手房市场，培育规范房屋租赁市场，扩大房地产有效需求，鼓励自住性购房，控制投资性购房，遏制投机性购房。引导开发商增加中低价位普通商品房供应，满足城镇居民对住房需求的不断增长。在新投放市场的住宅建设用地中，政府应通过对土地供应的调控来稳定市场房价。积极推进以股权合作、私募股权融资等新的融资渠道，进一步拓宽房地产开发的资金来源渠道。

（五）鼓励民间投资，提高投资效率和效益

长期以来，困扰中国经济发展的一个重要问题是政府部门主导的投资行业垄断不断增强，对 GDP 和就业的贡献率不断下降。因此，必须大力鼓励民间投资，打破行业垄断。民营投资准入难问题突出表现在一些传统的垄断行业，如基础产业和基础设施、市政设施、社会事业、金融服务、商品批发和物流等行业和领域。

2011 年，民间投资同比增长 34.3%，比同期全社会固定资产投资增幅高 10.5%，占同期全社会固定资产投资的比重为 58.2%，同比提高 7.1%。进入 2012 年，相关部门陆续出台鼓励和引导民间资本健康发展的有关实施细则，在一定意义上增强了民间投资的发展信心，促进

了民间投资发展环境的改善。2012 年第一季度，民间投资同比增长 28.9%，占全部投资的比重为 61.9%，比 2011 年同期提高 4.6%。

但是，民间投资仍然面临不同的发展难题。对大型民营企业来讲，民间投资在其一直期望进入的基础性行业领域的占比有待提高。据初步统计，民间投资在电力、热力的生产和供应业中占 13.6%，在教育中占 12.3%，在卫生、社会保障和社会福利业中占 11.8%，在金融业中占 9.6%，在交通运输、仓储和邮政业中占 7.5%，在水利、环境和公共设施管理业中占 6.6%。对中小型民营企业来讲，由于融资渠道狭窄所带来的融资难等问题一直制约着其发展。同时，受各种因素的影响，一些民间实业资本一度出现过漂移现象：有的成为游资，对某些商品进行过度逐利炒作；有的转向所谓“赚快钱”的虚拟经济领域。

境外投资成为民间资本新的重要投资渠道，但对民营企业自身的素质和能力提出了新的挑战。随着经济全球化的发展，国家对企业“走出去”的政策支持以及民营企业自身实力的发展壮大，民间投资积极主动地开展对外投资，在世界各地进行海外投资和海外上市。华为、中兴、联想、万向、比亚迪等民营企业已成为具有自主知识产权、自主品牌和较强国际竞争能力的跨国企业，为提升中国的国际竞争力、树立良好的国家形象发挥了积极作用。

在国际金融危机发生以后，中国民间投资进入欧美发达国家的力度也在不断加大，吉利汽车收购沃尔沃、华为收购美国公司等多起并购引起广泛关注。

与此同时，受民间投资相对规模小、实力弱，国际化专业人才匮乏，跨国经营或本土化经营经验不足以及防范和应对各种风险的能力弱等因素的制约和影响，民间投资在决策能力和投资质量上还有很大差距，这对民营企业自身的素质和能力提出了新的挑战。

民间投资是发展实体经济的主力军，但民间投资转变经济发展方式的任务重大而迫切。以制造业和服务业为主要投资领域的民间投资是实体经济的重要基础，但目前还主要停留在低层次产业和产业链低端，尤其是大量的高耗能、高污染、低技术产能主要集中在民营经济。

中国目前正处在经济结构深度调整、发展方式加快转变的攻坚阶段，抑制部分产业的盲目扩张、大量淘汰落后产能将是长期的政策导向，必将给部分民营企业带来生存压力，但同时也提供了转型发展的重要机遇。

可以说，民间投资正处在从“量的扩张”向“质的提升”转变的关键阶段，处于转型升级的阵痛期，推动民间投资结构调整是保证民营经济可持续发展的重要战略任务。

与此同时，民间投资也是经济增长内在活力与动力的主要源泉，具有不断的创新动力。部分民营企业积极推进自身转型升级，目前已成为挺进战略性新兴产业的生力军。

打破行业壁垒，有利于投资主体自主进行投资决策，通过市场促进融资渠道多元化，提高投资效率和效益。

参考文献

[1] 吴敬琏. 中国应当走一条什么样的工业化道路？[J]. 管理世界，2006(8).

[2] ASCHAUER D A. Does public capital crowd out private capital [J]. Journal Monetary Economics 24, 1989.

[3] OLIVIER B J, FRANCESCO G. Rebalancing growth in China: a three-handed approach [J]. Center for Economic Policy Research, 2006(1).

[4] SIMON H. China Visit Report [M]. Simon Hunt Strategic Services，2006(2～3).

[5] OECD. China in the world economy：the domestic policy challenges [M]. Synthesis Report，OECD 2002.

[6] OECD. OECD economic surveys of China，2005.

[7] MATHEW S，FRED G. China：a study of dynamic growth [J]. Economic Research Service/USDA，WRS-04-08，2004(10).

[8] MARTIN W. Why is China growing so slowly? [J] Foreign Policy，2005(1～2).

第三章　消费与经济增长风险

一、绪论

美国金融危机爆发之后，越来越多的国家和地区将内需视为经济恢复增长的重要因素。国际金融危机引发的欧洲主权债务危机使得国际市场需求不振，出口增长乏力，中国经济增长面临的国际环境越来越复杂。过于倚重国内投资来发展经济不仅在一定程度上造成中国经济结构调整步伐缓慢、旧有经济增长模式难以为继的问题，也压制了内需的合理发展，长期以来使得居民消费需求增长缓慢。然而，从另一个角度来看，这也正表明国内消费需求仍然存在较大的增长空间。在这种情形下，近年来政策层面十分重视内需对经济平稳增长的积极作用。政府先后出台一系列的刺激居民消费的补贴措施，这些措施对于缓解国际金融危机的冲击起到了重要作用。但是，我们也应该看到，消费刺激政策能够起到显著的作用，也说明中国居民的自主消费程度仍然较低，主动消费的意愿不够强烈。因此，通过政策支持有效提升居民的主动消费水平，不断改善消费环境，是近期中国消费政策的主要着力点。

（一）中国居民消费的结构特征及其变化分析

1. 消费结构与人口结构变化总体趋势比较接近

对于中国而言，消费的总体增长已经趋于平稳，重点需要关注的是消费结构的长期发展变化趋势。本章将首先从消费的各种构成入手来分析中国消费发展变化的结构特征。

如图 3-1 所示，从消费的人口构成变化趋势来看，1995—2010 年，城镇居民与农村居民的消费构成变化趋势与人口构成的变化趋势基本相同。城镇居民的消费比重从 1995 年的 60.27%增长到 2010 年的 76.82%，而人口比重从 29.04%增长到 49.95%，分别增长了 16.55 个百分点和 20.91 个百分点，消费比重增长速度慢于人口比重增长速度；农村居民消费比重从 1995 年的 39.73%下降到 2010 年的 23.18%，人口比重则从 70.96%下降到 50.05%。

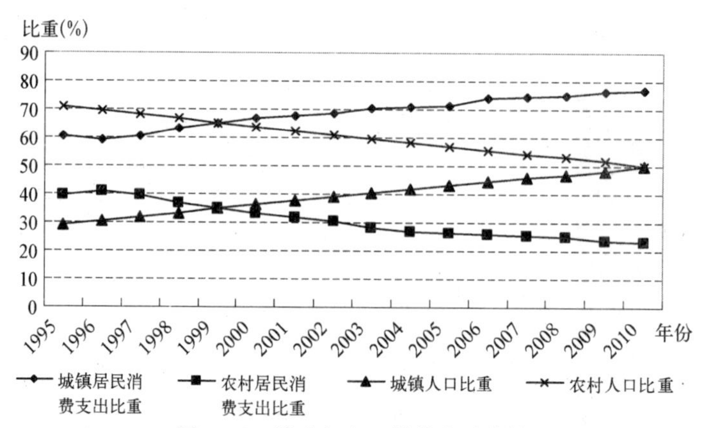

图 3-1　消费与人口结构变动趋势

数据来源：Wind 数据库。

为了更加直观地反映人口构成和消费构成的变化趋势，将消费比重与人口比重进行比较，结果见图 3-2。

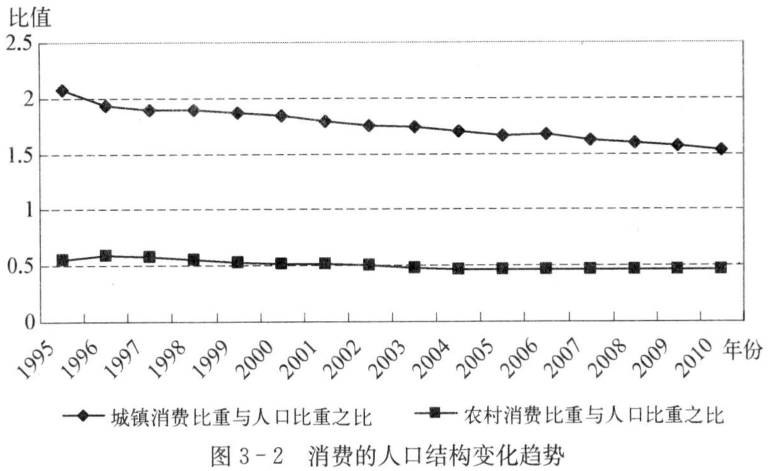

图 3-2 消费的人口结构变化趋势

从 20 世纪 90 年代以来，中国经历了快速的人口城市化进程。农村人口比重不断减少，城市人口比重不断增加。由于城市生活方式与农村生活方式存在较大差异，因此人口结构的变化会改变中国整体的消费结构。如果城镇人口与农村人口的消费增长趋势与其人口在总人口的构成中相似，则消费比重与人口比重之比应该是保持基本平稳的。但是，从图 3-2 中可以看到，不管是对城镇人口还是农村人口而言，该比值都在下降，其中城镇消费比重与其人口比重之比的下降趋势还比较明显。这说明就城镇人口与农村人口这种划分方式而言，消费的增长并没有与人口比重变化的趋势保持一致，消费增速明显慢于人口增速。

2. 消费支出对 GDP 的贡献率有所提高，但是仍低于投资贡献率

如图 3-3 所示，从最终消费支出、投资支出与净出口对 GDP 增长的贡献率变化来看，从 2001 年开始，投资贡献率就是最高的，但投资贡献率与净出口的贡献率都存在较大的不稳定性。而最终消费支出的贡献率则相对较为平稳，从 2003 年开始有所上升，但是仍然低于投资对 GDP 的贡献率。

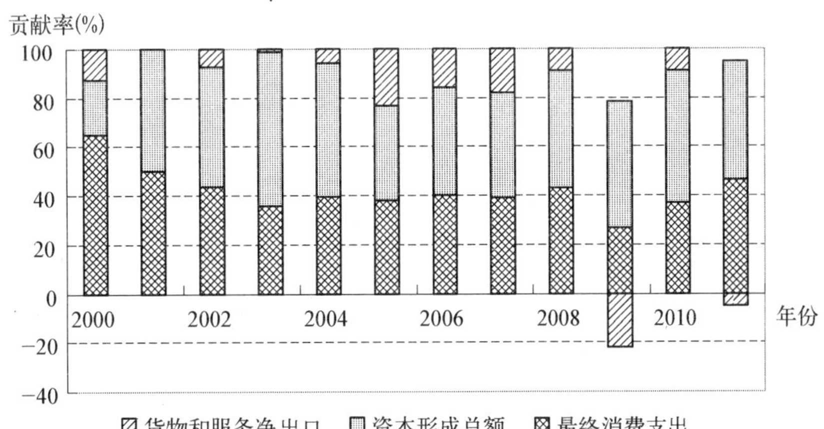

图 3-3 各因素对 GDP 增长的贡献率

数据来源：Wind 数据库。

从最终消费、投资与净出口对 GDP 增长的拉动度来看，消费保持了平稳变化的趋势，而投资和净出口变化幅度都比较大（如图 3－4 所示）。

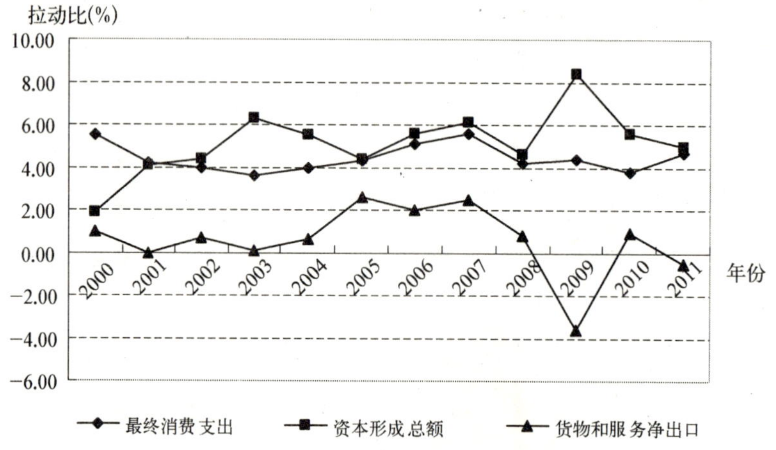

图 3－4 各因素对 GDP 增长的拉动作用

数据来源：Wind 数据库。

从对 GDP 增长的贡献度和拉动程度来看，消费是保持宏观经济平稳增长的重要因素。

3. 不同收入层次的城镇居民消费增长存在一定差异，而各收入层次的农村居民年人均生活消费支出则变化平稳

同样是为了分析消费的构成差异，本章对按照收入划分的各层次家庭平均每人年消费支出进行对比分析。为了给出不同收入层次的家庭消费支出差异的直观反映，在研究中将城镇居民最高收入户平均每人全年消费性支出作为参照基准，用其他各收入层次的家庭支出与其相除，以此来分析各收入层次家庭的支出与最高收入户之间的差距。得到的结果如图 3－5 所示。

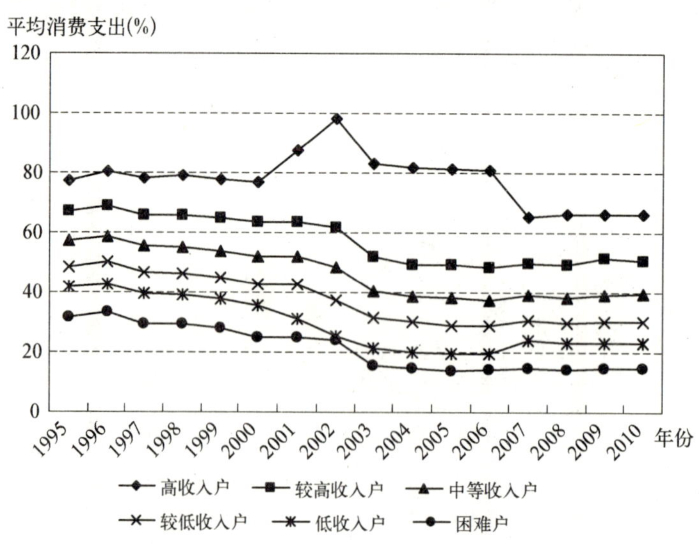

图 3－5 城镇居民不同收入层次家庭年平均消费支出的差异

数据来源：中经网统计数据库。

从图 3－5 中可以看到,相对于最高收入家庭而言,其他各收入层次家庭的年平均消费性支出是逐渐下降的。高收入户的相对消费支出在 2001—2003 年曾有短暂增长,随后保持在较低的稳定状态,2007 年之后有一个显著的下降。其他收入层次的家庭年平均消费支出相对值在 2002—2003 年出现了较为明显的下降,随后基本保持稳定。从这个比较分析的结果可以看到,相对于最高收入层次的家庭消费支出而言,其他收入层次的家庭消费支出所占的比重是逐渐减少的。从 2003 年开始,除了高收入户,其他层次收入水平的家庭年平均消费支出还达不到最高收入户的 50%,困难户的年平均消费支出达不到最高收入户年平均消费支出的 15%。

由于农村居民消费支出统计数据是按照收入五等份划分的,因此将四种较低收入等级家庭的年人均生活消费支出与高收入家庭年人均消费支出相比较。由图 3－6 显示,至少在 2002—2005 年,农村各收入层次家庭的年人均生活消费支出相对于高收入家庭而言还是比较稳定的。对于低收入户和较高收入户,该比值在 2005 年出现了一次明显的上升过程,随后保持在相对较高的水平。但是对于较低收入户和中等收入户,虽然该比值在 2005 年也出现了一次上升过程,但是随后又出现了明显的下降,并保持在与 2005 年之前基本相同的水平上。

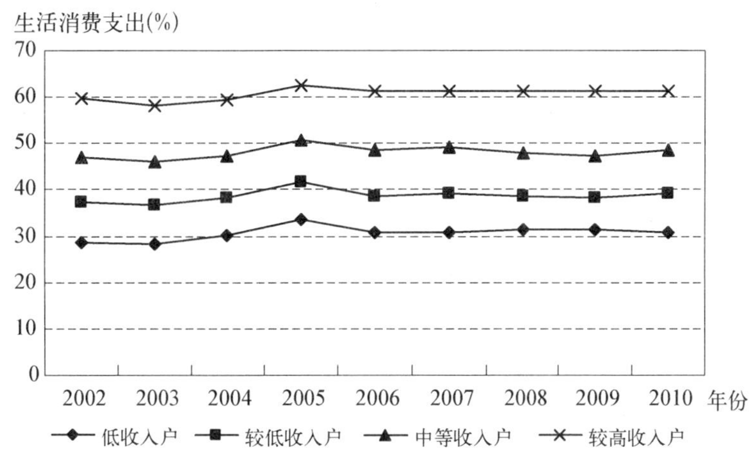

图 3－6　农村居民按收入划分的家庭年人均生活消费支出差异

数据来源：中经网统计数据库。

4. 农村居民平均消费倾向远高于城镇

在图 3－7 中可以看到,在 2000—2010 年,农村居民的平均消费倾向变化趋势较为平稳,从 2004 年开始还有所上升,到 2010 年才出现降低的趋势。而城镇居民的平均消费倾向则一直呈现下降的趋势。平均消费倾向的下降可能来源于两个主要原因：一方面是由于社会保障体系仍然不完善而引发中国居民存在较高的预防性储蓄需求;另一方面是中国长期以来一直存在的量入为出的消费习惯所致,居民远未形成超前消费意识。2000—2010 年,是城镇住房价格快速增长的时期。居民住房还贷压力不断增加导致城镇居民平均消费倾向出现持续下降的趋势。

从家庭人均年消费支出的绝对值数据来看,1995 年,城镇与农村家庭平均每人年消费支出差距为 2 227.21 元;2010 年,该差距则达到了 9 089.63 元,扩大了 3 倍之多。虽然农村家庭具有较高的平均消费倾向,但是受限于各种制约因素,其年人均消费支出与城镇居民相比仍存在巨大差距。

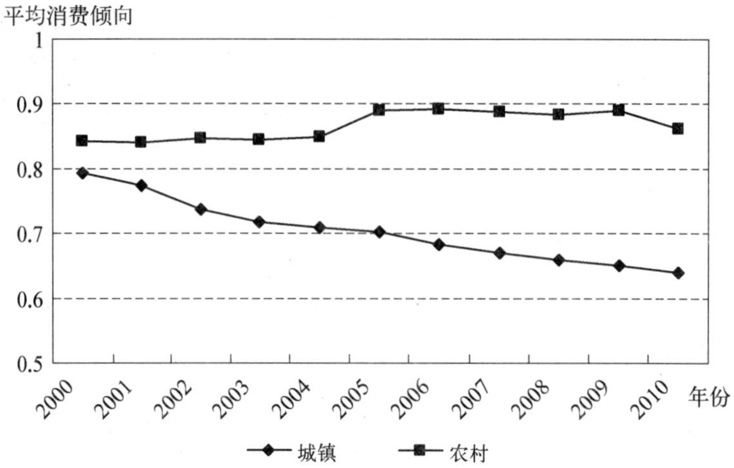

图 3－7 平均消费倾向变化趋势

数据来源：中经网统计数据库。

5．政府消费率保持平稳，而居民消费率下降明显

在 1999—2010 年，政府的最终消费率始终保持在 13%～16%。而居民的最终消费率则呈现出快速下降的趋势，从 1999 年的 46.75%下降到 2010 年的 33.22%，12 年时间里下降了 13 个百分点（如图 3－8 所示）。

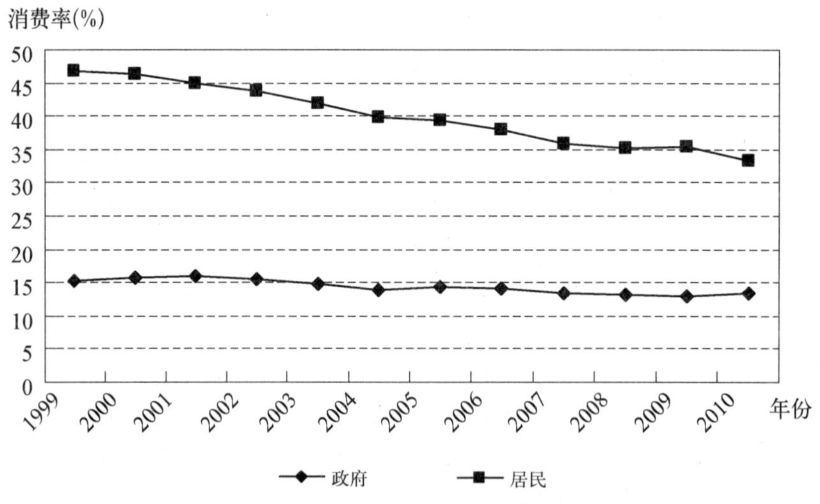

图 3－8 政府和居民的最终消费率对比

数据来源：国研网统计数据库。

中国最终消费率的低迷与持续较高的经济增长速度形成了鲜明的对比。在世界主要国家与地区中，统计数据显示①，1998—2008 年，世界人均 GDP 增长率为 1.72%，而中国在此时期的人均 GDP 增长率为 8.84%，高于同期俄罗斯的 6.1%的平均增长率，也高于印度的 5.4%

① 统计数据来源于国研网世界银行数据库。

的水平。但是,同期中国的最终消费率平均只有 55.16%,低于俄罗斯的67.4%,也低于印度的 72.2%的水平。而大多数发达国家的最终消费率都在 75%以上。由此看来,中国的最终消费率还有较大的增长空间。

（二）2011 年中国消费发展概况

由于 2011 年有不少刺激消费的政策即将到期,消费的增长速度比之于 2010 年有所放缓。根据中国国家统计局发布的数据,2011 年中国社会消费品零售总额为 183 919 亿元,同比名义增长 17.1%,扣除物价因素实际增长 11.6%,这一实际增长值比 2010 年的 14.8%降低了 3.2 个百分点。2011 年城镇消费品零售额 159 552 亿元,增长 17.2%,增速比 2010 年低了 1.5 个百分点;乡村消费品零售额 24 367 亿元,增长 16.7%,与 2010 年的 16.2%基本持平。总体来看,城镇消费品零售额增长略高于乡村。据商务部监测,全国 3 000 家重点零售企业销售额同比增长 15.9%,增速比 2010 年放缓 2.2 个百分点。

在对总体经济增长的贡献方面,2011 年消费继续发挥着重要作用。2011 年,消费拉动总体经济增长 4.7 个百分点,对 GDP 增长的贡献率为 51.6%,都明显高于 2010 年的对应值。

（三）2011 年中国消费发展的特征

由于 2011 年有不少刺激消费的政策正式结束,因此相应的商品消费增长速度比 2010 年出现了明显回落,加之通货膨胀在年中不断高企,也在一定程度上影响了消费者的消费信心。

1. 消费者主动消费的意愿仍需要政策因素带动

2011 年的整体消费增长表明政策因素在刺激消费增长的过程中仍然具有重要作用。中国商务部的统计数据显示,全国家电以旧换新共销售五大类新家电 9 248 万台,拉动直接消费 3 420 多亿元,有效引导了城镇居民消费能力的释放。由于物价波动的影响,2011 年中国吃穿类商品销售加快增长,金银珠宝销售稳步增长,家电、通讯类和居住类商品销售增速放缓。

从图 3－9 所示的 2011 年各月统计数据来看,2011 年各月社会消费品零售总额增长率还是较为平稳的。除 2 月份受基期因素的影响导致增速较慢之外,其他各月同比增速都在 18%左右。

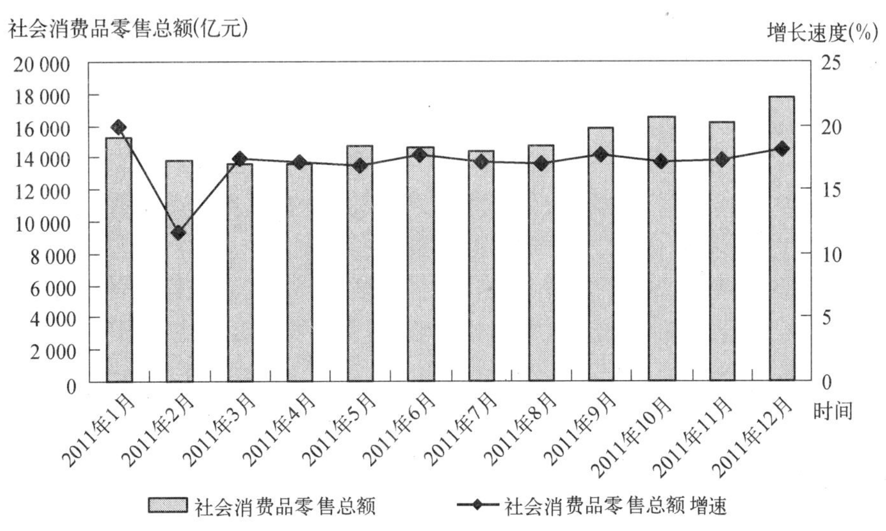

图 3－9 2011 年各月社会消费品零售总额及其增长率变化

数据来源：中经网统计数据库。

2. 各类商品消费平稳增长,受政策影响程度较高的商品消费增速波动幅度也较大

表 3-1

各年度限额以上企业商品零售额增速变化情况

单位:%

项目 \ 年份	2007	2008	2009	2010	2011
通讯器材类	8.8	1.4	—1.3	21.8	27.5
文化办公用品类	22.6	17.9	6.7	23.5	27.6
肉禽蛋类	40.9	22.3	8.3	21.7	27.6
家用电器和音像器材类	23.4	14.2	12.3	27.7	21.6
粮油类	38.3	22.7	13	27.9	29.1
日用品类	26.5	17.1	15.6	25.1	24.1
金银珠宝类	41.7	38.6	15.9	46	42.1
化妆品类	26.3	22.1	16.9	16.6	18.7
服装类	28.7	25.9	20.8	25.8	25.1
中西药品类	25.1	14.8	21.7	23.5	21.5
建筑及装潢材料类	43.6	—12	26.6	32.3	30.1
汽车类	36.9	25.3	32.3	34.8	14.6
家具类	43.2	22.6	35.5	37.2	32.8

数据来源:中国国家统计局各年统计公报。

如表 3-1 所示,2011 年,在限额以上企业商品零售额中,汽车类的零售额比上年增长 14.6%,粮油类增长 29.1%,肉禽蛋类增长 27.6%,服装类增长 25.1%,日用品类增长 24.1%,文化办公用品类增长 27.6%,通讯器材类增长 27.5%,化妆品类增长 18.7%,金银珠宝类增长 42.1%,中西药品类增长 21.5%,家用电器和音像器材类增长 21.6%,家具类增长 32.8%,建筑及装潢材料类增长 30.1%。

与往年相比,2011 年消费增速较快的有金银珠宝类、家具类和建筑及装潢材料类商品,但是增长速度都较 2010 年有不同程度下降。增速下降最显著的是汽车类商品,虽然零售额增速仍然达到 14.6%的水平,但是比之于 2010 年 34.8%的历史高位,增速降低了 1 半还多。

以上数据表明,目前消费者的消费意愿仍然没有被充分调动。政策激励程度较高的商品,其消费增长速度也显著提高,但是当政策退出之后,消费增长速度随之下降。消费者主动消费的意愿仍不明显。

二、风险因素识别

(一)影响消费变动的长期因素

1. 收入增长

消费者的消费是以其收入作为支撑的。收入的趋势性增长会影响消费者的当期收入及对未来的预期,在长期内甚至会改变消费者的消费习惯,因此几乎所有研究消费的文献都将收入

归为消费的根本影响因素。

张邦科等人(2011)将持久收入假说转化为三个假设，并运用省际面板模型检验了这三个假设。研究结果发现：中国城镇居民消费与持久收入存在显著的相关关系；城镇居民消费与暂时收入有显著的相关关系，暂时收入的边际消费倾向不为零；就诸省份而言，暂时收入的边际消费倾向不同。他们的研究认为，增加持久收入和暂时收入均可刺激城镇居民消费，增加当期收入是刺激城镇居民消费的重要选择。政策层面应该努力降低不确定性和流动性约束的影响，改善居民收入和消费预期。姜洋、邓翔(2011)的研究发现，当期收入是影响居民消费的主要因素，且随着经济体制改革的推进和人民生活水平的提高，预期收入对居民消费的影响不断加强，尤其是农村居民的预期收入感受非常显著。因此，提高居民消费的关键在于增加居民当期收入和改善居民消费预期，尤其是增加农民收入和消费。

陈太明(2011)的研究结果表明，省级城乡居民的消费水平具有明显的波动性，但在控制了全国层面城乡的总体消费波动之后，省级城乡居民的异质消费波动性倾向于减弱。为切实提高城乡居民福利，除了通过增加城乡居民收入来提高居民消费增长率之外，还需要进一步对外开放来降低居民消费波动性。陈璋等人(2011)的研究认为，在经济危机和转变发展方式的背景下，改善当前结构矛盾的短期政策是调整收入分配结构，减少高端部门资本报酬，增加高、低端部门劳动者报酬，进而扩大消费需求。

不仅以宏观层面数据进行的研究证实了收入对消费的重要作用，一些以特定省份为对象的研究也充分证实了这一点。刘灵芝等人(2011)采用2011年在湖北省抽样调查获得的微观数据，引入不确定性变量对农村居民消费行为进行了实证分析。研究发现收入不确定性和支出不确定性都会抑制农村居民消费；收入不确定性对农村居民消费的影响大于支出不确定性的影响；支出不确定性中，教育支出的不确定性相对于医疗支出的不确定性对居民消费水平的抑制作用更大。研究认为，通过提高社会保障能力和降低政策实施过程的不确定性，可以在一定程度上降低相关因素对居民福利所产生的不利影响。林文芳(2011)利用福建省县域居民消费样本调查数据，基于空间相关性和扩展线性支出系统对中国县域居民消费结构与收入关系进行实证分析。结果表明，可支配(纯)收入对居民的各类消费具有显著的影响，而且对八类消费的作用强度不同，旨在提高居民收入的收入分配制度改革能够促进消费需求，针对不同边际消费倾向的政策可以更有效地引导居民消费。

2. 受教育程度

消费者的消费习惯、消费意愿以及消费偏好会随着受教育程度的不同而变化。除去基本的生存需要而进行的消费活动之外，诸如休闲消费、高质量产品的消费会随着教育程度提高而不断变化。孙迎联(2011)采用排序选择模型分析方法研究了影响居民消费需求的因素。实证研究发现，收入水平、子女教育状况、家庭人口规模是影响居民消费意愿的最主要因素，户主工作单位性质、受教育水平也影响消费意愿。张学敏、何酉宁(2006)认为，教育不仅促进人作为生产要素的人力资本的发展，也应该促进人作为消费主体的消费水平、消费观念、理性消费的发展和所应该具备的消费技能的提升。他们通过对调研数据进行实证研究发现，教育程度确实对人们的消费水平、消费结构、消费方式、消费观念等有着重要影响。

3. 消费习惯

消费习惯是历史文化传统在居民消费行为、消费方式以及消费理念上的体现。中国历来有勤俭节约、量入为出的消费观念，这种观念也是长期制约中国消费率迅速增长的重要因素。

贾男、张亮亮(2011)利用“中国营养与健康调查”数据对中国城镇居民消费中的“习惯形成”效应进行了研究。研究发现,“习惯形成”可以从一定程度上解释近年来中国城镇居民消费不振及高储蓄的现象,这一效应即使在考虑了城镇家庭的“预防性储蓄动机”之后仍然是稳健的,并且其对消费的边际影响比“预防性动机”更为重要。不仅如此,研究还发现家庭越富有,习惯形成越强,储蓄倾向越高。潘文轩(2010)认为,中国城乡居民的消费行为存在较大差异性。他以西方消费理论为基础对城乡居民消费函数分别进行了实证检验。研究发现,这种差异性具体表现在相邻期间消费关联性、自发消费、边际消费倾向和消费行为稳定性这四个方面。在政策层面,他认为需要采取城乡有别的消费政策,刺激城镇居民消费的重点应当是通过结构调整与体制改革提高其边际消费倾向,而扩大农村居民消费的关键则应该是提高农民收入水平、优化农民消费行为、促进农民消费的稳定增长。宋红军(2011)的实证研究发现中国居民主观贴现因子大于世界市场贴现因子,并认为其主要原因是由于中国居民的消费理念和消费行为深受以节俭为美德的传统思想的影响,住房、子女教育等支出的增加也提高了居民的主观贴现因子,未来收入的不确定性也迫使居民推迟消费、增加预防性储蓄。

4. 社会保障水平

社会保障水平的高低关乎消费者晚年生活的安定与幸福。较好的社会保障制度能够为消费者解除后顾之忧,而如果消费者对未来的生活保障缺少信心,显然会降低现期消费,以期能够在整个生命期间平滑自己的效用变化。朱孟晓、胡小玲(2009)的研究表明,医疗保健消费对消费倾向有很大的抑制作用,因而有效的社会保障政策对于促进消费尤为重要。韩立岩、杜春越(2011)的研究发现,社会保障、消费升级和储蓄在全国范围内均呈现显著正相关,房贷支出和教育在中西部地区的促进作用显著,而保险在东部地区作用突出。研究认为,政府要扩大消费内需并改变消费金融发展的不平衡,就应把握消费升级和社会保障制度的推进时机和力度,增加中西部地区社会保障投入和教育投入,持续提高居民收入,适度放宽中西部地区的家庭房贷限制。

范馨(2011)以江苏省为例进行的实证研究表明,城镇居民消费支出和社会医疗保险支出之间存在协整关系,社会医疗保险支出对消费水平的增长有促进作用。陈冲(2011)的研究表明,从总量上看,政府公共支出对全国、城镇和农村居民的消费都具有挤入效应,但是这一挤入效应呈现先上升后下降的“倒 U 字形”趋势。从结构上来看,投资性支出和民生性支出对全国居民消费产生了挤入效应,而消费性支出产生了挤出效应。具体到城乡之间,投资性支出对城镇居民消费产生挤入效应,而对农村居民消费经历了一个先挤入再挤出的过程。消费性支出对城镇居民消费产生挤出效应,对农村居民消费则经历了一个先挤出再挤入的过程。民生性支出对城乡居民的消费均始终具有挤入效应。

5. 收入差距

随着中国市场经济不断发展,越来越多的研究者开始关注收入分配的公平性对消费产生的影响,认为中国消费贡献率和消费水平明显偏低的原因,在于居民收入分配以及贫富差距悬殊。如果有越来越少的人占据社会上越来越多的财富,由于存在边际消费倾向递减的规律,就会造成整个社会的消费率不断下降。

中国目前各种收入差距存在的不断扩大趋势,在一定程度上抑制了消费的增长。比如,对于城镇居民而言,按照目前的统计口径,最高收入户城镇家庭平均每人可支配收入与最低收入户相比，2000 年是 5.01 倍，到了 2010 年则扩大到了 8.65 倍①。相比较而言，农村居民的收入差距则没有这么明显。高收入农村居民家庭人均年现金收入在 2002 年是低收入户的 6.5 倍，2010 年降为 6.31 倍。但是，由于城镇消费占到中国总体消费的绝对份额，因此城镇居民收入分配的差距扩大是制约中国总体消费增长的重要因素。

邹红、喻开志(2011)检验了国民收入分配结构、城乡居民收入差距以及它们的交互作用对中国居民消费率的影响，揭示了中国消费率偏低的动态形成机制。研究发现，劳动收入份额和城乡收入差距是居民消费增长缓慢最根本的原因；城市化水平、消费习惯形成和人口年龄结构对居民消费率也有重要的潜在影响。李光、梁嘉骅(2011)利用改革开放以来的实际数据探讨城乡差距、行业差距、地区差距对中国当前消费的影响，得到的基本结论是“三大收入差距”已经成为影响消费需求扩大的主要因素。

6. 人口结构

消费者是消费的主体，消费者的年龄结构在很大程度上会影响整体的消费增长与结构变化。王宇鹏(2011)的研究表明，人口老龄化因素显著影响中国城镇居民消费行为。在控制其他因素的条件下，老年人口扶养比越高，城镇居民平均消费倾向越高。少儿人口抚养比对城镇居民消费影响不显著，他认为这可能是家庭未成年人抚养总支出对抚养数量弹性较小。他的研究还发现，消费习惯是近年来城镇居民平均消费倾向下降的原因之一。刘生龙、周绍杰(2011)使用动态面板模型对引起中国居民消费需求不足的各种原因进行验证。实证结果表明，居民收入占 GDP 的比重持续下降、由计划生育导致的少儿抚养比持续下降、不断攀升的行政管理费用、住房制度改革是导致中国居民消费率下降的最主要因素。

（二）影响消费波动的短期因素

虽然有诸如收入增长、消费习惯、人口结构等长期因素影响消费的变化趋势及其结构调整，但是也有不少因素是在短期内影响消费的波动。

1. 政策性因素

政策性因素对消费波动的影响主要体现在财政政策对消费的挤出或挤入效应，以及短期的消费刺激政策产生的影响。刘琦、黄天华(2011)基于面板数据的实证研究表明，财政支出结构对中国城乡居民消费差距的形成有重要影响，这种影响还存在着一定的区域差异性。范金等人(2011)在对传统消费效用模型拓展的基础上，研究了地方政府投资性支出结构对居民消费水平的影响效应。研究认为，地方政府经济建设支出对居民消费产生挤出效应，而社会公共福利支出则表现出显著的挤入效应；社会公共福利和经济建设支出分别对城镇居民消费的挤入和挤出效应均大于农村居民；农村居民习惯形成因素对当期消费的影响大于城镇居民，此种消费习惯差异加剧了政府支出效应的城乡差异性；居民消费习惯因素削弱了地方政府支出的挤入和挤出效应，总体上阻碍了政府通过扩大支出来刺激居民消费的实际效果。

黄威、丛树海(2011)利用省级面板数据考察和比较了东、中、西部地区财政政策对城乡居民消费的影响，发现财政支出政策对居民消费影响的显著性要明显强于收入政策，而且财政政策影响农村居民消费的有效性要高于城镇居民。洪涛、毛中根(2011)使用分类回归树方法根据中国地方政府支出与居民消费关系的差异，将中国 31 个省市区分为两组，研究表明，政府支出增长对居民消费的影响在两组区域之间存在显著差异。在第一组，农业支出、政策性补贴和

---

① 数据来源：中经网统计数据库。

政府消费的增长对居民消费具有较大的正向影响，但只能在当期发挥作用。而在第二组，则是基本建设支出和科学技术支出的增长显著促进了居民消费，且显示出较好的持续性。

2. 消费环境

消费环境涉及消费者消费时所处的商品流通运输环境、商务环境、金融支持以及产品安全等领域的内容。消费环境能够通过消费的便利性、安全性影响消费者的消费信心，并进而影响总体消费的变化。

祝合良、李晓慧(2011)认为，作为生产通往消费的重要桥梁和纽带，商品流通在扩大内需中具有重要作用。流通业的发展水平和结构，直接影响着消费的实现。中国流通业发展不畅，导致其在扩大内需中的作用没有得到应有的发挥。文晓巍(2011)从农民收入、消费环境出发，研究了农村现代流通体系与农村消费需求之间的内在联系。研究发现，完善的农村流通体系有利于促进农民增收，优化消费环境；现有的农村流通体系存在诸多弊端，既影响了农民的增收，又对农村消费环境产生不利影响，从直接和间接两个方面抑制了农村消费需求。

周旭霞等人(2010)从近年来中国居民消费不足但住房消费明显增加的事实引出了投资性消费的概念，并运用理论模型揭示了投资性消费兴起的原因。分析表明，投资性消费是中国近年来居民消费率持续走低的一个重要原因。住房投资性消费具有较强的不确定性和风险性，在一定程度上放大了真实的需求。由于房地产涉及的行业广泛，因而也加大了宏观经济的风险性及对经济准确判断的难度。

三、消费波动的实证研究

(一) 城乡消费差异的相关研究回顾

对居民消费行为及其在经济发展过程中所起作用的研究，一直是经济学领域研究的重点议题，这其中一个重要的内容是分析影响消费增长及波动的主要因素。对消费增长的研究基本上都是从消费函数出发。西方经济学家较早探讨过消费函数问题，提出了诸如消费倾向、收入弹性等概念，并提出了诸如绝对收入假说、持久性收入假说与相对收入假说等消费函数形式。近年来，由于国内经济发展越来越重视居民消费的作用，也有不少学者开始关注影响消费的主要因素。随着研究的不断深入，有不少学者注意到城乡居民消费存在的差异性，并展开了有益的探索。

从现实数据来看，中国居民消费的一个显著现象是城乡居民消费差异正不断变大。

从图 3－10 中反映的城乡居民消费水平差异图上可以看到，在 1987—2010 年，城乡居民的消费差距不断扩大。其间经历了 1991—1997 年以及 2003—2009 年的两次迅速增长的时期。城乡居民的消费差异绝对值也从 1987 年的 577 元上升到 2010 年的 11 452 元，增加了 18.8 倍之多，而且这个差距增加的趋势并没有显著放缓的迹象。

中国城乡居民消费差距不断增加的现象近年来也引起了学者们的关注。朱信凯、骆晨(2011)以消费函数为主线，按照文献的发展脉络与逻辑关系系统梳理了消费函数研究的理论变迁及内在逻辑，分析消费函数研究由微观主体过渡到宏观数据过程中面临的主要问题和重大分歧，以及理论移植到中国需要解决的适用性问题。他们在分析中强调指出，鉴于中国独特的城乡二元经济结构，无论从消费水平、消费结构、观念习惯等哪个角度出发，城市居民和农村居民都有显著的差异，比较研究可能会带来更为有益的收获。

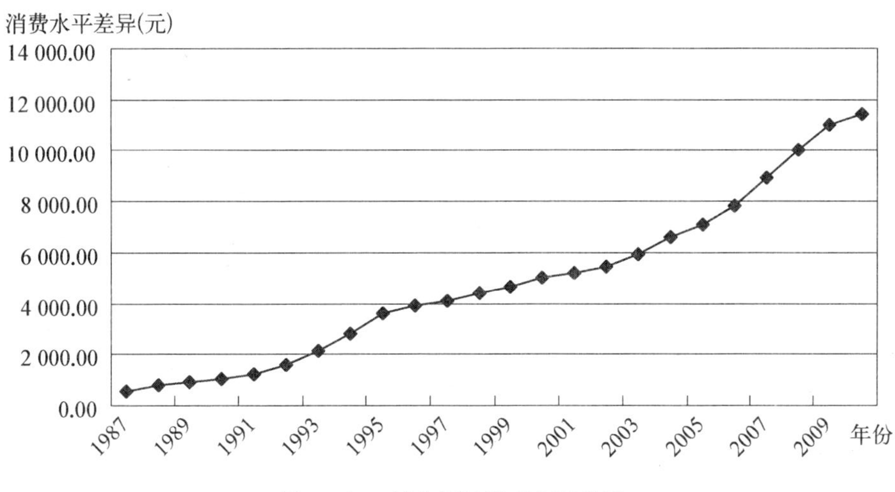

图 3-10　城乡居民消费水平差异

数据来源：Wind 数据库。

周靖祥、王贤彬(2011)使用 1978—2007 年的城乡居民消费及相关经济数据，依据消费的持久性收入假说估计了城乡居民消费函数。研究发现两者差异主要来自持久收入和自发性消费的影响。城乡消费不仅在消费水平和增长率决定因素方面存在显著差异，并且在自身冲击和收入冲击的效应方面亦存在显著差异；在影响农村居民消费增加的众多因素中，收入增加成为关键因素。城乡收入不平等以及农村内部的不平等都使得刺激农村消费需求面临困境，而回归农村经济发展以及收入分配的增量改革和存量调整都是解决困境的重要途径。

李春琦、张杰平(2011)构建了一个中国农村居民收入与消费的动态宏观经济模型，解释农村居民各种收入对消费的影响。研究表明，工资性收入、经营性收入、财产性收入和转移性收入对农村居民消费水平都产生显著影响，但各项收入对消费的影响程度存在较大差异。要想有效提高农村居民的消费需求，不仅要增加农村居民总收入，同时还要调整农村居民收入的结构。

消费是能够给居民带来直接效用体验的经济活动，而作为每一个消费个体，其理性的消费及预期是偏好平稳增长路径的。如果消费出现未预期的波动，肯定会影响消费者的福利。收入是影响消费的最重要因素，收入的波动对消费者将产生不良预期，会影响消费的增长路径与增长速度。在中国目前城乡消费存在较大差异的背景下，有必要将城镇和农村居民的消费状况分别进行研究。因此，本部分将把中国消费按照城镇和农村进行分类，分别研究收入及其不确定性对城乡消费增长的影响。

(二) 数据处理及模型设定

本研究认为，不仅收入及其长期变动趋势会影响居民的消费决策，收入的波动也将影响居民的消费行为。而且，在中国当前城乡居民的收入差距和消费差距不断扩大的情形下，这些因素对居民消费的影响应该也是存在差异的。

本部分选取中国 2003—2011 年的季度收入与消费支出统计数据，分析消费惯性、收入的不确定性对居民消费变动产生的影响。

我们设定实证研究模型如下：

$$LNCON_t = f(LNINC_t, VI_t)$$

式中 CON_t——消费变量；

INC_t——收入变动；

VI_t——收入波动，反映了收入的不确定性。除收入波动变量以外，其他变量在实证研究时对基础数据取自然对数处理。

1. 消费

在实证分析中，我们对城镇居民消费和农村居民消费分别进行研究。对农村居民选取的是农村居民人均现金支出数据，对城镇居民选取的是城镇家庭人均消费性支出数据。

2. 收入

收入是影响消费变化的根本因素。在实证分析过程中，分别选择城镇居民人均可支配收入和农村居民人均现金收入作为收入趋势性变化的衡量指标。

在实证研究中选取2003—2011年的季度数据，数据来源是Wind资讯数据库。对于消费和收入数据，在实证研究过程中分别使用城市居民消费价格指数和农村居民消费价格指数进行处理得到实际值，然后使用Eviews中的X-12方法进行季节调整，实证研究时取自然对数处理。

3. 收入的不确定性

从消费者本人来看，对收入短期波动的感知主要是通过名义变量的变化率体现出来的。因此，在衡量收入的不确定性时，为简单起见，使用经过季节调整的名义收入波动率作为替代变量。其计算公式为：

$$VI_t = \frac{INC_t - INC_{t-1}}{INC_{t-1}} \times 100$$

（三）实证研究

1. 变量的平稳性检验

对上述各变量进行平稳性检验的检验结果见表3-2。

表3-2

各变量平稳性检验结果

变量		ADF统计量	检验方程形式	临界值		AIC	SC
				1%	5%		
城镇	*LNCON*	−2.646 56	(C, T, 0)	−4.243 64	−3.544 28	−0.354 39	−0.221 07
	d*LNCON*	−5.461 34	(C, 0, 2)	−3.653 73	−2.957 11	−0.221 38	−0.038 16
	LNINC	−2.422 03	(C, T, 0)	−4.243 64	−3.544 28	−5.236 22	−5.102 9
	d*LNINC*	−5.549 63	(C, 0, 0)	−3.639 41	−2.951 13	−5.089 48	−4.999 69
	RV	−7.267 3	(C, 0, 0)	−3.639 41	−2.951 13	3.800 03	3.889 816
农村	*LNCON*	−3.608 58	(C, T, 2)	−4.262 74	−3.552 97	−4.325 61	−4.098 87
	LNINC	−4.569 69	(C, T, 0)	−4.243 64	−3.544 28	−3.826 88	−3.693 57
	RV	−8.289 74	(C, 0, 0)	−3.639 41	−2.951 13	5.833 473	5.923 259

注：检验方程形式(C, T, d)中C表明检验方程带有常数项，T表明带有趋势项，d为滞后期数，选择标准是AIC和SC准则。检验计量软件为Eviews 6.0。

由检验结果可以看到，在1%的显著性水平上，城镇居民消费与收入变量是一阶单整序列，城镇居民收入波动变量是平稳序列。农村居民的上述三个变量都是平稳序列。

2. 协整分析

由于同阶单整的变量序列存在协整关系，因此我们分别对城镇居民与农村居民的上述相关变量建立协整方程。检验的基本思路是使用滞后长度判别检验(Lag Length Criteria)确定协整检验的滞后阶数，根据迹检验和最大特征值统计量的结果进行协整关系的判断。此处在表3-3和表3-4中直接给出了各变量序列的协整向量结果。

表3-3

基于农村数据序列的协整检验结果

原假设	迹统计量	迹统计临界值		最大特征值	最大特征值统计临界值	
协整方程数目	(Trace Statistic)	0.05	p-值	(Max Eigen value)	0.05	p-值
没有	36.282 65	29.797 07	0.007 8	26.356 79	21.131 62	0.008 4
至多1个	9.925 867	15.494 71	0.286 5	9.645 907	14.264 6	0.236 2
至多2个	0.279 961	3.841 466	0.596 7	0.279 961	3.841 466	0.596 7

注：p-值是 MacKinnon-Haug-Michelis (1999) p-values。

表3-4

基于城镇数据序列的协整检验结果

原假设	迹统计量	迹统计临界值		最大特征值	最大特征值统计临界值	
协整方程数目	(Trace Statistic)	0.05	p-值	(Max Eigenvalue)	0.05	p-值
没有	36.282 65	29.797 07	0.007 8	26.356 79	21.131 62	0.008 4
至多1个	9.925 867	15.494 71	0.286 5	9.645 907	14.264 6	0.236 2
至多2个	0.279 961	3.841 466	0.596 7	0.279 961	3.841 466	0.596 7

注：p-值是 MacKinnon-Haug-Michelis (1999) p-values。

从协整检验结果可以看到，各变量序列间在1%的显著性水平上存在一个协整方程。

表3-5

协 整 向 量

	LNCON	*LNINC*	*RV*	*TREND*
城　镇	1	2.467 976	−0.594 588	
	标准误差	−0.180 25	−0.148 28	
农　村	1	2.117 748	0.000 078	−0.035 849
	标准误差	−0.096 98	−0.001 18	−0.003 15

从表3-5所示的协整向量结果可以看到，收入是影响居民消费增长的主要变量。对城镇

居民消费而言，收入波动对消费增长具有较为显著的负面影响，但是这种效应在农村居民消费变化的过程中表现得不明显。这种结果，一方面原因可能是由于中国农村地区的消费行为存在较大的差异，由于本研究没有按地区进行细分，因此基于总量数据的研究较难反映这种差异，这也是本研究今后将要逐渐深入的方向；另一方面原因可能是由于农村地区的消费中，有相当一部分不是通过货币收入体现的。而且中国农村消费市场至今仍然没有被完全有效地开发出来，因此有相当一部分农村居民的消费需求没有得到体现。

3. 基于VAR模型的脉冲响应和方差分解分析

基于VAR模型的脉冲响应函数(impulse response function, IRF)可用于度量来自随机扰动项的一个标准差冲击对各变量当前和将来取值的影响。它可以用来分析VAR模型中任意一个变量的扰动如何通过模型影响到其他变量，最终又反馈到自身的过程。如果模型中随机扰动项是相关的，它们将包含一个不与任何特定变量相联系的共同成分。通常，将共同成分的效应归属于VAR系统中第一个出现的变量。

如图3－11所示，从城镇居民消费增长的脉冲响应结果可以看到，当在本期给收入一个正向冲击后，消费的增长不是立即发生的，而是在第4期之后达到最高点，随后又迅速下降。但是在整个观察期内都保持了正向影响。当本期给消费一个正向冲击后，经过4期的时间，消费的增长变为负值。这说明城镇消费者仍然受到传统量入为出的消费习惯的影响，主动消费意愿不够强烈。当某期消费增加之后，会在后续阶段的消费中主动减少支出，对本期的消费增长进行“回补”。脉冲响应分析还表明，当对本期收入的波动产生一个正向冲击时，城镇居民消费会出现一个增加的过程，但是其影响程度要显著低于收入本身的影响。而且在7期之后，收入波动的影响转为负面。方差分析的结果也表明城镇居民消费习惯是影响消费增长的主要因素，其对消费的影响程度在整个研究期间都高于收入的影响。

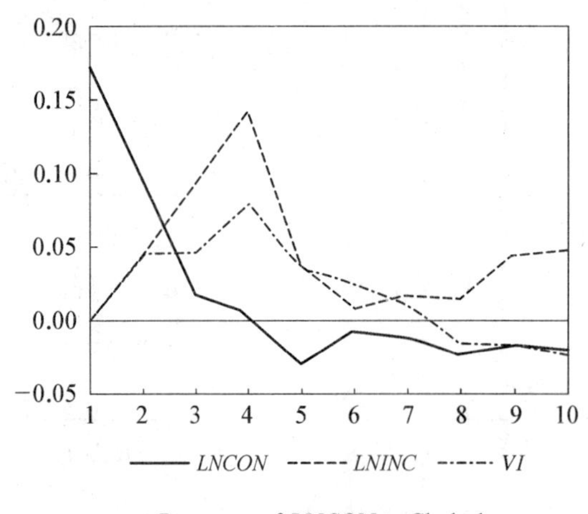

Response of LNCON to Cholesky One S.D. Innovations

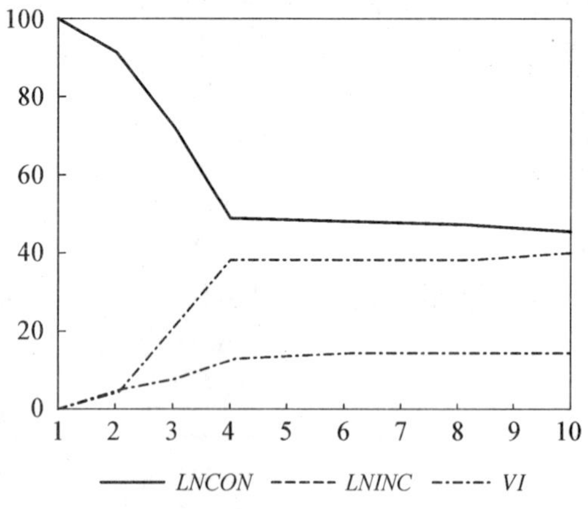

Variance Decomposition of LNCON

图3－11 城镇居民消费增长的脉冲响应及方差分解

在图3－12所示的分析结果中，基于农村居民消费及收入数据的脉冲响应及方差分解分析表明，当在本期给收入一个正向冲击后，消费的增长较为缓慢，要经过7个季度才能达到最高点。与城镇居民消费行为不同的是，农村居民消费行为的易变性比较差。当

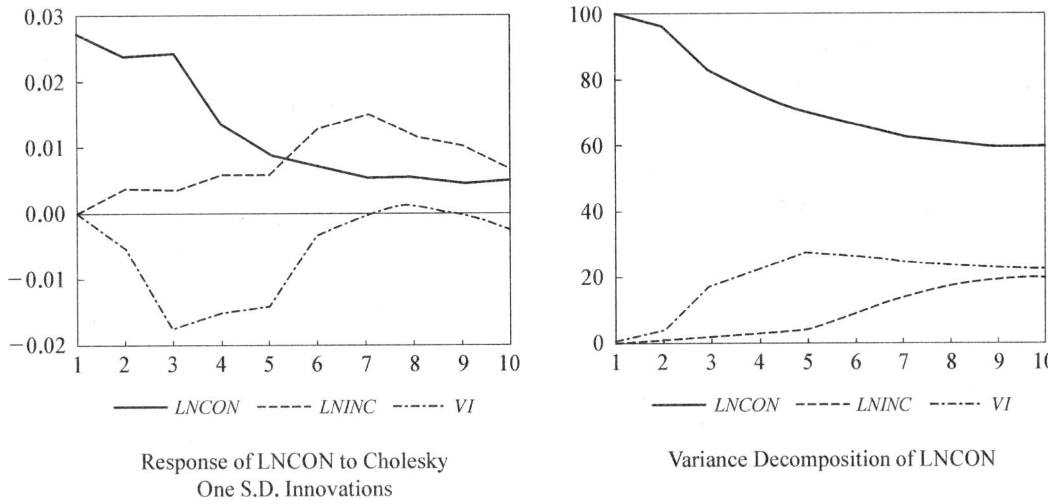

图 3－12　农村居民消费增长的脉冲响应及方差分解

本期消费产生一个正向冲击后，消费迅速增长到最高点，其影响虽然在整个研究期间不断下降，但是一直保持着正向影响。这表明提高中国农村居民消费水平的关键在于改变其消费习惯，更明确地讲是要改变其长期平均消费倾向。虽然在协整分析中农村居民的收入波动对消费增长的影响系数不显著，但是脉冲响应分析表明收入波动的冲击将对农村居民的消费增长产生负面影响。方差分解分析表明农村居民的消费习惯也是影响其长期消费增长的最主要因素。

（四）实证研究结论

基于城镇居民消费与收入数据进行的研究表明，城镇居民消费对收入的趋势性增长还是比较敏感的。收入增长 1％时，消费会有 2.47％的增长。但是收入波动会抑制城镇居民消费的增长。基于脉冲响应分析的结果进一步证实城镇居民消费受收入变动的影响程度最高，而且城镇居民表现出较强的平滑消费的意愿。因为他们会通过降低后续期间的消费来回补本期消费的增长。

基于农村居民消费与收入数据进行的研究表明，农村居民消费对收入的长期增长也较为敏感。收入增长 1％时，消费增长 2.12％。而且农村居民的消费惯性较强，本期给消费一个正向冲击，结果在整个研究期间农村居民的消费会一直产生正向效应。但是农村居民收入增长对消费增长的作用时滞较长。

本部分的实证研究结果表明，城镇居民和农村居民的消费习惯存在较大差异。要提高中国居民的消费率，需要针对城镇和农村居民推出不同的政策。

四、风险度量

（一）风险度量方法

按照中国经济运行风险研究报告一直使用的方法，对历年社会消费品零售总额使用当年 CPI 进行调整得到实际值，根据实际值计算其当年实际增长率，再以各年实际消费增长率对均值的偏差绝对值作为当年消费风险等级划分的基数。分级方法显示在表 3－6当中。

表 3 - 6

消费增长风险评级

绝对值偏离程度(%)	风 险 级 别	风 险 评 级
≤2	1	无风险
≤5	2	低风险
≤8	3	中等风险
>8	4	高风险

2011 年,虽然经济发展的外部环境由于受到国际金融危机余波的影响以及欧债危机的冲击而仍不明朗,但是中国的消费仍然保持了较为平稳的增长趋势。社会消费品零售总额的实际增长率比 2010 年有较为显著的下降,已经由对长期趋势的正向偏离转成低程度的负向偏离。偏离的绝对值降低到 2%以内,因此消费的风险评级也进入无风险区间。

对于宏观经济增长风险,仍然按照已有方法进行 4 个等级的划分。2011 年,虽然世界经济增长仍处于较为低迷的状态,但是得益于宏观经济政策的合理使用,在投资与内需的有效带动下,中国 GDP 增长率达到 9.2%。根据风险评级方法,2011 年宏观经济增长从 2010 年的 2 级风险区间回落至 1 级无风险区间。

但是,从 GDP 季度走势反映出来的宏观经济风险在不断增加。2011 年第一季度 GDP 同比增长 9.7%,第二季度增长 9.5%,第三季度增长 9.1%,第四季度增长 8.9%,GDP 增速连续 4 个季度均呈回落态势。进入 2012 年,宏观经济增长向长期趋势负向偏离的风险在不断增加。

(二) 2012 年消费波动风险评级

2012 年,世界经济复苏的前景并不明朗,中国经济增长的外部环境仍然存在较多的风险因素。国内经济增长放缓的趋势已经比较明显,物价上涨压力虽然有所减轻,但是由于中国仍然处于经济转型阶段,结构调整带来的物价上涨压力仍将长期存在。劳动力成本的上升、资源土地等要素的供求矛盾是总体价格水平上升的长期内在因素。

在整体价格水平变动方面,2011 年度的物价上涨在很大程度上可归因于前期过于宽松的经济刺激政策带来的过剩流动性。另外,虽然政府严格管制房价,但是房价上涨的压力仍然存在。从工业品出厂价格的变化趋势来看,2011 年 8 月工业品出厂价格指数开始出现明显下降趋势,2011 年 12 月下降到 1.69%的水平,而进入 2012 年 1 月则更进一步下降到 0.73%。工业品出厂价格的下降有利于降低物价总体水平,但是也反映出中国宏观经济在 2012 年出现"硬着陆"的风险在不断增加。

进入 2012 年 1 月份,居民食品消费价格指数涨幅仍然高达 10.5%,这表明 2012 年来自食品类商品的物价上涨压力仍然较大。就消费本身而言,消费者信心指数反映出的变化趋势也不容乐观。2011 年第四季度的消费者信心指数月平均值为 99.3,是 4 个季度中最低的。物价上涨对居民消费信心的影响程度是比较高的,尤其是对于中低收入居民而言更是如此。因为中低收入居民的消费中有相当一部分是用于基本的生活生存消费,而食品消费又是这类消费需求的主要组成部分。因此,2012 年政策层面需要继续在稳定消费品价格水平的基础上提振居民消费信心。

从积极的因素来看,实施扩大消费战略、确保居民收入增长以及提高消费率是"十二五"规划的重要内容，随着消费需求的内生性增长动力不断提高，民生福利继续得以改善，国家对收入分配改革的关注，消费能够继续保持平稳增长的势头。2011 年年底召开的中央经济工作会议提出，要牢牢把握扩大内需这一战略基点，重点是保障和改善民生、加快发展服务业、提高中等收入者比重；此外，还将合理增加城乡居民特别是低收入群众的收入，拓宽和开发消费领域，提高流通效率，强化监管和服务，着力扩大内需，这些都是推动消费增长的有利因素。

综合考虑 2012 年经济运行中各种影响消费增长的因素，预计 2012 年全年社会消费品零售总额增长率约为 17%，与 2011 年相比将继续有所下降。但是由于 2012 年价格不会再出现类似 2011 年年中那种快速增长的现象，因此消费的实际增长率不会有较大幅度下降。总体而言，2012 年消费总体风险将与 2011 年持平，维持在无风险等级区间。

五、风险管理

消费是生产的目的，是社会生产生活得以持续运转的必备环节。如果消费不振，即使有再多的新产品、新技术出现，没有经历最终消费这一环节，其价值也得不到体现，起不到改善人民生活、推动社会进步的作用。在促进中国经济增长的各因素当中，消费增长一直是比较稳定的，很少出现较大幅度的波动。因此，消费也是维持经济平稳增长的重要因素。

影响消费增长的因素很多，根本的一项在于持续不断的收入增长，以及保持收入分配的公平公正性。另外，营造良好的消费环境，为居民提供便利的消费条件，有效调动广大农村地区的消费需求，都是今后降低消费波动风险、维持经济平稳增长的重要举措。

1. 继续把增加居民收入作为促进消费增长的根本推动力量

收入始终是决定消费增长的根本因素，促进消费增长最终还是要靠增加居民收入来解决，这一点也被上述实证研究结论所证实。今后中国的经济增长将更加明确地依靠经济发展方式的转变来实现，在这个过程中很重要的一个内容是增加劳动要素的合理报酬，也就是提高居民的收入。在收入提高的过程中，要特别关注以下两点：一是在不断推进城市化进程的同时大力发展农村市场，提高农村居民收入的增长速度。虽然农村居民的消费增长仍有较大空间，但是也需要有收入的增长来支撑其发展。另外，农村消费市场仍然需要进一步完善，包括改善流通条件、提供消费信贷、提高产品质量等。二是在增加居民收入的同时，要注意收入分配的公平公正性，政策层面要努力缩小居民之间的收入差距。

2. 借助政策支持，加速消费结构转型升级

在政策层面应该继续实行一些类似“以旧换新”、“家电下乡”的消费促进政策，政策的重点应该转向对绿色消费、环保型消费产品的支持上来。此类政策的出台，一方面可以促进消费增长，另一方面从市场需求方面促使供给层面不断转型，优化产业结构，带动经济发展方式的转变。此外，为了加速消费结构升级，为居民消费提供更加便利的消费条件，应该加快第三产业的发展，增加服务类消费产品的供给；进一步健全电子商务、网上购物的安全保障体系，减少流通环节，降低物流成本。

3. 保持宏观政策的前瞻性与稳定性，提振居民消费信心

居民的消费信心也是影响消费增长的重要因素。在应对国际经济冲击、发达国家政策波动的经济传导效应时，要保持政策的前瞻性与稳定性，综合利用货币政策、财政政策、产业政策的合理搭配，稳定价格机制，增强居民消费信心。此外，在市场消费环境方面，要继续加大监管力度，完善并严格执行产品质量监管体系，为消费者提供一个放心的消费环境。

4. 完善社会保障体系，逐步转变居民的传统消费观念

中国总体消费增长乏力的一个重要原因是居民受传统的量入为出消费习惯的影响，缺少合理超前消费的观念，而社会保障体系的不完善又加剧了传统观念对消费的抑制作用。受子女教育压力、医疗支出压力的影响，居民对后半生的生活质量始终存有后顾之忧。要改变这种传统观念的影响，必须不断完善社会保障体系，降低居民的教育、医疗负担，使居民能够安心消费。政策层面要结合社会保障制度的不断完善与提高，结合金融服务能力的提升，倡导合理消费、超前消费的理念。

5. 完善流通渠道，提升农村消费

虽然近年来中国城市化程度不断提高，但是城乡二元经济分割的现象并没有得到有效消除。受制于城乡之间仍然存在的较大差异与各种限制条件，广大农村居民的有效消费需求没有得到很好的满足，农村居民消费水平与城镇居民消费水平之间的差异越来越大。在中国消费增长及结构调整的过程中，既有城镇居民不断增长的消费结构升级的需求，也有广大农村居民仍然存在的多样性消费需求。因此，在政策层面不能一概而论，需要针对城镇居民与农村居民消费需求的增长，制定差异化的促进政策。对于农村消费市场而言，重点应该是不断改进与完善商品流通渠道，优化消费环境，从总量增长和结构改善两个方面促进消费平稳增长。

参考文献

[1] 陈冲. 政府公共支出对居民消费需求影响的动态演化[J]. 统计研究，2011(5).

[2] 陈太明. 消费波动的福利效应差异与封闭经济约束[J]. 财贸经济，2011(5).

[3] 陈璋，徐宪鹏，陈淑霞. 中国转型期收入分配结构调整与扩大消费的实证研究——基于投入产出两部门分析框架[J]. 经济理论与经济管理，2011(5).

[4] 范金，任会，坂本博. 地方政府投资性支出结构对城乡居民消费影响的差异性比较[J]. 系统工程，2011(1).

[5] 范馨. 社会医疗保险水平对居民消费水平的影响[J]. 财政研究，2011(5).

[6] 韩立岩，杜春越. 城镇家庭消费金融效应的地区差异研究[J]. 经济研究，2011（增 1).

[7] 洪涛，毛中根. 中国地方政府支出与居民消费关系的区域差异研究[J]. 经济与管理研究，2011(10).

[8] 黄威，丛树海. 我国财政政策对居民消费的影响：基于省级城乡面板数据的考察[J]. 财贸经济，2011(5).

[9] 贾男，张亮亮. 城镇居民消费的“习惯形成”效应[J]. 统计研究，2011(8).

[10] 姜洋，邓翔. 居民消费行为的收入决定论——中国城乡居民消费函数的省际验证[J]. 中央财经大学学报，2011(11).

[11] 李春琦，张杰平. 农村居民消费需求与收入构成的关系研究——基于面板数据的分析[J]. 上海经济研究，2011(12).

[12] 李光，梁嘉骅. 三大收入差距对消费影响的实证分析[J]. 中国软科学，2011(3).

[13] 梁达. 中等收入者比重事关消费驱动力强弱[N]. 上海证券报，2012－02－13.

[14] 林文芳. 县域城乡居民消费结构与收入关系分析[J]. 统计研究，2011(4).

[15] 刘灵芝，潘瑶，王雅鹏. 不确定性因素对农村居民消费的影响分析——兼对湖北省

农村居民的实证检验[J].农业技术经济,2011(12).

[16] 刘琦,黄天华.财政支出与城乡居民消费支出差距的关系研究——基于全国省级地区面板数据的经验分析[J].上海财经大学学报,2011(8).

[17] 刘生龙,周绍杰.中国为什么难以启动内需——基于省级动态面板数据模型的实证检验[J].数量经济技术经济研究,2011(9).

[18] 孟慧霞,陈启杰.系统观视阈下的消费结构升级[J].上海财经大学学报,2011(2).

[19] 潘文轩.我国城乡居民消费行为的差异性及其政策含义[J].统计研究,2010(8).

[20] 沈妍.中国居民消费带动经济长期增长的实证研究——基于省际离散面板模型的分析[J].财经科学,2011(3).

[21] 宋红军.消费倾斜动机对我国经常项目顺差的影响分析[J].东北大学学报(社会科学版),2011(7).

[22] 孙迎联.居民消费需求影响因素分析[J].财经科学,2011(3).

[23] 谭顺,程东杰.当前中国消费不足的四种基本形态——兼析消费不足的具体成因[J].经济问题探索,2011(1).

[24] 王宇鹏.人口老龄化对中国城镇居民消费行为的影响研究[J].中国人口科学,2011(1).

[25] 王文嫣.财政政策多管齐下拉动内需　消费领域直接受益增长确定[N].上海证券报,2012-02-09.

[26] 文晓巍.扩大农村消费需求与农村流通体系的完善[J].学术研究,2011(8).

[27] 吴忠群,张群群.中国的最优消费率及其政策含义[J].财经问题研究,2011(3).

[28] 张学敏,何酉宁.受教育程度对居民消费影响研究[J].教育与经济,2006(3).

[29] 张邦科,邓胜梁,陶建平.持久收入假说与中国城镇居民消费——基于省级面板数据的实证分析[J].财经科学,2011(5).

[30] 邹红,喻开志.劳动收入份额、城乡收入差距与中国居民消费[J].经济理论与经济管理,2011(3).

[31] 周靖祥,王贤彬.城乡居民消费差异与收入不平等研究——来自中国1978—2007年的经验证据[J].投资研究,2011(8).

[32] 周旭霞,詹敏,袁秀明.投资性消费:一个不可忽视的现象[J].浙江大学学报(理学版),2010(6).

[33] 祝合良,李晓慧.扩大内需与中国流通结构调整的基本思路[J].商业经济与管理,2011(12).

[34] 朱孟晓,胡小玲.中国居民消费升级与消费倾向变动关系研究——基于升级、支出与收入的动态关系[J].当代财经,2009(4).

[35] 朱信凯,骆晨.消费函数的理论逻辑与中国化:一个文献综述[J].经济研究,2011(1).

第四章　对外贸易与经济增长的风险

一、绪论

1. 2011 年中国外贸发展的总体情况

受累于欧债危机深化、世界经济增长乏力等外部因素，以及国内生产成本上升、紧缩性宏观调控等内部因素的影响，2011 年中国的对外贸易增长势头明显放缓，全年进出口贸易总值为 35 420.6 亿美元，较 2010 年增长 22.5%，增速降低了 12.2 个百分点(见图 4－1)。这些都表明中国的对外贸易经过 2010 年的超常规反弹之后，现已进入正常化的发展阶段，这种常态回归趋势与 2011 年中国经济运行风险研究报告的预测内容——“预计 2011 年中国的进出口总量仍会不断扩大，但进出口增速较上年会有所回落”完全吻合。

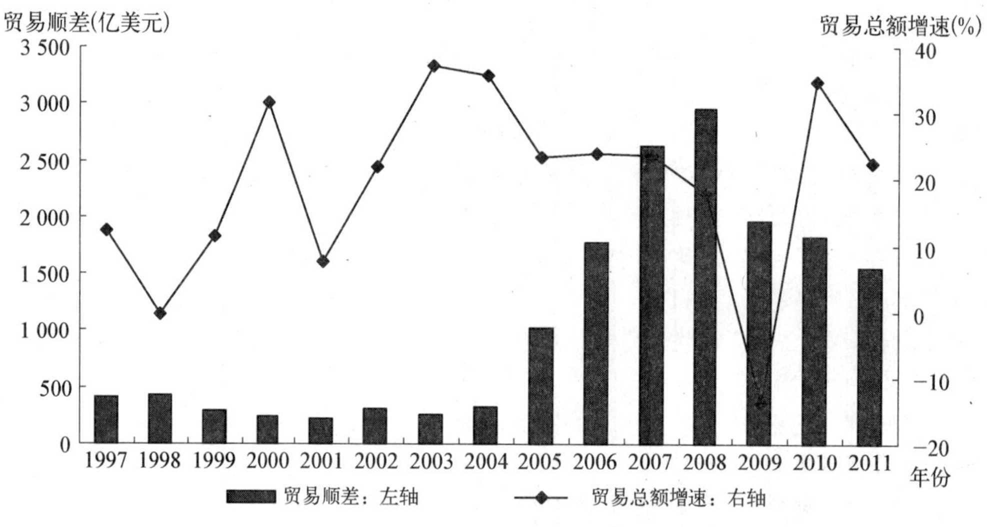

图 4－1　1997 年以来中国的对外贸易增速与贸易顺差

面对复杂多变的国内外经济形势，中国采取了“稳增长、调结构、促平衡”的外贸政策，进一步加大贸易平衡的调整力度，进出口平稳较快发展，对推动世界贸易和世界经济增长发挥了重要作用。2011 年中国出口值为 18 985.9 亿美元，同比增长 20.3%；进口值为 17 434.6 亿美元，同比增长 24.9%。全年贸易顺差 1 551 亿美元，同比减少 15.3%，贸易顺差与进出口总值的比例延续前几年的下降趋势，从 2010 年的 6.2%进一步降至 2011 年的 4.2%，对外贸易的进出口结构继续优化，外贸发展更趋平衡，转变对外贸易发展方式取得新进展。在 2011 年的中国经济运行风险研究报告中，我们已经明确指出“在‘稳出口、扩进口’的政策引导下，2011 年进口增速将持续快于出口增速，全年贸易顺差趋于收窄”，实际情况也证实了上述判断的正确性。

2. 2011 年中国外贸发展的主要特点

(1) 对外贸易增速高开低走，进口贸易增速始终快于出口贸易增速。由于欧债危机的持续发酵，其对中国进出口贸易的负面影响逐渐显现。2011 年中国的对外贸易呈高开低走之势，进出口贸易的累计增速从年初的高点 43.9%，逐步降至年末的低点 22.5%，前后落差达到 21.4 个百分点(见图 4-2)。其中，上半年对外贸易的增速下滑态势尤为严重，1～6 月份进出口贸易增速的落差为 18.1 个百分点。下半年政府及时出台了一系列稳定贸易的政策措施，有效抑制了对外贸易的下滑态势，7～12 月份进出口贸易增速的落差已收窄至 2.6 个百分点。

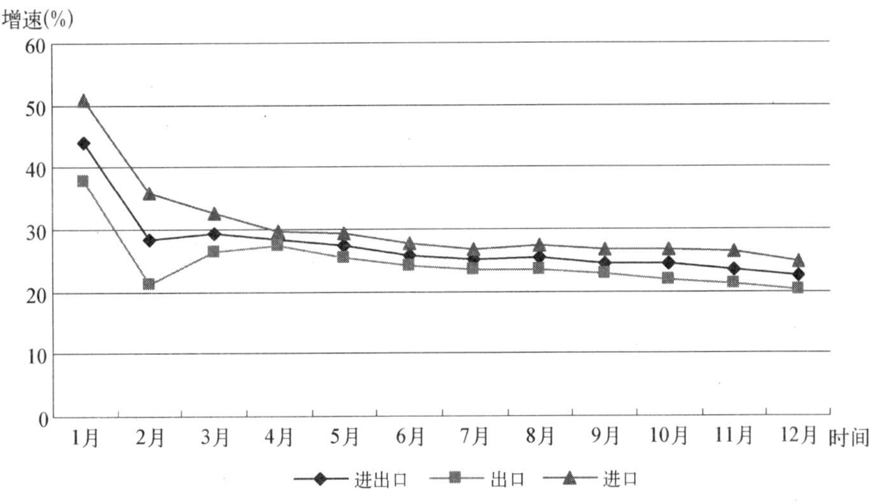

图 4-2　2011 年中国对外贸易额的月末累计同比增速

在对外贸易构成中，尽管进口和出口贸易增速均表现为递减之势，但受益于扩大进口的政策扶持，进口贸易的累计增速始终快于出口贸易，2011 年进口贸易增速较出口贸易高出 4.6 个百分点，带动贸易顺差连续第四年减少。作为对世界经济有重要影响的贸易大国，中国贸易平衡状况的改善，一方面能更好地满足国内快速增长的市场需求，减少外汇储备过大的压力；另一方面能带动贸易伙伴的出口，有利于支持其经济增长，改善中国同贸易伙伴的关系，为外贸发展创造良好的外部环境。

(2) 机电及高新技术产品的出口增速下滑较快，出口价格上涨的贡献增加。与 2009 年的情况相类似，主要经济体的需求疲软导致机电及高新技术产品的出口陷入困境，2011 年机电产品的出口增速为 16.3%，较上年大幅下降了 14.6 个百分点，高新技术产品的出口增速为 11.5%，较上年大幅下降了 19.2 个百分点(见图 4-3)。相比之下，传统的劳动密集型产品出口较为稳定，2011 年纺织品和服装的出口增速分别为 22.9%和 18.3%，同比降幅仅为 5.5 个百分点和 2.6 个百分点。在国家严格的政策管制下，“两高一资”产品的出口增速明显减缓，钢材和铝材的出口增速分别较上年大幅下降了 26.1 个百分点和 26.7 个百分点，水泥、成品油、铜材等产品的出口增速也有较大的降幅。

在对外贸易转型升级的政策引导下，出口企业通过培育自主品牌、增加附加值等方式提高价格，出口贸易呈现出由价格拉动的积极变化。2011 年中国出口商品价格平均上涨 10.1%，高于去年同期将近 8 个百分点，价格上涨对于出口额的贡献明显强于数量增加，出口贸易的经济效益显著提高。无论是资源品和传统产品，还是机电产品和高新技术产品，大多数商品的出口价格均有不同程度的上涨(见表 4-1)。由于人力成本的持续攀升，劳动密集型等传统产品的价格上涨更为普遍；机电及高新技术产品的价格上涨相对较少，只有金属加工机床、电动机

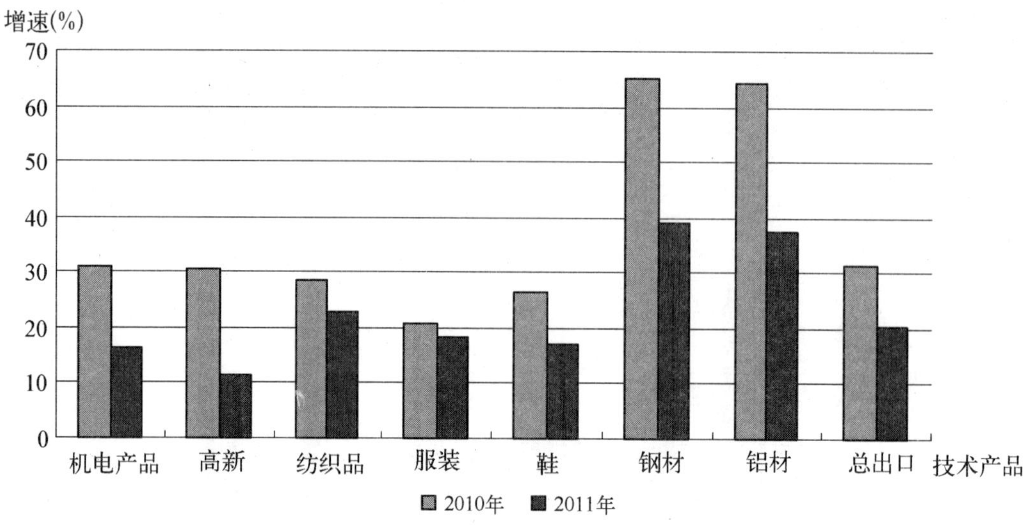

图 4-3 主要产品的出口额增速对比

表 4-1

2011 年代表性产品的出口数量、金额及价格的同比变化(%)

资源品	数 量	金 额	价 格	传统产品	数 量	金 额	价 格
原油	−16.9	15.9	39.5	帽类	−7.1	24.5	34.0
稀土及制品	−6.7	281.6	309.0	鞋	2.4	17	14.3
煤	−23	20.6	56.6	织物手套	16.2	39.7	20.2
机电及高新技术产品	数 量	金 额	价 格	伞	6.7	18	10.6
金属加工机床	0.2	30.3	30.0	打火机	−2.3	7.8	10.3
集成电路	8.8	11.4	2.4	冰箱	6.7	14.7	7.5
电动机及发电机	−4.5	20.3	26.0	洗衣机	17.9	20.4	2.1

及发电机等少数产品的出口价格上涨;价格涨幅较大的是一些资源品,尽管严厉的政策管制使得这些产品的出口数量明显减少,但数量受限反而导致价格的大幅上涨,在国际市场上处于垄断地位的稀土产品更是如此,短短 1 年之内,稀土及其制品的出口价格飙升了 3 倍以上,原油和煤的出口价格也有 4～6 成的涨幅。

(3) 进口商品结构趋于优化,大宗商品的进口价格延续上涨势头。随着进口贴息、降低进口关税、取消进口配额管理、简化进口程序等政策措施的稳步落实,以及商务部加强对进口的管理和引导,进口商品结构更加优化。2011 年,进口原油、成品油、铁矿砂、天然橡胶、棉花等资源品的数量都不同程度增长(见图 4-4),有效缓解了国内能源资源的紧缺状况。数控机床、纺织纱线生产及预处理机、自动数据处理设备等高端产品的进口数量分别增长了31.7%、38.9%、27.4%,这些先进技术设备的大量进口,对于提高生产效率和加快产业结构升级起到了重要作用。

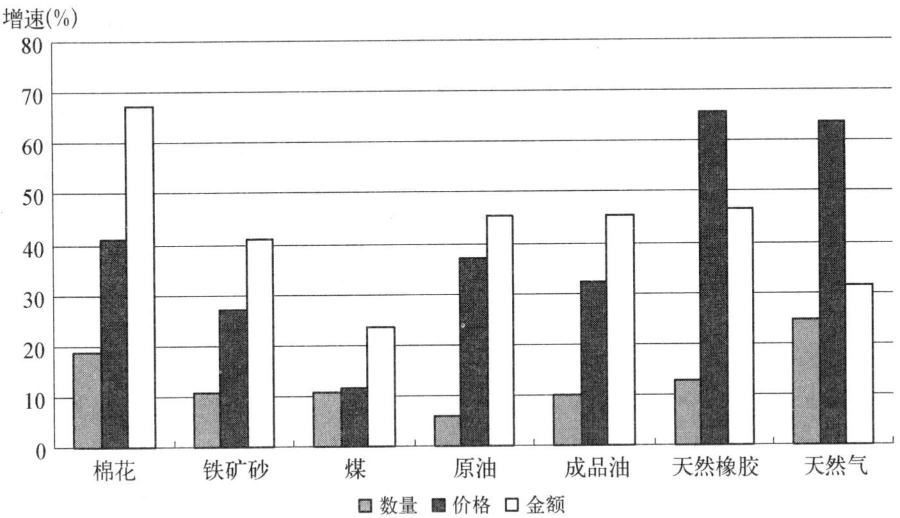

图 4-4　2011 年主要大宗商品的进口额及量价增速

2011 年以来，国际大宗商品价格一度持续攀升，之后又高位波动。受此影响，中国大宗商品的进口价格延续了 2010 年的上涨势头。其中，天然橡胶、棉花、原油的进口价格涨幅分别高达 65.5%、41.1%、37.1%。2011 年，中国钢铁行业因进口铁矿石价格上涨多支出外汇约 250 亿美元。海关总署的统计资料则显示，2011 年，因进口价格上涨带来的海关税收增收约 2 100 亿元，占海关全部增收税收的比例近 60%。如何减轻国际商品市场价格波动对中国进口贸易的不利影响，仍然值得有关部门和企业加以研究。

(4) 民营企业的外贸增长相对突出，带动一般贸易占比稳步上升。在严峻的内外部经济环境下，民营企业充分发挥经营机制灵活的优点，根据形势变化及时调整外贸策略，进出口贸易增长情况明显好于其他类型的企业，成为推动中国外贸增长的生力军。2011 年，民营企业进出口 9 251.4 亿美元，增长 38.9%，高出同期中国进出口总体增速 16.4 个百分点（见表 4-2），占进出口总值的比重为 26.1%，较上年提高了 3.1 个百分点。尽管外资企业继续占据对外贸易的主导地位，但受金融危机影响较大，进出口贸易增速只有 16.2%，仅略高于集体企业，占进出口总值的比重也从上年的 52.4%降至 49.7%。

表 4-2

2011 年各种性质企业的进出口贸易额及同比增速

项　目	合　计	国有企业	外资企业	集体企业	民营企业
进出口总额(亿美元)	35 420.6	7 606.3	17 601.5	961.4	9 251.4
同比增速(%)	22.5	22.2	16.2	13.3	38.9
一般贸易额(亿美元)	19 245.9	5 616.2	5 919.8	747.6	6 962.3
同比增速(%)	29.2	26.6	24.3	17.7	37.5
加工贸易额(亿美元)	13 052.1	986.0	10 842.8	147.7	1 075.7
同比增速(%)	12.8	−0.7	11.7	2.2	47.1

由于主要经济体复苏乏力，加上国内贸易政策的作用，加工贸易增长势头大幅放缓。2011年，中国的一般贸易增速较加工贸易高出16.4个百分点，前者占进出口总值的比重由2010年的51.5%升至54.3%，后者则由40%降至36.8%。其中，一般贸易出口增速较加工贸易出口高出14.4个百分点，占出口总值的比重由2010年的45.6%升至48.3%，在中国出口贸易中所占的比重首次超过加工贸易。贸易方式的此消彼长显示对外经济发展方式的转换，特别是出口贸易转型升级得到进一步凸显，对外贸易正转向效益较高的一般贸易方式。

(5) 中西部地区的外贸增长迅猛，对外贸易的地区发展更为均衡。随着中西部地区加大外向型经济的推进力度，积极承接东部地区的产业转移，对外贸易呈现出迅猛增长的势头。2011年，在进出口贸易增速前十位的省份中，除海南以外，其余全为中西部省级地区，尤其是重庆、河南、贵州等省市的贸易增长格外亮丽，比全国增速高出1倍甚至数倍(见表4-3)。相比之下，东部地区的对外贸易发展则要逊色得多，外贸大省广东和江苏两地的进出口贸易增速分别只有16.4%和15.9%，仅列全国的最后两位。

表4-3

2011年各地区对外贸易额的同比增速(%)

地　区	进出口	出　口	进　口	地　区	进出口	出　口	进　口
重庆市	135.1	164.9	89.9	安徽省	29.1	37.6	20.2
河南省	83.1	82.7	83.5	河北省	27.4	26.7	28.3
西藏	62.5	53.4	169.9	天津市	25.9	18.7	32
贵州省	55.2	55.5	54.8	山东省	24.8	20.7	29.8
黑龙江省	50.9	8.5	125.7	浙江省	22	19.9	27.3
海南省	47.5	9.5	61.4	陕西省	20.8	12.9	29.2
四川省	46.2	54.2	35.3	云南省	19.5	24.5	13
江西省	46	63.1	17.9	辽宁省	18.9	18.4	19.4
内蒙古	36.8	40.6	34.5	上海市	18.5	16	20.9
新疆	33.2	29.8	44	甘肃省	18	31.8	14.1
福建省	32	29.9	36	山西省	17.4	15.4	18.5
广西	31.6	29.7	33.9	青海省	17.1	42	−18.8
吉林省	30.9	11.7	37.8	宁夏	16.6	36.7	−13.1
湖南省	29.6	24.4	35.9	广东省	16.4	17.4	15
湖北省	29.2	35.3	21.7	江苏省	15.9	15.6	16.3
北京市	29.1	6.5	34.2	全　国	**22.5**	**20.3**	**24.9**

对外贸易增长的地区对比，一方面显示出中西部地区外贸发展的强劲动力，对于中国抵御金融危机环境下的国际市场波动具有重要意义，为对外贸易转型的平稳过渡提供了可靠保障；另一方面也显示中国外贸发展的地区差距逐渐缩小，有利于促进经济发展的地区均衡。中西部地区的外贸发展还能有效缓解东部地区面临的人力、土地等资源瓶颈，便于其集中有限的资

源促进产业升级,引领中国经济结构的优化调整。

(6) 贸易伙伴多元化成效明显,与新兴市场的贸易联系更趋紧密。受欧债危机的影响,中国与欧、美、日传统市场的贸易增速明显减缓。2011 年,中国与欧盟、美国、日本的双边贸易增速分别为 18.3%、15.9%、15.1%(见表 4-4),较同期进出口总体增速低了 4.2 个百分点、6.6 个百分点、7.4 个百分点,三大传统市场占中国对外贸易的比重由 2010 年的 39.1%降至 37.2%。为改善与欧美地区的贸易关系,在极为困难的条件下,中国对这两个地区的进口贸易仍然保持了较高增速,有力地支持了欧美经济,避免危机影响的进一步恶化。

表 4-4

2011 年中国与主要贸易伙伴的进出口贸易情况

国家和地区	进出口额(亿美元)	出口额(亿美元)	进口额(亿美元)	进出口增速(%)	出口增速(%)	进口增速(%)
欧盟	5 672.1	3 560.2	2 111.9	18.3	14.4	25.4
美国	4 466.5	3 244.9	1 221.5	15.9	14.5	19.6
日本	3 428.9	1 483.0	1 945.9	15.1	22.5	10.1
东盟	3 628.5	1 700.8	1 927.7	23.9	23.1	24.6
俄罗斯	792.5	389.0	403.5	42.7	31.4	55.6
巴西	842.0	318.4	523.6	34.5	30.2	37.3
墨西哥	333.6	239.8	93.8	34.7	34.2	36.2
南非	454.3	133.6	320.7	76.7	23.7	115.2
沙特	643.2	148.5	494.7	48.9	43.3	50.7
爱沙尼亚	13.4	11.3	20.5	55.6	67.1	12.9
非洲	1 663.2	731.0	932.2	30.9	21.9	38.9
拉丁美洲	2 414.8	1 217.3	1 197.5	31.5	32.6	30.4

与此同时,中国与新兴市场国家的贸易增长极为强劲,特别是与拉美、非洲等地区的贸易合作进一步深化。2011 年,中国与巴西、俄罗斯、南非、墨西哥等国的双边贸易额分别增长了 34.5%、42.7%、76.7%、34.7%,远高于贸易总额 22.5%的同期增幅,东盟则超过日本成为中国的第三大贸易伙伴。值得一提的是,为应对金融危机,中国企业主动拓展了出口市场,加大了对中东产油国、中东欧转型国家等地区的出口推广力度,2011 年中国对沙特、卡塔尔、爱沙尼亚、拉脱维亚等国的出口增速都在 40%以上。另外,为保障国内的战略资源供应,中国也着力扩大对非洲地区的进口贸易,2011 年对非洲国家的进口增速高达 38.9%,与埃及、博茨瓦纳、加纳等国的进口增速都在 60%以上,甚至有数倍的增长,部分资源品的进口市场多元化步伐正在稳步推进。

二、风险因素识别

前一部分对 2011 年中国对外贸易的总体情况和主要特点进行了阐述,本部分将从出口和进口两个方面详细分析外贸影响中国经济增长的风险因素。

1. 出口

1）世界经济复苏动力不足，下滑风险逐渐增加

2011 年下半年以来，随着欧债危机的深化与扩散，发达经济体的复苏动能明显减弱，新兴经济体的内在问题也逐渐暴露，世界经济开始步入二次调整期，预计 2012 年全球经济增长将会继续放慢，部分国家和地区经济还有进一步下滑的风险，外部需求疲软将会显著抑制中国的出口增长。

从主要经济体的情况来看，欧洲经济形势将进一步恶化。2011 年下半年以来，欧债危机未见根本好转，反而愈演愈烈，债务国为缓解偿债压力而实施强力紧缩政策，拖累欧洲经济不断恶化。2012 年是欧元区的偿债高峰期，如果一揽子救助方案不能有效落实，欧债困局可能进一步加重，甚至导致欧元区解体，给欧洲经济带来毁灭性的打击。欧盟作为中国首要的出口市场，该地区的经济萎缩将是中国出口面临的最大风险，2011 年 10 月以来的出口增长下滑，很大程度上要归因于欧债危机的影响。日本经济将延续低迷状态。一方面，资金人才外流严重：2011 年 3 月发生的大地震及核危机使日本的资本和人才持续外流，削弱了日本经济的长期增长潜力；欧债危机引发的日元被动升值趋势得以延续，从而打击日本出口企业，并加速企业海外转移和产业空心化，阻碍经济增长。另一方面，债务负担愈加沉重：根据 2011 年 10 月底的数据，2012 年日本政府要为巨额存量债务进行再融资，融资需求占 GDP 的比重超过 50%①；在沉重的债务负担制约下，日本财政政策即使不转向紧缩，也难以在宽松方向上有所作为。相比之下，美国经济表现稍好，但复苏力度也受到诸多问题的束缚。首先，失业率居高难下。2011 年非农就业数据虽然有所改善，但回归自然失业率可能需要数年时间。其次，欧债危机影响溢出。欧元区是美国的主要贸易伙伴国，欧债危机不能缓和，美国经济也难以置身其外。最后，房地产市场难有起色。2011 年，美国房价已经扭转了之前几年的急跌局面，但平均房价比 2006 年的高峰约下跌了 3 成左右，家庭资产严重缩水，制约消费持续复苏。

从新兴经济体的情况来看，经济增长势头将明显趋缓。与发达经济体相比，新兴经济体近年来的强劲增长成为危机阴影中的亮点所在，扮演了世界经济的救星角色。但新兴经济体的系统性风险也在悄然滋生，有可能成为全球经济体系的潜在威胁。首先，中东欧转型国家受累于欧债危机，经济减速、资本外流、失业上升等问题的出现都是大概率事件。其次，巴西、墨西哥、印度等国的房地产市场和股票市场在前几年形成了较大涨幅，在全球经济复苏乏力的情况下，投机者获利出逃有可能引发资产价格泡沫的破灭。最后，部分新兴经济体存在货币贬值和资本外流的风险，2005 年年初至 2011 年 10 月底，以巴西雷亚尔为代表的部分新兴经济体货币经历过强劲的升值过程，并吸引了大量的国际资本流入，在欧美银行去杠杆化、新兴经济体经济减速等因素的作用下，货币贬值和资本外流的可能性不容低估。统计数据也表明，新兴经济体正陷入危机四伏的境地。2011 年，巴西 GDP 增长 2.9%，远低于 2010 年的 7.5%。印度经济增速也出现了明显下滑，2011 年 GDP 增长 7.4%，比 2010 年低 2.5 个百分点。预计 2012 年新兴经济体的经济形势更加令人担忧，增速大幅放缓乃至爆发危机的概率相当高。新兴经济体逐渐演变为新的危机发源地，这是全球经济在近期表现出的新特征，也进一步昭示中国出口面临的严峻形势。

2）出口面临全方位国际竞争，贸易摩擦日趋频繁

在全球经济复苏乏力的环境下，各国纷纷加大对本国出口的支持力度，并以各种形式的贸

① 2012 年宏观经济形势展望. 第一财经研究院研究报告 · 经济金融系列(25)，2012-01-09.

易保护主义限制中国产品进入，并将保护措施上升到政治高度，中国的出口贸易将面临全方位竞争和贸易保护的双重压力。

中国经济正步入高成本时代，劳动密集型产品的价格竞争力日渐削弱，来自越南、印度等一些后起国家的竞争显示出咄咄逼人之势。例如，2011 年越南对美出口猛增 21.3%，其中，纺织品出口增加 12.5%，鞋类出口增加 35.5%。相比之下，2011 年，中国对美出口增幅仅为 14.5%，中国企业在美国的市场份额正逐渐被越南等国蚕食，并且越南已经取代中国成为耐克鞋最大的出口加工基地。除了那些在传统产业奋力赶超的发展中国家之外，中国还要面对发达国家在新兴产业上的打压。中国已将新能源产业作为经济转型和结构升级的引擎，而欧美发达国家也将这些新兴产业视作应对经济危机和拉动国内就业的重要手段，它们不仅从技术上对中国严密封锁，而且对本国企业提供大量资金支持以增强竞争力，甚至不惜借助贸易壁垒限制中国的新能源产品进入。2012 年新春伊始，奥巴马在任内的第三份国情咨文中明确指出，不会因为遇到阻力而撤回有关清洁能源的承诺，不会将风能、太阳能或者高科技电池行业拱手让给中国或德国。

鉴于常规性的市场竞争手段不足以对抗中国的出口产品，贸易伙伴国更多地依靠多种形式的贸易保护措施，并且保护范围逐渐扩大，保护力度也明显增强，贸易保护主义加剧将对中国出口造成进一步打击。2011 年，中国出口产品遭遇贸易救济调查 67 起，其中发达国家 26 起，发展中国家 41 起。新贸易壁垒现已成为发达国家限制新兴市场国家出口的重要手段，使用日益频繁。新贸易壁垒涵盖技术标准、环境法规、知识产权和劳工标准等多个方面，影响程度深，规避难度大，中国传统优势出口产业深受其害。值得注意的是，部分发达国家经济衰退与选举政治周期叠加，贸易摩擦的政治化倾向明显，加大了保护措施的杀伤力。例如，美国宣布建立一个贸易执法部门，专门负责调查所谓像中国这样的国家的“不公平贸易行为”，参议院还程序性地通过《2011 年货币汇率监督改革法案》立项预案，其一旦成为法律，中国对美出口将遭受大面积影响。

3）综合成本继续提高，出口企业面临较大困难

在要素投入型的粗放型经济发展模式下，经过 20 多年来的快速增长，国内的劳动力、土地、能源、资源等要素价格已进入集中上升期，人员工资、原材料价格、厂房租金等综合成本持续上升，在一定程度上削弱了出口企业的价格优势，而人民币汇率升值和贷款利率上涨则进一步挤占了企业利润，致使出口企业尤其是小微型出口企业不堪重负，出现有单不敢接、不愿接的现象。

从人工成本来看，中国劳动力供求矛盾在未来一段时期仍然比较突出，“招工难、用工贵”的问题日益凸显，人工成本将快速提升。2010 年，全国共有 30 个省份上调工资标准，平均增幅为 22.8%。2011 年继续普调工资标准，共有 24 个省份调整了最低工资，平均增幅再次高达 22%。当然，着眼于经济可持续发展与和谐社会建设的长远目标，中国不可能永远依靠低廉的人工成本来保持竞争力，必须通过价格杠杆来促进劳动力要素的合理使用，以此提高劳动者的素质，改变人力资源结构和产业结构。然而，在经济转型过程中，这样的调整无疑会给企业带来较大的成本压力。有分析报告指出，中国企业的销售增长必须达到 13%左右，才能消化用工成本的上升①，这显然是一个很艰巨的任务。

① 今年中国制造业可能面临较大困难. 中国经营网，2012-01-31.

与此同时,资源能源的需求刚性增长与供给受限的矛盾,将推动原材料价格持续上涨。例如,为了遏制国内钨矿行业乱采滥挖和畸形出口,国土部严控稀土矿的开采总量指标,导致2011 年 12 月份至 2012 年 2 月份的短短 2 个多月的时间内,国内硬质合金材料的涨价幅度高达 40%～60%,对下游的刀具及机械行业中的低端生产企业形成巨大的冲击①。2011 年,广东省经济和信息化委员会对 1 000 家直通车服务重点企业进行一项问卷调查发现,有 36%的企业反映原材料平均购进价格环比上升,对劳动密集型企业尤其是中小企业影响较大,一些企业甚至将原材料价格上涨列在所有困难的首位②。

另外,虽然中国的贸易顺差在逐年递减,但国际收支的顺差规模仍然相当大,人民币升值趋势并未发生根本性的改变,仅仅是升值幅度有所减小而已。而以美国为代表的国际压力也使得人民币汇率将延续升值轨迹,出口企业依然要面对人民币升值的汇率风险。

4) 国际贸易规则缺乏公正,战略资源存在流失风险

2012 年 1 月 30 日,世界贸易组织上诉机构就美国、欧盟、墨西哥诉中国原材料出口限制措施争端案发布裁决报告,以环境为由判定中国限制 9 种原材料出口的关税、配额及其他一些政策均不合理。这一裁决再次说明,世贸组织规则的制定和实施仍存在不公平性,使得部分国家得以借公平贸易之名行贸易歧视之实。今后中国在战略资源的出口定价上将会非常被动,尤其是被国家重点保护的稀土资源面临着巨大的价格风险。

中国政府近年来加强并不断完善对部分资源类产品,特别是高污染、高能耗、消耗资源性产品的管理,目的在于保护环境和有限的自然资源。实际上,保护稀有矿产资源现已成为国际通行的惯例,目前几乎所有的世贸组织成员都存在限制资源性产品出口的行为,许多发达经济体对本国具有战略意义的资源更是倍加珍惜。稀土储量同样很大的美国、澳大利亚和法国等至今没有或早已停止大规模稀土开采。据美国国家地质调查局的统计数据,2009 年中国稀土储量约占世界总量的 31%,而如今中国稀土产量却高达全球 90%以上③。

尽管中国对稀土等自然资源出口的限制有理有据,但世贸规则的不公平性仍然导致这种限制出口行为被裁定为违规。世贸组织的建立虽然有力推动了国际公平贸易秩序的形成与巩固,然而,这一国际多边贸易体制毕竟是由西方主要发达经济体所主导,包括世贸组织规则在内的许多国际贸易规则主要还是为了保护这些制定国的利益;部分发展中成员在国际贸易谈判中往往处于被动、从属和依附的地位,甚至在争取自身利益的过程中逐渐被“边缘化”。在缺乏公正性国际贸易规则的条件下,中国要想避免战略资源过快流失,就必须积极参与新规则的制定,促成不公平贸易规则的改进和修正,进而通过这些规则为自身的可持续发展提供更好的外部保障。

2. 进口

1) 国内经济增速进一步趋缓,进口贸易增长缺乏足够的需求支持

在内外多种因素的共同作用下,2012 年中国经济有较大的下行压力,政府也没有能力采取新一轮的大规模刺激政策,或者基于 2009 年激进政策的教训而不愿采取大力度的刺激措施。2012 年可能是中国经济由高速增长转入中速增长的拐点,经济增速趋缓必然会削弱进口

① 原材料涨价对五金刀具及上下游企业造成影响. 慧聪机床网,2012 - 02 - 16.

② 原材料价格上涨,涂料等众多企业吃不消. 新浪财经,2011 - 12 - 13.

③ 陈建. 不公平的贸易规则应当改改了[J]. 经济日报,2012 - 02 - 07.

贸易的需求基础。

首先来看投资因素。受房地产调整及货币内生紧缩机制的影响，2012 年中国固定资产投资增长将有所放慢，尽管在重点项目和保障性安居工程建设的带动下，投资增速仍位于较高水平，但由于基础设施建设正从规模扩张阶段转入规模维持阶段，商业性房地产开发投资难有起色，固定资产投资缺乏力度较大的增长点，对经济增长和进口贸易的拉动作用将明显低于以往年份。

然后来看消费因素。居民消费的增长主要取决于收入分配，这有赖于深层次的结构性改革，但考虑到 2012 年面临政府换届，实质性改革不会是大概率事件。受较大的销量基数、汽车消费刺激政策悉数退出、油价高企和城市治堵等因素影响，2012 年汽车销量难以呈现高速增长；家电“以旧换新”政策已使家电需求的释放较为充分，家电消费难有大的增长空间；房地产市场持续低迷导致家具、家电、建材等相关行业的消费需求萎靡不振；随着民间高利贷泡沫破裂和房价下跌，很多家庭的购买力也将遭受重创。种种迹象表明，国内消费不足以支持进口快速增长，唯一值得庆幸的是通胀率有望在 2012 年趋于回落，或许会拉动一部分日常性的消费需求，但这显然不能阻止消费需求的整体滑落之势。

最后来看政策因素。面对经济减速压力，政府可能再度实行一揽子刺激性调控政策。但是，经历了上一轮空间扩张的激进政策之后，再度实行刺激政策的余地与空间已大大缩减。一方面，当前产能过剩远比 2009 年严重，产业结构方面不存在再度实行极度刺激政策所需的“着力点”；另一方面，地方财政的困境与风险限制了地方政府“大干快上”的能力。此外，上一轮信贷扩张留下的贷款质量隐患也制约银行信贷的再度扩张。在多种因素制约下，新一轮刺激政策的力度将明显偏弱，对经济增长的最终效果可能远不及上一轮①。

2）国际商品市场充满变数，大宗商品存在价格与供应不确定的风险

受世界经济复苏乏力、全球流动性泛滥等因素的影响，2012 年的国际商品市场存在较多不确定性，大宗商品价格兼有上行和下行的驱动力，地缘政治风险则使一些重要大宗商品的供应变得不稳定。

在需求层面，需求偏弱拖累大宗商品价格趋于下行。国际商品市场的需求方仍然是以发达经济体为主，但危机阴影下的西方大国经济低迷，对大宗商品缺乏有效的需求。以中国为代表的新兴经济体虽然对大宗商品有着持续增长的需求，但在产业结构调整和发展低碳经济的内在要求下，资源使用效率将不断提高，经济增长逐渐转向依靠新能源和新材料的开发，对于传统大宗商品的需求增速可能减缓。然而，充裕的全球流动性却带动大宗商品价格趋于上行。由于经济持续低迷，2012 年各国货币政策的主要目标将由抗通胀转向刺激经济，美国在近期仍会维持低利率政策，甚至有可能退出新一轮的量化宽松货币政策。欧洲央行不仅停止了之前的加息步伐，甚至出现了降息以避免经济再次陷入衰退的呼声。为降低欧美地区经济衰退的负面影响，新兴经济体纷纷暂停加息，俄罗斯、印度等国已重新进入降息通道。在全球实体经济低迷的背景下，过剩的全球流动性可能会涌入商品市场以避险增值，从而推高大宗商品的价格水平。

在供给层面，政治危机导致部分商品的供应不稳和价格上行。中东地区的动荡局势仍在持续，制裁伊朗不仅直接影响全球石油的稳定供应，也为油价上涨提供了恐惧溢价的支撑。与

---

① 2012 年宏观经济形势展望. 第一财经研究院研究报告 · 经济金融系列(25)，2012—01—09.

此同时，其他产油国也存在供应中断的风险。例如，苏丹的局势依旧紧张，石油过境费僵局仍然未解，南苏丹停止了每天 35 万桶的产量；叙利亚骚乱造成石油流通量每天减少 20 万桶，且生产快速恢复无望；尼日利亚的供应中断风险继续存在，尼日尔河三角洲犯罪行为和石油管道破坏活动尚未停止。这些因素都将推高油价，尤其是在可用供应紧张的情况下。此外，地区冲突、自然灾害、劳资纠纷等一些偶发事件足以引发市场激烈反应，导致大宗商品价格非理性上涨。在生产增长受限的同时，一些主要商品生产国的出口管制政策也会加剧市场供应的紧张氛围。对于这些非经济因素引发的大宗商品价格上涨和供给波动，中国政府和进口企业应当有所防范，制定备选的进口方案以化解潜在的供应风险。

3）铁矿石的进口多元化进展缓慢，国内相关产业发展受制于外部供给

长期以来，中国的重要战略资源多依赖外部进口，且进口来源地多集中于少数地区，在进口价格和进口供应上存在较大的风险，进口贸易难以取得应有的效益。尽管中国在近年大力推行进口多元化战略，但进展并不尽如人意，在铁矿石的进口方面表现得尤为明显。

中国的钢铁产业仍未摆脱粗放型发展模式，对于铁矿石的进口依存度过高，必和必拓、力拓、淡水河谷三家铁矿石巨头的垄断直接制约了中国钢铁业的发展。为改变铁矿石进口格局的不合理性，中国近年来力推多元化改革，希望印度和其他地区的铁矿石供应能够打破三巨头的垄断，但数据表明多元化战略并不成功。2011 年中国有 64%的铁矿石进口仍然来自澳大利亚和巴西，与 2010 年相比并无变化，同期从印度进口的铁矿石减少了 24%，品质也有所下降。尽管 2011 年共有 64 个国家向中国出口铁矿石，较 2010 年增加了 20 个进口来源国，但这种非传统供应国的增加实际上反映的是供应紧张、需求强劲和价格高企，而不是因为中国多元化的策略，阿尔巴尼亚、亚美尼亚等首次向中国出口铁矿石的国家在中国进口总量中所占比例仍非常小。只要中国铁矿石需求仍高企，就会有更多国家向中国出口铁矿石。2012 年，由于中国的铁矿石需求增速放缓，生产成本较高的生产商将减少对中国的出口量，铁矿石巨头将获得更多市场份额，中国的铁矿石进口集中度将进一步上升①。

铁矿石的进口来源过于集中，使得中国的相关产业发展受制于人，供应方的政策变动很容易转化为中国进口方和关联产业的风险，碳关税就是中国的铁矿石进口商在近期将要面对的最大风险。从 2012 年 7 月 1 日起，澳大利亚政府将对全澳 500 家高碳排放企业，征收每吨 23 澳元的碳税。澳大利亚的碳税方案在国际上评价甚高，认为其在应对气候变化方面作出了切实行动，但澳大利亚采矿企业的碳税成本可以轻易地转嫁给国外下游消费者，尤其是铁矿石行业。有专家分析，仅以澳大利亚两大铁矿石巨头必和必拓与力拓的碳税成本计算，在卖方地位强势背景下，如果税收完全转嫁，中国的铁矿石进口成本将增加 185 亿元②，铁矿石进口价格的上涨又将进一步传导至钢铁、汽车、家电等下游行业，不仅额外增加了大量的进口支出，也严重损害了中国消费者的利益。同样的问题也存在于煤炭的进口贸易中，有必要加快战略资源进口多元化的步伐，降低外部供给对国内产业的约束，或者借鉴澳大利亚的碳税方案，对中国的稀土资源加以保护。

4）贸易企业借助“扩进口”政策行使不当行为，降低了进口贸易的应有利益

受益于“稳出口、扩进口”的政策，中国近几年放宽了进口管制，进口贸易快速增长。但一

---

① 中国铁矿石多元化战略并不成功. 安邦每日经济，2012－01－31.

② 澳碳税或推高中国铁矿石进口成本 185 亿元. 21 世纪经济报道，2012－02－14.

些国外供应商借此机会以次充好获取不当利益，也有一些国内进口商出于种种目的而违规进口，这一进口风险值得有关部门重视。

以进口棉花为例，2011 年以来国际市场的棉花价格持续下降，2012 年 3 月 2 日，代表进口棉花中国主港到岸均价的国际棉花指数按 1%关税计算，折人民币进口成本 16 275 元/吨，较国内市场价格低 3 374 元/吨。低价进口棉花吸引了不少国内的纺织企业，据海关总署统计，2011 年 9 月至 2012 年 1 月，中国累计进口棉花 200 万吨，同比增加 56.7%。大量进口棉花虽然在一定程度上缓解了企业需求，但一些国外棉商借中国大量进口棉花、部分企业不熟悉国际贸易规则之机，以次充好、掺杂掺假，甚至在索赔中附加不合理条款。进口棉花品质不合格、缺斤少两、以次充好、掺杂掺假等现象有所增加，重量、品质符合率明显下降，严重侵犯了中国进口企业的利益，迫使国家质检总局起草并公布了《进口棉花检验监督管理办法(公开征求意见稿)》，规范和加强对进口棉花检验的监督管理①。

一些进口商在进口设备方面也存在不良倾向：一是进口旧设备违规现象时有发生：尽管国家有关部门出台了一系列的法规和要求加大对进口旧机电设备的管理，但在检验监管中，还是经常发现以旧充新、违规进口旧设备的现象，逃避国家强制检验和监管。二是科技含量低的进口设备数量居高不下：部分境外客商把一些科技含量低、劳动密集程度高的服装、箱包及旅游用品等制造业迁入中国，这些行业进口设备散、乱、差，不仅加大了检验检疫的工作量，而且增大了进口设备使用监管的风险。三是进口设备价格偏高现象增多：部分外资企业在进口设备品质、数量没有问题的情况下，其价格常常超出合理范围，进口设备价格超高不仅影响企业特别是合资企业的利益分配，而且会影响进出口贸易统计的真实性。另外，由于进口价格是设备抵押贷款、减免税的审核依据，进口设备价格的超高，必然会增加银行的信贷风险②。

三、风险度量

1. 贸易条件与经济增长的关系

前两年的中国经济运行风险研究报告分别对外贸地区结构、商品结构与经济增长的关系进行了多角度的衡量，本章内容将研究视角转入对外贸易的价格层面，衡量价格贸易条件(即出口价格指数与进口价格指数之比)与中国经济增长之间的关系。

1) 贸易条件与经济增长关系的理论分析

传统的国际贸易理论认为，国家间的贸易条件差异反映了彼此之间的比较成本优势，基于比较优势参与国际分工，有助于改善一国的贸易条件和国际收支，并促使该国资源从比较劣势的低效部门流向比较优势的高效部门，由此提高生产效率和推动经济增长。推而广之，建立在比较优势基础上的国际分工体系和自由贸易，将使全球资源得到更有效的利用，贸易参与国的社会福利和全球产出的总体水平均会明显提升。

然而，在由发达国家主导的不平等国际分工体系下，发展中国家以自然资源、廉价劳动力等要素的比较优势参与国际分工，并不一定能改善自身的贸易条件。著名的普雷维什-辛格命题(Prebish-Singer Hypothesis)就曾指出，相比那些从事制造业生产的发达国家而言，专业化

---

① 整治进口棉质量提上日程. 中华纺织网，2012-03-06.

② 进口设备存在的问题需引起高度重视. 中国矿冶设备网，2010-06-23.

于初级产品生产和出口的发展中国家,其贸易条件将随着时间推移而不断恶化,这一判断已被Lutz (1999)等人的研究所证实。在 Harberger-Laursen-Metzler(简称 HLM)效应的作用下,贸易条件恶化将会导致一国实际收入和总储蓄的下降,进而对贸易收支和经济增长形成负面冲击,由此跌入"贫困化增长"的分工陷阱。针对发展中国家普遍存在贸易条件恶化的现象,Eicher 等人(2008)建立了一个跨期模型,研究贸易条件恶化对发展中国家的经常账户和经济增长的影响,发现贸易条件恶化对产出存在负面的影响,但这种影响只存在于短期内,对长期而言,贸易条件恶化只会影响到一国的债务水平,但产出水平并不因此而发生改变。

理论研究的分析认为,贸易条件与经济增长之间存在着正向的联系,即贸易条件改善会促进经济增长,贸易条件恶化将会阻碍经济增长。但实证研究的结论却显示,贸易条件与经济增长之间并不存在确定性的联系,需要针对具体的研究对象和特定的历史时期有所区别。以Mendoza(1997)、Bleaney 和 Greenaway (2001)为代表的大多数实证研究,均支持贸易条件与经济增长之间的正相关联系。前者以 9 个工业国和 31 个发展中国家为研究对象,考察1971—1991 年间的截面数据,发现贸易条件冲击能够解释将近 50%的经济增长;后者则以 14 个撒哈拉以南非洲国家为研究对象,考察 1980—1995 年的截面数据,同样发现贸易条件的改善显著促进了经济增长。与之相反,Haddass 和 Williamson (2001)的研究却发现贸易条件与经济增长之间存在一定程度的反向联系。该项研究以 19 个国家作为研究对象,并且将这些国家分为核心国家(主要是发达国家)和外围国家(主要是出口初级产品的发展中国家),考察1870—1940 年的截面数据,发现样本期间内虽然贸易条件朝着有利于外围国家的方向发展,但贸易条件的改善却降低了这些国家的经济增长。相比之下,核心国家的贸易条件对经济增长的影响要弱得多。但总体而言,无论是核心国家还是外围国家,贸易条件的变动对经济增长的影响都比较小,其对人均 GDP 增长率的解释力度不足 20%。

自 20 世纪 80 年代实施改革开放以来,中国基于劳动力、土地、资源等方面的比较优势积极参与国际分工,国民经济取得了持续、快速的发展。但与此同时,贸易条件却在逐渐恶化。价格贸易条件的恶化与经济持续增长同时并存的现象成为国内经济学界关注的热点问题,黄满盈和邓晓虹(2009)根据中国 1980—2006 年的数据进行了实证分析,结论表明,价格贸易条件与中国的经济增长之间存在着稳定的长期均衡关系,总体表现为负相关的联系,但价格贸易条件对经济增长的影响不显著。李南和王慧(2011)的研究得出了类似的结论。杨海余和吴金铎(2007)在一般均衡模型中,对中国价格贸易条件恶化与经济持续增长并存的现象进行了理论解释,认为劳动生产率的提高和出口企业的低价竞争策略是主要原因。

2) 中国贸易条件与经济增长的特征分析

根据联合国贸易和发展会议组织(UNCTAD)的统计数据,我们在图 4 - 5 中描绘了1980—2010 年中国贸易条件指数(2000 年=100)与国内生产总值指数(上年=100)的变动情况。不难看出,中国的贸易条件指数虽然在 1986 年之后的 10 年内趋于上行,但总体趋势处于下行状态,特别是自 1998 年以来,这种下行趋势尤为明显,显示中国的价格贸易条件趋于恶化。与此同时,经济增长呈现出与贸易条件相反的走势,在多数年份,国内生产总值的增速与贸易条件指数的变动方向背道而驰,两者相关系数为—0.373,并且在 5%的水平上高度显著。中国的贸易条件与经济增长之间似乎表现为负相关的联系,出现了贸易条件改善与经济增速降低并存,贸易条件恶化与经济增速上升并存的"悖论"。

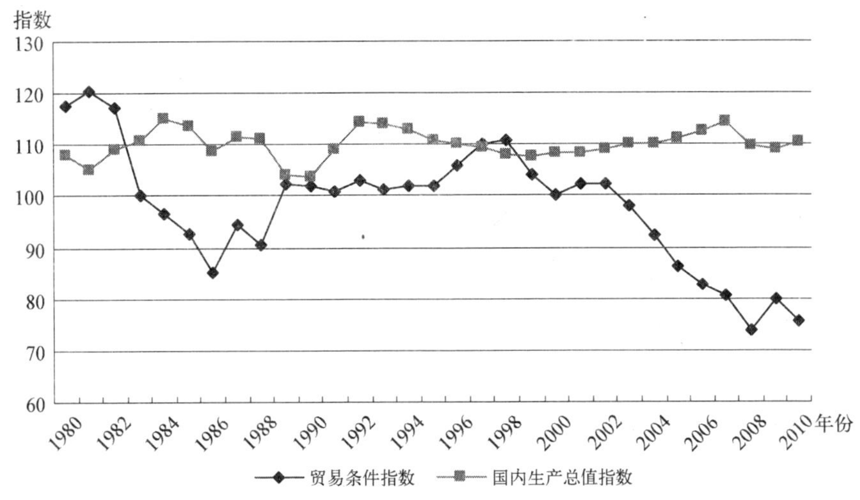

图 4-5　中国贸易条件指数与经济增长指数的演变

考虑到国内生产总值增速只能反映经济增长的数量，却不能反映经济增长的质量，有必要从质的方面来研究贸易条件与经济增长的关系。为此，我们以对外贸易的主体——工业部门为研究对象，分析贸易条件与工业部门增长效益的关系。一般而言，利润是经济效益的主要表现，此处以工业部门的产出利润率（即利润总额占工业总产值的比例）来反映经济增长的质量，图 4-6 描绘了贸易条件指数与工业部门产出利润率的对比情况。

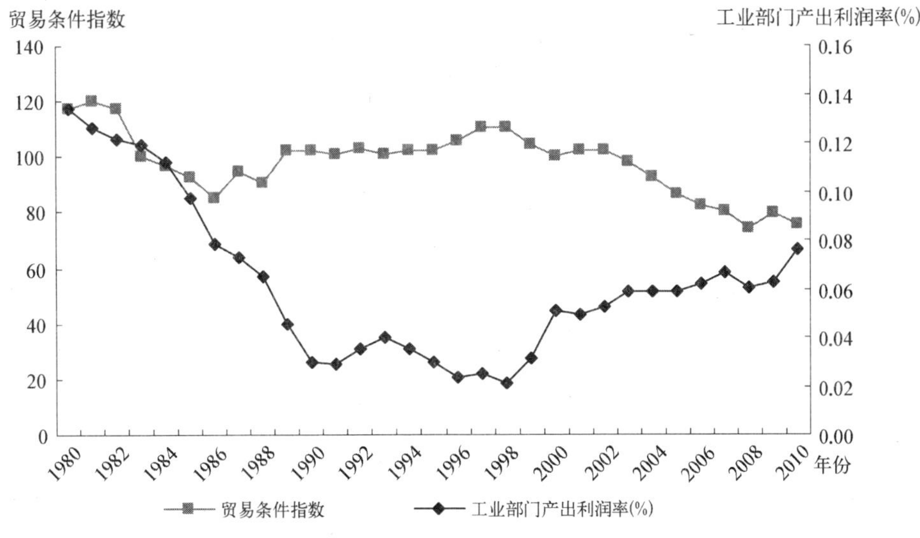

图 4-6　中国贸易条件指数与经济增长效益的演变

图 4-6 显示，大多数年份内，贸易条件指数与工业部门产出利润率的演变轨迹呈反向走势，1986—1998 年，贸易条件指数从 85.11 上升到 110.64，同期的产出利润率却从 7.8%降至 2.1%；1999—2007 年，贸易条件指数从 104.12 下降到 80.46，同期的产出利润率却从3.1%升至 6.7%。这种趋势对比反映出贸易条件与经济增长质量之间也表现为负相关的联系，虽然整个观察期内的相关系数为 0.081，但 1988—2007 年，两者的相关系数高达－0.842，且在 1%的水平上高度显著。当然，这里的图形观察并不能说明两者之间存在统计意义上的必然联系，

在考虑到影响经济增长的其他因素之后，这种负相关性是否显著成立以及是否存在因果联系还有待检验，我们将继续对此做更严格的计量研究，并对实证结果给出理论解释。

3）贸易条件对经济增长影响的计量研究

从国内已有的实证研究来看，相关文献都是基于年度数据样本的分析。此处以中国的季度数据样本对贸易条件与经济增长之间的关系进行计量分析，利用向量自回归模型（VAR）和向量误差修正模型（VECM）考察两者之间的长期联系和短期联系，并对这种联系进行格兰杰因果（Grange Causality）检验，为此类研究提供新的经验证据。

参考已有文献的做法，我们从经济增长的数量和质量两方面入手，分别建立两个 VAR 模型，即增长率 VAR 模型（*GDP*，*K*，*L*，*TOT*）和利润率 VAR 模型（*IP*，*IK*，*IL*，*TOT*）。其中，在增长率模型中，*GDP* 为国内生产总值季度同比增速，*K* 为资本存量季度同比增速，*L* 为劳动力季度同比增速；在利润率模型中，*IP* 为工业部门产出利润率的季度值，*IK* 为工业部门资本存量季度同比增速，*IL* 为工业部门劳动力季度同比增速。资本存量均以固定资产投资代替，劳动力均以从业人员平均数代替，两个模型中的变量 *TOT* 均为季度贸易条件指数（季度平均的出口价格指数/季度平均的进口价格指数，2000 年＝1）。所有变量均采用 *X*－12 法进行季节调整。根据数据可得性，增长率模型的样本期间为 1993 年一季度至 2011 年二季度，利润率模型的样本期间为 2000 年一季度至 2011 年二季度，数据来源于中经网。

ADF 的单位根检验结果显示，所有变量均为平稳变量。综合各类信息准则的判定结果，确定两个 VAR 模型的最优时滞均为 1 阶。根据滞后阶数的判定结果，对两个 VAR 模型进行无约束的 Johanseni 协整检验，结果如表 4－5 和表 4－6 所示。

表 4－5

增长率模型的协整检验结果

协整秩个数的零假设	特征根	Trace 统计量	5％的临界值	1％的临界值
None**	0.36	57.26	47.21	54.46
At most 1	0.16	25.48	29.68	35.65
At most 2	0.13	13.09	15.41	20.04
At most 3	0.04	2.75	3.76	6.65

＊＊表示在 1％的显著性水平上拒绝接受零假设。

表 4－6

利润值模型的协整检验结果

协整秩个数的零假设	特征根	Trace 统计量	5％的临界值	1％的临界值
None**	0.36	31.78	27.07	32.24
At most 1	0.16	12.38	20.97	25.52
At most 2	0.13	10.34	14.07	18.63
At most 3	0.04	2.75	3.76	6.65

＊＊表示在 1％的显著性水平上拒绝接受零假设。

从表 4－6 中的 Trace 统计量与临界值的比较可以看出，在 1％的显著性水平上，两个 VAR 模型中的内生变量之间都只存在1个稳定的长期联系，系数标准化处理的协整方程分别为：

$$GDP = 0.347K + 0.315L - 0.132TOT + 0.324$$
$$(0.087) \quad (0.289) \quad (-0.083)$$
$$IP = 0.015IK + 0.065IL - 0.021TOT + 0.032$$
$$(0.003) \quad (0.068) \quad (-0.039)$$

注：括号内数字为对应系数的标准误差。

两个协整方程中解释变量的系数符号与显著性水平表明，长期内贸易条件与经济增长之间确实存在负相关联系，无论从数量角度还是从质量角度来看都是如此。相关系数值的对比显示，贸易条件与经济增长率的关联性要强于其与产出利润率的关联性。但两个方程中变量 TOT 的系数值均不具有显著性，说明这种负相关性并不意味着经济意义上的因果关系，或者贸易条件变动对经济增长虽然存在一定程度的负面影响，但这种影响力并不足以对经济增长的数量和质量产生根本性的作用。

为综合考察贸易条件对经济增长的长期与短期影响，我们在前述VAR模型和协整检验结果的基础上建立向量误差修正模型(VECM模型)，回归结果如下：

$$\triangle GDP = 0.247\triangle GDP_{-1} + 0.022\triangle K_{-1} + 0.048\triangle L_{-1} + 0.072\triangle TOT_{-1} - 0.011\lambda_{-1} + 0.0002$$
$$(-0.136) \quad (-0.020) \quad (-0.055) \quad (-0.048) \quad (-0.117) \quad (-0.001)$$
$$\triangle IP = 0.310\triangle IP_{-1} - 0.002\triangle IK_{-1} - 0.016\triangle IL_{-1} + 0.012\triangle TOT_{-1} - 0.305\lambda_{-1} + 0.0004$$
$$(-0.239) \quad (-0.001) \quad (-0.032) \quad (-0.042) \quad (-0.126) \quad (-0.0006)$$

注：括号内数字为对应系数的标准误差，λ 是包含所有内生变量的协整方程，$\triangle$ 表示差分，$\triangle GDP_{-1}$ 表示一阶差分，其余类同。

VECM的回归结果显示，与长期走势相反，短期内贸易条件的变动与经济增长的数量和质量之间均表现为与理论预期相符的正相关联系，只不过这种正向联系均未通过显著性检验，说明短期内贸易条件的改善(或恶化)确实有助于(或阻碍)经济增长，但影响力相当有限，尚不至于左右经济增长的总体走向。

在长期的协整方程和短期的误差修正模型中，虽然贸易条件变量对经济增长变量的作用方向相反，但无论是长期的负向联系还是短期的正向联系都不具有统计意义，格兰杰因果检验也证明了这一点。在VAR模型中，变量 TOT 与 GDP 和 IP 之间的因果检验指标 F 值分别为1.457和0.105，VECM模型中变量 $\triangle TOT$ 与 $\triangle GDP$ 和 $\triangle IP$ 之间的因果检验指标 F 值分别为2.212和0.089，所有指标均未通过10%的显著性检验，说明进出口贸易的价格水平并不是决定经济增长的关键因素。

我们认为，针对贸易条件与经济增长所表现出来的负相关长期联系(尽管这一联系并不具有显著性)，特别是1998年以来贸易条件恶化与经济增速上升并存的"悖论"现象，可从以下两方面来解释：

一方面，市场支配能力低下和出口过度竞争导致贸易条件趋于恶化。长期以来，中国企业都是依靠廉价劳动力和资源品等低端要素来参与国际分工，导致大多数国内企业处于全球价值链的低端环节，原材料、核心零部件等内容高度依赖外部供应，对进口商品价格缺乏足够的市场支配能力和定价权，只能被动接受国际市场不公平的垄断高价。与此同时，中国企业的出口贸易高度同质，且集中在少数欧美市场，激烈的市场竞争迫使这些企业通过低价出口来维持市场份额。2005—2010年间,中国的初级产品进口价格指数上涨了14.2%,而出口的最终消费品价格指数仅上涨了5.3%。

另一方面,国际分工的有利因素抵消了贸易条件恶化的负面影响。尽管中国参与国际分工的既有模式导致进出口贸易的价格对比处于不利局面,对企业利润乃至经济增长都产生了负面影响。但专业化分工也为国内企业带来了技术进步、效率提升等利益,在很大程度上抵消了贸易条件恶化的冲击,确保这些企业能够在不利的贸易条件下生存和发展。1998年以后中国加大了对外开放的力度,加上“入世”成功的刺激,中国的贸易依存度(进出口贸易总额/国内生产总值)从1998年的0.318上升到2007年的0.627,同期全员劳动生产率的年度增速均值高达12.2%,在扣除价格因素之后,增速均值仍然高达10.9%。生产率的持续、快速提升在促进经济增长的同时,也为国内企业的低价出口提供了必要的利润空间,使得贸易条件恶化与经济高速增长得以并行不悖。

需要引起注意和警惕的是,中国多年来延循粗放型的对外贸易模式和经济增长模式,不仅分工、地位没有发生根本性的提升,反而消耗了大量资源,生存环境遭到破坏,廉价劳动力的要素禀赋优势也因越过“刘易斯拐点”而逐渐消失。在此条件下,劳动要素、自然资源、环境保护等方面的成本上升将进一步挤压出口企业的利润空间,如果不能及时扭转不利的国际分工格局,改变进出口贸易的价格条件对比,大量企业可能会因为贸易条件的恶化而失去生存和发展的空间,经济增长也会随之失去动力。有鉴于此,中央政府应通过合理的政策引导和制度激励,促进产业结构的转型升级和国际分工体系中的地位提升,将静态比较优势转化为动态竞争优势,实现对外贸易和经济增长的可持续发展。在产业政策上,可通过项目审批、外资引进、兼并重组等措施淘汰落后产能,鼓励战略性新兴产业发展,组建一批具有国际竞争力的大型企业集团;在外贸和财税政策上,可通过出口退税、财政补贴、税收减免等措施遏制低附加值产品出口,促进社会资源向高附加值领域集中;在就业政策上,要通过教育培训,提高中国人力资本的质量,引导劳动力向资本、技术密集型产业转移。

2. 对外贸易风险的度量

1) 总体评价

与往年中国经济运行风险研究报告所采用的风险评级方法一样,我们根据进口与出口年度增长率对其长期趋势(也即潜在的进口增速与出口增速)的偏离度来评定对外贸易的风险等级。在估算进口与出口增长率的长期趋势时,以1979—2011年进口和出口增长率的算术平均数作为长期趋势值,测算长期趋势值时没有纳入2009年的数据,以避免金融危机这类偶然性事件对长期趋势的扭曲,更真实地反映潜在贸易水平。进出口贸易的偏离程度与风险级别的定义遵循以往中国经济运行风险研究报告的规则,此处不再重复。

从图4-7中进口和出口历年的风险等级可以看出,2011年进出口风险等级进一步下调,2010年的低风险状态双双降至无风险状态。进出口贸易增速经过2010年的快速反弹之后,在2011年逐渐回落至正常水平。尽管2011年欧债危机愈演愈烈,全球经济复苏步伐依然缓慢,人民币汇率仍然延续升值趋势,但在政府部门和国内企业的共同努力下,进出口贸易已接近于潜在的增长水平。然而,考虑到欧盟是中国第一大贸易伙伴,而欧债危机的负面影响在2012年继续扩散,甚至导致欧元崩溃的最坏结果,将对中国的进出口贸易产生较大的不利影响,风险等级存在上调的可能性。当前的政策重点应密切关注欧债危机的进展,准备好应对各种突发情况的政策预案,确保对外贸易和国民经济的平稳增长,为转变对外经济发展方式提供稳定的环境。

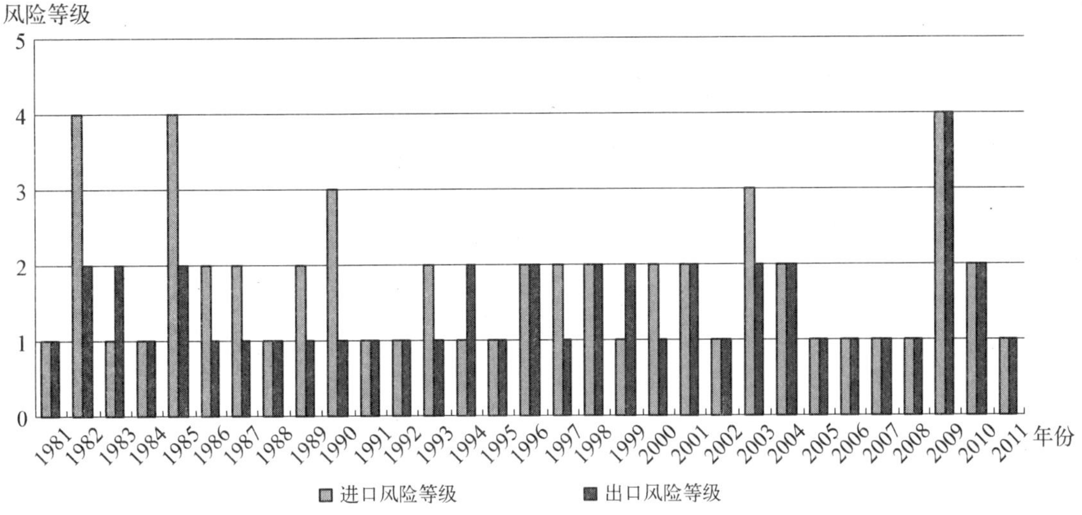

图 4-7　进出口风险等级评价

2）人民币升值对中国出口贸易的影响与风险度量

自 1994 年中国实行盯住美元的固定汇率制以后，人民币汇率曾长期处于低估状态，鼓励低端出口部门发展，产业结构升级也因此受到抑制。2005 年 7 月 21 日，中国开启了汇率市场化改革的进程，将人民币对美元汇率一次性升值 2%，此后维持渐进升值的趋势，以更好地发挥汇率在引导资源配置中的作用。政学两界的主流观点认为，应当利用人民币升值倒逼出口企业优胜劣汰和出口贸易转型升级，并以此带动经济增长模式的合理转换。然而，这一判断很大程度上是基于理论层面的逻辑推理，尚缺少可靠的实证结论作为支撑。人民币升值对中国的出口贸易究竟有何影响？牺牲出口规模的数量增长能否换来出口结构的质量优化？对于这些问题的回答不仅有利于客观评价汇率政策的实际效果，也有利于更好地制定稳增长、调结构的政策措施。

文献回顾　自 2005 年汇率制度改革以来，评估人民币升值对中国出口贸易的影响一直是学术研究的热点所在，研究内容涉及价格效应、规模效应、结构效应等诸多方面。然而，由于研究视角、数据、方法上的不同，结论并不一致甚至相互矛盾。根据研究对象的差异，相关的实证文献可分为以下两种类型：

一种是以商品层面的出口数据来研究。此类文献以不同类别的出口商品作为研究对象，评估人民币升值对各类商品出口价格的汇率传递程度和出口规模的汇率弹性，以及由此而来的结构效应。魏晓琴、刘国峰(2010)的实证结果显示，人民币升值导致劳动密集型产品的出口价格出现较大幅度的上涨，出口规模因此受到较大冲击。而资本密集型产品的出口价格相对稳定，有利于维持市场份额。因此，人民币升值客观上促进了出口结构的优化调整。其他学者(马淑琴、鲍观明，2010；文争为，2011)也得出了类似结论。然而，也有学者(陈学彬等，2007；徐晓华、张婧，2010)得出截然相反的结论，认为在人民币升值时，劳动密集型行业中的企业降低本币出口价格，以维持外币价格的市场竞争力，而一些高科技行业中的企业大幅度上调本币出口价格，以确保既定的利润目标不受影响，人民币升值并不一定能改善中国的出口结构。测算汇率弹性的多数研究发现，人民币升值对劳动密集型产品出口的负面影响大于资本密集型产品，从而有利于中国的出口结构升级(曾铮、张亚斌，2007；Thorbecke 和 Zhang，2008；巴曙松、沈姗姗,2009;马君潞等,2010)。但也有少数研究显示,人民币升值对出口结构并无显著影响(黄万阳、王维国,2010;李子联,2011)。

另一种是以企业层面的出口数据来研究。此类文献以出口企业作为研究对象,充分考虑企业的异质性特征,对人民币升值的贸易影响进行更深入、更准确的评估,但采取这种方法来评估人民币升值效应的实证文献还很少。李宏彬等(2011)的论文是国内第一篇使用企业数据来测算进出口贸易汇率弹性的文献,该文以2000—2006年间进出口企业的报关数据为样本,发现人民币升值对高科技行业和资本密集型行业中的企业出口冲击较大,对技术水平较低和劳动密集型行业中的企业出口冲击相对较小,人民币升值不利于出口结构升级。Tang和Zhang(2011)基于同样的数据样本,发现人民币升值降低(增加)了中国企业进入(退出)海外市场的概率,并且不同商品价格的汇率传递程度没有显著差异,人民币升值不太可能通过价格杠杆影响中国的出口结构。黄小兵(2011)以2005—2007年间中国工业企业的统计数据为样本,发现人民币升值1%,高生产率企业的出口额将减少2.05%,而低生产率企业的出口额只减少1.94%,人民币升值不利于改善出口贸易的主体构成。

总体而言,人民币升值对中国出口的影响问题尚未得出一致的结论,过于偏重商品层面的研究却忽视企业行为的传导作用和企业异质性特征的影响,是导致研究结论出现分歧的一个重要原因。近年来国外相关研究的主流路线是以企业作为研究对象,以21世纪初期兴起的“新—新贸易理论”作为理论基础,基于企业行为视角对汇率变动的贸易影响进行理论分析,探讨汇率变动如何通过企业行为的传导来影响对外贸易,并结合企业数据开展实证研究。这种研究方法不仅可以规避加总数据忽视企业异质性的问题,还能揭示汇率影响的深层传导机制(Lynda,2009;Jose,2011)。尽管也有少量文献试图从企业行为的视角来评估人民币升值的贸易影响,但在样本数据选取、汇率变量处理、计量模型设定等方面尚存在不足之处。有鉴于此,我们对已有研究做了必要的改进,重新审视人民币升值的贸易影响,通过测算异质性企业出口的汇率边际效应,评估人民币升值对中国出口贸易的整体影响和结构影响。

计量模型设定与方法说明　“新-新贸易理论”中的代表性文献(Bernard和Wagner,2001;Das等,2004;Campa,2004)表明,由于企业对外出口需要支付较高的沉没成本(如建立海外销售渠道等),退出境外市场时也要耗费不可逆的沉没成本(如人员安置和业务重组等)。企业的出口行为实际上是一个两阶段决策过程,即第一阶段的出口参与决策和第二阶段的出口规模决策。如果企业在第一阶段决定进入出口市场,那就需要考虑汇率变动对两阶段出口决策的影响。如果企业在第一阶段决定观望而不出口或者退出出口市场,那就只需考虑汇率变动对第一阶段市场观望决策或者市场退出决策的影响。

参考有关企业层面出口贸易决定因素的实证文献(Sterlacchini,2001;Van Dijk,2002;Ma,2006),我们将出口决策方程分别设定为如下形式:

$$EXP_{it} = \alpha_0 + \alpha_1 REER_{it} + \alpha_2 Demand_{it} + \alpha_3 Scale_{it} + \alpha_4 TFP_{it} + \alpha_5 KL_{it} + \alpha_6 Age_{it} + \alpha_7 Foreign_i + \alpha_8 EXP_{it-1} + \varepsilon_{it} \quad (4-1)$$

$$Export_{it} = \beta_0 + \beta_1 REER_{it} + \beta_2 Demand_{it} + \beta_3 Scale_{it} + \beta_4 TFP_{it} + \beta_5 KL_{it} + \beta_6 Age_{it} + \beta_7 Foreign_i + \beta_8 Export_{it-1} + w_{it} \quad (4-2)$$

(4-1)式为第一阶段的出口参与决策方程,反映出口贸易的扩展边际(Extensive Margins),EXP为出口状态的虚拟变量,当企业i在t期有出口记录时,$EXP_{it}=1$,否则

$EXP_{it}=0$。(4－2)式为第二阶段的出口规模决策方程，反映出口贸易的集约边际(Intensive Margins)①，$Export$ 为出口规模变量。两个方程中均纳入了影响企业出口决策的三类因素作为解释变量，即汇率变动因素、市场需求因素以及企业自身因素：$REER$ 为人民币的实际有效汇率，$Demand$ 为海外市场需求，$Scale$ 为企业规模，TFP 为企业全要素生产率，KL 为企业资本密集度，Age 为企业运营年限，$Foreign$ 为外资企业的虚拟变量(当企业 i 为外资企业时，$Foreign=1$，否则 $Foreign=0$)，EXP_{it-1} 和 $Export_{it-1}$ 分别为上一年的出口状态变量和出口规模变量，反映出口贸易中的沉没成本，如果系数为显著正值，说明出口贸易中确实存在较高的沉没成本，企业的出口参与决策因此具有持续性。ε 和 w 为误差项，服从均值为 0、相关系数为 ρ 的二元正态分布，α 和 β 均为解释变量的对应系数。其中，α_1 和 β_1 是本章关注的重点所在，衡量人民币升值对企业出口决策的影响程度，如果 α_1 和 β_1 均通过了显著性检验，说明汇率变动从广度和深度两方面共同影响出口贸易。根据企业所属行业、生产率水平等异质性特征，α_1 和 β_1 的数值可能有所区别，这种差异性可以反映汇率变动对于出口贸易结构的影响，检验人民币升值能否起到优胜劣汰和出口结构优化调整的预期效果。

由于沉没成本的存在，出口参与决策和出口规模决策实际上是两个相互依赖的过程，方程(4－1)式和(4－2)式可能是彼此相关的，误差项(ε_{it}，w_{it})的相关系数 ρ 可能并不为 0。在此情况下，(4－2)式的回归系数值依赖于(4－1)式的估计结果，仅仅估计 β 或者分别估计两个方程都容易出现样本选择偏误，得出有偏估计值，影响计量结果的准确性。基于结构性回归技术的 Heckman Selection Model(简记 HSM)是纠正此类选择性偏误的一个可行方法，能够对(4－1)式和(4－2)式中的参数给出一致、渐近有效的回归结果。Heckman(1979)建议采用两阶段回归的样本选择模型予以估计，但鉴于 HSM 的两阶段估计法可能存在共线性问题(Greene，2003)，我们选择更为有效的最大似然法进行估计。

HSM 只能对当期进入海外市场的情况($S_{it}^{*}=1$)进行估计，而当企业决定退出海外市场($S_{it}^{*}=0$)时，由于不存在第二阶段的出口规模决策，HSM 便不再适用，此时只需单独估计退出决策即可。参照(4－1)式的设定思路，建立企业退出决策的二元 Probit 模型：

$$\begin{aligned}EXIT_{it}=\ &\gamma_0+\gamma_1 REER_{it}+\gamma_2 Demand_{it}+\gamma_3 Scale_{it}+\gamma_4 TFP_{it}+\gamma_5 KL_{it}+\gamma_6 Age_{it}+\\&\gamma_7 Foreign_i+\gamma_8 Export_{it-1}+\sigma_{it}\end{aligned}\tag{4-3}$$

(4－3)式中 $EXIT$ 为退出状态的虚拟变量，当企业 i 在 $t-1$ 期有出口记录，且在 t 期无出口记录时，$EXIT_{it}=1$，否则 $EXIT_{it}=0$。γ_1 衡量汇率变动对企业退出决策的影响，如果 γ_1 为显著正值，意味着人民币升值增加了企业退出海外市场的几率，导致出口贸易的扩展边际减少。基于 α_1 和 β_1 的相似原理，对于异质性企业而言，γ_1 数值所表现出的显著差异，同样可以反映人民币升值对于出口贸易结构的影响。引入解释变量 $Export_{it-1}$ 是为了反映退出成本对于决策的影响，在通常情况下，企业在上一年的出口规模越大，当年作出退出决策的沉没成本越高，越不愿意退出海外市场。

变量与数据说明　本研究所使用的企业层面数据来源于国家统计局的《中国工业企业数据库》，鉴于本文的研究目标是考察人民币升值的影响，而国际清算银行的统计数据显示，进入

① Creusen et al.(2011)将出口贸易分解为扩展边际和集约边际两个部分。前者是“广度范围”的概念，指出口企业家数、出口市场个数、出口商品种类等指标的增减，与出口企业的市场进入退出行为和商品种类选择行为有关。后者是“深度规模”的概念，指出口价格、数量、金额等指标的增减，与出口企业的商品定价行为和规模选择行为有关。本章仅研究市场进入、退出的扩展边际和出口金额增减的集约边际。

21世纪以来，人民币实际有效汇率指数自2005年的汇率制度改革之后才开始进入升值周期。因此，我们将样本期间定为2005年至最新数据年份的2009年。结合本研究的研究需要，将以下几类企业予以删除：① 回归方程中所需的企业关键指标缺失，如从业人数、固定资产、出口交货值等。② 年均从业人员数小于8人，因此类家族企业的财务信息准确性较差。③ 资产总计小于1万元，因此类小型企业的数据信息出现错漏的概率较高。④ 样本期间内未能持续运营，目的是避免兼并重组、企业改制等事件的影响。⑤ 行业属性为烟草制品业与电力、燃气及水的生产和供应业，因此类企业并不从事出口活动。经过上述筛选处理之后，我们只选择在样本期间内有5年连续记录的企业，这种做法虽然牺牲了一部分样本容量，但确保了样本企业数据的可靠性和可比性，同时这也有利于拉长观察期间，以更好地反映人民币升值的长期影响。

根据样本企业的数据资料，我们计算出口决策方程(4-1)式至方程(4-3)式中各个变量的指标值：$REER_{it}=100\times\prod_{k=1}^{n}\left(\frac{ER_{kt}}{ER_{k0}}\times\frac{CPI_t}{CPI_{kt}}\right)^{\mu_{j,kt}}$。这里的$REER$参照了国际清算银行的实际有效汇率指数计算方法，指的是行业层面的人民币实际有效汇率指数，衡量企业i所属行业j面对的人民币汇率冲击，$REER$值上升意味着人民币升值。因为数据库中并未提供企业的出口市场信息，难以计算企业层面的人民币汇率，此处只能以行业层面的人民币实际有效汇率指数近似替代。Greenaway et al.(2005)和Guillou(2008)也曾采用该方法衡量企业层面的汇率冲击。式中，ER_{kt}为外币k在t年的人民币价格，ER_{k0}为外币k在基期(2000年)的人民币价格，根据各货币对美元的年均汇率进行换算；CPI_{kt}为k市场在t年的居民消费价格指数(2000年=100)；CPI_t为中国在t年的居民消费价格指数(2000年=100)；上标$\mu_{j,kt}$为出口贸易权重，指的是t年中国对k市场的j行业出口额占中国j行业出口总额的比重①。在出口市场的确定上，我们选择了22个具有代表性的国家和地区进行研究($n=22$)②，样本期间内中国对这些市场的出口额占中国出口贸易总额的80%以上，人民币对这些目标市场货币的汇率变动基本上能够反映出口行业所面对的汇率风险。

$Demand_{it}=\sum_{k=1}^{n}(\mu_{j,kt}\times GDP_{kt})$。这里的$Demand$是出口市场经济规模的加权平均，衡量企业$i$所属行业$j$的国际市场需求。$GDP_{kt}$为$k$市场的实际国内生产总值(以2000年不变价美元计算，单位：万美元)，数据来源于Datastream。

TFP采用常见的索洛余值法(Solow Residuals)进行估算。假定在Cobb-Douglas生产函数条件下，企业投入资本(K)和劳动(L)两种要素，当期的工业产出为Y。其中，K为固定资产规模(单位：万元)，L为年均从业人员数，由于数据库中并未提供2008年和2009年的工业增加值信息，此处Y以企业的工业总产值近似替代(单位：万元)。生产函数的回归方程式为：

$$\ln Y_{it}=\eta_0+\eta_1\ln K_{it}+\eta_2\ln L_{it}+f_r+f_j+f_t+\upsilon_{it}$$

式中 ln——自然对数符号；

f_r、f_j、f_t——分别为控制省级地区效果、行业效果、时间效果；

υ_{it}——随机误差项。

① 这里的行业是国民经济行业分类(GB/T4754-2002)的两位数编码行业，出口贸易数据是根据国民经济行业分类与国际标准产业分类(ISIC Rev.3)以及国际贸易标准分类(SITC Rev.3)之间的对应关系计算。

② 这些国家和地区包括：澳大利亚、比利时、巴西、加拿大、法国、德国、中国香港、印度、印尼、意大利、日本、韩国、马来西亚、墨西哥、荷兰、俄罗斯、新加坡、西班牙、中国台湾、泰国、英国、美国。

回归残差即为全要素生产率的自然对数 $\ln TFP_{it}$。TFP 也是我们区别高端企业与低端企业的主要指标。

Scale 由年均从业人员数来衡量，*KL* 由资本 K 与劳动 L 的比例来衡量，*Age* 由样本年份与企业成立年份之差来衡量，*Foreign* 包括外商投资企业和中国港、澳、台投资企业，*Export* 由出口交货值来衡量(单位：万元)。

为消除价格因素的影响，我们以分行业的工业品出厂价格指数对工业总产值和出口交货值数据进行平减，同时以固定资产投资价格指数对固定资产规模数据进行平减，基期均为2000 年。为消除异方差因素影响，所有时间序列变量(*Export*、*REER*、*Demand*、*TFP*、*Scale*、*KL*、*Age*)均取自然对数后进入回归方程。解释变量之间相关系数的最大值仅为0.259，说明变量选择与处理方法较好地规避了共线性扰动问题。

人民币升值对出口贸易的整体影响　待估计的回归方程(4－1)式至方程(4－3)式中，大部分解释变量均为当期指标，这种处理可能会面临内生性问题，因为出口决策变量与同期的人民币汇率、企业规模、企业生产率等解释变量之间存在理论上的双向作用。广义矩估计是一种常用的解决办法，但受限于样本数据的信息可得性，该方法难以在本文付诸实施；另一种较为简便和常见的解决办法是选用滞后一期的指标作为解释变量，消除因变量与自变量之间的同期相关性影响，但该方法也存在信息损失的问题。我们将根据模型回归的检验指标值，在当期指标和滞后一期指标中择优选择合适的计量模型。所有回归方程均引入年份、行业、地区的固定效果，分别用于控制经济周期、行业特征以及区位因素的潜在影响。表 4－7 列出了出口决策方程的回归结果。

表 4－7 中 HSM 模型的回归结果显示，无论解释变量是当期指标还是滞后一期指标，ρ 和 λ 的值均在 1%的水平上高度显著，证明出口参与决策方程(4－1)式与出口规模决策方程(4－2)式之间确实存在相互依赖的关系，企业的出口贸易是这两个决策过程共同作用的结果，相较于文献中常用的 OLS 回归方法，本研究所采用的 HSM 回归方法更为合理。此外，与未经修正的 OLS 回归相比，在纳入选择性矫正因子 λ_i 之后，方程(4－2)式的解释能力提高了将近 10 个百分点，这也证明 HSM 方法优于通常采用的 OLS 方法。对比当期指标和滞后一期指标的回归结果可以看出，在 HSM 模型和 Probit 模型中，解释变量的两种处理方式得出了大致相同的结果，差异仅限于系数值的大小，说明内生性问题可能并不严重。进一步对比 HSM 模型的 AIC 和 BIC 指标值，以及 Probit 模型的 ROC 值。我们认为，当期指标的计量模型与中国企业的出口决策更为吻合，以下均基于解释变量的当期指标进行计量研究。

表 4－7

出口决策方程(4－1)式至方程(4－3)式的回归结果

	出口参与及规模决策 HSM 模型		出口参与及规模决策 HSM 模型		市场退出决策 Probit 模型		未经矫正的 OLS 回归
	当期指标	当期指标	滞后一期	滞后一期	当期指标	滞后一期	当期指标
	方程(4－1)式	方程(4－2)式	方程(4－1)式	方程(4－2)式	方程(4－3)式	方程(4－3)式	方程(4－2)式
Lag *EXP*	2.721 2***	—	2.722 7***	—	—	—	—
Lag ln*Export*	—	0.342 7***	—	0.350 7***	−0.175 5***	−0.177 1***	0.265 7***
ln*REER*	−1.336 6***	−0.562 6***	−2.129 9***	−1.296 9***	1.598 7***	2.334 7***	−0.172 8**

（续表）

	出口参与及规模决策 HSM模型		出口参与及规模决策 HSM模型		市场退出决策 Probit模型		未经矫正的 OLS回归
	当期指标	当期指标	滞后一期	滞后一期	当期指标	滞后一期	当期指标
	方程(4-1)式	方程(4-2)式	方程(4-1)式	方程(4-2)式	方程(4-3)式	方程(4-3)式	方程(4-2)式
ln*Demand*	−0.002 3	0.108 6***	0.055 0*	0.211 4***	0.024 7	−0.071 2	0.106 3
ln*Scale*	0.193 7***	0.522 5***	0.179 4***	0.501 6***	−0.196 1***	−0.189 6***	0.542 3***
ln*TFP*	0.009 5**	0.572 7***	0.005 3	0.485 3***	−0.108 4***	−0.125 5***	0.620 9***
ln*KL*	0.004 0	0.084 7***	0.011 0***	0.096 7***	−0.017 0***	−0.024 0***	0.097 8***
ln*Age*	−0.003 5	−0.179 8***	−0.006 1	−0.199 2***	−0.041 5***	−0.029 2***	−0.192 1***
Foreign	0.423 4***	0.215 5***	0.420 5***	0.191 6***	−0.241 4***	−0.236 0***	0.161 9***
*REER*边际效应	−0.385 1***	−0.562 6**	−0.613 7***	−1.296 9***	0.064 7***	0.094 2***	−0.172 8**
Obs	445 268		445 268		445 240	445 240	144 037
ρ	0.414 8***		0.435 5***		—	—	—
λ	0.457 0***		0.501 4***		—	—	—
$\mathbf{R^2}$	0.710 3		0.707 9		—	—	0.615 7
AIC	613 247.5		625 224.4		108 650.4	108 698.9	—
BIC	614 799.4		626 776.3		109 409.9	109 458.3	—
ROC	0.958 1		0.957 7		0.958 1	0.820 4	—

注：① lag 表示滞后一期，ln 为自然对数符号。Obs 为样本观察值个数，ρ 为方程(4-1)式和方程(4-2)式的相关系数，λ 为选择性矫正因子的系数。② AIC 和 BIC 分别为赤池信息准则和贝叶斯信息准则，信息准则的指标值越小，模型越适合。③ ROC 为受试者操作特征(Receiver Operating Characteristic)曲线指标，是评判二元选择模型回归结果的常用指标，ROC 指标值介于 0～1 之间，ROC 值越大，意味着模型的判断能力越好，ROC 值等于 1 时，说明模型能够完全准确地识别因变量的选择结果。在 HSM 模型检验指标中的 ROC 是第一阶段出口参与决策 Probit 模型的对应指标值。④ HSM 模型的 $\mathbf{R^2}$ 为方程(4-2)式经过 λ 修正后的 OLS 回归指标值，此处仅用于反映模型拟合程度，模型中的变量系数和其他指标均通过最大似然法估计得出。⑤ *、**、*** 分别表示对应变量系数在 10%、5%、1%的水平上具有显著性，显著性概率均基于稳健的标准误差计算而得。

从模型中解释变量的系数符号和显著性水平来看，大多数情况下计量结果均与理论预期保持一致，表明模型具有较强的经济意义。出口参与方程(4-1)式 Probit 回归和市场退出方程(4-3)式 Probit 回归的 ROC 指标值均为 0.958 1，显示二元选择模型的拟合程度相当高，对于企业出口参与和市场退出决策的判断准确率超过 95%。经过选择性矫正因子修正后，方程(4-2)式的 OLS 回归指标 R^2 值高达 0.710 3，意味着模型对出口规模的解释能力超过 70%。对于微观企业层面的样本而言，如此高的拟合程度和解释能力，证明解释变量的选取处理和计量模型的设定形式很好地反映了企业的出口实际，由此得出的计量结果具有较高的可信度。

方程(4-1)式至方程(4-3)式中汇率变量的回归系数显示，人民币升值对中国企业的出口贸易产生了显著的负面影响，其影响不仅体现在出口规模缩减的集约边际方面，而且体现在出口参与意愿减弱和市场退出意愿增强的扩展边际方面。HSM 模型的估计结果表明，方程(4－2)式中出口规模的汇率边际效应或称汇率弹性为－0.562 6，即人民币汇率每升值 10%，出口额(即集约边际)相应减少 5.63%。与李宏彬等(2011)采用 OLS 方法估算的贬值期间出口汇率弹性(－0.991)相比，本研究在升值期间的出口汇率弹性明显偏低，表 4－7 最后一列基于 OLS 估算的出口汇率弹性(－0.172 8)则更低。说明人民币升值和贬值对中国企业出口贸易的作用可能存在较大差异，人民币贬值对出口贸易的促进作用大于人民币升值对出口贸易的抑制作用。一个可能的原因在于出口企业能够通过降低价格、削减利润的方式部分抵消升值的负面冲击，而贬值的积极效应则几乎完全传导至出口规模上，由此形成非对称的汇率弹性。

再来考察出口贸易的扩展边际，(4－1)式中出口参与决策的汇率边际效应为－0.385 1，说明人民币汇率每升值 10%，中国企业参与出口贸易的概率降低约 3.8 个百分点。(4－3)式中市场退出决策的汇率边际效应为 0.064 7，人民币汇率每升值 10%，中国企业退出海外市场的概率上升约 0.6 个百分点。Tang 和 Zhang(2011)利用 Probit 模型估算了汇率对中国企业初次进入海外市场和市场退出决策的影响，人民币汇率对两种决策的边际效应分别为0.157和－0.121①，我们采用相同方法估计的汇率边际效应分别为－0.024 5 和 0.064 7。相比之下，本章在人民币升值期间两种决策的汇率边际效应都要低得多，表明人民币升值和贬值对于出口企业的市场进入和退出决策同样具有非对称影响，人民币升值对企业出口决策的不利影响明显弱于贬值对企业出口决策的有利影响，其原因与出口规模的非对称作用机理类似。

人民币升值对出口贸易结构的影响　在前一部分整体影响的研究基础上，我们根据注册类型、生产率水平、所属行业三个特征区分不同性质的样本企业，从集约边际和扩展边际两方面考察汇率变动对异质性企业出口贸易的差异化影响，以及由此形成的结构调整效应。

首先来看人民币升值对不同所有制企业出口贸易的影响。根据登记注册类型的性质，我们将样本企业分为国有企业、私营企业、集体企业、外资企业以及其他企业(包括股份有限公司、其他有限责任公司、其他联营公司等)五种类型，在(4－1)式至(4－3)式中纳入所有制虚拟变量与汇率变量的交互项，以其他企业作为控制组，表 4－8 报告了交互项的边际效应。由于控制组为其他企业，ln*REER* 一行中的数值即为该类企业出口决策的汇率边际效应，例如(4－2)式中的－0.670 5 即为其他企业出口规模的汇率弹性，国有企业出口的汇率弹性为(－0.670 5)＋(－0.055 4)＝－0.725 9，外资企业出口的汇率弹性为(－0.670 5)＋(0.068 7)＝－0.601 8，同理可得私营企业和集体企业出口决策的对应数值。方程(4－1)式至方程(4－3)式的结果对比显示，人民币升值对不同所有制企业的差异化影响主要表现在市场进入阶段的出口参与和规模决策上，而在市场退出阶段，这种差异性微乎其微。

比较而言，人民币升值对国有企业出口的负面影响最大，对私营企业和集体企业的负面影响次之，对外资企业出口的负面影响最小。其原因在于外资企业具有结算货币选择、汇率风险管控、商品定价谈判等方面的诸多优势，能够有效缓解人民币升值的不利影响，并且外资企业多从事加工贸易，升值带来的进口成本降低利得也部分对冲了出口贸易汇兑损失。私营企业和集体企业的优势在于经营灵活，能够根据汇率波动及时调整定价策略和积极拓展出口市场，

① 因为汇率变量计算方法的差异，Tang 和 Zhang(2011)在文中的汇率变量含义与本研究相反，汇率变量指标值增加，表示人民币贬值。

表 4－8

人民币升值对不同所有制企业出口决策的影响

REER 边际效应	出口参与及规模决策 HSM 模型		市场退出决策 Probit 模型
	方程(4－1)式	方程(4－2)式	方程(4－3)式
ln*REER*	−0.411 0***	−0.670 5***	0.066 0***
国有企业* ln*REER*	−0.007 1***	−0.055 4***	0.000 8***
私营企业* ln*REER*	0.001 5***	0.033 1***	−0.000 1
集体企业* ln*REER*	0.015 9***	0.032 3***	−0.000 6**
外资企业* ln*REER*	0.026 7***	0.068 7***	−0.002 2
Obs	445 268		445 240
ρ	0.412 5***		—
λ	0.453 6***		—

注：方程(4－1)式和方程(4－3)式中的数值均为汇率变量的边际效应。为节约篇幅，表中未给出其他解释变量的估计系数和边际效应。*、**、*** 分别表示对应变量系数在 10%、5%、1%的水平上具有显著性，显著性概率均基于稳健的标准误差计算而得。

确保海外订单不至于过快流失。相比之下，国有企业虽能得到银行融资的有力支持，但经营机制上的缺陷导致其市场反应能力远不如私营企业和集体企业，难以对汇率波动作出及时有效的应对措施，成为人民币升值的最大受害者也就在所难免。李宏彬等(2011)的研究也发现，在人民币贬值的有利环境下，国有企业对汇率变动的反应最为迟钝，而私营企业对汇率变动的反应最为敏感。汇率敏感性的差异反映出两类企业应对汇率变动的能力差异，既然在人民币贬值期间，私营企业能够以更快的速度扩大出口，那么我们相信，在人民币升值期间，私营企业也能以更有效的措施来稳定出口贸易。

人民币升值对不同生产率企业出口贸易的影响　由于汇率变量与生产率变量的交互项(ln *TFP** ln*REER*)与 ln *TFP* 存在严重的共线性问题，相关系数高达 0.998 9，只能采用分样本的方法进行比较分析。参考 Berman 等(2010)的做法，我们以 *TFP* 指标的中位数为临界点，临界点以上的即为高生产率企业(高端企业)，临界点及以下的即为低生产率企业(低端企业)，检验两类企业出口决策的汇率边际效应是否存在显著差异。然而，考虑到不同行业的要素密集度差异，导致不同行业中的企业生产率存在"先天性"的落差，以全样本企业的 *TFP* 中位数作为区分标准，可能会混淆高端和低端企业，例如食品行业中高端企业的生产率很可能会低于机电行业中低端企业的生产率。为此，我们并没有采用全样本企业的中位数作为临界点，而是充分考虑行业的属性差异，以 32 个二位数编码行业中的 *TFP* 中位数作为临界点，筛选出各个行业中的高端和低端企业，对高生产率企业和低生产率企业的两个子样本分别予以估计。

表 4－9 的估算结果表明，在出口参与及规模决策的 HSM 模型中，两类企业的汇率边际效应存在显著差异，但在市场退出决策的 Probit 模型中，这种差异很小，也不具有显著性，说明人民币升值对于高端企业和低端企业的出口贸易存在非对称影响，且主要表现在海外市场的进入阶段。出于稳健性检验的考虑，我们还分别以 *TFP* 的 25%分位数和 10%分位数作为区分高端企业和低端企业的标准。以 25%分位数为例，我们将 *TFP* 指标值位于上 25%区间

表 4-9

人民币升值对不同生产率企业出口决策的影响

REER 边际效应	高生产率企业			低生产率企业		
	出口参与及规模决策 HSM 模型		市场退出决策 Probit 模型	出口参与及规模决策 HSM 模型		市场退出决策 Probit 模型
	方程(4-1)式	方程(4-2)式	方程(4-3)式	方程(4-1)式	方程(4-2)式	方程(4-3)式
TFP 中位数	−0.442 7***	−0.972 5***	0.064 7***	−0.319 5***	−0.074 0	0.067 1***
TFP 的 25%分位数	−0.519 3***	−1.287 5***	0.087 3***	−0.245 7***	0.063 1	0.067 2***
TFP 的 10%分位数	−0.571 9***	−1.905 3***	0.107 6***	−0.267 9***	0.491 0**	0.076 0***
高生产率企业和低生产率企业的 *REER* 估计系数无差异检验的卡方指标值						
TFP 中位数	7.96***	34.32***	0.04			
TFP 的 25%分位数	19.07***	35.63***	4.38**			
TFP 的 10%分位数	10.99***	44.75***	3.03*			

注：我们采用似无关估计的方法来检验子样本中汇率变量系数的回归结果是否存在显著差异。(4-1)式和(4-3)式中的数值均为汇率变量的边际效应。为节约篇幅，表中未给出其他解释变量的估计系数和边际效应。*、**、*** 分别表示对应变量系数在 10%、5%、1%的水平上具有显著性，显著性概率均基于稳健的标准误差计算而得。

的企业归入高生产率企业的子样本，将 *TFP* 指标值位于下 25%区间的企业归入低生产率企业的子样本，比较两个子样本中汇率边际效应的数值差异。很明显，区分标准的改变并没有影响到最终的比较结论。考虑到索洛余值法计算 *TFP* 指标可能存在同期相关性的问题，我们还曾以全员劳动生产率指标来替代 *TFP* 指标，但子样本的对比结果仍然得出同样的结论。

就本章的样本数据而言，人民币升值对高生产率企业的负面冲击明显大于低生产率企业，升值虽然降低了低端企业进入海外市场的意愿，但并未对低端企业的出口规模产生显著的负面影响。这就意味着人民币升值并未起到优胜劣汰的预期效果，反而从出口参与的扩展边际和出口规模的集约边际两方面降低了市场主体的质量，不利于出口贸易主体结构的优化调整。之所以会出现与预期相反的政策效果，很可能是由于企业出口策略的差异所造成。一般而言，高生产率企业多具备高利润、高增长的特征，追求的是利润效应，通常都有着基本的利润率约束，当人民币升值侵蚀利润空间时，此类企业只能提高出口价格以维持既定的利润率目标。在需求价格弹性较高的情况下，价格上调必然会导致出口规模大幅度萎缩。相比之下，中国的低生产率企业多以“薄利多销”作为主要经营模式，更为看重规模效应，人民币升值可能迫使这些企业采取以量补价的策略，在保持价格稳定的同时扩大出口规模，以维持利润总量目标。样本期间内，高生产率企业和低生产率企业的平均利润率(利润总额/销售收入)分别为 10.25%和 4.38%，ln*REER* 与两类企业利润率之间的相关系数分别为 −0.081 5 和 −0.364 3，人民币升值与高端企业利润率的负相关性远小于低端企业，样本企业的统计特征也支持了前述逻辑推断。

人民币升值对不同行业中企业出口贸易的影响 根据行业的要素密集度特征，我们选取六个代表性的工业行业进行比较分析①，这六个行业分别为：资源密集型的采掘行业、劳动密集型的毛纺行业、资源和资本密集型的冶金行业、资本技术密集型的石化行业、装备行业以及机电行业。基于上述的行业分类标准，我们从总体样本中筛选出六个子样本，分别测算各个子样本中企业出口决策的汇率边际效应，检验人民币升值是否能够对中国的出口行业结构起到显著的调节作用。表 4－10 列示了子样本中汇率边际效应的估算结果。

表 4－10

人民币升值对不同行业企业出口决策的影响

REER 边际效应	出口参与及规模决策 HSM 模型		市场退出决策 Probit 模型	HSM 模型 Obs	Probit 模型 Obs	ρ	λ
	方程(4－1)式	方程(4－2)式	方程(4－3)式				
采掘行业	−0.004 0**	−2.856 9**	0.015 5***	10 125	8 926	0.282 9***	0.363 2***
毛纺行业	−0.779 9***	−0.044 1	0.148 5***	73 738	73 710	0.321 3***	0.293 0***
石化行业	−0.292 4***	−0.361 6	0.091 3***	66 110	66 066	0.488 9***	0.585 3***
冶金行业	−0.415 6***	−2.597 0***	0.076 6***	34 569	34 561	0.333 9***	0.364 4***
装备行业	−0.622 9***	−4.197 7***	0.112 3***	74 665	74 429	0.477 0***	0.591 0***
机电行业	−0.427 9***	−0.040 0	0.083 0***	52 443	52 257	0.350 7***	0.379 0***

注：方程(4－1)式和方程(4－3)式中的数值均为汇率变量的边际效应。为节约篇幅，表中未给出其他解释变量的估计系数和边际效应。*、**、***分别表示对应变量系数在 10%、5%、1%的水平上具有显著性，显著性概率均基于稳健的标准误差计算而得。

从出口参与和市场退出决策的扩展边际来看，人民币升值对毛纺行业的负面冲击最大，对采掘行业的负面冲击最小。从出口规模决策的集约边际来看，人民币升值对装备、采掘、冶金三个行业产生了显著的负面冲击，对其他行业并无显著影响。总体而言，人民币升值对劳动密集型和资源密集型行业的出口抑制效应强于资本技术密集型行业，在一定程度上驱动了出口行业结构朝着高级化方向发展，有利于带动国内产业结构的优化升级。

观察表 4－11 中各行业的外资企业出口和汇率波动情况，可以发现，人民币升值的行业结构调整效应与企业所有制构成密切相关，在出口贸易的集约边际上表现得尤为明显，外资企业出口占比较高的行业，人民币升值对该行业出口规模的负面冲击相应较小。例如样本中外资企业出口额占机电行业总量的比重高达 87.4%，即便该行业的汇率升幅高于多数行业，但由于外资企业对冲汇率风险的诸多优势，机电行业反而比其他行业更能适应人民币升值的汇率环境。与之形成鲜明对比的是，内资企业出口占比较高的装备行业尽管汇率升幅最低，但出口萎缩的程度却比其他行业大得多。这种反差表明，人民币升值对出口行业结构的优化调整作

① 采掘行业包括煤炭开采和洗选业、石油和天然气开采业、有色金属矿采选业、非金属矿采选业。毛纺行业包括纺织业、纺织服装和鞋帽制造业、皮革毛皮羽绒及其制品业。冶金行业包括黑色金属冶炼及压延加工业、有色金属冶炼及压延加工业、金属制品业。石化行业包括石油加工炼焦及核燃料加工业、化学原料及化学制品制造业、化学纤维制造业、橡胶制品业、塑料制品业。装备行业包括通用设备制造业、专用设备制造业、交通运输设备制造业。机电行业包括电气机械及器材制造业、通信设备与计算机及其他电子设备制造业、仪器仪表及文化办公用机械制造业。

表 4 - 11

各行业的外资企业出口和汇率波动情况

行　业	外企数量(个)	外企出口额(亿元)	外企数量的行业占比	外企出口的行业占比	*REER* 平均升幅(2005—2009)
采掘行业	352	252	2.78%	18.13%	24.50%
毛纺行业	30 545	14 100	33.14%	59.24%	12.28%
石化行业	19 537	8 460	23.63%	60.86%	12.46%
冶金行业	8 900	5 490	20.48%	45.37%	12.32%
装备行业	18 969	10 900	20.34%	54.23%	12.00%
机电行业	24 692	83 100	37.82%	87.38%	14.28%

用主要来源于外资企业的贡献,同时限制了本土先进制造业的成长空间,不利于实现自主导向的产业升级目标。

结论与启示　第一,中国自 2005 年启动人民币汇率形成机制改革以来,人民币升值趋势对中国企业的出口贸易产生了显著的负面冲击,不仅表现在出口规模缩减的集约边际方面,而且表现在出口参与意愿下降和市场退出概率上升的扩展边际方面。对比已有文献的实证结论,可以发现,人民币汇率变动对中国企业的出口贸易存在非对称影响,人民币升值对企业出口的抑制作用要弱于人民币贬值对企业出口的激励作用。第二,人民币升值对于中国的出口贸易结构也具有一定的调节作用。外资企业在对冲汇率风险方面的独特优势,使其能够最有效地应对人民币升值的压力,而国有企业在经营机制上的缺陷,使其成为人民币升值的最大受害者。人民币升值对高生产率企业的负面冲击明显大于低生产率企业,不利于出口贸易主体结构的优化调整。人民币升值对劳动密集型和资源密集型行业的出口抑制效应强于资本技术密集型行业,在一定程度上驱动了出口行业结构朝着高级化方向发展,但这种优化调整作用主要来源于外资企业的贡献,却限制了先进制造业中本土企业的成长空间,不利于实现自主导向的产业升级目标。第三,人民币升值有可能起到降低贸易顺差的政策效果,却导致难以实现出口结构优化升级的预期目标。异质性企业在经营策略上的差异,决定了汇率工具不具有优胜劣汰的调节功能,至少对于中国的出口企业来说是如此。决策部门可以利用人民币升值来促进经济结构的内外均衡,却不应对深层次的结构调整效应抱有过高的期望,以升值来倒逼出口贸易转型升级的政策主张可能不切实际,反而会对本土企业造成巨大的冲击,不利于经济转型的平稳过渡,尤其是在国际经济复苏乏力和国内经济缺少增长点的现阶段,更加要重视出口贸易的基本稳定。有鉴于此,在国内外经济不确定性较高的环境下,应暂缓人民币升值的步伐,避免经济增速的过快下滑,同时以财政、税收、外贸等更具针对性的政策措施推动出口贸易升级和经济结构调整。

3. 对外贸易风险与经济增长风险：综合评价

基于以上部分关于对外贸易的风险评价,本部分结合经济增长的风险等级,综合评价进出口贸易风险与经济增长风险之间的联系。与以往研究报告的评价方法一致,在评定经济增长风险等级时,根据实际 GDP 增长率与长期趋势值相偏离的程度予以判定,以 1979—2011 年实际 GDP 增长率的算术平均值作为长期趋势。为便于观察,图 4 - 8 中仅绘出了 1997 年以来对外贸易风险与经济增长风险的等级评定情况。

由图 4－8 可知，自 2009 年以来，随着国际金融危机演变过程的反复不定，中国的进出口贸易出现了大起大落的现象，风险等级也在不断发生变化。与之形成鲜明对比的是，同期中国经济增长一直稳定在较为合理的水平，连续数年保持在无风险状态。尽管经济增速较以往有所降低，但这在很大程度上是政府部门主动调节的结果，旨在以经济增长速度的适当减缓换取经济增长质量的稳步提升，实现经济可持续发展的长远目标。进出口贸易与经济增长的风险对比显示，百年难遇的经济危机及后续的美债危机、欧债危机等外部因素虽然严重冲击了中国的对外贸易，但得益于国内经济的广度和深度优势，通过经济结构的战略性调整，中国的经济增长正在逐步摆脱外部依赖性。2011 年在净出口因素拖累经济增长率的情况下，依靠国内的最终消费和资本形成的拉动，成功实现了 9.2％这一超出市场预期的经济增速，这也反映出近年来中国调整经济结构的努力正在展现出积极成效。

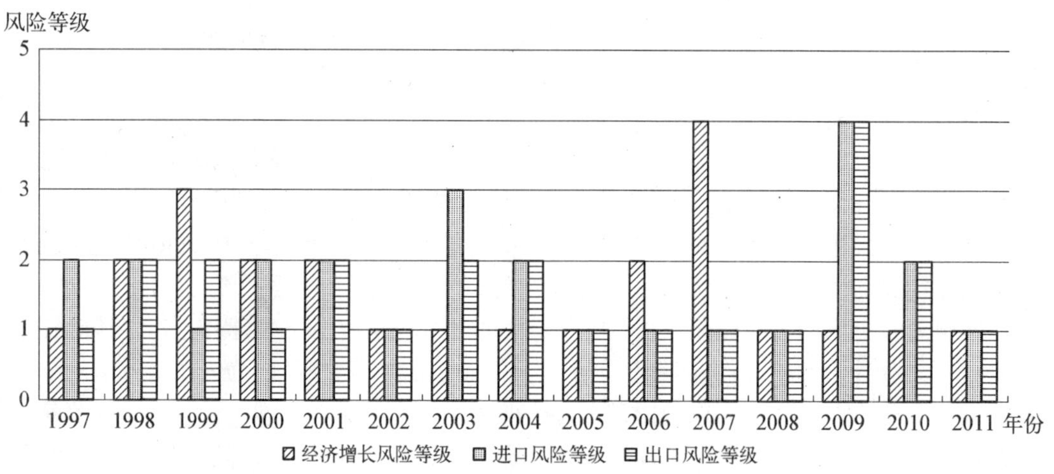

图 4－8　对外贸易风险与经济增长风险的等级评定

在 2011 年的中国经济运行风险报告中，我们曾明确指出，在“扩进口”的外贸策略引导下，贸易顺差在 2011 年将会大幅缩减，宏观调控需要寻求新的经济增长点，事实也证明了这一判断的正确性。鉴于 2012 年采取“扩进口、稳出口”的指导思想，进口贸易和出口贸易的增速之差将高于 2011 年，预计全年贸易顺差较 2011 年进一步收窄。面对净出口贡献持续下降甚至负贡献的风险，中国必须加快经济结构调整的力度，将增长重心转向国内消费和投资，这就需要转变 2011 年“实质从紧”的调控思路，在不增加通胀压力的情况下，通过货币、财政、税收等手段，强化拉动内需的政策支持，抵消外部因素的负面冲击。如何把握好政策支持的力度与时机，平衡好增长与通胀、数量与质量之间的关系，则是政府部门将要面临的考验。

四、风险预测与管理

1. 对外贸易风险预测

世界经济复苏放缓和下行风险增加，势必对中国外贸的稳定发展带来诸多风险和挑战。2012 年，欧元区主权债务困局未必会明显好转，继续恶化的可能性尚难排除。日本的主权债务风险以及部分新兴经济体的系统性风险有可能成为全球新的焦点。美国经济表现可能好于欧洲和日本，但是仍难形成强劲增长。总体上，外部经济可能呈现出多焦点的严峻局面，预计

2012 年全球经济增长将会继续放慢。

美国经济增长依然乏力，明显拖累全球经济增长。一方面失业率居高不下，大大降低了美国居民的购买力，抑制消费增长。另一方面财政赤字过高的负效应越来越大，巨大的还本付息压力既会导致财政收缩，也会增加企业税负，明显抑制企业的投资积极性。相对于美国的情况，欧洲的情况更为复杂。欧债危机正在一点一点地扩大，并逐渐从边缘区向中心区转移，2012 年和 2013 年将是欧债危机最严重的时候。有两大问题制约着欧债危机的有效化解：一方面，由于欧元本身的内在缺陷，货币政策与财政政策的协调性差，使得宏观经济政策难以取得理想的效果；另一方面，欧洲的高福利制度严重阻碍了经济结构调整，对企业和个人的创新活动形成制度性障碍。预计 2012 年中国对欧洲的出口将降至一位数内，加上美国经济不景气的影响，2012 年中国出口增长会大幅放慢。

中国面临深层次的结构难题，保持中国外贸平稳发展面临诸多压力。尽管近年来中国着力推动对外经济发展方式的转变，但受制于要素禀赋、体制机制等问题的约束，对外贸易发展仍然呈现出较强的粗放型特征，出口竞争力主要依赖于低工资报酬、高能源消耗以及高额出口退税补贴等因素。而在世界经济结构转型的大环境下，这种发展模式越来越难以为继，加上原材料上涨、市场竞争激化以及人民币升值等压力，中国企业的出口动力日渐衰弱。即便宏观经济政策能够为出口贸易提供一定的支撑，但市场环境却趋于紧缩，在政策和市场这两种力量中，市场向下调整的力量明显强于政策上拉的力量，从而导致出口增速继续降低。当然，出口贸易的这种"阵痛"是经济转型的必然结果，有利于经济的长期可持续发展。预计未来几年中国出口增速都将趋于回落，经济增长需要寻求新的增长点。

尽管外贸发展面临较大压力，但世界经济仍有利好因素，中国经济也有着独特的优势，依然能够实现对外贸易稳定增长的目标。从世界经济来看，随着大宗商品价格趋于平稳甚至下跌，通胀压力可能会逐步减退，这为新兴经济体实行扩张性经济政策预留了空间，新兴市场和发展中国家将会进一步刺激内需，促进国际收支平衡，并继续成为世界经济增长的动力和源泉。2012 年世界经济继续延续低速增长局面，仍然在周期底部徘徊，但全球经济二次探底的可能性很小。从中国自身情况来看，宏观经济具有较高的稳定性。与其他主要经济体和新兴市场相比，中国的财政状况仍然稳健，银行体系资产状况仍然良好，人民币汇率仍然稳定，通胀仍然受控，从而赋予了中国产业额外的竞争力。中国正逐步超越单纯依赖价格竞争力的阶段，越来越多地依靠人力资源、公共服务效率、基础设施、产业配套等方面的优势①。即使是成本上升的压力，中国也能利用区域发展不平衡的特点，通过国内产业转移予以部分化解。此外，国家宏观调控更加稳健、成熟，外经贸政策保持稳定性和连续性，这些都将为对外贸易的稳定增长提供坚实基础。预计今年中国外贸仍将保持适度增长，完全有可能实现政府工作报告提出的进出口总额增长 10%左右的预期目标。

综上所述，在全球经济复苏乏力和国内经济增速放缓的总体背景下，中国对外贸易发展面临的压力将显著增强。预计 2012 年中国的进出口总量仍会不断扩大，但进出口增速较上年均会有所回落，且回落幅度可能进一步加深。随着"稳出口、扩进口"的政策逐步落实，进口增长快于出口将成为常态，全年贸易顺差将延续收窄趋势，贸易平衡状况持续改善，个别月份甚至会出现较大的贸易逆差。在对外贸易构成上，出口市场更加趋于多元化，新兴市场和发展中国

① 中国外贸正走向超越价格竞争新阶段[N]. 上海证券报，2012-02-27.

家在中国出口总量中所占的比重进一步上升。与此同时，在进口贸易的政策导向下，高新技术产品、新材料、先进技术设备等高端商品的进口有望维持较高增速，进口贸易对经济增长和产业升级的积极影响将日益显现。

2. 对外贸易引致经济增长风险的管理对策

在极为复杂的国际经济环境面前，要密切关注国内外经济形势的发展变化，努力保持外贸政策的连续性和稳定性，坚持推进外贸发展方式转变，积极采取有效措施减轻企业负担，着力营造外贸发展的良好环境，实现对外贸易的可持续协调发展。具体的管理对策包括以下几方面：

(1) 加大对出口企业的扶持与服务力度。政府应尽快采取有效措施，通过外贸、税收、金融等方面的综合手段，大力扶持和救援那些外向型出口企业，特别是那些融资能力弱、市场地位低的小微型出口企业。要保持出口政策的基本稳定，全年都应紧紧围绕“稳出口、扩进口、加快外贸转型升级”的宗旨有序调整，在稳定出口退税、稳定汇率、稳定加工贸易等政策方面要有实实在在的实施细则。建立健全长效化、机制化的外贸发展机制，包括工作服务机制，以增强政策的针对性和执行的协调性，提升公共服务能力和贸易便利化水平。要加大对出口企业的信贷支持力度，帮助中小出口企业解决融资难问题。充分发挥进出口银行对外贸发展的支持作用，支持融资性担保机构，扩大中小企业进出口融资担保业务，进一步健全出口信用风险保障机制，确保出口企业收汇安全，发挥出口信用保险的政策导向作用，支持符合国家经济结构调整方向的货物、技术和服务的出口。

(2) 推动中国企业努力开拓新市场。在传统市场深陷债务危机和经济低迷的情况下，稳定出口的一个重要途径就是大力推进市场多元化。多元化的关键在于大力推进包括非洲、中东、中亚、拉美、东南亚等新兴市场的发展。由于中国同这些新兴经济体存在较强的互补性，相互影响越来越大，增加对这些新兴市场的出口一定程度上可以弥补欧、美、日不景气带来的市场缺口。考虑到近10年来新兴经济体增长实绩明显优于发达经济体，加大力度拓展新兴市场完全有成功的希望。应强化与新兴经济体的合作和交流，加强对新兴市场与发展中国家的投资与金融支持，通过政策引导带动面向发展中国家的出口。当然，多元化不意味着放弃传统市场，对欧、美、日这些传统地区的出口贸易一定要稳住，这些市场一旦退出再进入就比较困难。2011年中国对欧盟、美、加、日的出口占当年中国内地出口总额的45.0%，这一数据足以证明发达地区在中国出口中的重要性。

(3) 鼓励和支持国内企业“走出去”。外部市场不振会影响中国企业扩大出口，但却是中国低成本海外并购与引进先进设备的难得机遇。政府应该抓住危机带来的机遇，引导与扶持企业大力开展海外并购，获取先进技术、设备、品牌与渠道，甚至引进一些技术工人。考虑到并购可能面临法律障碍和管理难题，可以选择参股发达国家企业，提升“走出去”的水平。通过危机时期的战略收购与参股，不仅可以将金融资产形式存在的外汇储备转变为企业股权，而且能够缩小中国与西方的技术差距。鉴于国有企业对外并购容易遭遇东道国的抵制和猜疑，而民营企业则较易被东道国接受，民营资本“走出去”应成为中国经济战略转型的重要组成部分。国家应在外交援助、制度设计、金融支持、网络构建等方面支持民营资本在参与全球合作，引导和鼓励民营资本以先进制造业和资源开发为重点，通过对外投资办厂、兼并收购、资源开发等多种形式，参与境外稀缺资源和能源开发，收购境外优质企业、研发机构、营销网络和知名品牌，全方位参与国际竞争。

(4) 加快对外贸易的基础设施建设。在当前复杂的国内外经济环境下,要想巩固对外贸易的成果,除了必要的政策扶持以外,还应重视外贸发展的基础设施建设。在硬件设施方面,应加快对外贸易平台、国际营销网络以及外贸转型基地建设,培育一批国际知名、影响力大的国家级会展平台,方便快捷、信誉度高的电子商务平台。鼓励国内企业在境外建设一批品牌推广效果好的展示中心、区域辐射范围广的批发市场以及市场渗透能力强的零售网点。根据国家产业政策和规划布局,依托产业聚集区,加快培育一批新材料、工程机械、电信设备、轻工纺织等专业基地,依托经济开发区、高新区以及保税区,培育一批综合型基地。在软件设施方面,应加快外贸管理体制改革,适应世贸组织规则要求,建立公开透明、统一规范的外贸管理体系,促进企业公平竞争和守法经营。完善与贸易有关的知识产权、贸易救济等法律体系,推动商会立法进程,充分发挥行业中介组织作用。与此同时,还要加快推进双边自由贸易区建设,为应对全球贸易保护主义提供更大的回旋余地。

(5) 以进口商品结构优化带动进口总量增加。面对当前的新形势,要把扩大进口与稳定出口结合起来,依靠进口增长为出口贸易创造良好的外部环境,以进口商品结构的优化作为进口总量增加的基础,提高进口贸易的经济效益和社会效益。发达国家为了扩大外部需求,尽快走出债务危机的困境,对中国的技术封锁会有所减弱,为中国引进先进技术和设备提供了较为有利的条件。中国应当加强装备制造业、节能节水和环保技术、高新技术以及传统制造业高端产品和技术的引进,淘汰落后产能,实现相关设备的更新换代,提高劳动生产率,促进国内产业升级。借此拉动发达国家出口,还可以弱化对方的贸易保护情绪,有利于维护中国的出口权益。为此,应加大进口鼓励的政策力度,只要是进口高新技术的、进口能够带动中国自主创新的、进口能够代表先进水平的产品,都应当在税收、银行贷款、担保和融资等方面提供有力支持。另外,出于贸易平衡和市场多元化的考虑,还应加大从新兴市场和长期贸易逆差的发展中国家的进口,重点是能源、矿产、粮食等战略资源的进口。

五、结论及政策建议

在对外贸易与经济增长风险这部分的内容中,首先回顾了 2011 年中国对外贸易的主要特征,揭示了进出口贸易中的一些风险因素。中国的对外贸易增长势头明显放缓,现已进入正常化的发展阶段。世界经济复苏乏力、下行概率逐渐增大是中国出口面临的主要风险,国内经济增速进一步趋缓则是进口面临的主要风险。

然后,我们实证研究了外贸商品价格与经济增长之间的联系,并就人民币升值对中国出口贸易的风险影响进行了度量。研究表明,长期内贸易条件变动对经济增长存在一定程度的负面影响,短期内贸易条件的变动与经济增长之间均表现为与理论预期相符的正相关联系。但格兰杰因果检验的结果表明,进出口贸易的价格水平并不是决定经济增长的关键因素。针对 1998 年以来中国贸易条件恶化与经济增速上升并存的"悖论"现象,可以认为,市场支配能力低下和出口过度竞争导致贸易条件趋于恶化,但国际分工的有利因素抵消了贸易条件恶化的负面影响。与对外贸易发展进入正常化阶段相一致,2011 年进出口风险等级双双降至无风险状态。当前的政策重点是密切关注欧债危机的进展,准备好应对各种突发情况的政策预案,确保对外贸易和国民经济的平稳增长,为转变对外经济发展方式提供稳定的环境。此外,有关人民币升值对中国出口贸易影响的评估结果显示,人民币升值从集约边际和扩展边际两方面对企业出口产生了显著的负面冲击,由于异质性企业在经营策略上的差异,人民币升值难以起到优胜劣汰的预期效果，反而不利于出口贸易主体结构的优化调整。人民币升值在一定程度上驱动出口行业结构朝着高级化方向发展，但这种积极作用主要来源于外资企业的贡献，却限制了先进制造业中本土企业的成长空间。

最后，我们预测了2012年的对外贸易风险，并就如何管理外贸风险提出了几点对策。在全球经济复苏乏力和国内经济增速放缓的总体背景下，中国对外贸易发展面临的压力将显著增强。预计2012年中国的进出口总量仍会不断扩大，但进出口增速较上年均会有所回落，且回落幅度可能进一步加深。随着"稳出口、扩进口"的政策逐步落实，进口增长快于出口将成为常态，全年贸易顺差将延续收窄趋势，贸易平衡状况持续改善。为减少外贸引致经济增长的风险，需要保持外贸政策的连续性和稳定性，积极采取有效措施减轻企业负担，着力营造外贸发展的良好环境。具体可从加大对出口企业的扶持与服务力度，推动中国企业努力开拓新市场，鼓励和支持国内企业"走出去"等方面入手。

参考文献

[1] 巴曙松，沈姗姗. 中国对美出口结构研究——基于美国经济增长和汇率水平视角的分析[J]. 中国工业经济，2009(5).

[2] 陈学彬，李世刚，芦东. 中国出口汇率传递率和盯市能力的实证研究[J]. 经济研究，2007(12).

[3] 黄飞雪，王云. 汇改前后实际汇率对中国向欧元区出口影响的比较[J]. 数量经济技术经济研究，2011(3).

[4] 黄满盈，邓晓虹. 我国贸易条件变动对经济增长影响的实证分析[J]. 对外经济贸易大学学报，2009(6).

[5] 黄万阳，王维国. 人民币汇率与中美贸易不平衡问题——基于HS分类商品的实证研究[J]. 数量经济技术经济研究，2010(7).

[6] 黄小兵. 异质企业、汇率波动与出口——基于中国企业的实证研究[J]. 国际金融研究，2011(10).

[7] 李宏彬，马弘，熊艳艳，徐媛. 人民币汇率对企业进出口贸易的影响——来自中国企业的实证研究[J]. 金融研究，2011(2).

[8] 李南，王慧. 我国贸易条件波动与经济增长关系的实证分析[J]. 厦门理工学院学报，2011(2).

[9] 李子联. 汇率变动、贸易收支与就业率——来自中美相关数据的分析[J]. 经济科学，2011(4).

[10] 马君潞，王博，杨新铭. 人民币汇率变动对我国出口贸易结构的影响研究——基于SITC标准产业数据的实证分析[J]. 国际金融研究，2010(12).

[11] 马淑琴，鲍观明. 汇率传递机制下出口商品策略定价能力研究——来自浙江的经验数据[J]. 国际贸易问题，2010(5).

[12] 魏晓琴，刘国锋. 汇率传递效应对我国出口商品结构调整的实证分析[J]. 金融理论与实践，2010(4).

[13] 文争为. 我国出口汇率传递率行业和国家差异的实证研究[J]. 经济评论，2011(3).

[14] 徐晓华,张婧. 汇率对价格的不完全传递效应——基于中国出口的实证分析[J]. 中央财经大学学报,2010(3).

[15] 杨海余,吴金铎. 我国贸易条件恶化与经济持续增长并存的原因——基于比较优势动态化的视角[J]. 四川大学学报,2007(4).

[16] 曾铮,张亚斌. 人民币实际汇率升值与中国出口商品结构调整[J]. 世界经济,2007(5).

[17] BERMAN N, PHILIPPE M, THIERRY M. How do different exporters react to exchange rate changes? Theory, empirics and aggregate implications[R]. CEPR Working Paper, No. 7493, 2009.

[18] BERNARD A, WAGNER J. Export entry and exit by German Firms[J]. Weltwirtschaftliches Archive, 2001(137).

[19] BLEANEY M, GREENAWAY D. The impact of terms of trade and real exchange rate volatility on investment and growth in Sub-Saharan Africa[J]. Journal of Development Economics, 2001(65).

[20] CAMPA J M. Exchange rates and trade: How important is hysteresis in trade[J]. European Economic Review, 2004(48).

[21] CREUSEN H, KOX H, LEJOUR A, SMEETS R. Exploring the margins of Dutch exports: a firm-level analysis[J]. De Economist, 2011(159).

[22] DAS S, ROBERTS M J, TYBOUT J. Market entry costs, producer heterogeneity, and export dynamics[R]. NBER Working Paper, No. 8629, 2004.

[23] EICHER T S, SCHUBERT S F, TURNOVSKY S. Dynamic effects of terms of trade shocks: the impact on debt and growth[J]. Journal of International Money and Finance, 2008(27).

[24] GREENAWAY D, KNELLER R A, ZHANG X F. Exchange rates and exports evidence from manufacturing firms in the UK[R]. University of Nottingham Discussing Paper, No. 13, 2007.

[25] GREENE W H. Econometric analysis[M]. 5th ed. Prentice-Hall, 2003.

[26] GUILLOU S. Exports and exchange rate: a firm-level investigation[R]. Observatoire Francais des Conjonctures Economiques Working Paper, No. 2, 2008.

[27] HADASS Y S, WILLIAMSON J. Terms of trade shocks and economic performance: 1870 - 1940[R]. NBER Working Paper, No. 6731, 2001.

[28] HECKMAN J J. Sample selection bias as a specification error[J]. Econometrical, 1979(47): 153 - 161.

[29] JOSE R L. Prices and exchange rates: a theory of disconnect[J]. Review of Economic Studies, 2011(78).

[30] LUTZ M A. General test of the prebisch-singer hypothesis[J]. Review of Development Economics, 1999(3).

[31] LYNDA S. Exchange rates and export performance: evidence from microdata[J]. Reserve Bank of New Zealand Bulletin, 2009(72).

[32] MA T S. Determinants of export performance in the Philippine manufacturing sector[R]. Philippine Institute for Development Studies Discussion Paper, No. 18, 2006.

[33] MENDOZA E G. Terms-of-trade uncertainty and economic growth[J]. Journal of Development Economics, 1997(54).

[34] STERLACCHINI A. The determinants of export performance: a firm-level study of Italian manufacturing[J]. Weltwirschaftliches Archive, 2001(137).

[35] TANG H W, ZHANG Y F. Exchange rates and margins of trade: evidence from Chinese exporters[R]. Tufts University mimeo, 2011.

[36] THORBECKE W, ZHANG H. The effect of exchange rate changes on China's labor intensive manufacturing Exports[R]. RIETI Discussion Paper Series, No. 38, 2008.

[37] VAN D M. The determinants of export performance in developing countries: The case of Indonesian manufacturing[R]. Eindhoven Centre for Innovation Studia Working Paper, No. 2, 2002.

第五章　通货膨胀风险

一、绪论

通货膨胀风险如果按照涉及对象(或经济层面)可有宏观角度与微观角度之分。其中,宏观层面的通货膨胀风险,是指由于物价变动的不确定性给宏观经济目标实现所造成的可能影响;微观层面的通货膨胀风险,则指由于物价变动的不确定性给微观经济主体造成的损失可能性。基于宏观视角的通货膨胀风险,广义上则指由于物价变动的不确定性所造成的宏观经济方面的福利损失,强调的是通货膨胀导致的经济后果;狭义上则指宏观经济未来所面临的通货膨胀变动的不确定性,主要强调了宏观经济所面临的通货膨胀波动压力。

本章所要讨论的通货膨胀风险内涵为未来通货膨胀相比较其适度区间的可能偏差。假定经济持续稳定运行所需要的通货膨胀适度区间为$[\pi_{\min}, \pi_{\max}]$,则当未来的通货膨胀预测值π_{pre}高于适度区间的上限$\pi_{\max}$或低于适度区间的下限$\pi_{\min}$时,则认为经济运行过程中会出现通货膨胀(或紧缩)风险;并且,如果未来通货膨胀率偏离适度区间越大,则意味着风险越高。

为应对2010年以来的通货膨胀上涨,中国政府推出了各项价格调控措施,在这些政策措施的作用下,进入2011年第四季度以后,中国物价指数出现明显的下降趋势。2012年3月居民消费价格指数同比涨幅为3.6%,较2011年同期下降了1.8个百分点,比2011年CPI的高峰值下降了2.9个百分点。

2011年度的物价上涨在很大程度上可归因于前期过于宽松的经济刺激政策带来的过剩流动性。而进入2012年,在企业融资困难和实体经济出现下滑趋势的状况下,中国人民银行开始下调法定存款准备金率,并且这一举动仍有延续的可能,这势必会造成经济运行中的流动性宽松态势。除此之外,2011年物价上涨的另一个重要因素是居民食品消费价格不断走高,全年居民食品消费价格指数都是以两位数的百分比增幅上涨,进入第四季度之后,虽然有所下降,但是降幅并不明显。2012年第一季度,居民食品消费价格指数涨幅仍然高达8%左右,因此,2012年来自食品消费的物价上涨压力仍然较大。因此可以看出,虽然CPI自2011年年末开始逐步回落,并且经济主体普遍预期中国的GDP增幅会有所减缓,来自供求方面的压力将有所减轻,有利于减缓物价上涨的压力;但是,在食品价格波动和宽松流动性的影响下,2012年中国仍会面临潜在的通货膨胀上涨压力。

不仅如此,由于中国仍然处于经济转型阶段,结构调整带来的物价上涨压力将长期存在,并且,劳动力成本的上升、资源土地等要素的供求矛盾是总体价格水平上升的长期内在因素,而上面所提到的食品价格波动和流动性宽松,则是未来一段时间内引致通货膨胀风险的主要因素。基于此,下面将对2012年以来中国经济运行中的通货膨胀风险的潜在引致因素进行分析，然后测度通货膨胀风险的大小，最后提出预控和管理通货膨胀风险的政策建议。

二、风险因素识别

（一）风险表现特征

中国国内物价总水平自 2011 年第四季度开始逐步回落，2012 年 2 月 CPI 更是降至 1 年多来的新低 3.2%。但不容忽视的是，在一段时间的整体回落之后，中国居民消费价格指数在 2012 年 3 月份出现了反弹；而且截至 2012 年 5 月初，中国食品价格上涨仍在继续，汽柴油零售价格均创出历史新高，93 号汽油零售价开始进入“8 时代”。不仅如此，国内各地也纷纷酝酿调整水价和电价，居民通货膨胀预期开始出现反复。

1. 居民消费价格指数出现反弹迹象

如图 5－1 所示，自 2011 年 8 月份开始，中国居民消费价格指数开始出现回落，但在 2012 年 2 月份降至 3.2%的较低水平之后，在之后的 3 月份 CPI 又重拾升势，反弹至 3.6%。虽然国内外相当数量的研究机构认为中国国内的物价水平将总体处于较稳定的水平，但同时也有许多不同的声音发出，其判断依据主要有两个方面：其一为国际政治局势动荡之下的原油价格仍会大幅波动；其二为中国应对实体经济下滑的可能的宽松货币政策。

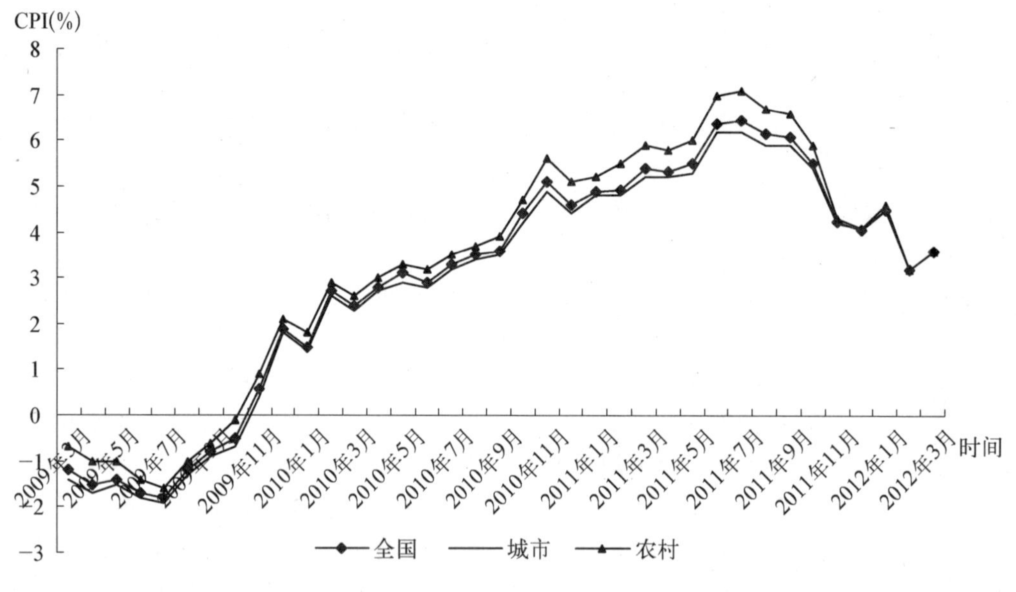

图 5－1　中国居民消费价格指数变化

数据来源：Wind 数据库。

2. 食品价格仍然居高不下

从表 5－1 的中国居民消费价格分类指数月同比数据可以看出，2012 年 3 月份，在构成居民消费价格指数的 8 大类商品中，食品的价格指数仍然处于较高水平；并且除了蛋和鲜果价格相比去年同期的较高水平而出现了下降之外，如图 5－2 所示，肉禽及其制品、鲜菜和水产品价格均出现了两位数的上涨。

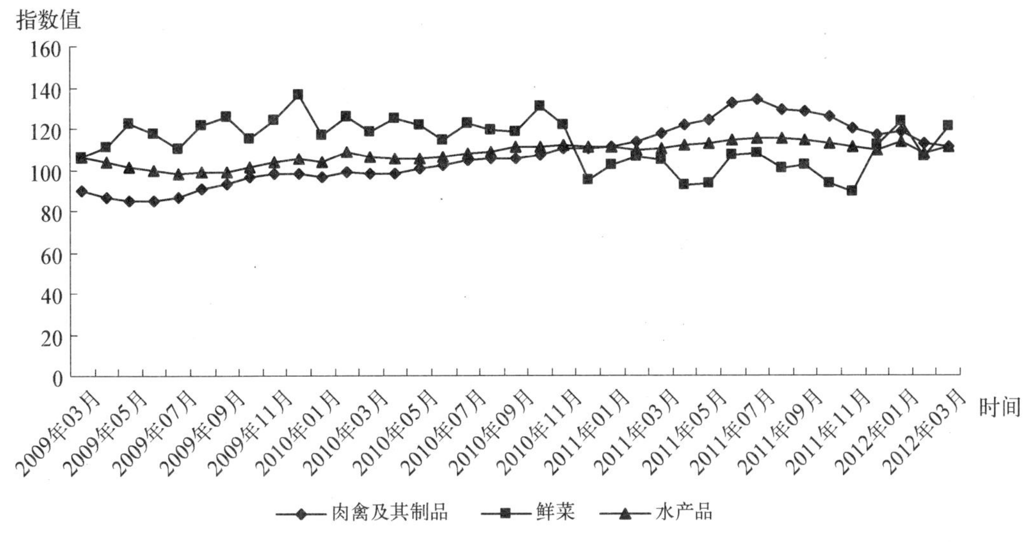

图 5-2 中国食品消费价格分类指数变化

数据来源：Wind 数据库。

表 5-1

居民消费价格分类指数(2012 年 3 月)

项目名称	上年同月=100			上年同期=100		
	全国	城市	农村	全国	城市	农村
居民消费价格指数	103.6	103.6	103.6	103.8	103.8	103.8
一、食品	107.5	107.8	106.6	108.0	108.3	107.3
粮食	104.3	104.6	103.6	105.2	105.5	104.7
肉禽及其制品	111.3	111.9	110.0	114.3	114.9	112.9
蛋	94.2	94.7	93.2	93.8	94.2	93.1
水产品	111.4	111.4	111.4	110.7	110.7	110.4
鲜菜	120.5	120.7	119.6	116.3	116.5	115.6
鲜果	93.8	93.7	94.0	96.5	96.4	96.8
二、烟酒及用品	103.6	103.8	103.0	103.7	104.0	103.1
三、衣着	103.8	103.6	104.3	103.6	103.5	104.0
四、家庭设备用品及服务	102.2	102.4	101.7	102.4	102.7	101.7
五、医疗保健及个人用品	102.5	102.5	102.7	102.6	102.5	102.8
六、交通和通信	100.3	100.0	101.0	100.2	99.9	101.0
七、娱乐教育文化用品及服务	100.1	99.9	100.6	100.1	100.0	100.6
八、居住	102.0	101.9	102.2	102.0	102.0	102.2

数据来源：中国国家统计局网站，http://www.stats.gov.cn/。

3. 汽柴油价格创出历史新高

在物价水平的波动过程中，与其他商品价格的波动有涨有跌相比较，如图 5－3 所示，中国的汽柴油出厂价格几乎表现出了单边上扬的走势；并且，如图 5－4 所示，全国各地的 93 号汽油零售价格甚至进入了 8 元区间。由于燃料费用是大多数工业品和几乎所有消费品价格的重要构成，因此汽柴油价格的持续上涨势必会推高商品流通环节中的运输成本，进而推动消费品价格上涨。

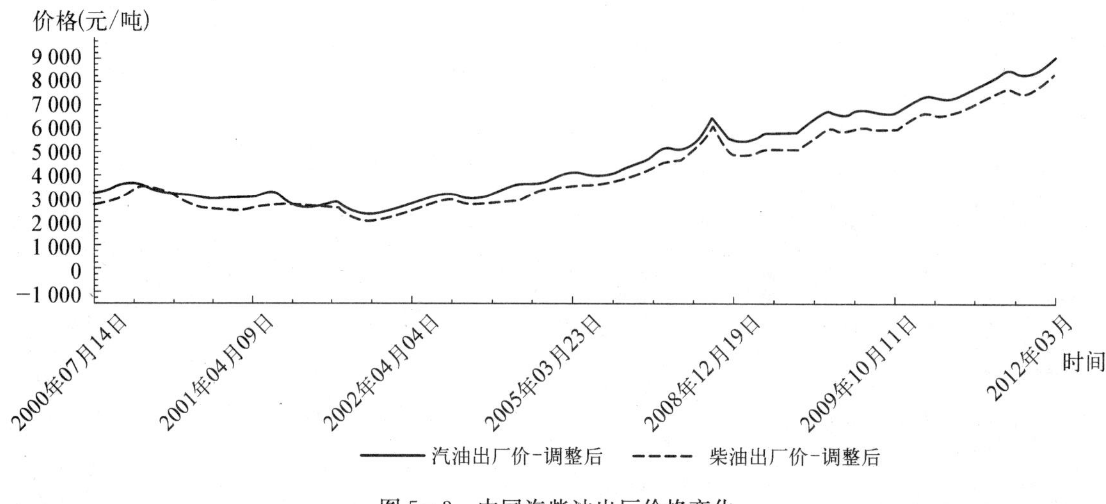

图 5－3　中国汽柴油出厂价格变化

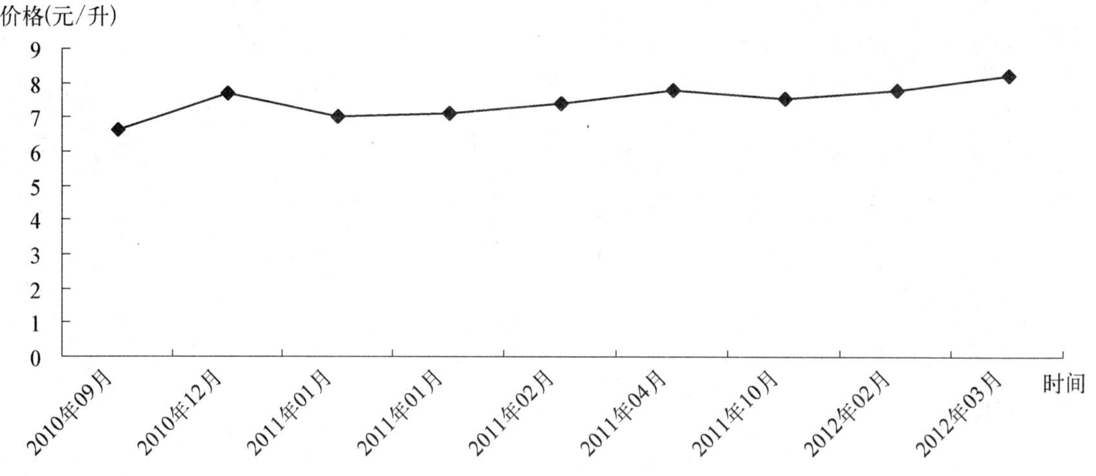

图 5－4　上海 93 号汽油零售价格变化

4. 居民通货膨胀预期仍有反复

进入 2012 年第一季度，国内成品油价格的上涨、气候多变造成鲜菜价格大幅波动以及食用油企业开始调整价格等，都促使居民形成了未来通货膨胀会反弹的预期。因为，成品油涨价首先会通过 PPI 传导到非食品 CPI，其次柴油涨价会直接影响农资价格，从而间接地导致粮食作物成本上升，同时也会提高粮食、蔬菜等商品的流通成本。考虑到食品价格对居民消费价格指数的影响权重相对较大，因此如图 5－5 所示，经济主体的通货膨胀预期有所反复也就在所难免。

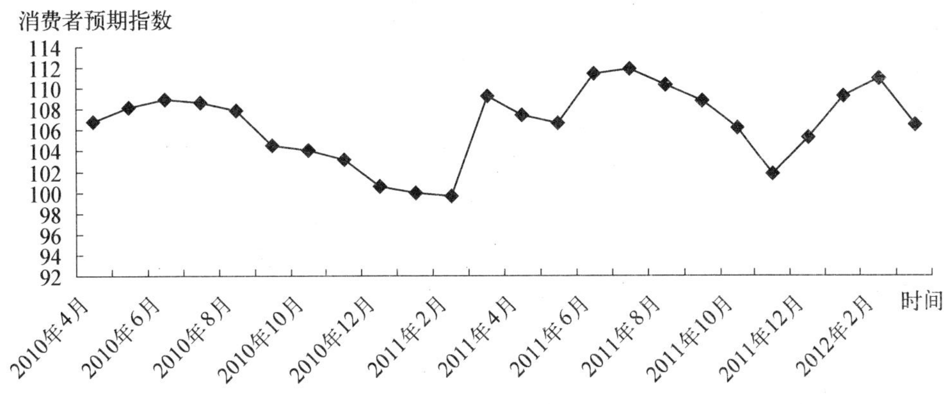

图 5-5 中国消费者预期指数变化

（二）风险引致因素

2012 年及未来较长一段时间内，货币供应增长过快仍将是中国通货膨胀风险的主要引致因素；除此之外，固定资产投资增速较高、通货膨胀预期的可能上升、国际通货膨胀的输入以及人民币升值预期下的热钱流入等因素，也仍将有可能成为引致通货膨胀风险的重要原因。

1. 货币供应增长

虽然中国的货币供应增长速度相比较 2009 年前后有所下降，但总体来看，经济运行中仍存在着结构性的流动性宽松现象，货币存量及信贷规模也相对较大。如图 5-6 所示，M2 的增长率开始出现上扬态势。2011 年全年中国新增人民币贷款共计 7.47 万亿元。截至 2012 年 3 月底，中国广义货币供应量 M2 余额约为 89.6 万亿元，狭义货币供应量 M1 余额约为 27.8 万亿元。除此之外，如图 5-7 所示，中国金融机构各期限的贷款余额呈现稳步上升态势。截至 2012 年 3 月底，中国金融机构各项存款余额为 84.7 万亿元，金融机构各项贷款余额为 57.2 万亿元，外汇储备余额已经超过了 3.3 万亿美元，并且，预期中国人民银行还会进一步下调法定存款准备金率。因此，经济运行中流动性宽松的迹象会越发明显，这势必会成为推动物价上涨的潜在因素。

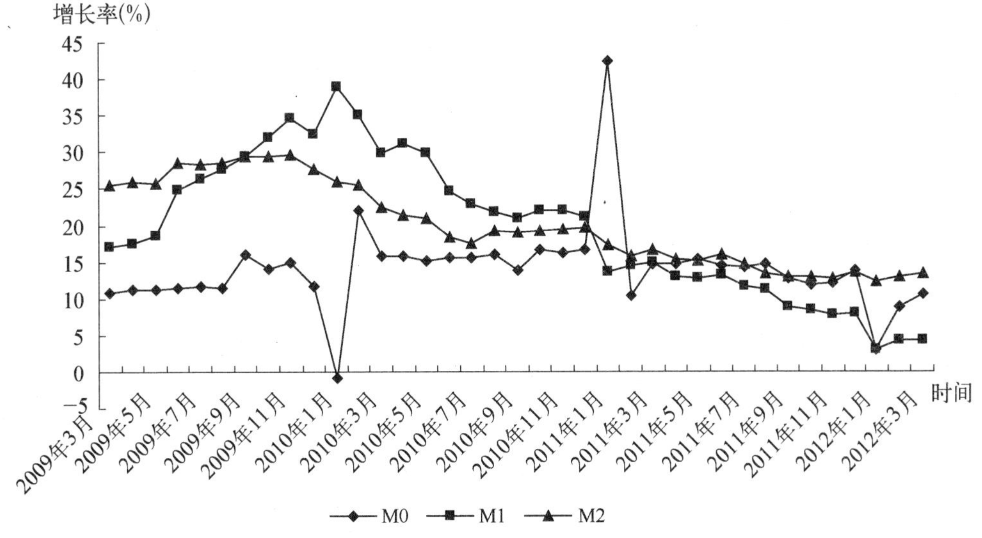

图 5-6 中国不同层次的货币供应量同比增长率

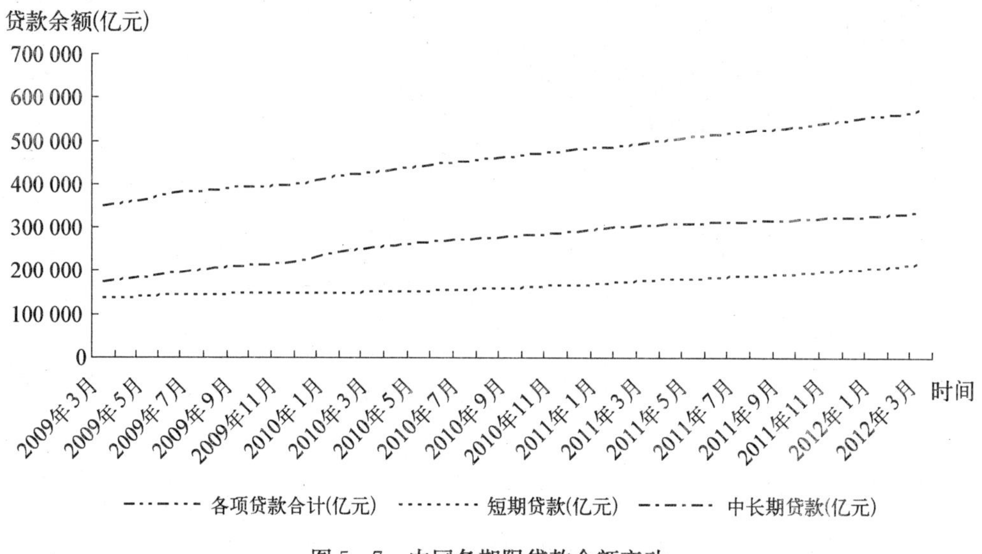

图 5－7 中国各期限贷款余额变动

2. 固定资产投资

固定资产投资增长过快会导致能源或原材料的需求上升，从而引致或加剧通货膨胀压力。如图 5－8 所示，虽然相比较 2009 年 35%左右的固定资产投资增长速度，2012 年以来这一增长率已经回落至 20%左右，但相比较消费及出口增长而言，中国的固定资产投资增长速度仍然较快，并且考虑到固定资产投资的长期性，2009 年开工的项目仍需要后续几年的持续投资，因此在未来较长一段时间内，中国的固定资产投资增长速度仍将维持在较高水平。

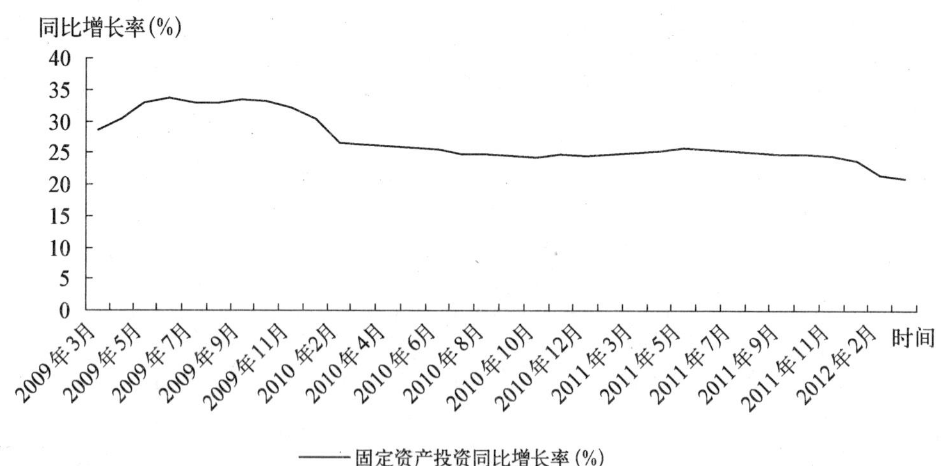

图 5－8 中国固定资产投资同比增长率变动

3. 通货膨胀预期

通货膨胀预期是指公众对后一段时期内可能发生的通货膨胀及其幅度大小的事前估计。预期行为本身具有主观性，但人们进行预期所依据的却是客观事实，中国国内居民通货膨胀预期的强化，直接体现为投资或消费行为的变化，由此会推动通货膨胀进一步上升，居民的通货膨胀预期高涨。一旦消费者和投资者形成强烈的通货膨胀预期，就会改变其消费和投资行为，从而加剧通货膨胀，并可能造成通货膨胀螺旋式的上升。

如图 5－9 所示，中国消费者信心指数在 2012 年 3 月有所下降，但由于指数调查相对滞后，因此 2012 年第一季度中国成品油价格的上调、公用事业费用上涨以及食品价格的波动，都有可能在接下来一段时间内影响到消费者的通货膨胀预期；不仅如此，如图 5－10 所示，2012 年第一季度开始，中国企业家信心指数已经有所温和上扬，这表现出经济主体对经济景气度有着较乐观的预期，由此引发的投资行为改变会最终反映到物价水平的波动上。

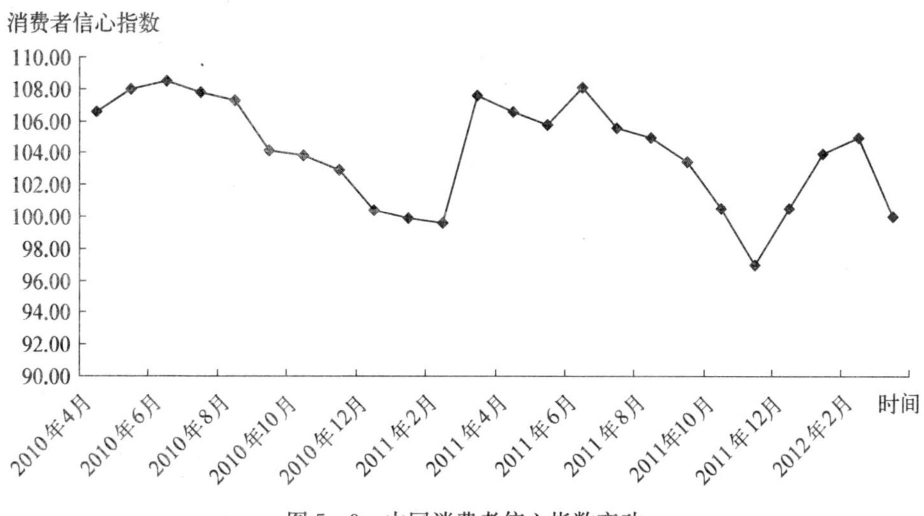

图 5－9 中国消费者信心指数变动

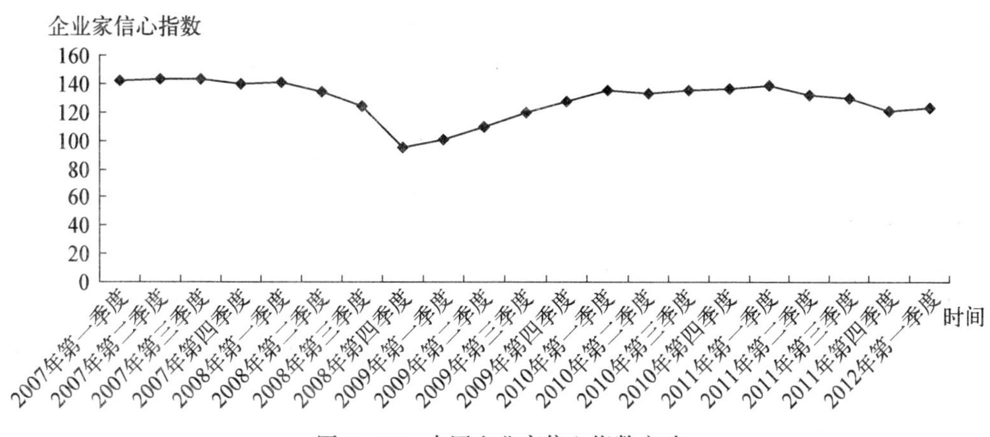

图 5－10 中国企业家信心指数变动

4. 输入型通货膨胀

中国作为最大的新兴经济体，在经济成长阶段，对原油等大宗商品有强烈的需求。随着经济持续高速增长，中国在大宗原材料上的对外依存度不断增加。以原油为例，自从 1993 年中国首度成为石油净进口国以来，其原油对外依存度由当年的 6%一路攀升至 2011 年的 55.1%，因此，国际原油等大宗商品价格的上涨将推动中国国内的通货膨胀压力上升。如

图 5－11所示，自 2009 年以来，全球经济复苏和世界部分主要产油国的政治局势动荡，使得国际原油价格波动频繁，并且从中国原油进口价格同比增长率的走势可以看出，2009 年以来，中国原油进口价格一直保持在高位。

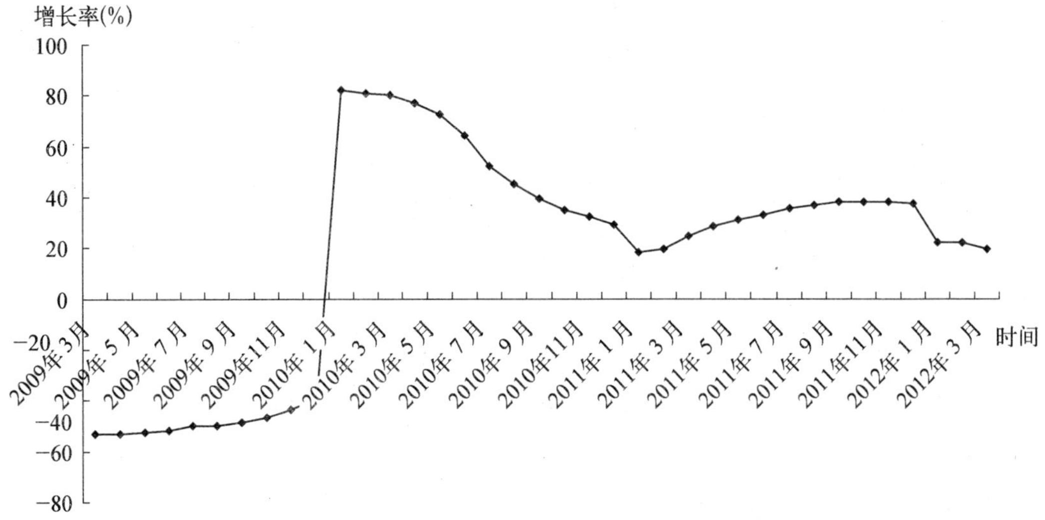

图 5－11 中国原油进口价格同比增长率

5. 热钱流入持续

中国国内相对于发达国家的较高利率水平，以及汇率形成机制改革以来国际金融市场上的人民币升值预期强烈，导致国际投机资本(即热钱)大量流入。这些热钱在赌人民币升值的同时，也会在房地产市场、债券市场、股票市场以及其他市场不断寻找套利机会，从而进一步加大中国的通货膨胀压力。

如图 5－12 所示，虽然人民币对美元的升值速度相比较之前有所放缓，但进入 2012 年以来，其升值趋势并未发生方向性改变，因此，由于人民币升值预期引致的热钱持续流入就不可避免。如图 5－13 所示，2011 年流入中国的热钱数量约为 366 亿美元，而根据中国商务部的数据，仅在 2012 年 2 月份，就有约 277 亿美元的热钱流入中国，由此势必会对通货膨胀压力形成或上升产生重要影响。

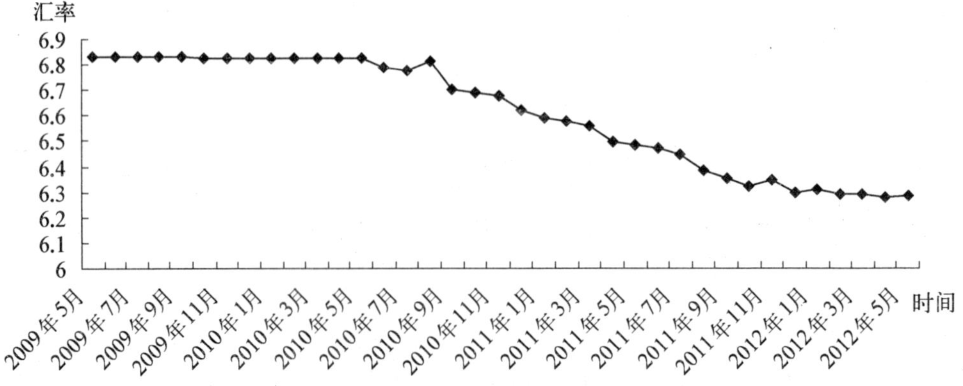

图 5－12 人民币对美元汇率变化

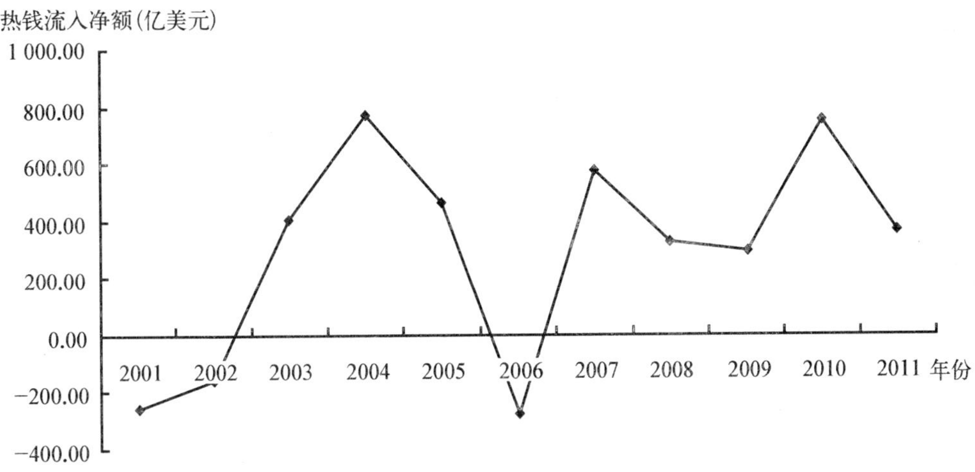

图 5-13 中国热钱流入净额变化

三、风险度量

(一) 通货膨胀风险指数界定

基于前面对通货膨胀风险内涵的界定，下面将划分通货膨胀风险等级，并在此基础上，针对未来通货膨胀率所属的风险等级来定义通货膨胀风险指数。一般经济学理论中，通货膨胀可以按严重程度作不同的划分①，由于这种划分比较粗，界定的区间过大，因此并不适用于本研究所需要的通货膨胀风险等级划分。

目前学术界基本形成共识的经济学含义较明确的通货膨胀区间概念有两个：一个是通货膨胀目标制国家所锚定的最优通货膨胀目标区间；另一个是中国学者陈东琪(1998)最早提出的通货膨胀的"可容忍区间"。最优通货膨胀目标区间是指理论上对宏观经济福利影响不为负的通货膨胀率的上下波动范围，目前市场经济发展较成熟(或采用通货膨胀目标制)的西方国家，一般把这一通货膨胀目标区间设定为 1%～3%。殷波(2011)基于长期社会经济福利考虑，利用动态随机一般均衡(DSGE)模型计算出中国的最优通货膨胀目标区间为 0.5%～3%②；白仲林和赵亮(2011)的研究则表明中国通货膨胀的最优目标区间为 0～3.2%。但是，与发达经济体有所区别的是，对于发展中或新兴市场经济体而言，追求经济增长在较长时期内仍是货币政策调控的重要目标之一，因此目前乃至未来较长的一段时间内，最优通货膨胀目标区间设定并不完全适用于中国的现实情况。

通货膨胀的可容忍区间是指对应于某个国家经济发展的特定阶段，一个相对可接受的通货膨胀变动范围。在此范围内，不仅社会公众能够承受通货膨胀率波动带来的购买力变化，而且政府在不明显变动宏观调控政策时，也能保证国民经济的持续健康运行。考虑到可容忍区间的内涵解释较符合中国转型经济的客观事实，本研究将主要据此来划分通货膨胀风险等级

① 通货膨胀的划分等级：爬行的通货膨胀：0～3%；温和的通货膨胀：3%～9%；严重的通货膨胀：10%～99%；恶性通货膨胀：100%及以上。

② 殷波(2011)估算了在各种不同的货币政策规则下，中国经济所应选择的最优通胀目标。研究结果表明：从短期看 3%左右的通胀目标是最优的，而从中长期看低通胀目标(0.5%～1%)是最优的。

对应的区间。通货膨胀的可容忍区间是一个动态概念，即理论上同一国家不同经济发展时段的可容忍区间应当有所不同。

表 5－2 先给出国内学者不同时期的相关研究结论，然后借鉴国家统计局课题组(2005)的方法另行计算中国通货膨胀的可容忍区间。

表 5－2

不同学者计算的通货膨胀可容忍区间比较

学　　者(年份)	可容忍区间	研究所用数据的时间范围
陈东琪(1998)	3.0%～9.0%	1978—1997 年
潘石(2001)	－3.0%～8.0%	1978—1997 年
杨志伟(2004)	2.1%～8.7%	1978—2001 年
国家统计局课题组(2005)	1.0%～5.0%	1978—2003 年
石柱鲜(2008)	2.2%～6.6%	1981—2005 年
张悦(2011)	0.9%～5.1%	1999—2009 年

注：表中除潘石(2001)的研究外，其他学者的计算均没有考虑通货膨胀率为负(或通货紧缩)的情况，本研究在划分通货膨胀风险等级区间时，将充分考虑通货膨胀率为负的情况。

下面计算所用的数据范围为 1991—2010 年，根据是否剔除 1993 年、1994 年、1995 年的高通货膨胀率数据，表 5－3 的计算结果分为调整前(不剔除)和调整后(剔除)两种情况。其中，理论标准值为中国 CPI 年同比增长率的几何平均数，调整范围为理论标准值可容忍的上下波动区间，±2%为大多数通货膨胀目标制国家的通货膨胀率参考调整范围。相比之下，较宽的±3%则为处于经济转型期的中国通货膨胀率的可容忍调整范围。

表 5－3

中国通货膨胀的可容忍区间

调　整　前			调　整　后		
理论标准值	调整范围	可容忍区间	理论标准值	调整范围	可容忍区间
2.76%	±2%	0.76%～4.76%	1.97%	±2%	－0.03%～3.97%
	±3%	－0.24%～5.76%		±3%	－1.03%～4.97%

根据表 5－2 中学者的研究结果和表 5－3 的理论计算结果，并结合 1991—2010 年中国通货膨胀率的实际波动状况以及政策当局的通货膨胀调控实践，可以得知：中国当前的通货膨胀可容忍上限约为 5%，下限则约为－1%；而最优的通货膨胀波动范围上限约为 3%，下限则约为 0。基于此，本研究拟将中国通货膨胀的可容忍区间界定为－0.9%～5.0%①，而把在此范围之外的通货膨胀波动区间界定为不可容忍或风险区间。

① 为保持和国家统计局公布的 CPI 数据格式的一致，此处及之后的通货膨胀率将取小数点后 1 位，在划分通货膨胀风险等级时也将保持数据区间的连续性，当然，本研究所涉及的风险区间划分无法做到十分精确。所以，此处在不影响研究的情况下给出的仅是一个可接受的结果。

表 5-4

中国通货膨胀风险衡量指数

风险等级	无风险	风险关注	有风险	高风险	很高风险
通货膨胀率	0～3.0% 0	3.1%～5.0% −0.1%～−0.9%	5.1%～7.0% −1.0%～−2.9%	7.1%～9.9% −3.0%～−4.9%	10%及以上 −5.0%及以下
风险指数	1	2	3	4	5

对不同的通货膨胀率波动区间，相应调整为对应的风险指数(指数分为 1，2，3，4，5 五级)。其中，指数数值越小，代表风险程度越低；反之，风险程度越高。具体的指数化结果可见表 5-4。其中："无风险"等级表示此范围内的通货膨胀水平对经济运行而言是良性的，抑或有利于经济长期的健康发展；"风险关注"等级表示此范围内的通货膨胀水平不会对经济运行产生明显的负面影响，但需要引起政策当局的密切关注；"有风险"等级表示此范围内的通货膨胀水平会对经济运行产生明显的负面影响，并造成较明显的社会福利损失，政策当局需要实施相应的调控操作以将通货膨胀控制在适当范围内；"高风险"等级表示此范围内的通货膨胀水平不但会对经济运行产生十分显著的负面影响，并且会造成显著的社会福利损失，政府需将政策调控目标完全集中于通货膨胀抑制上；"很高风险"等级表示此范围内通货膨胀水平会严重影响经济运行，政府必须采取强有力的措施加以整治，否则会引发严重的社会经济危机。

(二) 通货膨胀风险预测

1. 模型建立

由于货币供应和产出增长是引致中国通货膨胀风险的主要因素，并且由于通货膨胀存在惯性，因此历史通货膨胀水平也会影响未来通货膨胀水平的变化，据此可以建立通货膨胀、产出增长和货币供应之间的数学关系式，所建立的模型如(5-1)式所示。

$$\pi_t = \sum_{k=1}^{p}\alpha_k y_{t-k} + \sum_{k=1}^{p}\beta_k m_{t-k} + \sum_{k=1}^{p}\gamma_k \pi_{t-k} + \varepsilon_t \tag{5-1}$$

式中 π_t——t 时期的通货膨胀率；

y_t——t 时期的产出增长缺口；

m_t——t 时期的货币供应增长率；

ε_t——扰动项。

(5-1)式的经济学含义为：当期的通货膨胀水平受过去的通货膨胀水平、产出增长缺口及货币供应增长率的影响，即产出水平和货币供应增长水平是影响通货膨胀水平的重要因素，除此之外，由于经济主体的预期及价格黏性等因素，通货膨胀还具有惯性特征。对于(5-1)式，可以通过滞后项阶数的选择，以区分不同经济条件下产出水平、货币供应增长和通货膨胀对下一期通胀施加影响的惯性效应。

2. 数据选取及计量分析

计量分析时，模型中的通货膨胀率、产出增长缺口和货币供应增长率分别用 CPI、实际 GDP 增长率缺口(经 HP 滤波得到)和广义货币供应量 $M2$ 增长率作为替代变量。所用的 CPI、GDP 和 $M2$ 数据均为季度数据，数据来源为 Wind 宏观经济专题数据库。为避免伪回归，首先对通货膨胀率 CPI、GDP 增长率缺口和 $M2$ 增长率的时间序列分别进行单位根检验，结果发现三个序列均为一阶差分平稳变量，方程中的滞后项选择遵循 AIC 和 SC 取值最小原则，最后 CPI 和 GDP 增长率缺口取二阶滞后项，$M2$ 增长率取四阶滞后项。最后使用最小二乘法(OLS)进行回归分析，结果如(5－2)式所示。

$$\pi_t = 1.2379\pi_{t-1} - 0.4305\pi_{t-2} + 0.167y_{t-1} + 0.2862y_{t-2} + 0.178m_{t-1} - 0.0619m_{t-2} + 0.0711m_{t-3} - 0.0308m_{t-4} - 2.3576 \quad (5-2)$$

利用(5－2)式对中国 2012 年第二季度的通货膨胀率进行预测，结果可参见表 5－5；在此基础上，通过趋势平滑对 GDP 增长率及货币供应增长率指标进行预测，并利用(5－2)式得到 2012 年第三季度到 2013 年第一季度的通货膨胀率预测值。结果如表 5－5 所示。

表 5－5

中国通货膨胀风险预测

时　间	2012 年第二季度	2012 年第三季度	2012 年第四季度	2013 年第一季度
通货膨胀率预测值	2.98%	3.12	3.25	3.38
通货膨胀风险指数	1	2	2	2

从表 5－5 的预测数据可以看出，在前期政府调控通货膨胀的各种政策措施的作用下，2012 年以来，中国的通货膨胀上涨趋势得到了很好的控制，2012 年全年的通货膨胀率都有望稳定在 3%左右；而根据前面按通货膨胀容忍度划分的风险指数来判断，中国 2012 年第三季度至 2013 年第一季度的通货膨胀风险都将可能在较安全的“风险关注”区间。

根据上面的预测结果可以看出，虽然中国国内的食品价格仍存在较大幅度的波动，并且在成品油价格及公用事业费等均出现上调的背景下，居民的通货膨胀预期仍然存在，这些都是潜在的引致通货膨胀风险的重要因素；但考虑到在金融危机和主权债务危机的影响下，与中国有密切经济往来的其他经济体尚未全面复苏，并且中国经济正处在关键的结构调整期，房地产调控的效果也正在显现，固定资产投资规模再次大幅上升的可能性较小，因此综合考虑上述因素，可以作出这样的判断：即在可预期的 1 年时间内，中国出现明显的通货膨胀压力的可能性正在逐渐下降。

四、结论及政策建议

到此为止，本章对中国 2012 年前后可能出现的通货膨胀风险的表现特征及风险引致因素进行了总结和分析，并利用计量模型对 2012 年第二季度至 2013 年第一季度的通货膨胀风险进行了预测。

可以看出，中国国内物价总水平自 2011 年第四季度开始逐步回落，但不容忽视的是，在一段时间的整体回落之后，中国居民消费价格指数在 2012 年 3 月份出现了反弹；而且截至 2012 年 5 月初，中国食品价格上涨仍在继续，汽柴油零售价格均创出历史新高。不仅如此，国内各地也纷纷酝酿调整水价和电价，居民通货膨胀预期开始出现反复。考虑到中国经济运行的实际状况，本报告认为，2012 年及未来较长一段时间内，货币供应增长过快仍将是中国通货膨胀风险的主要引致因素；除此之外，固定资产投资增速较高、通货膨胀预期的可能上升、国际通货膨胀的输入以及人民币升值预期下的热钱流入等因素，也仍将有可能成为引致通货膨胀风险的重要原因。

基于计量模型的通货膨胀风险预测结果表明，在前期政府调控通货膨胀的各种政策措施的作用下，2012 年以来，中国的通货膨胀上涨趋势得到了很好的控制，2012 年全年的通货膨胀率都有望稳定在 3%左右；而根据前面按通货膨胀容忍度划分的风险指数来判断，中国 2012 年第三季度至 2013 年第一季度的通货膨胀风险都将可能在较安全的“风险关注”区间。

基于本章研究结论，可以认为，中国政策当局需要继续加强流动性管理，控制银行信贷的投放速度和货币供应量的过快增长，主动引导固定资产的投资方向，以避免应对经济下滑的政策措施成为未来通货膨胀高涨的原因；另外，政策当局需要把货币信贷和流动性管理的总量调节与强化宏观审慎管理结合起来，根据宏观形势变化及银行体系稳健性状况等进行适度调整，继续实施好差别准备金动态调整措施，引导并激励金融机构自我保持稳健和调整信贷投放，从而在管理通货膨胀风险的同时能够提升金融机构风险防范能力。除此之外，为抑制热钱流入所引致的通货膨胀压力上升，进一步推进利率市场化改革和人民币汇率形成机制改革，仍将是中国政策当局在中长期内需要努力的方向。

附表

表 5-6

模型回归所用基础数据

时　间	GDP 增长率缺口	货币供应增长率(%)	通货膨胀率(%)
1991 年第四季度	−4.53	26.50	4.6
1992 年第一季度	−0.04	31.30	5.4
1992 年第二季度	−0.24	31.30	5.5
1992 年第三季度	−0.14	31.30	6.2
1992 年第四季度	0.87	31.30	8.3
1993 年第一季度	1.89	37.30	11
1993 年第二季度	1.73	37.30	13.9
1993 年第三季度	1.38	37.30	16
1993 年第四季度	1.25	37.30	17.1
1994 年第一季度	0.34	34.50	22.2
1994 年第二季度	0.04	34.50	21.9
1994 年第三季度	0.25	34.50	25.7
1994 年第四季度	1.17	34.50	26.9
1995 年第一季度	0.30	29.50	22.6
1995 年第二季度	−0.46	29.50	19.7
1995 年第三季度	−0.62	29.50	14.8
1995 年第四季度	−0.08	29.50	11.1
1996 年第一季度	0.16	27.20	9.4

（续表）

时　　间	GDP 增长率缺口	货币供应增长率（%）	通货膨胀率（%）
1996 年第二季度	－0.19	28.40	9.1
1996 年第三季度	－0.26	27.50	7.9
1996 年第四季度	－0.03	25.10	7
1997 年第一季度	0.59	21.70	5.2
1997 年第二季度	0.61	19.10	2.9
1997 年第三季度	0.21	17.20	2.1
1997 年第四季度	0.09	16.10	1
1998 年第一季度	－1.44	16.70	0.3
1998 年第二季度	－1.69	15.50	－0.9
1998 年第三季度	－1.26	15.00	－1.4
1998 年第四季度	－0.85	16.70	－1.1
1999 年第一季度	0.53	18.00	－1.4
1999 年第二季度	－0.20	17.20	－2.2
1999 年第三季度	－0.36	16.00	－1.2
1999 年第四季度	－0.84	14.00	－0.8
2000 年第一季度	0.56	13.51	0.1
2000 年第二季度	0.44	14.01	0.1
2000 年第三季度	0.41	14.82	0.3
2000 年第四季度	－0.15	15.15	0.9
2001 年第一季度	－0.12	15.20	1.4
2001 年第二季度	－0.61	14.48	0.8
2001 年第三季度	－0.82	13.60	－0.6
2001 年第四季度	－0.64	13.20	0.2
2002 年第一季度	－0.17	13.00	－0.6
2002 年第二季度	－0.32	14.00	－1.1
2002 年第三季度	－0.18	15.50	－0.8
2002 年第四季度	－0.45	16.60	－0.6
2003 年第一季度	1.07	18.10	0.5
2003 年第二季度	－0.21	20.20	0.7
2003 年第三季度	0.00	21.55	0.8
2003 年第四季度	－0.28	20.37	2.7

（续表）

时　　间	GDP 增长率缺口	货币供应增长率(%)	通货膨胀率(%)
2004 年第一季度	—0.07	19.40	2.8
2004 年第二季度	0.25	17.50	4.4
2004 年第三季度	—0.32	13.63	5.3
2004 年第四季度	—0.89	14.60	3.2
2005 年第一季度	0.05	14.03	2.8
2005 年第二季度	—0.30	15.67	1.7
2005 年第三季度	—0.33	17.92	1.3
2005 年第四季度	—0.25	17.57	1.4
2006 年第一季度	0.76	18.76	1.2
2006 年第二季度	1.39	18.43	1.4
2006 年第三季度	1.04	16.83	1.3
2006 年第四季度	0.93	16.94	2
2007 年第一季度	2.24	17.27	2.7
2007 年第二季度	2.79	17.06	3.6
2007 年第三季度	2.76	18.45	6.1
2007 年第四季度	2.66	16.72	6.6
2008 年第一季度	—0.12	16.30	8
2008 年第二季度	—0.28	17.37	7.8
2008 年第三季度	—0.53	15.29	5.3
2008 年第四季度	—1.37	17.82	2.5
2009 年第一季度	—4.21	25.51	—0.5
2009 年第二季度	—3.16	28.46	—1.5
2009 年第三季度	—2.31	29.31	—1.3
2009 年第四季度	—1.17	27.68	0.7
2010 年第一季度	1.66	22.49	2.2
2010 年第二季度	1.00	18.46	2.9
2010 年第三季度	0.63	18.96	3.5
2010 年第四季度	0.56	19.72	4.7
2011 年第一季度	0.00	16.63	5.1
2011 年第二季度	0.03	15.85	5.7

（续表）

时　间	GDP 增长率缺口	货币供应增长率(%)	通货膨胀率(%)
2011 年第三季度	−0.03	13.00	6.3
2011 年第四季度	−0.10	13.60	4.6
2012 年第一季度	−0.36	17.50	3.8

参考文献

[1] 白仲林,赵亮.我国通货膨胀率的最优目标区间几何？[J].统计研究,2011(6).

[2] 陈东琪.通货膨胀和通货紧缩交互换位时代的政策操作——兼论中央银行如何用微调方式稳定经济增长[J].财贸经济,1998(8).

[3] 国家统计局课题组.我国现阶段通货膨胀可容忍区间探讨[J].统计研究,2005(5).

[4] 潘石.通货膨胀与通货紧缩的"可容忍区间"及"交替性"分析[J].经济学动态,2001(5).

[5] 石柱鲜,孙皓,宋平平.中国通货膨胀的适度区间与非对称性——基于自然失业率的实证分析[J].当代财经,2008(8).

[6] 杨志伟.中国通货膨胀与通货紧缩的目标区间[J].上海金融,2003(6).

[7] 殷波.中国经济的最优通货膨胀[J].经济学(季刊),2001(3).

[8] 张悦,赵洁,王立勇.中国物价波动适度区间研究与物价走势预测[J].兰州商学院学报,2011(1).

第六章　就业风险

一、绪论

（一）问题的提出

2011年为中国“十二五”规划的开局之年，就业形势较好。据国家统计局《2011年国民经济和社会发展统计公报》相关数据，结合人力资源和社会保障部2012年年初召开的2011年第四季度新闻发布会相关资料：2011年年末全国就业人员76 420万人，其中城镇就业人员35 914万人。全年城镇新增就业1 221万人，较2010年的1 168万人有较大增长。从就业目标对比来看，新增就业完成全年900万人目标的136%。其中：城镇失业人员再就业553万人，完成全年500万人目标的111%；就业困难人员实现就业180万人，完成全年100万人目标的180%。全年农民工总量25 278万人，比上年增长4.4%。其中：外出农民工15 863万人，增长3.4%；本地农民工9 415万人，增长5.9%。年末城镇登记失业率为4.1%，与上年末持平。

对比中国2011年GDP增长9.2%的事实，上述就业成绩的取得来之不易。按照人力资源和社会保障部的相关总结，就业增长可归结为以下三方面原因：一是经济增长和结构调整发挥了重要作用，尽管结构调整导致产能过剩、高耗能行业的就业岗位减少，但结构优化也带来了新的机遇，特别是服务业和第三产业的发展对就业增长功不可没；二是各项积极就业政策作用明显，针对经济增长速度放缓建立的动态监测机制和积极配套政策能有效缓解经济增长趋缓对就业带来的不利影响；三是就业服务有所加强，对新增就业人员（特别是高校毕业生）和其他就业困难人员的就业援助也取得了较好成效。

但是，2012年就业形势依然严峻，主要体现在以下三方面：一是就业的总量矛盾长期存在。2012年城镇需就业的劳动力达2 500万人，比“十一五”时期的年均数多100万人，其中高校毕业生规模达到680万人，是21世纪初的6倍多。二是结构问题仍然突出。表现为劳动者的技能和就业意愿与岗位不匹配，招工难和就业难并存且趋于常态化，而且有从沿海向内地蔓延的趋势。三是经济形势的不确定性对就业影响加大，特别是出口趋缓和外部环境不稳定，及其与内部结构调整带来的不确定性叠加，进一步加大了确保就业增长的难度。

为此，温家宝总理于2012年3月5日在第十一届全国人民代表大会第五次会议上的政府工作报告中提出：“今年就业压力仍然很大，各级政府务必坚持就业优先战略，继续实施更加积极的就业政策。”工作报告进一步明确了2012年中国城镇就业的目标（与2011年持平），即城镇新增就业900万人以上，城镇登记失业率控制在4.6%以内。

基于上述时代背景，对就业风险的研究具有重要的现实意义。本章将在概述近期国内外就业形势基础上，对中国就业风险进行识别与度量，并对2012年和2013年中国就业风险进行预测。与2011年中国经济运行风险研究报告中的就业风险研究思路一致，本章对就业风险的关注仍以城镇失业为主。鉴于后危机时代中国经济结构调整带来的结构性失业问题突出，加之国内外不确定性因素叠加带来周期性失业波动加大，因此对就业风险的考察需区分不同的就业风险类型。

(二) 主要方法和结论

在2011年城镇就业风险研究中,我们利用HP滤波方法将调查(观测)失业率分解为周期性失业和结构性失业,并用排序Logit模型和排序Probit模型进行了城镇就业风险度量和预测。从2010年的研究结果来看,尽管对结构性失业的估计和预测效果较好,但周期性失业波动很小,这似乎与直观感觉不太一致,且有关周期性就业风险的估测结果也不甚稳健。

一个可能的原因是:HP滤波作为纯统计模型,直接将观测失业率分解为趋势项和周期项,失业的趋势项即被认为是自然失业率。这种方法的优点在于及时性较好,且计算起来相对简单。但HP滤波方法的前提假设很强,即要求经济系统具有保持平衡的力量,足以将异常失业拉回到趋势水平,所以平均起来观测失业率应该在自然失业率上下波动。这实际上限制了周期性失业的波动范围,因此有关周期性失业的估测可能存在偏差。此外,HP滤波方法也没有体现直观的经济含义,如菲利普斯曲线有关失业与通货膨胀之间长期的替代关系,以及体现失业与产出关系的奥肯定律等经典理论,均无法在该方法中加以体现。

为此,本次研究将在2011年就业风险分析的基础上予以改进,即以菲利普斯曲线和奥肯定律为理论基础,运用基于Kalman滤波的状态空间模型实现观测失业率的分解,在此基础上度量和预测自然失业率、周期性失业率对应的就业风险状况。

本章安排如下:第二部分为近期国内外就业状况分析,第三部分从劳动力供需角度对中国就业风险影响因素进行识别,第四部分基于附加预期的菲利普斯曲线和奥肯定律、利用Kalman滤波技术估计1980—2010年中国自然失业率和周期性失业率,以此度量长、短期就业风险,并利用排序Logit/Probit模型对中国就业风险进行度量与预测。

本章的主要结论为:① 从中国人力资源市场信息监测中心对全国117个城市公共就业服务机构市场供求情况进行的信息统计来看,2011年中国就业形势较好。② 从全球来看,经济恢复受阻,失业率仍维持在6%以上水平;尽管美、日经济和就业恢复好于预期,但新兴市场经济因过热而趋缓,且以西班牙、希腊为代表的欧洲主权债务危机国的经济和就业形势进一步恶化,均使前景堪忧。③ 从就业风险影响因素来看,城乡差别导致城镇就业压力长期存在,产出的就业弹性很低且就业结构滞后于产业结构调整,城镇消费不足、近期固定投资微弱下降、人民币升值、出口顺差盘整且间断为负、为抗通胀适度从紧的货币政策等因素均对就业造成压力。④ 从就业风险预测结果来看,2012年和2013年中国自然失业率处于4.28%~4.94%、周期性失业率处于1.27%~2.51%的概率最大。

二、近期国内外就业状况分析

本部分将根据中国城市公共就业服务机构所提供的2011年和2012年1季度就业供求信息,对国内近期就业状况进行简要分析;同时基于国际货币基金组织(IMF)、国际劳工组织(ILO)、美国劳工部/商务部(U. S. Department of Labor/Commerce)、经合组织(OECD)及日本总务省统计局的相关数据,对全球及重点区域(美国、欧盟和日本)的就业和经济发展状况进行分析。

(一) 中国城镇就业状况分析

接下来依据中国人力资源市场信息监测中心2011年对全国117个城市、2012年1季度对全国91个城市公共就业服务机构市场供求情况进行的信息统计,对近期中国城镇就业状况进行简要的对比分析。需要注意的是,尽管人力资源市场监测涵盖了国内较多城市,但仅为中国劳动力市场的一部分;鉴于其及时性和动态观测的特点,以及市场化供需的特征明显,相关数据对于反映近期劳动力供求关系有着较好的参考价值。

1. 劳动力市场的供求对比分析

2011 年和 2012 年第一季度中国监测城市的“求人倍率”(即“岗位空缺与求职人数的比率”)分别为 1.06 和 1.08。如图 6-1 所示。从趋势来看,监测城市的“求人倍率”在 2001—2007 年呈现上升趋势,但均体现为供大于求;受次贷危机影响,2008 年、2009 年开始下降,随后强势反弹,自 2010 年之后开始呈现“供不应求”趋势,近期就业形势相对较好。

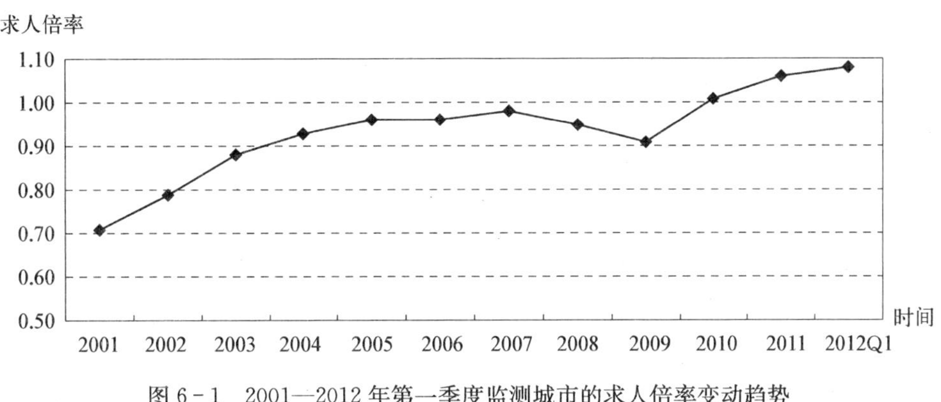

图 6-1 2001—2012 年第一季度监测城市的求人倍率变动趋势

数据来源:中国人力资源市场信息监测中心;表 6-1 至表 6-5 同。

表 6-1 给出了监测城市 2011 年度和 2012 年第一季度按职业分类的求人倍率变动情况:从用人需求与供给来看,商业和服务业人员、生产运输设备操作工均为主体,两项合计占据了约 2/3 的市场份额。从求人倍率来看,这两类职业也表现为供给大于需求:2011 年度的求人倍率分别为 1.21 和 1.12;2012 年第一季度求人倍率为 1.22 和 1.14。

表 6-1

2011 年度和 2012 年第一季度监测城市求人倍率变动(按职业类别)

职业类型	2011 年				2012 年			
	需求比重(%)	求职比重(%)	求人倍率		需求比重(%)	求职比重(%)	求人倍率	
			数值	上年同期变动			数值	上年同期变动
单位负责人	3.2	3.6	0.90	0.1	2.9	3.3	0.91	0.05
专业技术人员	13.2	13.0	1.05	0.13	14.1	13.4	1.08	0.10
办事人员和有关人员	10.3	14.6	0.73	0.07	9.7	13.7	0.74	0.06
商业和服务业人员	34.0	28.8	1.21	0.11	30.8	25.9	1.22	0.04
农林牧渔水利生产人员	1.4	1.3	1.11	0.15	1.7	1.7	1.03	−0.11
生产运输设备操作工	32.8	30.0	1.12	−0.03	36.3	32.8	1.14	−0.09

表 6-2 进一步给出了按照性别与年龄分类的求人倍率变动情况,可见其与总体供求状况

一致，对男女劳动力均表现为“供不应求”，且对女性人员需求相对较高。从年龄构成来看，对25～44周岁的劳动力需求最大，对45岁以上劳动力需求最小。

表6-2

2011年度和2012年第一季度监测城市求人倍率变动(按性别和年龄)

年龄和性别	2011年		2012年第一季度	
	求人倍率	与上年相比	求人倍率	与上年同期相比
男	1.04	0.05	1.06	−0.01
女	1.07	0.04	1.11	0.03
16～24岁	1.00	0.08	1.04	−0.01
25～34岁	1.18	0.02	1.16	−0.04
35～44岁	1.06	0.03	1.10	0.06
45岁以上	0.77	0.02	0.85	0.11

从劳动力市场供给与需求的学历、职业资格等级和职称等级来看(如表6-3)：① 从学历结构来看，对高学历人员的需求相对不足，特别是对大学生的需求最低；而对职业高中、技校、中专生，以及对高中生的需求则表现为“供不应求”。② 从职业资格等级来看，具有职业资格的人员均表现为供给相对不足，特别是对高等级职业资格人员的需求旺盛：2011年高级技师、技师和高级工的求人倍率分别为1.76，1.88和1.71；2012年第一季度则分别上升为2.18，2.32和1.81。③ 对具有技术职称的人员同样表现出供给不足，特别是对高级工程师，在2011年和2012年第一季度的求人倍率分别为2.34和2.59。

表6-3

2011年度和2012年第一季度监测城市求人倍率变动(按学历和职业资格/职称)

学历和职业		2011年		2012年第一季度	
		求人倍率	与上年相比	求人倍率	与上年同期相比
按学历	初中及以下	1.12	0.02	1.09	−0.12
	高中	1.14	0.05	1.14	0.00
	职高、技校、中专	1.36	0.06	1.35	0.00
	大专	0.94	0.06	1.01	0.08
	大学	0.85	0.06	0.96	0.12
	硕士以上	0.98	0.12	1.03	0.05
按职业资格等级	初级工(职业资格五级)	1.45	−0.02	1.47	−0.05
	中级工(职业资格四级)	1.54	0.06	1.65	0.18
	高级工(职业资格三级)	1.71	0.07	1.81	0.09
	技师(职业资格二级)	1.88	0.01	2.32	0.13
	高级技师(职业资格一级)	1.76	−0.13	2.18	0.29

（续表）

学历和职业		2011年		2012年第一季度	
		求人倍率	与上年相比	求人倍率	与上年同期相比
按职称等级	技术员（初级职称）	1.53	−0.01	1.48	−0.1
	工程师（中级职称）	1.60	0.02	1.61	0.0
	高级工程师（高级职称）	2.34	0.47	2.59	0.3

2. 三次产业、主要行业与企业的用人需求分析

表6-4给出了监测城市2011年和2012年第一季度按产业、主要行业和企业类型划分的用人需求调查数据：① 第三产业仍为用人需求主体，但其占比趋于缓慢降低、第二产业用人需求占比则稳步增加。2011年和2012年第一季度第三产业用人需求占比分别为58.9%和54.6%，第二产业用人需求占比则为39.3%和43.5%。② 制造业、批发零售业、住宿餐饮业为用人主体，其中制造业用人需求有所增加，2011年和2012年第一季度用人需求占比分别为32.2%和36.6%。③ 企业为用人主体，2011年和2012年第一季度用人需求占比分别为97.3%和97.4%。从企业属性来看，国有和集体企业用人占比很小且趋于下降；股份、联营、有限责任公司为用人主体，2011年和2012年第一季度用人需求占比分别为47.3%和45.4%；私营企业和个体经营用人较多，2011年和2012年第一季度用人需求占比分别为32.3%和32.4%；中国港、澳、台地区和外资企业用人需求有所上升，2011年和2012年第一季度用人需求占比分别为13.7%和16.0%。

表6-4

2011年度和2012年第一季度监测城市产业、行业和企业的用人需求状况

产业与行业		2011年		2012年第一季度	
		所占比重（%）	与上年相比需求变化（%）	所占比重（%）	与上年同期相比需求变化（%）
三次产业	第一产业	1.8	—	1.9	0.1
	第二产业	39.3	0.6	43.5	4.4
	第三产业	58.9	−0.6	54.6	−4.5
主要行业	制造业	32.2	0.1	36.6	4.5
	批发和零售业	15.7	−0.8	14.3	−2.1
	住宿和餐饮业	13.1	0.1	12.9	−0.5
	居民服务和其他服务业	8.9	−0.1	8.9	0.3
	租赁和商务服务业	7.2	1.1	5.7	−0.6
	建筑业	4.6	0.1	4.8	0.2
各类企业	国有和集体	4.0	−0.7	3.6	−1.1
	股份、联营、有限责任公司	47.3	5.5	45.4	−3.8
	私营企业、个体	32.3	−3.1	32.4	0
	港澳台、外资	13.7	−1.3	16.0	5.1

3. 求职人员构成分析

如表 6－5 所示，在所有求职人员中，失业人员是求职主体，2011 年和 2012 年第一季度所占比重分别为 54.2%和 49.6%：其中，新成长失业青年分别占 24.5%和 23.1%（应届高校毕业生占新成长失业青年的比例分别为 43.9%和 41.0%）。除失业人员外，本市农村人员和外埠人员求职需求大致相当，2011 年分别占比为 17.0%和 16.7%，2012 年第一季度分别占比为 19.3%和 19.8%，相对 2011 年度有所上升。

表 6－5

2011 年度和 2012 年第一季度监测城市的求职人员类别变化

求职人员类别	2011 年		2012 年第一季度	
	所占比重(%)	与上年相比变化(%)	所占比重(%)	与上年同期相比变化(%)
失业类型(1)：新成长失业青年	24.5	−2.2	23.1	−1.6
应届高中毕业生	43.9	−3.1	41.0	0.3
失业类型(2)：就业转失业人员	16.4	0.8	14.4	−3.2
失业类型(3)：其他失业人员	13.3	0.4	12.1	−1.3
本市农村人员	17.0	2.9	19.3	0.4
外埠人员	16.7	−1.9	19.8	7.0

（二）国外就业状况分析

结合相关数据，近期全球及重点区域（美国、欧盟和日本）的就业状况可概述如下。

1. 全球就业与经济发展概况

IMF 在 2012 年年初发布的“全球经济展望更新”(World Economic Outlook Update)之标题为“全球复苏停滞，下行风险加剧”(Global Recovery Stalls, Downside Risks Intensify)。相比 2011 年的主题“全球复苏在望，但仍不平坦”(Global Recovery Advances but Remains Uneven)，全球经济发展前景充满更多变数且愈加迷茫。

从 2011 年度全球经济发展来看，直到第三季度，经济活动仍相对强劲，全球 GDP 以3.5%的年化增长率扩张，仅略低于 2011 年 9 月“世界经济展望”的预测水平。但从 2011 年第四季度开始，全球增长开始逆转，前景有所恶化，风险急剧上升。

近期全球经济发展主要表现为以下三个特征：① 欧元区危机进入新的危险阶段。由于主权利率上升、银行去杠杆化对实体经济产生的效应，以及进一步财政调整带来的影响，预计欧元区经济在 2012 年将陷入轻度衰退。② 源于外部环境恶化和内部需求减弱，新兴和发展中经济体作为次贷危机后全球经济复苏的引擎，其增长减缓幅度大于预期。③ 除欧元区外，以美、日为代表的先进经济体的增长好于预期。这主要源于美国消费者降低了储蓄率，企业固定投资保持强劲。此外，在 2011 年 3 月日本地震造成供应链中断之后，经济反弹也强于预期。总体而言，第 3 个利好因素仍偏弱，前 2 个不利因素影响将主导近期经济形势。

与之对应，IMF 认为(见图 6－2)，全球 GDP 增长在 2010 年第四季度之后趋于下行，预计

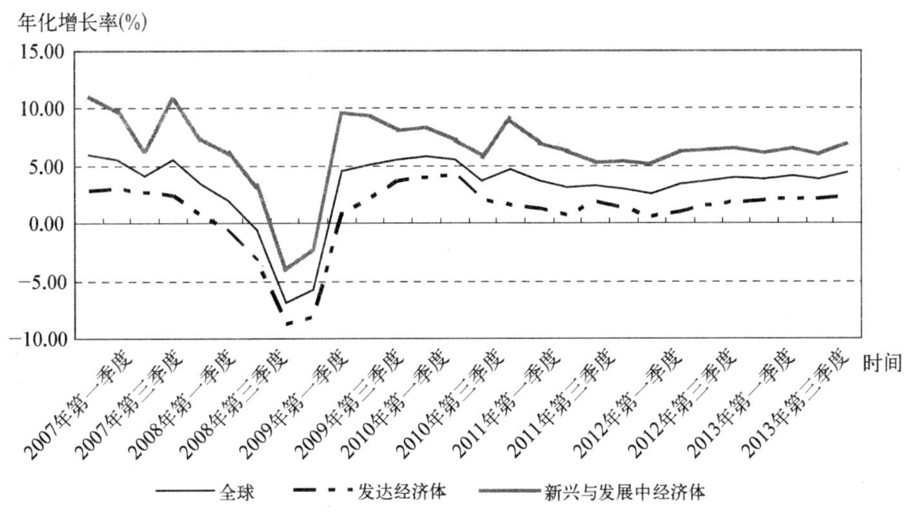

图 6-2 全球 GDP 增长

注：数据来源于 IMF，为季度同比的年化增长率。

在 2012 年上半年仍难调整到位。据估计，2012 年第一季度全球、发达经济体、新兴与发展中经济体的年化 GDP 增长率将分别下滑为 2.63%，0.62%和 5.14%。

表 6-6 进一步给出了 IMF“全球经济展望(WEO)”有关 2012 年和 2013 年全球主要发达和新兴经济体(G7 和“金砖四国”)的 GDP 增长预测值。从表中可见，2011 年第四季度以来全球经济发展不能让人满意，预计 2012 年将会继续深度调整，但有望在 2013 年缓慢复苏。

表 6-6

“全球经济展望(WEO)”有关 GDP 增长的预测

区 域	2010 年	2011 年	预 测		与 2011 年 9 月“全球经济展望”预测的差异	
			2012 年	2013 年	2012 年	2013 年
全球产出	5.2	3.8	3.3	3.9	-0.7	-0.6
发达经济体	3.2	1.6	1.2	1.9	-0.7	-0.5
美国	3.0	1.8	1.8	2.2	0	-0.3
加拿大	3.2	2.3	1.7	2.0	-0.2	-0.5
欧元区	1.9	1.6	-0.5	0.8	-1.6	-0.7
英国	2.1	0.9	0.6	2.0	-1.0	-0.4
德国	3.6	3.0	0.3	1.5	-1.0	0.0
法国	1.4	1.6	0.2	1.0	-1.2	-0.9
意大利	1.5	0.4	-2.2	-0.6	-2.5	-1.1
日本	4.4	-0.9	1.7	1.6	-0.6	-0.4
新兴和发展中经济体	7.3	6.2	5.4	5.9	-0.7	-0.6
巴西	7.5	2.9	3.0	4.0	-0.6	-0.2

（续表）

区域	2010年	2011年	预测		与2011年9月"全球经济展望"预测的差异	
			2012年	2013年	2012年	2013年
俄罗斯	4.0	4.1	3.3	3.5	−0.8	−0.5
印度	9.9	7.4	7.0	7.3	−0.5	−0.8
中国	10.4	9.2	8.2	8.8	−0.8	−0.7

数据来源：IMF。

在2010年全球经济表现良好的时候，IMF和ILO就一致认为，"没有就业的复苏不是复苏"，同时强调"就业公平"，期待着全球就业与经济增长同步改善。但是，自2009年以来的经济复苏短暂，无法弥补巨大的就业缺口，2011年下半年来的全球经济再度恶化更是加重了就业调整的难度。而且从政策面来看，次贷危机调整在经历了宽松的"货币政策"加积极的"财政政策"、"量化宽松"的货币政策为主2个阶段之后，目前可用于刺激经济和就业的政策空间已经很小。由此，ILO出版的"2012全球就业趋势"(Global Employment Trends 2012)之标题即为"防止就业危机进一步恶化"(Preventing a Deeper Jobs Crisis)。

表6-7为近年来全球就业增长表现：2007年全球就业增长率为1.7%，随后下滑，2009年仅为0.5%，2010年则回升到1.3%，预计2011年为1.6%；分区域来看，发达经济体与欧盟将结束就业负增长，而中东、撒哈拉沙漠以南非洲、南亚的就业增长预计会处于较高水平。

表6-7

全球年度就业增长率

单位：%

区域	2001—2006年	2007年	2008年	2009年	2010年	2011年		
						置信下界	估计值	置信上界
全球	1.8	1.7	1.1	0.5	1.3	1.2	1.6	1.9
发达经济体与欧盟	0.9	1.5	0.6	−2.2	−0.2	0.5	0.8	1.2
中欧、东南欧(非欧盟)与独联体	0.9	2.1	1.2	−1.2	1.5	1.0	1.7	2.3
东亚	1.2	1.2	0.1	0.7	0.9	0.6	0.8	1.0
东南亚与太平洋地区	1.7	2.4	2.0	1.7	2.2	1.5	1.8	2.1
南亚	2.5	1.1	0.8	0.6	0.7	1.9	2.1	2.4
拉丁美洲与加勒比地区	2.5	2.4	2.4	0.7	2.8	1.4	1.9	2.4
中东	4.6	3.9	1.7	4.0	3.8	2.3	3.1	3.9
北非	3.4	3.7	2.9	2.2	2.2	0.0	0.8	1.5
撒哈拉沙漠以南非洲	3.1	3.0	3.0	2.7	2.7	2.6	2.9	3.2

资料来源：ILO。

表 6 - 8 给出了 2010 年全球失业人口概况，以及 2011 年、2012 年和 2016 年的预测值。

表 6 - 8

全球失业率概况

单位：百万人

区　　域	2010 年	2011 年			2012 年			2016 年		
		置信下界	估计值	置信上界	置信下界	估计值	置信上界	置信下界	估计值	置信上界
全球	197.3	187.3	197.2	206.8	185.0	200.2	215.4	185.6	206.3	227.1
发达经济体与欧盟	44.7	41.7	43.5	44.8	39.7	43.6	47.6	35.0	40.0	45.1
中欧、东南欧(非欧盟)与独联体	17.0	14.6	15.5	16.6	13.9	15.5	17.2	13.4	15.6	17.8
东亚	35.6	34.0	35.5	37.1	34.1	35.9	37.8	34.3	36.7	39.0
东南亚与太平洋地区	14.7	13.7	14.6	15.5	13.6	14.9	16.2	13.8	15.8	17.7
南亚	25.0	23.4	25.0	26.6	23.6	25.5	27.4	25.1	27.7	30.2
拉丁美洲与加勒比地区	20.2	19.2	20.5	21.8	19.1	21.0	22.9	20.1	22.7	25.4
中东	6.7	6.7	7.1	7.6	6.8	7.4	8.0	—	—	—
北非	6.7	7.3	7.8	8.3	7.3	8.0	8.8	7.3	8.3	9.4
撒哈拉沙漠以南非洲	26.7	26.7	27.6	28.5	26.9	28.3	29.7	—	—	—

资料来源：ILO。

由表 6 - 8 所示，由于次贷危机以来失业人口增加了 2 700 万人，2010 年全球累计失业人口约为 2 亿人，到 2016 年预计全球总失业人口将达到 2.063 0 亿人。此外，为保证失业人口不再持续增加，未来 10 年全球需新增就业岗位数为 4 亿人。因此，为保证就业，总共需要创造 6 亿个就业岗位。从区域分布来看，发达经济体与欧盟、东亚、撒哈拉沙漠以南非洲、南亚、拉丁美洲与加勒比地区等的失业人口相对较多。

表 6 - 9 给出了 2010 年全球失业率概况，以及 2011 年、2012 年和 2016 年的预测值：总的来说，全球失业率仍较高，2010 年为 6.1%，2011 年、2012 年和 2016 年估计值约维持在 6%的水平；分区域来看，中东、北非、撒哈拉沙漠以南非洲、拉丁美洲与加勒比地区、发达经济体和欧洲(非欧盟)失业率高，而亚洲失业率相对较低。

表 6 - 9

全球失业率概况

单位：%

区　　域	2010 年	2011 年			2012 年			2016 年		
		置信下界	估计值	置信上界	置信下界	估计值	置信上界	置信下界	估计值	置信上界
全球	6.1	5.7	6.0	6.3	5.6	6.0	6.5	5.3	5.9	6.5
发达经济体与欧盟	8.8	8.1	8.5	8.7	7.7	8.5	9.2	6.7	7.7	8.6

（续表）

区　　域	2010年	2011年			2012年			2016年		
		置信下界	估计值	置信上界	置信下界	估计值	置信上界	置信下界	估计值	置信上界
中欧、东南欧(非欧盟)与独联体	9.5	8.1	8.6	9.3	7.7	8.6	9.5	7.3	8.5	9.7
东亚	4.1	3.9	4.1	4.3	3.9	4.1	4.3	3.9	4.2	4.4
东南亚与太平洋地区	4.8	4.4	4.7	5.0	4.3	4.7	5.1	4.1	4.7	5.3
南亚	3.9	3.6	3.8	4.1	3.6	3.8	4.1	3.5	3.9	4.2
拉丁美洲与加勒比地区	7.2	6.7	7.2	7.6	6.5	7.2	7.9	6.4	7.3	8.1
中东	9.9	9.5	10.2	10.8	9.5	10.3	11.1	—	—	—
北非	9.6	10.3	10.9	11.6	10.0	11.0	12.0	9.1	10.5	11.8
撒哈拉沙漠以南非洲	8.2	7.9	8.2	8.5	7.8	8.2	8.6	—	—	—

资料来源：ILO。

从上述全球就业人口增长、失业人口和失业率表现来看，未来全球就业状况改善与经济发展均表现为"滞缓"，而且ILO认为，如果考虑到劳动参与率的下降，全球失业状况其实更趋恶化：相较于次贷危机前的趋势分析，2011年全球劳动力市场参与人数降低了2 900万人，约为2011年全球实际劳动力的1%，将近全球失业人口的15%，如果这些潜在就业者出来寻找工作，将使得失业人口达到2.25亿人，失业率将上升为6.9%，而非实际的6%。

2. 美国就业与经济发展概况

图6－3为近期美国"非农就业人口"(Total Nonfarm Payrolls：All Employees)的月度变化数据及其同比增长率走势(经季节调整)：受次贷危机影响，美国非农就业人口自2008年2月开始进入负增长通道，并于2008年年底和2009年年初达到低谷，2008年11月和2009年1月的非农就业人口增长分别为－80.3万人和－81.8万人，为2000年以来新低；随着美国经济

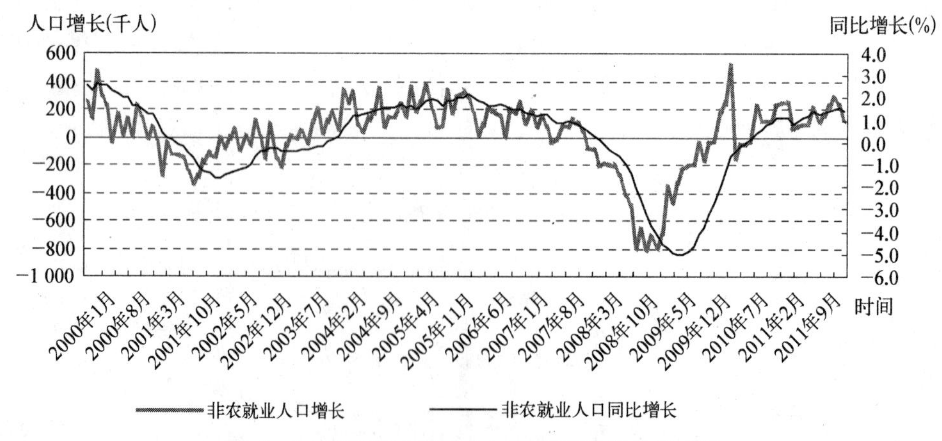

图6－3　美国非农就业人口及其同比增长率走势

数据来源：U.S. Department of Labor的企业调查，经季节调整(同图6－4、6－5)。

不断调整和恢复，2010 年 10 月非农就业人口开始步入稳定的正增长通道，2011 年 12 月开始非农就业人口连续 3 个月增长超过 20 万人，但 2012 年 3 月回落到 12 万人。

从非农就业人口同比增长率来看，基本上和非农就业人口增长表现一致，受次贷危机影响，2008 年 5 月开始负增长，至 2009 年 7 月份、8 月份达到新低（为－5%），2010 年 8 月开始恢复正增长，2012 年 1～3 月份分别保持在 1.5%的持续增长。

图 6－4 为次贷危机前后美国“周总工时指数”（Indexes of Aggregate Weekly Hours of All Employees：Total private）的走势，可见基本上与非农就业同比增长表现一致：从 2006 年 1 月开始上升，到 2008 年 1 月达到 100.3；随后下滑，2009 年 10 月跌至 90.6；近期开始缓慢上升（幅度不及非农就业同比增长），2012 年 1～3 月分别为 95.5、96.0 和 95.8。

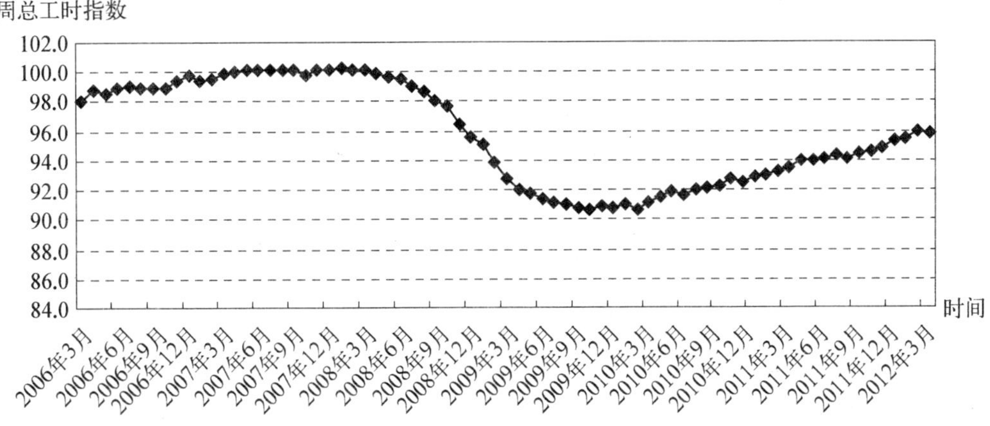

图 6－4 近期美国周总工时指数走势

注：对私人部门所有雇员的统计，经季节调整，2007＝100。

图 6－5 为 2005 年以来美国“失业人口”（Unemployed）和“国内失业率”（Civilian Unemployment Rate）的月度数据走势（经季节调整）：受次贷危机影响，美国国内失业率在 2008 年下半年从不到 6%的水平开始爬升，2009 年 5 月突破 9%，2009 年 10 月高达 10%；随后开始缓慢回落，2010 年 6 月为 9.4%，而后进入盘整阶段；但 2010 年 11 月再次高达 9.8%，而后趋于回落，2011 年年底下降到 9%以下，2012 年 1～3 月分别为8.3%、8.3%和 8.2%，表现为近期新低。失业人口数与国内失业率表现基本一致，最高点为 2009 年 10 月的 1 542.1 万人，2012 年 1～3 月分别下降为 1 275.8 万人、1 280.6 万人和 1 267.3 万人。

与就业状况一致，美国经济表现在次贷危机之后也经历了“深度下滑—强势反弹—波动盘整”几个阶段，但近期表现尚好。由图 6－6 可见：次贷危机使得真实 GDP 年化增长率在 2008 年第三季度至 2009 年第二季度表现为负增长，特别是 2008 年第四季度达到 2000 年以来的最低谷，为－8.9%；随后形势开始好转，在 2009 年年底和 2010 年开始反弹，2009 年第四季度、2010 年第一季度、第二季度一度达到了 3.8%、3.9%和 3.8%；但 2011 年经济增长滞缓（其中 2011 年第一季度年化增长率仅为 0.4%），但 2011 年第四季度年化增长率达到了 3%。

对照真实 GDP 增长率趋势线，上述规律更为明显，即 2009 年为深度下滑、2010 年为强势反弹，但 2011 年则表现为盘整，2011 年第四季度重新出现 GDP 正缺口。2008 年第四季度至 2010 年第一季度偏低，随后反弹，2011 年第四季度为近期新高。

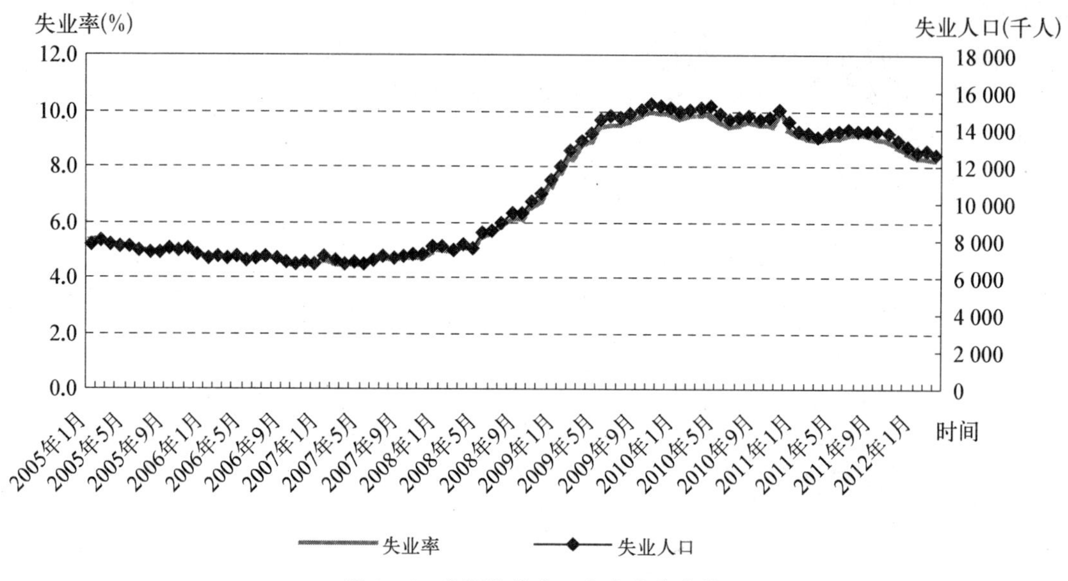

图 6-5 美国失业人口和失业率走势

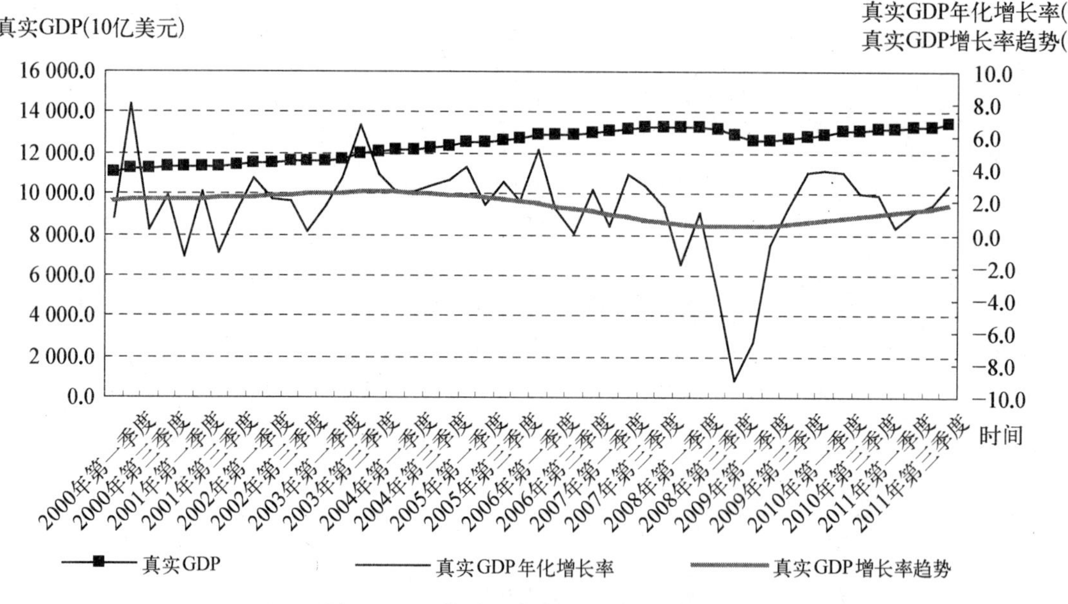

图 6-6 近期美国真实 GDP 及其增长走势

数据来源：U.S. Department of Commerce，经季节调整的年化值，真实 GDP 增长率趋势由 HP 滤波得到。

3. 欧洲就业与经济发展概况

被次贷危机“重创”的葡萄牙(Portugal)、爱尔兰(Ireland)、意大利(Italy)、希腊(Greece)和西班牙(Spain)等欧洲 5 国(PIIGS)并未在 2011 年获得改善的机会。相反，其失业率仍然一路攀升，如图 6-7 所示：就修正失业率而言，西班牙在 2012 年 2 月竟高达 23.6%，希腊在 2011 年 12 月也达到了 21%，双双创下新高；而其他 3 国情形也让人堪忧，如，2012 年 2 月，葡萄牙的修正失业率为 15%、爱尔兰为 14.7%、意大利也上升到了 9.3%。

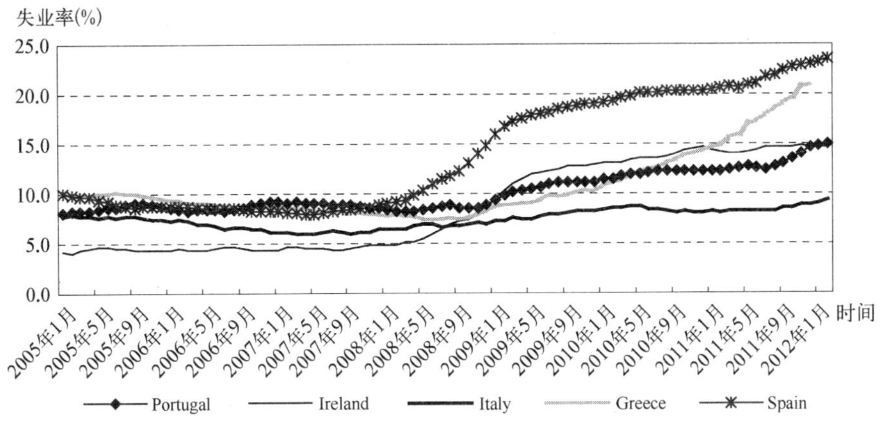

图 6－7　深陷主权债务危机的欧洲 5 国之失业率状况

数据来源：OECD，为经季节调整的月度值。

注：图 6－9 的失业率为“修正失业率”（Harmonized Unemployment Rates），该指标由欧盟统计办公室（Eurostat：Statistical Office of the European Union）制定并提供数据，目的是为统一欧盟各国统计数据口径。

对上述 5 个发生主权债务危机的欧洲国家，图 6－8 给出了其真实 GDP 增长率的变动趋势（经季节调整）：次贷危机使得这 5 个国家的 GDP 增长自 2008 年之后开始下滑，2009 年则一直处于深度调整的“深渊”，如，爱尔兰在 2009 年一季度的真实 GDP 增长一度达到－9.19%，同期意大利的真实 GDP 增长也仅为－6.67%；2010 年开始，意大利、葡萄牙、西班牙和爱尔兰 4 国的 GDP 增长开始弱势反弹，但 2011 年开始又有所下滑，2011 年四季度其真实 GDP 增长仅分别为－0.43%、－2.81%、0.27%和 0.96%；而希腊的 GDP 增长则基本上处于一路下落态势，2011 年一季度仅为－5.45%。

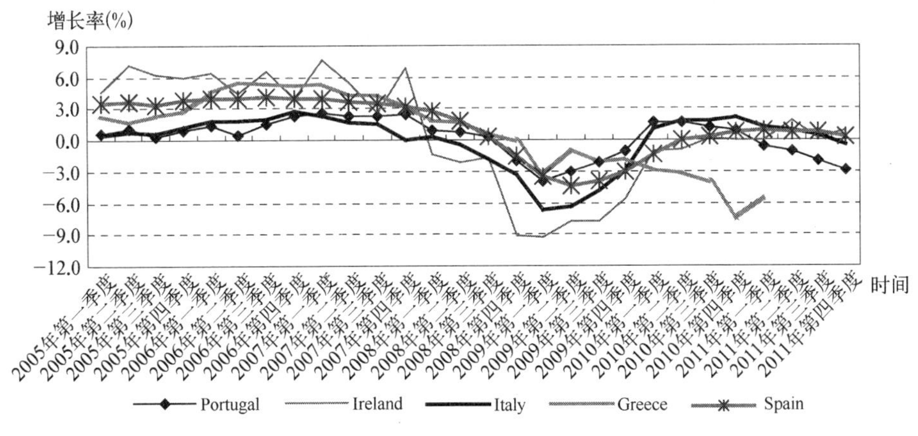

图 6－8　深陷主权债务危机的欧洲 5 国之 GDP 增长状况

数据来源：OECD，为经季节调整的月度值。

再来看看德、英、法国的就业和经济表现，如图 6－9 所示：次贷危机以来，德国的修正失业率延续了下降趋势，2012 年 2 月仅为 5.7%；英国的情况稍差，2011 年 12 月的修正失业率为 8.3%；但法国的失业率却仍处在高位，且呈现滞缓上升趋势，2012 年 2 月的修正失业率为

10%。从真实 GDP 增长率的变动趋势(经季节调整)来看,德、英、法 3 国表现一致,在经历 2008 年下半年和 2009 年的深度调整之后,2010 年趋于反弹,但 2011 年又开始“折返”,2011 年第四季度上述 3 国的真实 GDP 增长率分别为 2.02%、0.46%和 1.33%。

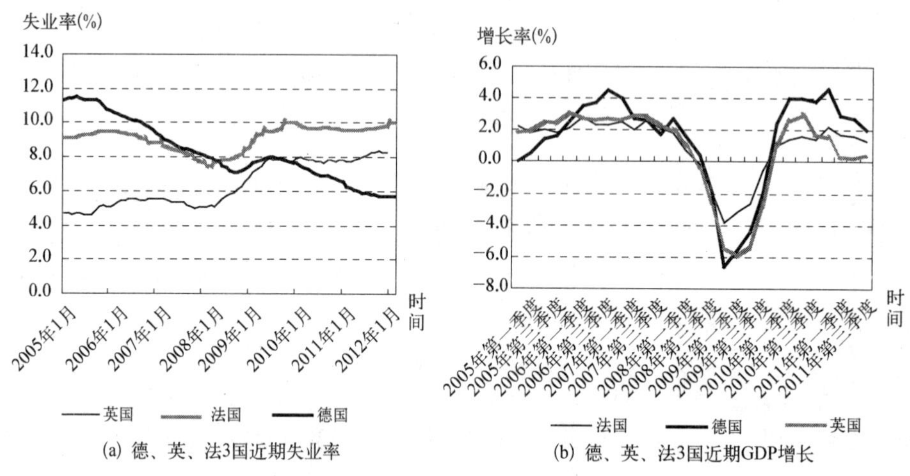

(a) 德、英、法3国近期失业率　　(b) 德、英、法3国近期GDP增长

图 6-9　德、英、法 3 国近期失业率与 GDP 增长状况

数据来源:OECD,为经季节调整的月度值。

受主权债务危机国家的拖累,整个欧洲的就业和经济增长在 2011 年仍不能让人满意,从图 6-10 来看:2011 年以来,欧盟 27 国的就业表现延续了不如美国的趋势,尽管同样处于高位,但美国“修正失业率”开始呈现明显回调趋势,2012 年 3 月指标值为 8.2%,而欧盟区的失业率则尚处于缓慢上升通道,2012 年 2 月为 10.2%,为近期新高。欧洲 27 国的真实 GDP 增长率延续了上述德、英、法 3 国的表现(近期下降);而美国真实 GDP 增长尽管总体和欧盟 27 国一致,但 2011 年年底出现“翘尾向好”趋势,第四季度真实 GDP 增长率为 1.61%。

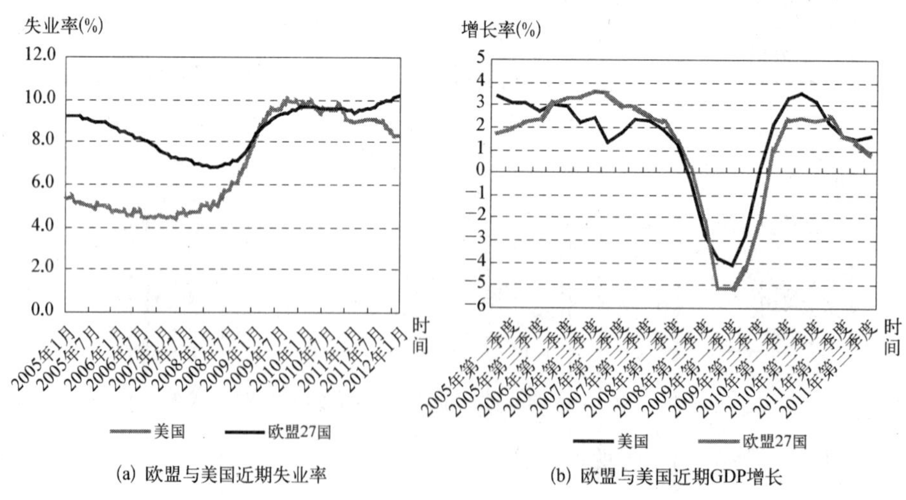

(a) 欧盟与美国近期失业率　　(b) 欧盟与美国近期GDP增长

图 6-10　近期欧元区与美国失业率对比

数据来源:OECD,为经季节调整的月度值。
注:“修正失业率”所得美国失业率的数据与美国劳工部提供的数据可能存在不一致。

4. 日本就业与经济发展概况

表 6 - 10 列示了次贷危机以来日本失业人口的月度数据，由于日本统计局尚未公布 2011 年 3 月至 2011 年 8 月数据，故仅给出当年 9 月至次年 2 月数据作为对比。在次贷危机之前，日本失业人口在 300 万人以下；受次贷危机影响，2009 年、2010 年以及 2011 上半年日本失业人口上升到 300 万人以上，其中 2009 年 9 月达到了 354 万人；但尽管 2011 年 3 月大地震使得日本经济和就业“雪上加霜”，在 2011 年第四季度开始日本的失业人口反而下降到 300 万人以下，2012 年 1 月份、2 月份失业人口分别为 305 万人和 298 万人（略有回升）。

表 6 - 10

日本近期失业人数概况

单位：万人

期　　间	9 月	10 月	11 月	12 月	1 月	2 月
2006.9～2007.2	274	274	268	267	268	269
2007.9～2008.2	262	267	256	252	262	267
2008.9～2009.2	263	252	267	293	286	304
2009.9～2010.2	354	344	346	342	337	332
2010.9～2011.2	335	335	332	321	324	311
2011.9～2012.2	272	290	292	295	305	298

数据来源：日本统计局，经季节调整。

对应的失业率表现和失业人口基本一致，如表 6 - 11 所示：在次贷危机前稳定在 4%左右；但 2009 年开始攀升，2009 年 9 月一度达到 5.4%，2010 年也基本上在 5%以上；2011 年开始回落，2011 年 9 月一度下降到 4.2%；近期有所上升，2012 年 1 月份、2 月份分别为 4.6%和 4.5%。

表 6 - 11

日本近期失业率概况

单位：%

期　　间	9 月	10 月	11 月	12 月	1 月	2 月
2006.9～2007.2	4.1	4.1	4.0	4.0	4.0	4.0
2007.9～2008.2	3.9	4.0	3.8	3.8	3.9	4.0
2008.9～2009.2	4.0	3.8	4.0	4.4	4.3	4.6
2009.9～2010.2	5.4	5.2	5.2	5.2	5.1	5.0
2010.9～2011.2	5.1	5.1	5.0	4.9	4.9	4.7
2011.9～2012.2	4.2	4.4	4.5	4.5	4.6	4.5

数据来源：日本统计局，经季度调整。

表 6 - 12 给出了日本次贷危机前后非农产业周总工时概况：在次贷危机前，非农产业总工时基本上在 24 亿小时以上，但 2008 年下半年开始下降到 24 亿小时以下；2011 年 9 月仅为

23.51 亿小时，2012 年 1 月份、2 月份则分别为 23.65 亿小时和 23.71 亿小时。由此可见，为应对次贷危机和 2011 年 3 月日本大地震不利影响，日本采取了一定的压缩工作时间的措施。

表 6－12

日本近期非农产业周总工时概况

单位：亿小时

期　　间	9 月	10 月	11 月	12 月	1 月	2 月
2006.9～2007.2	25.14	25.00	25.08	25.96	25.06	25.03
2007.9～2008.2	23.96	24.74	24.95	24.57	24.79	24.71
2008.9～2009.2	24.67	24.39	23.57	23.77	23.83	23.80
2009.9～2010.2	23.90	23.68	23.75	23.66	23.81	23.70
2010.9～2011.2	23.73	23.62	23.91	23.78	23.79	23.90
2011.9～2012.2	23.51	23.63	23.85	23.63	23.65	23.71

数据来源：日本统计局，经季节调整。

图 6－11 给出了 2000 年以来日本 GDP 及其增长趋势：受到次贷危机影响，2008 年、2009 年日本经济处于深度调整阶段，真实 GDP 环比和同比增长在 2009 年第一季度分别为－3.9％和－9.3％；2010 年情况稍好，出现正增长；但 2011 年重新下调，2011 年第四季度真实 GDP 环比和同比增长分别为－0.2％和－0.6％。从真实 GDP 数量来看（未经季度调整），2008 年以来也表现出明显的下挫趋势，近期略有回升，2011 年第四季度为 131.144 万亿日元。

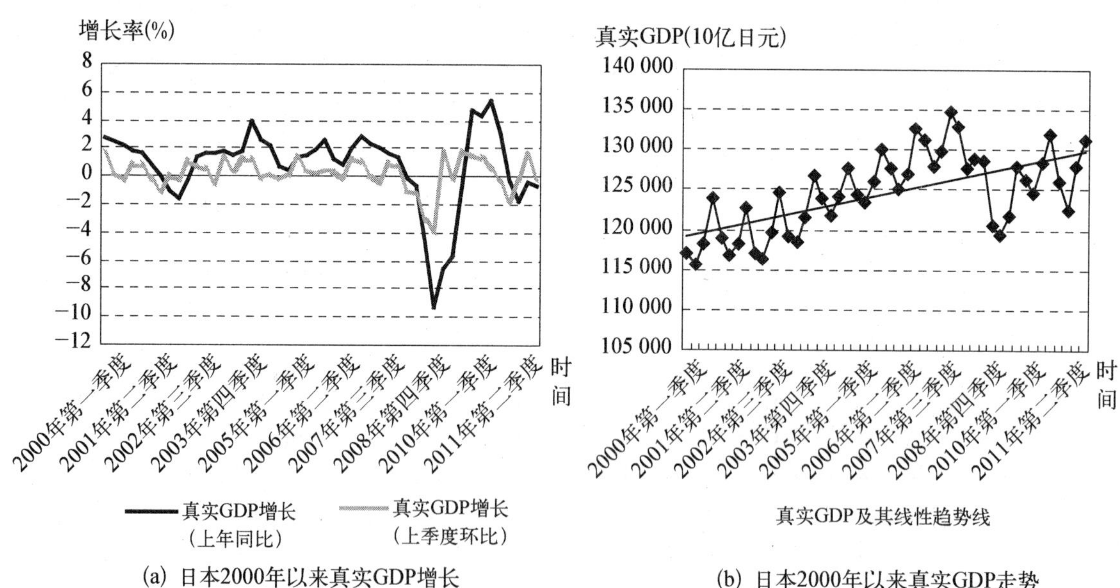

图 6－11　2000 年以来日本真实 GDP 及其增长率

数据来源：日本统计局，经季节调整。

图 6－12 为 2000 年以来真实 GDP 构成的同比增长率，可见趋势和 GDP 表现基本吻合。

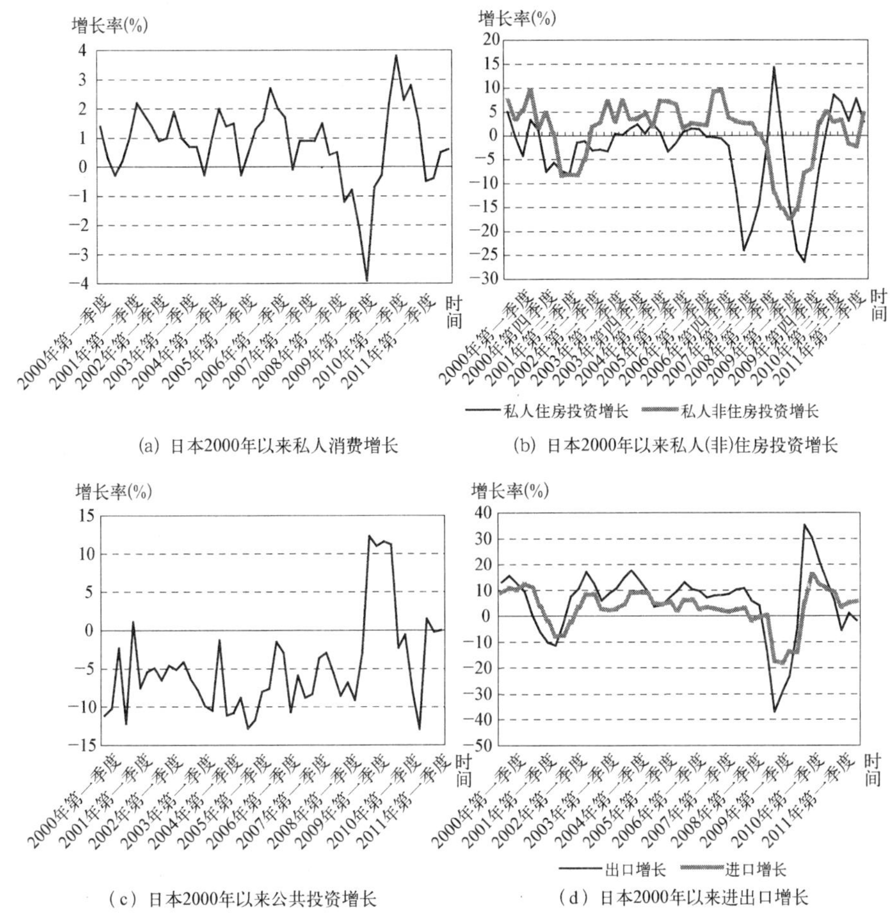

(a) 日本2000年以来私人消费增长

(b) 日本2000年以来私人(非)住房投资增长

(c) 日本2000年以来公共投资增长

(d) 日本2000年以来进出口增长

图 6-12　2000 年以来日本真实 GDP 构成增长率

数据来源：日本统计局，经季节调整。

如图 6-12 所示：① 从私人消费增长来看，2008 年第二季度到 2009 年第三季度均为负增长，随后开始攀升，2010 年第一季度达到了 3.8%，但近来处于较低水平，2011 年第四季度同比增长为 0.6%。② 从私人投资来看，住房投资从 2007 年第一季度至 2010 年第四季度表现为 W 趋势：2007 年第四季度、2008 年第四季度和 2009 年第四季度分别为－23.9%、14.3%和－26.7%，2011 年处于盘整阶段，第四季度同比增长为 2.9%；私人非住房投资同比增长和私人消费增长趋势基本相同，2008—2010 年处于 V 形态势，2011 年也表现为低位盘整，第四季度同比增长率为 4.6%。③ 公共投资同比增长和私人消费、私人非住房投资增长趋势刚好相反，2009 年和 2010 年处于高位，2009 年第二季度、2010 年第一季度同比增长分别为 12.3%和 11.2%，2011 年第三季度和第四季度增长率分别为－0.2%和 0。④ 进出口同比增长和上述私人消费、私人非住房投资增长趋势基本一致，2008 年年末到 2010 年处于 V 形态势，出口增长在 2009 年第一季度的同比增长为－36.9%，进口增长在 2009 年第二季度为 18%；2010 年第一季度和第二季度的同比出口增长和进口增长分别为 35.1%和 15.9%。

三、风险因素识别

就业表现为经济增长对劳动力投入的引致性需求，同时也受到劳动力市场供给的影响，因而对城镇就业风险因素的分析主要包括：劳动力供给，产出、产业结构与就业的关系，消费、投资和进出口对就业的影响，以及财政政策和货币政策的就业效应等四个方面。

（一）劳动力供给对城镇就业的影响

考察劳动力变动趋势，由此对城镇劳动力总体上进行把握是分析劳动力供给的起点，而人口红利和劳动参与率是关键指标。图 6-13 给出了 1995 年以来中国抚养比的变动情况。

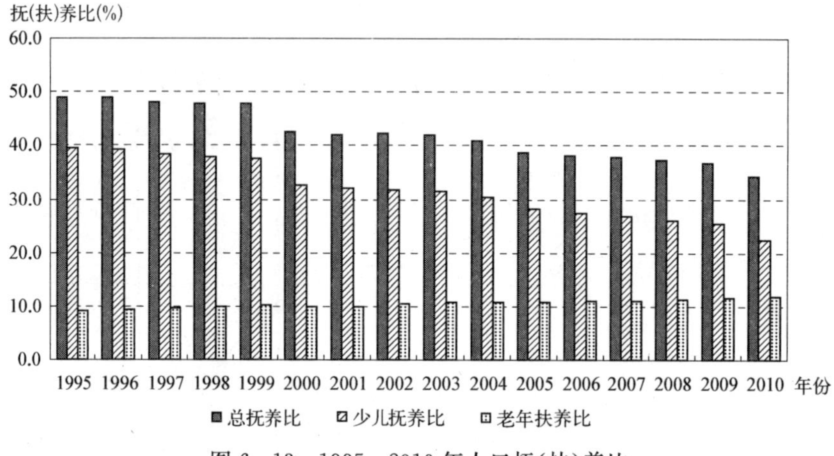

图 6-13 1995—2010 年人口抚(扶)养比

数据来源：《中国统计年鉴》各年，其中 14 岁(含)以下和 65 岁(含)以上被界定为少儿和老年。

由图 6-13 可知：从总体抚养比和少儿抚养比来看，均表现为下降趋势，2010 年分别为 34.2%和 22.3%；但老年扶养比则呈现上升趋势，2010 年达到 11.9%。另据中国社会科学院人口与劳动经济研究所相关研究，中国人口抚养比下降的趋势不会持续太长时间，大约在 2015 年前后开始上升，届时中国将步入老年化社会，对劳动力供给会产生不利影响。

图 6-14 为 1995 年以来城镇劳动参与率的变动趋势，可见其数值基本上呈现下降趋势，特别是 2010 年降低到 70%以下，仅为 69.49%，具有就业能力而未能进入劳动力市场的人员增加，也从另一侧面说明了隐形失业的存在。

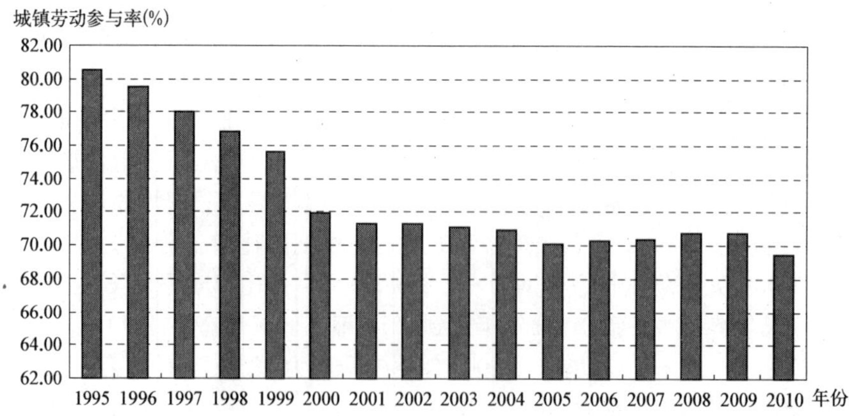

图 6-14 1995—2010 年城镇劳动参与率

数据来源：根据《中国统计年鉴》、《中国劳动统计年鉴》各年度数据整理，界定“15～64 岁人口”为“工作年龄段人口”。

尽管从人口抚养比和劳动参与率来看，劳动力供给存在一定压力，但随着城镇化进程加快以及城乡差距的长期存在，城镇就业压力也长期存在。

选取了以下 5 个指标来衡量这两方面因素对城镇就业的影响：城乡收入比、城市化水平、城乡 Gini 系数、“非农产业—农业”劳动生产率比，以及非农业劳动生产率(取自然对数)等，如表 6 - 13 所示：从城乡收入比来看，基本上维持在 3 倍以上的水平，城乡 Gini 系数在 0.27～0.28之间且呈现振荡缓慢上升趋势，“非农产业—农业”劳动生产率比在 10 倍以上，近年来有缓慢下行，但非农业劳动生产率有上升趋势。总的来说，城乡差距仍处于较高水平，为劳动力向城镇流动提供了长久动力，也给城镇就业带来较大压力。

表 6 - 13

影响城镇劳动力供给的因素分析

年　份	城乡收入比(倍)	城市化水平(%)	城乡 Gini 系数	“非农产业—农业”劳动生产率比(倍)	非农业劳动生产率(元/人)的自然对数
2005	3.223 7	42.99	0.278 6	11.811 4	10.955 1
2006	3.278 2	44.34	0.279 7	12.240 9	11.080 5
2007	3.330 0	45.89	0.279 6	11.876 1	11.246 7
2008	3.314 6	46.99	0.276 2	11.261 3	11.377 4
2009	3.332 8	48.34	0.273 8	11.069 3	11.426 7
2010	3.228 5	49.95	0.263 6	10.624 7	11.551 9

数据来源：依据《中国统计年鉴》各年度数据整理；Gini 系数的计算参考了陈建东等(2009)提出的方法。

(二) 产出、产业结构与就业的关系

采用如下 3 个指标来度量经济增长、产业结构与就业的关系：

(1) 总的就业弹性和分产业的就业弹性，用于考察经济增长对就业的贡献。

(2) 定义就业结构偏差系数 $E = a/A - 1$ (喻桂华、张春煜，2004)，其中 a 为 GDP 的产业结构，分别定义为 3 个产业 GDP 占比，A 表示各产业对应的就业结构，其数值为各产业就业人数与全部就业人数的比值；就业结构偏差系数偏离 0 越远，则结构偏差越大。

(3) 借鉴王庆丰、党耀国(2010)的方法，以 Moore 结构值作为衡量产业机构和就业结构调整的指标，即 $\text{Moore} = \arccos \dfrac{\sum_{i=1}^{n} W_{i,t1} W_{i,t2}}{\sqrt{\sum_{i=1}^{n} W_{i,t1}^2}\sqrt{\sum_{i=1}^{n} W_{i,t2}^2}}$，其中 $W_{i,t1}$ 为第 $t1$ 期产业 i 的 GDP 或对应就业所占比重。由于 Moore 值表示的是不同时期产业结构或就业结构的相对变化程度，因此其数值区间为$[0, \pi/2]$；数值越大，则表明产业结构或就业结构的变化程度越大。

图 6 - 15 为 1990 年以来中国产出就业弹性变化趋势，从总的就业弹性来看水平偏低，除了 2009 年为－1.38 外，其余年份均为正值，但 2010 年仅为 0.04；从分产业来看，第一、第二产业的就业弹性具有“互补”趋势，2003 年以来第二产业就业弹性一直处于正值(2010 年为 0.29)，而第一产业就业弹性则一直处于负值状态(2010 年为－0.77)，第三产业就业弹性一直为正，但近年来处于较低水平，2010 年为 0.19。

上述规律和既有文献结论是一致的，如：经济增长与就业增长关系的研究认为奥肯定律

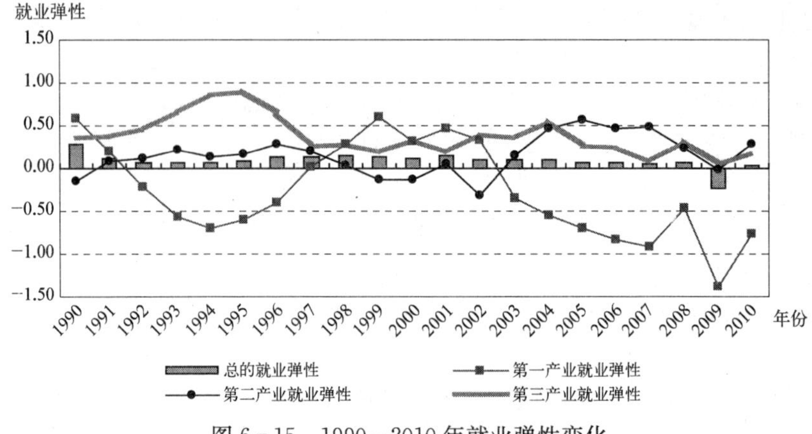

图 6-15　1990—2010 年就业弹性变化

数据来源：依据《中国统计年鉴》、《中国劳动统计年鉴》各年度数据整理。

在中国不适用或有限适用，尽管经济增长的就业拉动不明显，但 GDP 的就业弹性系数显著为正，因此保持较高的经济增长速度也是促进就业的重要手段；第三产业总产值占 GDP 的比重与就业总量之间存在显著的正相关关系，因此需要通过放松行业管制来大力发展第三产业和通过劳动力职业培训实现劳动力在产业间的顺利转换是提高就业水平的两条重要途径（李文星，2012）。此外，段敏芳（2011）也认为，尽管中国经济高速增长并未带来就业同步增长，但提升产业结构，即第一产业比重下降，第二、第三产业比重上升，带来了从业人员向第二、第三产业转移，因此产业结构升级成为金融危机下促进就业的关键。

图 6-16 给出了 1978—2010 年各产业就业结构偏差趋势，可知第一、第二产业的就业结构偏差相对第三产业更大，第一产业产出相对就业人数偏低，而第二、第三产业则相反。由此可见，尽管劳动力由第一产业向第二产业、第三产业转移的人数逐年增加，但第二、第三产业吸纳就业（相对于产值）明显不足。进一步考察产业结构和就业结构的 Moore 值（单位：度），可见就业结构调整的确滞后于产业结构调整，且自 1985 年以来趋势更为明显。

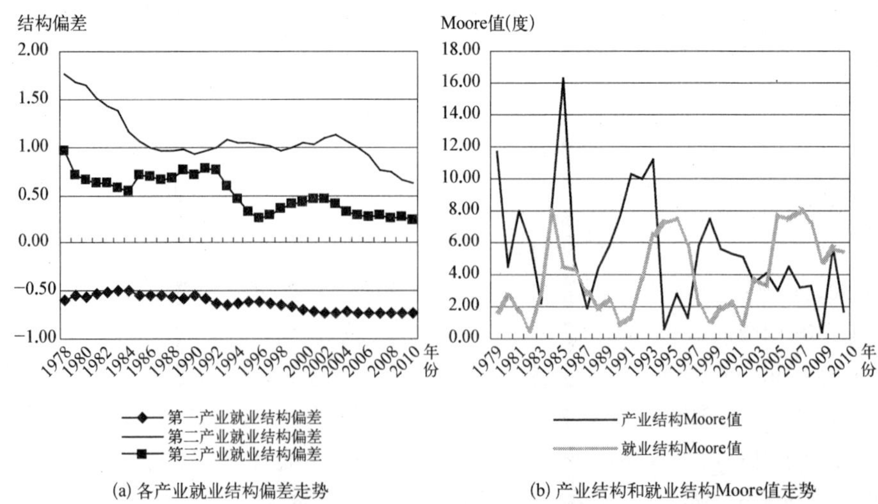

图 6-16　1978—2010 年各产业就业结构偏差、1979—2010 年产业/就业结构 Moore 值

数据来源：依据《中国统计年鉴》、《中国劳动统计年鉴》各年度数据整理。

综合上述经济增长、产业结构对就业影响的分析，可得如下基本判断：从就业弹性来看，尽管第二、第三产业产出增加有利于带动就业增长（特别是对第三产业而言），但各产业就业结构偏差的趋势表明第二、第三产业吸纳就业的情况并不理想，且可能是总体上经济增长拉动就业力度不够的内在原因；此外，产业和就业结构 Moore 值的走势表明，随着产业梯度转移的进行，对应的就业结构调整明显滞后。

考察近期经济增长总量及其构成趋势，如图 6－17 所示：第二产业占比较为稳定，第一、第三产业分别表现为下降和增长趋势，产业结构变动有利于就业；但就 GDP 及其构成的累计同比增长而言，2008—2010 年经历了 V 形反转，且 2011 年以来趋于下降，不利于就业增长。

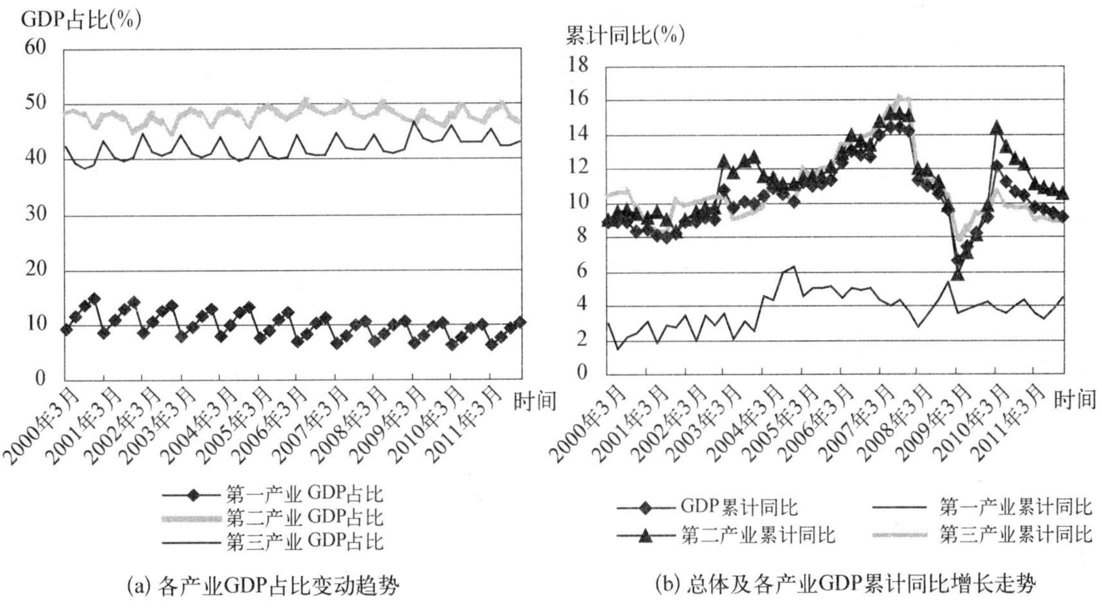

图 6－17　2000 年以来各产业 GDP 占比及累计同比增长趋势

数据来源：Wind 数据库，为季度数据。

（三）消费、投资和进出口对就业的影响

1. 经济结构调整对就业影响的近期研究文献

后危机时代，拉动内需（特别是消费）、弱化外向型经济发展的不利影响成为经济结构调整的重点，近期的相关研究包括：

(1) 现有收入分配格局不利于拉动消费，进而影响了就业增长。如：尹碧波(2011)认为，中国经济高增长与低就业并存的原因是，现有的就业增长是低工资水平的就业增长，不能够扩大有效需求而自动产生对就业的需求；解决的途径是将就业增长纳入宏观有效需求的问题当中，用适当工资水平的就业增长来调节收入分配差距，进而扩大有效需求，增加就业。

(2) 对于对外贸易促进就业的既有研究提出质疑，认为适度的贸易顺差是保障就业的有效途径。如：陈昊(2011)认为，在已经拥有庞大贸易顺差的基础上，顺差的进一步增加不能提高就业水平，反而会造成就业人数的下降。陈昊、谢超峰(2012)进一步分析认为：不考虑进口，出口规模扩大对就业产生正向冲击；但是考虑进口后，外贸顺差的就业效应却呈现出先促进后抑制的效应。因此，要保障出口与进口的协调发展，将外贸顺差规模控制在合理范围，促进国内经济发展质量提升和就业水平提高。

此外，也有研究认为对外贸易对就业数量和质量的影响具有两面性(魏浩、赵春明，2012)，主要表现为就业数量扩大效应和就业质量偏向效应，就业数量扩大效应如加工贸易有利于缩小城乡收入差距，就业质量偏向效应增大对高技能、熟练劳动力需求，扩大了城乡收入差距，对外贸易对中国城乡居民收入差距的影响就是这两种效应的综合。

(3) 进出口贸易结构变化对就业产生了不利影响。如：牛蕊(2012)的研究结果表明，劳动密集型产业的进出口结构变化为贸易就业影响的主要部分，资本和技术密集型产业贸易结构的变化对就业的影响逐年增强，贸易结构变化对出口就业拉动效应的影响远大于对进口替代效应的影响，即贸易结构的变化整体而言对就业产生了负面影响。

此外，何玉梅、孙艳青(2011)认为，中国对国外技术密集型、资本密集型投入品的依赖程度很高，而主要出口低附加值的劳动密集型产品。在这样的贸易结构下，汇率升值一方面通过打击出口，降低了企业对劳动力的需求；另一方面又降低了进口投入的成本，在一定程度上减弱了出口的负面效应。但这一状况在 2005 年汇率形成机制改革后发生了结构性变化，汇率升值对中国劳动力就业的负面影响主要体现在出口收益下滑，导致就业增长受到影响，汇率通过进口的收入渠道对就业增长的促进作用则变得不明显。

综上所述，改革分配格局拉动消费、进而促进就业，保持适度顺差、弱化人民币升值和贸易结构变化对就业不利影响，应当成为后危机时代强化结构调整并保障就业的主题。

2. 消费和投资对就业的影响

作为产出结构的重要组成部分，消费和投资通过“牵引”经济增长而达到促进就业的目的。图 6-18 给出了近年来社会消费品零售总额、城镇社会消费品零售总额的同比增长率，以及城镇居民人均可支配收入、人均消费性支出累计同比增长率，农村居民人均现金收入累计同比增长率、人均现金支出同比增长率的变动情况。

由图 6-18 可见，因受次贷危机影响：社会消费品零售总额同比增长在 2009 年前后基本上呈现 M 形态势，2012 年第一季度分别为 12.94%、19.44%和 15.18%，仍处于同期趋势线下部；就 2010 年 1 月至 2011 年 12 月期间的城镇社会消费品零售总额同比增长而言，2011 年开始基本上处于相对较低水平，2011 年第四季度分别为 17.20%、17.30%和 18.20%。

就城镇居民人均可支配收入和人均消费性支出的累计同比增长而言，次贷危机后开始下滑，随后开始上升，2011 年第四季度分别为 14.10%和 12.54%；农村居民人均现金收入累计同比增长和人均现金支出同比增长的趋势基本一致，波动相对较大，且近期处于较高水平，2011 年第四季度分别为 21.86%和 27.96%。

图 6-19 给出了近期固定资产投资完成额的基本情况，表现为近期有微弱下调趋势：

(1) 2003 年年末以来，固定资产投资完成额累计同比增长约为 28%，远高于同期城镇居民消费支出增长，说明中国经济增长表现为显著的投资驱动；同期新增固定资产投资完成额累计同比增长的波动更大，且平均水平更高，2003 年年末以来平均值为 36.8%，在次贷危机之后更是一度高达 60%以上，但近期有所回落，2011 年 12 月为 29.2%。[参见图 6-19(a)]

(2) 房地产开发投资完成额累计同比增长受次贷危机的影响也非常明显，2008 年 6 月为 33.5%，但 2009 年 2 月仅为 1%，2010 年 6 月回升到 38.1%，2011 年 12 月又回落到 27.9%。[参见图 6-19(b)]

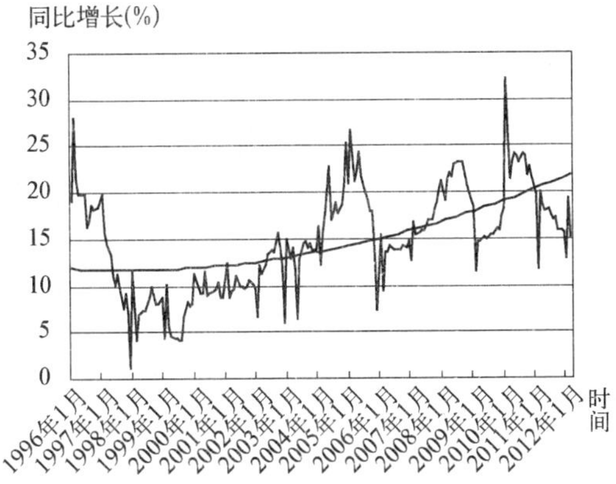

同比增长(%)

(a) 社会消费品零售总额同比增长

同比增长(%)

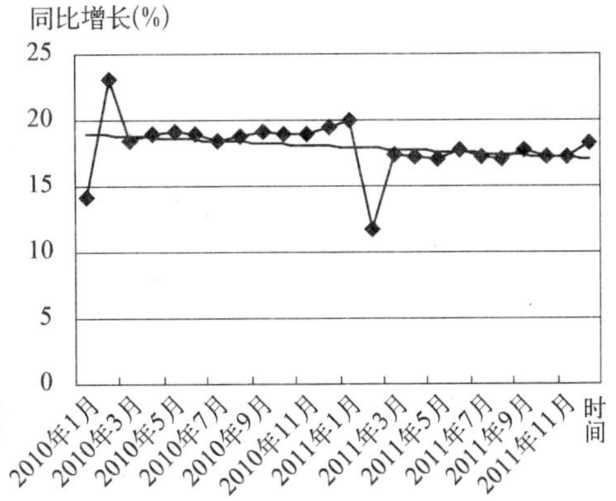

(b) 城镇社会消费品零售总额同比增长

同比增长(%)

城镇居民人均可支配收入累计同比增长

城镇居民人均消费性支出累计同比增长

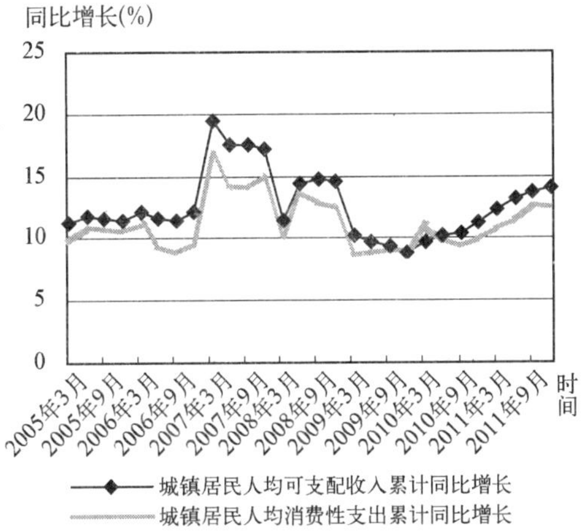

(c) 城镇居民人均收入和支出同比增长

同比增长(%)

农村居民人均现金收入累计同比增长

农村居民人均现金支出同比增长

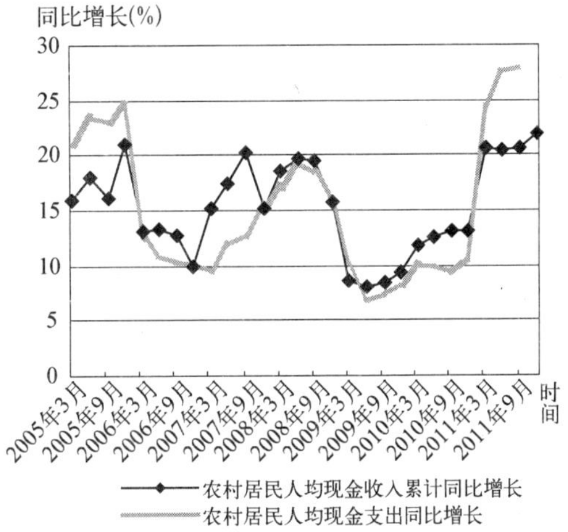

(d) 农村居民人均收入和支出同比增长

图 6-18 社会零售消费品总额、城乡居民收入和支出同比增长

数据来源：Wind 咨询，(a)、(b)为月度数据、且添加了趋势线，(c)、(d)为季度数据。

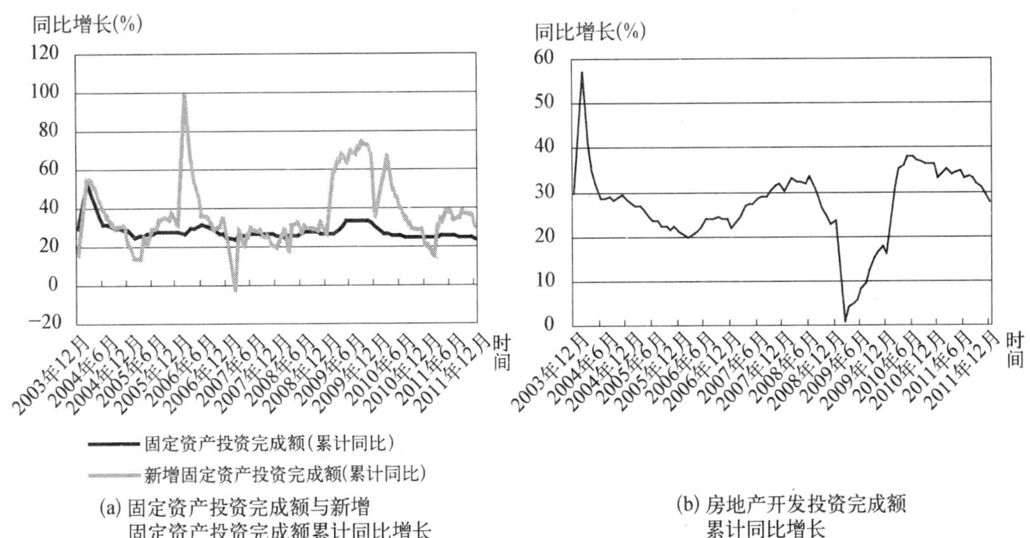

(a) 固定资产投资完成额与新增固定资产投资完成额累计同比增长

(b) 房地产开发投资完成额累计同比增长

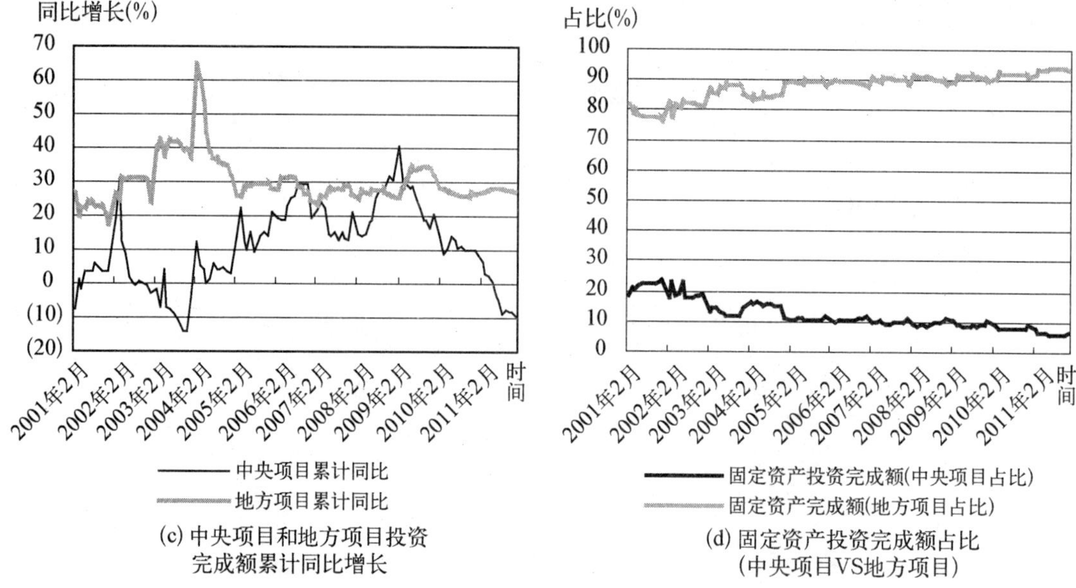

(c) 中央项目和地方项目投资完成额累计同比增长

(d) 固定资产投资完成额占比(中央项目VS地方项目)

图 6－19　固定资产投资完成额的变动趋势

数据来源：Wind 咨询，为月度值。

(3) 从中央项目和地方项目固定资产投资完成额占比来看，从 2001 年以来地方项目占比从 80%左右稳步上升到 90%以上，2011 年 12 月达到 93.3%。从中央项目和地方项目固定资产投资完成额的累计同比来看，2005 年以来地方固定资产完成额累计同比稳定在 30%左右，2011 年 12 月为 27.2%；同期中央项目固定资产完成额累计同比则表现为倒 V 形态，2009 年 2 月高达 40.3%，但随后回落，2011 年 12 月仅为－9.7%[参见图 6－19(c)及图 6－19(d)]。

3. FDI、进出口和汇率变动对就业的影响

上述近期有关对外贸易和就业的关系研究认为，适度顺差有利于就业，而 FDI 对就业的拉动作用与出口较为近似，即尽管 FDI、出口促进了就业的增加，但拉动作用在减小(温怀德、谭晶荣，2010)。图 6－20 给出了 2005 年以来中国实际利用外资金额(单位：亿美元)和当月同比增长率(单位：%)。

由图 6－20 可见：中国实际利用外资金额呈现上升趋势，2005 年以来月度值平均为 71.4 亿美元，但受次贷危机影响，2008 年、2009 年表现为“低洼”地带；2011 年 12 月至 2012 年 2 月实际利用外资金额分别为 122.42 亿美元、99.97 亿美元和 77.26 亿美元。从当月实际利用外资金额同比增长来看，2005 年以来平均为 10.34%，且 2008 年年底至 2009 年年中也表现为较低水平，2011 年 12 月至 2012 年 2 月则分别为－12.73%、－0.30%和－0.90%。

图 6－21 为 2005 年以来中国外贸出口及贸易顺差的走势。从出口金额月度值走势来看，基本上呈现上升趋势且分为两个阶段，即次贷危机前(2005—2008 年)为第一阶段，而 2009 年至今为第二阶段；对应的贸易顺差则表现为在第一阶段有缓慢上升，第二阶段则处于“平整”态势，且 2010 年 3 月、2011 年 2 月和 2012 年 2 月表现为顺差为负，分别为－74.08亿美元、－78.52 亿美元和－314.83 亿美元。近期出口放量、顺差盘整且间断为负，说明进口有所增加。

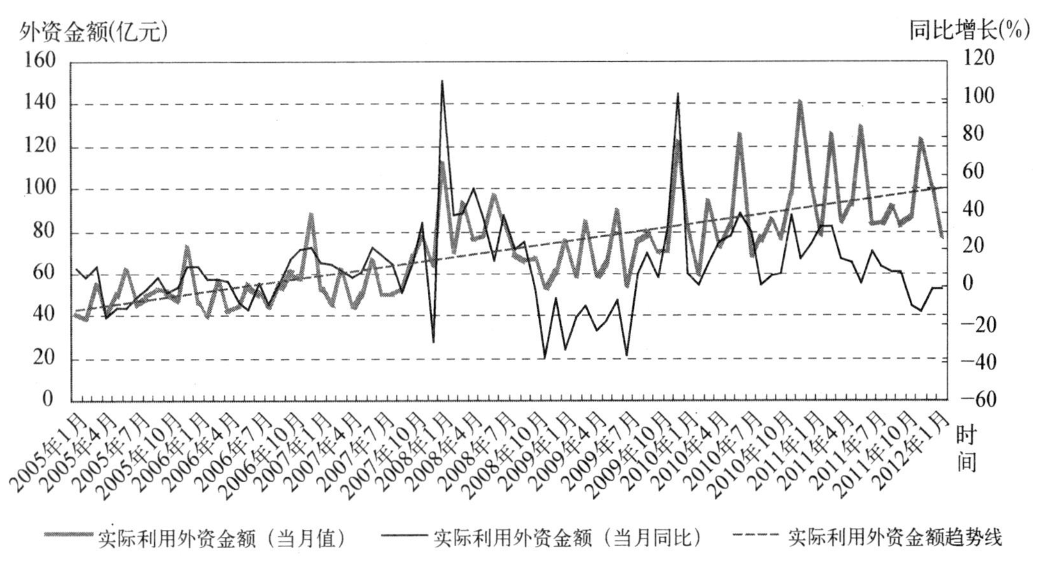

图 6－20　2005 年以来中国实际利用外资金额和当月同比增长率

数据来源：Wind 数据库，为月度值。

图 6－22 有关美元兑人民币汇率的月度变化和出口退税年度走势则表明：自 2005 年中汇改以来，人民币对美元基本上处于升值趋势，但 2008 年 9 月至 2010 年 6 月基本上维持在6.82水平，有利于弱化次贷危机对出口的不利影响，随后又步入了升值通道。考虑到 2012 年 4 月 16 日起，中国即期外汇市场人民币兑美元交易价浮动幅度由 5‰扩大至 1％，在逐步完善以市场供求为基础的汇率制度的同时，人民币升值对出口的影响也有所加强。

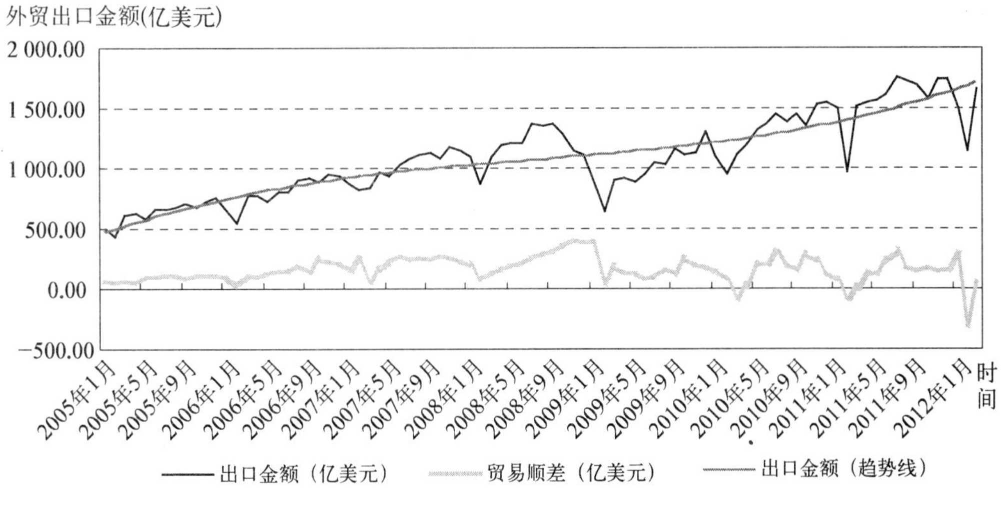

图 6－21　2005 年以来中国外贸出口金额及贸易顺差走势

数据来源：Wind 数据库，为月度值。

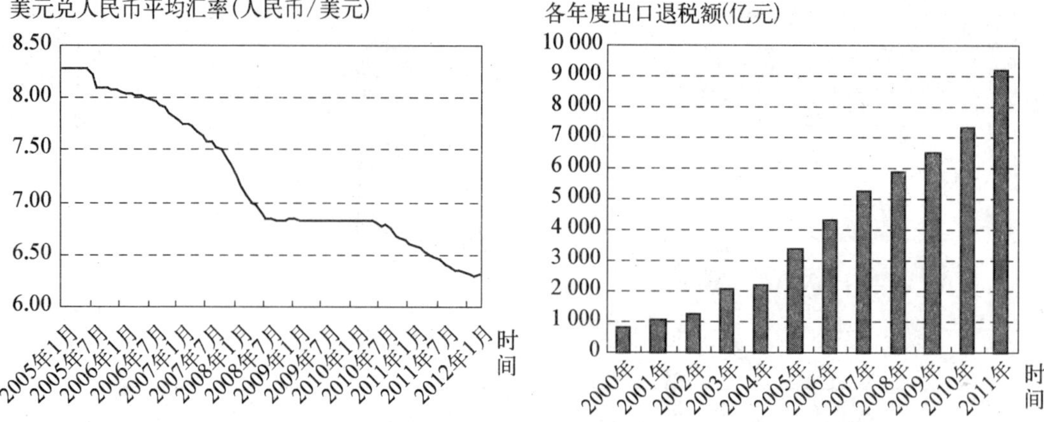

图 6－22 各年度汇率与出口退税总额变动趋势

数据来源：汇率数据源自 Wind 数据库，出口退税数据源自国家税务总局。

从出口退税来看，1985 年中国开始实施出口退税政策，当年出口退税额仅为 19.7 亿元，进入 2000 年之后出口退税力度加大，升幅较快；2011 年全国共办理出口退税 9 205 亿元，比 2010 年增加 1 876 亿元，增长 25.6%，处于近年来较高水平。

(四) 财政政策和货币政策的就业效应

财政与货币政策作为宏观经济调控的重要手段，对就业的直接影响并不确定。尽管既有研究认为财政支出的就业效应不甚明显，如次贷危机后中央 4 万亿元投资的行业去向是否可以有效刺激就业尚待商榷，但董万好、刘兰娟(2012)认为，财政科教支出对就业尤其是第三产业就业具有显著正向促进作用，对于住宿和餐饮等劳动密集型产业的影响尤其明显；同时财政科技和教育投入对于促进产业结构转型具有推动作用，即加速向第三产业转型，使得中国的产业结构和就业结构更加合理。表 6－14 给出了近年来中国财政收支状况。

表 6－14

2005 年以来中国财政收支状况

年 份	国家财政支出(亿元)	国家财政支出同比增长(%)	国家财政收入(亿元)	国家财政收入同比增长(%)	国家财政收支差额(亿元)
2005	33 930.28	19.11	31 649.29	19.90	−2 280.99
2006	40 422.73	19.13	38 760.20	22.47	−1 662.53
2007	49 781.35	23.20	51 321.78	32.40	1 540.43
2008	62 592.66	25.70	61 330.35	19.50	−1 262.31
2009	76 299.93	21.90	68 518.30	11.72	−7 781.63
2010	89 874.16	17.80	83 101.51	21.30	−6 772.65
2011	108 930.00	21.20	103 740.00	24.80	−5 190.00

数据来源：国家统计局。

如表 6-14 所示，中国财政收支逐年递增，2011 年国家财政收支分别为 103 740 亿元和 108 930 亿元，占当年 GDP 比重分别为 22%和 23%，同比增长分别为 24.8%和21.2%。尽管财政支出并非以直接支持就业为主要目标导向，但通过促进经济增长也可间接支持就业。

次贷危机后为刺激经济复苏的天量货币投放带来了潜在的通胀风险，2011 年物价均处于较高水平，图 6-23 给出了物价指数的大致走势(月度数据)。

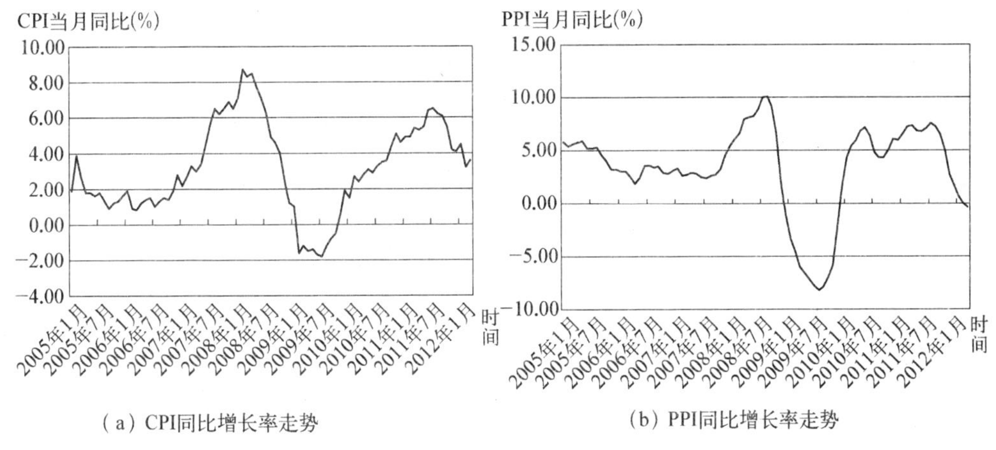

(a) CPI同比增长率走势　　(b) PPI同比增长率走势

图 6-23　近年来物价指数走势

数据来源：Wind 数据库。

如图 6-23 所示，物价指数在 2008 年高位一直下滑，到 2009 年中 CPI 和 PPI 一度处于负值，但随后开始上升，2011 年 7 月 CPI 同比增长为 6.5%，2011 年 7 月 PPI 同比增长也达到了 7.54%，但随后双双回落，2012 年 3 月 CPI 和 PPI 同比增长分别为 3.6%和-0.32%。

与上述物价指数走势对应，2011 年货币政策导向基本上以适度紧缩为主，表现为存贷款利率有所提升和 *M*2 同比的稳步下降。如图 6-24 所示：1 年期存款利率(整存整取)从 2011

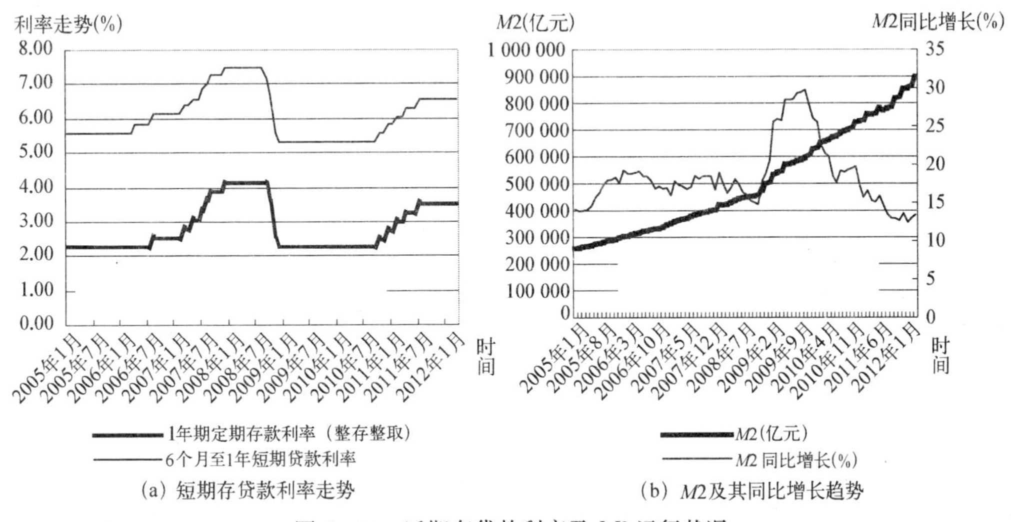

(a) 短期存贷款利率走势　　(b) *M*2及其同比增长趋势

图 6-24　近期存贷款利率及 *M*2 运行状况

数据来源：Wind 数据库。

年年初的 2.75%上升到 2011 年年末的 3.5%并延续到 2012 年 3 月；6 个月至 1 年期短期贷款利率从 2011 年年初的 5.81%上升到 2011 年年末的 6.56%并延续到 2012 年 3 月；M2 稳步上升，2011 年 12 月和 2012 年 3 月分别为 851 590.90 亿元和 895 600.00 亿元，但同比增速从 2009 年年末以来不断下行，2011 年 12 月和 2012 年 3 月同比增速分别为 13.60%和 13.40%。

为进一步考察货币政策走向，图 6－25 给出了 1985 年以来金融机构人民币存款准备金率调整趋势。

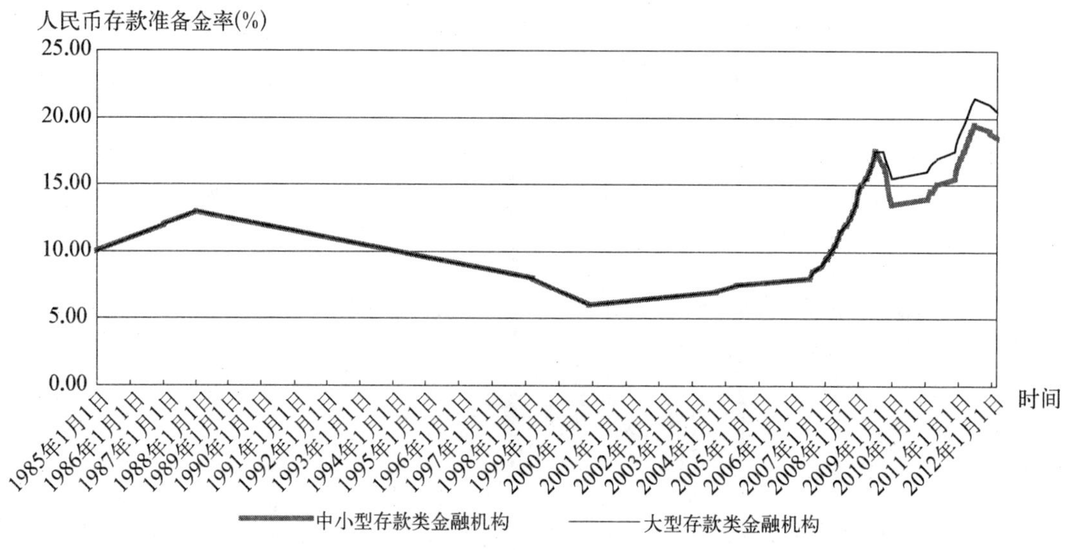

图 6－25　历年金融机构人民币存款准备金率调整

数据来源：Wind 数据库。

中小型、大型存款类金融机构的法定存款准备金率在 2008 年 9 月 25 日之前的调整幅度均为一致，但随后实行有差别调整。为限制物价进一步上涨，2011 年 6 月 20 日被调高到历史最高位，中小型、大型存款类金融机构的法定存款准备金率分别为 19.50%和 21.50%；随着物价回落，2011 年 12 月 5 日和 2012 年 2 月 24 日分两次被分别调回为 19%、21%、18.5%和20.5%。鉴于既有研究有关汇率升高、利率提高不利于就业(金成晓、马丽娟，2011)，因此 2011 年以抑制物价上涨为导向的货币政策不利于就业，但 2012 年货币政策有所缓和，在一定程度上舒缓了就业压力。

四、风险度量与预测

首先界定研究方法，通过比较评介国内利用 Kalman 滤波技术估计时变自然失业率的代表性文献，提出了基于附加预期菲利普斯曲线和奥肯定律、利用 Kalman 滤波技术估计时变自然失业率的模型，进而利用 1980—2010 年数据对模型进行了估计，分离出时变自然失业率和周期性失业率，以此作为长短期失业率代理变量，并划分了长短期就业风险等级。

进一步选取 14 个影响就业的宏观经济变量，采用逐步回归分离出影响自然失业率和周期性失业率的经济变量，通过主成分合成避免多元共线性。

利用主成分因子和长短期就业风险等级变量，采用排序 Logit/ Probit 模型对风险进行了测度，进而利用宏观数据对 2012 年、2013 年的长短期就业风险进行了预测。

(一) 研究设计

以菲利普斯曲线为理论依据，采用 Kalman 滤波技术估计时变自然失业率的国内文献主要包括蔡昉等(2004)，石柱鲜等(2004)，曾湘泉、于泳(2006)，武征(2008)，都阳、陆旸(2011)等人的研究，接下来以都阳、陆旸(2011)所用方法为基础，对上述研究所用技术进行简要概括和点评，并在此基础上界定本章所用方法。

1. 利用 Kalman 滤波技术估计时变自然失业率的方法概述

由于自然失业率不可观测，相应的估测方法一般包括结构模型、纯统计模型和简化结构模型三种(曾湘泉、于泳，2006；武征，2008)：结构模型又称为劳动力市场模型，其中自然失业率被视为可观测的劳动力市场变量的函数，该方法具备相对完备的理论框架，但估算相当复杂；纯统计模型如 HP 滤波分解所得趋势项作为自然失业率，往往仅在观测失业率均值附近变动，且缺乏经济学理论依据；简化结构模型则结合了前两种方法的优点，既有一定的理论依据(如菲利普斯曲线)，同时也借助于某些计量技术(如 Kalman 滤波)估计时变自然失业率，因此被广泛应用。

具体而言，简化结构模型通常采用菲利普斯简化式进行估计，但 20 世纪 70 年代石油危机之后对菲利普斯曲线经验估计出现"失败"，因此该方法得以拓展(都阳、陆旸，2011)：其一是引入附加预期的菲利普斯曲线(即现代菲利普斯曲线)，用于考察通胀和失业的短期关系；其二是在分析中引入供给冲击考察对通胀的影响。

按照 Gordon(1997)的"三角模型"，通胀率主要由通胀惯性、需求因素和供给因素三方面决定，其简化公式为：

$$\pi_t = a(L)\pi_{t-1} + b(L)D_t + c(L)z_t + e_t$$

式中 π_t——通胀率；

D_t、z_t——引起通胀的需求因素和供给因素；

L——滞后算子；

e_t——滞后项(通胀惯性)。

1) 都阳、陆旸(2011)的估计模型

对上述"三角模型"，D_t 通常包括产出、失业率、产能利用率等三类指标，但研究发现失业率和制造业产能利用率高度相关，因此选取失业率作为需求因素，但没有说明未选择产出的原因。z_t 的选择包括 3 个"成本价格波动"因素(原材料、燃料、动力购进价格增长率，燃料动力类价格增长率，食品价格增长率)和 2 个"资本投入变化"因素(金融结构 1 年期年末贷款基准利率，固定资产投资增长率)，分别将其作为供给冲击变量纳入模型。

对附加预期的菲利普斯曲线，根据预期通胀率处理不同，有如下模型选择：

(1) 假定 $\pi_t^e = \pi_{t-1}$，自然失业率不变的模型估计(另见：蔡昉等，2004)。

若 $\pi_t^e = \pi_{t-1}$，则 $\Delta\pi_t = \pi_t - \pi_t^e$，上述"三角模型"的差分表达式可表示为如下形式：

$$\Delta\pi_t = a(L)\Delta\pi_{t-1} + \beta(U_t - U_t^n) + \phi_1\Delta z_t + \varepsilon_t$$

式中 U_t，U_t^n——分别是真实失业率和时变自然失业率。

因为引入失业率滞后项所得系数符号为"正"(和理论预期不符)，因此仅选择其当期变量，考虑贷款利率对通胀影响滞后，选择利率滞后 2 阶项为冲击变量(但没有说明未选择其他供给冲击变量滞后项原因)。

对自然失业率不变的模型：$\Delta\pi_t = c + a(L)\Delta\pi_{t-1} + \beta U_t + \phi_1 \Delta z_t + \varepsilon_t$，其中不变自然失业率 $NAIRU = -c/\beta$。通胀率分别基于 CPI 和 GDP 平减指数得到，利用蔡昉等(2004)方法估算 1978—2009 年观测失业率，ADF 检验发现变量均平稳，基于 CPI 的通胀率所得估计结果更显著，运用 AIC 和 SC 准则确定通胀率滞后项为 4，而且“原材料、燃料、动力购进价格增长率”和“贷款利率的滞后 2 阶项”联合具有显著解释能力，此时 $NAIRU = 4.255\%$。

蔡昉等(2004)也对不变自然失业率进行了测算，其中自变量选取 $\Delta\pi_t$、U_t 的滞后 4 阶项，以及非国有投资比重(非差分项)，得到自然失业率如下：1978—1984 年为 3.79%、1985—1988 年为 0.33%、1989—1995 年为 1.77%、1995—2002 年为 4.43%。

(2) 假定 $\pi_t^e = \pi_{t-1}$，基于 Kalman 滤波估计时变自然失业率。

量测方程(C_t^u 为周期性失业)：$U_t = U_t^n + C_t^u$；$\Delta\pi_t^{cpi} = a(L)\Delta\pi_{t-1}^{cpi} + \beta C_t^u + \phi_1 \Delta z_t + \varepsilon_t$

状态方程[U_t^n 和 C_t^u 分别服从随机游走和 AR(1)]：$U_t^n = U_{t-1}^n + \theta_t$；$C_t^u = \alpha C_{t-1}^u + \eta_t$

对上述状态空间模型的参数和超参数估计，选取“原材料、燃料、动力购进价格增长率”和“贷款利率的滞后 2 阶项”为供给冲击变量，采用不变自然失业率的参数估计结果作为状态空间模型的初始值，结果发现：1990—2003 年(特别是 1997 年后)自然失业率递增，2003 年达到 5.42%，原因为国企改革和亚洲金融危机影响；随后有所回落，2009 年为 4.13%。

(3) 假定 $\pi_t^e \neq \pi_{t-1}$[状态方程中 π_t^e服从 AR(1)]，基于 Kalman 滤波技术估计时变自然失业率。

量测方程：$U_t = U_t^n + C_t^u$；$\pi_t^{cpi} = \pi_t^e + a(L)(\pi_{t-1}^{cpi} - \pi_{t-1}^e) + \beta C_t^u + \phi_1 \Delta z_t + \varepsilon_t$

状态方程：$U_t^n = U_{t-1}^n + \theta_t$；$C_t^u = \alpha C_{t-1}^u + \eta_t$；$\pi_t^e = r\pi_{t-1}^e + \phi_t$

估计方法和供给冲击变量选择与②类似，结果发现：仅“原材料、燃料、动力购进价格增长率”显著，C_t^u 的系数均不显著，归因于 π_t^e 设置为不可观测变量时模型自由度减少。

2) 曾湘泉、于泳(2006)的估计模型

与都阳、陆旸(2011)的估计模型②基本一致，即假定 $\pi_t^e = \pi_{t-1}$，基于 Kalman 滤波技术估计时变自然失业率，其中量测方程为 $\Delta\pi_t = a(L)\Delta\pi_{t-1} + \beta(L)(U_t - U_t^n) + \phi_1 \Delta z_t + \varepsilon_t$，状态方程为 $U_t^n = U_{t-1}^n + \theta_t$。其中通胀率选取 CPI 和 GDP 平减指数增长率，选定燃料、动力购进价格指数、非国有投资比重、固定资产投资总额对数值等差分作为短期供给的代理变量。

以 1989—2004 年为估测区间，$\Delta\pi_{t-1}$ 选择滞后 4 阶，以蔡昉等(2004)全样本估计所得不变自然失业率 1.2%为初始值(因此 1989—1992 年内的自然失业率均为 1.2%)。结果发现：以 GDP 平减指数度量通胀，$(U_t - U_t^n)$ 选择当期，燃料、动力购进价格指数的滞后 1 阶差分对应模型拟合效果最好；自然失业率自 1992 年以来攀升，在 2002 年达到最大值，随后自然失业率在 4.8 %～5.6 %的范围内波动且相对稳定。

3) 石柱鲜等(2004)、武征(2008)的估计模型

$$量测方程：\pi_t = \rho\pi_{t-1} + \sum_{i=0}^{1}\eta_i(U_{t-j} - U_{t-j}^n) + \omega\Delta Z_{t-1} + \varepsilon_{1t}；y_t - y_t^p = \sum_{i=0}^{1}\phi_i(U_{t-j} - U_{t-j}^n) + \varepsilon_{2t}$$

$$状态方程：y_t^p = a + y_{t-1}^p + \varepsilon_{3t}；U_t - U_t^n = \sum_{i=1}^{2}\delta_i(U_{t-i} - U_{t-i}^n) + \varepsilon_{4t}$$

式中 y_t——实际产出的对数；

y_t^p——潜在产出的对数。

供给冲击变量选取资本形成总额的对数值(2003 年选取与资本形成总额非常接近的全是用固定资产投资替代)，以 GDP 平减指数度量通胀，选取 1978—2003 年为样本区间，运用 Kalman 滤波技术估计时变自然失业率，发现自然失业率和登记失业率非常接近，且除了 1989 年、1993 年和 1995 年外后者略高。

2. 研究模型选取

对上述既有利用 Kalman 滤波技术估计自然失业率研究的简要评价及本章模型选择：

(1) 从都阳、陆旸(2011)，以及曾湘泉、于泳(2006)的研究可以看出，附加预期的菲利普斯曲线模型对时变自然失业率具有较好的估测效果，且设定 $\pi_t^e = \pi_{t-1}$ 更为可取。但从都阳、陆旸(2011)的模型②来看，在状态方程中设定 $U_t^n = U_{t-1}^n + \theta_t$ 和 $C_t^u = \alpha C_{t-1}^u + \eta_t$，同时要满足量测方程 $U_t = U_t^n + C_t^u$，这样势必限定了参数估计的自由度，在指标较多、样本区间相对较短的情况下显然不利，因此采用曾湘泉、于泳(2006)的简化模型会更好。

(2) 曾湘泉、于泳(2006)的简化模型充分借鉴了石柱鲜等(2004)、武征(2008)的研究(这一点从其"致谢"以及其部分文献述评中也可看出)，其优点在于模型简单，但囿于"三角模型"有关附加预期菲利普斯曲线模型的运用，没有考虑奥肯定律的影响，即没有考虑产出作为需求冲击因素与失业、通胀的关系；同样的问题在都阳、陆旸(2011)的研究中也存在，即尽管提出了产出(缺口)对通胀的影响，但在实证模型选择中并未运用。

(3) 石柱鲜等(2004)、武征(2008)的状态空间模型同时考虑了菲利普斯曲线、奥肯定律，即"通胀—失业—产出"的关联，经济理论基础更为充分，但其实施时并未考虑通胀预期，而且直接用失业率偏移 $(U_t - U_t^n)$ 而非自然失业率本身作为状态变量也存在一定的问题(曾湘泉、于泳，2006)。

(4) 基于上述(1)～(3)的对比，同时结合前述利用 Kalman 滤波估计自然失业率的方法，考虑到样本区间不长(1978—2010 年的年度数据)，本章模型及指标选取的依据为：尽量体现经济含义，同时又要保持模型简洁。

鉴于经济发展的投资驱动，仅选取固定资产投资总额对数值差分为短暂供给冲击变量；同时基于 CPI 和 GDP 平减指数度量通胀率，通胀惯性用通胀率滞后项表示，选为滞后 4 阶；选取 $(U_t - U_t^n)$ 同期项度量短暂需求冲击；用实际 GDP 增长代表产出。综合考虑附加预期的菲利普斯曲线模型(假定 $\pi_t^e = \pi_{t-1}$)和奥肯定律模型，本章选取的估计模型如下：

$$\text{量测方程：}\Delta\pi_t = \sum_{i=1}^{4}\alpha_i\Delta\pi_{t-i} + \beta_1(U_t - U_t^n) + \gamma\Delta z_t + \varepsilon_{1t}\text{；}y_t - y_t^p = \beta_2(U_t - U_t^n) + \varepsilon_{2t}$$

$$\text{状态方程(}U_t^n\text{ 和 }y_t^p\text{ 均服从随机游走)：}U_t^n = U_{t-1}^n + \varepsilon_{3t}\text{；}y_t^p = y_{t-1}^p + \varepsilon_{4t}$$

对 $\Delta\pi_t$ 滞后项的进一步说明：根据既有研究，前 4 阶滞后项中仅滞后 2、4 阶显著；因样本较少，为降低估计信息损失，量测方程中 $\Delta\pi_t$ 滞后项仅选取 $\Delta\pi_{t-2}$ 和 $\Delta\pi_{t-4}$。

3. 数据来源与实证步骤

1) 数据来源

相关指标数据区间为 1980—2011 年，主要源于《中国统计年鉴》，数据处理运用 Eviews 5.0 来实现。特别说明的是，对城镇调查失业率数据的处理与都阳、陆旸(2011)的研究一致，囿于统计口径和体制因素，城镇调查失业率这一指标数据难以直接获取，在此借鉴蔡昉等(2004)的方法计算中国城镇调查失业率，即假设农村经济活动人口失业率为零。则，

$$\begin{aligned}\text{城镇失业人口} &= \text{城镇经济活动人口} - \text{城镇就业人口} = \\ &\quad(\text{全国经济活动人口} - \text{农村就业人口}) - \text{城镇就业人口} = \\ &\quad\text{全国经济活动人口} - \text{城乡就业人口}\\ \text{城镇失业率} &= \text{城镇失业人口} /(\text{城镇就业人口} + \text{城镇失业人口}) \times 100\%\end{aligned}$$

2) 基本实证步骤

对状态空间模型而言，利用 Kalman 滤波技术进行时变状态向量估计步骤为(高铁梅，2006)：

Step 1：指定超参数初始值、初始状态向量和协方差矩阵。

(1) 借鉴都阳、陆旸(2011)的研究，用似不相关回归估计不变自然失业率($\bar{U}$)、不变潜在 GDP 增长率($\bar{y}$)的联立方程：$\Delta\pi_t = \alpha_0 + \alpha_1\Delta\pi_{t-2} + \alpha_2\Delta\pi_{t-4} + \beta_1 U_t + \gamma\Delta z_t + \varepsilon_{1t}$，$y_t = \delta_0 + \beta_2 U_t + \varepsilon_{2t}$，得到各系数估计值和误差项方差，以及 $\bar{U} = -\hat{\alpha}_0/\hat{\beta}_1$，$\bar{y} = \hat{\delta}_0 + \hat{\beta}_2\bar{U}$。

(2) 基于曾湘泉、于泳(2006)的研究，选取 $\Delta\pi_t$ 和 y_t 的信号噪声比(signal-noise ratio)为 0.16，以此限定状态方程误差项方差。

(3) 选取 U_t 和 y_t 的 HP 滤波值作为对应潜在值，以其协方差矩阵作为状态向量和协方差矩阵的初始值。

Step 2：若量测方程扰动项和初始状态向量服从正态分布，则可利用上述 Step 1 所得初始值，基于量测向量预测误差进行极大似然估计，得到超参数估计值。

Step 3：基于所得超参数值，利用 Kalman 滤波递推式估计时变状态向量：新的量测向量观测值(新信息)到来时，更新方程将对状态向量估计进行修正，且所得条件均值为状态向量的最小均方估计(Minimum Mean Square Estimator, MMSE)。

(二) 参数估计与预测

图 6-26 给出了样本区间内主要变量的直观图示。

由图 6-26 可见，GDP 增长率和全社会固定资产投资增长率走势非常相似，而 CPI、GDP 平减指数增长率的趋势也更为贴近，且两者和 GDP 增长率(全社会固定资产投资增长率)有一定的正相关性。从图示来看，调查失业率和通胀率(基于 CPI 和 GDP 平减指数度量)之间大致呈反向关系，调查失业率和 GDP 增长率之间也是如此，即从图形走势来看，菲利普斯曲线关

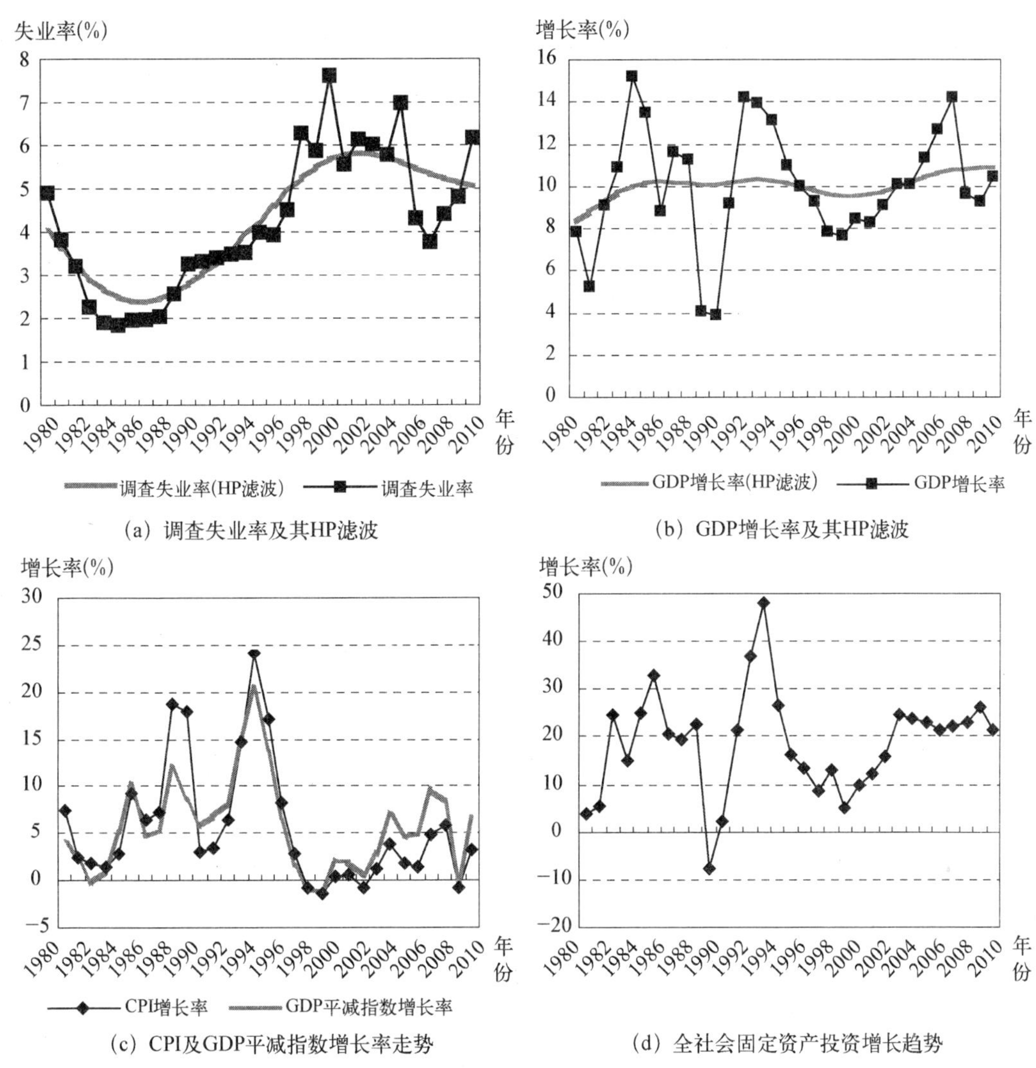

(a) 调查失业率及其HP滤波

(b) GDP增长率及其HP滤波

(c) CPI及GDP平减指数增长率走势

(d) 全社会固定资产投资增长趋势

图 6－26 模型估计的主要变量之变动趋势

系、奥肯定律应该成立。

1. 基于 Kalman 滤波估计时变自然失业率的结果

为进一步考证，并求得时变自然失业率，根据上述初始值确定方法，得到超参数初始值的确定如表 6－15 所示。

表 6－15

状态空间模型超参数的初始值确定

基于 CPI 度量通胀率					基于 GDP 平减指数度量通胀率				
系数	估计值	标准差	T 值	P 值	系数	估计值	标准差	T 值	P 值
α_0	0.58	2.66	0.22	0.83	α_0	−0.79	2.33	−0.34	0.74
α_1	−0.59	0.15	−4.02	0.00	α_1	−0.65	0.17	−3.78	0.00

（续表）

基于CPI度量通胀率					基于GDP平减指数度量通胀率				
系数	估计值	标准差	T值	P值	系数	估计值	标准差	T值	P值
α_2	−0.48	0.14	−3.46	0.00	α_2	−0.42	0.18	−2.38	0.02
β_1	−0.92	0.45	−2.07	0.04	β_1	−0.50	0.41	−1.23	0.22
γ	0.18	0.07	2.68	0.01	γ	0.17	0.06	2.88	0.01
δ_0	11.70	1.34	8.72	0.00	δ_0	11.70	1.34	8.72	0.00
β_2	−0.40	0.30	−1.34	0.19	β_2	−0.40	0.30	−1.34	0.19
$\overline{U}=0.63$；$\bar{y}=11.45$ $\ln[Var(\varepsilon_{1t})]=2.52$；$\ln[Var(\varepsilon_{2t})]=1.97$					$\overline{U}=1.58$；$\bar{y}=11.07$ $\ln[Var(\varepsilon_{1t})]=2.34$；$\ln[Var(\varepsilon_{2t})]=1.97$				

选取最大迭代次数为1 000，收敛值为0.000 1，按照上述步骤，基于Kalman滤波技术估计得到状态空间方程结果如表6-16、表6-17所示。

表6-16

基于CPI所得通胀率的估计结果

估计方程		系数	标准差	Z值	P值
$\Delta\pi_t$的量测方程	$\Delta\pi_{t-2}$	−0.56	0.18	−3.07	0.00
	$\Delta\pi_{t-4}$	−0.44	0.24	−1.87	0.06
	$U_t-U_t^n$	**−1.15**	**0.75**	**−1.53**	**0.13**
	Δz_t	0.06	0.09	0.68	0.50
	$\ln[Var(\varepsilon_{1t})]$	2.65	0.42	6.30	0.00
y_t的量测方程	$U_t-U_t^n$	**−1.34**	**0.51**	**−2.65**	**0.01**
	$\ln[Var(\varepsilon_{2t})]$	0.37	0.93	0.40	0.69
2010年(最终状态)		状态向量	Root MSE	Z值	P值
自然失业率(NAIRU)		4.86	1.94	2.50	0.01
潜在产出增长		11.84	1.50	7.87	0.00

从表6-16、表6-17中的数据可见，基于CPI和GDP平减指数所得估计结果类似。现仅以表6-16为例说明：对$\Delta\pi_t$的量测方程估计结果显示，$U_t-U_t^n$的系数为负且有一定的显著性（Z值为−1.53），满足菲利普斯曲线理论假设；对y_t的量测方程估计结果显示，$U_t-U_t^n$的系数为负且非常显著（Z值为−2.65），满足奥肯定律的理论假设。

表 6－17

基于 GDP 平减指数所得通胀率的估计结果

估计方程		系 数	标准差	Z 值	P 值
$\Delta\pi_t$ 的量测方程	$\Delta\pi_{t-2}$	－0.66	0.24	－2.78	0.01
	$\Delta\pi_{t-4}$	－0.41	0.26	－1.61	0.11
	$U_t-U_t^n$	**－0.86**	**0.58**	**－1.50**	**0.13**
	Δz_t	0.07	0.11	0.62	0.53
	$\ln[Var(\varepsilon_{1t})]$	2.45	0.35	6.93	0.00
y_t 的量测方程	$U_t-U_t^n$	**－1.34**	**0.42**	**－3.22**	**0.00**
	$\ln[Var(\varepsilon_{2t})]$	0.64	0.77	0.83	0.41
2010 年(最终状态)		状态向量	Root MSE	Z 值	P 值
自然失业率(NAIRU)		4.75	1.96	2.43	0.02
潜在产出增长		11.88	1.75	6.79	0.00

图 6－27 进一步给出了 1980—2010 年估算所得自然失业率的趋势。

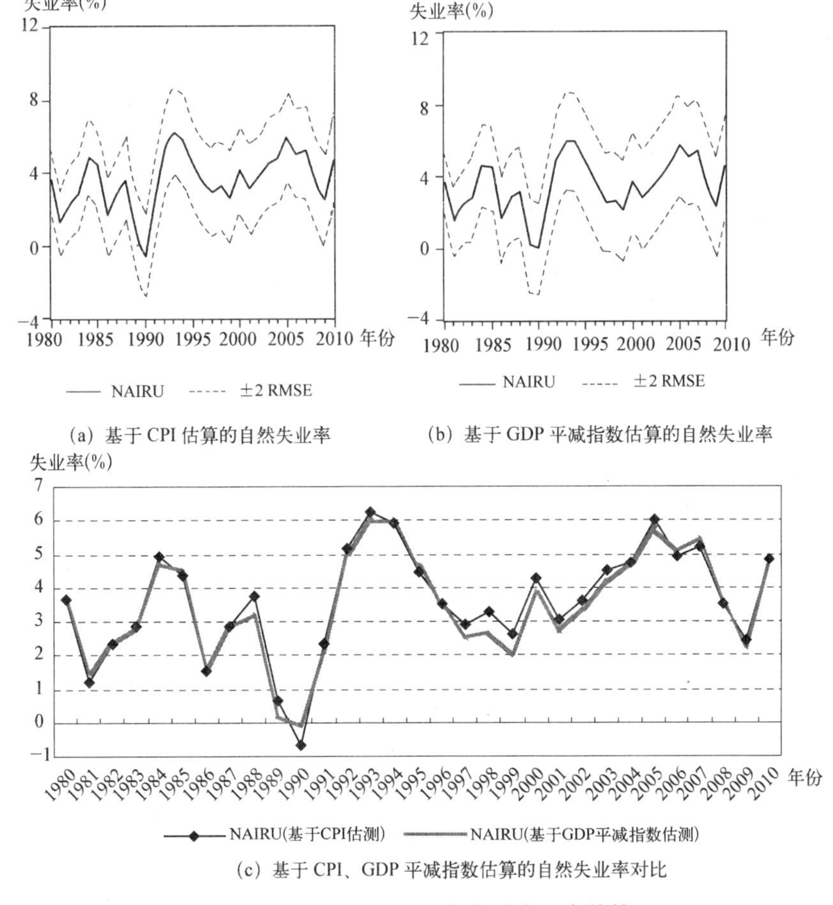

(a) 基于 CPI 估算的自然失业率

(b) 基于 GDP 平减指数估算的自然失业率

(c) 基于 CPI、GDP 平减指数估算的自然失业率对比

图 6－27 1980—2010 年自然失业率估算

由图 6－27 可见，基于 CPI、GDP 平减指数估算的自然失业率表现非常类似，从 20 世纪 90 年代以来，中国自然失业率的估测值有较大起伏，具体表现为：1990（波谷）—1993（波峰）—1999（波谷）—2000（波峰）—2001（波谷）—2005（波峰）—2009（波谷），而 2010 年又开始爬升。基于 CPI 测算的自然失业率，1993 年、2000 年、2005 年、2009 年和 2010 年分别为 6.24％、4.25％、6.00％、2.45％和 4.86％。

由于自然失业率主要体现了经济结构调整带来的劳动力市场结构变化，而既有研究发现，就业结构变化滞后于经济结构变革，据此分析自然失业率波峰对应年份：1993 年主要体现了社会主义市场经济变革开始带来的影响，2000 年则对应于 1997 年亚洲金融危机和 1998 年开始的国企改革，2005 年可视为结构调整的深化，而自然失业率自 2009 年之后重新反弹则表明了次贷危机之后中国经济结构调整对劳动力市场的冲击。

2. 基于排序 Logit/Probit 模型的城镇长短期就业风险预测

仍选用排序 Logit/Probit 模型度量和预测长短期就业风险，主要过程如下。

1）长短期就业风险等级及指标选取

选取上述基于 CPI 估算的城镇自然失业率（基于 GDP 平减指数估算结果类似），以其衡量 1980—2010 年长期失业率，并基于“调查失业率＝自然失业率＋周期性失业率”测算对应期间的周期性失业率，以其度量短期失业率。

选取 1980—2010 年周期性失业率和自然失业率数值作为划分短期和长期失业风险的标准，由于按照样本区间内指标值大小均分等级可能导致落入某等级区间的样本少，故按照对应样本区间值的 5 分位数得到城镇长短期就业风险 5 分类等级标准（见表 6－18），且所得风险等级即为排序 Logit/Probit 模型因变量。

表 6－18

1980—2010 年长短期就业风险分类

安 全 等 级	高度安全	安全	值得关注	危险	高度危险
风险等级	1	2	3	4	5
长期就业风险（基于城镇自然失业率 5 分位数）	2.39％以下	2.39％～3.24％	3.24％～4.28％	4.28％～4.94％	4.94％以上
短期就业风险（基于周期性失业率绝对值 5 分位数）	0.88％以下	0.88％～1.31％	1.31％～2.01％	2.01％～2.70％	2.70％以上
短期（周期性）失业率分级	1	2	3	4	5
周期性失业率 5 分位数	－1.61％以下	－1.61％～0.42％	0.42％～1.27％	1.27％～2.51％	2.51％以上

如表 6－18，由于失业率缺口（周期性失业）为负对应于通胀、为正对应于紧缩，即周期性失业率的绝对值过大是不利的。因此，对基于周期性失业率 5 分位数划分的短期就业风险而言，在“－1.61％以下”（1 级）属于“值得关注”甚至高风险等级，在“2.51％以上”（5 级）肯定是“危险”以上等级；其他 3 个范围则视数值绝对值而定，属于较宽的风险等级范围，如，“－1.61％～0.42％”（2 级）在“高度安全”到“值得关注”范围内，“0.42％～1.27％”（3 级）在“高度安全”到“安全”范围内，“1.27％～2.51％”（4 级）在“安全到危险”范围内。

结合前述就业风险因素分析结论，选取如下指标作为就业风险度量的自变量（见表 6－19）。

表 6-19

指标选取情况

序 号	指 标	代 码	序 号	指 标	代 码
Y1	长期就业风险等级	N_unemp	X7	第二产业比重	Secind_GDP
Y2	短期就业风险等级	C_unemp	X8	第三产业比重	Thirdind_GDP
X1	城市化率	Urb_R	X9	资本形成率(按支出法核算 GDP)	Cap_GDP
X2	城乡收入比	Inc_UR	X10	最终消费率(按支出法核算 GDP)	Cons_GDP
X3	城乡 Gini 系数	Gini_UR	X11	出口占 GDP 比重	Export_GDP
X4	"非农业—农业"劳动生产率对比	Prod_UR	X12	人民币对美元汇率(对数值)	Lnexch_R
X5	城镇劳动生产率	Prod_Urb	X13	国家财政支出占 GDP 比例	Fics_GDP
X6	GDP 增长率	Gr_GDP	X14	M2 占 GDP 比例	M2_GDP

对上述指标的进一步说明：上述指标的释义可参阅 2011 年就业风险报告相关内容，其中指标 X1～X5 用于描述城镇劳动力供给对就业的影响，指标 X6～X8 描述产出及产业结构对就业的影响，指标 X9～X12 用于描述经济结构对就业的影响，X13 和 X14 描述财政和货币政策对就业的影响。

2) 影响长短期就业风险的显著性因素分析

首先用逐步回归法(向后剔除法，显著水平为 0.05)来剔除对长短期失业率影响并不显著的变量，结果分别如表 6-20、表 6-21 所示。

表 6-20

运用向后剔除法多元回归分析影响自然失业率的因素

变 量	系 数	标准差	T 值	P 值	95%的置信区间	
Urb_R	−0.521 8	0.095 7	−5.450 0	0.000 0	−0.720 2	−0.323 3
Prod_Urb	4.332 6	0.841 8	5.150 0	0.000 0	2.586 8	6.078 4
Gr_GDP	0.437 4	0.038 5	11.370 0	0.000 0	0.357 6	0.517 2
Cap_GDP	0.212 5	0.065 4	3.250 0	0.004 0	0.077 0	0.348 1
Cons_GDP	0.318 5	0.091 7	3.470 0	0.002 0	0.128 4	0.508 7
Export_GDP	0.187 1	0.042 0	4.450 0	0.000 0	0.100 0	0.274 3
Lnexch_R	−4.774 7	0.859 7	−5.550 0	0.000 0	−6.557 5	−2.991 9
M2_GDP	0.046 4	0.015 1	3.070 0	0.006 0	0.015 0	0.077 8
常数项	−54.189 0	11.753 6	−4.610 0	0.000 0	−78.564 4	−29.813 6
$F(8, 22)=33.2300$；$Prob > F = 0.0000$；调整 $R^2 = 0.8958$						

表 6-21

运用向后剔除法多元回归分析影响周期性失业率的因素

变　量	系　数	标 准 差	T 值	P 值	95%的置信区间	
Urb_R	−0.303 8	0.070 2	−4.330 0	0.000 0	−0.449 4	−0.158 2
Prod_UR	−1.071 2	0.272 6	−3.930 0	0.001 0	−1.636 4	−0.505 9
Gr_GDP	−0.523 2	0.025 5	−20.500 0	0.000 0	−0.576 1	−0.470 3
Secind_GDP	0.518 0	0.136 9	3.780 0	0.001 0	0.234 1	0.801 8
Thirdind_GDP	0.455 8	0.140 2	3.250 0	0.004 0	0.165 0	0.746 6
Cap_GDP	−0.232 1	0.034 5	−6.730 0	0.000 0	−0.303 7	−0.160 6
M2_GDP	0.064 5	0.008 9	7.250 0	0.000 0	0.046 1	0.083 0
Fics_GDP	0.072 2	0.025 0	2.890 0	0.009 0	0.020 3	0.124 1
常数项	−12.495 4	6.212 4	−2.010 0	0.057 0	−25.379 2	0.388 4
$F(8, 22) = 141.27$；$Prob > F = 0.000\,0$；调整 $R^2 = 0.974\,0$						

由于多变量之间存在多元共线性，因此分别将显著影响自然失业率和周期性失业率的自变量进行主成分合成，如表 6-22 所示。

表 6-22

显著影响自然失业率和周期性失业率的因素合成之主成分选取

	主成分	特征值	特征值差异	方差贡献率	累计贡献率
自然失业率之显著影响因素合成	*FN*1	6.120 4	5.106 4	0.765 1	0.765 1
	*FN*2	1.014 0	0.478 6	0.126 8	0.891 8
周期性失业率之显著性影响因素合成	*FC*1	4.798 1	3.613 4	0.599 8	0.599 8
	*FC*2	1.184 7	0.160 1	0.148 1	0.747 8
	*FC*3	1.024 6	0.333 3	0.128 1	0.875 9

如表 6-22 所示，影响自然失业率的 8 个因素可合成 2 个主成分（*FN*1 和 *FN*2），累计方差贡献率达到 89.18%；而影响周期性失业率的 8 个因素可合成为 3 个主成分（*FC*1～*FC*3），累计方差贡献率达到 87.59%。表 6-23 进一步给出了主成分因子载荷。

表 6-23

影响自然失业率和周期性失业率的主成分因子载荷

自然失业率影响因子	*FN*1	*FN*2	周期性失业率影响因子	*FC*1	*FC*2	*FC*3
Urb_R	0.393 3	−0.077 8	*Urb_R*	0.438 3	0.181	−0.107 5
Prod_Urb	0.398 4	−0.094 5	*Prod_UR*	0.418 9	−0.296 2	−0.028
Gr_GDP	0.071 5	0.968 4	*Gr_GDP*	0.079	0.015 6	0.949 9

（续表）

自然失业率影响因子	*FN*1	*FN*2	周期性失业率影响因子	*FC*1	*FC*2	*FC*3
Cap_GDP	0.353 2	0.145 1	*Secind_GDP*	0.282	0.077 7	0.186 4
Cons_GDP	−0.385 6	−0.045 9	*Thirdind_GDP*	0.436 7	−0.082 2	−0.135
Export_GDP	0.379 5	0.023 3	*Cap_GDP*	0.390 9	0.266 7	0.110 3
Lnexch_R	0.330 8	−0.098	*M2_GDP*	0.445 3	0.034 1	−0.128 3
M2_GDP	0.393 2	−0.117 9	*Fics_GDP*	−0.069 5	0.891 2	−0.060 9

3）长短期就业风险的测度与预测

依据上述主成分因子，利用排序 Logit 模型估计城镇自然失业率等级的参数结果，如表 6－24所示，可见各参数均非常显著，估计效果良好。

表 6－24

依据排序 Logit 模型估计城镇自然失业率等级的参数结果

变 量	系 数	标准差	*Z* 值	*P* 值	95%的置信区间	
*FN*1	0.730 3	0.225 4	3.240 0	0.001 0	0.288 6	1.172 0
*FN*2	2.685 9	0.640 8	4.190 0	0.000 0	1.430 0	3.941 8
断点 1	−3.108 0	0.776 5			−4.629 9	−1.586 1
断点 2	−1.230 3	0.574 5			−2.356 3	−0.104 3
断点 3	0.906 0	0.585 9			−0.242 3	2.054 3
断点 4	3.238 1	0.840 9			1.590 0	4.886 2
似然函数值（*LL*）＝－30.756 2；似然比（*LR*）＝38.150 0，对应 *P* 值＝0.000 0；伪 R^2 ＝0.382 8						

表 6－25 进一步给出了排序 Probit 模型估计城镇自然失业率等级的参数结果，和排序 Logit 模型估计完全一致。

表 6－25

依据排序 Probit 模型估计城镇自然失业率等级的参数结果

变 量	系 数	标准差	*Z* 值	*P* 值	95%的置信区间	
*FN*1	0.402 7	0.112 0	3.590 0	0.000 0	0.183 1	0.622 3
*FN*2	1.575 6	0.339 8	4.640 0	0.000 0	0.909 5	2.241 6
断点 1	−1.806 0	0.419 4			−2.627 9	−0.984 1
断点 2	−0.716 0	0.315 3			−1.333 9	−0.098 0
断点 3	0.516 6	0.341 8			−0.153 4	1.186 5
断点 4	1.907 4	0.466 2			0.993 7	2.821 0
似然函数值（*LL*）＝－30.340 2；似然比（*LR*）＝38.980 0，对应 *P* 值＝0.000 0；伪 R^2 ＝0.391 1						

表6-26为依据排序Logit模型估计城镇周期性失业率等级的参数结果，除了第2个主成分因子不显著外，其余参数估计结果较为理想。

表6-26

依据排序Logit模型估计城镇周期性失业率等级的参数结果

变　量	系　数	标准差	Z　值	P　值	95%的置信区间	
*FC*1	0.488 6	0.213 6	2.290 0	0.022 0	0.069 9	0.907 2
*FC*2	−0.186 5	0.369 5	−0.500 0	0.614 0	−0.910 7	0.537 8
*FC*3	−4.374 8	1.020 4	−4.290 0	0.000 0	−6.374 8	−2.374 8
断点1	−4.933 2	1.250 6			−7.384 3	−2.482 1
断点2	−1.755 3	0.779 1			−3.282 3	−0.228 3
断点3	1.521 3	0.740 5			0.070 0	2.972 6
断点4	4.151 4	1.025 5			2.141 4	6.161 3
似然函数值（*LL*）=−24.944 1；似然比（*LR*）=49.770 0，对应*P*值=0.000 0；伪R^2=0.499 4						

表6-27为依据排序Probit模型估计城镇周期性失业率等级的参数结果，和表26所得结果基本一致，模型总体估计效果尚可。

表6-27

依据排序Probit模型估计城镇周期性失业率等级的参数结果

变　量	系　数	标准差	Z　值	P　值	95%的置信区间	
*FC*1	0.302 4	0.121 6	2.490 0	0.013 0	0.064 1	0.540 7
*FC*2	−0.076 0	0.215 5	−0.350 0	0.724 0	−0.498 4	0.346 4
*FC*3	−2.312 3	0.452 7	−5.110 0	0.000 0	−3.199 6	−1.425 0
断点1	−2.652 2	0.608 7			−3.845 3	−1.459 1
断点2	−0.907 9	0.411 2			−1.714 0	−0.101 9
断点3	0.877 4	0.407 5			0.078 7	1.676 1
断点4	2.396 1	0.547 9			1.322 2	3.470 1
似然函数值（*LL*）=−25.162 4；似然比（*LR*）=49.340 0，对应*P*值=0.000 0；伪R^2=0.495 0						

以上述模型估计结果为依据，以近3年移动平均方法估计主成分因子的预测值，对2011—2013年中国城镇长短期就业风险进行预测，所得结果如表6-28所示。

如表6-28所示：从长期就业风险来看，2012年和2013年自然失业率处于第4等级（自然失业率在4.28%～4.94%），即“危险”区间的概率最大，排序Logit模型和排序Probit模型显示概率在50%～53%之间；从短期就业风险来看，2012年和2013年周期性失业率处于1.27%～2.51%之间的概率最大，在54%～58%之间，属于“值得关注”到“危险”范围内。

表 6-28

2011—2013 年中国城镇长短期就业风险预测

长期风险等级			1	2	3	4	5
对应自然失业率			2.39%以下	2.39%～3.24%	3.24%～4.28%	4.28%～4.94%	4.94%以上
长期就业风险预测(基于自然失业率5分位数分类)	排序 Logit 模型	2011 年	0.006 9	0.036 5	0.234 1	0.520 7	0.201 8
		2012 年	0.006 1	0.032 6	0.215 7	**0.524 1**	0.221 4
		2013 年	0.004 8	0.026 0	0.181 2	**0.522 8**	0.265 2
	排序 Probit 模型	2011 年	0.002 4	0.039 8	0.268 8	0.504 4	0.184 7
		2012 年	0.002 0	0.034 6	0.251 3	**0.509 2**	0.202 9
		2013 年	0.001 3	0.025 5	0.215 8	**0.513 2**	0.244 2
短期风险等级			1	2	3	4	5
对应周期性失业率			−1.61%以下	−1.61%～0.42%	0.42%～1.27%	1.27%～2.51%	2.51%以上
短期就业风险预测(基于周期性失业率5分位数分类)	排序 Logit 模型	2011 年	0.001 4	0.031 4	0.440 2	0.452 7	0.074 4
		2012 年	0.000 6	0.013 4	0.259 4	**0.565 8**	0.160 7
		2013 年	0.000 5	0.012 0	0.238 9	**0.571 9**	0.176 6
	排序 Probit 模型	2011 年	0.000 1	0.026 3	0.413 6	0.474 3	0.085 7
		2012 年	0.000 0	0.008 8	0.269 0	**0.545 9**	0.176 4
		2013 年	0.000 0	0.007 2	0.247 7	**0.550 1**	0.195 0

五、结论及政策建议

本文的主要研究结论可概述如下：

(1) 近期国内外就业状况。据中国人力资源市场信息监测中心对全国 117 个城市公共就业服务机构的信息调查，2011 年，中国监测城市劳动力总需求大于总供给，就业形势良好；分职业来看，“生产运输设备操作工”、“商业和服务业人员”为供需主体；就人口统计特征来看，女性求人倍率更高，青壮年劳动者为供需主体；从学历和技术职称来看，对高学历人员的需求相对不足，而高技术等级/职称的劳动力处于长期供不应求状态；从求职人员来看，失业人员为主体；从用工需求方来看，第三产业仍为用人需求主体，但其占比趋于缓慢降低、第二产业用人需求占比则稳步增加；细分行业来看，制造业、批发零售业、住宿餐饮业为用人需求主体。

从国外经济发展来看：2010 年，全球就业与经济恢复好于预期的表现并未延续，“全球复苏停滞，下行风险加剧”，使得全球经济前景堪忧，尽管以美、日为代表的先进经济体的增长好于预期，但欧元区和新兴经济体表现不佳。从就业来看，全球失业率仍维持在 6%以上水平；美国就业状况持续改进，失业率和失业人口表现为“双降”；尽管德国就业表现“一枝独秀”，但以西班牙、希腊为代表的其他国家则深陷主权债务危机，经济发展受阻，失业率攀升；日本经济与就业受大地震影响不大，经济和就业恢复好于预期。

(2) 影响中国城镇就业的因素分析。对城镇化率、城乡收入比、城乡 Gini 系数等城镇劳动力供给指标分析表明，城乡差距存在为劳动力向城镇流动提供了长久动力，也给城镇就业带来较大压力；从产出和产业结构来看，就业弹性仍然偏低，第三产业就业弹性尽管为正但逐年降低，就业结构调整滞后于产业结构调整；从经济结构来看，城镇消费相对不足、农村消费增长较快，固定资产投资完成额有微弱下调趋势，出口放量、顺差盘整且间断为负，人民币持续升值且出口退税力度加大，以上形势均加大了就业难度；从宏观政策来看，财政支出逐年递增在一定程度上拉动了就业，但次贷危机后货币扩张带来通胀风险，适度从紧的货币政策加大了经济和就业的不确定性。

(3) 长、短期就业风险的度量与预测。鉴于中国转轨经济特征明显，且后危机时代经济发展转型更为迫切，因而分别考察长、短期就业风险具有重要意义。运用 Kalman 滤波技术、基于附加预期的菲利普斯曲线、奥肯定律构建状态空间模型，将城镇调查失业率分解为长期自然失业率和短期周期性失业率，进而构建衡量长、短期就业风险的等级标准，运用排序 Logit (Probit)模型对就业风险进行度量和预测。实证结果认为：2012 年和 2013 年自然失业率处于 4.28%～4.94%、周期性失业率处于 1.27%～2.51%的概率最大，长、短期失业分属“危险”和“值得关注”到“危险”范围内。

基于上述结论，可以认为：2012 年和 2013 年，就业政策仍需顺应经济结构调整需要，以防范结构性失业的不断攀升为主要目标，同时要密切关注外在冲击导致的周期性失业变化。

参考文献

[1] 蔡昉，都阳，高文书. 就业弹性、自然失业和宏观经济政策——为什么经济增长没有带来显性就业[J]. 经济研究，2004(9).

[2] 陈昊，谢超峰. 外贸顺差、贸易筛选与就业关系研究——基于月度数据的再检验[J]. 经济评论，2012(2).

[3] 陈昊. 外贸顺差会降低就业水平？——基于匹配模型的实证分析[J]. 数量经济技术经济研究，2011(6).

[4] 陈建东，侯文轩，邹高禄. 1978—2008 年我国城乡居民之间收入基尼系数的演化趋势[Z]. 西南财经大学工作论文，2009.

[5] 董万好，刘兰娟. 财政科教支出对就业及产业结构调整的影响——基于 CGE 模拟分析[J]. 上海经济研究，2012(2).

[6] 都阳，陆旸. 中国的自然失业率水平及其含义[J]. 世界经济，2011(4).

[7] 段敏芳. 对产业结构提升与就业关系的研究[J]. 调研世界，2011(3).

[8] 高铁梅. 计量经济分析方法与建模——Eviews 应用及实例[M]. 北京：清华大学出版社，2006.

[9] 何玉梅，孙艳青. 人民币汇率变动影响劳动力就业的再检验：一个微观的视角[J]. 东南大学学报(哲学社会科学版)，2011(11).

[10] 金成晓，马丽娟. 开放经济条件下我国货币政策就业效应的计量研究[J]. 经济科学，2011(6).

[11] 李文星. 产业结构优化与就业增长[J]. 当代财经，2012(3).

[12] 牛蕊. 贸易结构调整与劳动力就业：中国工业部门的研究[J]. 财经论从,2012(3).

[13] 石柱鲜,武征,刘俊生,黄红梅. 2004 年我国主要宏观经济指标的变动趋势分析[J]. 数量经济与技术经济研究,2004(7).

[14] 王庆丰,党耀国. 基于 Moore 值的中国就业结构滞后时间测算[J]. 管理评论,2010(7).

[15] 魏浩,赵春明. 对外贸易对我国城乡收入差距影响的实证分析[J]. 财贸经济,2012(1).

[16] 温怀德,谭晶荣. 中国对外贸易、FDI 对就业影响的实证研究——基于加入世贸组织前后东、中、西部数据的比较[J]. 国际贸易问题,2010(8).

[17] 武征. 中国自然失业率的特殊性及实证研究[D]. 吉林：吉林大学商学院,2008.

[18] 尹碧波. 中国经济的高增长与低就业——货币有效就业假说与经验检验[J]. 经济学家,2011(5).

[19] 喻桂华,张春煜. 中国的产业结构与就业问题[J]. 当代经济科学,2004(9).

[20] 曾湘泉,于泳. 中国自然失业率的测量与解析[J]. 中国社会科学,2006(4).

[21] GORDON, R J. The time-varying NAIRU and its implications for economic policy [J]. Journal of Economic Perspectives, 1997(11).

[22] ILO. Global Employment Trends 2012: Preventing a deeper jobs crisis [M]. Geneva: ILO, 2011.

[23] IMF. World economic outlook update: global recovery advances but remains uneven [EB/OL]. http://www.imf.org/external/pubs/ft/weo/2011/update/01/pdf/0111.pdf.

[24] IMF. World economic outlook update: global recovery stalls, downside risks intensify [EB/OL]. http://www.imf.org/external/pubs/ft/weo/2012/update/01/pdf/0112.pdf.

第七章　国际收支失衡风险

一、绪论

(一) 2011年中国国际收支运行状况分析

1. 2011年中国国际收支的运行环境

2011年国际经济运行环境复杂多变,世界经济增长普遍放缓,全球货币政策回归宽松,并逐渐由防范通胀和资产泡沫风险转向刺激经济、稳定金融。国际金融市场动荡加剧,主要发达经济体深陷债务泥潭,并遭遇外部不利因素冲击,经济增速显著下滑。欧美债务危机不断发酵,风云突变,"金猪国家"危机四伏,欧元"跌跌不休",四面楚歌。2011年,美国经济受财政紧缩、油价高企和日本地震带来的产业链等问题影响,全年仅增长1.7%。欧元区经济受欧债危机和财政紧缩政策的不利影响,在2011年第一季度快速扩张后急剧走弱,全年增长1.5%。日本经济受日本地震的冲击,2011年上半年陷入负增长,第三季度反弹后再度下滑,2011年全年增长−0.7%。主要新兴市场经济体受外部环境恶化及国内2011年上半年货币政策收紧的影响,经济增速普遍放缓。

2011年,国内经济在艰难中调整和发展,中国克服国内外不稳定、不确定因素的影响,经济增速温和回落,2011年国内生产总值47万亿元,按可比价格计算,比2010年增长9.2%。通货膨胀得到初步控制,物价涨幅得到初步抑制,居民消费价格(CPI)总水平在7月达到年内峰值后逐月回落,全年消费价格涨幅为5.4%。涉外经济继续保持健康发展势头。对外经济交往更加活跃,进出口保持较快增长,外贸顺差继续收窄。2011年,海关进出口总额36 421亿美元,同比增长22.5%。其中:出口18 986亿美元,同比增长20.3%;进口17 435亿美元,同比增长24.9%。进出口相抵,顺差1 551亿美元,比2010年减少264亿美元。全年国际收支交易总规模较2010年增长22%。国际收支继续保持经常项目与资本项目"双顺差",国际收支总顺差4 228亿美元,比上年下降19%,国际收支状况进一步改善。

2. 2011年中国国际收支主要特征

(1) 国际收支继续保持"双顺差"。2011年,国际收支继续保持"双顺差",顺差规模有所减少。其中:中国经常项目顺差2 017亿美元,同比下降15%;资本和金融项目顺差2 211亿美元,下降23%;国际收支总顺差4 228亿美元,较2010年下降19%,低于2007—2010年年均顺差4 686亿美元的规模(见表7-1)。2011年年末,中国外汇储备余额为31 811亿美元,比2010年年末增长3 338亿美元。

表7-1

中国收支顺差结构(2006—2011)

单位:亿美元

项　目 \ 年份	2005	2006	2007	2008	2009	2010	2011
国际收支总差额	2 351	2 854	4 491	4 587	4 420	5 247	4 228

（续表）

项　目 \ 年份	2005	2006	2007	2008	2009	2010	2011
经常项目差额	1 341	2 327	3 540	4 124	2 611	2 378	2 017
占国际收支总差额比重	57.0%	81.5%	78.8%	89.9%	59.1%	45.3%	47.7%
与 GDP 之比	5.9%	8.6%	10.1%	9.1%	5.2%	4.0%	2.8%
资本和金融项目差额	1 010	526	951	463	1 808	2 869	2 211
占国际收支总差额比重	43.0%	18.4%	21.2%	10.1%	40.9%	54.7%	52.3%
与 GDP 之比	4.5%	1.9%	2.7%	1.0%	3.6%	4.8%	3.0%

数据来源：国家外汇管理局，国家统计局。

(2) 货物贸易保持较快增长。2011 年中国货物贸易保持较快增长，但外贸依存度较前几年明显下降。2011 年，中国进出口总额同比增加 23%，与同期 GDP 之比为 49.9%，较上年下降 0.3 个百分点，较 2006 年的历史高点回落 15 个百分点，显示中国经济增长的内生性进一步增强。其中，出口与 GDP 之比为 26.0%，较上年下降 0.6 个百分点，较 2006 年下降 9.7 个百分点；进口与 GDP 之比为 23.9%，较上年上升 0.3 个百分点，较 2006 年下降 5.3 个百分点。进口增速快于出口，进出口顺差进一步缩小。2011 年，中国出口较 2010 年增长 20%，进口增长 25%，顺差 1 551 亿美元，下降 15%（见图 7－1）。进出口顺差与同期 GDP 之比为 2.1%，较 2010 年下降 1.0 个百分点，较 2007 年的历史高点下降 5.4 个百分点。

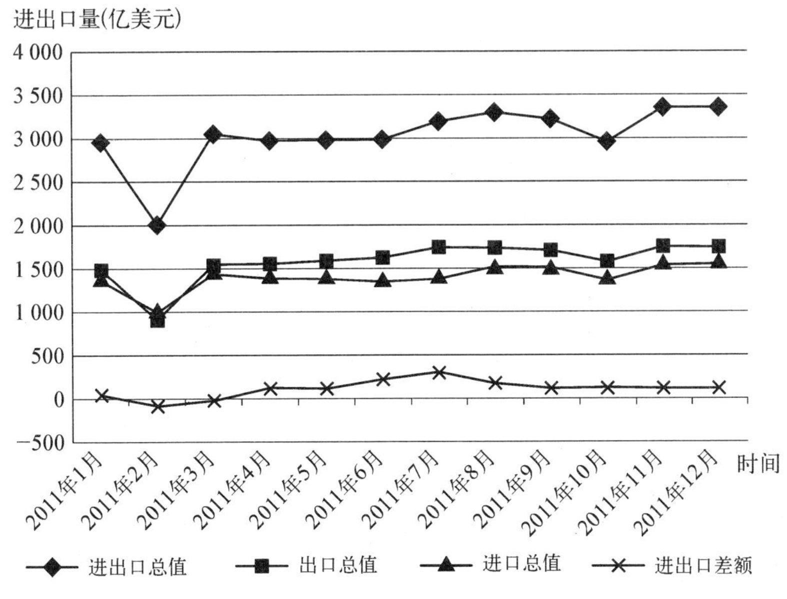

图 7－1　2011 年中国进出口月度数据图

数据来源：中华人民共和国商务部。

(3) 服务贸易规模保持较快增长。按国际收支统计口径，2011 年服务贸易总额 4 209 亿美元，较上年增长 18%。服务贸易总额增速较货物贸易增速低 5 个百分点，相当于货物贸易总额的12%，占比较上年下降0.4个百分点。运输和旅游项目逆差扩大是服务贸易逆差扩大的主要原因。2011年，服务贸易逆差较上年增长77%。其中，运输逆差达449亿美元，较上年增长55%，占服务贸易总逆差的81%。旅游逆差达到241亿美元，较上年增长1.7倍。

(4) 收益项目逆差下降。2011年，收益项目收入1 446亿美元，较2010年增长2%；支出1 565亿美元，下降7%；逆差119亿美元，下降54%。其中：投资收益逆差268亿美元，下降30%；职工报酬净流入150亿美元，较2010年增长23%。

(5) 外国在华直接投资和中国在外直接投资。直接投资净流入是中国国际收支顺差的主要来源。2011年，直接投资顺差1 704亿美元，较上年下降8%。其中，外国来华直接投资净流入2 201亿美元，下降10%；中国对外直接投资净流出497亿美元，下降14%。2011年，外国来华直接投资流入2 543亿美元，较上年减少4%；净流入2 201亿美元，较上年减少10%，但仍居历史高位。

对外直接投资流出保持增长，但净流出有所减少。2011年，对外直接投资流出671亿美元，较上年增加15亿美元，创历史新高。受对外直接投资清盘增加和从境外关联企业收回贷款大幅增长的影响，中国全年对外直接投资撤资达174亿美元，较上年增长1.3倍，导致对外直接投资净流出497亿美元，同比减少14%。

(6) 证券投资净流入较快下降。2011年，证券投资净流入196亿美元，较2010年下降18%。其中，中国对外证券投资净回流62亿美元，2010年净流出为76亿美元；境外对中国证券投资净流入134亿美元，减少58%。

(7) 其他投资净流入大幅下降。2011年，其他投资净流入255亿美元，较2010年下降65%。其中：中国企业和银行对外赊账或存放款导致其他投资项下对外资产净增加1 668亿美元，增长43%；境外对中国企业和银行赊账或存放款，导致其他投资项下对外负债净增加1 923亿美元，增长2%。

(8) 储备资产增长放缓。2011年，剔除汇率、价格等非交易价值变动影响(下同)，中国新增储备资产3 878亿美元。其中：外汇储备增加3 848亿美元，较2010年少增847亿美元，低于2007—2010年年均增加4 477亿美元的规模；中国在基金组织的储备头寸净增加34亿美元。

(9) 净误差与遗漏额为负。2011年，净误差与遗漏为借方350亿美元，占国际收支口径货物进出口总额的－1%，远低于±5%的国际标准。误差与遗漏的产生，主要是由于数据来源的多样化，各种数据在统计口径、统计时间和计价标准等方面存在不一致(见表7－2)。

表7－2

2011年中国国际收支平衡表

单位：亿美元

项　目	行　次	差　额	贷　方	借　方
一、经常项目	1	**2 017**	**22 868**	**20 851**
A. 货物和服务	2	**1 883**	**20 867**	**18 983**
a. 货物	3	**2 435**	**19 038**	**16 603**
b. 服务	4	**－552**	**1 828**	**2 381**
1. 运输	5	－449	356	804
2. 旅游	6	－241	485	726

（续表）

项　　目	行　次	差　额	贷　方	借　方
3. 通讯服务	7	5	17	12
4. 建筑服务	8	110	147	37
5. 保险服务	9	−167	30	197
6. 金融服务	10	1	8	7
7. 计算机和信息服务	11	83	122	38
8. 专有权利使用费和特许费	12	−140	7	147
9. 咨询	13	98	284	186
10. 广告、宣传	14	12	40	28
11. 电影、音像	15	−3	1	4
12. 其他商业服务	16	140	323	183
13. 别处未提及的政府服务	17	−3	8	11
B. 收益	18	**−119**	**1 446**	**1 565**
1. 职工报酬	19	150	166	16
2. 投资收益	20	−268	1 280	1 549
C. 经常转移	21	**253**	**556**	**303**
1. 各级政府	22	−26	0	26
2. 其他部门	23	278	556	277
二、资本和金融项目	24	**2 211**	**13 982**	**11 772**
A. 资本项目	25	**54**	**56**	**2**
B. 金融项目	26	**2 156**	**13 926**	**11 770**
1. 直接投资	27	**1 704**	**2 717**	**1 012**
1.1　中国在外直接投资	28	−497	174	671
1.2　外国在华直接投资	29	2 201	2 543	341
2. 证券投资	30	**196**	**519**	**323**
2.1　资产	31	62	255	192
2.1.1　股本证券	32	11	112	101
2.1.2　债务证券	33	51	143	91
2.1.2.1　(中)长期债券	34	50	137	88
2.1.2.2　货币市场工具	35	2	5	4
2.2　负债	36	134	265	131
2.2.1　股本证券	37	53	152	99
2.2.2　债务证券	38	81	113	32

（续表）

项　　目	行　次	差　额	贷　方	借　方
2.2.2.1 （中）长期债券	39	30	61	32
2.2.2.2 货币市场工具	40	51	51	0
3. 其他投资	41	**255**	**10 690**	**10 435**
3.1 资产	42	－1 668	1 088	2 756
3.1.1 贸易信贷	43	－710	0	710
长期	44	－14	0	14
短期	45	－695	0	695
3.1.2 贷款	46	－453	61	513
长期	47	－433	8	441
短期	48	－20	53	73
3.1.3 货币和存款	49	－987	501	1 489
3.1.4 其他资产	50	482	526	44
长期	51	0	0	0
短期	52	482	526	44
3.2 负债	53	1 923	9 602	7 679
3.2.1 贸易信贷	54	380	454	74
长期	55	6	8	1
短期	56	374	447	73
3.2.2 贷款	57	1 051	7 343	6 292
长期	58	130	538	408
短期	59	920	6 805	5 884
3.2.3 货币和存款	60	483	1 719	1 237
3.2.4 其他负债	61	10	86	76
长期	62	－15	24	39
短期	63	24	61	37
三、储备资产	64	**－3 878**	**10**	**3 888**
3.1 货币黄金	65	0	0	0
3.2 特别提款权	66	5	5	0
3.3 在基金组织的储备头寸	67	－34	6	40
3.4 外汇	68	－3 848	0	3 848
3.5 其他债权	69	0	0	0
四、净误差与遗漏	70	**－350**	**0**	**350**

资料来源：国家外汇管理局。

(二) 2011 年中国国际收支运行评价

2011 年,中国加快转变经济发展方式,外贸、外资和外汇领域的政策调整取得成效,国际收支状况进一步趋向平衡,中国涉外经济活动继续保持较快增长。全年国际收支交易总规模为 6.95 万亿美元,创历史新高,较上年增长 22%;与同期 GDP 之比为 95%,占比较上年下降 0.6 个百分点(见图 7-2)。

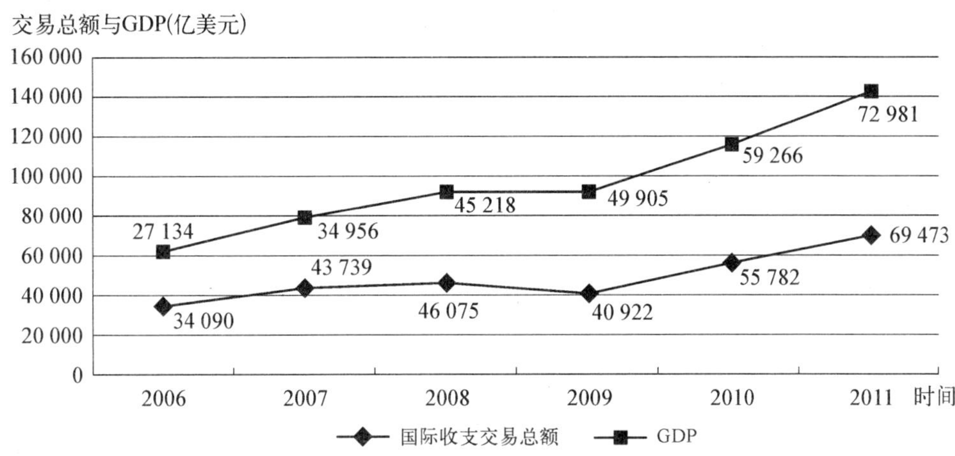

图 7-2 2006—2011 年中国国际收支交易总额与 GDP

数据来源:国家外汇管理局,国家统计局。

中国在直接投资和金融政策方面主要是规范和引导并重,促进"引进来"与"走出去"双向合理发展,允许境内机构以人民币对外投资、境外投资者以人民币到境内开展直接投资,明确商业银行开展境外项目人民币贷款条件,支持企业"走出去",允许境内金融机构到中国香港地区等境外市场发行人民币债券。中国跨境资本流动日趋活跃。2011 年,资本和金融项目交易规模 2.58 万亿美元,占中国国际收支总规模的 37%;经常项目交易规模 4.37 万亿美元,占中国国际收支交易总规模的 63%,与资本和金融项目交易规模占比相差 26 个百分点,差距较 2001 年缩小了 32 个百分点。2011 年,资本和金融项目顺差占国际收支总顺差的 52%,连续两年超过经常项目顺差成为外汇储备增加的主要来源(见表 7-1)。

中国在贸易方面主要是"稳出口、扩进口",促进贸易平衡和结构升级,经常项目收支状况进一步改善。2011 年,中国经常项目顺差较上年下降 15%,与 GDP 之比为 2.8%,较 2010 年下降 1.2 个百分点。2008 年以来,中国经常项目顺差与 GDP 之比逐步降至国际公认的合理区间,既体现了国内经济发展方式转变、涉外经济政策调整的成效,也反映了国外经济、金融形势的变化,还显示出人民币汇率正逐渐趋于合理均衡水平。

中国在外汇管理政策方面主要是统筹防风险和便利化,促进经济平稳较快发展。中国切实把减缓银行结售汇顺差过快增长作为中心工作,启动应对异常跨境资金流入预案,加强银行结售汇头寸、出口收结汇、短期外债等外汇业务管理。

跨境资本流动波动较大。2011 年前三季度,国际通行口径的跨境资本净流入 2 500 亿美元,较 2010 年同期增长 62%。2011 年第四季度在美欧主权债务危机影响下,国际资本避险情绪加重,跨境资金净流入套利倾向减弱,资本和金融项目转为净流出 290 亿美元。2011 年,中国资本和金融项目顺差 2 211 亿美元,较上年减少 23%,与同期 GDP 之比为 3.0%,比 2010 年下降 1.8 个百分点(见表 7-2)。2011 年,中国交易引起的外汇储备由前三季度同比多增 888 亿美元转为全年少增 847 亿美元。

(三) 2012 年第一季度中国国际收支状况

2012 年第一季度,中国国际收支经常项目、资本和金融项目再次回归"双顺差",改变了去年第四季度经常项目顺差而资本项目逆差的局面。

2012 年第一季度,中国经常项目顺差 235 亿美元。其中,按照国际收支统计口径计算,货物贸易顺差 219 亿美元,服务贸易逆差 181 亿美元,收益顺差 173 亿美元,经常转移顺差 25 亿美元。

2012 年第一季度中国资本和金融项目顺差 561 亿美元。其中,直接投资净流入 489 亿美元,证券投资净流入 93 亿美元,其他投资净流出 35 亿美元。而 2011 年第四季度,中国经常项目继续呈现顺差局面。但在美欧主权债务危机影响下,国际资本避险情绪加重,跨境资金净流入套利倾向减弱,资本和金融项目转为净流出 290 亿美元。第一季度再现资本净流入的主要原因在于国际市场环境改善,全球投资风险偏好上升,资本回流新兴市场。

2012 年第一季度,中国国际储备资产因交易增加 746 亿美元。其中,外汇储备资产增加 748 亿美元(不含汇率、价格等非交易价值变动影响),在基金组织的储备头寸减少 4 亿美元,特别提款权增加 2 亿美元。

2012 年第一季度,中国国际收支改变了 2011 年第四季度经常项目顺差而资本项目逆差的格局,重新呈现经常项目与资本项目"双顺差"格局,国际储备资产继续增长。尽管第一季度重现"双顺差",但国际收支状况总体趋于更加平衡。其主要表现为:一是经常项目顺差收窄,占国内生产总值比重进一步下降;二是资本项目重回顺差;三是外汇储备增势进一步放缓。

二、风险因素识别

国际收支失衡风险是指一国国际收支在失衡状态下对一国经济发展和各种经济指标和经济变量的相互作用与影响。一国国际收支失衡对外的经济影响主要是国际收支失衡造成汇率、资源配置、福利提高的困难;一国国际收支失衡对内的经济影响主要是国际收支失衡造成经济增长与经济发展的困难,即对外的失衡影响到国内经济的均衡发展。根据国际收支的实际情形以及研究重点的不同,国际收支不平衡与国际收支风险主要源自四个方面:一是贸易收支的不平衡与风险;二是经常收支的不平衡与风险;三是基本收支的不平衡与风险;四是综合收支的不平衡与风险。

(一) 中国国际收支失衡状况分析

改革开放以来,中国国际收支大部分年份都处于顺差,从初期的经常项目顺差到后来的经常项目与资本和金融项目都处于顺差的双顺差时期,特别是进入 21 世纪以来,中国国际收支一直处于较大幅度双顺差阶段。一方面,这是中国改革开放和实行社会主义市场经济的伟大成就的体现,从 2001 年至 2011 年中国国民经济发展取得了举世瞩目的巨大成就,国民经济迈上新的台阶。截至 2011 年年底,中国国内生产总值从 2001 年年底的 10.965 5 万亿元增长到 2011 年年底的 47.156 4 万亿元(见图 7-3);财政收入从 2001 年年底的 1.64 万亿元增长到 2011 年年底的 10.37 万亿元;外汇储备从 2001 年年底的 2.121 65 万亿美元增长到 2011 年年底的 3.181 1 万亿美元。另一方面,这是中国经济快速发展,特别是对外贸易快速发展也引起越来越多的国家间贸易摩擦和纠纷，同时，大量贸易顺差也是引起国内储蓄过高和消费不足而过度依赖投资和出口来解决内部经济失衡的重要手段之一。在此，通过分析 2001 年至 2011 年中国国际收支失衡结构和程度来对中国国际收支失衡风险进行分析。

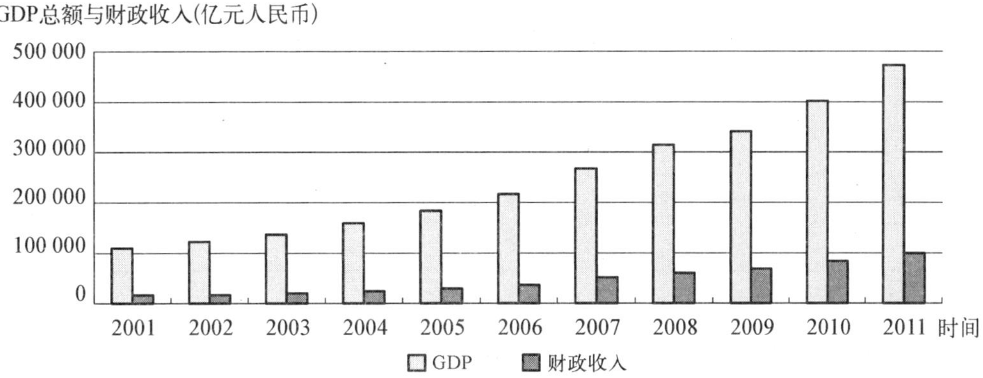

图 7 - 3　中国 GDP 总额与财政收入增长(2001—2011)

1. 2001—2011 年中国国际收支运行总体状况

2001—2011 年中国国际收支持续保持双顺差局面，国际收支总差额由 2001 年的 521 亿美元上升到 2011 年的 4 228 亿美元，经常项目差额由 2001 年的 174 亿美元增长到 2011 年的 2 017 亿美元，资本与金融项目差额由 2001 年的 348 亿美元增长到 2011 年的 2 211 亿美元(见图 7 - 4)，中国国际收支总差额急剧扩大，但扩大的规模和速度从 2009 年开始已经开始放缓，一些项目甚至开始缓慢下降。

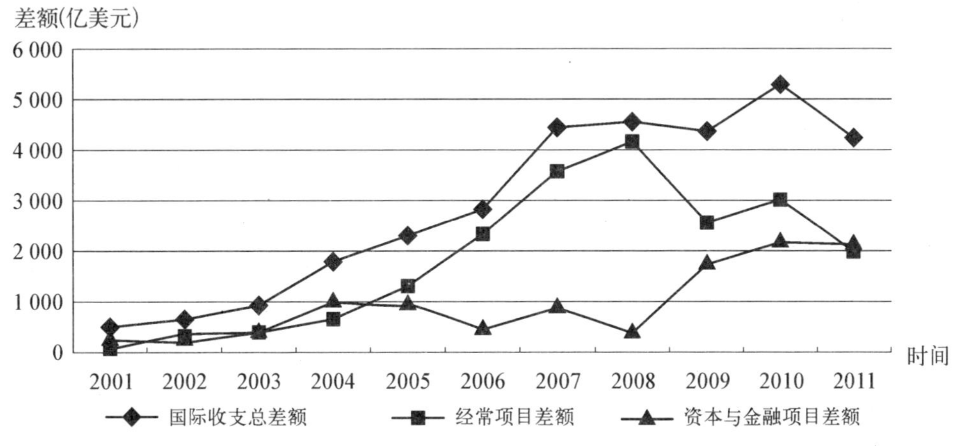

图 7 - 4　中国国际收支总差额与经常项目差额和资本项目差额(2001—2011)

数据来源：国家外汇管理局。

中国国际收支经常项目差额与 GDP 之比由 2001 年的 1%～3%上升到 2007 年的 10.1%，但随后开始下降，到 2011 年下降到 2%～8%，总体呈现缩小趋势，但资本与金融项目差额与 GDP 之比却总体呈现扩大趋势(见表 7 - 3)。这一方面反映了中国对外出口较快增长，另一方面也反映了各种投资和资本流入较快增加。

表 7－3

中国国际收支经常项目差额和资本与金融项目差额与 GDP 之比(2001—2011)

单位：亿美元

项目＼年份	2001	2002	2003	2004	2005	2006	2007	2008	2009	2010	2011
国际收支总差额	521	677	986	1 793	2 351	2 854	4 491	4 587	4 420	5 314	4 228
经常项目差额	174.1	354.2	458.7	686.6	1 341	2 328	3 540	4 124	2 611	3 054	2 017
与 GDP 之比	1.3%	2.4%	2.7%	3.55	5.9%	8.6%	10.1%	9.1%	5.2%	5.2%	2.8%
资本与金融项目差额	347.8	322.9	527.3	1 106	1 010	526	951	463	1 808	2 260	2 211
与 GDP 之比	2.6%	2.2%	3.2%	5.7%	4.4%	1.9%	2.7%	1.0%	3.6%	3.8%	3.0%

数据来源：国家外汇管理局，国家统计局。

从国际收支交易规模来看，2001 年以前，中国国际收支交易规模增长速度相对平稳，但从 2003 年开始中国国际收支交易规模快速增长，其中受 2008 年国际金融危机影响，2009 年中国国际收支交易规模有所下降。2010 年，中国国际收支交易呈现恢复性增长，2011 年全年国际收支交易总规模为 6.95 万亿美元，创历史新高，与同期国内生产总值(GDP)之比为 95%(见图 7－5)。

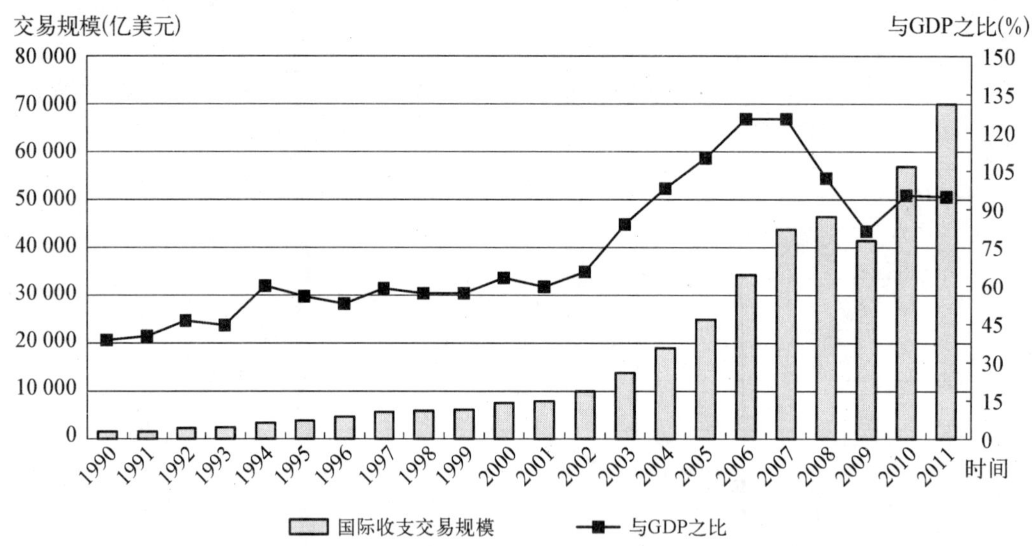

图 7－5　中国国际收支交易规模及其与 GDP 之比(1990—2011)

数据来源：国家外汇管理局，国家统计局。

中国国际收支交易规模的快速增长只是反映了中国与世界其他经济体经济交往的总量和程度，它说明了中国经济与世界其他国家的政治经济等交易往来愈加密切和繁荣，相互间的依赖程度更加紧密，但它并不能反映中国国际收支的失衡程度和风险。以下将从中国国际收支的具体项目分析来识别中国国际收支的失衡状况。

2. 中国国际收支经常项目失衡状况分析

经常项目差额是国际收支平衡表中最重要的收支差额。在开放宏观经济中，经常项目的差额概括了一国的净债务人或债权人的地位，能够清楚地反映出一国内外经济的紧密联系。

2001—2011 年，中国国际收支经常项目差额累计达到 21 476 亿美元，同期国内生产总值总计为 375 550 亿美元，经常项目顺差占 GDP 的比重平均为 5.7%。把时间再拉长到 1990—2010 年的时间区间来看，经常项目差额占中国 GDP 的比例在过去大部分时间一直是缓慢上升，但从 2008 年开始下降(见图 7-6)。随着中国经济结构的调整和转变，预计未来仍将保持持续小幅下降。总体来看，中国国际收支经常项目顺差幅度偏大，容易引起各种贸易摩擦和纠纷。

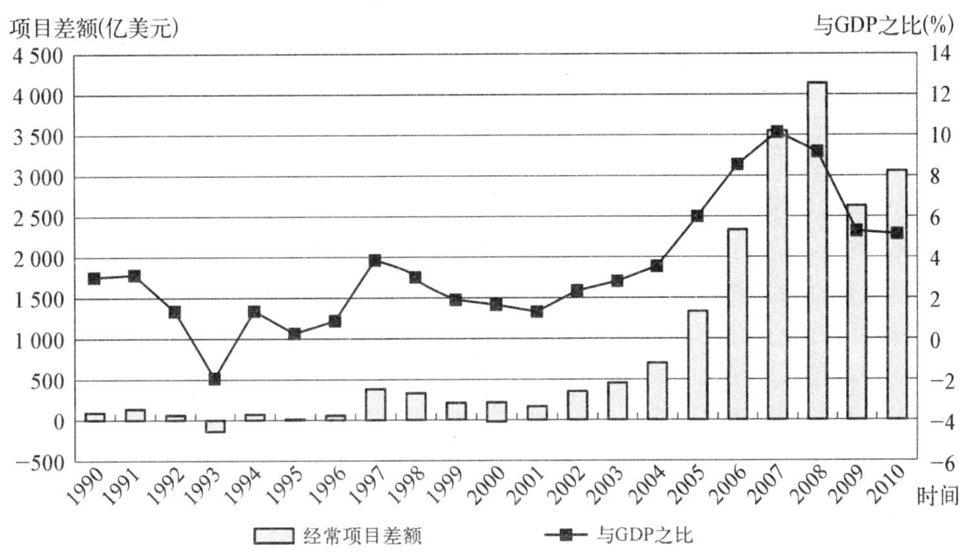

图 7-6 中国国际收支经常项目差额及其与 GDP 之比

数据来源：国家外汇管理局，国家统计局。

从交易规模来看，2011 年年末，中国经常项目交易规模达到 4.371 9 万亿美元，为历史最高值，其中货物、服务和收益项目交易规模均创历史最高纪录(见表 7-4)。伴随着中国经济进一步发展和开放，中国国际收支交易总规模在未来仍会保持持续扩大和上升，特别是在服务等项目的交易规模将会持续放大。2010 年和 2011 年中国经常项目顺差依然低于 2007 年和 2008 年的历史高峰时期。

表 7-4

中国国际收支经常项目及其子项目交易规模(2001—2011)

单位：亿美元

年　份	经常项目	货　物	服　务	收　益	经常转移
2001	6 184	4 981	726	379	97
2002	7 396	6 071	862	316	146
2003	9 932	8 318	1 020	400	193
2004	13 327	11 278	1 346	446	257

（续表）

年 份	经常项目	货 物	服 务	收 益	经常转移
2005	16 731	13 908	1 582	941	300
2006	20 631	17 216	1 928	1 146	340
2007	25 818	21 246	2 523	1 582	446
2008	30 594	25 081	3 060	1 855	594
2009	27 081	21 591	2 884	2 099	515
2010	35 882	29 086	3 111	2 588	562
2011	43 719	35 641	4 209	3 011	859

数据来源：国家外汇管理局。

表 7－4 数据显示，2001—2011 年中国整个经常项目中差额累计达 237 295 亿美元，这其中货物贸易累计差额达 194 417 亿美元，占全部经常项目差额的 82%，而服务和收益以及经常转移项目差额分别只占经常项目差额的 10%、6%和 2%。这反映了中国经常项目差额过分依赖货物贸易，从而使得服务项目绝对数持续增长，但多年来中国服务项目一直处于逆差状况，且逆差一直呈持续不断扩大趋势（见图 7－7）。这说明了中国经济发展方式转变和文化等软实力增长还有很长的路要走，同时也警示中国经济发展方式转变的迫切性。

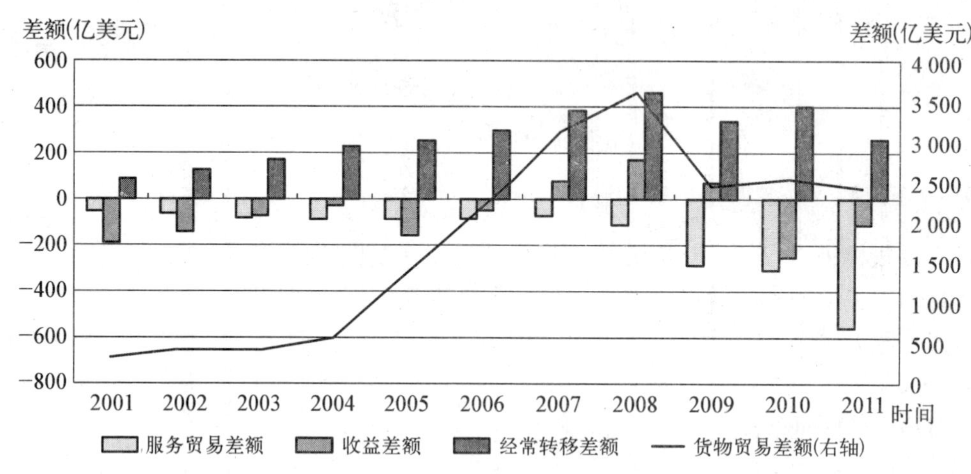

图 7－7 中国国际收支经常项目子项目差额对比（2001—2011）

数据来源：国家外汇管理局。

3. 中国国际收支货物项目分析

改革开放以来，特别是“入世”后，中国经济与世界其他国家经济往来越来越密切和深入。中国经济广泛而深入地融入全球经济发展。中国对外贸易快速发展，外贸依存度不断上升。2003 年中国外贸依存度首次超过 50%达到 51.9%，2006 年达到 67%，较 2001 年提升 28.5 个百分点；此后平稳回落，但基本上在 50%以上。中国为全球出口第一大国和进口第二大国，超过 50%的外贸依存度，这表明中国深度地参与国际竞争和国际分工，中国经济广泛而深入地融入全球经济发展；同时，作为国民经济的重要组成部分，强劲增长的对外贸易促进了国民经

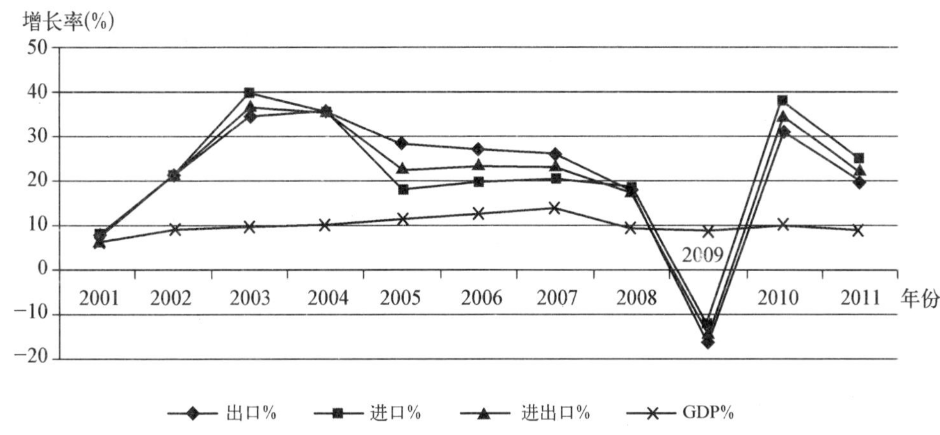

图 7-8　中国货物贸易增长率与 GDP 增长比率(2001—2011)

济平稳快速发展,大幅提升了中国的综合实力,外贸在中国经济活动中的地位举足轻重,中国正成为世界经济发展的最大推动力。

货物贸易一直是中国经济快速发展的重要引擎,2001—2011 年中国进出口货物平均增长速度为 21.19%,其中出口货物增速为 21.31%,进口货物平均增长速度为 21.28%,而同期中国 GDP 的平均增速为 10.32%,高于同期 GDP 增长率 11 个百分点,开放经济规模已变得十分强大(见图 7-8)。数据显示:2001 年以来,中国货物进出口增长除受 2008 年金融危机影响在 2009 年出现大幅下降外,其他大部分时间大大快于经济增长速度。数据同时表明,中国经济增长速度、波动幅度远远小于外贸增长速度,这说明在经济发展中过度依赖国际经济将会对中国经济产生较为强烈和严重的影响和制约。在投资、出口和消费三驾马车中,中国今后应更加注重消费对经济发展的核心推动作用。

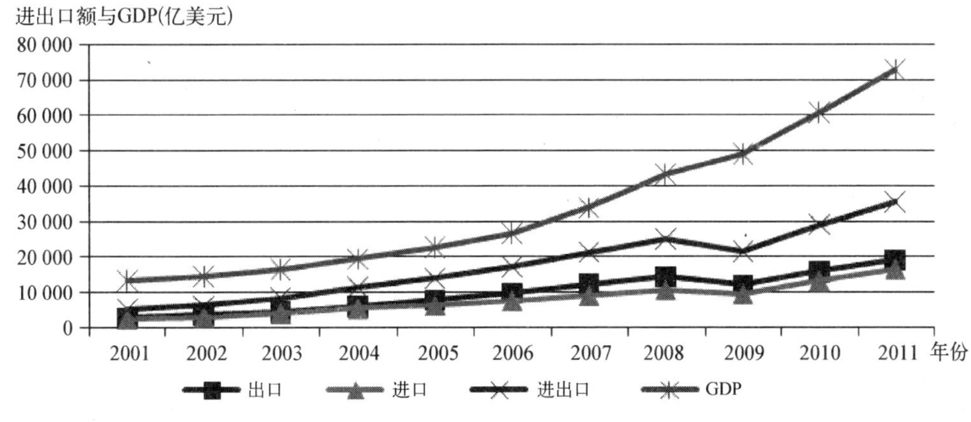

图 7-9　中国货物出口额、进口额与 GDP 对比图(2001—2011)

2001—2011 年中国货物进出口总额累计达到 106 843 亿美元(见图 7-9),占 1981—2011 年累计总额 123 265 亿美元的 87%;2001—2011 年中国贸易顺差为14 817亿美元,占 1981—2011 年累计总额 16 198 亿美元的 91%。这说明中国对外贸易在新世纪以来,特别是加入世界贸易组织以来发生了巨大变化,有了很大增长,中国对世界经济的影响已经越来越重要,对世界经济的依赖也越来越强。(见表 7-5)。

表 7 - 5

中国进出口额和贸易顺差变化情况(1981—2011)

单位：亿美元

年 份	出 口 额	进 口 额	进出口额	贸易顺差
1981	220.1	220.2	440.3	—0.1
1982	223.2	192.9	416.1	30.3
1983	222.3	213.9	436.2	8.4
1984	261.4	274.1	535.5	—12.7
1985	273.5	422.5	696	—149
1986	309.4	429	738.4	—119.6
1987	394.4	432.2	826.6	—37.8
1988	475.2	552.7	1 027.9	—77.5
1989	525.4	591.4	1 116.8	—66
1990	620.9	533.5	1 154.4	87.4
1991	719.1	637.9	1 357	81.2
1992	849.4	805.9	1 655.3	43.5
1993	917.4	1039.6	1 957	—122.2
1994	1 210.1	1 156.2	2 366.3	53.9
1995	1 487.8	1 320.8	2 808.6	167
1996	1 510.5	1 388.3	2 898.8	122.2
1997	1 827.9	1 423.7	3 251.6	404.2
1998	1 837.1	1 402.4	3 239.5	434.7
1999	1 949.3	1 657	3 606.3	292.3
2000	2 492	2 250.9	4 742.9	241.1
2001	2 661	2 435.5	5 096.5	225.5
2002	3 256	2 951.7	6 207.7	304.3
2003	4 382.3	4 127.6	8 509.9	254.7
2004	5 933.6	5 613.8	11 547.4	319.8
2005	7 620	6 601.2	14 221.2	1 018.8
2006	9 690.8	7 916.1	17 606.9	1 774.7
2007	12 180.2	9 558.2	21 738.4	2 622
2008	14 285.5	11 330.9	25 616.4	2 954.6
2009	12 016.6	10 055.6	22 072.2	1 961
2010	15 779.3	13 948.3	29 727.6	1 831
2011	19 038	16 603	35 641	1 551

数据来源：国家外汇管理局，世界银行 WDI 数据库。

4. 中国国际收支资本和金融项目分析

2001—2011 年金融市场得到空前发展壮大，到 2011 年中国已经全面兑现了加入世贸组织对开放金融市场的承诺，中国已经建立比较完善的与社会主义市场经济发展相适应的金融市场架构体系。经济总量和金融资产总量稳步增加，到 2011 年年底银行业总资产已经超过 100 万亿元，年末广义货币供应量($M2$)余额为 85.2 万亿元，比上年末增长 13.6%；狭义货币供应量($M1$)余额为 29.0 万亿元，比上年增长 7.9%；流通中现金($M0$)余额为 5.1 万亿元，比上年增长 13.8%。中国国际收支资本和金融项目发展迅速，由较为稳定的直接投资主导中国国际资本和金融收支结构的阶段已经结束，资本和金融项目开始受到国际金融投机显著影响，表现出更多的不稳定性。资本与金融项目交易规模由 2001 年的 1 642 亿美元增加到 2011 年的 25 754 亿美元，这期间资本与金融项目交易总规模为 127 996 亿美元，平均年交易规模为 11 636 亿美元(见图 7-10)。

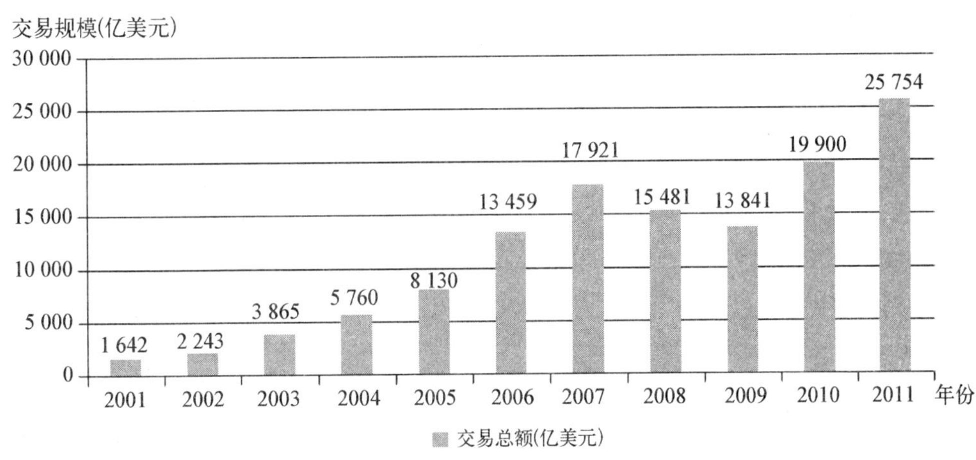

图 7-10　中国国际收支资本与金融项目交易规模(2001—2011)

在资本与金融项目中，2005 年之前，直接投资所占比重较高，2001—2004 年直接投资交易规模累计到 2 487 亿美元，而证券投资和其他投资所占比重相对较小，同期证券投资交易规模只有 731 亿美元，资本和金融收支相对合理。但是，2005 年之后，证券投资和其他投资大量增加且波动剧烈，尤其是其他投资，在 2007 年和 2008 年分别出现—697 亿美元和—1 211亿美元的净流出，之后在 2009 年则实现了 679 亿美元的净流入，在 2010 年则实现了 724 亿美元的净流入，国际资本流入中国的比例逐步加快，人民币升值和资产价格上升压力加大。但在 2011 年其他投资中虽然实现 255 亿美元的资本净流入，但资本流入速度较 2010 年明显减缓，这与人民币升值预期减弱和欧洲债务危机有密切关系(见表 7-6)。

表 7-6

中国国际收支资本和金融项目交易规模与差额(2001—2011)

单位：亿美元

年　份	资本和金融项目(差额)	直接投资(差额)	证券投资(差额)	其他投资(差额)
2001	1 642(348)	567(374)	242(—194)	832(169)
2002	2 243(323)	593(468)	149(—103)	1 500(—41)

（续表）

年 份	资本和金融项目(差额)	直接投资(差额)	证券投资(差额)	其他投资(差额)
2003	3 865(527)	638(472)	132(114)	3 095(−59)
2004	5 760(1 107)	689(531)	208(197)	4 864(379)
2005	8 130(1 010)	1 425(1 059)	489(−49)	6 175(−40)
2006	13 459(526)	1 637(1 029)	1 588(−676)	10 193(133)
2007	17 921(951)	2 033(1 431)	1 093(187)	14 759(−697)
2008	15 481(463)	2 591(1 217)	927(427)	11 927(−1 211)
2009	13 841(1 808)	2 301(703)	1 575(387)	9 919(679)
2010	19 900(2 260)	3 038(1 249)	1 031(240)	15 781(724)
2011	25 754(2 211)	2 698(1 704)	842(196)	21 125(255)

数据来源：国家外汇管理局。

5. 中国国际收支净误差和遗漏

2001—2011 年中国国际收支净误差和遗漏有 5 年时间为资本净流出，另 6 年时间为资本净流入，但前 5 年主要以资本净流入为主，而后 6 年则主要表现为资本净流出，2010 年更达到最高的−597 亿美元，这被归结为统计误差、货币折算问题以及可能存在的走私行为。2011 年净误差和遗漏−350 亿美元，较 2010 年有较为明显下降(见图 7－11)。2008 年以来净误差和遗漏持续为负，这应该主要源于人民币升值预期以及国际经济的剧烈波动。

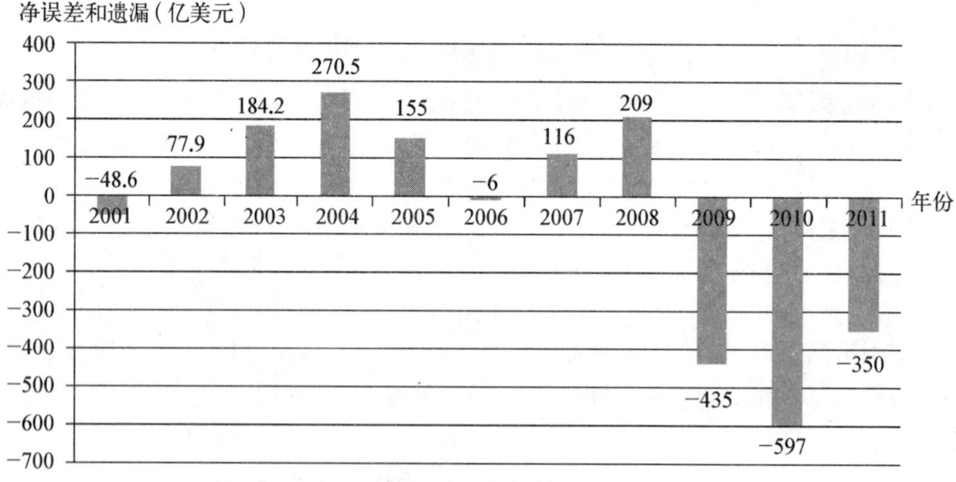

图 7－11 中国国际收支净误差和遗漏(2001—2011)

(二) 中国国际收支长期失衡的原因分析

随着中国经济转型的深入发展，中国经济与世界其他国家关系越来越紧密，经济的开放程度日益扩大，对中国宏观经济分析也应该纳入全球一体化的环境之中，突破传统经济的分析框架，以促使其实现内部均衡与外部均衡的双重均衡。中国国际收支失衡与国际收支风险是多方面的，对中国宏观经济增长存在潜在的不确定性风险也是多方面的。

1. 中国国际收支长期失衡状况与失衡结构

一国国际收支平衡是绝对的，而失衡则是相对的。一般来讲，一国国际收支很难做到绝对平衡，不是顺差就是逆差，只不过是顺差和逆差的程度大小而已。对于国际收支失衡风险来讲，一国国际收支失衡即逆差或顺差达到一定程度时，会对经济发展产生较为明显的影响。国际收支顺差和逆差产生的风险和影响有所不同，短期失衡、临时性失衡或较长期小幅度失衡的影响较为微弱，长期较大幅度失衡则对一国经济产生明显的影响。一般情况下，国际收支顺差失衡的风险要小于国际收支逆差带来的风险。从表象上来看国际收支顺差失衡的风险主要表现在保有大量顺差的机会成本，实际上长期大幅度国际收支顺差的潜在和长期风险并不小于国际收支逆差风险。从经济学视角来看，长期大幅度国际收支顺差是一国国内经济失衡的真实反映和写照，当国内资源配置失衡和不合理时，国际收支也就发生不平衡。

自 1978 年改革开放以来，大部分年份中国国际收支处于顺差状况，这当中只有 1985 年、1986 年和 1989 年的 3 年发生逆差，逆差额分别为 24.5 亿美元、10.9 亿美元和 6 亿美元(见图 7－12)。

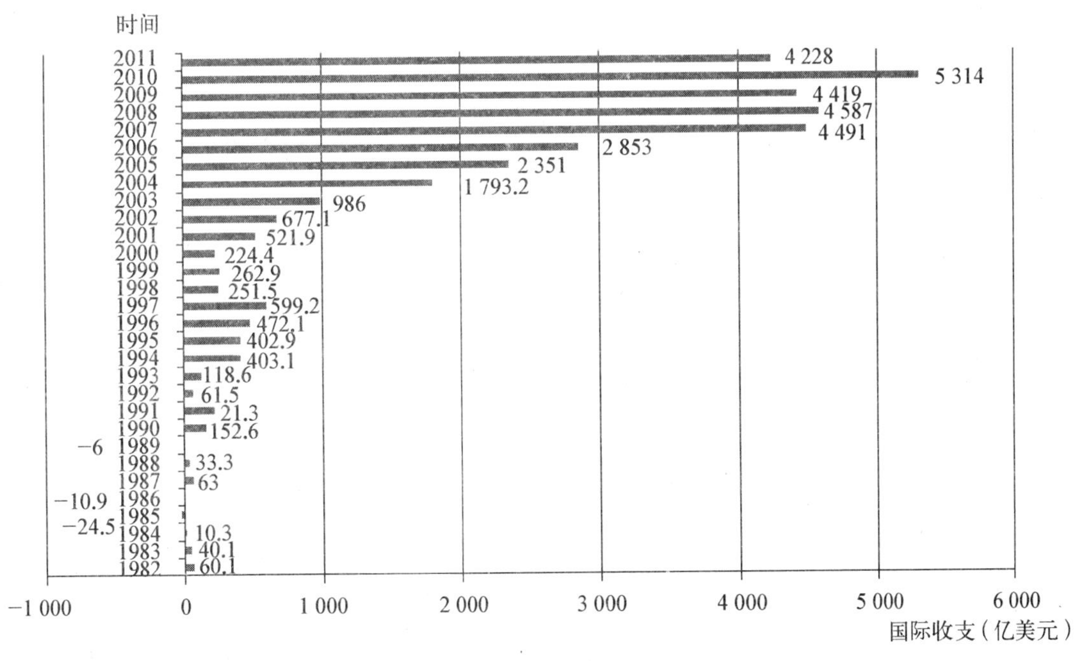

图 7－12　中国国际收支失衡状况分布图(1982—2011)

1994 年中国外汇体制改革以来，中国国际收支持续顺差，特别是中国加入世界贸易组织以来，国际收支不但延续“双顺差”格局，而且顺差规模持续急剧扩大。2011 年，中国国际收支状况在总体上相对改善，国际收支总顺差为 4 228 亿美元，与 2001 年的 521 亿美元相比，这期间中国国际收支顺差扩大了 8 倍以上，而 2010 年顺差总额则高达 5 314 亿美元，中国国际收支总顺差虽然快速增长，但与 2011 年相比，总顺差已由快速增长转为趋于平衡下降的趋势(见图7－13)。

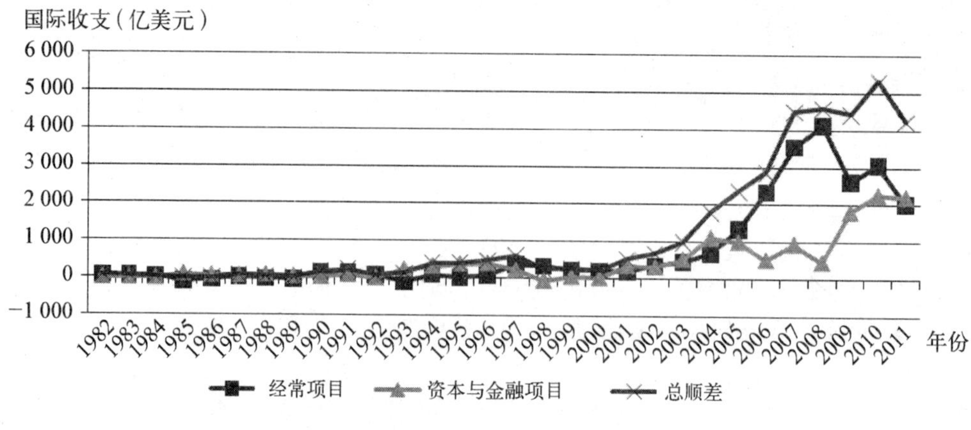

图 7-13　中国国际收支长期失衡结构分布图(1982—2011)

2. 中国国际收支失衡原因分析

中国国际收支长期顺差失衡,一方面是由于实施经济改革和开放政策产生的积极效应,另一方面也反映了国内经济失衡,特别是反映了消费、投资和出口结构失衡和产业结构失衡以及经济发展方式失衡。以“双顺差”格局为特征的单边性国际收支失衡,已经成为中国经济运行的突出问题和深层次矛盾之一,这主要受国内经济发展的长期性和结构性因素的影响。

(1) 国际收支长期失衡是在经济全球化背景下,中国参与国际分工的必然结果。改革开放以来,中国日益良好的投资环境、相对低廉的劳动力等生产要素价格,促使跨国公司在全球分工布局中,逐步将加工制造环节向中国转移,带动了中国外资的流入和进出口顺差的增长。

(2) 国际收支长期失衡是中国经济处于工业化、城镇化和国际化进程中的阶段性特征。现阶段,工业化步伐较快,投资需求较高,制造业产能迅速扩大。在城镇化进程中,农村大量劳动力向城市转移,增加了劳动力市场的供给,形成了一定的国际比较优势。

(3) 国际收支长期失衡是中国储蓄持续大于投资,国内需求不足的外在表现。与发达国家相比,中国居民收入尤其是农民收入仍处于相对较低的水平,再加上社会保障体制改革尚未完全到位,居民预防性储蓄较多,影响了国内需求和消费水平提升到更高层次。此外,国内金融市场发育程度不高,也影响了国内储蓄向投资转化的效率。

(4) 国际收支长期失衡也是跨境资本追求较高投资回报的结果。全球性金融危机爆发,以美国为首的主要经济国家连续降息以应对金融风险,并发展到竞相滥发货币,世界经济陷入深度衰退,国际市场的投资风险显著增加。

经济全球化和一体化趋势在长期还会继续深化。在未来很长时期,经济全球化和一体化给全球经济带来的变化和起伏波动将是剧烈和显著的。中国经济有望保持稳定增长,但增长速度相对稳定是不可改变的趋势,中国国际收支长期顺差失衡状况在未来总体上也会逐步缓解,相应风险也会逐步微微释放。国际经济运行中的各种风险和不确定性将会明显增加,国内经济也将面临一定挑战,中国国际收支形势的复杂性将会增加。随着人民币国际化进程的加快,中国国际收支的结构性风险将会更加凸显。

三、风险度量与预测

(一) 风险度量

1. 国际收支的贸易收支失衡风险度量

1) 贸易收支风险度量的发展与实践

在实践中，国际收支平衡状况的主要评判标准是经常项目差额是否可持续，而经常项目的风险度量主体实际上主要表现为贸易收支风险度量。在资本账户开放的经济体，资本项目通常是经常项目的对冲项，经常项目逆差时资本净流入，经常项目顺差时则资本净流出。对相关国家国际收支危机来说，经常项目逆差是否超过 GDP 的 5%是一个非常关键的早期预警指标。否则，就容易因为资本流入(如对外借债)枯竭甚至逆转，发生本币贬值、债务危机，进而引发全面的金融危机。例如 1994 年的墨西哥、1997 年的泰国和 2001 年的阿根廷。

过去，理论界对于经常项目顺差多少为宜没有统一标准。进入 21 世纪以来，随着国际社会对全球经济失衡愈演愈烈的状况日益担忧，理论界才开始关注经常项目顺差问题。2007 年，国际货币基金组织通过《对成员国汇率政策监督的决定》，要求成员国避免引发外部不稳定，包括过大的经常项目顺差。2010 年年底的二十国集团在首尔峰会上，美国等国家曾经动议，在“均衡、强劲、可持续增长”政策框架下，各国承诺将经常项目差额控制在 GDP 的±4%以内。后由于各方分歧较大，会上没有达成一致，而被一揽子参考性指南所取代，且未设统一的量化标准。欧盟于 2011 年 12 月出台了旨在提高经济财政一体化程度的“六项规则”，其中一项预警指标是经常项目逆差与 GDP 之比不应超过 4%，顺差占比不应超过 6%。经常项目收支是中国对外经济交往的主要形式，也是国际收支顺差、外汇储备增长的主要来源。经常项目大额顺差是中国 2005 年以来才有的现象，以前是顺差和逆差交替出现且规模及占比均不大(见图7-14)。

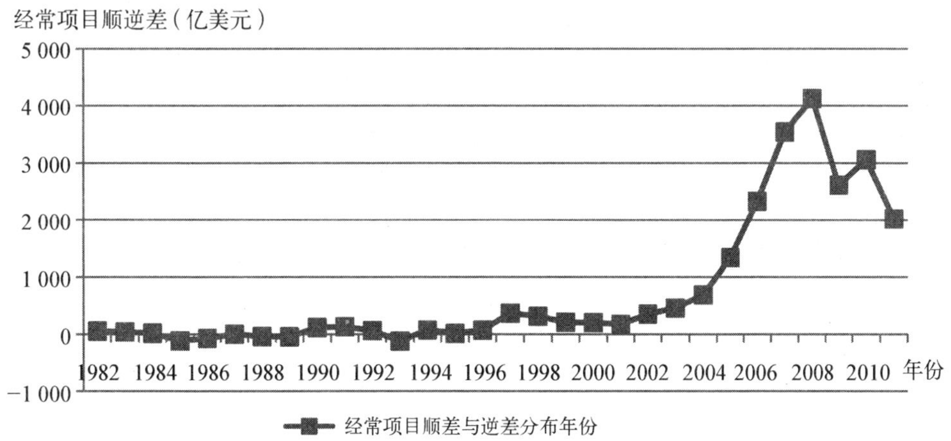

图 7-14 中国国际收支经常项目顺差和逆差分布年份图(1982—2011)

2008 年以来，受周期和结构性因素的共同影响，中国经常项目顺差规模及其占 GDP 之比逐年下降，由 2007 年的 10%下降到 2011 年的 2.8%(见图 7-15)，现已回落到国际认可的合理水平。但由于资本流出渠道不足，相关政策支持尚不到位，民间对外投资特别是金融投资水平较低，无法完全消化经常项目顺差，客观上造成国际收支“双顺差”、外汇储备继续较快增长。

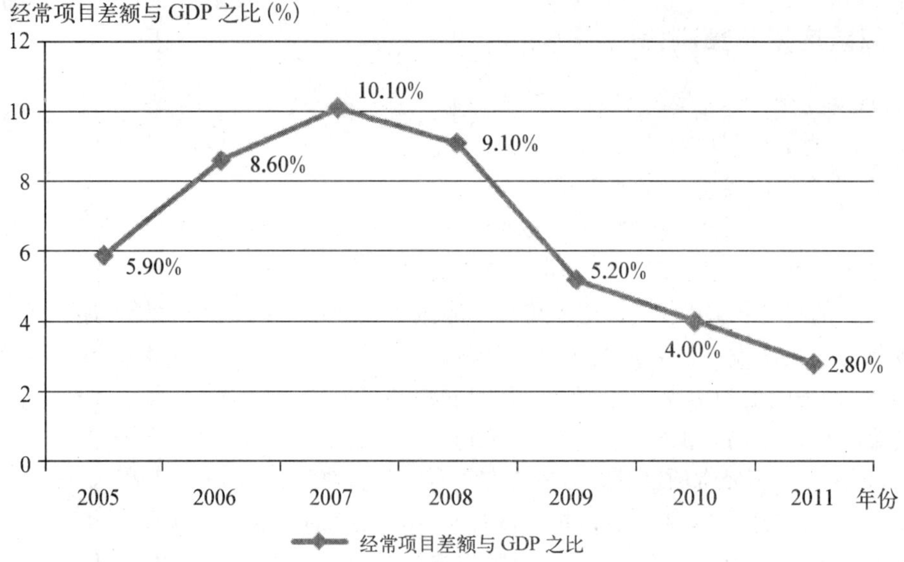

图 7-15 中国国际收支经常项目差额与 GDP 之比(2005—2011)

2）贸易收支决定模型

贸易收支为出口与进口之差，影响出口的因素包括世界经济活动水平、出口价格水平和出口供给能力；影响进口的因素包括国内经济活动水平、进口价格水平和进口替代能力。因此，当我们在仅考虑汇率变动对出口价格水平和进口价格水平的影响时，从贸易收支的决定模型可知，中国贸易收支在理论上由世界总出口水平、国内产出水平、汇率水平以及出口供给能力、进口替代能力等决定。即：

$$TB = EX - IM = f(+EXW - IGDP + REX + S - K) \tag{7-1}$$

式中 EXW——世界总出口水平；

$IGDP$——本国总需求；

REX——人民币兑美元汇率水平；

S——本国对出口的供给能力；

K——本国对进口的替代能力。

中国转型经济时期所取得的一个显著成就是，通过不断实施对外开放政策，外商直接投资持续流入中国，这不但提高了进口替代能力，而且增强了出口供给能力。由于三资企业生产了大量以前需要进口的商品，中国的进口替代能力大大提高，因此在实际估计工业制成品进口时，采用累计直接投资作为反映进口替代能力的解释变量。与此同时，三资企业出口的商品还占据了主要份额，尤其是 20 世纪 90 年代后期以来，三资企业出口的增长尤为明显。2001 年，其出口比重首次超过了 50%，三资企业的出口贡献率都在 60%以上，有的年份甚至超过 80%。到 2011 年年底，中国已累计引进外商直接投资 13 720 亿美元，这是三资企业出口迅速增长的主要原动力。在此采用累计外商直接投资，KDI 同时表示出口供给能力 S 和进口替代能力 K，随着外商直接投资的增加，出口供给能力上升，意味着出口增加；进口替代能力也上升，意味着进口减少，因此，贸易收支上升。引入累计外商直接投资之后，贸易收支决定模型为：

$$TB = EX - IM = f(+EXW - IGDP + REX + KXDI - 1) \tag{7-2}$$

3）贸易收支决定模型检验

中国贸易收支在理论上由世界总出口水平、国内产出水平、汇率水平，以及出口供给能力、进口替代能力等决定。我们使用历年 *RE*(外汇储备余额)、*GWE*(世界出口总额)、*GDP*(国内生产总值)、*ER*(人民币兑美元汇率)、*IP*(工业制造指数)、*FDI*(外商直接投资)代表上述要素(见表 7－7)。

表 7－7

中国贸易收支相关变量数据分析

单位：亿美元

年　份	*RE*	*GWE*	*GDP*	*ER*	*IP*	*FDI*
1990	110.93	34 490	3 569.37	478.32	27.26	34.87
1991	217.12	35 150	3 794.69	532.33	31.18	43.66
1992	194.43	37 660	4 226.61	551.46	37.79	110.08
1993	211.99	37 820	4 405.01	576.2	45.38	275.15
1994	516.2	43 260	5 592.25	861.87	53.96	337.67
1995	735.97	51 640	7 280.07	835.1	61.54	358.49
1996	1 050.29	54 030	8 560.85	831.42	69.24	401.80
1997	1 398.9	55 910	9 526.53	828.98	77.08	442.36
1998	1 449.59	55 010	10 194.59	827.91	83.94	437.52
1999	1 546.75	57 120	10 832.78	827.83	91.09	387.52
2000	1 655.74	64 560	11 984.8	827.84	100	383.98
2001	2 121.65	61 910	13 248.05	827.7	108.67	442.4
2002	2 864.07	64 930	14 538.28	827.7	119.50	493.1
2003	4 032.51	75 860	16 409.67	827.7	134.74	470.8
2004	6 099.32	92 190	19 316.44	827.68	150.25	549.4
2005	8 188.72	104 890	22 570.68	819.17	167.8	1 172
2006	10 663.44	121 120	27 168.69	797.18	189.5	1 241
2007	15 282.49	135 700	34 956.00	760.4	204.1	1 384
2008	19 460.30	157 750	45 218.00	694.8	211.3	1 751
2009	23 991.52	123 180	49 905.00	683.2	224.7	1 142
2010	28 473.38	150 820	59 266.00	676.95	245.1	1 851
2011	31 811.48	182 170	72 981.00	645.88	256.6	2 201

数据来源：国家统计局。

在此，把中国贸易收支相关变量数据使用 EVIEWS 作图 7－16 观察。

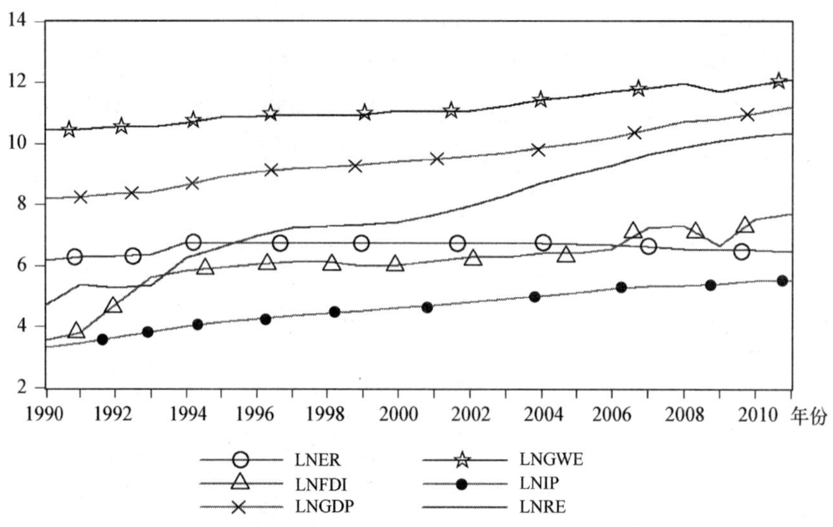

图 7－16　中国贸易收支相关变量因素关系图

对其利用 SPSS 进行相关性检验如表 7－8 所示。

表 7－8

中国贸易收支相关变量相关性

		RE	*GWE*	*GDP*	*ER*	*IP*	*FDI*
RE	Pearson 相关性	1	.942**	.994**	−.168	.922**	.923**
	显著性(双侧)		.000	.000	.454	.000	.000
	N	22	22	22	22	22	22
GWE	Pearson 相关性	.942**	1	.957**	.017	.972**	.936**
	显著性(双侧)	.000		.000	.939	.000	.000
	N	22	22	22	22	22	22
GDP	Pearson 相关性	.994**	.957**	1	−.102	.939**	.942**
	显著性(双侧)	.000	.000		.651	.000	.000
	N	22	22	22	22	22	22
ER	Pearson 相关性	−.168	.017	−.102	1	.122	−.005
	显著性(双侧)	.454	.939	.651		.589	.982
	N	22	22	22	22	22	22
IP	Pearson 相关性	.922**	.972**	.939**	.122	1	.886**
	显著性(双侧)	.000	.000	.000	.589		.000
	N	22	22	22	22	22	22
FDI	Pearson 相关性	.923**	.936**	.942**	−.005	.886**	1
	显著性(双侧)	.000	.000	.000	.982	.000	
	N	22	22	22	22	22	22

** 在 .01 水平(双侧)上显著相关。

检验表明：中国贸易收支相关变量各数据之间，均存在较强的相关性；接下来我们对外汇储备与各因素之间的关系进行进一步探讨。对 6 组原始数据取对数并检验其平稳性（见表7－9）。

表 7－9

中国贸易收支平稳性检验

变 量	检 验 方 法	*t—Statistic*	*Prob*	平稳度
ln *RE*	Augmented Dickey－Fuller Test Statistic	0. 512 362	0. 981 7	平稳***
ln *GWE*	Augmented Dickey－Fuller Test Statistic	0. 302 763	0. 972 6	平稳***
ln *GDP*	Augmented Dickey－Fuller Test Statistic	—1. 880 170	0. 932	平稳***
ln *ER*	Augmented Dickey－Fuller Test Statistic	—2. 688 121	0. 912 2	平稳**
ln *IP*	Augmented Dickey－Fuller Test Statistic	—1. 347 037	0. 578 8	平稳***
ln *FDI*	Augmented Dickey－Fuller Test Statistic	—0. 137 306	0. 93	平稳**

平稳＊＊＊表示在 1％ level 上可信，平稳＊＊表示在 5％ level 上可信。

可以看出，以上数据都是一阶平稳的。先来对 ln*RE* 和 ln*GWE* 进行估计，可得结果：

$$\ln RE = 1.600\,344 \ln GWE - 0.742\,358 \ln GWE(-1) + 0.898\,893 \ln GWE(-2) - 28.218\,98\, C$$

(2. 673 520)　(0. 921 006)　(1. 442 468)　(—18. 831 17)

(0. 016 7)　(0. 370 7)　(0. 168 5)　(0. 786)

R－squared ＝ 0. 974 085

Durbin-Watson stat ＝ 0. 645 025

结果显示，1990—2011 年当年外汇储备与当年世界总出口额呈正相关，世界总出口额增加说明世界范围贸易活动增加，同样说明了国家贸易竞争力的提高使其在世界经济发展时能获得更多的出口份额，从而造成外汇储备增加。

对 ln*RE* 和 ln*GDP* 进行比较分析可得结果：

$$\ln RE = 2.297\,823 \ln GDP - 0.387\,182 \ln GDP(-1) - 0.096\,035 \ln GDP(-2) - 9.595\,069\, C$$

(2. 622 847)　(—0. 264 700)　(—0. 107 758)　(—15. 206 59)

(0. 018 5)　(0. 794 6)　(0. 915 5)　(0. 433)

R－squared ＝ 0. 981 539

Durbin-Watson stat ＝ 1. 528 023

结果表明，外汇储备与当期 GDP 呈正相关，GDP 上升的同时带动外汇储备增加，正表明了当前中国 GDP 中很大一部分是对外贸易商品，同时亦从另一方面显示了中国外向型的经济发展模式。同时从结果中可看出外汇储备与上期 GDP 成反比，可解释为随着 GDP 增长，中国的进口消费提升，贸易顺差开始逐步降低。

对 ln *RE* 和 ln *ER* 进行估计，结果如下：

$$\ln RE = 1.850\,237 \ln ER + 0.066\,445 \ln ER(-1) + 7.108\,043 \ln ER(-2) - 0.551\,754\, C$$
$$(1.631\,007) \quad (0.014\,561) \quad (2.315\,963) \quad (-0.036\,442)$$
$$(0.122\,4) \quad (0.988\,6) \quad (0.234\,2) \quad (0.971\,4)$$

R - squared = 0.816 855

Durbin-Watson stat = 1.625 436

结果显示,本期外汇储蓄与近期汇率成正比,由于此处外汇汇率为直接标价法,可解释为随着汇率的上升即本币贬值造成贸易顺差,使得外汇储备上升。同时,可看到前两年期的汇率对当年的外汇储备影响较大,这可理解为当年本币的贬值使得出口订单增多,但最终影响到外汇储备会有 1 年多的间隔时间。

对 $\ln RE$ 和 $\ln IP$ 进行分析,结果显示如下:

$$\ln RE = 1.185\,869 \ln IP + 2.620\,484 \ln IP(-1) - 1.163\,102 \ln IP(-2) - 4.430\,474\, C$$
$$(0.545\,159) \quad (0.747\,238) \quad (-0.590\,960) \quad (-5.298\,011)$$
$$(0.593\,2) \quad (0.465\,8) \quad (0.562\,8) \quad (0.000\,1)$$

R - squared = 0.986 069

Durbin-Watson stat = 1.883 505

从中我们可以看出,外汇储备与近两期工业制造指数成正比,中国是制造业大国,出口贸易中一大部分是工业制造品,因此制造业指数的上升导致出口增加,同时外汇储备上升。

对 $\ln RE$ 和 $\ln FDI$ 进行分析,结论如下:

$$\ln RE = 1.329\,468 \ln FDI - 0.014\,961 \ln FDI(-1) + 0.688\,147 \ln FDI(-2) - 4.386\,733\, C$$
$$(3.458\,407) \quad (-0.031\,765) \quad (2.144\,627) \quad (-3.865\,493)$$
$$(0.832\,3) \quad (0.647\,7) \quad (0.047\,7) \quad (0.001\,4)$$

R - squared = 0.905 205

Durbin-Watson stat = 1.866 526

外汇储备与本期 *FDI* 成强正比,外商投资并在本国生产直接导致原本需要进口的商品在国内制造,增加了贸易顺差并导致外汇储备增加。

2. 国际收支失衡的货币因素分析与度量

前文已经谈到改革开放以来中国国际收支大部分年份都处于顺差。从初期的经常项目顺差到后来的经常项目与资本和金融项目都处于顺差的双顺差;再到近 10 年一直处于大幅度双顺差阶段。2001—2011 年中国国际收支总差额由 521 亿美元上升到 4 228 亿美元,经常项目差额由 2001 年的 174 亿美元增长到 2011 年的 2 017 亿美元,资本与金融项目差额由 2001 年的 348 亿美元增长到 2011 年的 2 211 亿美元。持续的双顺差格局导致中国外汇储备规模急剧扩大,从 1982 年的 1.67 亿美元到 2001 年的 2 121 亿美元,再到 2011 年年底的31 811亿美元,已经连续多年位居世界首位。

根据传统货币数量论的解释,外汇储备的增加会导致货币供应量的扩张,从而产生物价上涨的压力。在货币数量论的分析框架内,一些学者对外汇储备增加产生的通货膨胀效应进行了分析和研究。从理论上讲,外汇储备的增加,一方面增强了中国国家竞争力,提高了国际地位,而另一方面促使基础货币的被动投放,加大了潜在的通货膨胀压力。Khan(1979)、Mohsen 和 Janardhanan(1997)考察了外汇储备与通货膨胀长期之间的关系,认为长期看外汇储备与通货膨胀是正相关的。方先明、裴平和张谊浩(2006)等通过对2001—2005年的统计数据构建理论模型认为2001年以后中国外汇储备的增加具有明显的通货膨胀效应。李海海、曹阳(2006)通过计量经济模型分析了外汇占款对中国通货膨胀的影响,认为中国外汇占款增加和物价指数上升存在协整关系;并且因果检验得出外汇占款对价格上涨具有单向的传导关系,因而是引起国内通货膨胀的原因。

在现行人民币汇率制度和保持人民币币值稳定的货币政策目标下,中国货币当局不得不持续买入因国际收支顺差带来的外汇资产,这导致与国际储备相对应的货币当局对外净资产快速增加。货币当局的主要资产包括国外净资产FS、对政府债权LG、对其他存款性公司债权LB和对其他金融性公司债权LNMF等;主要负债包括基础货币MB、政府存款DG和发行债券DB等。货币当局的国外净资产FS与其他各项资产和负债共同决定了基础货币,而不断增加的国外净资产主要是由持续上升的外汇储备形成的。

中国多年来实行的外汇结售汇制度和近年来的人民币升值预期,是中国国际收支顺差持续增长的主要因素,持续的国际收支顺差必然引起基础货币投放的被动增加,货币供应量也必然出现乘数倍增。2011年年末,中国狭义货币供给量$M1$为28.984 7万亿元,广义货币供应量$M2$余额为85.159 0万亿元,外汇占款余额25.358 71万亿元。

根据费雪交易方程式$V=PT$,在一定时期内货币流通速度V和社会总交易量T稳定的情况下,货币供应量M的大幅度增长必然引起物价水平的上涨。2011年中国全年居民消费价格比上年上涨5.4%。当前中国货币政策调控面临着对内控制通货膨胀和稳定经济增长,对外实现国际收支平衡的两难困境。为此,我们从外汇储备与$M0$,$M1$及$M2$之间的关系进行分析(见表7-10)。

表7-10

中国货币供应量

单位:亿元人民币

年　份	$M0$	$M1$	$M2$
1990	2 644.4	6 950.7	15 293.40
1991	3 177.8	8 633.3	19 349.90
1992	4 336	11 731.5	25 402.20
1993	5 864.7	16 280.4	34 879.80
1994	7 288.6	20 540.7	46 923.50
1995	7 885.3	23 987.1	60 750.50
1996	8 802	28 514.8	76 094.90
1997	10 177.6	34 826.3	90 995.30
1998	11 204.2	38 953.7	104 498.50
1999	13 455.5	45 837.3	119 897.90
2000	14 652.65	53 147.15	134 610.26
2001	15 688.8	59 871.59	158 301.92

（续表）

年 份	$M0$	$M1$	$M2$
2002	17 278.03	70 881.79	185 006.97
2003	19 745.99	84 118.57	221 222.82
2004	21 468.3	95 970.82	253 207.70
2005	24 031.67	107 278.76	298 755.67
2006	27 072.62	126 035.13	345 603.59
2007	30 334.32	152 519.17	403 401.30
2008	34 218.96	166 217.13	475 166.60
2009	38 246.97	221 445.81	610 224.52
2010	44 628.17	266 621.54	725 851.79
2011	50 748.50	289 847.73	851 590.94
2012.03	49 595.74	277 998.11	895 565.50

数据来源：中国人民银行。

在此，把外汇储备(RE)、$M0$，$M1$ 及 $M2$ 等数据作图，结果发现其大致呈正相关，然而增长率即斜率是不同的，如图 7－17 所示。

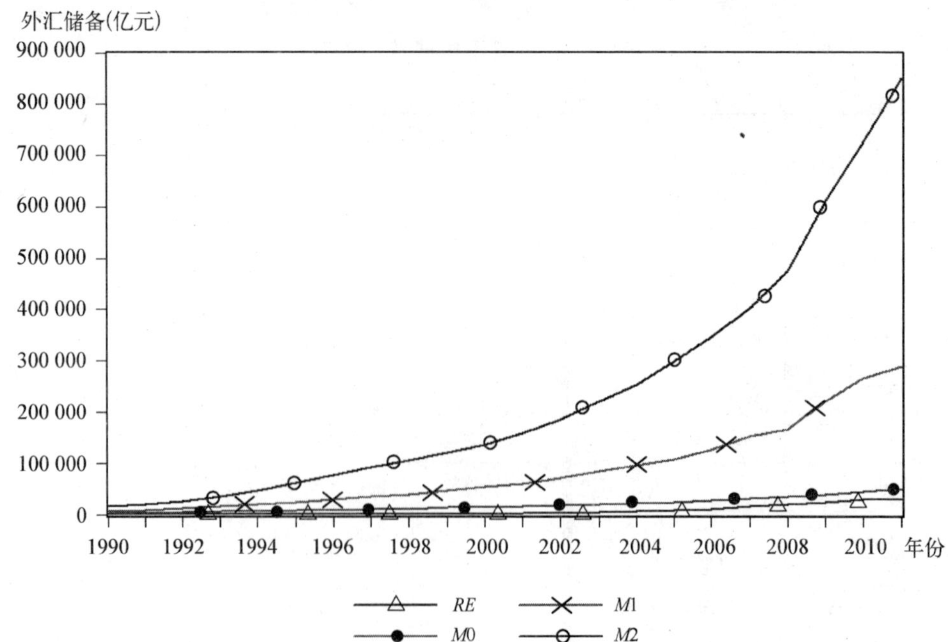

图 7－17 中国外汇储备与 $M0$、$M1$ 及 $M2$ 关系图(1990—2011)

对 RE 和 $M0/M1/M2$ 进行相关性检验，可得出下列结论(见表 7－11)。

表 7-11

RE 和 M0/M1/M2 相关性检验

		RE	M0	M1	M2
RE	Pearson 相关性	1	.965**	.986**	.988**
	显著性(双侧)		.000	.000	.000
	N	22	22	22	22
M0	Pearson 相关性	.965**	1	.991**	.990**
	显著性(双侧)	.000		.000	.000
	N	22	22	22	22
M1	Pearson 相关性	.986**	.991**	1	.999**
	显著性(双侧)	.000	.000		.000
	N	22	22	22	22
M2	Pearson 相关性	.988**	.990**	.999**	1
	显著性(双侧)	.000	.000	.000	
	N	22	22	22	22

** 在 .01 水平(双侧)上显著相关。

检验表明：RE 和 M0、M1、M2 各数据之间均存在较强的相关性，接下来我们对外汇储备与各因素之间关系作进一步探讨。取对数并检验其平稳性(见表 7-12)。

表 7-12

外汇储备额与货币供给平稳性检验

变　量	检验方法	t-Statistic	Prob	平稳度
lnM0	Augmented Dickey-Fuller Test Statistic	−3.166 551	0.936 8	平稳***
lnM1	Augmented Dickey-Fuller Test Statistic	0.269 292	0.969 3	平稳***
lnM2	Augmented Dickey-Fuller Test Statistic	−1.351 150	0.984 6	平稳***

注：平稳***表示在 1% level 上可信，平稳**表示在 5% level 上可信。

可以看出，以上数据都是一阶平稳的，先来对 lnM0，lnM1，lnM2 和 lnRE 进行估计并分析其关系，可得结果：

$$\ln M0 = 0.320\,519\ \ln RE - 0.203\,929\ \ln RE(-1) + 0.319\,828\ \ln RE(-2) + 6.311\,764\ C$$

$$\begin{array}{llll} 4.010\,523 & -1.890\,880 & 4.363\,135 & 70.256\,25 \\ 0.800\,10 & 0.876\,9 & 0.000\,5 & 0.411 \end{array}$$

$R\text{-}squared = 0.991\,452$

$Durbin\text{-}Watson\ stat = 1.779\,668$

$$\ln M1 = 0.386\,674\ \ln RE - 0.154\,284\ \ln RE(-1) + 0.359\,597\ \ln RE(-2) + 6.471\,105\ C$$

3.762 838　　−1.112 576　　3.815 233　　56.018 99

0.661 7　　0.282 3　　0.001 5　　0.321 1

R-squared = 0.992 269

Durbin-Watson stat = 1.963 724

$$\ln M2 = 0.418\,946\ \ln RE - 0.100\,406\ \ln RE(-1) + 0.318\,564\ \ln RE(-2) + 7.056\,424\ C$$

4.112 301　　−0.730 342　　3.409 247　　61.616 62

0.701　　0.475 7　　0.336　　0.558

R-squared = 0.993 403

Durbin-Watson stat = 1.825 546

对比上述3个关系，可以认为外汇储备变动对于货币投放有着明显的影响，然而影响程度却不同，当期M2对于当期外汇储备最为敏感，M1、M0影响则会依次递减。虽然目前来看，外汇占款进入流通领域是不完全的，然而，它的影响却是长期存在的，中国人民银行近年来多次频繁调整存款准备金利率，到2011年6月20日存款准备金最高调整到21.50%（见表7-13），其中一个重要目的就是为了冲销外汇占款问题。2011年下半年以来，随着欧洲危机的不断蔓延升级和国内经济增速的减缓，中国人民银行又陆续开始下调存款准备金，释放流动性。因此在外汇储备持续增加的背景下，当务之急是要严格控制不断增加的资本项目顺差，以预防大的风险的产生。

表7-13

2010年以来中国存款准备金率调整频率与幅度

时　　间	调整前(%)	调整后(%)	调整幅度(%)
2012年5月18日	(大型金融机构)20.50	20.00	−0.5
	(中小金融机构)17.00	16.50	−0.5
2012年2月24日	(大型金融机构)21.00	20.50	−0.5
	(中小金融机构)17.50	17.00	−0.5
2011年12月5日	(大型金融机构)21.50	21.00	−0.5
	(中小金融机构)18.00	17.50	−0.5
2011年6月20日	(大型金融机构)21.00	21.50	0.5
	(中小金融机构)17.50	18.00	0.5
2011年5月18日	(大型金融机构)20.50	21.00	0.5
	(中小金融机构)17.00	17.50	0.5
2011年4月21日	(大型金融机构)20.00	20.50	0.5
	(中小金融机构)16.50	17.00	0.5
2011年3月25日	(大型金融机构)19.50	20.00	0.5
	(中小金融机构)16.00	16.50	0.5

（续表）

时　　间	调整前(%)	调整后(%)	调整幅度(%)
2011 年 2 月 24 日	(大型金融机构)19.00	19.50	0.5
	(中小金融机构)15.50	16.00	0.5
2011 年 1 月 20 日	(大型金融机构)18.50	19.00	0.5
	(中小金融机构)15.00	15.50	0.5
2010 年 12 月 20 日	(大型金融机构)18.00	18.50	0.5
	(中小金融机构)14.50	15.00	0.5
2010 年 11 月 29 日	(大型金融机构)17.50	18.00	0.5
	(中小金融机构)14.00	14.50	0.5
2010 年 11 月 16 日	(大型金融机构)17.00	17.50	0.5
	(中小金融机构)13.50	14.00	0.5
2010 年 5 月 10 日	(大型金融机构)16.50	17.00	0.5
	(中小金融机构)13.50	不调整	—
2010 年 2 月 25 日	(大型金融机构)16.00	16.50	0.5
	(中小金融机构)13.50	不调整	—
2010 年 1 月 18 日	(大型金融机构)15.50	16.00	0.5
	(中小金融机构)13.50	不调整	—

3. 国际收支失衡的对外净资产风险度量

中国国家外汇管理局公布的 2010 年年末中国国际投资头寸表显示，截至 2011 年年末，中国对外金融资产存量 47 182 亿美元，较 2010 年年末增长 15%。从项目构成看，储备资产 32 558亿美元，占 69%；对外直接投资 3 642 亿美元，占 8%；证券投资 2 600 亿美元，占 6%；其他投资 8 382 亿美元，占 18%。对外金融资产主要集中在货币当局，以外汇储备为主。高额的储备资产主要来源于经常项目和资本项目“双顺差”的多年累积。保持充足的外汇储备对确保国际清偿能力，维护国家经济金融安全具有重大意义。但另一方面，其他形式的外汇资金运用占比较低，也显示中国扩大对外投资渠道尚有较大潜力。数据还显示，到 2011 年年底，中国持有国外证券投资比例持续增大，其中持有美国国债 11 601 亿美元，为美国国债第一大债权国（见表 7－13）。

2011 年，中国外债变动呈现以下主要特点：一是全年外债总体呈现增长态势。其中，前 3 个季度增长较快，第四季度环比略有下降。2011 年第一至第四季度，外债余额季环比分别增长 6.8%、9.7%、8.5%和－0.31%。二是外债总规模继续大幅上升。这主要来自中资金融机构、外商投资企业外债和企业间贸易信贷余额的较快增长。2011 年年末，外债总规模同比增长 26.61%。其中，中资金融机构、外商投资企业外债余额和企业间贸易信贷余额分别较 2010 年年末增长 56.62%、24.44%和 17.99%，对外债总规模增长的贡献率分别为 52.46%、18.34%和 26.02%，三者合计达 96.82%。中资金融机构外债增长主要来自非居民存款和为进出口企业提供贸易融资(远期信用证、海外代付)项下对外债务增加,外商投资企业外债增长主要来自境外股东贷款增加。三是短期外债增速较快。这主要来自中资金融机构短期外债和企业间贸易信贷余额的快速增长。2011 年年末,短期外债(剩余期限)余额较 2010 年年末增长33.33%,高出外债总体增速近 7 个百分点。其中,中资金融机构短期外债余额和企业间贸易信贷余额增加对短期外债余额增长的贡献率合计达 92.7%。四是中长期外债项下净流入呈下降态势。2011 年,中国新借入中长期外债 444.47 亿美元,同比上升 5.39%;偿还中长期外债本金 331.65 亿美元,同比上升 22.01%;支付利息 22.75 亿美元,同比下降 24.34%。2011 年,中长期外债项下净流入资金 90.07 亿美元,同比下降 24.85%。据初步计算,2011 年,中国外债负债率(外债余额与当年国内生产总值之比)为 9.52%,债务率(外债余额与当年国际收支统计口径的货物与服务贸易出口收入之比)为 33.31%,偿债率(中长期外债还本付息与短期外债付息额之和与当年国际收支统计口径的货物与服务贸易出口收入之比)为 1.72%,短期外债与外汇储备的比例为 15.75%,均在国际公认的安全线之内。

随着中国外汇储备的日渐增加,外汇储备的保值与增值压力日益增大,因而造成国家对外投资冲动加大,这往往会造成风险的过多积累。在缺乏更好的投资手段时,对外投资的结果表现为对外净资产的增加,其中以对美国国债的购买最为明显。

表 7-14

中国外汇储备与中国持有美国国债数量

单位:亿美元

年 份	外汇储备	美国国债
2000	1 655.74	603
2001	2 121.65	786
2002	2 864.07	1 184
2003	4 032.51	1 590
2004	6 099.32	2 229
2005	8 188.72	3 100
2006	10 663.40	3 969
2007	15 282.49	4 776
2008	19 460.30	7 274
2009	23 991.52	8 948
2010	28 473.30	11 601
2011	31 811.48	11 519
2012.3	33 049.71	11 699

数据来源:中国国家统计局数据库及美国财政部网站。

从表 7-14 可以看出,外汇储备的增长伴随着美国国债持有数的增加。这说明在中国外汇储备投资选择中,美国国债一直是外汇储备投资的重要选择。虽然随着外汇储备规模的不断增加,中国购买美国国债的数量也不断增加,但美国国债占中国外汇储备的比例基本保持稳定。2000—2011 年，中国持有美国国债占外汇储备的比重最高为 2002 年，占 41%，最低为 2007 年，占 31%；大部分年份为 35%～38%；最高持有美国国债占外汇储备的年平均比重为 37%（见图 7-18）。

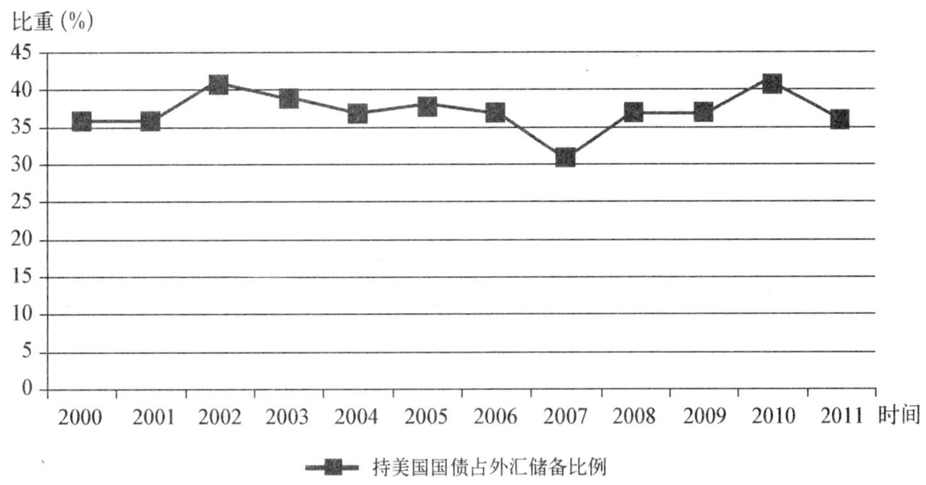

图 7-18　中国持有美国国债占外汇储备的比重（2000—2011）

对上述数据变量进行 Pairwise Granger Causality Tests，ATS（American Treasury Securities）。

Pairwise Granger Causality Tests
Date：2005/29/11　Time：02:15
Sample：2000—2010 年
Lags：2

Null Hypothesis	Obs	F-Statistic	Probability
ATS does not Granger Cause *RE*	9	0.221 34	0.810 64
RE does not Granger Cause *ATS*		7.171 39	0.047 55

可以看出，在 alpha＝0.05 的显著性水平下，外汇储备是持有美国国债的格兰杰原因，由此证实了外汇储备的增加是购买美国国债的推动力，可以进行回归找出之间关系。

$$ATS = -0.212\,72\,RE + 0.736\,718\,RE(-1) - 0.229\,66\,RE(-2) + 0.254\,598\,RE(-3) + 536.153\,9\,C$$

$R\text{-}squared = 0.999\,524$

$Durbin\text{-}Watson\ stat = 2.414\,79$

美国国债数量与上期外汇储备呈强烈正相关关系，上期外汇储备增加将导致购买更多国债。

从中国对外净资产构成来看，中国对外净资产为正，主要是高比例的储备资产，以及 1998 年开始为正的债务型净资产，2004 年以来呈较快上升的趋势，主要是中国持有外国中长期债券的上升。而 FDI 净资产为负，表明 FDI 负债远大于中国对外直接投资资产，2005 年以前中国对外直接投资增长一直较为缓慢，从 2005 年起中国对外直接投资开始加快，到 2011 年对外直接投资最高达 671 亿美元。2011 年，外国来华直接投资流入 2 543 亿美元，较上年减少

4%;净流入 2 201 亿美元,较上年减少 10%,但仍居历史高位。直接投资净流入是中国国际收支顺差的主要来源。2011 年,中国直接投资顺差 1 704 亿美元,较 2010 年减少 8%(见图 7-19)。直接投资顺差在国际收支总顺差中的占比近年来总体呈现下降趋势,其他形式的资本流动对中国国际收支状况的影响加大。2011 年该比重为 40%,较 2009 年的低谷回升了 24 个百分点,再次凸显金融动荡时期直接投资对于中国国际收支状况的稳定作用,同时也表明国际长期投资继续看好中国。

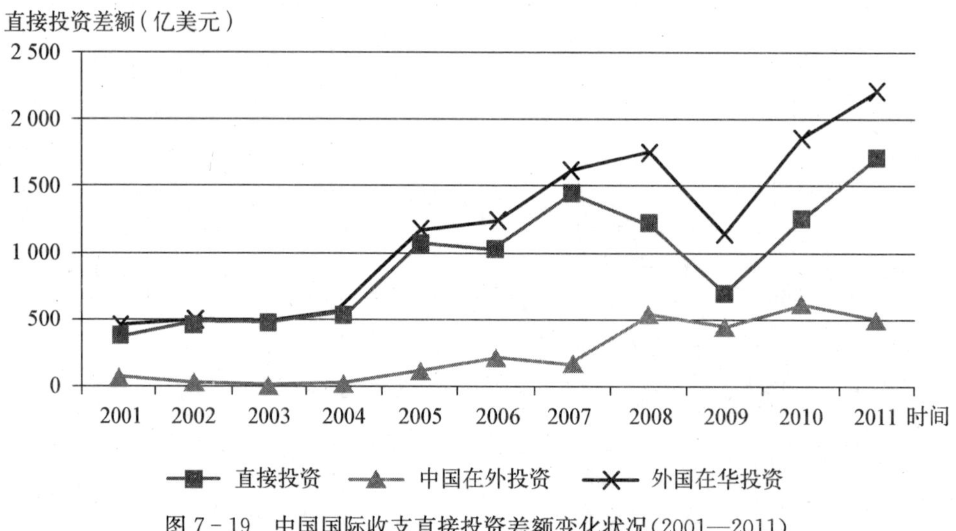

图 7-19 中国国际收支直接投资差额变化状况(2001—2011)

(二) 风险预测

基于上述中国国际收支结构分析和数量分析,在发掘和论证检验中国国际收支失衡各个变量之间的相互关系和相互影响的作用机理下,设计国际收支风险监测与预警指标,建立中国国际收支风险指数,对中国面临的国际收支风险进行预测。

1. 国际收支失衡风险指标体系

国际收支风险是在国际收支状况可能恶化的情况下出现的风险,其包括国际收支自身存在的风险以及可能对宏观经济运行产生的不利影响。国际收支风险具有客观性,伴随着国际经济活动和国际贸易与资本流动而产生,是一种常态;国际收支风险具有扩散性,不是某种孤立的系统内风险,可以通过某些传导机制进行扩散;国际收支风险具有可识性,可以通过一些国际经济金融指标被认知。尽管在实践中准确预测国际收支风险存在较大难度,但国际收支风险在一定程度上是可测的。

根据相关的风险监测和预警理论,国际收支风险预测最基本的要素是确定相关的国际收支风险指标,通过观测这些指标对国际收支出现的异常变动进行分析和监测,进而预测可能发生的国际收支风险及其对宏观经济运行产生的不确定性。然而,影响国际经济金融稳定的因素十分复杂,而且各种因素的相对重要性及相互作用也因一国的发展水平、开放程度、经济周期、经济结构以及政府干预程度的不同而大相径庭。借鉴和吸收相关风险监测和预警系统的研究成果,并基于我们对中国国际收支失衡风险的传导机制进行的理论和实证研究,我们制定了 7 项国际收支风险指标(见表 7-15)。其中,反映国际收支自身风险的四项指标为出口增长率、FDI 增长率、贸易收支/GDP 和(FDI+经常收支)/GDP,反映国际收支对宏观经济不利影响的三项指标为对外开放度、国际储备变动/GDP 和国际储备变动/基础货币变动。

2. 国际收支失衡风险度量指数

国际收支风险指标体系确定后，要进一步对每一个指标确定不同风险状态的临界值。确定国际收支风险指标临界值较为困难。临界值的确定在国际上有公认标准的，将根据国际标准来确定；临界值的确定没有国际标准的，将根据中国经济不同发展阶段的特征，结合国际收支运行的特点，计算出该指标的最高、最低和平均值，并确定上下浮动比例，或者采用自回归移动平均 ARMA 模型，利用时间序列过去值的加权求和，来建立一个平稳的时间序列模型，以确定单个指标的临界值。

表 7－15 给出了各项国际收支风险指标的临界值。我们根据风险指标所处安全状态的不同，给出具体得分。处于安全状态的，得 0 分；处于关注状态的，得 1 分；处于风险状态的，得 2 分；处于预警状态的，得 3 分。然后，将各风险指标得分进行加总，得到国际收支风险指标体系的综合得分。

表 7－15

国际收支风险指标及其临界值

风险指标	风险状态			
	安全	关注	风险	预警
出口增长率(%)	5～10	－5～5，10～20	－15～－5，20～30	－15 以下，30 以上
FDI 增长率(%)	5～10	－5～5，10～20	－15～－5，20～30	－15 以下，30 以上
贸易收支/GDP(%)	－2～＋3	－3～－2，3～6	－5～－3，6～8	－5 以下，8 以上
(FDI＋经常收支)/GDP(%)	0～＋5	－2～0，5～8	－3～－2，8～10	－3 以下，10 以上
对外开放度(%)	30 以下	30～50	50～70	70 以上
国际储备变动/GDP(%)	－1～＋3	－2～－1，3～6	－3～－2，6～9	－3 以下，9 以上
国际储备变动/基础货币变动(%)	25 以下	25～40	40～60	60 以上

基于国际收支风险指标体系的综合得分，我们对国际收支风险指数进行分级，如表 7－16 所示。国际收支风险共分 5 个等级：安全、较安全、一般、较危险和危险，其相关的国际收支风险指数为 1～5，而所对应的综合得分区间由表 7－16 给出。国际收支风险指数从低到高，意味着国际收支风险不断加大。

表 7－16

国际收支风险指数分级

风险等级	风险指数	综合得分	含　　义
安　全	1	0～4	收支适度
较安全	2	5～8	收支相对适度，不会有大的风险

（续表）

风险等级	风险指数	综合得分	含　义
一　般	3	9～12	收支有一定风险，出现各种对宏观经济不利的影响
较危险	4	13～16	须立即重视收支风险的存在，施行各种措施进行调节
危　险	5	17～21	收支风险极大，须采取紧急措施纠正

3. 2012 年中国国际收支风险指数预测

2008 年，美国次贷危机引发的国际金融危机爆发以来，中国政府全面积极应对这场危机，推出了包括 4 万亿元投资在内的一系列宽松的财政政策和积极的货币政策，以及行政干预措施。这些措施的推出和实施使中国经济在遭受国际金融危机严重影响下较快恢复起来，到 2011 年年底绝大部分经济指标已经恢复或全面达到和超过危机前水平。但这一系列刺激经济的措施，在复苏国内经济的同时也引起新的问题：国内通货膨胀连续居高不下，2011 年全年 CPI 上涨 5.4%；经济发展方式转变困难重重，通货膨胀与经济下滑局面并存。国际金融市场跌宕起伏，欧洲债务危机延绵起伏，危机重重。在此国际背景下，我们对 2012 年各项国际收支风险指标进行预测，表 7 - 17 给出了 2012 年各项国际收支风险指标的预测区间。

表 7 - 17

2012 年国际收支风险指标预测区间及其风险状态

风 险 指 标	预 测 区 间	风 险 状 态	各 项 得 分
出口增长率(%)	10～18	关注	1 分
FDI 增长率(%)	7～12	关注	0.5 分
贸易收支/GDP(%)	2～3	安全	0
(FDI+经常收支)/GDP(%)	4～8	关注	1 分
对外开放度(%)	47～52	关注	1 分
国际储备变动/GDP(%)	4～7	关注	1 分
国际储备变动/基础货币变动(%)	45～55	关注到风险区间	1.5 分

2012 年经济形势总判断　预计 2012 年全球经济复苏放缓，国际资本流动不确定性依然较大。面对高企的政府债务，欧美等发达经济体将继续实施紧缩财政政策，经济增长提升空间有限。根据国际货币基金组织先前预计，2012 年全年全球经济增长 3.3%，较 2011 年放慢0.5 个百分点；世界贸易总量增长 3.8%，较 2011 年下滑 3.1 个百分点。同时，美国、欧洲等主要发达经济体货币政策仍将维持宽松，全球流动性充裕的基础依然存在，但国际金融监管进一步趋严，欧债危机有可能继续向欧元区其他高负债国家蔓延，银行业风险和主权债务风险交织上升，再加上地缘政治事件等不稳定因素，全球资金避险情绪可能会有所起伏，导致跨境资本流动出现较大波动。

2012 年是中国“十二五”规划启动第二年和关键之年，中国国际收支将继续保持较大顺差格局，但顺差仍将继续缓慢下降。全球经济持续复苏之路艰难而漫长，国际贸易和投资活动受不确定因素影响将加大。2012 年中国经济将继续保持增长趋势，预计增长为 8.2%，增长速度较 2011 年将继续减缓。

我们预测，2012 年中国出口增长率和 FDI 增长率为 10%～18%。世界总出口水平和外商直接投资等正向影响因素出现下降，而中国经济增长等反向影响因素也出现回落。相对于 2011 年的 2.8%，贸易收支/GDP 将保持相对平稳，2012 年其预测区间为 2%～3%。由于外商直接投资稳步增长，经常收支也因贸易收支等继续保持稳步回升，相对于 2011 年的 6%，(FDI＋经常收支)/GDP 将相对平稳，2012 年其预测区间为 4%～8%。2012 年对外开放度[(出口＋进口)/GDP]预测区间为 47%～52%。由于贸易收支顺差下降将导致经常收支小幅下降，而 FDI 回稳和对外投资增加会导致资本收支下降，国际储备增速将继续放缓。2012 年国际储备变动/GDP 将出现回落，其预测区间为 4%～7%；2012 年国际储备变动/基础货币变动也将出现回落，其预测区间为 41%～50%。

根据上述预测结果，我们可以判断各项国际收支风险指标所处的风险状态及其相应得分。出口增长率于 2012 年所处的风险状态为“关注”，得 1 分；FDI 增长率于 2012 年所处的风险状态为“安全”到“关注”区间，得 0.5 分；贸易收支/GDP 于 2012 年所处的风险状态为“安全”，得 0；(FDI＋经常收支)/GDP 于 2012 年所处的风险状态为“关注”，得 1 分；对外开放度于 2012 年所处的风险状态为“关注”，得 1 分；国际储备变动/GDP 于 2012 年所处的风险状态为“关注”，得 1 分；国际储备变动/基础货币变动 2012 年所处的风险状态为“关注”到“风险”区间，得 1.5 分。

将上述 5 项国际收支风险指标得分进行加总，并按照表 7 - 16 给出的国际收支风险分级标准，我们得到 2012 年中国国际收支风险体系的综合得分区间为 6 分，与此相对应的国际收支风险指数等级为较安全，即 2012 年中国国际收支处于较安全状态，这是近年来中国国际收支失衡状况得到最好改善的 1 年。中国经济运行中会遇到一系列的风险和困难，但由于中国国际收支处于从长期超额顺差向顺差减少阶段的转换时期，巨额的外汇储备和改革开放以来所取得的巨大经济成果对缓解和防范各种风险都具有较大的积极作用，因而，2012 年中国国际收支处于较为安全区域。

四、风险管理

国际收支失衡影响一个国家或地区的经济健康稳定运行，因此，世界各国对于国际收支不平衡的调节与控制都十分重视。这是因为持续的巨额国际收支逆差，会耗费大量的国际储备，导致国内通货紧缩和生产下降，会削弱该国货币和国家信用的国际地位。如果逆差主要是由资本流出引起的，则会造成本国的资金短缺，利率上升，从而使该国消费和生产下降；如果逆差主要是由进口大于出口引起的，则会导致本国开工不足，失业增加，国民收入下降。持续的巨额国际收支顺差，会导致本币汇率上升，抑制出口，削弱本国商品的国际竞争力，会使国际储备大量增加，国内货币供应量增加，引发通货膨胀；如果顺差主要是由出口大于进口引起的，会减少国内生产资源，影响本国经济发展，容易造成与主要贸易伙伴国之间的摩擦，不利于国际经济关系的正常发展。

(一) 形势展望

2012 年是“十二五”的关键之年，是中国全面建设小康社会的关键时期和深化改革开放、加快转变经济发展方式的攻坚时期。

从世界范围来看，国际经济运行环境复杂多变，世界经济增长普遍放缓，全球货币政策继续维持宽松。国际金融市场动荡加剧,欧美债务危机不断发酵,稳定金融任重而道远,全球经济转型还缺乏新的引擎和突破口。

从国内看:一方面,中国发展的有利条件和长期向好的趋势没有改变,经济发展方式继续得到转变,产业结构升级和深化有序进行,第三产业在国民经济中的比重继续提升,科技和教育水平整体提升,劳动力素质不断提高,基础设施日益完善,政府调控经济运行的能力和水平有所提升;另一方面,中国社会经济发展进入新的历史时期,国际国内影响经济与社会发展的有利和不利因素日益增多和加大,各种利益诉求和新的社会矛盾不断凸显,国际收支失衡状况改善的机遇与挑战并存。

2012 年,中国经济将保持平稳较快发展,经济增长的内生性继续增强。虽然全年经济增长目标有所下调,但在工业化、城镇化等长期增长因素的推进下,中国经济发展前景依然向好。据国际货币基金组织最新预测,2012 年中国经济增长有望达到 8.2%,在全球范围内仍位于前列。中国经济发展的质量和效益将有所提升,通过加快经济发展方式转变和经济结构调整,内需对经济增长的作用将进一步增强,而国内物价水平上半年已经逐步回落,全年物价水平将保持在 4%以下。同时,在消费、投资和出口结构中,中国将进一步落实扩大消费需求、增加进口和“走出去”战略。由于上半年经济下滑较大,政府在投资方面也开始明显加大节奏和力度。从外部均衡角度来看,2012 年,中国国际收支仍将保持较大顺差,但顺差将有较大幅度下降。从国际收支平衡角度来看,国际收支失衡状况将进一步得到改善,但这种改善将是在今后较长时期国内经济发展方式转变中痛苦地、渐进地改善的。

(二) 政策取向

2012 年,中国将继续通过加快转变经济发展方式,推进经济结构战略性调整,进一步扩大内需特别是消费需求,使经济增长转向消费、投资、出口协调拉动;在稳定出口的同时增加进口,促进对外贸易更趋平衡;科学地减少国际收支顺差,拓宽资金流出渠道,加快人民币国际化,努力促进国际收支状况改善。

(1) 进一步优化中国经济内部均衡,改善贸易收支失衡状况。中国贸易收支长期失衡的重要原因之一是中国在储蓄、投资、消费和出口结构中的不平衡。多年来,中国的外贸依存度居高不下,外贸依存度虽然从 2006 年最高的 65%下降到 2011 年的 50.1%,但相对于发达国家 30%左右的外贸依存度来说仍然显得过高。因此,我们要进一步正确处理好投资和消费、内需与外需的关系,要积极扩大内需,努力降低出口依赖,积极改善贸易收支失衡状况,降低国际收支失衡风险。

(2) 进一步优化直接投资结构,改善资本与金融项目失衡状况。1982—2011 年的 29 年间中国国际收支资本与金融项目只有 1983 年、1984 年、1992 年和 1998 年 4 年时间逆差,累计逆差额为 78 亿美元,而自 1999 年以来中国国际收支已经连续 12 年顺差,12 年累计顺差额为 11 605亿美元。2011 年中国资本与金融项目顺差额为 2 211 亿美元,顺差额占当年国际收支顺差总额的 52.37%,占当年 GDP 总额的 3%,而同期中国经常项目顺差总额占国际收支顺差总额和 GDP 总额比重分别为 47.7%和 2.8%,这说明中国国际收支顺差的主要构成已经从过去的经常项目转换到资本与金融项目。因此,强化和优化资本与金融项目管理成为中国国际收支失衡调节与管理的重要内容。长期以来中国大力鼓励和引进外国直接投资,而外国对华直接投资构成中国国际收支资本与金融项目失衡的主体。要积极引导外商直接投资顺应经济发展方式转变,积极鼓励节能环保、低耗能、低污染的新兴战略产业投资;同时,继续实施“走出去”战略，要支持和鼓励中国企业的对外投资，合理配置外汇资产，减少国际收支风险，全面优化资本与金融项目的投资结构。

(3) 进一步完善人民币汇率机制，化解和防范汇率风险对国际收支的不利影响。在2011年扩大人民币汇率浮动幅度的基础上，按照“主动、渐进和可控”的原则进一步完善浮动汇率的管理，逐步增加人民币汇率弹性，合理引导人民币升值预期和资本流动。2012年面对欧洲债务危机的持续冲击和影响，我们要加强对短期资本流动的监控，抑制投机性热钱的频繁流入和流出，特别是提前设计与预防“金猪国家”危机恶化和演化的预警防范机制，尽可能减少对中国经济的冲击。

总之，只要我们认真坚持与贯彻落实科学发展、坚定决心和下大力气加快转变经济发展方式和调整经济结构，科学协调投资、消费和出口结构，有效提高全体人民的收入水平，构建扩大内需长效机制，从战略角度高度重视、科学防范和化解中国国际收支失衡风险，就一定能够有效地改善中国国际收支失衡状况，实现中国经济的健康和持续、稳步发展。

附表

中国国际收支概览：1982—2011 年

单位：亿美元

项目 \ 年份	1982	1983	1984	1985	1986	1987	1988	1989	1990	1991	1992	1993	1994	1995
经常项目	56.7	42.4	20.3	−114.2	−70.3	3.0	−38.0	−43.2	120.0	132.7	64.0	−116.1	76.6	16.2
货物	42.5	19.9	0.1	−131.2	−91.4	−16.6	−53.2	−56.2	91.7	87.4	51.8	−106.5	72.9	180.5
贷方	211.3	207.1	239.1	251.1	257.6	347.3	410.5	432.2	515.2	589.2	695.7	756.6	1 025.6	1 281.1
借方	168.8	187.2	238.9	382.3	349.0	364.0	463.7	488.4	423.5	501.8	643.9	863.1	952.7	1100.6
服务	4.9	4.8	−0.5	5.3	15.5	19.5	12.6	6.9	15.0	28.6	−1.9	−8.4	3.2	−60.9
贷方	25.1	24.7	28.1	30.6	38.3	44.4	48.6	46.0	58.6	69.8	92.5	111.9	166.2	191.3
借方	20.2	19.9	28.6	25.2	22.8	24.9	36.0	39.1	43.5	41.2	94.3	120.4	163.0	252.2
收益	4.5	12.6	16.2	9.3	1.8	−2.2	−1.6	2.3	10.6	8.4	2.5	−12.8	−10.4	−117.7
贷方	10.9	15.5	20.1	14.8	11.0	9.8	14.7	18.9	30.2	37.2	56.0	43.9	57.4	51.9
借方	6.4	2.9	3.9	5.5	9.2	11.9	16.3	16.7	19.6	28.8	53.5	56.7	67.8	169.7
经常转移	4.9	5.1	4.4	2.4	3.8	2.2	4.2	3.8	2.7	8.3	11.6	11.7	3.4	14.4
贷方	6.7	6.2	6.0	4.4	5.2	3.9	5.7	4.8	3.8	8.9	12.1	12.9	12.7	18.3
借方	1.9	1.1	1.5	2.0	1.4	1.7	1.5	1.0	1.0	0.6	0.5	1.2	9.3	3.9
资本和金融项目	3.4	−2.3	−10.0	89.7	59.4	60.0	71.3	37.2	32.6	80.3	−2.5	234.7	326.5	386.7
资本项目	0.0	0.0	0.0	0.0	0.0	0.0	0.0	0.0	0.0	0.0	0.0	0.0	0.0	0.0
金融项目	3.4	−2.3	−10.0	89.7	59.4	60.0	71.3	37.2	32.6	80.3	−2.5	234.7	326.5	386.7
直接投资	3.9	5.4	11.2	10.3	14.3	16.7	23.4	26.1	26.6	34.5	71.6	231.2	317.9	338.5
中国在外投资	0.4	0.9	1.3	6.3	4.5	6.5	8.5	7.8	8.3	9.1	40.0	44.0	20.0	20.0
外国在华投资	4.3	6.4	12.6	16.6	18.8	23.1	31.9	33.9	34.9	43.7	111.6	275.2	337.9	358.5
证券投资	0.2	−6.2	−16.4	30.3	15.7	10.5	8.8	−1.8	−2.4	2.4	−0.6	30.5	35.4	7.9
资产	0.2	6.4	17.2	−22.6	0.4	1.4	3.4	3.2	2.4	3.3	4.5	6.0	3.8	−0.8
负债	0.4	0.2	0.8	7.6	16.1	11.9	12.2	1.4	0.0	5.7	3.9	36.5	39.2	7.1
其他投资	−0.7	−1.5	−4.9	49.1	29.5	32.8	39.1	12.9	8.4	43.4	−73.5	−26.9	−26.9	40.4
资产	7.9	6.4	6.3	11.0	3.3	−0.8	7.8	2.3	2.3	1.6	32.7	21.1	11.9	10.8
负债	7.2	4.9	1.4	60.2	32.8	32.0	46.9	15.2	10.7	45.0	−40.8	−5.8	−15.0	51.2
净误差和遗漏	2.9	1.3	−8.9	0.6	−9.6	−15.2	−9.6	1.2	−32.1	−67.7	−82.1	−101.0	−91.0	−178.2
综合收支	63.1	41.4	1.4	−23.9	−20.5	47.8	23.7	−4.8	120.5	145.4	−20.6	17.7	304.5	224.7
储备资产增减额	−63.1	−41.4	−1.4	23.9	20.5	−47.8	−23.7	4.8	−120.5		20.6	−17.7	−304.5	−224.7

项目 \ 年份	1996	1997	1998	1999	2000	2001	2002	2003	2004	2005	2006	2007	2008	2009	2010	2011
经常项目	72.4	369.6	314.7	211.2	205.2	174.1	354.2	458.7	686.6	1 341	2 327	3 540	4 124	2 611	3 054	2 017
货物	195.4	462.2	466.1	362.1	344.7	340.2	441.7	446.5	589.8	1 342	2 177	3 154	3 607	2 495	2 542	2 435
贷方	1 510.8	1 826.7	1 835.3	1 947.2	2 491.3	2 660.8	3 256.5	438.3	593.4	7 625	9 697	12 000	14 346	12 038	15 814	19 038
借方	1 315.4	1 364.5	1 369.1	1 587.3	2 146.6	2 320.6	2 814.8	393.6	534.4	6 283	7 519	9 046	10 739	9 543	13 272	16 603
服务	−19.8	−57.3	−27.8	−53.4	−56.0	−59.3	−67.8	−85.7	−97.0	−94	−88	−79	−118	−294	−221	−552
贷方	206.0	245.7	238.9	262.5	304.3	333.4	397.4	467.3	624.3	744	920.	1 222	1 471	1 295	1 712	1 828
借方	225.9	279.7	266.7	315.9	360.3	392.7	465.3	553.1	721.3	838	1 008	1 301	1 589	1 589	1 933	2 381
收益	−124.4	−110.1	−166.3	−144.7	−146.7	−191.7	−149.5	−78.4	−35.2	161	−54	79	117	73	304	−119
贷方	73.2	57.1	55.8	83.3	125.5	93.9	83.4	160.9	205.4	390	546	830	1 016	1 086	1 446	1 446
借方	197.6	167.2	222.3	228.0	272.2	285.6	232.9	239.3	240.7	551	600	752	839	1 013	1 142	1 565
经常转移	21.3	51.5	42.8	49.4	63.1	84.9	129.8	176.3	229.0	254	292.0	387	458.0	337	429	253
贷方	23.7	54.8	46.6	53.7	68.6	91.2	138.0	184.8	243.3	277	316	426	526	426	495	556
借方	2.4	3.3	3.8	4.2	5.5	6.3	8.1	8.5	14.3	23	24	40	68	89	66	303
资本和金融项目	399.7	229.6	−63.2	51.7	19.2	347.8	322.9	527.3	1 106.6	1 010	526	951	463	1 808	2 260	2 211
资本项目	0.0	−0.2	−0.5	−0.3	−0.4	−0.5	−0.5	−0.4	−0.7	41	40	31	31	40	46	54
金融项目	399.7	210.4	−62.8	52.0	19.6	348.3	323.4	527.7	1 107.3	969	486	920	433	1 769	2 214	2 156
直接投资	380.7	416.7	411.2	369.8	369.8	373.6	467.9	472.3	531.3	1 059	1 029	1 430	1 217	703	1 249	1 704
中国在外投资	21.1	25.6	26.3	17.7	9.2	68.9	25.2	−1.5	18.1	113	−212	−170	535	−439	−602	−497
外国在华投资	401.8	442.4	437.5	387.5	384.0	442.4	493.1	470.8	549.4	1 172	1 241	1 601	1 751	1 142	1 851	2 201
证券投资	17.4	69.4	−37.3	−112.3	−39.9	−194.1	−103.4	114.3	196.9	−49	−676	187	427	387	240	196
资产	6.3	9.0	38.3	105.3	113.1	206.5	120.9	−29.8	−64.9	262	1 104	−23	327	99	−76	62
负债	23.7	78.4	1.0	−7.0	73.2	12.5	17.5	84.4	132.0	212	429	213	99	288	317	134
其他投资	1.6	−275.8	−436.6	−205.5	−315.3	168.8	−41.1	−58.8	379.1	−40	133	−697	−1 211	679	724	255
资产	11.3	396.1	350.4	244.0	438.6	208.1	−30.8	179.2	−19.8	489	−319	1 515	−1 061	94	−1 163	−1 668
负债	12.8	120.3	−86.2	38.5	123.3	−39.3	−10.3	120.4	359.3	449	451	818	−150	585	1 887	1 923
净误差和遗漏	−155.0	−221.2	−189.0	−176.4	−117.4	−48.6	77.9	184.2	270.5	155	−6	116	209	−435	−597	−350
综合收支	317.1	358.6	62.5	86.5	106.9	473.3	755.1	1 170.2	2 063.6	2 506	2 848	4 607	4 795	3 984	4 717	3 878
储备资产增减额	−317.1	−358.6	−62.5	−86.5	−106.9	−473.3	−755.1	−1 170.2	−2 063.6	−2 506	−2 848	−4 607	−4 795	−3 984	−4 717	−3 878

数据来源：《International Financial Statistics》、中国国家外汇管理局网站：http：//www. safe. gov. cn/。

参考文献

[1] 国家外汇管理局. 2011 年中国国际收支报告[EB/OL]. http://www.safe.gov.cn/model_safe.

[2] 国家外汇管理局. 国家外汇管理局年报(2011)[EB/OL]. http://www.safe.gov.cn/model_safe.

[3] 国家外汇管理局. 2011 年中国跨境资金流动监测报告[EB/OL]. http://www.safe.gov.cn/model_safe.

[4] 卢锋. 中国国际收支双顺差现象研究:对中国外汇储备突破万亿美元的理论思考[J]. 世界经济,2006(11).

[5] 余永定,等. 全球国际收支失衡:中国视角[J]. 国际经济评论,2006(5).

[6] 余永定,覃东海. 中国的双顺差性质、根源和解决办法[J]. 世界经济,2006(3).

[7] 李治国. 货币需求弹性、有效货币供给与货币市场非均衡模型——解析"中国之谜"与长期流动性过剩[J]. 经济理论与经济管理[J]. 2007(11).

[8] 方先明,裴平,张谊浩. 外汇储备增加的通货膨胀效应和货币冲销政策的有效性——基于中国统计数据的实证检验[J]. 金融研究,2006(7).

[9] 李海海,曹阳. 外汇占款的通货膨胀效应——基于 1998—2005 年的实证分析[J]. 中央财经大学学报,2006(11).

第八章　金融系统风险

一、绪论

作为整个经济的一个子系统，金融系统将投资者和融资者联系起来，一方面为投资者提供储蓄（投资）渠道，另一方面为融资者提供资金来源，因此金融系统是社会资本积累的一种制度安排。如果金融系统有效性受到限制，则其功能将因此产生扭曲，进而通过金融加速器机制扭曲实体经济，金融系统面临的风险就由此机制影响实体经济，而对实体经济产生影响的结果反过来又可以加大金融风险。金融系统各部门之间相互作用，因此金融风险的形成因素很复杂。而对金融运行风险的监管者来说，往往面临多重目标，而这些目标之间又往往是相互冲突的，因此，研究金融运行风险，也有助于为监管者提供科学的政策建议。

金融运行风险与实体经济运行密切相关。2011 年中国经济克服了通货膨胀，从下半年开始到 2012 年上半年，物价水平已经平稳回落。但是，当前的实体经济面临着外部和内部的不利因素仍然很多。从外部因素来看，欧美国家的经济恢复尚需时日，特别是欧元区国家的危机并未消除，这些都将影响到中国的外需。从内部因素来看，地方政府债务规模较大、企业生产成本上升等问题，使采用信贷扩张的刺激政策从长期来看仍然存在约束。实体经济面临的一系列问题，是未来金融运行风险可能面临的冲击。

本章通过找出影响金融运行风险的最基本因素，建立这些基本因素与经济指标之间的关系，通过预测金融系统部门之间资金往来关系的变动，预测经济和金融指标的变动，对 2012—2013 年期间的金融运行风险进行度量和预测并提出建议。

二、风险因素识别

金融运行风险是金融系统参与部门之间相互作用的活动的结果，因此，金融运行风险因素的识别就来自金融系统参与部门之间的金融活动。如果将中央银行（以下简称央行）、商业银行（以下简称商行）和金融机构看作一个整体，那么这个整体构成的金融系统就分别与居民、政府、企业和世界经济之间发生资金往来，即居民储蓄与贷款、政府储蓄与负债、企业储蓄与贷款、本国的外汇资产和外国在本国金融系统中的储蓄，如图 8－1 所示。这些部门与金融系统之间的资金往来构成金融运行风险的外部因素，即金融系统外部因素。

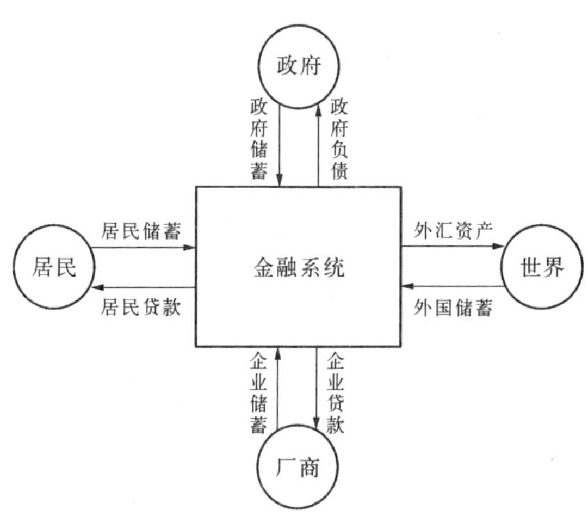

图 8－1　金融运行风险——金融系统外部因素

从央行、商行、金融机构与资本市场之间的

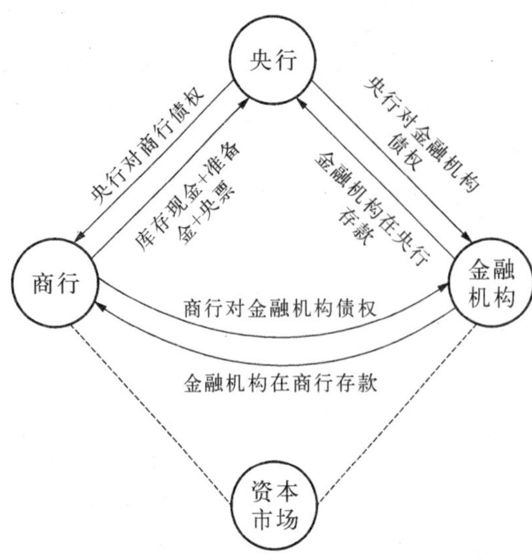

图 8-2 金融运行风险——金融系统内部因素

关系来看,商行与央行之间,央行与金融机构之间,商行与金融机构之间实际上构成了银行间市场,但它们之间的交易并非完全依赖于银行间市场,也可能通过资本市场完成交易,如图 8-2 所示。这几个部门之间的资金往来反映了金融系统内部的风险因素,即金融系统内部因素。

(一) 金融运行风险外部因素

1. 国内贷款

金融系统的作用是将资金从资金盈余者那里转移给资金需求者,而在中国,贷款则是最主要也是基本的方式。从贷款月度增量数据来看,2010 年下半年以来至 2012 年 5 月,数据大体平稳,但平均数略高于 2007 年年初的水平。从 2011 年年底以来,贷款合计月度增量有小幅上升,但中长期贷款仍维持平稳(如图 8-3)。

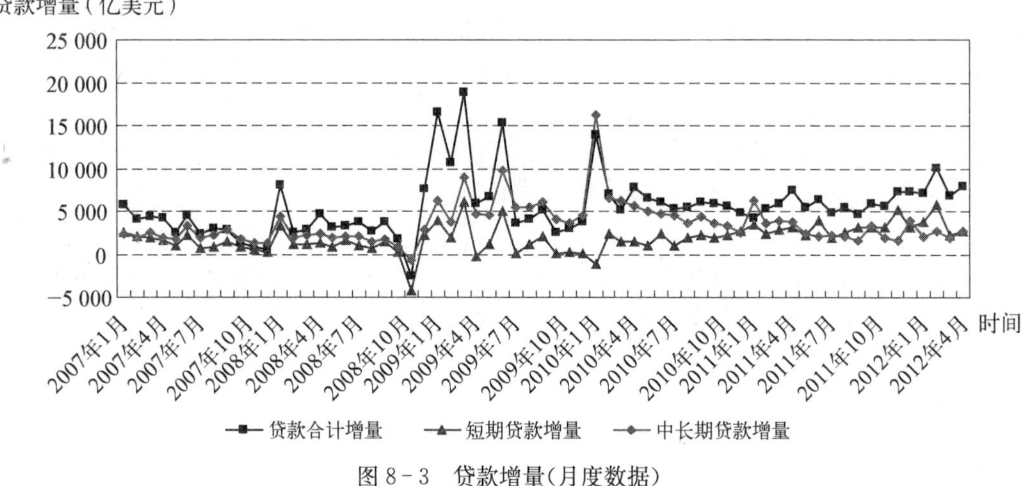

图 8-3 贷款增量(月度数据)

从贷款同比增长率来看,贷款合计数据比较平稳,短期贷款数据从 2011 年以来仍略有上升,但中长期贷款持续 2010 年 4 月以来的下降趋势(图 8-4)。现有贷款规模比较庞大(如图 8-5 所示),庞大的贷款规模意味着较大的风险:外生冲击导致贷款人偿付能力发生问题的概率也大大增加。

2. 外汇储备与世界经济状况

截至 2012 年 3 月,中国已积累了超过 3.3 万亿美元的外汇储备,如此规模庞大的外汇储备除了反映中国过去经济发展的成就,也反映了过去经济发展中存在着一系列的问题,还为未来的发展带来一定的不利因素。从金融运行角度来说,根据中国结汇制度,外汇储备的增加必然带来对应基础货币的投放,在货币乘数的作用下,会成倍地创造出更多的信用货币。境内过多的货币投放是通胀的最直接原因,另外,外汇储备的增加既带来外汇管理成本和风险的增加,也是人民币升值压力的来源。从月度数据来看,2011 年 5 月以来,外汇储备增长率逐月下降(图 8-6),2012 年 3 月已下降至 5 年来的最低(8.5%)。

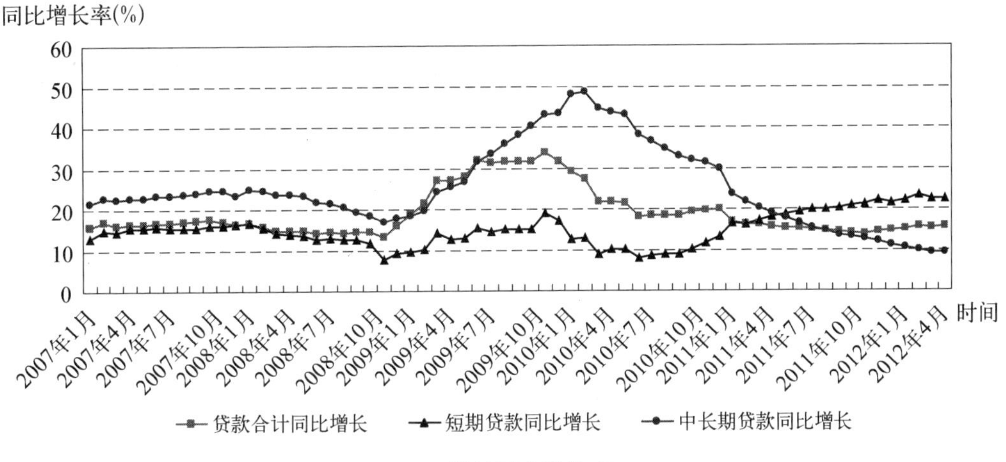

图 8-4　贷款同比增长率

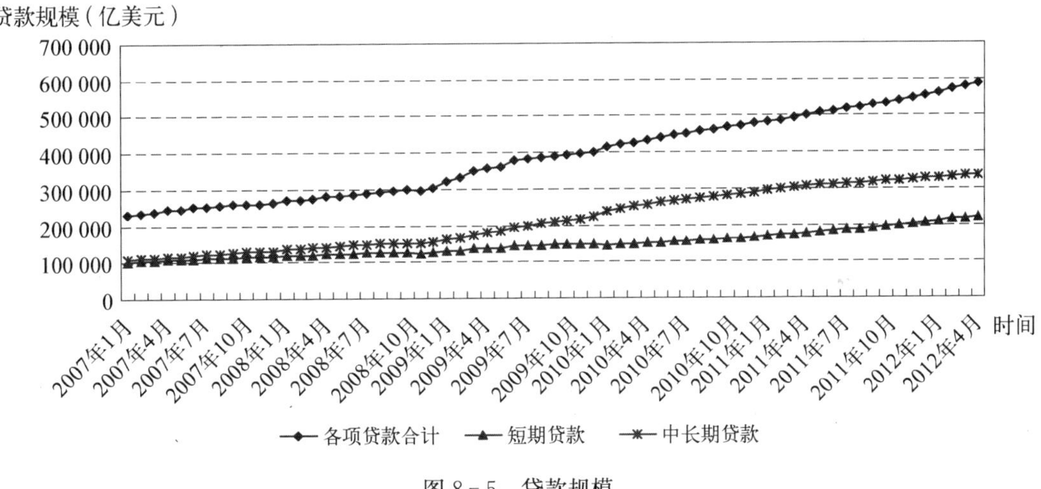

图 8-5　贷款规模

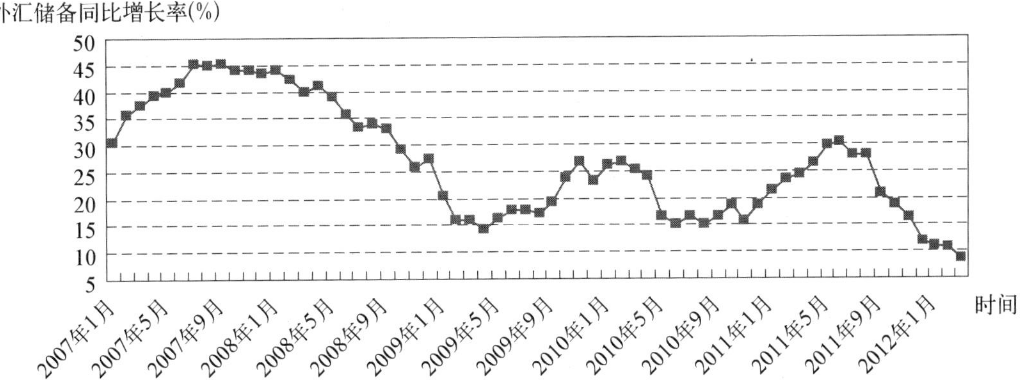

图 8-6　外汇储备同比增长率

世界经济的波动对中国经济来说可以被看作是外生冲击，这种冲击除了通过进出口贸易，也通过外汇渠道影响人民币汇率调整的压力，进而影响国内的经济状况，影响国内金融运行过程中风险的积累。几乎对所有国家来说，货币政策的两个重要的最终目标是充分就业与物价稳定，因此，欧美国家、新兴市场国家的物价与就业状况会促使其央行或政府采取措施，这些措施除了影响该国的经济，也会影响中国的进出口、汇率，进而通过影响外汇储备和基础货币投放来影响中国的金融运行。

我们将世界经济状况作为金融运行风险的重要因素，特别是全球最主要的经济体：美国、欧元区与日本。这三大经济体是中国目前三大贸易伙伴，也是全球金融市场运行的最主要参与主体，自然也是中国金融运行风险的主要外部因素。截至 2012 年 3 月，美国的失业率为 8.2%，与 2011 年同期相比已有较大幅度的下降，而且从 2011 年 9 月以来，美国的通胀率也出现了持续下降(图 8－7)，这两方面的因素将通过美国宏观政策影响中国外部需求，进而对中国的金融风险产生影响。同样地，欧元区与日本的经济状况(其 GDP 增长率见图 8－8)也具有相似的影响。

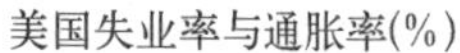

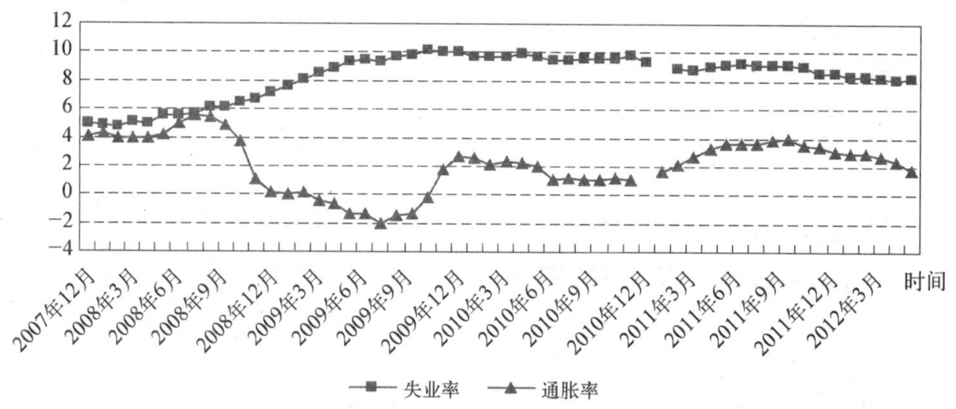

图 8－7　美国的失业率与通胀率

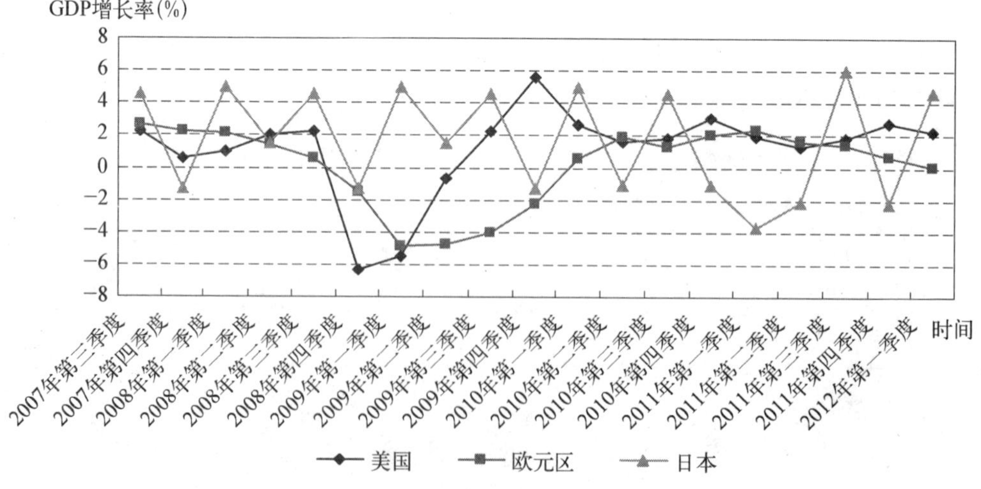

图 8－8　主要经济体 GDP 增长率

（二）金融系统内部因素：基础货币与货币供给

1. 基础货币

基础货币是金融系统（特别是商业银行体系）借以创造存款货币的基础，是金融系统中存款货币得以扩张的源泉，基础货币的扩张与紧缩直接影响着经济系统中的货币供给。

1）基础货币构成分析

基础货币由央行发行的现金货币与商业银行的准备金构成。从图 8－9 与图 8－10 可以看出，从 2007 年 1 月以来，中国的基础货币构成中现金货币（包括流通中现金和商业银行库存现金）的比例逐渐下降（尽管规模在逐渐增加），准备金比例逐渐上升。现金比例的下降有诸多可能的因素：一是从 2007 年至 2011 年 2 月的多次准备金调整中，除了 2008 年 10 月和 12 月下调外，其他调整都是上调法定准备金率，这从客观上增大了准备金比率；二是流通中现金需求有所变化，近年来随着现金替代物的增加，以及交易中对现金的限制逐渐增大，现金需求的增速小于基础货币增速。

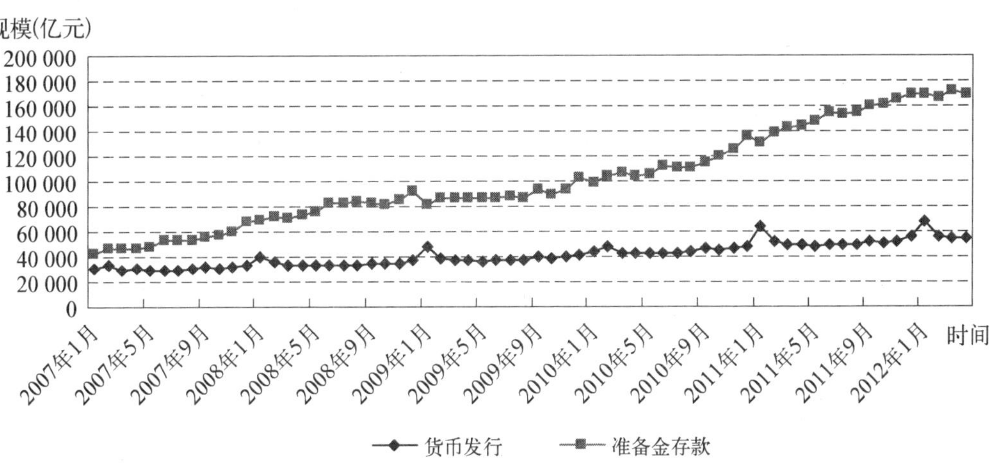

图 8－9　基础货币中货币发行与准备金存款规模

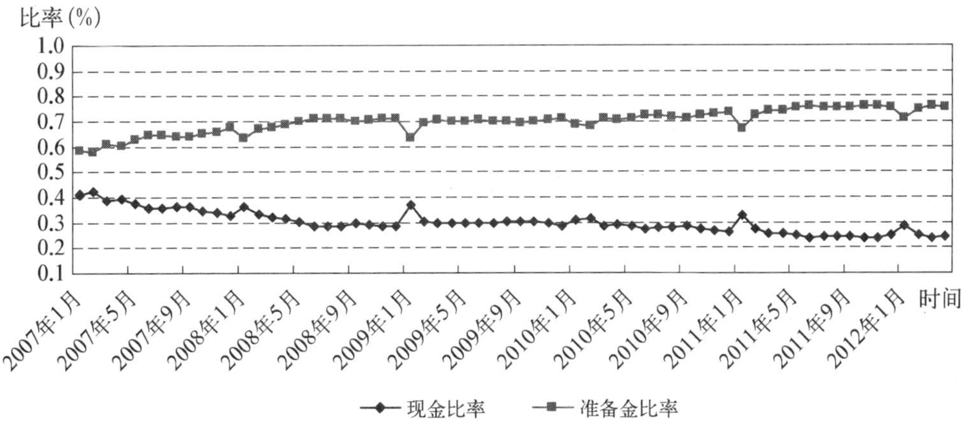

图 8－10　基础货币的构成

准备金存款也包括法定准备金和超额准备金两部分。2007 年 1 月至 2011 年 2 月中国商业银行准备金变动与准备金率构成如图 8－11 和图 8－12 所示。

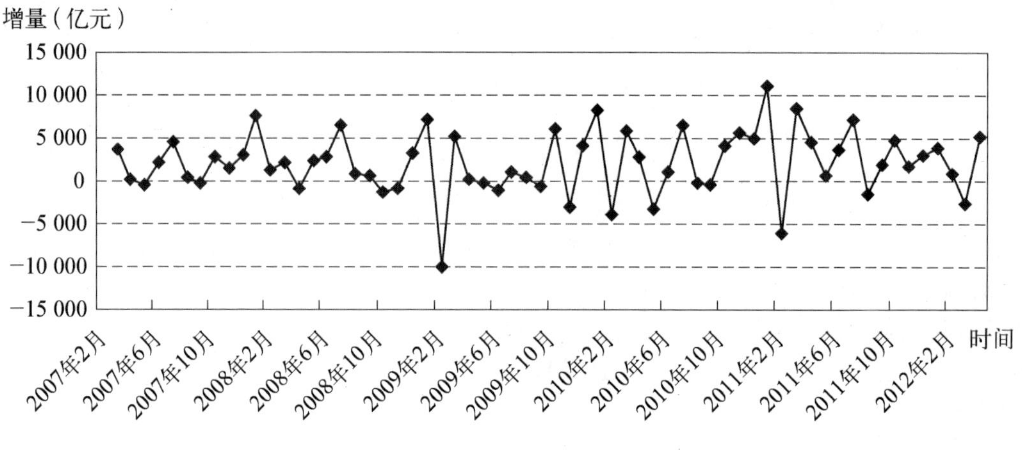

图 8－11 准备金增量

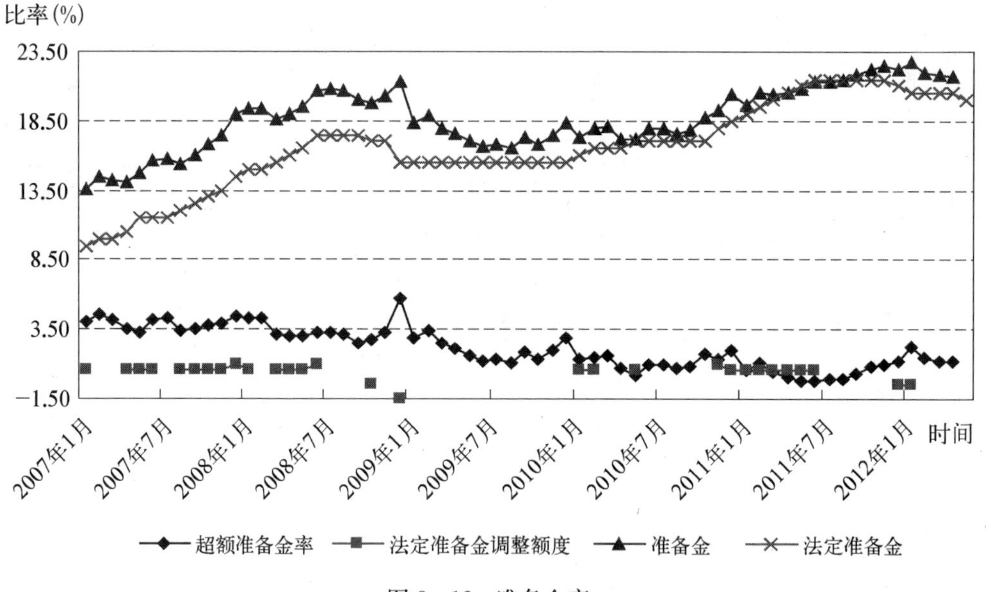

图 8－12 准备金率

我们将该期间的法定准备金调整分为四个阶段。一是 2007 年 1 月至 2008 年 9 月：在此期间中国比较频繁地提高法定准备金率，大型存款性金融机构的法定准备金率一度提高到 17.5%。二是 2008 年 10 月至 2009 年 9 月：从 2008 年 10 月和 12 月将大型存款性金融机构法定准备金率下调至 15.5%，其后直到 2009 年 9 月期间法定准备金率保持不变。三是 2010 年 1 月至 2011 年 2 月：该期间中国重新开始上调法定准备金率，至 2011 年 6 月，大型存款性金融机构的法定准备金率达到 21%的水平。四是 2011 年 12 月起：法定准备金率开始重新下调：至 2012 年 5 月，已将大型金融机构法定准备金重新调回 20%，距最高比率 21.5%已下调了1.5%。

商业银行的准备金增量总体上仍保持与过去相似的波动特征，准备金存款大体上保持与法定准备金部分比较一致。超额准备金部分逐年下降，至 2011 年 7 月前后达到历史最低水平，此后开始逐渐上升，2012 年 1 月达到近 1 年来的最高水平。

2) 基础货币来源分析

根据央行资产负债表，可知基础货币与其他变量之间的关系为：

基础货币＝国外净资产＋对政府净债权＋对商业银行债权＋对其他金融机构净债权＋（其他资产－其他负债）－（发行债券＋自有资金①）

因此，央行持有的外汇资产、对政府债权、对商业银行与其他金融机构债权与基础货币同向变动，构成基础货币来源的增项；而央行票据（央行发行的债券）的发行则会减少基础货币的规模，是基础货币来源的减项。下面对这几个主要因素进行分析。

(1) 外汇资产。由于中国实行强制结售汇制度，经常项目与资本项目流入境内的外汇都需出售给央行，央行也因此发行对应的人民币，由此，外汇资产的增量成为基础货币增加的主要来源。

图 8－13 是 2007 年 2 月至 2012 年 3 月期间央行外汇资产增量和趋势。不难看出，2007 年 2 月至 2008 年 9 月，央行外汇资产增量处于相对较高水平；2008 年 10 月至 2009 年 12 月间总体上外汇资产增量处于较低水平；而 2010 年年初外汇资产增量开始了上升趋势；2011 年全年下降趋势明显；2012 年第一季度也呈现下降趋势。

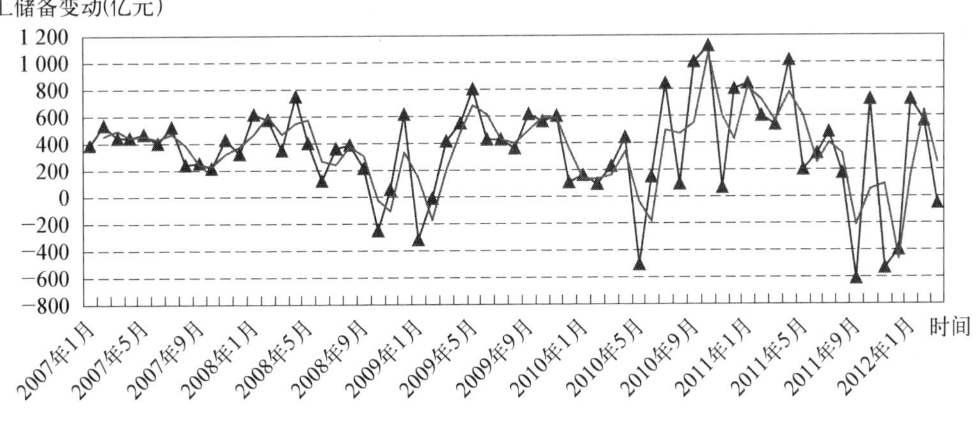

图 8－13　央行外汇资产增量及趋势

(2) 对政府债权。央行对政府债权变化不大也不频繁，在 2007 年有两次明显的扩张，其后各月增量比较平稳，总体上处于少量下降的状态，如图 8－14 所示，但央行对政府净债权的波动幅度较大。尽管从绝对规模上看，央行对中央政府债权从 2008 年以来逐年下降，但考虑到地方政府通过地方融资平台累积超过 10 万亿元的债务，金融系统受政府债务的影响非常严重：一是长期以来，大规模的政府债务是信贷规模积累的重要来源；二是过大的政府债务，易使（地方）政府的收支失衡，反过来可能引发金融风险。

① 央行的自有资金恒定，因此对基础货币规模的变动不产生影响。

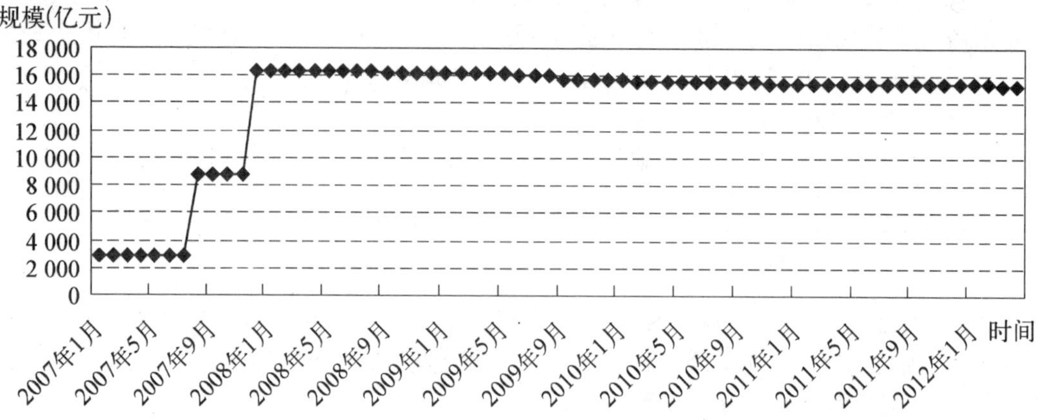

图 8-14 央行对中央政府债权

(3) 对其他存款性公司债权。央行对其他存款性公司(主要是商业银行)的债权如图 8-15 所示,可以看出,在大多数情况下,央行对其他存款性公司的债权是比较平稳的。由此可见,央行对其他存款性公司的债权也不是基础货币变动的主要因素。

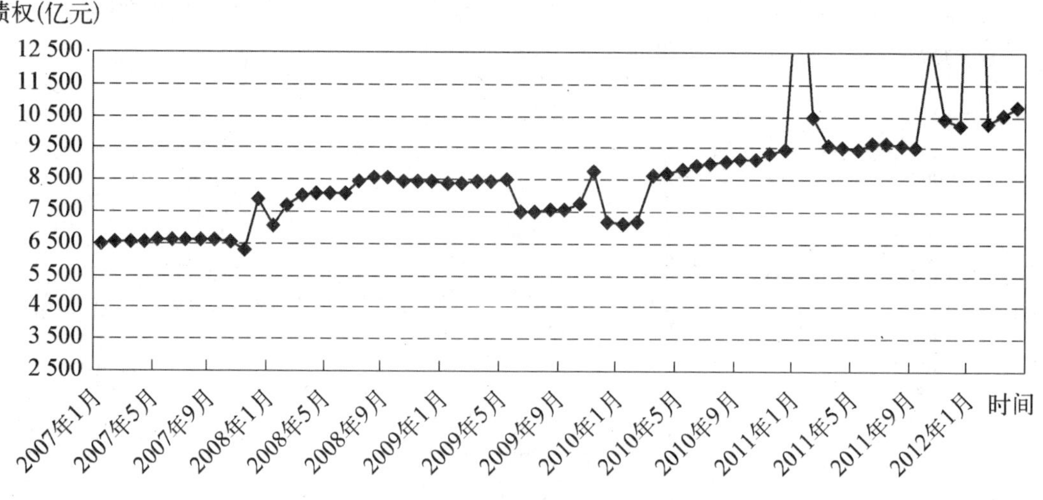

图 8-15 央行对其他存款性公司债权

(4) 对其他金融机构债权。央行对其他金融机构债权如图 8-16 所示。从 2008 年以来,央行对其他金融机构债权逐渐减少。2007 年 2 月至 2008 年 1 月,央行对其他金融机构净债权急剧下降;其他时间段内,央行对其他金融机构净债权持续下降。

(5) 央票发行。央行票据的发行是基础货币投放的减项。从图 8-17 可以看出,从 2010 年 9 月以来,央行票据的规模呈下降趋势。

2. 货币供给

货币供给见图 8-18 所示,从图中可以看出,$M2$ 的增速比较稳定,$M0$ 和 $M1$ 增速波动较大。至 2012 年 3 月末,广义货币 $M2$ 的存量已近 90 万亿元,是 2011 年 GDP 的近两倍。庞大的货币存量是诱发金融运行风险的潜在因素。

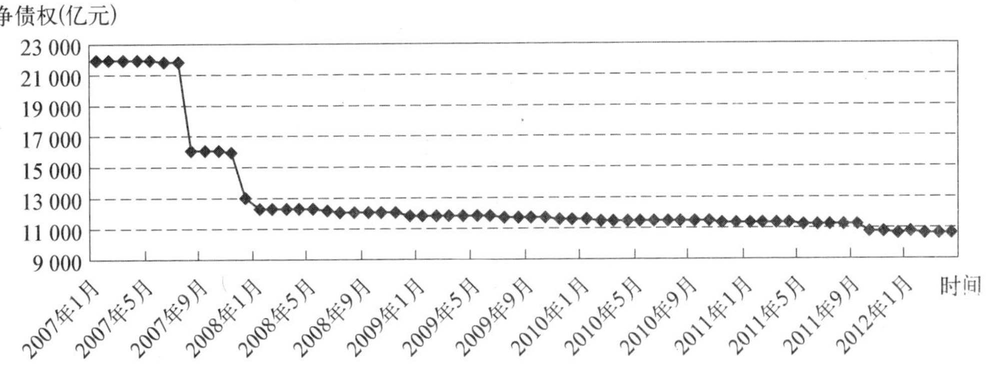

图 8-16　央行对其他金融机构净债权

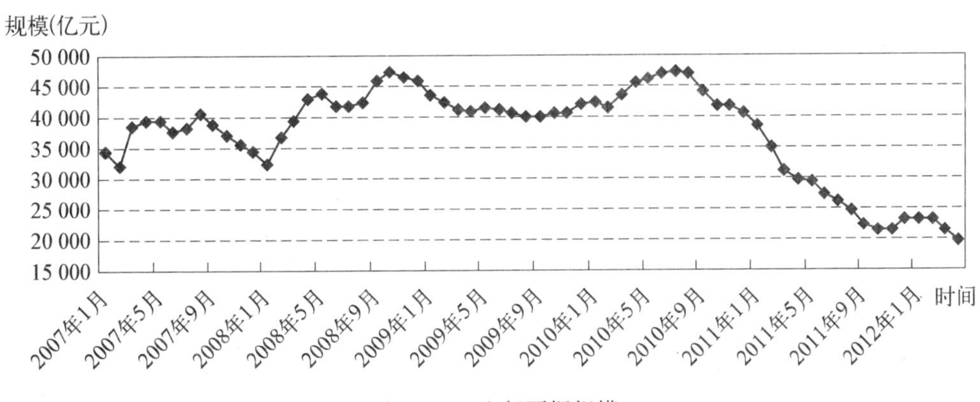

图 8-17　央行票据规模

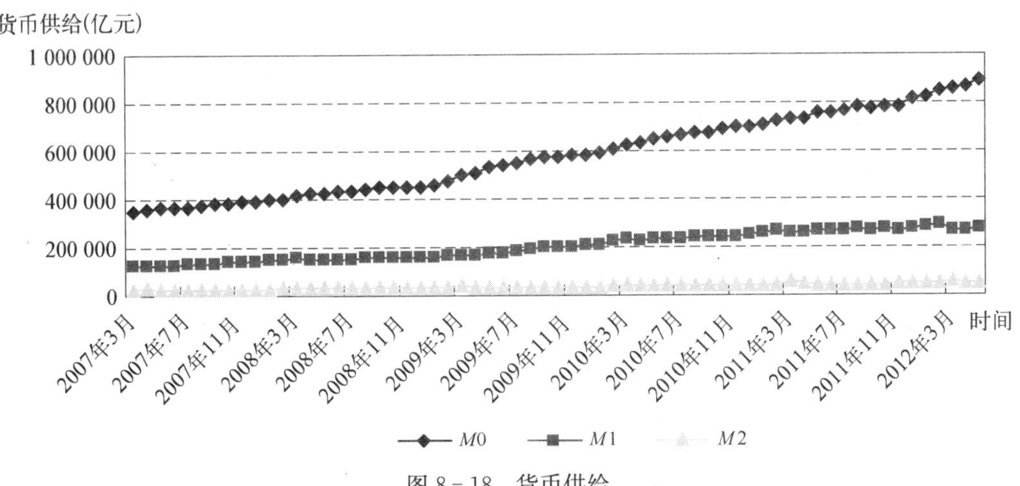

图 8-18　货币供给

(1) 居民储蓄存款。如图 8-19 所示，居民储蓄存款从 2007 年 1 月至 2012 年 4 月的 5 年时间内扩大为两倍有余。可见，居民储蓄存款规模的快速扩大，是货币供给增大的一个主要直接因素；若能真正解决居民的投资渠道，降低居民储蓄存款规模或降低其增长幅度，对金融运行风险的降低有正面作用。

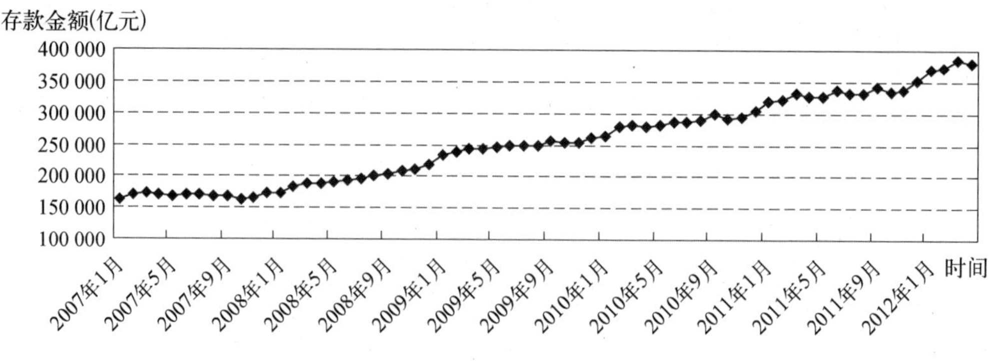

图 8 - 19　居民储蓄存款

(2) 企业存款。如图 8 - 20 所示，从 2007 年以来，企业的活期存款和定期存款都有持续的增长。活期存款增长了 1 倍，而定期存款几乎扩大了 2 倍。从规模上看，企业存款是货币供给的主要来源。

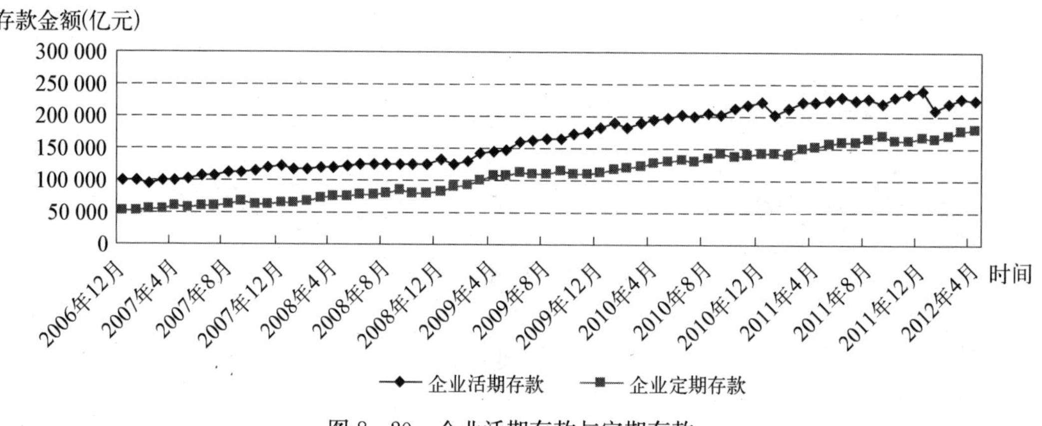

图 8 - 20　企业活期存款与定期存款

3. 货币乘数

如图 8 - 21 所示，2007 年以来，中国的货币乘数大体上经历了如下几个变化阶段：① 2007年 1 月至 2008 年 12 月货币乘数大体呈下降趋势，这段时间央行在不断上跳法定准备金率，因此货币乘数呈现下降；② 2009 年 1～12 月，货币乘数处于上升阶段，贷款余额增速很大，创造了较大量存款性货币，另外，这段时间法定准备金未作调整；③ 2010 年 1 月至今，货币乘数重新呈现下降趋势，法定准备金较为频繁地上跳，另一方面贷款余额增速放缓，存款性货币也受到了抑制，特别是进入 2012 年后货币乘数下降至近 5 年来的最低点。

4. 金融市场

股票市场的繁荣与低迷反映了人们对风险的定价。当股票市场繁荣时，人们对风险的定价较低，呈现出相对偏好风险的倾向；而当股票市场低迷时则反映了人们对风险的定价较高。直观而言，人们对风险定价偏高或偏低都不合适。与实体经济相对应，股价市值/GDP 表示人们对所有股票的定价以 GDP 为标准需要多长时间方能收回，显然该比值越大，说明股价市值相对 GDP 来说越高。此外，大宗商品实际上也是一种投资品，由于国际交易中大多以美元计

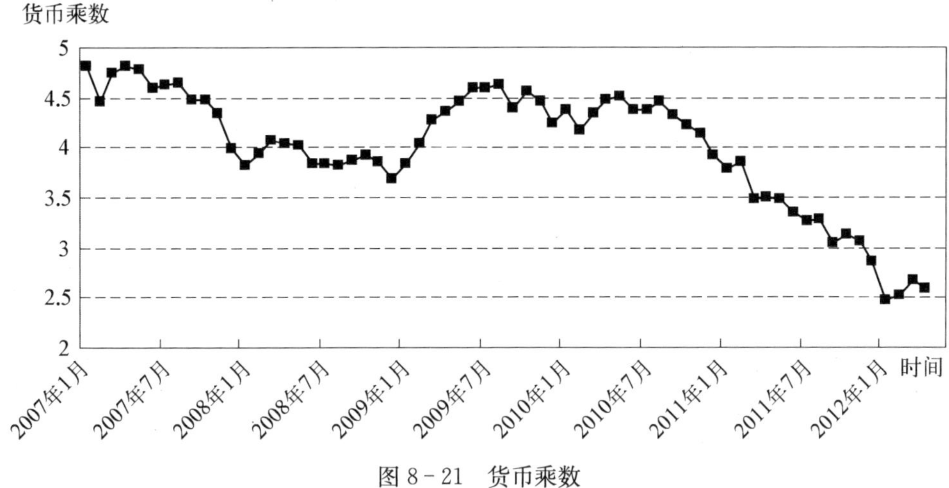

图 8-21 货币乘数

价,所以美元汇率通常与大宗商品价格呈反向关系。由于中国对原材料(包括原油)的依赖性较强,原材料价格的上涨会增大进口企业的生产成本,会产生推动中国物价水平上升的压力。而物价水平的波动又可能引起货币政策的调整,因此也是金融运行风险的因素。

三、风险度量与预测

(一)金融运行风险指标体系

1. 指标

根据前面的分析,我们选择如表 8-1 所示的代表性指标来构建金融运行风险指标体系。整个指标体系分为三级:一级指标代表金融系统外部因素和金融系统内部因素;外部因素的二级指标包括国内信贷(含三个三级指标)、世界经济状况(含两个三级指标)、国内货币政策调整依据(含两个三级指标);内部因素的二级指标包括基础货币投放(含四个三级指标)、货币供给(含三个三级指标)、货币政策调整(含三个三级指标)、资产市场(含两个三级指标)。

表 8-1

金融风险三级指标

一级指标	二级指标	三 级 指 标	说　　明
金融系统外部因素	国内信贷	政府债务/GDP	政府债务过多,将导致政府的偿付困难,甚至引发货币危机。当前政府债务规模较大,因此是金融运行风险的重要指标。
		贷款余额/GDP	考虑到外部和内部经济因素,适度刺激性的经济政策不可避免,信贷规模的扩张也不可避免,因此这两者是 2012 年金融运行风险的重要指标。
		贷款余额增速	

（续表）

一级指标	二级指标	三 级 指 标	说　　明
金融系统外部因素	世界经济状况	中国外汇储备/GDP	外汇储备因为其绝对规模较大而重要。
		主要国家 GDP 增速、就业与通胀	主要考虑美国、欧元区、日本、其他新兴市场国家。
	国内货币政策调整依据	CPI 增速	中国就业数据尚不完善，故不直接考虑，而采用 CPI 来反映需求的相对过剩与不足。
		GDP 增速	短期内 GDP 与就业之间存在正相关关系。
金融系统内部因素	基础货币投放	外汇资产增速	
		央行对政府债权增速	
		央行对金融机构债权增速	
		央行票据发行	
	货币供给	企业活期存款	
		企业定期存款	
		居民储蓄存款	
	货币政策调整	法定准备金	2012 年准备金率可能下调，风险度量时予以考虑。
		基准利率	2012 年基准利率可能下调，风险度量时予以考虑。
		货币市场利率	
	资产市场	股价指数、股价市值/GDP	资本价格一方面反映了厂商的生产意愿（总供给），较低的价格说明厂商对持有资本的意愿下降（也即生产意愿下降）；另一方面也影响当前的投资意愿（总需求）。
		大宗商品价格	大宗商品特别是原材料的价格会提高生产成本，造成总供给冲击，形成输入型通胀，带来货币政策的调整；大宗商品的价格波动反过来也反映了总需求的波动。我们主要选择国际原油价格和主要有色金属价格作为指标。

2. 风险指标权重确定

风险指标权重描述影响该风险指标的下一级指标，反映了各下级指标的重要程度，我们的思路如下：

首先，根据本章前部分建立的基本模型，获得稳定均衡状态下各经济变量的稳定值，例如稳定的人均产出、人均现金持有量、通胀预期等；其次，对经济中各个需要考察的状态变量，给定 1%的变动，则根据动态模型，可以计算出未来重新达到均衡前各状态变量的动态变化，因而也就能够确定各状态变量对其稳定值的偏离的大小。下面进行说明。

设稳定均衡下各状态构成的向量为 $\boldsymbol{x}^* = (x_1^*, \cdots, x_N^*)^T$，那么一旦发生对稳定均衡的偏离，则各状态变量的动态方程可以在稳定均衡附近展开为：

$$x_{i,t+1} - x_{i,t} = \left.\frac{\partial \varphi_i(\boldsymbol{x})}{\partial x_1}\right|_{x_i = x_i^*, i=1,\cdots,N} (x_{1,t} - x_i^*) + \cdots + \left.\frac{\partial \varphi_i(\boldsymbol{x})}{\partial x_N}\right|_{x_i = x_i^*, i=1,\cdots,N} (x_{N,t} - x_N^*) \tag{8-1}$$

显然 $\left.\frac{\partial \varphi_i(\boldsymbol{x})}{\partial x_i}\right|_{x_i = x_i^*, i=1,\cdots,N}$ 为常数，因此：

$$\boldsymbol{x}_{t+1} - \boldsymbol{x}_t = \boldsymbol{\Psi}(\boldsymbol{x}^*)(\boldsymbol{x}_t - \boldsymbol{x}^*) \tag{8-2}$$

其中：

$$\boldsymbol{\Psi}(\boldsymbol{x}^*) = \left(\left.\frac{\partial \varphi_i(\boldsymbol{x})}{\partial x_i}\right|_{x = x^*} \right)_{N \times N}$$

这样，由这些状态变量构成的动态系统就在稳定均衡状态附近波动。为了将波动转换为无量纲形式，设任一状态变量 x_i 偏离其稳定值的百分比为 u_i，那么：

$$u_{i,t} = \frac{x_{i,t+1} - x_{i,t}}{x_i^*} \tag{8-3}$$

$$\frac{x_{i,t+1} - x_{i,t}}{x_i^*} = u_{i,t+1} - u_{i,t} \tag{8-4}$$

因此状态变量的线性动态可以转化为：

$$u_{i,t+1} - u_{i,t} = \sum_{j=1}^{N} \frac{x_j^*}{x_i^*} \left.\frac{\partial \varphi_j(\boldsymbol{x})}{\partial x_j}\right|_{x = x^*} u_{j,t} \tag{8-5}$$

这是一组关于各状态变量对各自稳定状态的偏离的百分比变动的线性方程，描述了我们所关注的经济在某些变量受到冲击后的动态调整过程。显然，各状态变量对其稳定值的偏离就是由 u_i 来描述的。u_i 越大，则该变量偏离稳定的程度越大，该变量对应的风险指标也越大；反之越小。

下面的问题就是要考虑各风险指标的权重。事实上，若以各经济变量的稳定值为参照（原点），$\boldsymbol{u}_t = (u_{1,t}, \cdots, u_{N,t})^T$ 反映了第 t 期的经济状态相对于稳定经济状态的位置，而

$$\rho(\boldsymbol{u}_t) = \sqrt{\sum_{i=1}^{N} u_{i,t}^2} \tag{8-6}$$

则反映了第 t 期的经济状态相对于稳定经济状态的“距离”，该“距离”越大，经济运行风险也越大。

给各个经济变量（或风险指标）指定权重的主要根据，是看该变量每变动 1%，对其他经济状态的影响程度如何。如果经济系统线性已经完成，并且有关的系统参数也已经校准确定完毕，则该基本系统已经确定。若在期初人为地赋予某个 $u_{i,0} = 1\%$，而 $u_{j,0} = 0, j \neq i$，即经济在稳定状态时人为地给予某个变量 1%的外生冲击，那么该经济系统就开始逐期调整直到重新稳定，当然，很可能该冲击的影响还没有消除时，现实中新的冲击又已出现。但是在认识中，

我们可以识别出每一次冲击的“纯粹”的影响。而方程组 $u_{i,t+1}-u_{i,t}=\left.\frac{\partial\varphi_i(\boldsymbol{x})}{\partial x_i}\right|_{x=x^*}u_{i,t}$ 告诉我们各个经济指标如何逐期变化。当经济重新稳定时，可能是在第 T_i 期之后，那么在这 T_i 期内，经济一直处于失衡(有风险)的状态，我们定义

$$\gamma_i=\sum_{j=0}^{T_i}\rho(\boldsymbol{u}_{t+j}) \tag{8-7}$$

表示此 1%的外生冲击对经济造成的总体影响，而采用

$$\omega_i=\frac{\gamma_i}{\sum_{i=1}^{N}\gamma_i} \tag{8-8}$$

(8-8)式表示第 i 个经济变量(对应于某个或某些风险指标)对总体风险的贡献，因此我们采用 ω_i 作为各指标的风险权重。这样，一旦给出了各主要的风险指标，则风险总体指标对应的值就是以 ω_i 为权重的加权。

外生地给定经济变量 1%的冲击后，经济重新稳定所需要的时间不同，因此不同的 i 对应于不同的 T_i，而 T_i 的确定则完全通过对经济系统的计算机模拟来确定。很显然，T_i 越大表明该状态变量的影响时间越长。当经济重新稳定时，T_i 可能未必是整数，我们采用“四舍五入”的方式来近似代替，否则 γ_i 无法计算。由于我们主要以季度为时间单位，因此总体来说误差并不大。

(二) 金融运行风险预测与度量

1. 金融系统部门资金流量表

金融系统的参与覆盖社会经济各部门。由于金融运行风险实际上是金融系统各部门长期活动的结果，因此，编制各部门的资金流量表有助于厘清部门之间相互关系，是分析和预测金融运行风险的基础和前提。以下对各部门及资金流入流出状况进行简要分析。

● 货币当局

流入货币当局的资金主要来自三个部门：金融机构、政府部门和世界经济。金融机构流向货币当局的资金包括：缴纳准备金、购买央行票据；政府部门流向货币当局的资金主要是财政存款；世界经济流向货币当局的资金是总的资本流出(包括经常性项目和资本项目)。

货币当局资金直接流向三个部门：金融机构、政府部门与世界经济。流向金融机构的货币表现为基础货币投放，流向政府部门的货币表现为货币当局对政府债券的增加，流向世界经济部门的货币表现为资本流入，因为外汇的流入导致对应人民币的发行。

● 金融机构

流入金融机构的资金主要来自货币当局投放基础性货币、金融机构上市融资、各级政府债券到期与回购、企业储蓄与居民储蓄。

金融机构的资金流向货币当局、金融市场、政府、企业以及居民。分别表现为：基础货币回收、金融机构的有价证券投资、银行间政府债券发行、企业贷款和居民贷款。

在编制资金流量表时，我们将金融机构分为商业银行和其他金融机构，是因为在货币创造中主要是商业银行在发挥作用。

● 政府

流向政府部门的资金来自金融市场、金融机构、国债和地方债券的发行(包括银行间交易

债券和交易所债券)、政府贷款、税收(为了简化,我们将税收环节集结在企业产出的分配环节)。

从政府部门流出的资金流向央行(财政存款)、金融机构和资本市场(债务到期、政府债券到期或回购)、企业和居民(转移支付)。

● 企业

流向企业的资金来自金融机构(贷款)、居民(消费品购买和直接融资)、政府购买、投资需求(来自“资本”)、出口。此外还有其他中间商品市场,但我们将其看作企业之间的货币流动而不予以列示。

企业的资金流主要流向资本(资本利得)、政府部门(税收)、居民(工资)和世界经济(进口)。我们这里讨论的企业实际上是一个总的生产部门,所以分析其工资时包括了所有劳动者的工资收入。

● 居民

流向居民的资金来自金融机构(居民贷款)、政府(转移支付)、企业(工资);居民的资金流向金融机构(居民储蓄)、政府部门(税收)、企业(消费)等。

● 劳动

居民向企业提供劳务而获得工资,工资作为居民收入的一部分,可以转化为当期的消费和各种类型的储蓄。

编制现金流量表时,通过国家统计局网站我们可以获得城镇和农村居民的平均工资收入数据,分别与城镇和农村人数相乘并求和,即可得全社会的工资收入。

● 资本

我们将资本单独作为一个部门,是因为同劳动一样,资本是企业的生产要素,而金融系统里资金的流向中资本积累部分就反映在“资本”这一项中,单独列出便于研究。

流入“资本”的资金包括商行的贷款、个人和其他金融机构购买的企业债券和股票、国外对境内企业的投资、资本利得。流出“资本”的资金包括企业在商行的存款、对国外的投资、向居民支付的资本收益等。

企业的产出分配于资本利得的部分计算依据是:将全社会的产出扣除税收和全社会工资,即得全社会的资本利得。

● 世界经济

流向世界经济与国内资金往来主要是经常性项目和资本类项目收支。资本流入(外汇资产的流入)必然导致相应本币的发行,这是货币当局的货币流出;相反,资本流出导致相应本币的回收,这是货币当局的货币流入。

通过部门集结后,整个金融系统各部门之间的货币资金往来关系得到厘清。货币当局的流入流出反映了货币投放,这是整个金融系统货币流动的基本来源;金融机构和资本市场共同构成了狭义的金融系统,其货币流入流出反映了此狭义金融系统与其他部门之间的资金往来,而其内部货币流动则反映了金融资产的交易活跃状况。政府部门的货币流入流出则在一定程度上反映了政府的财政收支。企业和居民的货币流入流出则反映了实体经济状况。世界经济部门的引入则反映了境内货币与境外货币之间的流转,因为影响到基础货币投放而显得格外重要,表 8-2 对金融系统各部门资金往来进行了总结。

表 8 - 2

金融系统资金流量表

	居民	政府	央行	商行	其他金融机构	资本	劳动	企业	世界经济	总计
居民	—	转移支付	—	居民贷款	—	—	工资	—	—	居民资金总收入
政府	国债 1	—	央行对政府债权(含国债)	商行对政府债权(含国债)	—	—	—	税收	政府外债	政府资金总收入
央行	现金 1	政府存款	—	库存现金＋准备金＋央行票据	其他金融机构在央行存款	—	—	—	现金	央行资金来源总和
商行	居民储蓄	—	央行对商行债权	—	其他金融机构在商行存款	企业存款	—	—	银行外债	商业银行资金来源总和
其他金融机构	—	—	央行对其他金融机构债权	商行对其他金融机构债权	—	—	—	—	—	其他金融机构资金来源总和
资本	企业债券＋股票	—	—	企业贷款	其他金融机构的证券投资	—	—	资本利得	外商投资	资本的流入项
劳动	—	—	—	—	—	—	—	工资	—	劳动收入
企业	居民消费	政府购买	—	—	—	投资	—	—	净出口	企业收入的来源(总需求)
世界经济	—	—	国外资产 1	国外资产 2	其他金融机构外汇资产	对外投资	—	—	—	世界经济的资金流入
总计	居民资金总支出	政府资金总支出	央行资金总支出	商业银行资金总运用	其他金融机构资金总运用	“资本”的流出项	劳动收入＝支出	企业所得的各项支付	世界经济的资金支出	

2. 金融运行风险预测与度量思路

我们采用如下的思路对金融风险进行预测：根据各个风险因素的变动趋势，预测其在未来的可能值（有一定的范围），然后根据描述各风险因素的单指标和综合指标之间的关系，计算可能的综合指标，预测未来可能的风险状况。

具体操作步骤如下：

第一步，对金融系统各部门之间货币往来与金融风险指标体系中的三级指标之间建立联系，由下一节的模型完成。

第二步，对金融环境子系统和宏观金融子系统涉及的各部门之间的货币往来进行预测，借鉴社会核算矩阵的最大熵表示调整方法（METR），可以获得 2013 年金融系统部门间货币往来的可能结果。

第三步，结合前两步的方法，由 2013 年金融系统各部门间货币往来的可能结果获得风险指标体系中的二级指标（前两个子系统的二级指标）。

第四步，以金融环境子系统和宏观金融子系统的指标为约束条件，对微观金融子系统的基本指标进行预测，获得一定置信度的指标区间。

第五步，将预测的指标根据前文的权重方法进行加总，获得金融运行的风险值。

3. 金融指标的分析与预测模型

我们建立新凯恩斯动态随机一般均衡模型（DSGE），作为建立风险指数的基本框架。

1）居民（家庭）

设典型家庭的偏好是关于消费品 C_t、实际货币余额 M_t/P_t 和闲暇 $1-L_t$，其中 L_t 表示用于就业工作的时间比例。家庭最大化的对象是效用的预期贴现：

$$E\sum_{j=0}^{\infty}\beta^j\left[\frac{C_{t+j}^{1-\alpha}}{1-\alpha}+\frac{\gamma}{1-b}\left(\frac{M_{t+j}}{P_{t+j}^C}\right)^{1-b}+\chi\frac{(1-L_{t+j})^{1-\eta}}{1-\eta}\right] \tag{8-9}$$

家庭的预算约束为：

$$\frac{M_t}{P_t}+C_t+\frac{B_t}{P_t}+\frac{P_t^I}{P_t}K_t=\frac{M_{t-1}}{P_t}+\frac{B_{t-1}(1+i_{t-1})}{P_t}+(r_{t-1}-\delta)K_{t-1}+\frac{W_t}{P_t}L_t \tag{8-10}$$

我们采用三种基本产品的生产函数：中间品（如原料）、投资品（如机器设备等固定资产）、消费品。其中 W_t 为名义工资水平，L_t 表示居民的劳动投入，K_t 是资本存量（包括厂商发行的债券和股票），P_t 表示消费品（属于最终商品）的名义价格水平，i 是名义利率，π 是通胀率。

家庭选择消费、货币持有量、政府债券和资本以最大化终生效用，一阶条件满足

$$C_t^{-\alpha}=C_{t+1}^{-\alpha}\beta(1+i_t)E\left(\frac{P_t}{P_{t+1}}\right) \tag{8-11}$$

$$\frac{\gamma\left(\frac{M_t}{P_t^C}\right)^{-b}}{C_t^{-\sigma}}=\frac{i_t}{1+i_t} \tag{8-12}$$

$$C_{t+1}^{-\alpha}\beta(r_{t-1}-\delta)E\left(\frac{P_t}{P_{t+1}}\right)=C_t^{-\alpha} \tag{8-13}$$

此外，为了描述名义工资的黏性，我们采用 Erceg 等（2000）的方法，将居民的劳动考虑为异质而又有一定相互替代性，这样，在每一期，一部分居民（比例为 ϕ^w）可以选择最优化自己的

名义工资水平，另一部分则只能根据预期通胀率来调整名义工资[比例为 $(1-\varphi^w)\phi^w$]，或只能将本期名义工资保留在上期的水平[比例为 $(1-\varphi^w)(1-\phi^w)$]。因此，全社会工资水平为：

$$W_t^{1-\theta^w}=\varphi^w W_t^{*,1-\theta^w}+(1-\varphi^w)\phi^w(1+\pi_t^e)W_{t-1}^{1-\theta^w}+(1-\varphi^w)(1-\phi^w)W_{t-1}^{1-\theta^w} \tag{8-14}$$

式中 θ^w——不同劳动之间的替代弹性；

W_t^*——最优化的工资水平(见 Erceg 等，2000)。

2) 厂商(企业)的行为

我们将厂商分为三类：最终品、中间品和投资品厂商。

● 最终品厂商

最终品厂商是完全竞争的，生产同质的最终商品。最终商品的生产函数为：

$$Y_t^{1-\theta}=\int_0^1 y_{it}^{1-\theta}\mathrm{d}j \tag{8-15}$$

式中 θ——中间品之间的替代弹性，而中间品种类被标准化为 $i\in[0,1]$。

考虑进出口问题，则国内需求的最终品生产为：

$$Y_{Ht}^{1-\eta}=\rho Y_{Ht}^{d,1-\eta}+(1-\rho)Y_{Ft}^{f,1-\eta} \tag{8-16}$$

式中 η——最终品的国际替代弹性；

$Y_{Ht}^{d,1-\eta}$——国内最终厂商采用国内中间品生产的复合商品；

$Y_{Ft}^{f,1-\eta}$——进口的复合商品；

ρ——国内对国内复合商品的需求比例。

● 中间品厂商

中间品厂商具有垄断竞争地位。假设在每一期都有部分厂商不能调整价格，采用 Calvo (1983)的价格黏性模型，在每一期，三种厂商分别有比例 φ 会保持原有的价格；剩余的 $(1-\varphi)\phi$ 的比例则会对价格按预期通胀率进行调整，$(1-\varphi)(1-\varphi)$ 比例的中间厂商维持上期价格。

首先，厂商会考虑成本最小化，即在生产 $Y_t^i=F^i(K_t^i,L_t^i)$ 的前提下，使得工资支付和中间品成本最小化，转化为最优化问题。

$$\min_{L_t^i,K_t^i}\left\{\frac{W_t^i}{P_t^i}L_t^i+(r_t-\delta)K_t^i+\zeta_t^i[Y_t^i-F^i(K_t^i,L_t^i)]\right\} \tag{8-17}$$

式中 ζ_t^i——厂商按照第 i 类商品计价的边际成本，只有当要素配置实现厂商利润最大化时方为 1；

r_t——实际利率；

δ——折旧率。

该问题的一阶条件表明：

$$\varphi_t^i=\frac{W_t^i}{P_t^i F_L^i(K_t^i,L_t^i)} \tag{8-18}$$

$$\varphi_t^i=\frac{r_t-\delta}{F_K^i(K_t^i,L_t^i)} \tag{8-19}$$

其次，厂商的定价决策问题是选择 P_t^{*d} 和 P_t^{*f}，以最大化如下问题：

$$E\sum_{j=0}^{\infty}\Delta_{t+j}\left[\frac{P_t^{*d}}{P_{t+j}}Y_{t+j}^d+\frac{P_t^{*f}e_{t+j}}{P_{t+j}}Y_{t+j}^f-\varphi_t^i Y_{t+j}\right] \tag{8-20}$$

式中 Δ——贴现因子；

e——名义汇率。

● 投资品厂商

投资品厂商采用本国生产的最终品以及现有的资本存量来生产投资品，投资品的生产函数为：

$$K_t = K_{t-1}(1-\delta) + I_t - CA(I_t) \tag{8-21}$$

式中 I_t——投资量；

CA——调解成本。

为了引入金融的影响，我们考虑投资品厂商、中间品厂商均通过银行信贷获得融资。这样，信贷规模就成为影响投资、产品生产的因素，由此可以分析实体经济与金融风险之间的关系。

3）金融系统与政府部门

将金融系统主要分为央行与商业银行两个层次（固然也包括居民、厂商等的储蓄、投资与融资行为，但从货币发行角度来看，可以抽象为这两个层次）。中央银行的作用是制定货币政策，主要是指货币发行，体现在其资产负债表上。中国央行主要联系如下基本业务：外汇资产（存量），设为 F_t；购买的国债（存量），设为 B_t^M；向商业银行发放的再贷款，设为 B_t^B；收取国债利息、再贷款利息（利率设为 i_t^B）、外汇资产收益（收益率设为 i_t^F）以及高能货币，设为 H_t；发行的央行票据，设为 B_t^C。高能货币包括发行的现金和商业银行的准备金。央行的资产负债表预算应满足：

$$\begin{aligned}&(F_t - F_{t-1}) + (B_t^M - B_{t-1}^M) + (B_t^B - B_{t-1}^B) = \\ &i_{t-1}B_{t-1}^M + i_{t-1}^B B_{t-1}^B + i_{t-1}^F F_{t-1} + (H_t - H_{t-1}) + (B_t^C - B_{t-1}^C)\end{aligned} \tag{8-22}$$

等式左边表示央行的资产增量，右边表示负债与权益的增量。

商业银行的业务主要包括存贷款。设商业银行持有的外汇资产为 F_t^B，持有的国债为 $B_t^{M,C}$，各类贷款 D_t，各类存款为 S_t，则其资产负债表预算应满足：

$$\begin{aligned}&(F_t^B - F_{t-1}^B) + (B_t^{M,C} - B_{t-1}^{M,C}) + (D_t - D_{t-1}) = \\ &i_{t-1}^F F_{t-1}^B + i_{t-1}B_{t-1}^{M,C} + i_{t-1}^D D_{t-1} + (S_t - S_{t-1})\end{aligned} \tag{8-23}$$

等式的左边表示商业银行的资产增量，右边表示负债与权益的增量。这样 $D_t - D_{t-1}$ 就表示各类贷款余额增量。

政府部门面临着如下的预算约束：

$$G_t + i_{t-1}B_{t-1}^T = T_t + (B_t^T - B_{t-1}^T) \tag{8-24}$$

等式左边表示政府在商品、劳务及转移支付上的支出与债务利息支出，右边表示税收与政府债券的发行。

由于中国中央银行的属性，我们将其与政府部门合二为一，得到两者总体的预算约束：

$$\begin{aligned}&G_t + (F_t - F_{t-1}) + (B_t^B - B_{t-1}^B) + i_{t-1}B_{t-1} = \\ &T_t + i_{t-1}^B B_{t-1}^B + i_{t-1}^F F_{t-1} + (H_t - H_{t-1}) + (B_t^C - B_{t-1}^C) + (B_t - B_{t-1})\end{aligned} \tag{8-25}$$

式中 B_t——流通在公众和商业银行等机构的政府债券。

4）世界经济

将本国以外的世界经济看作一个整体，本国与世界经济之间可以进行贸易和资本流动。从商品角度看，居民既可以选择国内消费品，也可以消费国外的消费品；厂商既可以选择国内的投资品，也可以选择国外的中间品和投资品；相似地，政府的购买也是如此。由此，本国按外币计价的净出口为：

$$EX_t = Y_{Ht}^f P_{Ht}^f - Y_{Ft}^f P_{Ft}^f \tag{8-26}$$

5）总供给与总需求冲击

当经济中开始出现风险积累时，实际上是经济的总供给与总需求之间出现了某种程度上的不匹配或失衡，当然，这种失衡是由许多种因素造成的。例如，若经济已经处于充分就业状态，但由于某种原因导致总需求旺盛、超过总供给时，物价就会上升，产出也上升，此时表现为经济"过热"；而当物价上升的预期已经形成，则总供给曲线左移，导致物价进一步上升，而产出下降恢复到充分就业的产出水平；若经济处于充分就业状态，由于某种原因导致总需求的萎缩，则经济就会发生相反的波动。因此，经济风险或短期经济波动的分析实际上是对经济与均衡产出状态的偏离的分析。

经济中对总供给的冲击主要表现为对生产函数的冲击。原材料价格的下降、自然资源可获得性的增加、劳动力数量的增加，以及劳动力教育水平的提高，都会造成正面的总供给冲击；反之，原材料价格的上升、自然资源可获得性的下降，台风、霜冻、干旱、洪水、地震等自然灾害对工农业生产的破坏，以及劳动力数量的减少等，都会造成负面的总供给冲击。

总供给的冲击体现在生产函数中的 z_t，根据实际商业周期理论，我们假设它们服从如下过程：

$$z_t = \vartheta z_{t-1} + e_t \tag{8-27}$$

式中 ϑ——常数，反映了前一期冲击对本期冲击的影响；

e_t——白噪声。

经济中对总需求的冲击主要表现为对产品市场均衡（IS 曲线）与货币市场（或金融市场 LM 曲线）的冲击。减税、货币供应量的增加、政府支出的增加、出口需求的增加、对未来经济走势乐观的预期等，都是正面的总需求冲击；反之，税收增大、政府支出减少、货币供应量下降、出口需求减少等，则是负面的总需求冲击。这些总需求冲击中，我们认为货币供给是受到宏观经济变量的影响而有所调整的，并设货币供给速率的扰动 $u_t = \mu_t - \mu_t^*$ 服从过程：

$$\mu_t = \xi \mu_{t-1} + \sum_i \psi z_{t-1} + e_t^M \tag{8-28}$$

式中 μ_t——货币供应速度；

ξ、ψ——常数；

e_t^M——白噪声；

ψ 反映货币当局根据总供给的冲击作出的调整。

对总供给和总需求的冲击，我们可以在模型中通过相关参数的调整来模拟其影响，并通过后期的实际数据来校准。

对总供给冲击作简要补充说明。z_t 描述的是如石油等生产资源价格、自然灾害等外生不确定性对总供给的冲击，当这种冲击是正向的时，z_t 为正；反之为负，显然 $F_Z > 0$。由于是短期分析，忽略了技术的进步与资本的折旧问题。此外，由于中国有足够的劳动力(甚至是剩余劳动力)，就业可近似地看作由劳动力需求来决定，因此不考虑劳动力市场均衡的问题；投资品市场均衡的问题则由总需求进一步描述。在连续时间条件下：

$$\frac{dP}{P}=\frac{dW}{W}+\frac{F_{LL}F_K-F_LF_{LK}}{F_L^2}dK-\frac{F_{LL}}{F_L^2}dY+\frac{F_{LL}F_Z}{F_L^2}dZ \tag{8-29}$$

式中　F_{LL} ——产出函数对劳动力的二阶偏导数。

式(8-29)描述了总供给曲线上价格水平变化同工资、资本增量(投资)以及产出之间的关系。由于 $F_{LL}<0$，$F_{LK}>0$，因此 $\frac{F_{LL}F_K-F_LF_{LK}}{F_L^2}<0$，$-\frac{F_{LL}}{F_L^2}>0$，因此从总供给角度来说，资本增量越多，对物价平稳越有利，而产出能力的增强与物价变动正相关。相似地，对总供给的正向外生冲击与价格负相关。

由以上几个部分建立的模型是我们进行金融运行风险预测的基本模型，其中中间品生产函数采用如下形式：

$$y=F(K_t,L_t)=z_tK_t^{1-\alpha}L_t^{\alpha} \tag{8-30}$$

采用中国历年的消费、投资、政府支出、进出口、产出、通胀率，以及包括货币供求等在内的金融指标的季度数据，先去趋，获得对趋势偏离的百分比，作为实证研究数据(部分参数则根据现有文献进行校准)。该模型包含消费者、三类商品厂商、金融机构和政府部门的行为方程，将金融系统与实体经济结合起来，以分析金融系统运行是否符合实体经济的需要，用于判别金融运行风险。

4. 金融运行风险度量结果与分析

根据第三部分的方法，金融运行风险度量的结果如图所示。本研究在2011年中国经济运行风险年度报告中金融运行风险部分的基础上作了调整，对金融运行风险的评级进行了标准化，分为“无风险”、“风险关注”、“有风险”、“较高风险”和“高风险”等五级。2012年预测的金融运行风险与2011年同处于较高风险区间(如图8-22所示)。

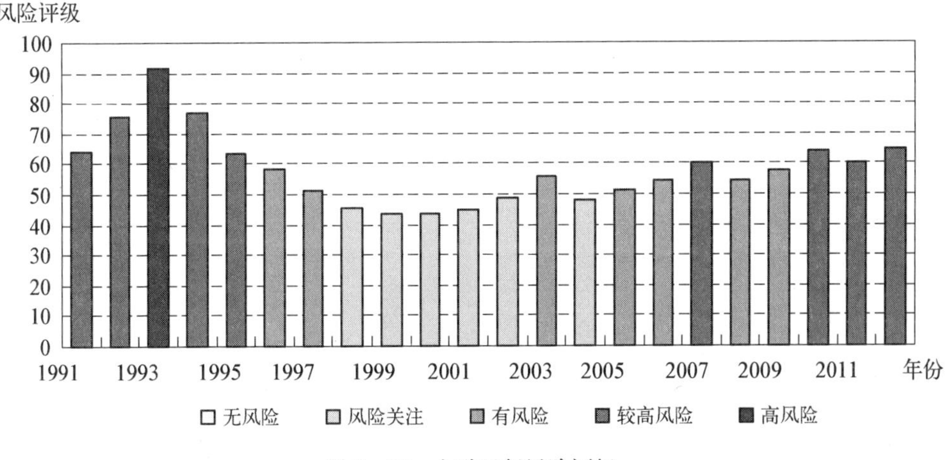

图8-22　金融运行风险评级

2012 年金融运行风险与 2011 年相比有所上升，主要有如下原因：

(1) 国际经济环境仍存在较大风险。虽然美国的经济状况相比过去几年已开始复苏(如失业率下降至近 8%)，但离真正恢复危机前的发展状况还有距离(如通胀率在近期出现小幅下降)，且从当前来看，美国将持续扭转操作而非量化宽松货币政策这种大规模刺激政策；欧元区国家除了德国经济状况较好，其他主要国家都存在问题，而且由于欧元区内部的博弈、欧元区债务危机的实质性矛盾并未消除，短期内欧元区的问题很难得到解决；日本经济仍然持续相对低迷。在这样的情况下，中国经济的外部需求很难真正得到提振，这从国际油价等大宗商品及美元指数走势也能够看出。外需的持续不振对中国实体经济将造成持续的抑制，也成为金融运行风险的重要影响因素。

(2) 实体经济运行存在下行趋势可能引发系列金融风险。国内的贷款余额总体规模较高(达 GDP 的 2 倍)，地方政府债务问题、民间借贷问题都蕴含着一定的金融风险。而从实体经济来看，与 2011 年相比，2012 年前 4 个月的消费增长率出现了较明显下降(见图 8-23)，居民消费价格指数从 2011 年 7 月以后也呈现出明显下降趋势；自 2011 年 5 月以来，全国固定资产投资增速逐渐下降，特别是进入 2012 年下降速度更为明显，这与中长期贷款增速明显下降相一致(见图 8-24)；进出口总额、出口额和进口额的同比增长率从 2011 年 1 月以来，呈现出逐

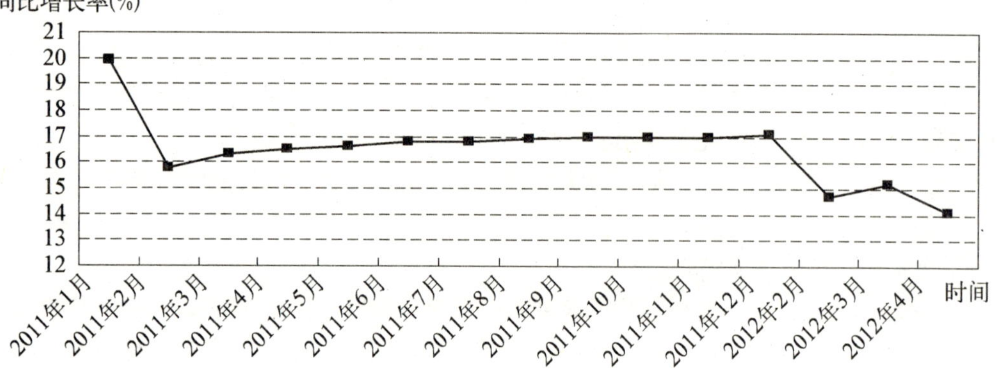

图 8-23 社会消费零售总额同比增长率

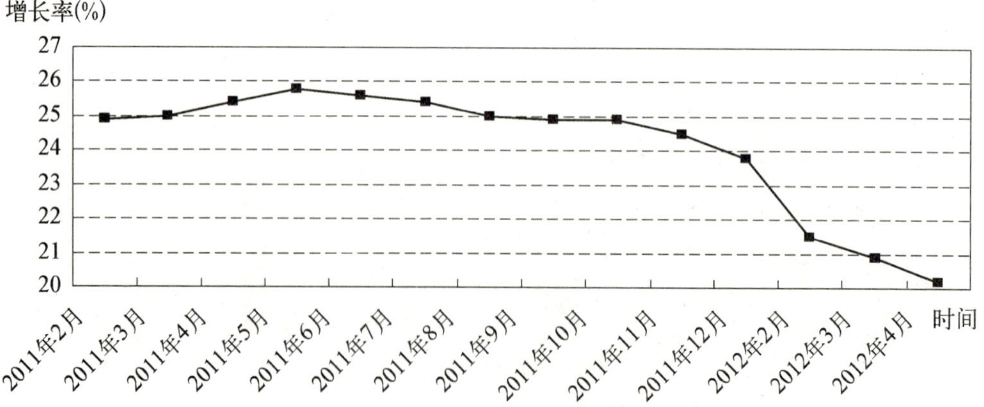

图 8-24 固定资产投资增长率

渐下降的趋势，至2012年1月达到1年来的低点，2月份则出现反弹，之后重新回归下降趋势（见图8-25）；从2011年1月以来，财政收入增长率呈现出较强的下降趋势，至2011年12月达到最低；2012年前3个月呈现微弱的升势，4月则重新下降，财政支出在2012年的下降趋势则比较明显；$M1$ 和 $M2$ 同比增速出现下降，特别是 $M1$ 下降趋势较为明显（见图8-26），从贷款增速上看，与2010年年初相比，2012年年初的增速下跌几近1半（见图8-27）。与此同时，2011年以来，绝大多数时间里，上证指数月度收盘同比收益均处于下跌态势；2011年以来工业增加值同比增长总体呈现下降趋势，特别是2012年4月规模以上工业增加值同比增长9.3%，这是3年来该数据第一次滑落至个位数（见图8-28），GDP的下滑趋势也非常明显（见图8-29）。经济下行的风险可能使得主要的贷款人（如企业和地方政府）的还款能力受到影响，增大金融风险。

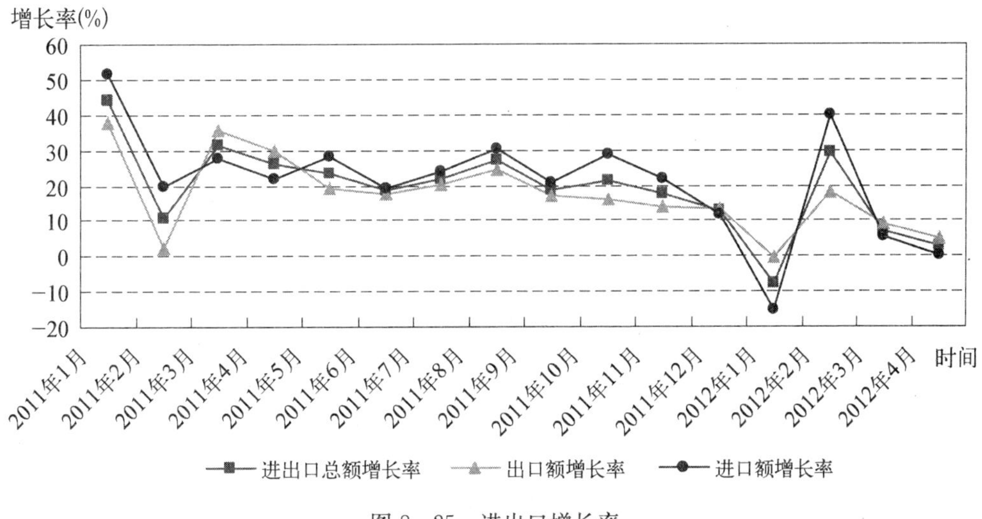

图8-25 进出口增长率

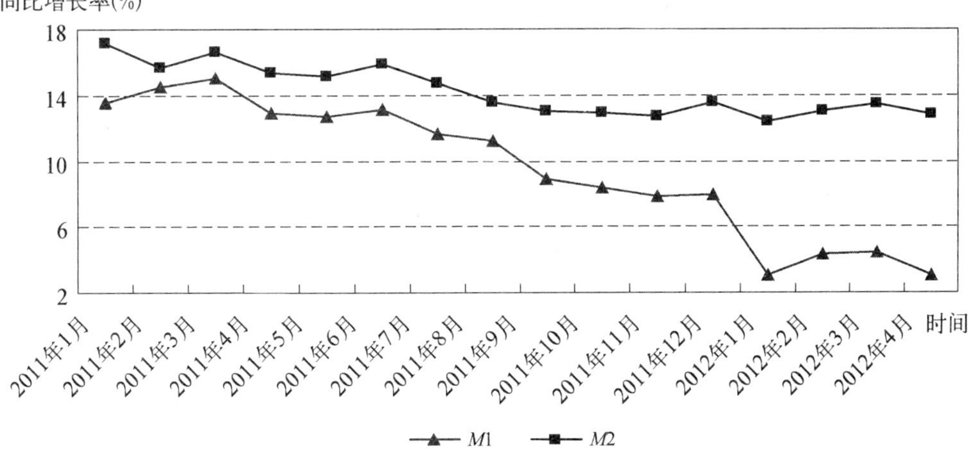

图8-26 货币供给增长率

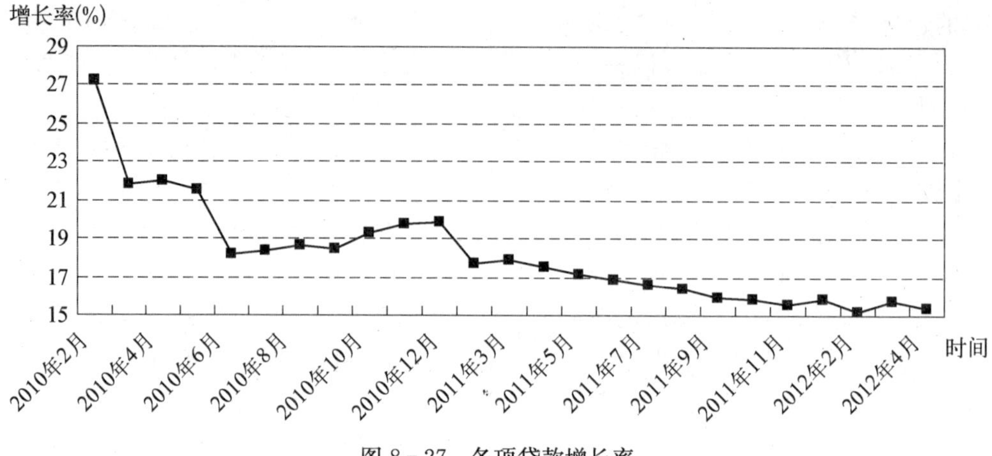

图 8－27　各项贷款增长率

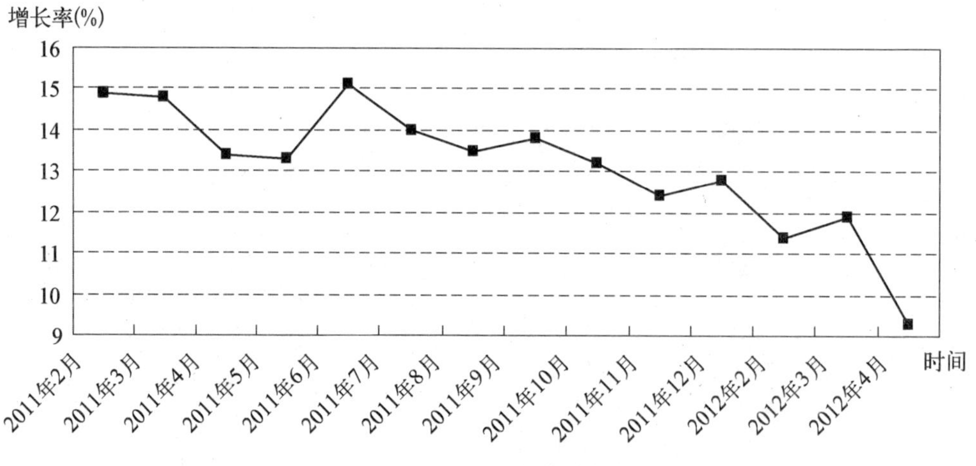

图 8－28　工业增加值增长率

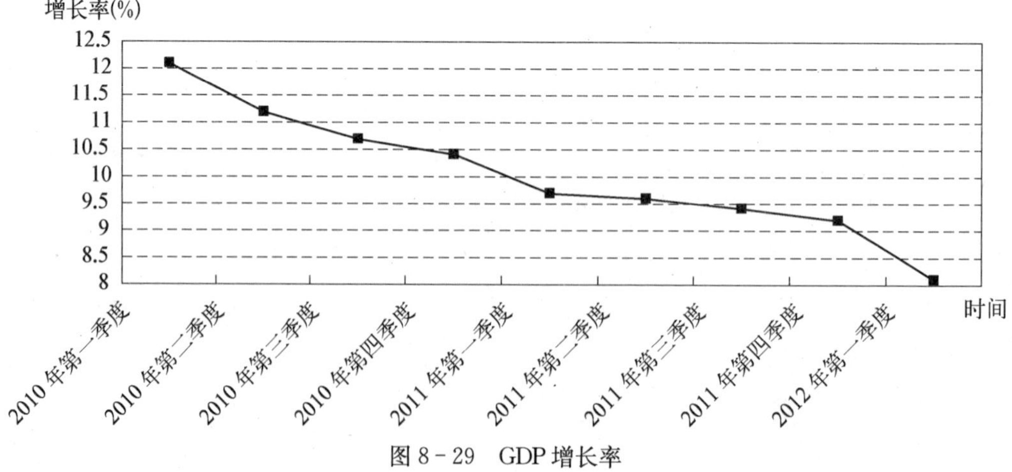

图 8－29　GDP 增长率

(3) 国内宏观经济政策面临难题。在外需仍然不足，而内部实体经济存在下行趋势这样的背景下，金融运行的风险也加大。简单地看，短期内解决金融运行风险的国内宏观经济政策是刺激性的政策，降低经济下行的风险。但是，刺激性的经济政策面临难题。首先，当前的金融风险是过去经济运行问题的积累，包括 2008 年的大规模刺激性政策。其次，大规模的刺激性政策必然与消化上一轮政策的问题相抵触，由于这样的刺激政策已形成预期，可能重新引发通货膨胀而难以对产出产生显著的拉动作用。再次，金融作为实体经济的支持部门，其自身运行面临风险是正常的，如果总是通过改善其外部环境而长期忽视其自身建设，忽视其自身风险管理能力的培养，这样金融系统的稳定性就会始终得不到提高，面临不确定性和冲击时甚至还可能放大风险。

四、结语与政策建议

2012 年金融风险处于"较高风险"等级，影响因素主要来自外部冲击和内部经济长期失衡的积累，也是过去经济运行中各种问题积累的结果，是我们目前必须承受的风险。未来一段时间内管理金融运行风险应主要强调如下两个方面：

(1) 长期来看，应采取措施提升金融系统的运行效率和抗风险能力。虽然中国的金融系统为中国经济发展作出了长期贡献，但金融系统在运行效率和抗风险能力方面仍有待提高。从贷款去向上看，由于各种原因，大规模的贷款主要流向国企和地方融资平台，以及房地产等少数行业，这在一定程度上导致了经济结构发展上的不平衡。房地产成为影响中国经济的重要行业(但居民住房问题却并未真正解决)，部分国企的地方政府的资金利用效率并不足够，这都是影响贷款质量的重要因素，进而成为影响金融运行效率的重要因素，也为未来的金融风险埋下隐患。当然，作为实体经济发展的支撑，金融政策必须与经济发展的战略目标相一致。因此，要改善金融运行效率，增强抗风险能力，还需要经济发展方式的转变能够真正得到实现。

(2) 短期来看，应密切关注经济运行状况特别是国际经济运行状况，适时采取合理的经济措施，避免经济持续下行风险带来金融风险问题。短期内应对经济持续下行的风险并不存在过大的困难，适度放松信贷控制和降息就可以解决，但这可能为未来的经济风险又埋下新的隐患。不过，由于全球经济的恢复进程仍然缓慢，一方面，这些经济体(如欧洲)可能进一步恶化；另一方面，为了应对低迷的经济，主要经济体在未来仍有可能推出刺激性政策。在这样的情况下，中国的宏观经济政策也必须适度作出调整，避免经济受到外部更为不利的冲击进而影响中国的金融运行风险。

参 考 文 献

[1] 唐海燕. 中国经济运行风险研究报告 2011[M]. 上海：立信会计出版社，2011.

[2] 唐旭，等. 论建立中国金融危机预警系统[J]. 经济学动态，2006(6).

[3] 陈学彬. 银行不良资产与金融风险和通货膨胀的博弈分析[J]. 经济研究，1997(7).

[4] 李扬. 金融发展和金融创新必须服务于实体经济[J]. 当代财经，2009(1).

[5] 李翀. 论美国次级抵押贷款危机的原因和影响[J]. 经济学动态，2007(9).

[6] 刘锡良，等. 金融结构视觉中的金融安全论[J]. 经济学动态，2004(8).

[7] 孙立坚. 再论中国金融体系的脆弱性[J]. 财贸经济，2004(3).

[8] 伍志文. 中国金融脆弱性(1991—2000)：综合判断及对策建议[J]. 当代经济科学，2002(9).

[9] YANNICK K. Financial fragility in emerging market countries: firm balance sheets and the productive structure. PSE Working Papers [C], 2005.

[10] GOODHART C A E, SUNIRAND P, TSOMOCOS D P. A time series analysis of financial fragility in the UK banking system[J]. Annals of Finance, 2006(2).

[11] TSOMOCOS D P. Equilibrium analysis, banking, and financial instability[J]. Journal of Mathematical Economics, 2003(3).

[12] HOGGARTH G, SAPORTA V. Costs of banking system instability: some empirical evidence[J]. Financial Stability Review, 2001(6).

[13] LAGUNOFF R, SCHREFT S. A model of financial fragility[J]. Journal of Economic Theory, 2001(2).

[14] GOODHART C A E, SUNIRAND P, TSOMOCOS D P. A model to analyse financial fragility[J]. Economic Theory, 2006(1).

[15] HALDANE A, HALL S, SAPORTA V and TANAKA M. Financial stability and macroeconomic models[J]. Bank of England Financial Stability Review, 2004(6).

[16] HOGGARTH G, WHITLEY J. Assessing the strength of UK banks through macroeconomic stress tests[J]. Bank of England Financial Stability Review, 2003(6).

[17] FENDER I, JACOB G. Overview: global financial crisis spurs unprecedented policy actions[J]. BIS Quarterly Review, 2008(9).

[18] ALLEN F, GALE D. Bubbles and Crises[J]. The Economic Journal, 2000(1).

[19] ERCEG, CHRISTOPHER J, DALE W HENDERSON, ANDREW T LEVIN. Optimal monetary policy with staggered wage and price contracts[J]. Journal of Monetary Economics, 2000(46).

第九章　财 税 风 险

一、绪论

（一）研究背景

2011年，中国国民经济运行总体上保持了平稳较快的发展，但是经济增速逐季放缓，截至第四季度，中国GDP增速回落到8.9%。经济增速放缓有国家主动调控因素在其中。但是，考虑到国际金融危机的深度影响仍在继续，发达经济体复苏步履维艰，欧元区主权债务危机仍然不断发酵和扩散，新兴经济体增速回落和物价上涨交织在一起，国内经济结构转型仍在继续，民间投资乏力等诸多因素，抑制中国经济继续平稳增长的风险不容小视。

应对经济下行风险，中国政府继续实施积极的财政政策，旨在通过财政收支分配活动增加和刺激社会总需求，促进经济稳定增长。通常，积极的财政政策主要采用增加财政支出规模、减税、增加财政赤字等措施。同时，为了保障经济增长所需要的稳定和谐的外部环境，政府同时会加强公共管制措施（行政罚没、行政事业收费清理等）。上述与积极财政紧密联系的措施或手段，中国在当前具体的政策实践中均有涉及。温家宝总理在第十一届全国人民代表大会第五次会议上作的《2012年中国政府工作报告》就明确提到，要优化财政支出结构，加强地方政府性债务管理和风险防范，继续对行政事业性收费和政府性基金进行清理、整合和规范。显然，如何利用积极财政政策的措施或手段，提高公共管制成效，推动经济平稳增长和社会进步，降低相关财税政策的运行风险，已成为当前必须重点关注的问题。为此，本章选取公共管制、地方债务以及财政支出为研究对象，从微观、中观以及宏观三个层面分析其对经济增长的影响及风险。

(1) 微观层面，本章选取公共管制中的行政罚没作为研究对象，揭示行政罚没对地方经济发展的影响及潜在风险。公共管制主要是基于特定公共目的，通过对特定微观经济主体、特定行为的调节，来增进公共利益的实现，因此，公共管制主要通过微观层面的经济政策调节对经济增长产生影响。行政罚没作为公共管制的主要手段之一，一方面为经济稳定增长提供制度保障，另一方面直接构成财政收入的一部分。公开的数据显示，1998年中国各级地方政府行政执法罚没收入总量为260.05亿元，占地方政府财政收入的5.22%；2010年中国各级地方政府行政罚没收入总量为1 042.85亿元，占地方政府财政收入的2.57%。1998—2010年的13年时间里，行政罚没收入总量增长了313.23%，行政罚没收入呈现连年增长的现象，没有1年的增长率是负数，某些年份的增长速度达到了21%，超过了当年GDP的增长速度。如此连年快速增长的行政罚没收入，与政府“欲禁于罚”的初衷相左，通过罚款获取财政收入也不该成为政府通过行政罚没这种公共管制手段的目的，因此，有必要深入分析行政罚没对经济增长的潜在影响，以提出优化方案。

(2) 中观层面，本章选取地方政府债务风险作为研究对象，揭示地方政府债务风险的成因并提出对策。地方政府发行的公债称为地方公债。发行地方公债是地方政府筹措财政资金的一种方式，其收入列入地方政府预算，由地方政府安排调度。地方政府债务主要通过对特定地区的公共建设投入调节经济，促进地方经济发展，因此，地方政府债务主要通过中观层面的经济调节对经济增长产生影响。理论上，根据预算法的规定，地方各级预算按照量入为出、收支平衡的原则编制，不列赤字。但现实中，中国地方政府财政债务却十分常见，很多地方政府的负债额远远超过本级财政收入。从用途上看，中国地方债务主要用于交通、通信、住宅、教育、医院和污水处理系统等地方性公共设施建设，能够对地方经济增长产生正面影响。但随着城市扩张和经济发展，近年来，地方政府债务急剧膨胀，举债资金使用的预算约束不到位，透明度和规范性不足，经济增长风险逐步增大。

(3) 宏观层面，本章选取财政支出风险为研究对象，重点考察财政支出结构对经济增长的影响程度及风险。财政支出是宏观经济调控常用的政策手段，财政支出本身构成社会总需求的一部分，其通过在公共投资、行政管理、文教科卫、社会保障等领域的支出，对经济增长产生直接或间接的影响。鉴于财政支出对经济影响的全局性、长期性，财政支出主要通过宏观层面的经济调节对经济增长产生影响。财政部的统计数据显示，2011 年全国财政支出总额达 108 930亿元，约占 2011 年全年国内生产总值(GDP)的 23.1%。① 考虑到财政支出规模巨大，有必要深入研究各项支出对经济增长的影响方向和程度，以促进经济和社会全面发展，规避支出结构失衡风险。

2011 年，中国经济增长风险逐步显现。在此背景下，本章研究以中国经济运行中的经济增长风险为主题，以公共管制、地方债务以及财政支出为切入点，从微观层面——行政罚没收入、中观层面——地方政府债务以及宏观层面——财政支出三个角度分析财政收支的经济增长风险，以期为降低财政收支的经济增长风险提供参考依据。

(二) 文献综述

关于财政收支经济增长风险微观层面的研究——行政罚没收入的经济增长风险，主要围绕行政罚没的目标、行政罚没对违法乱纪行为的成本收益，以及行政罚没对社会经济稳定运行的制度保障效果来展开研究。其中，国外学者重点关注执法机关行政罚没的目的及其对经济和社会运行的影响，中国国内对此研究尚处于初级阶段。Becker(1976)主张，凡是能够使用罚款的地方就应该尽量使用罚款来惩罚违法乱纪行为，因为罚款的社会成本最小，可以看出罚款具有其他处罚工具所不可替代的功能，特别是针对经济犯罪更具成效。Osborne 和 Gaebler (1992)认为，任何公共部门都会面临财政预算的约束，公共执法部门都有扩大预算的冲动，因此，当行政执法机关被允许可以使用行政罚没收入补充经费的时候，它们就产生了行政罚没的冲动。Miller 和 Selva(1994)认为，执法部门执法动机大多数都是为了使行政罚没最大化，对行政罚没收入的追求已经影响了警察对案件的选择，警察在选择案件的时候更多考虑的是获得行政罚没收入，而不是将犯罪分子绳之以法。Eric 和 Eva (1998)对美国行政罚没收入管理政策研究发现，美国的行政罚没收入管理政策使得执法部门是为“利益”而执法，而不是为了控制犯罪而执法，行政罚没收入管理制度改变了执法部门的执法目的和宗旨。Worral 和 Kovandzic(2008)对数量进行研究结果则显示，在行政罚没收入管理严格的州，执法机构倾向于选择使用相对宽松的联邦法律来绕过州法律，以获得更多的行政罚没收入分配比例。

① 据国家统计局初步测算，2011 年全年国内生产总值(GDP)为 471 564 亿元。资料来源：http://www.crifs.org.cn/crifs/html/default/caijingyaowen/_content/12_02/23/1329958311565.html。

Baicker 和 Jacobson(2007)通过调查发现,行政罚没收入是如此众多以至于有些地方政府在考虑执法部门预算时倾向于减少执法单位的预算。王海文(2007)分析了中国执法经济现象及其成因与对策,指出执法经济扰乱了正常的市场竞争行为,破坏了社会的秩序和社会和谐,降低了政府的公信力。程延(2007)对中国"罚治"经济现象分析后指出,在中国社会管理过程中出现了所谓"以罚代管"的现象,执法部门的利益是驱动"罚治"经济现象的根本动因,罚款变成了一种价格或地下税收。综上所述,国内外学者对行政罚没收入的研究表明,行政罚没一旦偏离维护社会经济正常秩序的本意,成为增加收入或获取不正当利益的手段,将直接侵害微观经济主体的利益,阻碍社会经济的发展,有可能导致资本逃离、寻租成本加大等弊端,最终产生阻碍经济增长的风险。

关于财政收支经济增长风险中观层面的研究——地方政府负债的经济增长风险,现有研究尚未形成定论。王燕和徐滇庆等(2001)提出,单一制政体下,中央政府对地方政府提供的隐性担保,引发了地方政府的道德风险问题,导致地方政府债务风险发生。周小川(2010)则认为,应当授予地方政府发债权,通过地方政府直接发行债券的方式,可以减少地方融资平台、投资公司等其他融资形式的总量,风险更容易控制。此外,大量的文献研究了中国地方政府债务风险的成因及对策。关于中国地方债务风险成因方面:贾康和白景明(2002)认为,财政体制缺陷是中国地方财政困难(包括债务)的主要原因;龙志军(2006)认为,经济体制转轨、财政体制改革不够彻底、行政管理体制缺陷、债务管理不善是加大地方政府债务风险的原因;周泽炯(2008)认为,财权事权不对称、干部考核任用制度缺陷、行政管理体制缺陷和债务管理不完善是地方政府债务风险形成的原因;吴聚稳(2009)认为,造成地方政府债务产生的原因主要包括政府职能定位不明确、政府缺位和越位现象较为严重、中央政府与地方政府的事权与财权划分不合理以及政府投融资体制改革滞后等。关于中国地方债务风险化解及对策方面:吴聚稳(2009)认为,化解地方政府债务措施主要包括加快经济体制改革、合理界定政府职能定位、完善分税制改革、清查存量债务、完善地方政府债务管理体系以及建立地方政府债务风险预警机制;李永刚(2011)从完善地方税制、加强地方政府融资平台监管、建立地方债务管理长效机制和建立偿债准备金制度等方面提出了化解地方政府债务风险的对策;宋琳和程烨(2012)从采用经济刺激计划、健全完善财税体制、完善债务管理体制、建立风险预警机制以及加强财政监督等方面提出了化解地方政府债务风险的措施。从现有研究看,由于财政体制改革不彻底、中央政府与地方政府的事权与财权划分不匹配、地方政府债务管理不善等各种原因,地方政府债务存在经济增长风险。

关于财政收支经济增长风险宏观层面的研究——财政支出的经济增长风险是财政风险中的一种,财政支出的经济增长的风险主要表现在支出结构失衡、支出效率低下以及对投资领域的扭曲等方面。尽管很少有直接以财政支出经济增长风险为主题的研究,但大量的文献对财政支出的总量和结构对经济增长的影响程度和方向进行了研究,目前国内外研究尚未形成较为一致的结论。关于财政支出与经济增长关系,国内外学者研究成果颇丰。国外研究方面,Ram(1986)等人的实证研究结果表明,财政支出促进经济增长;Romer(1989)等对财政支出对经济增长的影响进行了研究,认为财政支出具有显著为负的增长效应;Wang(2002)等学者的研究结果则显示财政支出与经济增长之间不存在显著关系。国内研究方面,马拴友(2000)认为中国政府的财政支出增长率与 GDP 增长率之间存在显著的正相关关系;刘进等(2004)、廖楚晖(2006)、郭庆旺等(2006a、2006b)均发现中国财政支出总量以及公共投资具有正的经济增长效应;付文林等(2006)认为中国财政支出占 GDP 的比例与实际经济增长率呈反向变动关系;庄子银等(2003)也认为财政支出增加对经济增长具有负效应。关于财政支出结构与经济增长关系,多数研究显示,财政支出结构的差异往往表现出不同的经济增长效应。其中,Barro(1990、1991)将公共支出分为生产性支出和非生产性支出,认为前者与经济增长正相关,后者则与经济增长负相关。彭志文和郭路(2010)根据新古典增长理论的框架,通过数理分析考察政府在公共资本服务、科学教育投入和消费性转移支付三方面的财政支出对经济增长的不同影响,发现政府财政支出存在一种最优结构,其数值模拟结果显示,公共资本投入比科教投入更能促进经济增长。孙敏(2009)对中国公共投资与宏观经济增长的关系进行了实证研究,研究结果表明,由公共物质资本投资、人力资本投资及研发投资构成的公共投资与国内生产总值具有长期的正向均衡关系,但贡献率较低,据此提出对公共投资结构进行优化的建议。郭庆旺等(2003)的研究表明,生产性公共支出的增加会促进经济增长。杨子晖(2011)运用面板平滑转换回归模型(PSTR),在非线性的框架下对政府规模与经济增长关系进行研究发现,中国政府支出增长与经济增长的关系参数值有所下降,但由于基础设施落后,公共物品与公共服务供给仍然相对不足,政府支出的增加仍有助于促进经济的进一步发展。从现有文献看,财政支出总量、结构失衡以及支出效率低下等因素,会直接导致对经济增长的负面影响,进而产生经济增长风险。

通过已有文献对财政收支经济增长风险微观、中观和宏观层面的研究,我们可以发现,行政罚没、地方政府债务规模以及财政支出在特定情况下均会对经济增长造成潜在威胁,由此带来经济增长的风险,而这种风险在不同的经济发展阶段和社会背景下,风险表现形式及其影响结果可能会呈现出不同的特点。2011 年是中国"十二五"规划的开局之年,也是承前启后的一年,在此经济社会发展背景下的财政收支经济增长风险不可避免地会显现出新的特点和趋势。据此,在现有研究的基础上,本章在微观层面挖掘行政罚没领域的经济增长风险;在中观层面,厘清地方政府债务的经济增长风险;在宏观层面,进一步合理划分财政支出结构,阐明当前形势下财政支出的潜在风险程度及未来支出的重点,对新形势下提供财税风险防范思路有着重要意义。

二、财政收支经济增长风险微观层面的分析——行政罚没收入

行政罚没是政府管理社会的有效工具之一,适当的行政罚没是维护社会经济稳定发展及保护公民产权的需要。但过多的行政罚没特别是以获得收入为目的的行政执法,势必会对公民的产权构成严重的威胁,形成国家组织犯罪,对经济发展形成反向激励,进而带来行政罚没的经济增长风险。近年来,中国行政罚没呈现费用化的趋势。一方面,相关政府部门为获得更多的收入,不断地进行执法创收;另一方面,罚没并没有禁止违法乱纪现象的发生,反而使得企业或公民的违法乱纪行为可以"合法"地进行,行政罚没进一步扩大了企业的生产边界和公民可能的活动范围。中国行政罚没收入的经济增长风险逐步显现。因此,此处以中国地方政府行政罚没收入的经济增长风险为研究对象,从行政罚没收入的现状、行政罚没收入的经济增长风险因素识别及其传导机制三个层面,分析中国行政罚没收入的经济增长风险。

(一) 中国行政罚没收入的现状

从 1998 年起,中国将地方政府的行政罚没收入纳入财政预算体系,至此在地方政府财政

决算数中开始公布每年地方政府的行政罚没收入总量。中央政府的行政罚没收入数量也于2007年开始在中央财政决算数中公布。根据现有公开的统计资料分析,归纳中国行政罚没收入的现状如下。

1. 行政罚没收入总量连年增长

自1998年起,中国各级政府的行政罚没收入的显著特征表现为快速而不断增长,从1998年至2010年的13年时间里没有1年的增长率是负数。1998年中国行政罚没收入合计260.05亿元,而至2010年行政罚没收入达1 074.64亿元,其间增长了313.23%,翻了两番,年平均增长率为15%左右。仅2004年1年,中国行政罚没收入就增长了21%(如图9-1所示),如此快速的增长速度甚至超过了当年GDP的增长速度。

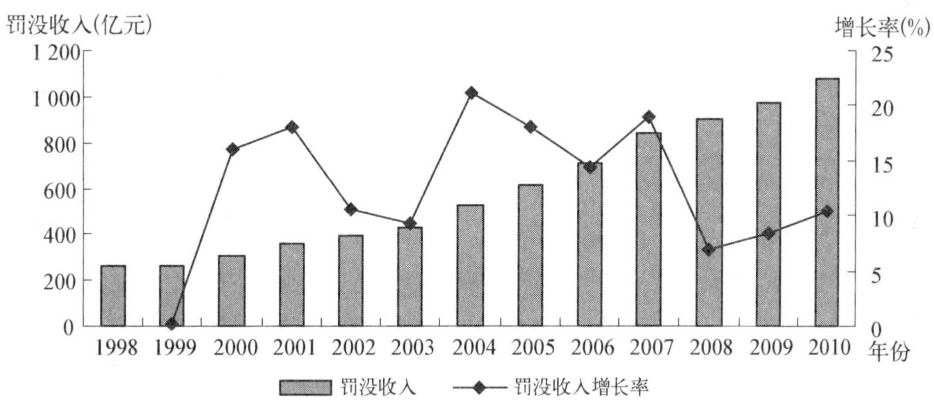

图9-1 地方政府罚没收入总额及增长速度(1998—2010年)

资料来源:中经网数据库相关数据计算整理得出。

行政罚没收入如此快速的增长使得行政罚没收入成为中国政府收入中一个令人关注的现象,13年的总量增长水平几乎和GDP的总量增长速度保持一致。

2. 人均行政罚没收入增长迅速

从图9-2可以看出,从1998年开始,中国人均行政罚没收入开始迅速增长,1998年人均行政罚没收入21元,至2010年人均行政罚没收入78元,增长了近4倍。

同时,从图9-2还可以看出,中国人均行政罚没收入增长率与人均GDP增长率基本一致,两者之间表现出明显的相关性。人均行政罚没收入增长率伴随着人均GDP增长率的上升而上升,随着人均GDP增长率的下降而下降。

3. 行政罚没收入绝大部分归地方政府所有

中国中央政府和地方政府都具有相应的行政处罚权,因此,行政罚没收入也相应地分成中央政府的行政罚没收入和地方政府的行政罚没收入两大类。统计资料显示,中央政府的行政罚没收入占全国行政罚没收入的比例非常低,大约占全国行政罚没收入总量的4%都不到。从2007—2010年4年公布的数据可以发现(见表9-1),中国中央政府行政罚没收入的绝对量和相对量都有减少的趋势,2010年中央政府的行政罚没收入减少了近10%,这是在全国行政罚没收入普遍快速增长的情况下出现的逆反现象。因此,中央政府的行政罚没收入可以忽略不计,全国行政罚没收入主要都归地方政府所有(见表9-1)。

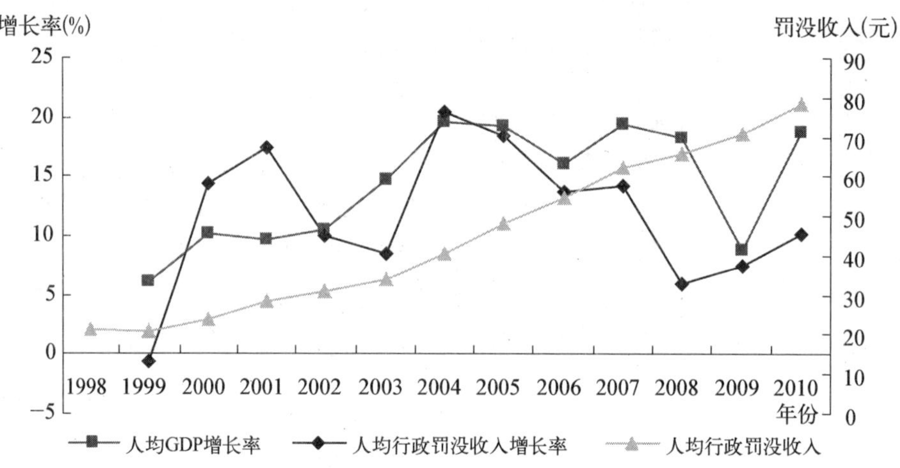

图 9－2 人均行政罚没收入及增长速度(1998—2010 年)

资料来源：中经网数据库相关数据计算整理得出。

表 9－1

2007—2010 年中央政府罚没收入及财政总收入

单位：亿元

项　　目	2007 年	2008 年	2009 年	2010 年
中央政府行政罚没收入总量	28.25	31.72	35.25	31.79
中央政府行政罚没收入增长速度	—	12.28%	11.13%	−9.8%
中央政府行政罚没收入占全国行政罚没收入比重	3.36%	3.53%	3.62%	2.96%
中央政府行政罚没收入占中央财政收入总量比重	1.018‰	0.971‰	0.981‰	0.748‰
中央政府行政罚没收入占全国 GDP 总量比重	1.06‰	1.01‰	1.03‰	0.792‰

资料来源：中经网数据库相关数据计算整理得出。

4. 行政罚没收入占地方政府财政收入 3%以上

从图 9－3 中可以看出，中国行政罚没收入在地方政府财政收入的比重虽有所下降，但下降的速度并不快，基本保持稳定。1998 年行政罚没收入占地方政府财政收入的 5.22%，至 2010 年下降到 2.57%，形成了地方政府一项相对稳定的财政收入来源。

5. 行政罚没收入在地方财政收入中位列第十位

营业税是中国地方政府的主要财政收入，收入第一位的营业税是收入第二位的增值税的两倍还要多。营业税、增值税、企业所得税是地方政府财政收入的前三甲，这三种税收收入占据了地方政府财政收入的 50%以上。

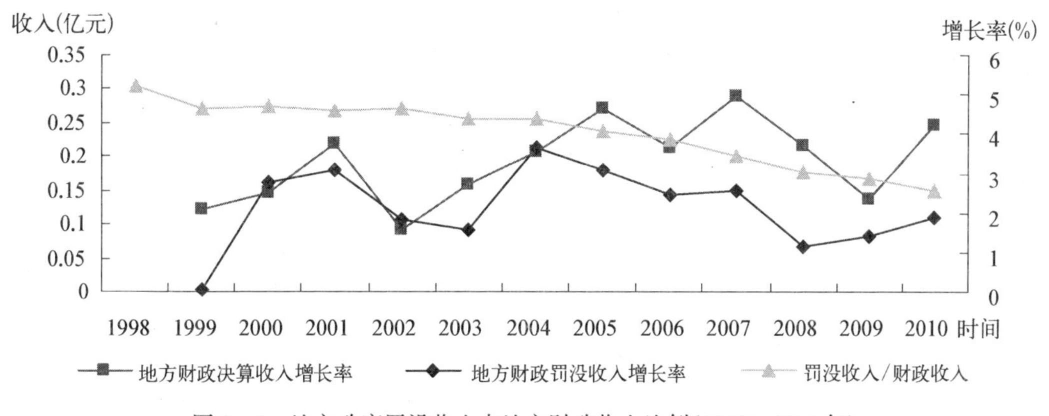

图 9－3 地方政府罚没收入占地方财政收入比例(1998—2010 年)

资料来源:中经网数据库相关数据计算整理得出。

地方政府财政收入按绝对总量大小排序,依次是营业税、增值税、企业所得税、行政事业性收费及个人所得税等,行政罚没收入在地方政府近 20 项财政收入中 5 年来一直排在第九或第十位,几年来一直稳定在这个水平上(表 9－2)。可以看出,行政罚没收入总量超过了房产税、土地增值税、城镇土地使用税、印花税、资源税、耕地占用税、车船税及烟叶税等税种的收入。不过最近由于房地产行业的繁荣,地方政府土地增值税快速增长,2010 年其收入超过了地方政府行政罚没收入总量。

表 9－2

地方政府各项财政收入总额及其相对排名

金额单位:亿元

项 目	2007 年	名 次	2008 年	名 次	2009 年	名 次	2010 年	名 次
营业税	6 379.506	1	7 394.287	1	8 846.88	1	11 004.57	1
增值税	3 867.622	2	4 499.175	2	4 565.26	2	5 196.27	2
企业所得税	3 132.289	3	4 002.079	3	3 917.75	3	5 048.37	3
行政事业性收费	1 543.69	4	1 761.98	4	1 957.5	5	2 600.37	4
个人所得税	1 273.782	5	1 488.081	5	1 582.54	7	1 934.3	7
契税	1 206.246	6	1 307.539	8	1 735.05	6	2 464.85	6
城市维护建设税	1 148.699	7	1 336.301	7	1 419.92	8	1 736.27	9
专项收入	1 088.157	8	1 353.45	6	1 413.283	9	1 742.71	8
其他收入	876.644 5	9	303.841 5	15	2 135.76	4	2 525.62	5
罚没收入	**812.009 5**	**10**	**866.68**	**9**	**938.610 7**	**10**	**1 042.85**	**11**
房产税	575.459	11	680.34	11	803.656 3	12	894.07	13
土地增值税	403.097 5	12	537.43	12	719.559 5	13	1 278.29	10
城镇土地使用税	385.486 3	13	816.896	10	920.98	11	1 004.01	12
印花税	316.602 4	14	361.61	13	402.447 2	15	512.52	15

（续表）

项　目	2007 年	名　次	2008 年	名　次	2009 年	名　次	2010 年	名　次
资源税	261.145 7	15	301.761 2	16	338.24	16	417.57	16
耕地占用税	185.037 6	16	314.407 5	14	633.07	14	888.64	14
车船税	68.163 5	17	144.21	17	186.512 4	17	241.62	17
证券交易印花税	60.16	18	29.48	19	15.34	19	16.34	19
烟叶税	47.802	19	67.45	18	80.811 6	18	78.36	18
其他税收收入	1.178 4	20	2.267 8	20	4.76	20	1.78	20

资料来源：中经网数据库相关数据计算整理得出。

6. 行政罚没收入总量占全国 GDP 总量 3‰

1998—2010 年，中国行政罚没收入总额占全国 GDP 的比重在 3‰左右，13 年来基本保持稳定（图 9－4）。该比例说明中国每年新增 GDP 中有一个固定比例被地方政府以行政罚没的方式而取得，行政罚没收入总量与 GDP 总量之间存在的这种稳定的关系，也使得中国行政罚没收入总量的大小直接受 GDP 总量大小的影响。

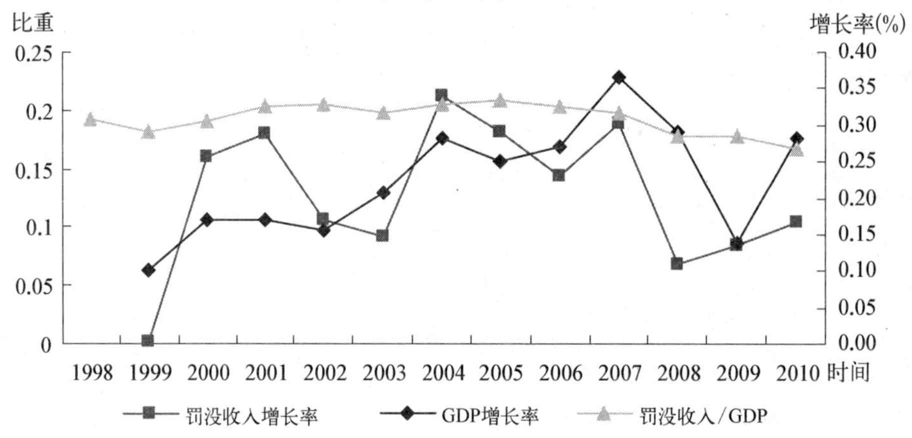

图 9－4　地方政府行政罚没收入占 GDP 比重及行政罚没收入的 GDP 弹性

资料来源：中经网数据库相关数据计算整理得出。

但从中国行政罚没收入的增长率与全国 GDP 的增长率的弹性关系来看，1998—2010 年的 13 年间，中国行政罚没收入的 GDP 弹性几乎呈直线下降。2001 年，行政罚没收入的 GDP 弹性接近于“2”，即行政罚没收入以 2 倍于当年 GDP 的速度在增长。但自 2002 年之后，行政罚没收入的 GDP 弹性就一直小于“1”，说明中国行政罚没收入的增长率已经降到当年 GDP 增长速度之下。

（二）中国行政罚没收入的经济增长风险因素的识别

1. 行政罚没执法不当引发市场经济调节功能失灵的风险

行政罚没本是为了促进社会良性发展，维护社会正常经济秩序，防止公民通过非法手段获取不正当利益。但在中国行政执法部门的执法过程中却出现了种种异常的执法现象，这些执法手段使得公民对政府执法的目的产生了怀疑：执法为“公”，还是执法为“利”？执法成为政府创收的手段之一，执法侵害了公民的正当权利，最终将导致其调节市场经济的功能失效。

1）以罚代管引发经济秩序调节功能失灵的风险

长期以来，中国行政部门在实际执法过程中，存在着将“执法”当成“执罚”的情况，凡是执法必将有罚没，只要进行了罚没就认为已经执过法了。这种以罚代管的行为，造成了行政罚没后续管理的缺失，最终导致行政罚没经济调控目标的偏离甚至是异化，极大地干扰了市场经济秩序，不利于经济的正常运行和有效增长。具体表现在：

（1）只罚不管偏离罚款目标。以公路罚款为例。在中国，公路罚款的最主要原因是因为超载。在实际执法过程中，据被罚的司机反映，通常情况下，钱一交就可以走。公路罚款在这种状态下变成了变相的过路费，与行政罚没限制超载的目标不符。

（2）只罚不管导致“劣币驱良币”。以工商局行政罚款执法的具体个案为例。江西省永丰县工商局公平交易局的执法人员向当地的化肥生产和销售企业以“市场服务费”、“市场咨询费”等名义收取罚款，为劣质化肥进入市场开绿灯。当地一些化肥经销商证实，交完罚款后，生产商和经销商就得到保护，劣质化肥成了免检产品，执法部门很少抽检，上头来人抽检还会提前打招呼。河南省也同样出现了类似的事件，2011 年年底，河南省新野县老街和新甸铺镇的市场上，当地工商所的执法人员挨家挨户向商户们收取“罚款”，理由是销售“不合格商品”和“无照经营”，罚款金额从一两百元、三五百元到上千元不等。商户们在交了罚款之后可以继续经营。

行政部门以罚代管、罚没后续管理缺失的情况，严重背离了行政罚没的初衷，不仅没有维护正常市场经济秩序，相反，在一定程度上扰乱了市场经济秩序，给经济的正常运行和增长带来潜在的不利影响。

2）行政罚没以罚创收导致社会经济运行成本增加的风险

政府对经济的作用体现在诺斯悖论中，“政府是经济增长的关键，也是经济衰退的根源”（North，1994）。政府作为一个“经济人”有其自身的利益，政府总是设法使得自身的“利益”最大化。政府在行政罚没中，一方面作为政府管理社会必不可少且行之有效的手段；另一方面过多的行政罚没特别是以获得政府财政收入为目的的行政罚没，则是对公民产权的直接侵害。中国行政罚没的执法部门在执法过程中，经常采取一些违法的执法行为，例如，以罚钓鱼者、养鱼者等来执法的以罚创收的现象。这显然是在增加相关政府部门财政收入的同时，严重侵害了公民产权，增加了社会正常运行的额外成本。2011 年 2 月，中国公安部印发《关于改革完善执法质量考评制度的意见》再一次发出强烈信号：“禁止将‘罚没款数额’、‘刑事拘留数’等作为执法绩效考评指标。”这充分说明中国现阶段各执法单位存在着将行政罚没收入作为创收方式的不良现象。这些不良现象具体表现如下：

（1）行政罚没“收费式”执法。部分部门由于当地财政困难或利益驱使等多重因素，采取“收费式”行政罚没执法，加重微观经济主体负担。据调查，在部分财政困难的地区，财政供养机制不是很顺，收费罚款成了当地的收入之一，此类罚没收入用于相应部门人员的工资、福利费等方面。为保证罚没收入的可持续性，有的部门还针对罚款额度进行限定，将“行政罚没”执法变成“养鱼执法”，进而使相关监管人员与违规微观经济主体成为“利益共同体”了，罚款成为生财之道。

（2）行政罚没“陷阱式”执法。“陷阱式”执法俗称“钓鱼式执法”，此类执法最典型的案例当属 2009 年上海出租车行业发生的“孙中界”事件，在全国范围内掀起了“交警执法为利”的大讨论。事实上，“陷阱式”执法并不是上海特有的事件。中央电视台《经济半小时》2011 年 5 月

11 日推出《聚焦物流顽症之五：公路乱罚款追踪》节目报道：312 国道河南省南阳市镇平县路段，有一个常年隐蔽测速拍照的警车；警车在后窗的太阳膜上开了一个长方形的小口子，不断对过往车辆进行偷拍。行政罚没"陷阱式"执法直接损害微观经济主体利益，恶化了投资、生产、生活环境，不利于当地经济的稳定和可持续发展。

现实中行政罚没以罚创收的做法，不仅有损政府部门的公信力，同时也不利于当地经济的有效增长。

(3) 行政罚没选择性执法对经济增长产生非中性影响。任何权力都是一把"双刃剑"，自由裁量权也不例外。在现实中，"自由裁量权"过于"自由"引发的问题，不但影响了法律的权威性和严肃性，而且也对经济增长产生非中性影响。

据不完全统计，中国现行有效法律、行政法规 1 200 多部，现行有效的地方性法规、地方规章及部门规章 21 000 件左右。在这个庞大的体系中，涉及行政处罚条款的占 95%以上，授予行政机关处罚裁量条款的有 90%以上。庞杂的处罚调控和行政机关较强的自由裁量权，使得执法部门在行政执法力度的强度和处罚对象的选择上，表现出随意性。陕西省检察机关提供的数据显示，近年陕西省查办的职务犯罪案件中，滥用自由裁量权的案件占到行政执法机关职务犯罪案件三分之一强。面对较大的自由裁量空间，现实中常出现"同案不同罚"的现象，罚款金额有时产生数倍之差。另外，中国行政执法机关不仅在行使行政罚没时在设定行政处罚力度上有很大的自由裁量权，而且在面对不同的被处罚对象时也有巨大的选择空间。同样是马路停车，一辆停在交通主干道，一辆停在支马路，被处罚的可能只是前者——因为警力有限，主干道上的停车就成了"重点监管"。同样是在支马路上停车，被处罚的可能是最容易影响交通的车辆——因为实在是没地方停车，但占道停车又实在是违法行为，在这"两难之间"，警察处罚了那辆"最过分"的车辆，权当是一种"警示"。

可见，在中国行政执法过程中，《行政处罚法》已经简单地演变为《行政罚没法》，不管是出于主观还是出于客观，行政处罚已经变成行政罚没，执法的唯一方法就是罚没。所有的处罚手段都可以用"钱"来解决，执法部门掌握的权力有了价格，凡是交了"钱"之后就将取得通行证，执法机关成了收费的"保护伞"。行政罚没呈现费用化的趋势，一方面政府为获得更多的收入，将不断地进行执法创收，另一方面并没有禁止社会违法乱纪现象的发生。企业或公民则在交了罚没之后可以正大光明地进行违法乱纪行为，这进一步扩大了企业的生产边界和公民的活动范围。

当行政罚没沦为一种税收或费用时，违法乱纪就成了有钱人的"游戏"。资本的不平等将通过法律的不平等体现出来，政府公共产品均等化的目标也将消失，形成社会歧视性政策，造成社会有产者与无产者的对立。

2. 行政罚没收入过高增加经济运行风险

1) 行政罚没收入与中国 GDP 呈正向周期性变动关系

行政罚没对市场经济运行的影响最终将导致对 GDP 增长的影响。我们对行政罚没收入与 GDP 变动关系的研究表明，两者间存在着正向周期性变动关系，且罚没收入增长变化率幅度大于 GDP 增长率变动幅度(见图 9－5)。

图 9－5 显示了中国行政罚没收入的增长率与 GDP 总量增长率之间呈现正向周期性变动关系。从长期看，行政罚没收入增长率变动趋势以 GDP 增长率变动趋势为中心上下波动。其间，GDP 的增长率增长太快必将伴随着中国行政罚没收入增长率的上升，且行政罚没收入增长率快于 GDP 增长率。值得注意的是，当行政罚没收入的增长率达到一个极高点时，GDP 增

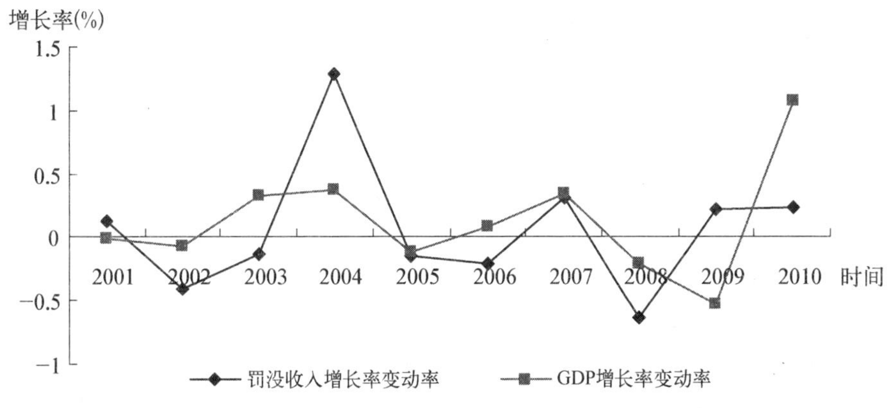

图 9-5 GDP 及行政罚没收入的增长率变化趋势图

资料来源：中经网数据库相关数据计算整理得出。

长也达到了一个高点，之后 GDP 则呈逐步下降趋势。由此可以推断，行政罚没收入增长对经济增长的正向效应存在一定的临界点，超过正常维护市场秩序所需的行政罚没收入，必将破坏微观经济主体正常的投资、消费和生产行为，最终结果表现为过快的行政罚没收入增长将降低经济增长率，给中国经济增长带来负面影响。

2）行政罚没收入与区域经济发展水平紧密相关

行政罚没收入过多的地区通常与经济发展水平不高相伴。中国行政罚没收入与地区财政收入呈 U 形变动关系，行政罚没收入与地区经济发展水平紧密相关(详见图 9-6)。

首先，从行政罚没收入占区域财政收入的比重看其对区域经济的影响。中国三大区域中，中部地区行政罚没收入占该地区财政收入的比重最大，西部地区次之，东部地区最少。中国各地区的财政收入大小排序为，东部地区财政收入最多，中部地区次之，而西部地区最少，行政罚没收入的这种现象与中国三大地区的财政收入总量之间存在明显的 U 形关系。主要因为，中国东部地区财政收入充足，区域内行政罚没收入总量的增长小于财政收入的增长，因此，行政罚没收入占财政收入比重较低。而西部地区，经济上属于中国贫困地区，经济活动本身就相对较少，财政收入总量增长缓慢，行政罚没更是无从罚起，因此，行政罚没收入就以更慢的速度在增长。中部地区是中国南北、东西沟通的桥梁，尽管本身经济不是特别发达，但依托于东部地区，经济活动相对较为活跃，地区内财政收入也在增长，但行政罚没收入却以更快的速度在增长，因此，行政罚没收入占财政收入的比重能够在三个地区中排名最高。从以上区间行政罚没收入占地方财政收入的特点可以推断，地方政府财政收入较少的地区往往也是经济发展不理想的地区，经济发展不理想的地区往往也是公民违法乱纪较多的地区，政府行政罚没也往往较多，这些地区也经常在新闻中报道该地区相关执法部门违规执法，如罚款包年、执法创收等现象。行政罚没收入占财政收入比重较高，显示出该地区合法的经济发展不良，而非法的经济则发展良好的现象。

其次，从行政罚没收入占区域 GDP 总量的角度看其对区域经济的影响。图 9-6 显示了中国东、中、西三个地区行政罚没收入占 GDP 的比重，中部地区行政罚没收入占 GDP 的比重最高，即中部地区单位 GDP 中被政府以行政罚没方式攫取的份额最大，依次是西部地区，最少的则是东部地区。行政罚没收入占各地区 GDP 比重的特点与行政罚没收入占各地区财政收入比重的特点相似，都表现出了中部地区最高，而东、西部地区则较低的特点。这进一步显示出地区行政罚没收入与经济总量之间的紧密相关性。

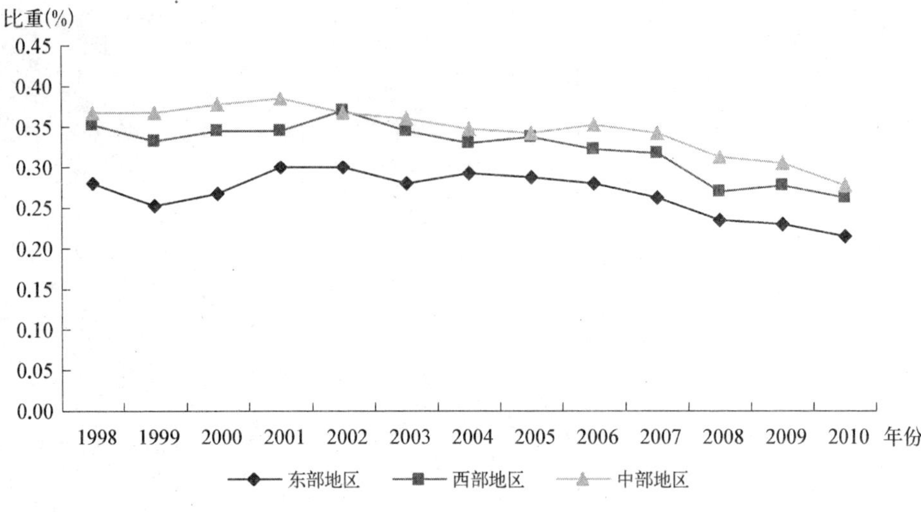

图 9-6　各地区行政罚没收入占 GDP 比重

资料来源：中经网数据库相关数据计算整理得出。

（三）行政罚没收入经济增长风险的传导机制

综上分析，结合已有研究成果，我们认为行政罚没主要通过执法层面和经济运行层面的风险因素对财政收支的经济增长风险产生影响。执法层面的以罚代管、以罚创收以及选择性执法等因素通过破坏正常的经济秩序、滋生腐败以及侵蚀法律的公平与正义，进而影响财政的收支总量和结构，最终影响经济增长的数量和质量；经济运行层面，由于行政罚没收入对经济调节功能的弱化和扰乱区域经济发展的正常运行规律，进而影响区域经济发展应遵循的市场规律，增加了经济增长不平衡的风险。具体传导机制如图 9-7 所示。

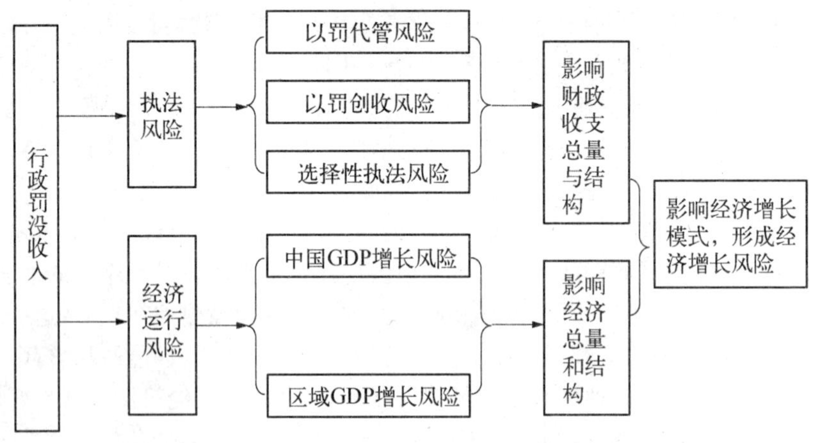

图 9-7　行政罚没收入经济增长风险的传导机制图

三、财政收支经济增长风险中观层面的分析——地方政府债务

本节针对地方政府债务的风险现状，重点分析地方政府债务风险的识别和成因，在此基础上厘清地方政府债务风险的传导机制。

（一）地方政府债务的现状

1994年中国税制改革以后，在城市化不断加速的推动下，再加上GDP政绩考核等因素，地方政府通过多种渠道不断融资，债务风险不断加大。

国际上关于政府显性债务的统计，大多数是依据世界银行经济学家汉娜（Hana）提出的财政风险矩阵法（见表9-3）。

表9-3

政府负债风险矩阵

政府债务	直接负债（在任何情况下都存在的负债）	或有负债（在特定事件发生时产生的负债）
显性负债：法律或合同所确定的政府负债	1. 国外和国内主权借款（中央政府的合同贷款和其发行的有价证券） 2. 预算法律规定支出 3. 受长期法律约束的预算支出（公务员工资和公务员养老金）	1. 政府对非主权借款和地方政府、公共部门和私营部门实体（如开发银行）债务的担保 2. 对不同类型贷款（如抵押贷款、对学习农业的学生的贷款和小型企业贷款）的保护性政府担保 3. 对贸易与汇率、国外主权政府借款、私人投资的政府担保 4. 有关存款、私营养老金基金最低收益、农作物、水灾、战争风险的政府保险体系
隐性负债：主要反映公众期望和利益集团压力的政府道义上的债务	1. 法律未做规定的未来公共养老金（而不是公务员的养老金） 2. 法律未做规定的社会保障计划 3. 法律未做规定的未来医疗保健筹资 4. 公共投资项目的未来经常性费用	1. 对私营化实体负债的清理 2. 银行倒闭（处于政府保险的范围之外） 3. 非担保养老金基金、就业基金、社会保障基金（对小投资者的社会保护）的投资失败 4. 中央银行不能履行其职责（外汇合约、保卫币值、国际收支稳定） 5. 私人资本流向改变而采取的紧急救援行动 6. 环境灾害后果的清理、救灾、军事筹资等 7. 地方政府和公共或私营实体的非担保债务和其他负债的违约

资料来源：Hana Polackova Brixi，马骏. 财政风险管理：新理念与国际经验[M]. 北京：中国财政经济出版，2003.

现在，中国地方政府债务规模已经非常大（具体数据见表9-4）。地方投资冲动和政府融资平台缺乏约束机制，融资金额巨大，超过政府实际可承受的能力。2009年年末，地方政府融资平台贷款余额为7.38万亿元，如果按年利率6%计算，2010年地方政府财政应支付贷款利息为4 428亿元。地方政府的还款来源主要是土地出让金收入，而据国土资源部统计，2009年全国土地出让总价款为15 910.2亿元。据此推算，2010年仅支付贷款利息就将占土地出让金总收入的30%。中国银监会统计数据显示，至2009年年末，地方政府融资平台贷款余额为7.38万亿元，占一般贷款余额的20.4%，2009年新增贷款3.05万亿元，占全部新增一般贷款的34.5%。一些地方政府依托政府融资平台等方式举债已接近地方财力承载极限，债务的现实风险和潜在风险已经威胁到社会经济的健康发展，必须想办法予以化解。

表 9-4

中国地方债务规模测算

机　构	日　期	地方债务规模
中国人行	2009.5	全国地方政府投融资平台 3 800 家，资产规模约 9 万亿元，总负债规模 5.26 万亿元。
审计署	2009.12	对 36 个县、16 个市和 18 个省的本级财政状况调查后发现，政府债务余额约 2.8 万亿元；当年新增 1.04 万亿元，占 37.28%；政府性债务余额共计约 1.5 万亿元。分别占县、市、省本级政府债务总额的 78.0%、71.4%和 44.1%。
银监会	2009.12	地方政府融资平台贷款余额 7.38 万亿元，是 2009 年全国财政收入 6.85万亿元的107.74%，地方本级财政收入3.26万亿元的 226.38%。
高盛集团	2009.12	中国政府负债余额约为 15.7 万亿元，占 GDP 的 48%。包括中央政府国债 6.7 万亿元，占 GDP 的 20%；地方政府债务7.4万亿元，占 GDP 的 23%。
财政部	2010.3	地方政府融资平台负债规模超 6 万亿元，地方政府债务余额超 4 万亿元，占 GDP 的比重超过 16%，占财政收入的比重超过 80%，占地方财政收入的比重超过 174%。
中央财经领导小组	2010.3	地方政府债务总余额占 GDP 的 16.5%、财政收入的 80.2%、地方政府财政收入的 174.6%；直接债务相当于 GDP 的 12.9%、财政收入的 62.7%、地方政府财政收入的 136.4%。
银监会	2010.7	中国银监会召开第三次经济金融形势通报会议，会中通报商业银行截至 6 月末的地方政府融资平台贷款达 7.66 万亿元。
财政部	2010.11	地方政府融资平台上形成负债加上公司债等其他形式负债，地方隐形负债应该在 8 万亿元或者 8 万亿元出头，相当于年度 GDP 的 20%左右。
社科院	2011.12	至 2011 年，地方政府债务规模将达 10 万～12 万亿元；至 2013 年或 2014 年，将达 20 万亿元。
社科院	2012.12	到 2012 年，地方政府融资平台偿债率将超过 26%；到 2014 年才可能回落到 20%。

资料来源：笔者自己搜集整理。表中日期指截止日期。其中，2011 年 12 月和 2012 年 12 月数据为预测值。

表 9-4 中的统计（或估算）数据不统一，即各部门（或科研机构）给出的数据也有差距。从这些部门给出的数据中可以看出，中国地方政府债务规模的确已经非常大。实际上，地方政府债务的具体规模不可能计算或调查出来。

目前，中国地方政府债务主要包括省、市、县、乡镇四级政府的负债。地方政府债务是指由地方政府或其职能部门直接借入、提供担保、欠账等形成的最终必须由政府偿还的债务。债务主体包括各级地方政府、地方政府所属职能部门、某些公益性单位，甚至包括一些具有政府背景的企业。地方政府负债种类，既有城市基础设施建设市政债券等显性债务，也有社会保障欠款、拖欠人员工资、工程款项、补贴应补未补款等隐性债务，还有政府以投资公司名义筹借的建设资金、政府担保的国有企业或重大公共工程贷款等或有债务。

截至 2009 年年底，有统计数字的 31 个省、市、自治区中，只有黑龙江、内蒙古、新疆、西藏、山西、河南、贵州、宁夏的平台贷款债务率低于60%，有10个省、市甚至超过了100%。据报道，通过全国信贷登记系统监测，一些地方性融资平台的负债率达到94%，有的地方甚至高达400%，远高于国际上80%～120%的平均值。地方政府举债超过了地方经济和财政承受能力。地方政府举债与个人、企业的借债一样，借债规模必须控制在其经济承受范围之内，即政府债务规模必须与当时经济发展水平、财政支出和财政收入水平相匹配，也就是说债务依存度(当年债务收入/当年财政支出)、偿债率(当年还本付息额/当年财政收入)、债务负担率(当年债务余额/当年GDP)这三个指标要适度。否则，就会加剧财政困境，导致债务风险。

(二) 地方政府债务风险识别及成因分析

1. 地方政府债务风险识别

首先，从理论上讲，各级政府承担的事权与其获得的财权应相互匹配。财权获取的目的就是为了满足其财政支出的需要，满足其承担的各项事权的支出需求。一级政府若获取的财权无法满足其事权支出的需要，那么该级政府在无法"节流"的情况下只能"开源"。现行的分税制制度，造成地方政府赋予的财权与承担的税权不相匹配。对于地方政府来讲，在税法的"硬约束"、收费项目"强约束"和地方发债"法约束"的情况下，地方政府就只能靠借债满足其支出的需求。

其次，转移支付制度是为了解决中央财政与地方财政纵向失衡和各地区之间财政横向失衡的问题。目前的转移支付制度虽然包括体制补助、税收返还、专项补助等形式，但分税制改革后与分税制相配套的财政转移支付制度的类型、结构、方法等都不完善，合理的纵向和横向转移支付制度仍未建立起来。在这种情况下，许多地方财政入不敷出，只得求助于借贷，造成地方政府举债规模增加。

再次，尽管中国正在进行投融资体制改革，但在一些竞争性领域仍存在较多的政府干预。对竞争性领域利益的渴求，可能造成地方政府通过融资平台从银行获得信贷资金以满足财政支出的需要。若获取的信贷资金可以获得相应的收益，可能不会产生太大的风险。但是，一旦投融资平台的项目投资收益不能弥补信贷成本，就会给地方政府的财政造成巨大支出压力和还贷压力，使得地方政府债务风险形成，并可能被放大。

最后，在经济转轨过程中，国家有关政策也会导致地方政府负债，如欠发达地区为执行国家统一的公共服务标准也会负债，导致地方政府债务负担增加。如农村税费改革政策、国债转贷政策和地方向中央专项借款等。在中国现行政治体制下，地方政府即使不愿承担这些政策负债，但由于担心上级政府在政绩认定、干部考核、官员提拔、转移支付等方面可能会给本级政府"穿小鞋"，地方政府也只能接受转嫁来的政策负债，这进一步增加了地方政府的债务规模，放大了地方政府债务风险。

2. 地方政府债务风险成因

中国地方政府债务风险的形成具有多种原因，其中的某些原因在较长时期内仍将存在。具体来说，地方政府债务的形成原因有分税制不彻底、省级以下转移支付制度不完善、投融资平台过多、国家政策负债。

(1) 分税制不彻底。1994年分税制改革，虽然初步形成了以房产税、营业税、印花税、土地使用税和城市维护建设税为主的地方税体系，但是，公共财政收支体制仍未建立，中央税与地方税划分不合理，地方政府缺乏税种设置权、税率调整权。最主要的问题是，中国地方税制结构仍不合理，缺少主体税种，地方税制体系过于薄弱，基层县乡政府缺乏稳定可靠的收入来源，其可支配财力明显不足。中央与地方政府各自的事权作出清晰界定,总的趋势是事权重心下移,出现了财权与事权不匹配、不协调的局面,造成中央与地方收入和支出占全国财政总收入和总支出的比重失衡,这成为地方政府借债的主要原因。1994 年分税制改革后,中央财政收入比重呈上升走势,支出比重却不断下降;地方财政收入比重呈下降走势,支出比重却不断上升。地方政府财政收不抵支,于是,各级地方政府不得不靠举债弥补收入的不足。

(2) 省级以下转移支付制度不完善。1994 年的分税制改革,改革了转移支付制度,但至今也尚未建立起真正意义上的纵向和横向转移支付制度。一般而言,转移支付是为了解决中央财政与地方财政纵向失衡和各地区之间财政横向失衡的问题。虽然在 1994 年的分税制改革后近 20 年的时间里,与分税制相配套的财政转移支付制度有所完善,但其类型、结构、方法等都未做大的调整,与形势发展不相适应,至今也尚未建立起真正意义上的纵向和横向转移支付制度。1995 年 1 月 1 日实行了过渡期转移支付的办法,增加了对部分经济欠发达地区的补助。目前的转移支付制度虽然包括体制补助、税收返还、专项补助等形式,但距离公共服务均等化目标还有不小的差距。在这种情况下,许多地方财政入不敷出,只得求助于借贷。现阶段,转移支付制度还不够完善,主要体现在:一是一些补助资金分布在中央部委,没有统一纳入转移支付范围,与财政统筹运作脱节。二是中央对地方专项补助体现不出中央财政的宏观调控作用,与财政分级管理体制原则不相适应。三是一般性转移支付制度不规范,依据国际货币基金组织的政府财政统计口径,中国的税收返还仍属于一般性转移支付,分税制所确定的转移支付额是在基数法的基础上演变过来的,对平衡基层财政作用不大。四是作为财政转移支付重要构成的税收返还仍然采用以前按基数法确定返还额的办法,其结果是经济发达地区得到的税收返还规模大,经济欠发达地区得到的税收返还规模小,这样县级地方的差距在进一步拉大。

(3) 投融资平台过多。地方政府为追求本地区经济的快速增长,往往将大量财政资金投入可能会带来较高收益的竞争性领域。在竞争性领域,由于国有经济的固有弊端,无法和民营、外资企业竞争,政府投资大多亏损。《预算法》规定,地方各级政府预算按照量入为出、收支平衡原则编制,不列赤字,地方政府不得发行地方政府债券。地方政府就只能通过融资渠道获得信贷资金了。地方政府往往通过多个融资平台公司从多家银行获得信贷资金,从而导致银行难以把握地方政府负债及担保状况。地方政府的投融资平台由于地方政府投融资平台法人治理结构不完善,融资决策主体、偿还主体、投资失误责任主体不清晰,操作程序不规范,且对投资缺乏整体规划和科学论证,造成效率低下。一旦投融资平台的项目投资收益不能覆盖成本,就会给地方政府的财政造成巨大压力,甚至最后不得不由中央财政和商业银行买单。数据显示,2009 年全国建立的投融资平台 8 000 多个,其中 70%以上都在地级市和县,造成地方很大的债务负担。尽管中国正在进行投融资体制改革,政府应从相关竞争性领域退出,但在一些竞争性领域仍存在较多的政府干预。对竞争性领域利益的渴求,是政府千方百计寻求投融资渠道、进行举债的重要原因。

(4) 国家政策负债。在经济转轨过程中,国家有关政策也会导致地方政府负债,如欠发达地区为执行国家统一的公共服务标准也会负债。导致地方政府债务负担增加的政策因素主要有:

第一,农村税费改革政策。为了减轻农民负担,中央政府不断加大农村税费改革力度,在取消了农村“三提五统”基础上,又逐步取消农业特产税和农业税。这些政策虽然减轻了农民负担，但却导致了县、乡两级财政收入减少，而上级政府为此增加的转移支付资金又不足，致使地方政府债务规模扩大，最终使得地方政府负债更加膨胀。

第二，国债转贷政策。1998年后开始实施的国债转贷政策规定，国债基金必须用于地方公益项目和卫生等低收益行业。但是，在很多时候，地方政府不能按期还本付息，而此时中央还要从其税收返还中扣除，直接减少了地方财政的应有收入。此外，当国债项目不能获得足以还本付息的收益时，债务由各级地方政府清偿，捉襟见肘的地方财政只能依赖银行贷款，形成显性负债。

第三，地方向中央专项借款。若地方金融机构发生金融风险，中国人民银行就会发放再贷款，专门用于解决地方金融机构所负个人债务和外债。在操作中，绝大部分省级政府将中央借款按行政级别逐级分解，使县、乡两级政府承担了大量债务。

（三）地方政府债务经济增长风险的传导机制

综上分析，结合已有研究成果，我们认为，地方政府债务主要从两个方面影响财政收支的方面经济增长风险。一方面，合理的地方政府债务规模能够解决地方政府在提供公共基础设施建设等方面的资金短缺问题，是促进经济增长的重要措施。另一方面，超规模的地方政府债务风险将导致偿债风险、金融风险、政府信誉风险，最终阻碍经济正常可持续增长。具体的传导机制如图9-8所示。

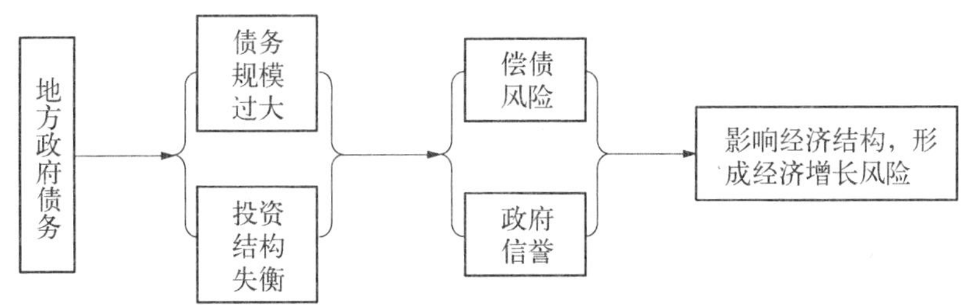

图9-8 地方政府债务经济增长风险的传导机制图

四、财政收支经济增长风险宏观层面的分析——财政支出

财政支出扩张在各国政府刺激经济的政策组合当中承担关键角色。财政支出总量和结构的不同将对政府财政支出效率以及经济增长产生差异性影响，进而增加其经济调控的不确定因素。因此，本节重点分析财政支出经济增长风险的识别，厘清财政支出经济增长风险的传导机制。考虑到财政支出对经济增长影响的长期性、全面性和复杂性，本章将单列一部分对财政支出的经济增长风险进行度量。

（一）财政支出经济增长风险识别

1. 财政支出总量应受所提供公共产品的规模制约

从理论上讲，财政支出是政府活动的成本，政府提供公共产品的数量和质量决定财政支出的规模。因此，财政支出一方面要充分考虑政府活动领域，政府在经济和社会正常运行中的缺位和越位均会导致财政支出总量偏离最佳规模，进而影响资源的最优配置、导致收入分配不公以及偏离宏观调控目标，造成经济增长风险。另一方面要考虑财政支出的成本约束。财政支出应注重成本收益分析，无论公共支出总量和各个支出领域都应尽量将其成本控制在与社会收益匹配的规模上，避免因财政支出扩张带来的税负增加、债务增加以及通货膨胀等负面经济影响。

2. 财政支出结构应与政府职能相匹配

财政支出结构直接关系到政府动员社会资源的程度，从而对市场经济运行的影响可能不比财政支出规模的影响小。因此，合理的财政支出结构有利于政府目标的实现、经济的可持续发展。相反，超越政府职能范围的财政支出结构，一方面将挤占民间资本投资，增加政府债务，引起物价上涨，给经济增长带来不利影响；另一方面导致总需求结构失衡，直接影响经济增长速度和质量。

3. 财政支出结构应与经济发展阶段相匹配

在市场经济条件下，公共支出的长期演变主要取决于经济发展阶段。因此，不同的经济发展阶段要求财政支出的侧重点不同。其中，在经济发展初期，与生产密切相关的公共投资性支出应占较大比重，政府应加大基础设施投资力度，创造良好的生产经营和投资环境。包括交通、水利、设施、通信设备等经济发展所必需的基础设施是整个国民经济健康发展的基础，同时还有利于提高私人部门的生产性投资效益。正因为如此，中国社会主义市场经济建立以后，基础设施等生产性支出增长迅速，为中国现阶段的经济建设提供良好的基础。然而，当经济发展到一定程度，在私人部门的资本已较为雄厚且经济基础设施建设初步完成的情况下，应及时调整财政支出的结构，合理配置财政支出在公共投资性支出、公共消费支出以及转移性支出等领域的份额，以适应相应经济发展阶段的需求；否则，将挤占有限的社会资源，扭曲社会投资结构，侵蚀国家利益，影响人民生活水平提高，阻碍经济增长，最终带来一系列社会问题和经济增长风险。例如，行政管理支出，作为政府为社会提供公共服务的成本，是一种消费性的支出，不合理、超规模的行政管理支出，就是对社会财富的“虚耗”，同时，还容易滋生腐败、寻租等不良现象，引发其他社会问题，不利于社会经济的可持续发展。

（二）财政支出经济增长风险的传导机制

综上分析，结合已有研究成果，我们认为，财政支出主要从两个方面影响财政收支的经济增长风险。一是超规模的财政支出引起社会资源的配置效率低下、社会运行成本增加、企业或个人的税收负担增加、通货膨胀等一系列负面影响，最终不利于经济的可持续增长。二是不合理的财政支出结构将引发社会投资结构扭曲、总需求结构失衡、社会资源虚耗、收入分配不公以及腐败等经济问题和社会问题，给经济增长带来潜在威胁。综合两方面的影响，我们将财政支出经济增长的风险传导机制归纳如图 9－9 所示。

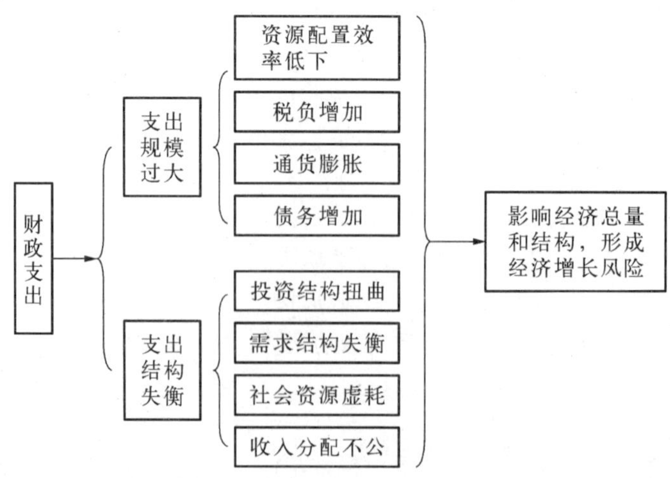

图 9－9　财政支出经济增长风险的传导机制图

五、风险度量及评价

本章从微观、中观和宏观层面分析了当前形势下财政收支情况可能带来的经济增长风险。其中，微观层面的行政罚没收入、中观层面的地方政府债务，最终用途均会反映在政府财政支出的各个方面。因此，如果将政府通过各种途径取得的收入看作是财政支出的成本的话，财政支出的合理性直接决定了政府财政收支的合理性。换言之，财政收支的经济增长风险最终体现为财政支出的经济增长风险。具体而言，如果财政支出总量和结构合理，能够实现政府的各项职能，提供社会所需的公共产品和公共服务，为社会经济正常运转提供良好的保障，那么，财政收支的经济增长风险就能极大地降低。从某种程度上讲，财政支出经济增长风险的大小，决定了整个财政收支经济增长风险的大小。因此，我们单独将财政支出作为经济增长风险度量的对象，考察和评价财政支出及结构对经济增长的影响的方向和程度，以避免过多变量选择降低财政支出对经济增长影响的解释力。①

(一) 财政支出经济增长风险度量

1. 变量选择及其数据说明

1) 变量说明

依据马克思社会产品价值构成理论，社会总产品的运动，从动态的再生产角度考察，则可以分为投资性支出与消费性支出。其中，投资性支出又称公共投资，是以政府为主体发生的投资行为；消费性支出又称公共消费，是以政府为主体发生的消费行为。② 同时，结合内生经济增长理论，本节将财政支出进一步细分分为公共投资性支出、政府行政支出、文教科卫和转移性支出四大类。通过分析以上四类财政支出结构对经济增长的影响来说明财政支出的经济增长风险。其中，公共投资性支出用 $G1$ 表示，政府行政支出用 $G2$ 表示，文教科卫支出用 $G3$ 表示，转移性支出用 $G4$ 表示。同时，我们也对财政支出总额与经济增长的长期关系进行了研究，财政支出总额用 G 表示，国内生产总值用 GDP 表示，相关变量的具体内涵如下：

公共投资性支出 $G1$ 包括基本建设支出、流动资金、企业挖潜改造资金和科技三项费用、地质勘探费、支农支出以及政策性补贴支出。值得注意的是，本研究并未将政策性补贴支出归入转移性支出，而是将其归入公共投资性支出，这主要是考虑到政策性补贴支出直接与经济活动密切相关的用途。具体而言，政策性补贴支出是由国家财政拨给用于粮棉油等产品的价格补贴支出，主要包括粮、棉、油差价补贴，平抑物价和储备糖补贴，农业生产资料价差补贴，粮食风险基金，副食品风险基金，地方煤炭风险基金等。因此，从本质上讲，政策性补贴支出能够对国民经济总量产生影响。

政府行政支出 $G2$ 包括行政管理费、国防支出以及工业、交通、商业等部门的事业费支出。其中，行政管理费包括行政管理支出、党派团体补助支出、外交支出、公安安全支出、司法支出、

① 本节所指的财政支出经济增长风险，是指财政支出及其结构运行本身可能存在的对经济增长目标偏离的潜在风险。即指财政支出总额及其不同组成部分对实现经济可持续增长的潜在影响。其中，财政支出总量受税收、提供公共产品的规模等客观因素制约，而财政支出结构相对具有灵活性，故本节重点研究财政支出结构对经济增长的潜在影响。

② 陈共. 财政学[M]. 北京：中国人民大学出版社，2000.

法院支出、检察院支出和公检法办案费用补助。国防支出指国家预算用于国防建设和保卫国家安全的支出，包括国防费、国防科研事业费、民兵建设以及专项工程支出等。工业、交通、商业等部门的事业费支出指国家预算支付给工、交、商各部门用于事业发展的人员和公用经费支出，包括勘探设计费、中等专业学校经费、技术学校经费、干部训练费。

文教科卫支出 $G3$ 包括文教科学卫生事业费，具体指国家预算用于文化、出版、文物、教育、卫生、中医、公费医疗、体育、档案、地震、海洋、通讯、电影电视、计划生育、党政群干部训练、自然科学、社会科学、科协等项事业的人员和公用经费支出以及高技术研究专项经费。

转移性支出 $G4$ 包括社会保障支出。主要由抚恤和社会福利救济费、行政事业单位离退休支出以及社会保障补助支出组成。其中，抚恤和社会福利救济费指国家预算用于抚恤和社会福利救济事业的经费。包括由民政部门开支的烈士家属和牺牲、病、残人员家属的一次性、定期抚恤金，革命伤残人员的抚恤金，各种伤残补助费，烈军属、复员退伍军人生活补助费，退伍军人安置费，优抚事业单位经费，烈士纪念建筑物管理、维修费，自然灾害救济事业费和特大自然灾害灾后重建补助费等。行政事业单位离退休支出指实行归口管理的行政事业单位离退休经费。社会保障补助支出指国家预算用于社会保障的补助支出，包括对社会保险基金的补助、促进就业补助、国有企业下岗职工补助、补充全国社会保障基金等。

2）数据说明

为阐明中国财政支出总量及其结构对 GDP 增长的影响及潜在风险，本章选择 1978—2010 年的相关样本数据，数据区间覆盖了改革开放至今，能够较为真实地反映改革开放以来中国财政支出总量及结构对 GDP 增长的影响及趋势。① 为消除价格因素的影响，我们利用 GDP 平减指数对变量数据进行变换。同时，由于数据的对数变换不改变变量之间的长期关系，并能使其趋势线性化，消除时间序列数据中各个变量数据异方差的影响，我们对六个变量数据进行了对数化处理。

2. 中国财政支出经济增长风险的度量

传统的经济计量方法以经济理论为基础来描述变量关系。然而，经济理论通常并不足以对变量之间的动态关系提供一个严密的说明。为克服上述问题，本章选择 VAR 模型和 VEC 模型来研究中国财政支出对经济增长的影响，据此说明中国财政支出的潜在风险。

1）单位根检验

时间序列的非平稳性使传统的最小二乘法失效，因为该方法的假设前提是经济变量的时间序列是平稳的，而在实际经济运行中，经济变量的时间序列一般都是具有一定时间趋势的非平稳序列，在进行回归分析时会出现“伪回归”问题。而随着协整理论的发展，对非平稳时间系列，只要各变量之间存在协整关系，也可以直接建立 VAR 模型和 VEC 模型。协整关系的一个重要前提是变量都是同阶单整序列。为此，需先对各变量时间序列数据进行单位根检验。各变量平稳性检验结果如表 9－5 所示。

---

① GDP 数据和财政支出数据由国家统计局 2010 年公布的统计数据、财政部网站公布的最新数据计算得出。

表 9 - 5

各变量平稳性检验结果

变 量	ADF 检验	AEG(5%)	p-value	检验形式(C,T,N)	单整阶数
ln*GDP*	−2.17	−3.62	0.483 7	(C, T,13)	2
D(ln*GDP*,2)	−4.79	−1.95	0.000 0	(0,0,0)	0
ln*G*1	−0.22	−3.56	0.989 6	(C,T,1)	2
D(ln*G*1,2)	−6.03	−1.95	0.000 0	(0,0,0)	0
ln *G*2	−9.705 0	−3.56	0.933 6	(C,T,1)	2
D(ln *G*2,2)	−9.096	−1.95	0.000 0	(0,0,0)	0
ln*G*3	0.839 3	−3.56	0.999 6	(C,T,1)	2
D(ln*G*3,2)	−9.696 6	−1.95	0.000 0	(0,0,0)	0
ln*G*4	−2.54	−3.56	0.308 2	(C,T,1)	2
D(ln*G*4,2)	−7.17	−1.95	0.000 0	(0,0,0)	0
ln*G*	−1.86	−3.56	0.650 8	(C,0,1)	2
D(ln*G*,2)	−5.61	−1.95	0.000 0	(0,0,0)	0

注：在检验结果表中，C 代表常数项，T 代表时间趋势项，N 代表滞后期数。

表 9 - 5 的检验结果均显示，这些变量序列接受原假设，因此，这些变量序列都是非平稳序列，而其二阶差分后均在 1%的显著性水平下拒绝原假设，接受不存在单位根的结论，因此可以确定表 9 - 5 中的变量序列均是二阶单整序列，这说明这些序列之间可能存在协整关系。

2）协整检验

所谓协整关系，是指两个或多个序列之间的平稳关系。在现实中，虽然对于每一个经济变量序列单独来说其是非平稳序列，但这些时间序列的线性组合序列却可能有不随时间变化的性质，即这些时间变量序列之间的线性组合有可能是平稳的，这种平稳的线性关系被称为协整关系，即反映变量间长期稳定的均衡关系，它们的组合被称为协整方程。协整检验的方法有很多，本研究采用基于回归系数的 Johansen-Juselius 协整检验，检验结果如表 9 - 6 所示。特征根迹检验和最大特征值检验显示，ln *GDP* 与 ln *G*1、ln *G*2、ln *G*3 以及 ln *G*4 在 95%的置信水平下存在唯一的协整关系。

表 9 - 6

Johansen-Juselius 协整检验结果

原假设协整方程数	特征根迹检验	迹统计量	0.05 临界值	*P* 值	最大特征值统计量	0.05 临界值	*P* 值
无	0.868 9	107.790 7	69.818 9	0.000 0	60.950 7	33.876 9	0.000 0
至多一个	0.538 127	46.840 01	47.856 13	0.062 1	23.173 99	27.584 34	0.166 2
至多两个	0.366 791	23.666 02	29.797 07	0.214 9	13.708 66	21.131 62	0.389 4
至多三个	0.266 474	9.957 360	15.494 71	0.284 0	9.296 759	14.264 60	0.262 3
至多四个	0.0217 79	0.660 601	3.841 466	0.416 3	0.660 601	3.841 466	0.416 3

同时，运用同样的方法研究 $\ln GDP$ 与 $\ln G$ 的关系，表明这两者之间也在 95%的置信水平下存在唯一的协整关系(具体协整检验结果略)。

3) 协整方程和向量误差修正模型

根据 Johansen-Juselius 协整检验，可知 $\ln GDP$ 与 $\ln G1$、$\ln G2$、$\ln G3$ 以及 $\ln G4$ 在 5%的显著水平上有唯一的协整关系，$\ln GDP$ 与 $\ln G$ 在 5%的显著水平上有唯一的协整关系。据此，估计出的协整方程式分别为：

$$ECM = \ln(GDP) + \underset{\substack{(0.08247)\\ [13.5722]}}{1.12} \ln G1 + \underset{\substack{(0.07155)\\ [5.69870]}}{0.41} \ln G2 - \underset{\substack{(0.06753)\\ [-22.2271]}}{1.50} \ln G3 - \underset{\substack{(0.02547)\\ [-11.9576]}}{0.31} \ln G4 - 9.27 \tag{9-1}$$

$$ECM_1 = \ln(GDP) - \underset{\substack{(0.17476)\\ [-3.82279]}}{0.67} \ln G - 4.47 \tag{9-2}$$

(9－1)式中，ECM 为误差修正项，圆括号内的数据是标准差，方括号内的数据是 t 统计量。由(9－1)式可知，长期来看，公共投资性支出和政府行政支出对国内生产总值的效应为负，文教科卫支出和转移性支出对国内生产总值具有正效应。其中，$\ln G1$ 的弹性系数为 －1.12，$\ln G2$ 的弹性系数为－0.41，$\ln G3$ 的弹性系数为－1.50，$\ln G4$ 的弹性系数为－0.31。具体而言，真实国内生产总值对真实公共投资性支出的长期弹性为－1.12，表明从长远看，真实公共投资性支出每增长 1%，真实国内生产总值会减少 1.12%。同理，真实国内生产总值对政府真实行政支出的长期弹性为－0.41，表明从长远看，政府真实行政支出每增长 1%，真实国内生产总值会减少 0.41%。而文教科卫支出和转移性支出则与之相反。从长远看，真实的文教科卫支出和转移性支出每增加 1%，则真实国内生产总值分别增加 1.50%和 0.31%。

由(9－1)式可知，长期来看，财政支出总额对国内生产总值均具有正效应，其弹性系数为 0.67，表明财政支出每增加 1%，则国内生产总值会增加 0.67%。

考虑到长期分析是各种影响综合作用的结果，为避免长期分析结果掩盖某些问题的可能性，我们采用向量误差修正模型(VEC)来描述短期内财政支出结构对国内生产总值的影响，通过短期分析揭示这种影响的各种效应，从而弥补长期分析中的不足。考虑到财政支出总量作为 GDP 的组成部分之一，多数情况下，对 GDP 增长均有正向效应，因此，下文仅分析财政支出结构对国民经济增长的影响。利用上面的协整(9－1)式，我们建立如下的最终误差修正模型：

$$\begin{aligned}\Delta(\ln GDP) = &-0.02\times ECM + 0.79\times\Delta(\ln GDP(-1)) - 0.52\times\Delta(\ln GDP(-2)) +\\ &0.04\times\Delta(\ln G1(-1)) + 0.04\times\Delta(\ln G1(-2)) + 0.07\times\Delta(\ln G2(-1)) -\\ &0.07\times\Delta(\ln G2(-2)) - 0.19\times\Delta(\ln G3(-1)) + 0.17\times\Delta(\ln G3(-2)) +\\ &0.01\times\Delta(\ln G4(-1)) - 0.05\times\Delta(\ln G4(-2)) + 0.08\end{aligned} \tag{9-3}$$

$R\text{-}squared = 0.6297 \quad F\text{-}statistic = 2.7826 \quad Akaike\ AIC = -4.7088$

$Log\ likelihood = 266.8497$

从模型的拟合指标、检验统计量来看，模型精度较高，且不存在自相关。误差修正方程的 t 统计量显示，绝大多数的估计系数比较显著，说明模型是稳定、可靠的。

在(9－3)式中，误差修正项的系数为－0.02，符合反向修正机制，说明当期国内生产总值低于长期均衡值时，误差修正项将以 0.02 的调整力度对下期的国内生产总值作出反向修正，使其上升；同时也说明长期均衡关系在短期动态调整中的重要性，即一旦短期波动偏离了长期均衡关系的轨道，误差修正机制能够纠正这种偏离，并最终将国民生产总值与各项财政支出之间的关系拉回到长期均衡状态。在短期调整中，滞后 1～2 期的公共投资性支出对 ln *GDP* 有正向影响；滞后 1 期的政府行政支出对 ln *GDP* 有正向影响，滞后 2 期的政府行政支出则有负向影响；滞后 1 期的文教科卫支出对 ln *GDP* 有负向影响，滞后 2 期的文教科卫支出对 ln *GDP* 有正向影响；滞后 1 期的转移性支出对 ln *GDP* 有正向影响，滞后 2 期的转移性支出则有负向影响。上述数据表明，短期内，公共投资性支出对国内生产总值有正增长效应。政府行政性支出和转移性支出随着时间推移均显现出对经济增长的负效应，说明其支出效率有待提高。而文教科卫支出则随着时间推移显示出对经济增长的正效应，说明中国文教科卫支出经济增长效果具有一定的时滞性，这也符合文教科卫支出受益对象的特点，因为诸如文化、教育、科学、卫生等综合提高国民素质和国家综合实力的支出，其经济增长效应显现需要一定的积累和转化，而一旦这种效果显现，对经济增长的促进作用将显现出可持续性。

4）脉冲响应分析和方差分解

为了研究变量间的动态特性，我们在 VEC 模型的基础上进行脉冲响应分析和方差分解。

（1）脉冲响应分析。脉冲响应分析的目的是研究在一个系统中，当某一扰动发生时，系统随后的变动在多大程度上是受该扰动的影响。脉冲响应函数刻画了在扰动项上加一个标准差大小的冲击后，对于内生变量当前值和未来值所带来的影响。以图 9－10 是基于 VEC 模型的 ln*GDP* 脉冲响应图，反映了国内生产总值对于各项财政支出 1 个单位标准差冲击的脉冲响应。

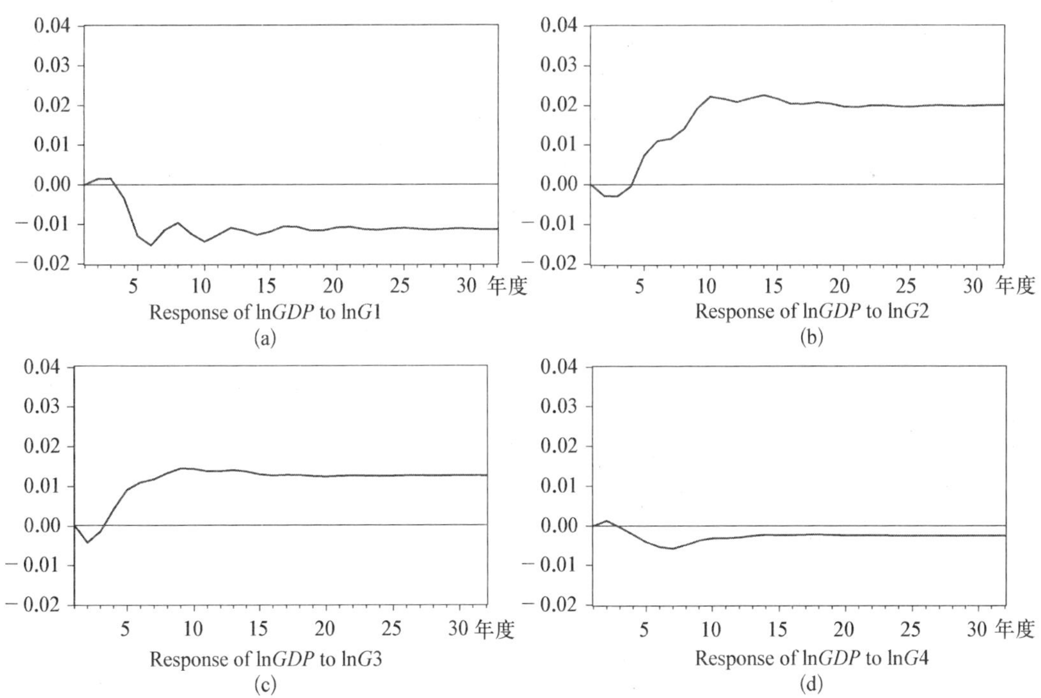

图 9－10 基于 VEC 模型的 ln*GDP* 脉冲响应图

图 9－10(a)显示了国内生产总值对于公共投资性支出 1 个单位标准差冲击的脉冲响应。从中可以看出，对于公共投资性支出的冲击，国内生产总值的响应呈先升后降的特点，具体的时间轨迹为：国内生产总值的瞬时和短期响应是正的，在第 3 期达到最大值 0.001 5，即公共

投资性支出增加1%，国内生产总值会增加0.001 5%；此后，冲击力度逐渐下降，并逐渐转为负的冲击效应。从长期来看，公共投资性支出的增长对国内生产总值的冲击效应为负，且具有相当长的持续性。

图9－10(b)显示了国内生产总值对于政府行政支出1个单位标准差冲击的脉冲响应。从中可以看出，国内生产总值对于政府行政支出的脉冲响应呈现先降后升的特点，具体的时间轨迹为：国内生产总值的瞬时和短期响应是负的，在第3期达到最低点－0.002 9之后，冲击力度逐渐上升，在第5期转变为正向冲击效应。此后，逐步趋于平稳，其冲击力度保持在0.02左右。从长期来看，政府行政支出增长对国内生产总值的冲击效应为正，且具有相当长的持续性。这反映了在社会主义市场经济转轨和完善时期，政府行政性支出在保持社会稳定、维持经济发展秩序等方面能够发挥作用，有利于为经济增长创造良好的外部条件。

图9－10(c)显示了国内生产总值对于文教科卫支出1个单位标准差冲击的脉冲响应。从中可以看出，国内生产总值对于文教科卫支出的脉冲响应与政府行政支出类似，呈现先降后升的特点。具体的时间轨迹为：国内生产总值的瞬时和短期响应是负的，在第3期达到最低点－0.001 7之后，冲击力度逐渐上升，在第4期转变为正向冲击效应。此后，逐步趋于平稳，其冲击力度保持在0.012～0.013。从长期来看，政府行政支出增长对国内生产总值的冲击效应为正，且具有较强的可持续性。这与内生经济增长理论相符。

图9－10(d)显示了国内生产总值对于财政转移性支出1个单位标准差冲击的脉冲响应。从中可以看出，国内生产总值对于财政转移性支出的脉冲响应长期看为负。具体的时间轨迹为：经历了第2期一个极小的正向响应后，国内生产总值的响应变为负值，并在第7期达到一个最低值之后，逐步趋于稳定，其响应值稳定在－0.002左右。造成财政转移性支出对国民生产总值的冲击效应长期为负的可能的原因是，财政转移性支出是政府资金无偿、单方面的转移，更主要的是反映政府对收入分配的调控，而该种支出能否促进需求增长，进而引起经济增长，还取决于接受这些转移性支出的受益群体的经济行为选择。考虑到这部分资金要么来自税收收入，要么来自个人或企业的缴存，因此，需关注转移性支出的效率。

(2) 方差分解。方差分解是通过分析每一个结构冲击对内生变量变化的贡献度，可用于进一步评价不同结构冲击的重要性。图9－11是基于VEC模型的ln*GDP*方差分解图，反映了ln*G*1、ln*G*2、ln*G*3和ln*G*4对ln*GDP*的贡献率。横轴表示滞后期间数，纵轴表示各变量对GDP的贡献度(%)。

从图9－11(a)中可以看出，公共投资性支出对国内生产总值的贡献率为正，且贡献度逐渐增大，到第6期实现一个较大飞跃后，在第7期至第17期之间一直保持在8%以上，第17期后，贡献度发生微小回落，但依然保持在7.7%～7.9%。可见，自改革开放以来，中国公共投资性支出对国内生产总值的短期效果不明显。但从长期来看，公共投资性支出可以有效地促进国内生产总值增长，具有一定的贡献率。同理，图9－11(b)、图9－11(c)以及图9－11(d)分别反映了ln*G*2、ln*G*3和ln*G*4对ln*GDP*的贡献率。其中，从图9－11(b)中可以看出，政府行政支出对国内生产总值的贡献率经历了最初4期的低速增长期后，开始高速增长，直至第13期，增速才逐步放缓，其对国内生产总值的贡献率逐渐趋于高位，并保持稳定低速增长。到第32期，政府行政支出对国内生产总值的贡献率已经高达21.25%。据此，可以初步判定中国政府行政支出总体上是具有效率的。从图9－11(c)可见，文教科卫支出对国民生产总值的贡献率同样经历了前几期的低速增长后，到第4期开始快速增长，特别是到第13期之后，基本保持在

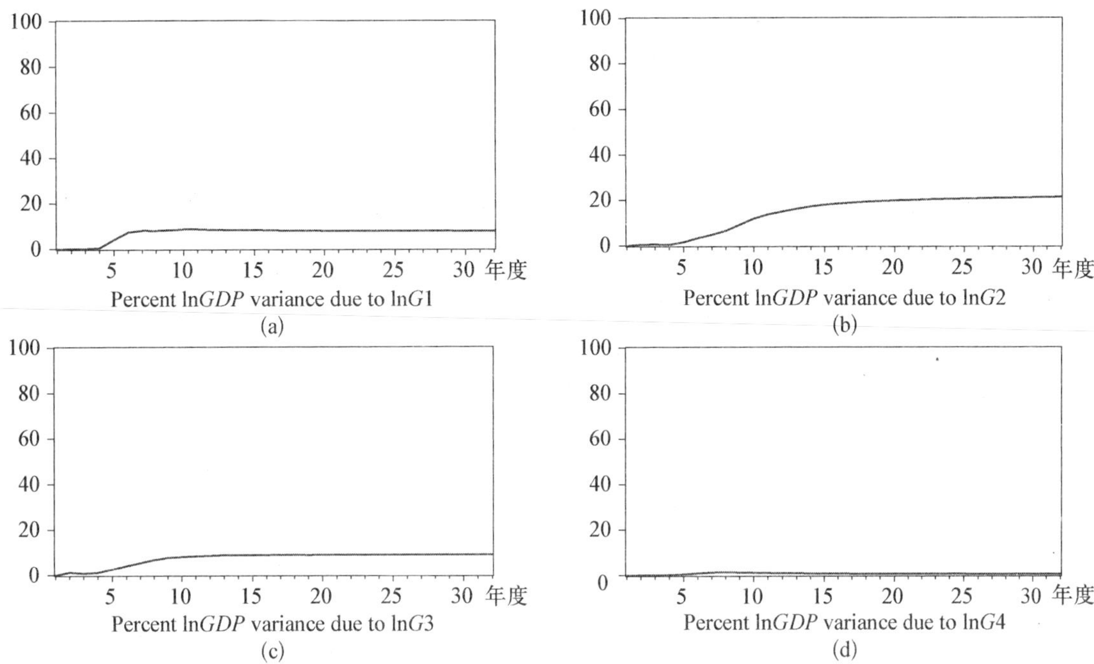

图 9－11 基于 VEC 模型的 ln*GDP* 方差分解图

9%附近，贡献率较高，可见中国文教科卫支出对经济增长的贡献度较高。从图 9－11(d)可以看出，财政转移性支出对国内生产总值的贡献率较小，除了第 7 期至第 12 期外，基本在 1%以下，贡献率很低。

（二）财政支出经济增长风险评价

通过对中国自 1978 年改革开放以来的财政支出及其结构对国民生产总值影响的协整分析和实证检验，对财政支出经济增长风险评价归纳如下：

第一，公共投资性支出从长期看存在抑制经济增长的风险。公共投资性支出短期内有利于经济增长，从长期看会对经济增长产生负效应。改革开放以来，为促进经济增长，在财政支出方面，中国多次采用以增加公共投资性支出为主的积极财政政策，在特定的时期的确对经济增长起到了积极的促进作用。但从实证分析中可以看出，公共投资性支出在短期内虽然可以有效促进经济增长，但从长远看，当公共投资性支出增加到一定程度时，就会对经济增长产生负面效应。原因在于，投资是 GDP 增长的主要推动力之一，公共投资是其重要组成部分。当经济处于发展初期时，社会公共基础设施、企业发展资金等较为匮乏，民间投资尚未形成体系，此时，政府以增加公共投资性支出为拉动经济增长的模式，能够发挥较好的经济增长效应。然而，随着经济的发展和市场经济的完善，过度强调政府公共投资拉动经济增长容易导致投资结构失衡，挤出民间投资，滋生政府垄断等，不利于经济可持续发展。因此，当市场经济逐步健全和完善的情况下，政府应逐步退出市场有效的领域，公共投资重点应放在以公共产品、重大基础设施、涉农产业等市场失灵可能性较大的领域。

第二，政府行政支出从长期看存在抑制经济增长的风险。与公共投资性支出类似，政府行政支出短期内有利于经济增长，从长期看会抑制经济增长。改革开放以来，政府行政支出高速增长。这一方面源于经济转轨时期，政府要做的公共事务日益增多，政府为社会经济的发展提供必要的法制、安全、公共服务等方面的保障，有利于为经济发展创造稳定的社会环境，为促进生产提供良好的公共服务，因此，短期内政府行政支出能够对经济增长产生积极的影响。但从长远看，政府行政支出并不能直接创造社会财富，过大规模的政府行政支出及其过快的增长势必耗费过多资源，反而会阻碍经济增长。如果考虑政府行政支出的增加不能提高行政效率的可能性，这种对经济增长的阻碍作用将会更加显现。

第三，文教科卫支出能对经济产生可持续的经济增长效应。世界各国经济发展的历史和实践已经证明，局限于纯经济领域中寻找发展经济的动力是具有局限性的。人力资本投资以及科学技术对经济发展与增长的推动作用已成为人们的共识。文教科卫支出主要就是为了文化、教育、科技、卫生等方面的发展，有利于提高人力资本价值和科技进步，促进经济内涵式发展。文教科卫支出对中国经济增长具有长期可持续的效应，这与内生经济增长理论相符。

第四，财政转移性支出从长期看能对经济增长产生正效应。本研究中的财政转移性支出主要指的是社会保障支出，这块支出虽然不能直接促进经济增长，但是由于其增加了个人的可支配收入，同时对个人的劳动、就业、储蓄等行为产生影响，因此，能够对经济增长产生影响。但是，从动态分析可以看出，中国财政转移性支出对经济增长的贡献率还是比较低的，其功能更多地体现在收入分配方面。

综上所述，从长期看，公共投资支出和政府行政支出会抑制经济增长，文教科卫支出能促进经济可持续增长，而财政转移性支出对经济增长也能产生一定的正效应。同时，各项财政支出对国内生产总值的冲击效应和贡献度存在差异。

六、防范措施

以中国经济运行中的经济增长风险为核心，本项研究依次从微观、中观以及宏观三个层面分别分析了中国行政罚没收入、地方政府债务以及财政支出对财政收支经济增长风险的影响。研究结果表明，这三个层面的财政收支管理、数量及其结构的失衡均会造成经济增长风险。对此，我们提出以下风险防范措施。

（一）行政罚没收入经济增长风险的防范措施

1. 改变执法为利的思想和做法

执法的目的是保证公民进行合法的行为，罚没应当以消除其取得非法利益为目的，不能以执法机关创收为目的。行政罚没应淡化经济处罚的目的和做法，树立执法为公、执法为民的理念。杜绝只罚不管或以罚代管甚至“放水养鱼、执法创收”，为私人或者个别利益集团谋取私利。

2. 理顺财政分配关系

执法部门作为公共权力行使部门，其收入应该作为国家财政全额拨款，切断执法部门利益与执法行为相挂钩的联系。行政罚没全部统一上缴财政，由财税部门统一收支管理，严格执行“收支两条线”制度，执法人员只有处罚权，现金收取全部通过财政账户，一旦发现“坐收、坐支”行为，一律开除当事执法人员，所收费用和罚没收入必须全部上缴财政，严禁以各种形式返还，执法部门行政经费统一由财政纳入预算予以保障，并实行国库集中支付。任何以单位名义搞补贴、福利的行为都属于违法。人员的工资、奖金和福利都由国家财政统一划拨，财政划拨经费与执法机关的收费和罚没多少，毫无关系，从制度上消除执法机关和人员创收的借口。任何执法单位的基本建设和办公经费也只能来源于财政，自筹资金建房、买车等也以非法论处。

3. 加强权力的监督和制约

建立严密有效的权力监督和制约机制。① 政务公开。凡是办理与群众利益密切相关的执法事项，在不涉及党和国家及执法秘密的情况下，依照有关规定，执法系统的政务活动一律向社会公开。政务公开内容包括：执法人员身份公开、执法职责公开、执法的相关政策和法律公开、执法条件公开、执法程序公开、执法结果公开、执法纪律公开、举报电话公开。② 鼓励公民、新闻媒体和社会组织等对执法活动进行监督和举报，并建立投诉制度。公民、法人和其他组织对违反法律、政策和纪律的执法部门和人员的不当行为可以投诉，执法主管部门应当设立专门机构受理，并在规定期限内予以答复。加强纪检、审计、人大、政协等对执法部门的监督，让权力在阳光下运行。

（二）地方政府债务经济增长风险的防范措施

1. 完善分税制

改革和完善现有的地方税制度，化解地方政府债务风险。同时，进一步划分中央与地方的事权，梳理事权的划分，通过对中央与地方财政分级分权管理体制进行修正和调整，从根源上化解地方政府债务风险。

2. 完善省级以下财政体制改革

一方面，加大财政层级扁平化改革，减少财政级次。通过财政层级扁平化改革夯实县乡级的财政，在一定程度上缓解县乡财政困难的程度。另一方面，完善省以下转移支付制度，调整地区间财力差异，形成合理的省以下横向、纵向财力分布格局，促进省级以下财力均衡。转移支付制度改革的重点是适当简化、整合转移支付体系，完善一般性转移支付，规范专项转移支付，提高转移支付规范性和透明度。

3. 加强地方投融资平台管理

一是对地方政府融资平台公司债务，区分不同情况，分别进行清理核实，做到底数清楚。二是对融资平台公司进行清理规范。对已经设立的融资平台公司，分类清理规范；新设立融资平台公司的，必须严格依照有关法律、法规办理。三是加强融资平台公司的融资管理和银行业金融机构等的放贷管理。四是坚决制止地方政府违规担保承诺行为。五是对融资平台的操作流程进行规范，杜绝打包获取信贷资金，实行项目管理制，确保银行信贷资金的投放符合监管部门的要求。

4. 建立地方政府债务风险监管和预警机制

对地方举债主体资格、债务发布程序、规模、使用等进行规范，在地方政府举债合法化的前提下，逐步完善地方政府债务风险预警机制。

5. 建立规范地方政府债务管理长效机制

对现有地方债务要进行清理和分类，规范管理，定期检测，对那些无现金流支持、靠政府担保拿到贷款的债务，要分步化解。对现有债务，要坚持“先清理、后化解，先化解、后补助”的原则，从根本上解决地方政府投资举债的冲动。

6. 建立和完善偿债准备金制度

地方政府要加强地方政府偿债基金管理制度的建立，合理地确定偿债基金的类型和规模。同时，要不断加大对财政周转金的清理回收力度，将清理回来的周转金集中起来，用于必要时的偿债准备。对偿债准备金的使用，最重要的是要实行专户管理、单独核算，以最大限度地发挥有限的偿债准备金的效用。

（三）财政支出经济增长风险的防范措施

1. 优化公共性投资结构，防范投资结构失衡风险

一方面保持增加公共投资总量的扩张性财政政策，另一方面则更应关注公共性投资结构，优化公共性投资布局，使公共性投资更多地投向关系国民经济命脉的重要行业和提高人民生活水平的公共领域，其他非公共领域应通过资产重组和结构调整逐步缩减，强化其市场主导作用。

2. 优化政府行政支出，提高政府行政支出效率

为保障市场经济秩序的正常运行及国民生产生活的安全和稳定，必然会产生一定的政府行政支出，但政府行政支出应保持在合理界限，以避免过高的行政性支出对有限社会资源的挤占。

3. 增加文教科卫支出投入，注重人力资源及科技投入的生产力转化

继续加大文教科卫支出投入，优化其投入结构，同时充分调动社会资源加入科教文卫等领域，促进经济内涵式发展。在加大投入的同时，提高投入资金的使用效率，注重投入资金的管理和监督，确保资金用到实处。

4. 注重财政转移性支出，为经济增长提供保障

建立健全社会保障机制，加大财政转移性支出在社会保障领域的投入，为缩小社会收入分配差距、促进经济发展提供必要的财政制度支持保障体系。

参 考 文 献

[1] 王海文. 论执法经济现象的危害、成因及解决对策[J]. 湘潭师范学院学报(社会科学版),2007(1).

[2] 王燕，徐滇庆，王直，翟凡. 中国养老金隐性债务、转轨成本、改革方式及其影响——可计算一般均衡分析[J]. 经济研究，2001(5).

[3] 周小川. 推进中国债务资本市场持续健康发展[J]. 中国金融，2010(12).

[4] 贾康，白景明. 县乡财政解困与财政体制创新[J]. 经济研究，2002(5).

[5] 龙志军. 地方政府债务风险形成机理研究[J]. 经济师，2006(7).

[6] 周泽炯. 我国地方政府债务风险研究[J]. 安徽工业大学学报(社会科学版),2008(9).

[7] 吴聚稳. 论析地方政府债务成因与建议[J]. 理论界，2009(9).

[8] 宋琳，程烨. 关于我国地方政府债务问题的思考——基于对比欧洲债务危机的视角[J]. 地方财政研究，2012(3).

[9] 马栓友. 政府规模与经济增长：兼论中国财政的最优规模[J]. 世界经济，2000(11).

[10] 刘进，丁伟，刘军民. 关于公共支出与经济增长关系的分析与实证研究[J]. 财政研究，2004(3).

[11] 廖楚晖. 中国人力资本和物质资本的结构及政府教育投入[J]. 中国社会科学，2006(1).

[12] 郭庆旺，贾俊雪. 政府公共资本投资的长期经济增长效应[J]. 经济研究，2006(7).

[13] 郭庆旺，贾俊雪. 基础设施投资的经济增长效应[J]. 经济理论与经济管理，2006(3).

[14] 付文林，沈坤荣. 中国公共支出的规模与结构及其增长效应[J]. 经济科学，2006(1).

[15] 庄子银,邹薇. 公共支出能否促进经济增长：中国的经验分析[J]. 管理世界,2003(7).

[16] 彭志文,郭路. 财政支出结构、最优税率区间与经济增长[J]. 财政研究,2011(4).

[17] 孙敏. 我国公共投资经济增长效应的实证研究[J]. 山西财经大学学报,2009(8).

[18] 彭志文,郭路. 财政支出结构、最优税率区间与经济增长[J]. 财政研究,2011(4).

[19] 杨子晖. 政府规模、政府支出增长与经济增长关系的非线性研究[J]. 数理经济技术经济研究,2011(6).

[20] WORRALL J, KOVANDZIC T. Is policing for profit? Answers from asset forfeiture[J]. Criminology and Public Policy, 2008.

[21] RAM R. Government size and economic growth: a new framework and some evidence from cross 2 section and time-Series [J]. American Economic Review, 1986(1).

[22] ROMER P. Human capital and growth: theory and evidence [R]. NBER Working Paper, No. 3173, 1989.

[23] WANG E, Public Infrastructure and economic growth: a new approach applied to east asian economies [J]. Journal of Policy Modeling, 2002(5).

[24] BARRO R J. Government spending in a simple model of endogenous growth [J]. Journal of Political Economy, 1990 (5).

[25] BARRO R J. Economic growth in a cross section of countries [J]. Quarterly Journal of Economics, 1991(2).

第十章 低碳经济下的碳排放风险和管理

一、绪论

在人类社会的发展过程中，资源是人类维持生存与发展的必要物质要素，人们通过劳动将资源转化成生活资料，用于支持各项生命活动。限于生产力的水平，早期人类的生产对资源的使用和开发效率很低，是一个原始的低水平碳排放的社会。原始的低碳经济对自然环境的破坏很小，但经济效益不足。到了近代，人类社会加速发展，对资源的使用规模大大提高，但伴随着蒸汽机、电力与信息革命的浪潮，逐渐形成了火电、钢铁、有色金属、化工、建筑等工业，这些高能耗、高物耗、高污染产业，产生了大量二氧化碳，使社会进入"高碳"经济发展阶段。尤为严重的是，高碳增长模式所造成的对环境破坏超过一定的限度时就会造成不可逆的结果，即一旦发生则无论用什么样的代价都无法恢复，这一逻辑已经被科学家逐渐证实。有越来越多的科学家和经济学家认为，如果继续保持"高碳"的经济增长模式，20 世纪 70 年代罗马俱乐部所提出的经济增长极限的预言将被验证。因此，如何处理经济发展与环境污染之间的矛盾，已成为包括经济学在内的多个学科共同研究的课题。

能源安全已成为中国崛起的最大障碍之一，传统意义上能源安全被定义为能源供应的安全，及由于能源生产与使用所造成的环境污染的治理。它是国家经济安全的重要方面，直接影响到国家安全、可持续发展及社会稳定，体现在能源供应暂时中断、严重不足或价格暴涨对一个国家经济的损害。而气候变化是当今人类面临的最大的环境问题，IPCC 第四次报告向全世界提出了一个气候变化与人类活动相互影响的问题，这一问题的实质不在于是否气温升高 1℃或 2℃的科学争论，而在于它像罗马俱乐部的报告那样向人类提出忠告：全球变暖是 21 世纪人类面临的最重大挑战之一，一次性能源的储藏和消费是有限的，不能永远满足人类无限的需求和发展。中国的 GDP 已超过日本位居世界第二，与此同时，二氧化碳排放也超过美国位居世界第一。这使得中国在不断增强国际影响力的同时，也成为国际社会关注的焦点和批评的对象。中国的人均收入还处在中等偏下水平，因此高速增长仍将持续，城市化率还会进一步提高，经济结构转型至少还需 10 年。这种国内的庞大需求对能源和环境的压力不断增大，逐渐形成制约经济持续发展的瓶颈，从而在未来可能会使中国经济发展的步伐放慢。在低碳经济下，能源风险主要取决于：经济对能源和碳排放的依赖程度，能源和碳交易价格，国际能源和碳市场，以及应变能力(包括战略储备、备用产能、替代能源、能源效率、技术力量等)和国际博弈能力。

1. 低碳经济的起源及发展

"低碳经济"最早见诸政府文件的是在 2003 年的英国能源白皮书《我们能源的未来：创建低碳经济》，其提出总体目标是 2050 年将二氧化碳的排放量在 1990 年的基础上削减 60%，从根本上把英国变成一个低碳经济国家。2006 年，前世界银行首席经济学家尼古拉斯・斯特恩牵头作出的《斯特恩报告》指出，全球以每年1%GDP的投入，可以避免将来每年5%～20% GDP的损失，呼吁全球向低碳经济转型。2007年7月，美国参议院提出《低碳经济法案》，表明低碳经济的发展道路有望成为美国未来的重要战略选择。同年12月，联合国气候变化大会制订了应对气候变化的"巴厘岛路线图"，要求发达国家在2020年前将温室气体减排25%～40%。"巴厘岛路线图"为全球进一步迈向低碳经济起到了积极的作用，具有里程碑的意义。2008年，联合国环境规划署确定该年"世界环境日"的主题为"转变传统观念，推行低碳经济"。欧债危机、能源价格、气候变化、低碳经济是最近两年世界发展的关键词。自2008年下半年金融危机以来，全球经济受到重创，经历了第二次世界大战以来最严重的一次经济衰退。2009年12月，联合国气候大会在哥本哈根召开，经过各方艰苦谈判，达成了一项不具法律约束力的协议。

2. 低碳经济的内涵剖析

英国在《我们能源的未来：创建低碳经济》的白皮书中指出，低碳经济是通过更少的自然资源消耗和更少的环境污染，获得更多经济产出；低碳经济是创造更高生活标准和更好生活质量的途径，为发展、应用和输出先进技术创造了机会，同时也创造了新的商机和更多的就业机会。自2003年英国提出"低碳经济"后，一些学者从不同角度对其内涵进行了诠释。目前"低碳经济"已成为具有广泛社会性的经济前沿理念，但至今还没有约定俗成的定义。现列举国内外比较有代表性的描述：梅森纳(2007)认为，人类发展低碳经济面临的挑战，不是技术上的也不是经济上的，实际是政治和体制上的。中国著名低碳经济学家张坤民教授认为，低碳经济是以低能耗、低污染、低排放为基础的经济模式，其实质是高能源利用效率和清洁能源结构问题，核心是能源技术创新、制度创新和人类生存发展观念的根本性转变；低碳经济的发展模式，是一场涉及生产方式、生活方式和价值观念的全球性革命。华能技术经济研究院谢进认为，低碳经济是以能效技术、可再生能源技术和温室气体减排技术的开发和运用为核心，以市场机制、制度框架和政策措施为先导，以减少化石燃料消耗和温室气体排放为标志，以经济社会与生态环境相互和谐为目标的新型发展模式。结合国内外学者对低碳经济的分析，笔者认为：低碳经济是指在政府领导下，以不影响经济发展为前提，通过技术创新和制度创新，降低能源和资源消耗，尽可能最大限度地减少温室气体和污染物排放，实现经济和社会的可持续发展。

3. 低碳经济的逻辑

低碳经济是直接为了应对全球气候变暖对人类生存和发展的严峻挑战而提出的一种经济发展模式。通过更少的自然资源消耗和更少的环境污染，获得更多的经济产出；创造更高的生活标准和得到更好的生活质量的途径和机会，也为发展应用和输出先进技术创造了机会，同时，也能创造新的商机和更多的就业机会。第一，低碳经济是以更多的经济产出为目标函数，以环境承载力为约束条件，或者更直接地说是以最小的二氧化碳排放和能源消耗为约束条件的一种新型经济形态。第二，低碳经济是以消费水平和消费质量的持续稳定提高为目标函数，以消费过程中的最小二氧化碳排放量为约束条件的新型消费模式。第三，低碳经济与技术的发展和应用是一种"倒逼"(bottom-up)的关系，即通过预设一个经济发展目标，比如，单位国内生产总值能耗降低的百分比或者二氧化碳减排目标，从而"倒逼"与之相适应的先进技术。第四，低碳经济的标准必须有一个客观尺度，简单地把"低"理解为"减排"和"低二氧化碳排放"既不准确，也不具有可操作性。"减排"是相对于全球气候变暖的严峻挑战而提出的战略措施，并非是低碳经济的本质要求；同时，"减排"也是相对于历史上业已形成的高碳经济模式而言的，也不是低碳经济的固有属性。

4. 低碳经济研究的主要方向

国际上有关低碳经济研究的主要内容有：

(1) 能源消费与碳排放。包括与碳减排有关的能源消费结构的转换和低碳排放能源系统的建立，本文研究中核算出的二氧化碳排放量即为能源消费所产出的碳排放。

(2) 经济发展与碳排放。探讨不同经济发展模式、阶段、速度与碳排放的关系。

(3) 农业生产与碳排放。包括土地利用变化、农业土地整治、农业生产水平与结构的变化等。

(4) 碳减排的经济风险分析与减排对策研究。指出在研究方法上除了简单的相关分析、区域对比分析之外，一些基于大量数据的综合模型分析也越来越受到重视，如碳循环能源模型、动态综合评估模型、能源消费—碳减排经济关联模型等。然而对于产生碳排放基础的内部各要素之间能量转换过程及其相互作用和影响尚未获得令人满意的进展。王文军(2009)从内在机制作用上对低碳经济的运行进行研究，提出低碳经济发展的技术经济范式，即实施“立体式”控制的经济发展模式。多位学者分别撰文，从物质流角度对低碳经济进行研究。毛玉如(2008)提出要对经济活动的物质流进行分析，建立物质流分析账户，调控物质流动模式，实施物质流管理，优化经济结构，最终实现低碳经济的发展目标。万宇艳(2009)提出物质流分析法可以特定产业为研究对象，研究和分析产业能耗与环境负荷变化的关系，对相关物质利用效率特征进行识别，建立物质流管理指标，为企业监测污染、优化流程提供有效的分析工具。并且，他们都从不同层次和角度对低碳经济发展提出了政策建议。

(5) 低碳经济的技术支撑。王文军(2009)研究指出，当前的低碳经济技术开发有：废旧产品与废弃物的回收、循环利用、再生利用以及无害化技术开发，资源效率最大化的技术开发，替代高碳能源的技术开发，资源循环利用技术、物质循环减量化技术开发，环保产业技术，清洁生产技术以及可再生能源开发等。政府间气候变化专家委员会(IPCC)(2001)认为，低碳或无碳技术的研发规模和速度将决定未来温室气体排放减少的规模。任奔等人(2008)综合研究了国际上低碳技术发展，指出当前主要有以下三个方面的低碳经济技术：一是节约能源技术，二是低碳能源技术，三是碳捕获和埋存技术(CCS)。付允等人(2008)对碳中和技术进行了归纳，认为其主要包括三类：一是温室气体的捕集技术，二是温室气体的埋存技术，三是低碳或零碳新能源技术。姬振海(2009)通过研究指出，低碳经济的技术创新主要包括电力、交通、建筑、冶金等部门的节能技术及可再生能源、新能源、煤的清洁高效利用等领域的温室气体减排技术。

(6) 低碳经济的评价指标体系。刘传江等人(2009)依据生态足迹理论，从人口规模、物质生活水平、技术条件和生态生产力来论证低碳经济发展的合理性；运用脱钩发展理论来分析经济发展与资源消耗之间的关系，并论证低碳经济发展的可能性；依据“过山车”理论(EKC 假说)，通过对人均收入与环境污染指标之间的演变模拟，说明经济发展对环境污染程度的影响，来论证低碳经济的发展态势。到目前为止，学者对于低碳经济的衡量和评价，还没有形成系统的评价理论，而是更多集中于对碳排放影响因素、碳排放限制等的研究。日本的 Yoichi Kaya 教授(1989)提出了关于二氧化碳排放的 Kaya 恒等式，根据恒等式可直观分析碳排放的四个推动因素：人口、人均 GDP、单位 GDP 能源(能源强度)和能源结构(碳强度)。冯相昭等人(2008)在研究过程中对 Kaya 恒等式进行了修改，舍弃了残差部分。施小妹(2009)提出基于能源—能阱总组合曲线的图形方法来求解零碳/低碳能源的最小化问题。徐国泉等人(2006)采用对数平均权重 Divisa 分解法(Logarithmic Meanweight Divisa Method，LMD)，定量分析能源结构、能源效率和经济发展对中国人均碳排放的影响。邹秀萍等人(2009)借助 EKC(经验曲线,库兹涅茨曲线)模型,采用面板数据分析方法定量分析经济水平、经济结构、技术水平对各地区碳排放的影响趋势,探讨各地区碳排放与其影响因素间的演化规律和可能态势。

5. 研究内容与思路

当前,作为具有广泛社会性的前沿经济理念,低碳经济并没有约定俗成的严格定义。低碳经济概念是以低能耗、低排放、低污染为基础的经济模式,其实质是提高能源利用效率和发展清洁能源,核心是技术创新、制度创新和能源消费观的演变。中国"十一五"期间单位 GDP 能源消耗下降了 9.1%,相当于节约了 6.3 亿吨标准煤。在"十二五"规划中,中国将继续着力推进清洁生产和循环经济,将实现三项约束性目标:非化石能源占一次能源消费比重达到 11.4%,单位 GDP 碳排放将降低 17%,单位 GDP 能源消耗降低 16%。

无论世界还是中国,实现绿色低碳发展都是一场深刻的能源革命和产业革命。因此本研究的主要内容是:分析中国碳投入(能源生产和消费)、碳排放总量和碳产出,围绕碳的产生过程和造成的社会、环境压力进行阐述;利用低碳经济的碳产出动态模型方法,分析碳产出和能源结构、经济结构以及经济发展等因素之间的关系。根据相关的国家统计数据,采用基于"S"形曲线函数的评价方法评估和预测中国 1985—2016 年低碳经济风险指数。主要研究内容安排如下:

第一部分分析中国碳投入的基本形式,并参考《IPCC 国家温室气体排放清单指南 2006》对中国碳排放进行简单可行的核算,分析中国碳减排的边际成本和路径,这是后续研究的基础。

第二部分分析中国低碳经济下碳产出动态模型,围绕经济发展这个中心,探讨碳产出和能源结构、经济结构以及经济发展等因素之间的关系。主要包括碳生产率与能源结构的多元回归模型,碳排放与产业结构变动指数的协整模型,环境和能源压力下中国低碳经济模型。

第三部分为中国低碳经济风险研究,围绕碳的形成过程,建立低碳产出、低碳排放、低碳资源、低碳政策和低碳目标为主的风险指标体系。并运用基于"S"形曲线函数的评价方法评估和预测中国 1985—2016 年低碳经济风险指数,为化解未来中国低碳经济风险提出针对性的对策建议,并用于指导能源经济发展和及时调整宏观经济政策。

二、低碳经济发展下的碳投入与碳排放基本形势

世界各国经济发展的历史表明,能源消费与国民经济之间存在着明显的关系。一般来说,在同一时期中,能源消费量增长较快的国家,其国民经济的发展速度也相对较快;反之,能源消费量增长较慢的国家,其国民经济发展速度也比较慢。例如,1965—1980 年期间,日本是资本主义发达国家中能源消费增长速度最快的国家,增加了 129%;同期,西欧和英国能源消费量几乎没有什么增长。而这两个国家这一时期的国民经济增长情况,日本名列世界主要资本主义国家之首,平均年增长 9.7%,而英国年平均增长 1.8%。

1. 中国碳投入基本形势

中国作为世界上最大的发展中国家,从 1979 年改革开放至今的 30 多年保持着高速经济增长速度和发展水平。飞速发展导致巨大的能源需求,在现有消费结构下,表现为以化石能源为主,其中煤炭和石油分别约占能源消耗总量的 69.7%和 18.2%。从能源总量来看,至今中国已经是世界上第一大能源生产国和第一大能源消费国。有关资料显示,中国自从 1993 年首

次成为石油净进口国以来，进口量不断攀升；2009 年和 2010 年中国原油进口量分别达 1.99 亿吨和 2.39 亿吨，原油对外依存度升至 55%。2011 年能源消费总量 34.8 亿吨标准煤，比上年增长 7.0%。煤炭消费量增长 9.7%，原油消费量增长 2.7%，天然气消费量增长 12.0%，电力消费量增长 11.7%；全国万元国内生产总值能耗下降 2.01%。

其中，中国在“十一五”规划中将单位 GDP 能耗 5 年降低 20%左右作为约束性指标，这对节约能源起了很好的作用，增强了社会各界的节能意识。但是，实践证明，只控制单位 GDP 能耗，而不控制能源消费总量，仍难以约束地方的超高速追求和重化工业的扩张冲动，难以从根本上扭转敞开口消耗能源的状态。2004 年，国家发展改革委员会制定并经国务院批准的中国能源中长期发展规划纲要中，就曾经提出 2010 年能源消费总量要控制在 24 亿吨标准煤以内，2020 年控制在 30 亿吨标准煤左右；到了 2007 年，国家发展改革委员会制定的“十一五”能源专项规划中，也曾经明确提出，2010 年能源消费总量控制在 27 亿吨标准煤左右。但是，由于地方的超高速增长远远超出国家的预期目标，尽管单位 GDP 能耗有所降低，但能源消费总量却大大突破了国家的控制目标。1953—2011 年能源消费总量和增长率见图 10-1。因此，中国碳投入（能源生产与消费）的基本形势呈现出如下述几种趋势。

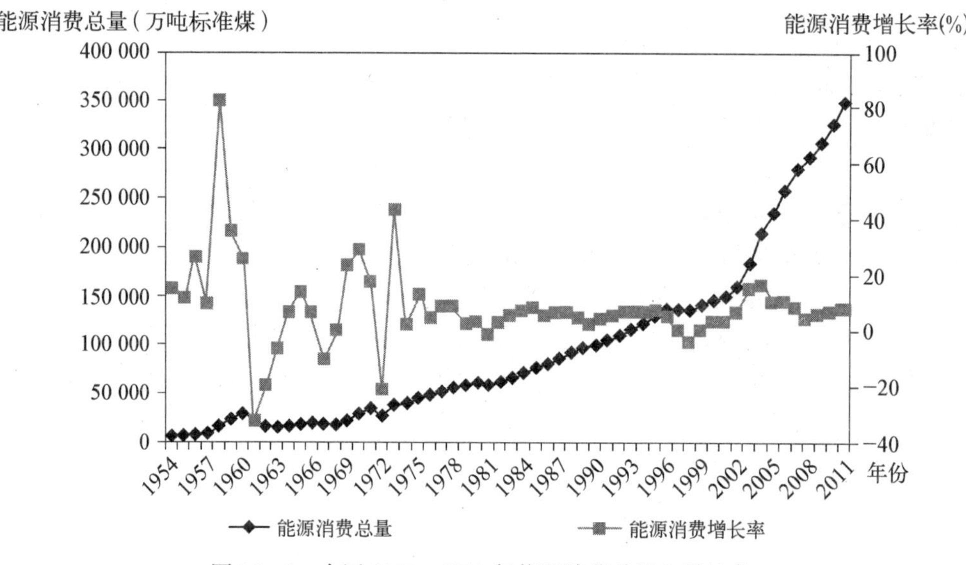

图 10-1 中国 1953—2011 年能源消费总量和增长率

（1）中国能源储量有限而需求巨大：目前世界经济的现代化，得益于化石能源，如石油、天然气、煤炭与核裂变能的广泛投入应用，因而它是建立在化石能源基础上的一种经济。然而，这一经济的资源载体将在 21 世纪迅速地接近枯竭。目前世界上可以支配的化石资源的极限为 1 180 亿～1 510 亿吨，以 1995 年世界石油的开采量 33.2 亿吨计算，石油储量在 2050 年左右宣告枯竭；天然气储量估计 131 800 兆～152 900 兆立方米，年开采量维持在 2 300 兆立方米，将在 57～65 年内枯竭；煤的储量约为 5 600 亿吨，1995 年煤开采量为 33 亿吨，可以供应 169 年；铀的年开采量目前为每年 6 万吨，据 1993 年世界能源委员会的估计可维持到 21 世纪 30 年代中期；核聚变到 2050 年还没有实现的希望。据中国统计年鉴可知，2007 年相比 2000 年中国经济增长了 1 倍，能源消费总量同样增长了 1 倍。若从这样的发展趋势来看，中国工业化、城市化发展阶段所引起的能源迅速增长的问题将难以逾越。

(2) 能源价格浮动加大与经济增长速度放缓：2007 年下半年以来，全球能源短缺更为明显，特别是石油、煤炭、天然气、粮食等价格大幅度飙升，推动全球生产成本大幅度上升，造成全球性的通货膨胀和经济增长速度放缓。不仅发展中国家通货膨胀严重和经济增长速度下滑（如经济发展较快的东南亚，特别是越南发生了比较严重的金融危机），发达的资本主义国家也是如此（如美国、欧盟等）。与此同时，中国通货膨胀比较严峻，2008 年上半年经济增长速度明显放慢（特别是出口增长大幅度下降），严重影响了中国经济的可持续发展。可见，价格是能源稀缺程度的反映，当前全球煤炭、天然气等价格不断创新高，充分说明能源危机迫在眉睫。

(3) 中国能源短缺程度不断加深：随着经济的高速增长，中国对能源的需求不断增大，主要能源的供求格局发生了较大变化，能源对经济发展的制约作用日益明显。从 2003 年开始，出现了长三角的“电荒”，东北、华东、华南、西南等地区的“煤荒”和“缺油”；2004 年，由于国际原油价格一路攀升，国内成品油价格不断上调。在此期间，各地区又频频出现拉闸限电的情况，煤炭供应相应告急。此外，由于国内能源供给不足，中国能源对外依赖度也大幅度攀升。中国的能源安全问题已经引起了国内外经济界、能源界人士的广泛重视，并进一步影响到国家经济结构安全，成为中国经济发展中必须面对、无法回避的问题。

(4) 环境约束：随着全球气候变暖和大气环境质量的急剧下降，人们对环保问题的重要性逐步达成共识。能源的使用，特别是化石燃料在开采、燃烧耗用等过程中对环境产生了很大的影响。在中国，以煤为主的能源供应体系是环境污染日趋严重的主要原因。中国是气候变化框架公约的签字国，承认减排温室气体的共同和有区别的责任问题，环境因素是中国能源战略研究不容忽视的问题。环境影响主要表现在大气污染上，且大气污染以煤烟型为主，SO_2 和 CO_2 是主要污染物。中国排入大气中 85％的 SO_2，70％的烟尘和 85％的 CO_2 来自煤的燃烧，煤炭是造成中国大气污染的主因。但是在能源总量持续上升的基础上，中国“十一五”计划实现了由能源消费造成的主要污染物排放量持续减少，这说明在未来中国可以实现发展经济的同时减少二氧化碳的排放量（见表 10－1）。

表 10－1

由能源消费造成的主要污染物排放量

单位：万吨

项　目	2001 年	2002 年	2003 年	2004 年	2005 年	2006 年	2007 年	2008 年	2009 年	2010 年
工业粉尘	991	941	1 021	904.8	911.2	808.4	698.7	584.9	523.6	448.7
二氧化硫	1 947.2	1 926.6	2 158.5	2 254.9	2 549.4	2 588.8	2 468.089	2 321.229	2 214.402	2 185.149
烟尘排放	1 069.9	1 012.7	1 048.5	1 095	1 182.5	1 088.8	986.6	901.6	847.7	829.1

(5) 能源工业的产业竞争力薄弱：能源产业是一个技术复杂、资本密集的行业，同时也是一个竞争激烈的行业。中国能源产业的市场空间十分巨大，20 世纪 90 年代，能源工业投资占全部国有投资（能源工业投资以国有投资为主）的 21％，比前一个 10 年提高了 3.2 个百分点。随着国内市场经济体系的建立、完善和与国际市场的接轨，市场经济规律对中国能源形势的影响越来越明显，如何从整体上大幅度提升中国能源产业的竞争力也成了越来越突出的问题。

中国能源产业的自我积累与发展、技术创新、市场经营与开拓等方面，存在着许多有待改进之处，这些问题制约着中国能源工业今后的健康发展，将对整个经济和社会发展形成潜在的威胁。

(6) 能源经济规律和能源结构体系上的局限性：尽管人们已经积累了许多处理能源问题的经验，但在对能源经济发展和体系建设内在规律性的认识上还存在着局限性。在影响人类能源发展的许多重大问题，如核电问题、环境保护问题、规模与地域上的集中与分散问题、重大能源科技部署问题、能源市场规律问题等，整个人类还都处在不断探索中，有大量的问题需要研究。

2. 碳排放的核算

在碳排放测算方面，美国能源部二氧化碳信息分析中心(Carbon Dioxide Information Analysis Center，2010)和IEA(International Energy Agency，2009)等众多机构对全球碳排放做了大量的基础性工作。这里关于国家CO_2排放总量的计算参考《IPCC国家温室气体排放清单指南2006》，采用二次能源消费量换算回一次能源消费量的方法，即CO_2排放总量＝一次化石能源消费碳排放＋二次化石能源消费碳排放(换算回一次能源消费量计算)＝全社会煤炭消费量×煤炭的CO_2排放系数＋全社会石油消费量×石油的CO_2排放系数＋全社会天然气消费量×天然气的CO_2排放系数。

表10－2

各类能源的碳排放系数(吨/吨标准煤)

项　目	煤　炭	石　油	天然气	水电、核电
F(C)	0.748	0.585	0.444	0.0
F(CO_2)	2.745	2.146	1.629	0.0

表10－2中，F(C)是碳排放系数，F(CO_2)是二氧化碳排放系数；后者是在前者的基础上乘以3.67得出。

在研究时序内，碳排放总量具有明显的阶段性(见图10－2)。在改革开放之前(1953—1978)，撇开“大跃进”时期的数据异动，碳排放量增长缓慢；但改革开放后中国能源消费和二氧化碳增长迅速，1980—1996年是碳排放量的迅速增长阶段，1996—1999年是碳排放量的平稳阶段，2000—2011年是碳排放的急速增长阶段。中国作为世界上少有的以煤炭为主的能源消费国家，1953年二氧化碳排放的96.9%是由于煤炭消费导致的。随着能源消费结构中煤炭比重的下降，洁净煤技术的发展，2004年煤炭消费排放的二氧化碳约占总排放量的79.3%，如图10－3所示。

由于中国长期以煤为主的能源结构导致总能源碳排放系数虽然历年来有所下降，但仍居高位。总能源碳排放系数设定为单位能源的碳排放系数，以此作为衡量能源结构转变的结果。从图10－4中可以明显看出近年来总能源碳排放系数由于煤炭比重下降一直呈现下降趋势，是因为在2002—2004年，中国能源消费总量分别达到15.94亿吨、18.37亿吨和21.34亿吨；年增长率连续刷新历史纪录，分别为6%、15.3%和16.1%；能源弹性系数远大于1：2002年为2.31、2003年为1.74、2004年达到1.58，从2001年开始连续4年能源弹性系数都大于1，能源结构劣化。

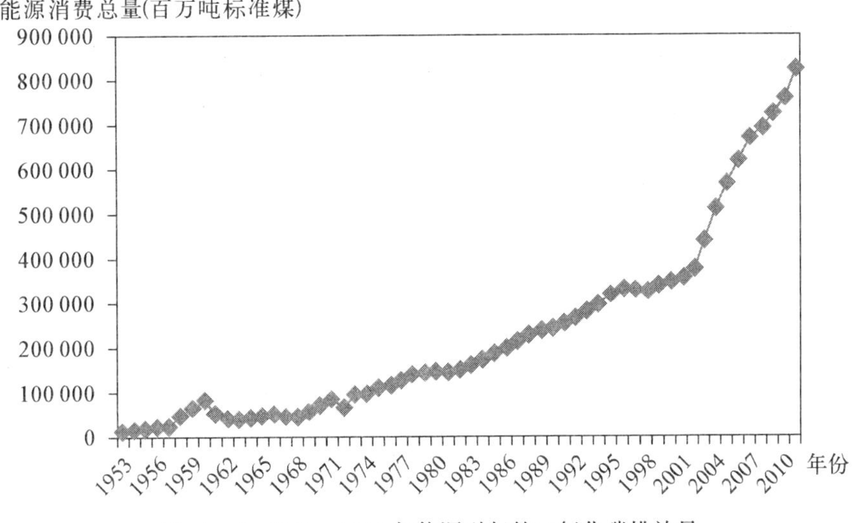

图 10-2　1953—2011 年能源引起的二氧化碳排放量

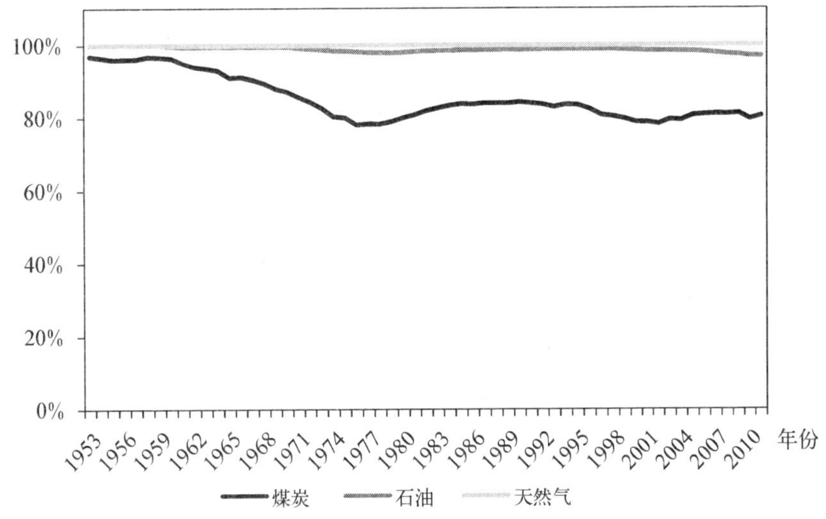

图 10-3　中国 1953—2011 年的二氧化碳排放构成

在改革开放之前(1953—1978),单位 GDP 能耗量(能源强度)与单位 GDP 排放量(碳排放强度)指标总体均呈现递增趋势;而在改革开放之后(1979—2011),这两项指标则均出现明显的递减趋势。这一事实无疑表明:随着计划经济体制的形成与运行,中国的能源强度和碳排放强度是逐步上升的;而随着改革开放的展开与深化,以及市场经济体制的不断完善,中国的能耗强度和碳排放强度逐渐降低。因此,能耗效率和碳排放效率与市场经济体制密切相关。

如图 10-5 所示,在计划经济形成阶段(1953—1957),能源强度与碳排放强度指标分别平均为 8.08(吨标准煤/万元)和 21.39(吨二氧化碳/万元);而在计划经济运行阶段(1958—1978),能源强度与碳排放强度指标分别平均为 15.59(吨标准煤/万元)和 39.9(吨二氧化碳/万元)。与计划经济形成阶段相比,在计划经济运行阶段,能源强度指标上升了 93%,碳排放

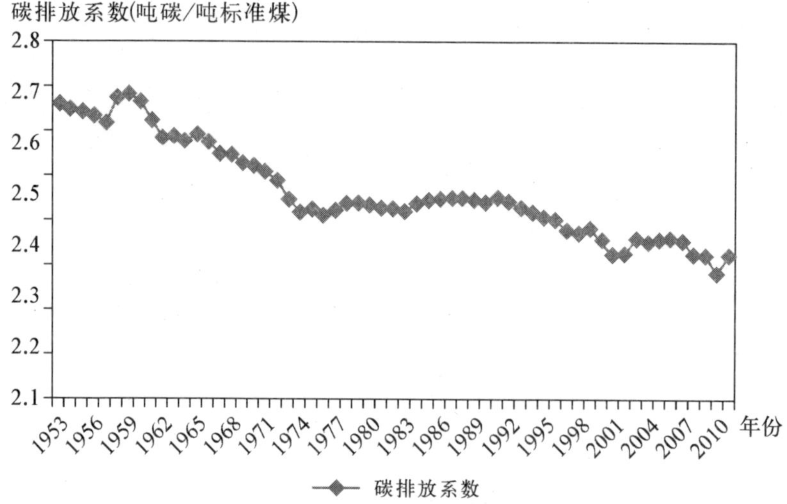

图 10－4　中国 1953—2011 年的总能源碳排放系数

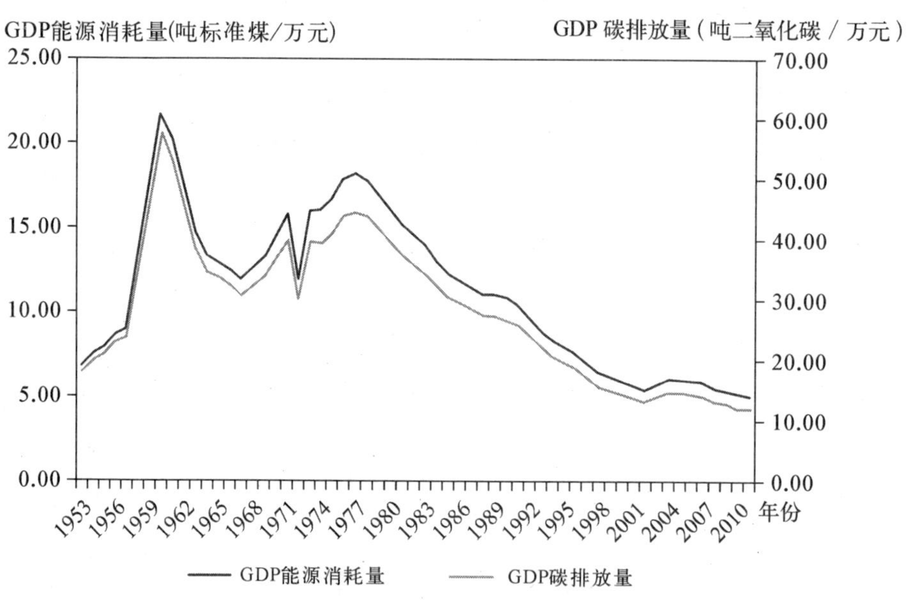

图 10－5　中国 1953—2011 年的能源强度和碳排放强度

强度指标也上升了 85%。这一结果是容易得到解释的。计划经济形成阶段相对较高的能耗效率和碳排放效率，归因于在该阶段市场机制仍然不同程度地发挥着作用的事实；而到了计划经济运行阶段，市场机制近于灭绝，因而呈现出极其低下的能耗效率和碳排放效率。

在改革开放的初始阶段(1979—1984)，能源强度与碳排放强度指标分别平均为 15.00(吨标准煤/万元)和 37.02(吨二氧化碳/万元)。这些指标数值略低于计划经济运行阶段的指标数值，但还是显得较高，出现这种情况的根源在于，在该阶段改革尚未从农业领域全面展开，国营企业仍处于“放权让利”时期，中国计划经济的程度仍然较高。不过，指标递减的迹象却是明显的。而在改革开放推进阶段(1985—2011)，能源强度与碳排放强度则分别平均为 7.82(吨标准煤/万元)和 19.10(吨二氧化碳/万元)。其显示了较高的能耗效率与碳排放效率。与改革的初始阶段相比,单位能耗降低了47%,单位排放量降低了46%。若与计划经济的运行阶段相比,单位能耗降低了49%;单位排放量降低了50%。

如果将计划经济运行阶段与改革推进阶段近似地作为计划体制和市场体制这两种截然不同的体制类型,就可以定量地获得"节能减排"的体制效应。据测算,在1985—2007年,假定经济增长速度不变,由于市场经济体制的作用,中国的能耗总共减少了4 417 331万吨标准煤,二氧化碳排放则总共减少了11 467 851万吨。这同样验证了一件事情,中国1953—1958年间尚没有启动工业化,基础设施亦很落后,基本处在自然经济状态,能源强度指标和碳排放强度都处于相对符合"低碳经济"状态,但这样的经济绝非人类追求的理想经济。

3. 碳减排边际成本及路径

1980年,邓小平同志借鉴日本的"国民经济倍增计划",提出中国也要实现"国民收入翻番"。此后,大约每10年中国的国民收入翻一番,甚至翻两番。1980—2010年,中国的GDP增长率达到9%。到2010年,中国的GDP总量已超过日本成为世界第二,出口贸易值也超过德国成为世界第一。与此同时,中国的人均收入也从1980年的310美元增加到2010年的4 200美元(出自世界银行),增加了12倍。如图10-6所示,中国的人均GDP从1985年开始一直是逐渐上升的,基本上一直保持10%左右的较高的上升速度。中国的人均碳排放量也是一直保持逐渐上升的趋势,1997—1999年人均碳排放量出现短暂下降,2000—2002年又开始上升,但是速度较慢,然而从2002年开始,中国的人均碳排放量开始快速上升。

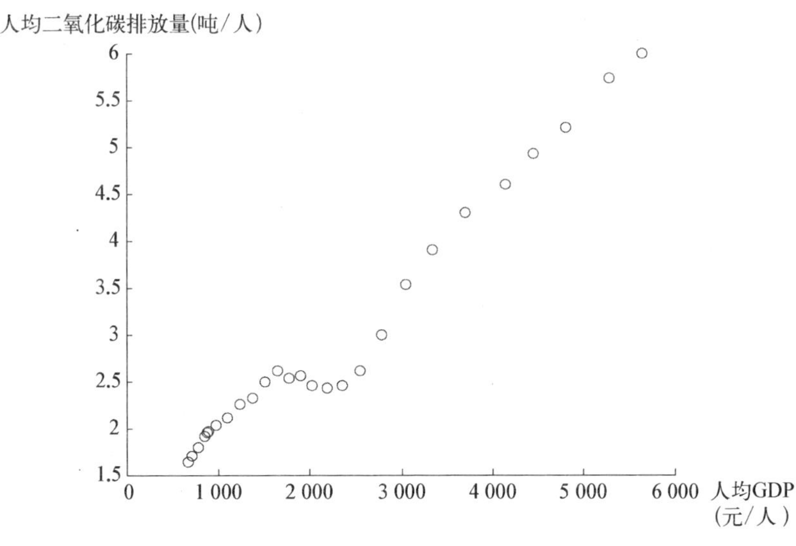

图10-6 中国的人均GDP和碳排放(1985—2011)

与此同时,中国也为高速增长付出了巨大的代价。中国的环境污染严重,已经成为世界最大的污染源之一,目前中国的有机废水、二氧化硫、各类温室气体等污染物排放量居世界首位。更为严重的是,中国的环境污染尚未得到根本上的控制。图10-7的中国环境库兹涅茨曲线显示,1989年以来,中国的污染物排放(以二氧化硫为代表)加速增长,2006年以后虽有所下降,但2008年后出现金融危机导致数据的连续性以及刺激经济的政策因素,尚无法准确判断是否已经出现二氧化硫排放量的峰值拐点。近年来中国环境污染问题频发，2005 年的“松花江污染事件”，2009 年的“三鹿奶粉事件”，2010 年广东某地的“癌症村事件”，2011 年的“哈尔滨制药厂污染事件”以及其他重金属中毒事件。随着信息公开化、民众环境保护意识的增强和科学检测手段的普及，中国的环境污染以及连锁反应也将逐渐暴露，中国将会为经济的高速增长付出昂贵的代价。

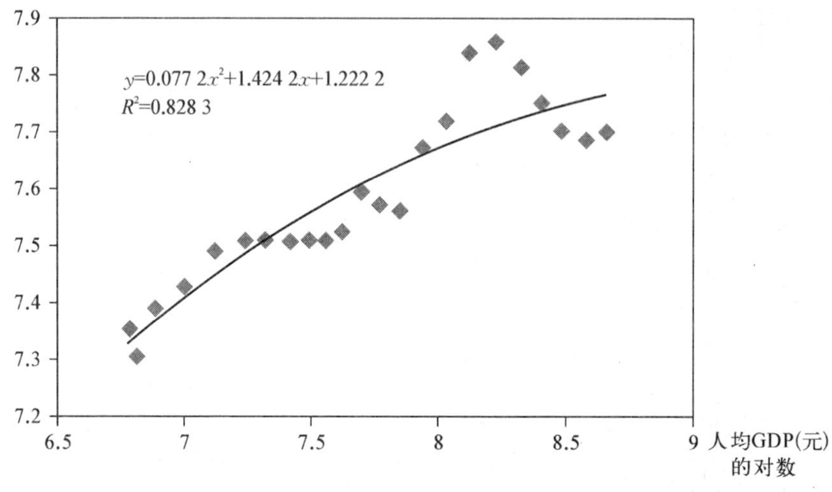

图 10－7　中国 1989—2011 年环境库兹涅茨曲线

改革开放以来，中国经济走的正是一条高耗能高排放的道路，即“高碳经济”。如图 10－8 所示，从曲线的长期趋势来看，碳排放还远远没有达到库兹涅茨曲线的峰值，也就是说离拐点还有相当的距离。这表明，尽管中国政府在哥本哈根会议上表态，以 2005 年为基准，要在 2020 年削减单位碳排放(单位 GDP 产值的排放量)40%～45%，但从总量上看，中国的碳排放还会继续增加。为了实现上述目标所付出的减排成本，中国将从中央财政收入中加以弥补。

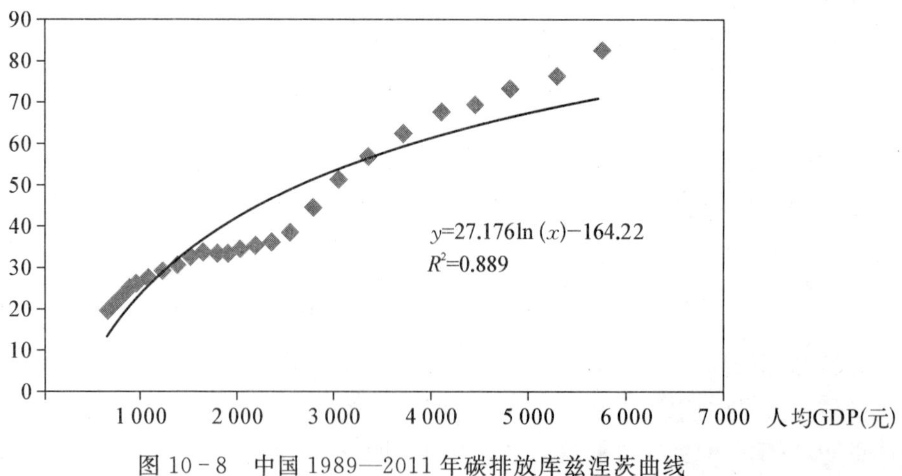

图 10－8　中国 1989—2011 年碳排放库兹涅茨曲线

2008—2010 年中国用于节能环保的财政增量支出占每年的中央财政增量收入的比例分

别为 5.1%、4.4%和 4.4%，这意味着每年增收的中央财政中被节能减排成本抵消的部分相当可观，而且随着减排力度的加大，该比例还将增大。因此，从国内层面上，二氧化碳减排成本是解决中国自愿减排承诺下的低碳减排路径选择的重要衡量指标。为了降低减排成本，完成减排目标，应以经济成本最小为目标，制定合理的减排目标和可行的减排方案，特别要考虑技术进步因素对减排成本的动态影响，选择成本最小的低碳减排路径。其中，随着减排技术的提高，减排行动变得容易，减排等量的二氧化碳，越晚减排付出的成本越少，边际减排成本和相对的宏观经济损失逐年递减。因此，适当推迟减排活动开始的时间可以在一定程度上降低付出的代价。特别是中国处于技术进步和经济发展的快速增长期，适当推迟减排行动能够获得和推广成本更低而效果更好的先进减排技术，对中国经济是有利的。

图 10-9 分别从绝对角度显示了 1987—2007 年中国边际减排成本曲线的动态演化规律，表现了边际减排成本与减排量和减排时间的动态关系。从绝对量看，1987 年、1992 年、1997 年、2002 年、2005 年、2007 年分别减排 2 亿吨，边际减排成本依次为 245 元/吨二氧化碳、225 元/吨二氧化碳、202 元/吨二氧化碳、176 元/吨二氧化碳、152 元/吨二氧化碳、138 元/吨二氧化碳。等量减排下边际成本呈现逐年递减的趋势。从不同减排量来看，随着减排量的增加，中国的边际减排成本呈递增的关系。据测算，2005 年分别减排 2 亿吨、4 亿吨、6 亿吨、8 亿吨、10 亿吨。边际成本依次为 152 元/吨二氧化碳、305 元/吨二氧化碳、461 元/吨二氧化碳、617 元/吨二氧化碳、775 元/吨二氧化碳。因此，减排量越大边际减排成本越高。

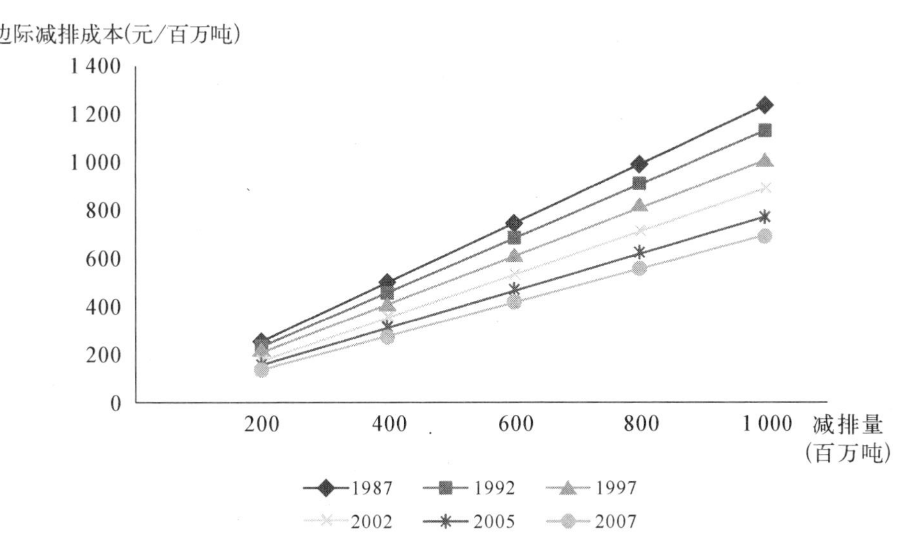

图 10-9 边际减排成本的动态演变规律(绝对量)

实际上，探讨全国气候变化问题的核心基础，就是要从技术变化角度研究动态二氧化碳减排成本曲线；解决全球气候变化矛盾的基本途径，是要明确各国应该承担的减排责任和减排目标，并逐年分配减排目标，寻求成本最小的低碳减排路径。因此，迫切需要研究二氧化碳减排成本的动态演变规律，以及预测技术进步。对减排成本的动态影响，不仅是二氧化碳减排成本领域的理论难题，也是现阶段研究气候变化问题最重要的应用课题。

三、低碳经济下的碳产出动态模型

（一）能源结构与碳生产率

碳生产率是指在一段时期内国内生产总值（GDP）与同期二氧化碳排放量之比，等于单位GDP二氧化碳排放强度的倒数，反映了单位二氧化碳排放所产生的经济效益。从1985年至2011年，碳生产率从370元/吨二氧化碳提高到936元/吨二氧化碳（1978年不变价）。由于中国巨大的经济总量、高速经济增长及由此推动的大规模工业化、城市化进程，总体上看，中国经济高碳化特征依然十分明显，碳生产率水平一直以来相对落后（如图10－10）。碳生产率遵循在一定的技术水平条件下，以最少的碳资源投入获得最大的产出，碳排放成为社会经济发展的一种投入要素和约束性指标。未来的竞争不是劳动生产率的竞争，也不是石油效率的竞争，而是碳生产率的竞争。碳排放空间是比劳动力、资本等更为稀缺的要素。碳排放强度则是强度表示法，是从环境的角度考虑问题，强调碳排放作为产出的附属物及对环境造成的影响，没有从投入要素的角度隐含社会经济发展所面临的约束性条件，容易造成片面追求产出数量而忽视控制碳排放。因此，这里采用碳生产率作为研究对象。

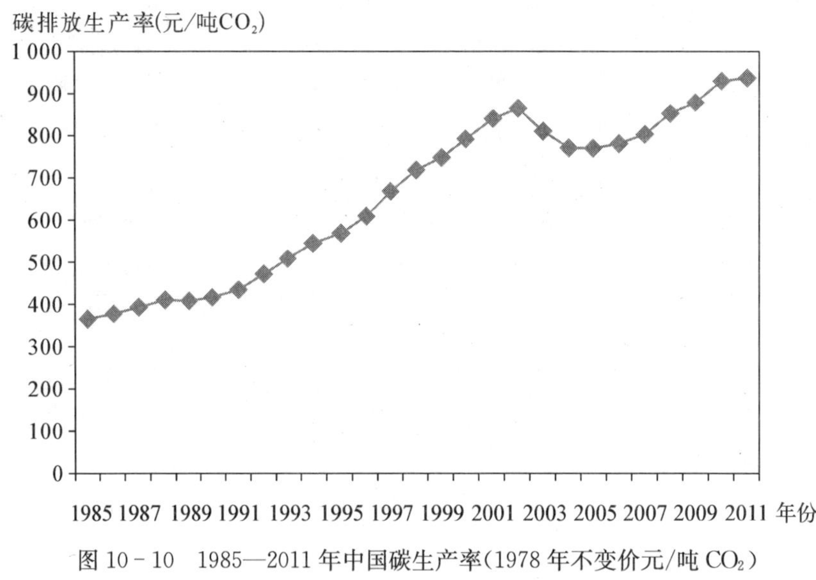

图10－10　1985—2011年中国碳生产率（1978年不变价元/吨CO_2）

其中，能源消费结构调整是能源消费、碳排放变化的重要影响因素。尽管近年来中国煤炭消费量在能源消费总量中的主体地位没有明显变化，但近年来石油、天然气、水电、风能、太阳能等的比重持续提高。而从产业结构来看，第三产业和新兴产业等产业不断发展，对洁净能源的需求迅速提高；低碳能源比重提高，碳排放下降，从而碳生产率得到进一步的提高。

1. 碳生产率与能源结构变化

当代社会的能源品种多种多样，既包括煤炭、石油，也包括由石油加工制成的各种成品油以及由煤炭加工生产的焦炭、煤气、电力等；但作为一个经济系统，最初的能源投入却通常只包括煤炭、石油、天然气、水（核）电四个能源品种，进入经济系统之后能源之间的相互转化可以被认为是生产过程的中间环节。因此，对能源结构的研究，仅限于上述四个基本能源品种的投入结构研究。

假定：不同能源品种的投入量分别为 $E_i(i=1,2,3,4)$，某一碳能源品种带来的经济产出分别为：

$$Y_i(i=1,2,3,4) \tag{10-1}$$

则不同碳源品种的碳生产率分别为：

$$ef_i=\frac{Y_i}{E_i}(i=1,2,3,4) \tag{10-2}$$

经济产出为：

$$Y=\sum_i E_i\cdot ef_i(i=1,2,3,4) \tag{10-3}$$

因此，总体碳生产率为：

$$ef_i=\frac{Y}{E}=\frac{\sum_i ef_i\cdot E_i}{E}=\sum_i ef_i\cdot S_i(i=1,2,3,4) \tag{10-4}$$

式中　S_i ——不同碳源品种占能源消费结构的比重。

其中，水(核)电作为洁净能源品种不产生碳排放，对此把真实碳生产率按化石能源比例缩减后进行计算，如1985年水(核)电比例为4.9%，则代入(10-4)式是370的95.1%，即为352元/吨。同时，由于在实际过程中 $Y_i(i=1,2,3)$ 的数据无法统计，从而 $ef_i=\frac{Y_i}{E_i}$ 的数值也就无法直接计算。因此对能源结构变化的分析采用多元回归分析进行。

模型(10-4)回归结果如下：

$$ef=-9.639S_c+52.952S_o+124.114S_g+\varepsilon$$
$$(t=-9.235)(t=12.960)(t=10.344)$$

表10-3

碳生产率的多元回归结果

模型	非标化系数		标化系数	t 值	Sig 值
	系　数	标准误差	系　数		
煤炭	−9.639	1.044	−1.097	−9.235	.000
石油	52.952	4.086	1.582	12.960	.000
天然气	124.114	11.999	0.508	10.344	.000

表10-3中，S_c、S_o、S_g 分别为煤炭、石油和天然气占能源消费结构的比重。回归方程的 R^2 为0.997，接近1；3个系数的 Sig 值均为0，拟合效果较好。上述各个回归系数分别表示不同碳源品种在能源消费结构中所占比重每变化1个百分点，会引起总体碳生产率的变化量。从回归系数可以看出：煤炭比重的上升会引起碳生产率的下降，而石油、天然气和水(核)电比重的上升会引起碳生产率的上升，新能源的开发与利用是引起碳生产率上升的主要原因。

2. 能源的边际效率

在影响碳生产率的因素中，能源只是其中的一个影响因素，如果直接对经济增长和碳生产率之间进行拟合，势必夸大碳排放对经济的产出效率，因此将资本、劳动力和能源三种要素一起与经济增长进行建模，估算结果会有更大的可靠性。由于当年经济生产中资本、劳动力等要素投入量在很大程度上是由前一年度经济总量所决定的，因此将资本和劳动力要素用滞后一期的经济总量代替，从而在简化分析模型的同时，尽可能使估计结果可信度提高。基于以上分析，建立如下回归模型：

$$dY_t = a_1 + a_2 Y_{t-1} + a_3 dC_t + \varepsilon \tag{10-5}$$

式中　dY_t ——t 年度的经济增长量，Y_{t-1} 表示滞后 1 年，即 $t-1$ 年度的经济总量；

dC_t ——t 年度煤炭能源的碳排放增加量；

a_1、a_2、a_3 ——待估计的回归系数。

利用 1985—2011 年中国 GDP 和碳排放数据进行回归，得到结果：

$$dY_t = -14.79 + 0.088\,Y_{t-1} + 0.013\,5dC_t \tag{10-6}$$

$$R^2 = 0.943\,1,\ F = 190.502\,3,\ P = 0$$

由回归结果可以看出，R^2 系数接近 1，拟合程度较高，各种检验通过。拟合方程中，煤炭消费二氧化碳增加量系数大致估计了其边际效率，即新增 1 吨碳排放投入引起的经济产出变化为 0.013 5 万元。使用上述方法可以同样得到石油、天然气碳生产率边际产出。

$$dY_t = -99.264\,7 + 0.090\,6\,Y_{t-1} + 0.066\,4dO_t \tag{10-7}$$

$$R^2 = 0.943\,6,\ F = 192.290\,6,\ P = 0$$

$$dY_t = 393.168\,4 + 0.063\,1\,Y_{t-1} + 0.612\,6dN_t \tag{10-8}$$

$$R^2 = 0.948\,8,\ F = 213.230\,8,\ P = 0$$

式中　dO_t ——t 年度石油能源的碳排放增加量；

dN_t ——t 年度天然气能源的碳排放增加量。

可以发现，从碳排放边际效率的计量结果来看，天然气、石油和煤炭所引起的碳排放的边际效率分别是 0.612 6 万元/吨标准碳、0.066 4 万元/吨标准碳和 0.013 5 万元/吨标准碳。因此，中国政府应积极扩大天然气、水(核)电的投资和安全生产，同时推动煤炭向液态燃料和电力的转化。

(二) 产业结构与碳排放

产业结构变化的测度指标使用 Moore 结构变动指数，Moore 结构变动指数是采用空间向量测定方法，以向量空间中夹角为基础来反映产业内部结构变动程度。该方法将三次产业视为一组三维向量，当产业结构发生变化时，不同时期的向量夹角就会发生变化，故可以用此夹角来反映整个经济系统中不同时期各产业的结构变化情况。Moore 结构变化值即可用来反映宏观意义上三次产业的产业结构演变程度，也可深入产业内部，研究各产业内部行业结构的变动程度。Moore 结构值不但能灵敏地反映结构演变的动态过程，而且能够反映出结构演变中各产业此消彼长的方向变化，能够更细致、灵敏地反映结构变化的过程与程度，从整体上反映产业结构或就业结构变化过程。其计算公式为：

$$e = \arccos \frac{\sum_{i=1}^{n} W_{i,t_1} W_{i,t_2}}{\sqrt{\sum_{i=1}^{n} W_{i,t_1}^2}\sqrt{\sum_{i=1}^{n} W_{i,t_2}^2}} \tag{10-9}$$

式中　W_{i,t_1} ——第 t_1 期第 i 产业所占比重；

W_{i,t_2} ——第 t_2 期第 i 产业所占比重。

由于 Moore 值表示的是不同时期产业结构的相对变化程度，因此 $0 \leqslant e \leqslant \frac{\pi}{2}$ 。如果 e 越大，则表明产业结构变化的程度越大。以 1985 年为基期，计算出各期与基期两组向量的夹角，并把所有的夹角变化累积起来，从而得到 1985—2011 年经济系统中产业结构高级化变动指数值，见表 10 - 4。

表 10 - 4

1985—2011 年中国产业结构变动指数与碳排放量

年　份	二氧化碳(百万吨)	结构变动指数	年　份	二氧化碳(百万吨)	结构变动指数
1985	190 082	0	1999	341 163	0. 249 1
1986	200 718	0. 023 7	2000	350 270	0. 278 9
1987	215 370	0. 031 1	2001	357 497	0. 300 0
1988	231 194	0. 055 8	2002	379 340	0. 317 1
1989	240 499	0. 079 0	2003	442 352	0. 326 4
1990	244 536	0. 058 3	2004	512 448	0. 311 8
1991	257 777	0. 108 2	2005	567 796	0. 320 7
1992	270 715	0. 150 5	2006	622 987	0. 328 6
1993	286 189	0. 175 7	2007	674 395	0. 356 9
1994	301 741	0. 174 1	2008	693 089	0. 357 5
1995	321 116	0. 170 9	2009	728 452	0. 374 8
1996	330 335	0. 174 5	2010	760 804	0. 373 9
1997	329 198	0. 202 3	2011	826 201	0. 374 5
1998	329 162	0. 223 2	—	—	—

为了测度产业结构高级化变动与碳排放量波动的关系，首先采用取自然对数的方法来消除碳排放量时间序列 CO_2 和产业结构高级化变动指数序列数据中的异方差，所得序列分布记为 $LNCO_2$、LNDUS，最后绘制所得两序列的时序图。

从图 10 - 11 中可以看出，中国碳排放量和产业结构高级化之间呈现如下特征：碳排放量波动幅度较大，尤其是在 1995—2002 年期间，碳排放量波动的主要驱动因素是工业部门能源利用效率的提高，而深层原因是研发经费支出大幅提高所推动的技术进步和工业企业所有制结构的变化，产业结构高级化变动幅度小，总体波动较为平缓。为了进一步检验碳排放和产业结构变动指数之间的关系，采用 ADF 进行单位根检验，单位根检验主要是用来检验时间序列的平稳性和确定非平稳性时间序列的单整阶数。检验结果如表 10 - 5。

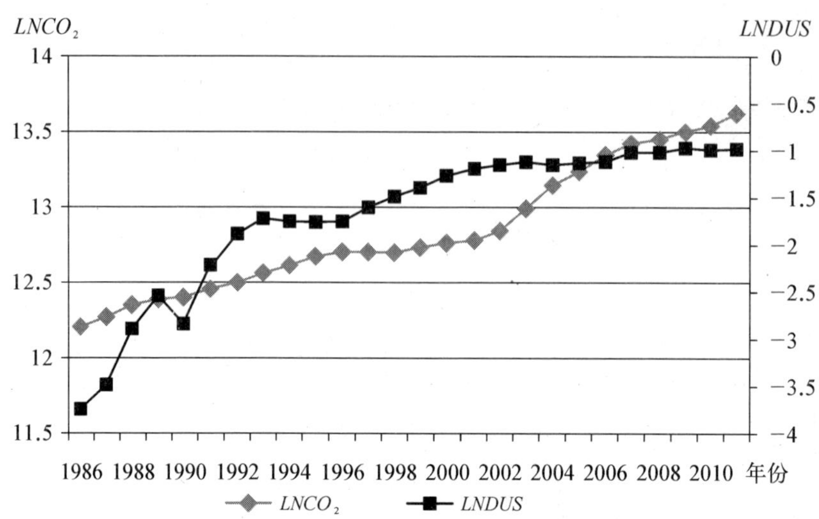

图 10－11 $LNCO_2$、$LNDUS$ 两序列的时序图

表 10－5

各个时间序列的单位根 ADF 检验

序　列	ADF 检验值	1%显著水平	5%显著水平	相伴概率 P 值	判断结论
CO_2	1.352 7	−3.724 0	−2.986 2	0.998 2	非平稳
Moore	−1.631 8	−3.752 9	−2.998 1	0.451 0	非平稳
$LNCO_2$	−1.051 7	−3.752 9	−2.998 1	0.995 7	非平稳
$LNDUS$	0.956 3	−3.752 9	−2.998 1	0.994 4	非平稳
$LNCO_2(-2)$	−3.871 8	−3.752 9	−2.998 1	0.007 7	平稳
$LNDUS(-2)$	−3.877 0	−3.752 9	−2.998 1	0.007 6	平稳

检验结果显示，以上 4 个时间序列的 ADF 值分别大于不同检验水平的 2 个临界值，相伴概率 P 值都远大于 10%，所以 4 个时间序列接受原假设，存在单位根，说明这些时间序列都不平稳。因此，对 $LNCO_2$、LNDUS 进行进一步差分单位根检验，发现两者都是二阶单整的，即是平稳的。

因此可以进行协整性检验，通过 OLS 回归拟和得到 $LNCO_2$ 和 $LNDUS$ 之间的协整方程：

$$LNCO_2 = 12.925\,4 \times LNDUS - 20.146\,1 + \varepsilon_t$$
$$(R^2 = 0.998\,0 F = 119\,752.7) \qquad (10-10)$$

式中 R^2 ——相关系数；

F —— F 检验；

ε_t ——残差扰动项。

经过检验，发现拟合方程的相关系数、F 值和残差相当合适，其中 $LNCO_2$ 残差趋势图如图 10－12，可以用来解释两者之间的关系。同时对残差进行平稳性检验，结果如表 10－6 所示；表 10－7 协整检验结果表明 $LNCO_2$ 与 $LNDUS$ 之间具有协整性。

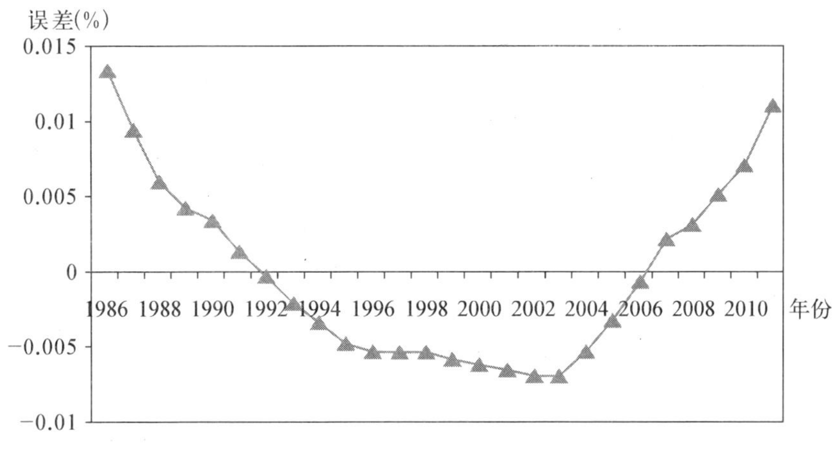

图 10-12　$LNCO_2$残差趋势图

表 10-6

$LNCO_2$与 LNDUS 协整方程残差平稳性检验结果

序列	滞后期	ADF 检验值	1%显著水平	5%显著水平	相伴概率 P 值	判断结论
残差	2	−4.556 8	−3.752 9	−2.998 1	0.001 6	平稳

表 10-7

$LNCO_2$与 LNDUS 因果关系检验结果

样本区间：1986—2011	滞后期：2	Granger 因果关系检验	
零假设	观测样本数	F 统计量	概率
LNDUS 不是$LNCO_2$的 Granger 原因	24	0.576 7	0.571 3
$LNCO_2$不是 *LNDUS* 的 Granger 原因		0.536 3	0.593 5

检验结果表明，在 10%的显著性水平下，拒绝了“*LNDUS* 不是$LNCO_2$的 Granger 原因”的假设，同时也拒绝了“$LNCO_2$ 不是 *LNDUS* 的 Granger 原因”，可以分析出 $LNCO_2$ 与 *LNDUS* 虽然有长期趋势效果，但没有明确的 Granger 因果关系。

（三）要素分析法

当前世界性的金融危机和经济衰退不可避免地会影响中国的经济增长，从 2008 年年末开始，中国经济增长速度就面临着可能的下行态势。即使不考虑这种外来冲击，中国的经济增长本身也存在问题。作为世界工厂，中国的大规模生产耗竭了大量资源，资本的粗放式投入和劳动成本红利对增长的贡献已接近瓶颈，而自主研发和创新的技术进步成分很少，技术创新不可能在短时间内有很大的提高。因此，在当前不利的国际经济形势和国际竞争加剧的情况下，基于各种资源包括碳资源，以及要素投入量束缚等条件，综合要素生产率的高低会决定中国未来的经济增长。经济增长的主要驱动因素是要素驱动，包括要素数量和要素效率两个方面。要素效率一般定义为要素在生产过程中由投入转变为实际产出的效率，它所反映的是各种要素的有效利用程度。要素分析是探求增长源泉的主要工具，同时也是确定要素增长质量的主要方法。依据这一方法，分析中国碳排放的历史和现状，可以进一步说明中国二氧化碳排放和经济增长之间的动态关系。

如(10－11)式所示,Z 为 $X_i(i=1,2,\cdots,n)$的函数。

$$Z=\sum X_i=X_1\cdot X_i\cdot\cdots\cdot X_n \tag{10-11}$$

假设 X_i 在某特定期限的平均变动率为 γ_i,变量 Z 的变动率为 γ_z,于是(10－11)式可以被写成(10－12)式的形式:

$$Z_0\exp(\gamma_z t)=\sum X_{i_0}(Y_i t) \tag{10-12}$$

于是,

$$\gamma_z=\gamma_1+\gamma_2+\cdots+\gamma_n \tag{10-13}$$

式中　Z_0——Z 的初始值;

X_{i_0} —— X_i 的初始值。

(10－12)式表示 Z 的变动率是 X_i 的变动率之和,要素分析法被简化为(10－11)式、(10－13)式。假设变量 X 的变动率为 ΔX,则 CO_2 分解为如下三个要素:

$$CO_2=\frac{C}{E}\cdot\frac{E}{G}\cdot G \tag{10-14}$$

式中　E——初始能源消耗;

C——二氧化碳排放量;

G——国内生产总值(GDP)。

在(10－14)式右侧两个要素可以解释为:C/E:能源对二氧化碳排放量的敏感度;E/G:GDP对能源的敏感度。图 10－13 表示的是中国 20 世纪 80 年代改革开放后的 C/E 和 E/G趋势,可以清晰地看到 C/E 和 E/G 都存在递减的趋势,同时其他国家的 C/E 和 E/G 也存在这种趋势。于是这两个变量的比率变化率可以被解释为:$\Delta C/E$:能源脱碳变动率(负);$\Delta E/G$:单位 GDP 能源变动率(负);ΔG 是经济增长率。

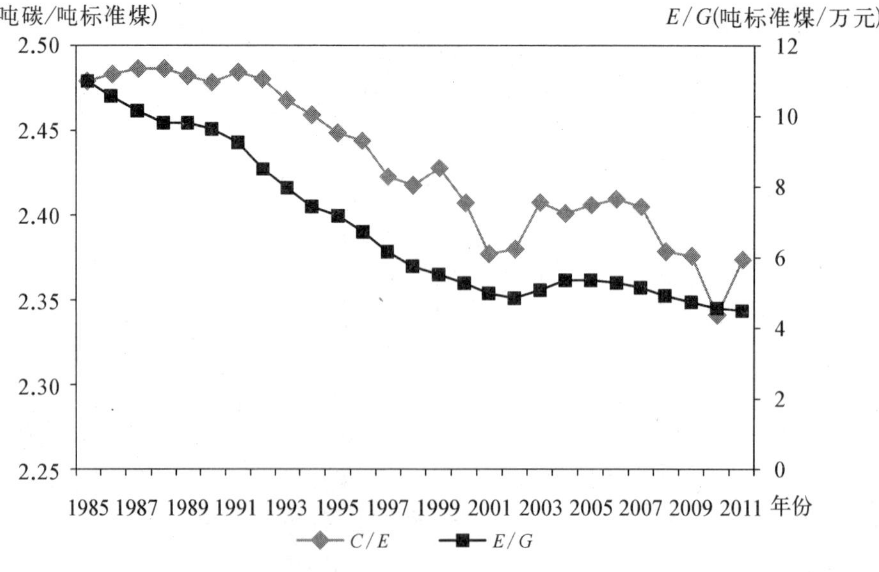

图 10－13　中国 1985—2011 年 C/E 和 E/G 趋势

根据(10－14)式可得:

$$\Delta CO_2 = \Delta C/E + \Delta E/G + \Delta G \tag{10-15}$$

(10-15)式又称为茅恒等式(Kaya Identity)。等式前两项表示对二氧化碳排放量减少的贡献,最后一项表示引起二氧化碳排放量增加的经济增长率。

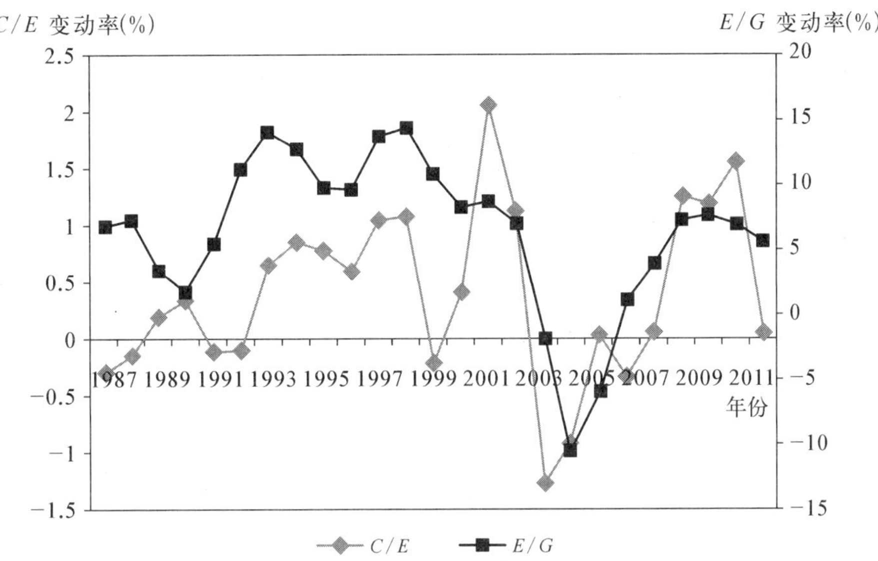

图 10-14 中国 1985—2011 年 C/E 和 E/G 变动率(已经转为正向影响)

图 10-14 是以 2 年为变化单位,中国在 1985 年后的 C/E 和 E/G 的变动率。可以发现,两条曲线在 1985 年后趋势类似,能源脱碳变动率、单位 GDP 能源变动率两者在 2002—2004 年间出现一次短暂波动。这主要是由于 2003 年中国固定资产投资出现偏热的现象,投资的增长速度达到 30%以上,成为 1998 年以来的最高水平。二氧化碳排放量可以转化为以下等式:

$$CO_2/G = C/E \cdot E/G \tag{10-16}$$

于是根据(10-11)式可得:

$$\Delta C/G = \Delta C/E + \Delta E/G \tag{10-17}$$

一旦中国在 2020 年的单位 GDP 碳排放量变动率 $\Delta C/G$ 确定,即到 2020 年单位 GDP 的 CO_2 排放量比 2005 年降低 40%~45%。因此,只有降低能源脱碳变动率、单位 GDP 能源变动率,通过对 1985—2011 年能源脱碳变动率比较,发现可供提高的空间非常小。能源脱碳从 1985 年的 2.478 8 吨碳/吨标准煤到 1995 年的 2.448 0 吨碳/吨标准煤,再到 2005 年的 2.405 9吨碳/吨标准煤,每隔 10 年的变动率都很小,相比之下,单位 GDP 能源变动率只有它的 1/10,这意味着中国在努力发展经济的同时在 2005 年的基础上到 2020 年还需要至少再提高 36%的能源效率,才能达到发达国家的平均水平。

(四) 低碳约束下的经济增长模型

20 世纪后,GDP 作为 20 世纪最伟大的发现之一的出现,为各国经济横向比较提供了依据和参考,以萨谬尔森为代表的“新古典综合派”把 GDP 作为经济学主要研究的内容,导致人们对经济学产生误解,认为经济学是研究一个国家 GDP 如何增加的学科。实际上,在经济学发展的历史长河中,曾出现的所谓“世界主义经济学”,认为经济学研究不仅仅关注本国经济发展，更要关注世界经济发展和整个人类发展。这些思想隐含了低碳经济关注经济发展过程中如何减少全球二氧化碳排放量的全球思想。最早关注此问题的是弗朗索瓦·魁奈(1694—1774)，他在其《重农主义，或最有利于人类的支配力量》中提出这样的想法：所有各个国家的商人是处于一个商业联邦之下的。魁奈所谈的无疑是世界主义经济，是研究如何使全人类获得发展的科学，它与政治经济学是对立的。亚当·斯密(1723—1790)同魁奈一样，对于真正的政治经济，也就是各个国家为了改进它的经济状况所应当遵行的政策方面却极少过问，而以阐述全世界范围的商业绝对自由原则作为自己的任务，认为经济学研究应该立足于世界范围。法国政治经济学家萨伊(1767—1832)在他的《实用政治经济学》一书中明确表明，政治经济学所研究的是一切国家的利益，是全体人类社会的利益。法国古典政治经济学的完成者，经济浪漫主义的奠基人西斯蒙第(1773—1842)，在其《政治经济学新原理》中指出财富只是人类物质享受的象征，只是一种使人们获得物质幸福的手段。西斯蒙第批评英国古典经济学的根本错误在于把手段和目的颠倒了。西斯蒙第认为政治经济学不能只考虑少数人致富的问题，而更要关注社会上大多数人的福利问题。他强调政治经济学应该是以增进人类幸福为目的的一门科学。他认为积累国家的财富绝不是成立政府的目的，成立政府的目的是使全体公民都能享受财富所代表的物质生活的快乐。以西斯蒙第、弗朗索瓦·魁奈和亚当·斯密为代表的所谓"世界主义经济学"认为，经济学是"以造福人类为使命的科学"、"个人福利是完全依存于全人类福利的"。

这些经济发展过程中的全球思维可以作为低碳经济思想的源头，而在凯恩斯经典理论中，柯布-道格拉斯生产函数显示，投资和劳动力是决定经济增长的两大因素。在此函数中，经济增长主要是由资本和劳动力推动的，没有技术进步的贡献。此函数强调了经济增长过程中储蓄和投资的作用，却忽视了技术进步的作用。为了修正这一模型，在经济增长函数中引入了技术进步因素 A，从而得到一个新的生产函数。

$$Y = F(K, L, A) \tag{10-18}$$

式中 Y——经济产出；

K——资本投入；

L——劳动力。

以这一新的生产函数为基础，可以将哈罗德式的增长模型改变成具有技术进步($\mathrm{d}A/A$)的索罗模型。对(10-18)式取全微分，得：

$$\mathrm{d}Y = \frac{\partial Y}{\partial K}\mathrm{d}K + \frac{\partial Y}{\partial L}\mathrm{d}L + \frac{\partial Y}{\partial A}\mathrm{d}A \tag{10-19}$$

在函数两边同时除以 Y，得：

$$\frac{\mathrm{d}Y}{Y} = \frac{\partial Y}{\partial K}\frac{\mathrm{d}K}{Y} + \frac{\partial Y}{\partial L}\frac{\mathrm{d}L}{Y} + \frac{\partial Y}{\partial A}\frac{\mathrm{d}A}{Y} \tag{10-20}$$

整理上式，同时除以 K、L 可得：

$$\frac{\mathrm{d}Y}{Y} = \frac{\partial Y}{\partial K}\frac{K}{Y}\frac{\mathrm{d}K}{K} + \frac{\partial Y}{\partial L}\frac{L}{Y}\frac{\mathrm{d}L}{L} + \frac{\partial Y}{\partial A}\frac{\mathrm{d}A}{Y} \tag{10-21}$$

由边际收益定理可得资本收益率，即：

$$\frac{\partial Y}{\partial K}=\frac{r}{p}\quad\frac{\partial Y}{\partial L}=\frac{w}{p}$$

可以得到：

$$\frac{\mathrm{d}Y}{Y}=\frac{r}{p}\frac{K}{Y}\frac{\mathrm{d}K}{K}+\frac{w}{p}\frac{L}{Y}\frac{\mathrm{d}L}{L}+\frac{\partial Y}{\partial A}\frac{\mathrm{d}A}{Y} \tag{10-22}$$

令劳动的贡献率为 θ，资本的贡献率为：

$$\theta=\frac{rK}{pY},1-\theta=\frac{wL}{pY}$$

可得

$$\frac{\mathrm{d}Y}{Y}=\theta\frac{\mathrm{d}K}{K}+(1-\theta)\frac{\mathrm{d}L}{L}+\frac{\partial Y}{\partial A}\frac{\mathrm{d}Y}{Y} \tag{10-23}$$

令技术进步率为：

$$\lambda=\frac{1}{\phi}\frac{\partial Y}{\partial A}\frac{\mathrm{d}A}{Y}$$

可得

$$\frac{\mathrm{d}Y}{Y}=\theta\frac{\mathrm{d}K}{K}+(1-\theta)\frac{\mathrm{d}L}{L}+\varphi\lambda$$

其中，索洛是最早将技术进步因素纳入经济增长模型的学者，他采用计量经济学方法，将经济增长扣除劳动和资本投入两个生产要素所导致的增长的剩余部分，称为技术进步(或索洛余值)。本章中 λ 是体现式技术进步，主要表现为公共投资的溢出效应，即通过公共投资改善研发环境，加强对研发的支持，从而减少中间成本，提高生产效率。按其构成分别采用固定资产投资下设备工具与器具购置项目、国有经济能源工业固定资产投资项目，以及交通、仓储与邮政投资项目。

表 10－8

1985—2011 年中国技术进步水平测算值

年　份	技术进步	体现式技术进步			非体现式技术进步
		设备更新	能源投入	交通运输投入	
1985	20.630 0	8.600 5	11.499 0	0.518 3	0.012 2
1986	11.866 3	3.074 3	8.838 0	−0.078 6	0.032 7
1987	12.454 9	2.706 7	9.905 6	−0.177 3	0.019 9
1988	4.093 8	4.862 7	−0.809 6	−0.277 6	0.318 2
1989	−3.128 1	−1.884 4	0.296 1	0.213 0	−1.752 8
1990	2.848 0	0.940 9	1.164 2	−0.920 1	1.663 5
1991	6.613 5	5.367 1	0.767 2	−1.290 6	1.769 7
1992	11.797 1	10.325 8	0.490 9	−1.302 1	2.282 5

（续表）

年　份	技术进步	体现式技术进步			非体现式技术进步
		设备更新	能源投入	交通运输投入	
1993	13.009 0	12.672 3	0.196 2	−3.568 5	3.709 0
1994	10.486 0	6.758 4	0.166 5	−0.109 3	3.670 4
1995	2.771 0	−0.353 7	−0.092 1	−0.689 9	3.906 7
1996	4.511 0	2.111 6	0.297 4	−0.645 1	2.747 1
1997	5.888 8	3.096 2	0.561 4	−0.739 7	2.970 9
1998	3.522 8	1.092 5	−0.223 6	−1.971 7	4.625 6
1999	8.120 4	1.239 8	0.062 8	−0.130 2	6.947 9
2000	8.258 8	1.587 0	−0.087 3	−0.147 9	6.907 0
2001	8.469 1	2.050 5	−0.169 9	−0.311 1	6.899 6
2002	8.414 4	1.740 3	0.006 3	−0.166 3	6.834 1
2003	10.230 8	4.153 9	0.292 7	−1.072 7	6.856 9
2004	11.631 6	4.104 6	1.280 4	−0.749 6	6.996 3
2005	11.453 0	3.880 9	1.348 9	−0.942 5	7.165 6
2006	9.451 3	2.536 8	0.726 7	−0.979 1	7.166 9
2007	10.259 9	2.886 8	0.757 9	−0.580 3	7.195 5
2008	10.691 5	3.418 1	0.820 8	−0.782 9	7.253 6

根据表 10－8 可知，1985—2008 年中国技术进步平均增长率为 8.5%，其中非体现式技术进步平均增长率为 4.0%，体现式技术进步平均增长率为 4.5%。体现式技术进步中，生产设备更新的贡献率为 80%，能源投入的贡献率为 35%，而基础设施建设的贡献率为−15%。由此可知，中国的技术进步是一种以设备更新、技术引进为特征的体现式技术进步，而公共基础设施的不完善则阻碍了技术进步的速度。2009—2011 年由于缺少部分数据采用滑动平均方法得到的技术进步分别为 10.69，10.51 和 10.32。

由于上述模型没有考虑环境因素的影响，为考虑一种有环境因素 E 的增长模式，这里用 E 简化表示为碳排放数量，可变化为如下生产函数：

$$Y = F(A,\ K,\ L,\ E) \tag{10-24}$$

式中 Y——可得的经济 GDP；

E——环境因素，可以定义为环境污染的成本，它对经济增长有副作用。

通过将 E 引入增长模式，可以得到一个新的有环境因素的增长模式。选取 1985—2011 年的时间序列数据作为研究样本，其中产出采用实际 GDP；资本采用全社会固定资产投资扣除体现式技术进步中包含的公共投资；劳动力采用历年就业人数；能源采用每年能源消费总量，即将煤炭、石油、天然气、水核风电按相应比例折算成统一单位（标准煤），然后汇总计算。

此生产函数的反函数就是库兹涅茨曲线，引入环境变量 E，定义为环境污染的成本，即碳排放的增加。等式(10－23)可以转化为(10－25)式：

$$\frac{dY}{Y}=\theta\frac{dK}{K}+(1-\theta)\frac{dL}{L}+\gamma\frac{dE}{E}+\phi\lambda \tag{10-25}$$

表 10－9

模型参数

模　型	非标化系数		标化系数	t 值	Sig 值
	系　数	标准误差	系　数		
θ	0.782	0.104	0.944	7.486	0.000
γ	−0.240	0.150	−0.183	−1.608	0.121
	0.002	0.001	0.204	1.680	0.106

模型运用 SPSS 软件编程可以得到如表 10－9 结果，公式如(10－26)式。模型的 R^2 为 0.971，标准差为 0.023 7，满足拟合要求。这说明当前中国经济还处于资本累积阶段，资本投资驱动占经济发展的主要部分，但不可否认碳排放将会通过能源消耗造成 GDP 增长的滞后。这同时说明技术增长除经过资本、劳动力间接影响经济的进程，在中国以设备引进和技术模仿为主的技术进步模式依然起到至关重要的作用。

$$\frac{dY}{Y}=0.782\frac{dK}{K}+0.218\frac{dL}{L}-0.24\frac{dE}{E}+0.02\lambda \tag{10-26}$$

上述模型表明，经济增长中碳排放因素具有相当的影响力，能源政策和结构调整在中国的宏观经济运行中发挥了重要的作用。

四、低碳经济风险

低碳经济发展可以理解为以低碳化为主要特征的可持续发展路径。为了度量实现低碳经济过程中所处的发展阶段、存在的差距及可以采取的政策手段，在低碳经济概念的基础上，需要建立一个多维度的综合性风险评价指标体系。这套风险评价指标体系要具有两个方面的功能：一方面要能够横向比较各国或经济体离低碳经济目标有多远；另一方面要能够纵向比较各国或经济体向低碳经济转型的努力程度。

1. 低碳经济风险指标体系

1) 低碳产出指标

碳生产力被认为是衡量低碳化的核心指标，并且这一指标将能源消耗导致的碳排放与 GDP 产出直接联系在一起，能够直观地反映社会经济整体碳资源利用效率的提高，同时也能够衡量一个国家或经济体在某一特定时期的低碳技术的综合水平。此外，由于与经济结构相关联，碳生产力指标的高低能够体现一国在货币资产和技术资产积累到一定水平时，进一步降低单位能源消费碳排放强度的潜力和障碍。低碳产出指标还要包括低碳生产率(单位碳的 GDP 产量)和能源效率(单位 GDP 能耗)指标，也可比较低碳生产力(单位 GDP 增加值碳排放量)指标。

2）低碳排放指标

碳排放水平旨在从生产侧面来衡量一国（或经济体）碳足迹（人均碳排放量）和碳排放总量。尽管生产模式受到多种因素的影响，“人均碳排放”可作为一个综合性指标来界定经济发展模式对碳排放的影响。同样从消费端也可以衡量一国（或经济体）碳足迹和碳排放总量，但考虑到居民（包括政府和家庭部门）的最终消费支出中，既包括本国（本地）生产的产品与服务，也包括其他国家（地区）进口的产品与服务，因此，这里仅以人均碳排放总量代替人均消费碳排放总量作为风险指标。

3）低碳资源指标

碳资源禀赋及利用水平，主要关注一国（或经济体）的能源结构、零碳排放能源和代表碳汇水平的森林覆盖率情况。它包含三个核心指标，即零碳能源占一次能源比重、森林覆盖率和单位能源的 CO_2 排放因子。本章主要考虑零碳能源和能源创新（煤炭资源占能源消费结构比重）。其中，水力资源、风能、太阳能、生物质能等可再生能源和核能属于零碳排放的资源。对属于零碳能源的非商品能源，由于缺乏统计数据，所以这里不单独列出指标。

4）低碳政策指标

发展低碳经济，必须立足于当前经济发展阶段和资源禀赋，认真审视低碳经济的内涵和发展趋势，将能源结构的清洁化、产业结构的优化与升级、技术水平的提高、消费模式的改变、发挥碳汇潜力等纳入经济和社会发展战略规划。研究表明，更清洁的能源结构能够降低单位能源消费的碳排放强度，产业结构的优化能够从整体上促进社会经济各部门的碳产出效率，倡导绿色消费模式能够从终端遏制对能源的需求，减少人均消费的碳排放。上述途径都离不开制度环境的配套与政策工具的推动。因此，是否具有低碳经济发展战略规划，是否建立碳排放监测、统计和监管体系，公众的低碳经济意识如何，建筑节能标准的执行情况，以及是否具有非商品能源的激励措施和力度等，可以反映一个国家低碳经济转型的努力程度。由于低碳具有很强的政策导向性，对于该指标只做定性阐述，不再单独作为本章的计算指标。

5）低碳目标指标

目标指标是中国 GDP 增长水平和人均收入，考虑到国家在气候、国家规模、生活模式、经济结构等方面的差别而适当进行调整。考虑作为一个限制指标加入低碳经济风险指标体系，在这里超过 10%的中国 GDP 增长率统一被认为是值得关注区域。

以上 5 类指标构成本章的低碳经济风险指标体系，旨在测度国家的低碳经济水平、变化趋势。可量化的风险指标如表 10－10。最后通过各项指标与国内、国外的标准设定一个标准区间，如中国碳生产率大概为世界平均水平的 1/2，因此设为[0　0.18]，其余以此类推。

表 10－10

风险指标体系及原始数据

年　份	低碳产出指标			低碳排放指标		低碳资源指标		低碳目标指标	
	低碳生产率	能源效率	低碳生产力	碳足迹	碳排放总量	零碳能源	能源创新	人均GDP	GDP增长率
1985	0.037 0	9.17	0	1.795 8	190 082	4.9	75.8	664	—
1986	0.038 1	9.47	0.003 1	1.867 0	200 718	4.7	75.8	712	0.088 6

（续表）

年　份	低碳产出指标			低碳排放指标		低碳资源指标		低碳目标指标	
	低碳生产率	能源效率	低碳生产力	碳足迹	碳排放总量	零碳能源	能源创新	人均GDP	GDP增长率
1987	0.039 7	9.86	0.004 1	1.970 4	215 370	4.7	76.2	781	0.115 7
1988	0.041 1	10.22	0.004 2	2.082 3	231 194	4.7	76.2	856	0.112 6
1989	0.041 1	10.20	0.001 6	2.133 9	240 499	4.9	76.0	877	0.040 6
1990	0.042 0	10.40	0.001 6	2.138 8	244 536	5.1	76.2	898	0.038 4
1991	0.043 5	10.80	0.003 7	2.225 6	257 777	4.8	76.1	968	0.091 9
1992	0.047 3	11.73	0.005 9	2.310 4	270 715	4.9	75.7	1 093	0.142 3
1993	0.051 0	12.58	0.006 2	2.414 8	286 189	5.2	74.7	1 231	0.139 4
1994	0.054 7	13.45	0.006 3	2.517 7	301 741	5.7	75.0	1 377	0.130 9
1995	0.057 0	13.96	0.005 6	2.651 2	321 116	6.1	74.6	1 512	0.109 3
1996	0.061 0	14.90	0.005 5	2.699 1	330 335	6.0	73.5	1 646	0.100 1
1997	0.066 9	16.20	0.005 7	2.662 9	329 198	6.4	71.4	1 781	0.092 8
1998	0.072 1	17.43	0.005 2	2.638 3	329 162	6.5	70.9	1 903	0.078 4
1999	0.074 9	18.18	0.005 3	2.712 2	341 163	5.9	70.6	2 031	0.076 3
2000	0.079 1	19.03	0.006 1	2.763 6	350 270	6.4	69.2	2 186	0.084 2
2001	0.083 9	19.95	0.006 4	2.801 1	357 497	7.5	68.3	2 351	0.083 0
2002	0.086 3	20.53	0.007 2	2.953 1	379 340	7.3	68.0	2 548	0.090 9
2003	0.081 4	19.59	0.007 4	3.423 1	442 352	6.5	69.8	2 786	0.100 2
2004	0.077 4	18.57	0.007 1	3.942 3	512 448	6.7	69.5	3 049	0.100 8
2005	0.077 0	18.52	0.007 1	4.342 4	567 796	6.8	70.8	3 342	0.102 4
2006	0.078 1	18.80	0.007 9	4.739 4	622 987	6.7	71.1	3 699	0.112 9
2007	0.080 3	19.31	0.008 2	5.104 1	674 395	6.8	71.1	4 100	0.114 0
2008	0.085 2	20.26	0.007 0	5.219 0	693 089	7.7	70.3	4 446	0.090 0
2009	0.088 1	20.93	0.007 1	5.458 6	728 452	7.8	70.4	4 809	0.087 0
2010	0.093 0	21.78	0.008 7	5.673 8	760 804	8.6	68.0	5 279	0.103 0
2011	0.093 6	22.21	0.007 9	6.132 0	826 201	7.6	69.7	5 738	0.092 0
标　准	0～0.18	0～38	0～0.01	1.7～6.8	0～1 000 000	0～10	67～77	0～6 000	0～0.1

2. 低碳经济风险评价

以上9项指标的风险程度分为无风险，相对安全，值得关注，较小风险，较大风险，重大风险6个等级，不妨设对应的数值为1,2,3,4,5,6。分析可知，当低碳经济的风险类别从1变化至3时，其权值变化应该较缓慢；从 3 变化至 4 时，其权值变化应该非常大，这体现出风险评价将发生质的变化(从可接受风险区域到不可接受)，而且风险越大，相应的权值也要越大，这样才能突出低碳经济风险的重要性。依据以上情况，构造增长的“S”形曲线作为变权函数，如图 10－15所示。

$$f(x)=\begin{cases}\alpha\sqrt[3]{x-\beta}+\gamma, & x\geqslant 0\\ 0, & x<0\end{cases} \tag{10-27}$$

其中，α,β,γ 为待定的常数。

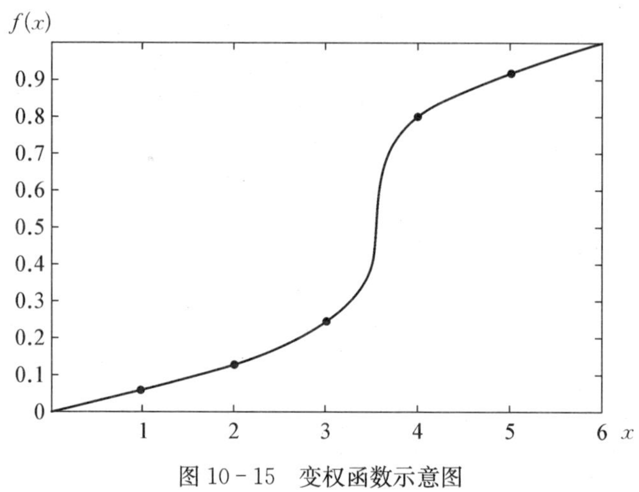

图 10－15　变权函数示意图

当 $x=1$，即风险最低时，令相应的量化值 $f(1)=0.05$；为了说明 1，2，3 之间的相对变化较小，令 $f(3)=0.25$；当 $x=6$ 时，其值为 1，此时风险最严重。对应以上 2 个点。求得 $\alpha=0.35$，$\beta=3.48$，$\gamma=0.52$。于是得到 $f(x)$的具体表达式为：

$$f(x)=\begin{cases}0.35\sqrt[3]{x-3.48}+0.52, & x\geqslant 0\\ 0, & x<0\end{cases} \tag{10-28}$$

经计算可得低碳经济风险数值 1～6 所对应的量化值分别为(0.05，0.12，0.25，0.8，0.92，1)。然后将 1985—2011 年的 9 项风险指标的数值提取出来(本章附录表 3)，构造出原始评判矩阵 $R=(r_{ij})17\times4$；再将元素 r_{ij} 的值变换成风险类别，把类别对应的数值代入变权函数，得到量化矩阵(如表 10－11)，对量化矩阵中每一列累加再对每一行的指标做归一化，得到权重矩阵 W。

表 10－11

低碳经济风险指标量化矩阵

年份	低碳生产率	能源效率	低碳生产力	碳足迹	碳排放总量	零碳能源	能源创新	人均GDP	GDP增长率
1985	0.794 4	0.758 7	1	0.018 8	0.190 1	0.49	0.88	0.889 3	—
1986	0.788 3	0.750 8	0.69	0.032 7	0.200 7	0.53	0.88	0.881 3	0.114
1987	0.779 4	0.740 5	0.59	0.053 0	0.215 4	0.53	0.92	0.869 8	0.25
1988	0.771 7	0.731 1	0.58	0.075 0	0.231 2	0.53	0.92	0.857 3	0.25

（续表）

年份	低碳生产率	能源效率	低碳生产力	碳足迹	碳排放总量	零碳能源	能源创新	人均GDP	GDP增长率
1989	0.771 7	0.731 6	0.84	0.085 1	0.240 5	0.51	0.9	0.853 8	0.594
1990	0.766 7	0.726 3	0.84	0.086 0	0.244 5	0.49	0.92	0.850 3	0.616
1991	0.758 3	0.715 8	0.63	0.103 1	0.257 8	0.52	0.91	0.838 7	0.081
1992	0.737 2	0.691 3	0.41	0.119 7	0.270 7	0.51	0.87	0.817 8	0.25
1993	0.716 7	0.668 9	0.38	0.140 2	0.286 2	0.48	0.77	0.794 8	0.25
1994	0.696 1	0.646 1	0.37	0.160 3	0.301 7	0.43	0.8	0.770 5	0.25
1995	0.683 3	0.632 6	0.44	0.186 5	0.321 1	0.39	0.76	0.748 0	0.25
1996	0.661 1	0.607 9	0.45	0.195 9	0.330 3	0.4	0.65	0.725 7	0.25
1997	0.628 3	0.573 7	0.43	0.188 8	0.329 2	0.36	0.44	0.703 2	0.072
1998	0.599 4	0.541 3	0.48	0.184 0	0.329 2	0.35	0.39	0.682 8	0.216
1999	0.583 9	0.521 6	0.47	0.198 5	0.341 2	0.41	0.36	0.661 5	0.237
2000	0.560 6	0.499 2	0.39	0.208 5	0.350 3	0.36	0.22	0.635 7	0.158
2001	0.533 9	0.475 0	0.36	0.215 9	0.357 5	0.25	0.13	0.608 2	0.17
2002	0.520 6	0.459 7	0.28	0.245 7	0.379 3	0.27	0.1	0.575 3	0.091
2003	0.547 8	0.484 5	0.26	0.337 9	0.442 4	0.35	0.28	0.535 7	0.25
2004	0.570 0	0.511 3	0.29	0.439 7	0.512 4	0.33	0.25	0.491 8	0.25
2005	0.572 2	0.512 6	0.29	0.518 1	0.567 8	0.32	0.38	0.443 0	0.25
2006	0.566 1	0.505 3	0.21	0.596 0	0.623 0	0.33	0.41	0.383 5	0.25
2007	0.553 9	0.491 8	0.18	0.667 5	0.674 4	0.32	0.41	0.316 7	0.25
2008	0.526 7	0.466 8	0.3	0.690 0	0.693 1	0.23	0.33	0.259 0	0.1
2009	0.510 6	0.449 2	0.29	0.737 0	0.728 5	0.22	0.34	0.198 5	0.13
2010	0.483 3	0.426 8	0.13	0.779 2	0.760 8	0.14	0.1	0.120 2	0.25
2011	0.480 0	0.415 5	0.21	0.869 0	0.826 2	0.24	0.27	0.043 7	0.08
权重	0.154 4	0.141 5	0.106 1	0.073 14	0.099 9	0.092 56	0.131 2	0.148 9	0.053 15

根据“S”形曲线函数的特征划分，低碳产出指标、低碳资源指标绝大部分时间处于值得关注区间，且表现出与世界平均水平逐渐减少的趋势，说明两者指标风险系数不大。由于中国近30年高速发展的经济水平，虽然人均水平与世界平均水平仍然存在不小的差距，但对低碳经济风险目前仍构不成太大的影响。对低碳经济风险负面影响最大的当属低碳排放指标，碳足

迹和碳排放总量由于人们生活水平的提高大幅度上升，若再不采取有效可控的措施势必影响中国经济发展，对可持续发展造成重大风险。同时，经过归一化得到：$W=(0.1544, 0.1415, 0.1061, 0.07314, 0.0999, 0.09256, 0.1312, 0.1489, 0.05315)$。因此，1986—2011年低碳经济风险指数如表10-12。

表10-12

低碳经济风险指数

年　份	1986	1987	1988	1989	1990	1991	1992	1993	1994
风险指数	0.6799	0.7453	0.7430	0.9502	0.9611	0.6540	0.7069	0.6811	0.6724
年　份	1995	1996	1997	1998	1999	2000	2001	2002	2003
风险指数	0.6675	0.6464	0.5045	0.5665	0.5721	0.4896	0.4605	0.4031	0.5314
年　份	2004	2005	2006	2007	2008	2009	2010	2011	
风险指数	0.5439	0.5646	0.5613	0.5538	0.4552	0.4635	0.4587	0.4079	

可以看出，中国低碳经济风险指数大部分处于(0.25,0.8)，值得关注区间，说明低碳经济风险本身并不可怕，仍然处于可控范围内；但作为一个政策导向型很强的研究领域，需要具有低碳经济发展战略规划，建立碳排放监测、统计和监管体系，努力加快国家低碳经济转型。其中，在1989—1990年期间出现短暂上升态势，主要是由经济发展变慢、苏联解体等政治原因引起的。1986—2011年期间低碳经济风险指数处于缓慢降低状态，出现过1998年和2008年严重经济危机引起的低碳经济形势恶化。同时，在这段时间中国与世界平均水平的差距正在逐渐缩小，但与发达国家的平均低碳经济风险指数的0.05还有不小的差距，说明政策调整的空间仍然存在。

3. 低碳经济风险预测及分析

从实测到的有限样本数据出发，将预测对象随时间推移而形成的数据序列视为一个随机序列，用一定的数学模型来近似描述这个序列。这个模型一旦被识别后就可以从时间序列的过去值及现在值来预测未来值。四步建模法为：① 序列的平稳化：首先从散点图中确定序列是否平稳，若不平稳则要对序列进行平稳化。② 模型识别：利用自相关图等，把握模型的大致方向，为目标模型定阶，并选1～2个特定的模型拟合所分析的时间序列数据。③ 模型的参数估计与检验：参数估计是对识别阶段提供的粗模型参数估计并假设检验，用于判断模型是否恰当，并通过调试比较，确定最佳模型；如不佳则返回第一阶段，重新选定模型。④ 预测：利用1986—2011年低碳经济风险评价数据为基础数据拟合模型预测效果。采用SPSS (Statistical Product and Service Solutions) 18.0统计分析软件进行模型的建立。运用其中的相关模块进行数据处理和分析，建立年低碳经济风险评价数据库，其中1986—2009年低碳经济风险评价数据用于建立模型，2010年、2011年数据用于验证模型的预测效果。

通过制作中国低碳经济风险指数的原始时间序列图(见图10-16)进行观察及游程检验结果显示，发现该序列不平稳，需要预先对数据进行平稳化。表10-13用DTFX表示低碳风险指数。

对平稳后的序列的自相关和偏自相关图进行观察，结合该变量原始时间序列数据不具有明显的周期等趋势，决定对原始序列拟合使用指数平滑法模型。分别采用简单趋势、Holt线性趋势、Brown线性趋势和阻尼趋势四种方法进行拟合。模型拟合的优劣性用拟合优度统计量来衡量，最

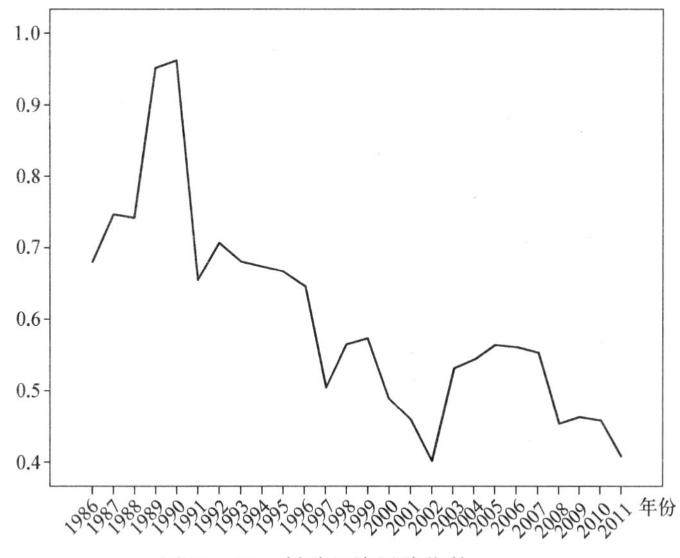

图 10 - 16　低碳经济风险指数

表 10 - 13

单位根检验结果

参　　数	*ADF*	1%显著水平	5%显著水平	判断结果
DTFX	−1.372 2	−3.724 1	−2.986 2	非平稳
DTFX 一阶差分	−5.476 3	−3.737 9	−2.991 9	平　稳

常用的是 BIC(Bayesian Information Criterion)法，它综合考虑拟然函数和参数个数，BIC 值小的模型相对较好。4 个序列的模型拟合优度统计量见表 10 - 14。

表 10 - 14

备选模型拟合优度统计量

方　法	简单趋势	Holt 线性趋势	Brown 线性趋势	阻尼趋势
R^2	0.565	0.573	0.507	0.575
均方根误差	0.093	0.095	0.099	0.097
平均绝对误差	10.082	10.410	11.904	10.453
BIC	−4.608	−4.450	−4.483	−4.275

由表 10 - 15 可以得出，对于低碳经济风险指数序列，其拟合效果最好的模型形式为阻尼趋势模型，说明中国低碳经济风险指数随着经济的发展、工业化和城市化的完善、人们生活水平的提高，会逐渐下降，实现经济发展方式的转型，需要付出更多的耐心和有效的经济改革。

从表 10 - 16 可以看出，最优模型的预测结果误差在可控范围，置信区间仍处于值得关注区域，说明该预测模型在短期具有良好的预测精度，误差较小。因此，可以采用上述方法预测未来 5 年内中国低碳经济风险指数，序列的模型评价结果见表 10 - 16。

表 10－15

最优模型误差验证

年　份	实际值	预测值	置信区间上限	置信区间下限	误　差
2010	0.458 7	0.459 0	0.660 1	0.257 9	0.065%
2011	0.407 9	0.449 1	0.684 5	0.213 6	9.174%

表 10－16

2012—2016 年序列的评价结果

年　份	预测值	置信区间上限	置信区间下限	风险状态
2012	0.411 5	0.223 1	0.599 9	风险值得关注
2013	0.396 8	0.208 4	0.585 2	
2014	0.382 2	0.193 8	0.570 6	
2015	0.367 6	0.179 2	0.556 0	
2016	0.353 0	0.164 5	0.541 4	

4. 今后的研究方向

低碳经济作为一种新的经济发展模式，在以下几个方面还存在不足：第一，对低碳经济内涵的理解还没有明确、统一的认识，大多是学者结合自己所研究的领域，从不同的角度提出的各种各样的定义；第二，对低碳经济的研究尚处于起步阶段，缺乏纳入发展经济学的坚实理论基础；第三，政府的政策、实证研究以及低碳经济的发展水平等缺乏完善的评价体系；第四，对促进低碳经济的各种措施和政策的实现方式和技术支撑方面的研究尚处于起步阶段；第五，对不同发展模式（如碳交易）的研究仅停留在其应用方式和形式上，而对其内在机理、适用条件和应用模式等方面的研究还不够充分。

结合上述分析，今后的研究方向将集中在以下几个方面：① 低碳经济的内涵。需要对低碳经济进行更系统、深入的理论分析，真正理解和把握低碳经济的科学内涵。② 低碳与经济增长。虽然低碳与经济脱钩在理论上被证明是可行的，但如何实施还需要进一步研究和论证。③ 低碳技术及技术转让。低碳经济的发展与碳处理技术的进步息息相关，目前关于碳处理技术的研究尚处于起步阶段，有待进一步发展，同时，发达国家和发展中国家的技术所有权和转让问题，也需要进一步的研究和论证。④ 国家政策及措施。国家的相关政策和措施（如“碳汇”等）具体实施的可能性、执行方法和效果还需做进一步研究。同时，如何建立评价体系，如何选择标准尺度都需要给出具体方案。⑤ 低碳经济的运行机理。加强对低碳经济内部运行机理的研究，尤其是对于揭示低碳经济最本质内容的理论研究和系统分析。

低碳经济学理论体系目前几乎是空白，如何构建其理论体系，夯实其理论基础是关键。理论来源一般来自两方面：一方面，需从经济史中探寻其根基，一门学科诞生不能凭空诞生，需从经济史中继承相关理论；另一方面，需要与相关学科比较，定位其研究领域，借鉴和吸取相关理论。从文献可知，目前对低碳经济研究主要是从将低碳经济作为发展手段出发，阐述发展低碳经济的意义及如何发展，没有从经济学角度探讨低碳经济发展对经济学理论的影响和挑战。

附表

表 1

碳排放核算后的原始数据

年　份	能源消费总量（万吨标准煤）	原煤（%）	原油（%）	天然气（%）	水电、核电、风电（%）	碳排放量（百万吨二氧化碳）
1953	5 411	94.3	3.8	0	1.8	14 426
1954	6 234	93.5	4.3		2.2	16 550
1955	6 968	92.9	4.9	0	2.1	18 474
1956	8 800	92.7	4.8	0	2.4	23 264
1957	9 644	92.3	4.6	0.1	3.0	25 364
1958	17 599	94.6	3.9	0.1	1.4	47 132
1959	23 926	94.7	4.1	0.1	1.1	64 244
1960	30 188	93.9	4.1	0.5	1.5	80 593
1961	20 390	91.3	5.5	0.9	2.3	53 724
1962	16 540	89.2	6.6	0.9	3.2	43 016
1963	15 567	88.9	7.2	0.8	3.1	40 532
1964	16 637	88.0	8.0	0.7	3.3	43 165
1965	18 901	86.5	10.3	0.9	2.7	49 252
1966	20 269	86.2	10.2	0.7	2.9	52 540
1967	18 328	84.8	10.9	0.8	3.5	47 109
1968	18 405	83.8	12.1	0.8	3.4	47 275
1969	22 730	81.9	13.8	0.8	3.5	58 025
1970	29 291	80.9	14.7	0.9	3.5	74 582
1971	34 496	79.2	16.0	1.4	3.4	87 466
1972	27 273	77.5	17.2	1.7	3.6	68 713
1973	39 109	74.8	18.6	2.0	4.6	96 998
1974	40 144	72.1	20.7	2.5	4.7	98 721
1975	45 425	71.9	21.1	2.5	4.6	111 847
1976	47 831	69.9	23.0	2.8	4.3	117 323
1977	52 354	70.3	22.6	3.1	4.1	128 800
1978	57 144	70.7	22.7	3.2	3.4	141 426
1979	58 588	71.3	21.8	3.3	3.6	144 932
1980	60 275	72.2	20.7	3.1	4.0	148 980
1981	59 447	72.7	20.0	2.8	4.5	146 570

（续表）

年　份	能源消费总量（万吨标准煤）	原煤（%）	原油（%）	天然气（%）	水电、核电、风电（%）	碳排放量（百万吨二氧化碳）
1982	62 067	73.7	18.9	2.5	4.9	152 970
1983	66 040	74.2	18.1	2.4	5.3	162 431
1984	70 904	75.3	17.4	2.4	4.9	175 472
1985	76 682	75.8	17.1	2.2	4.9	190 082
1986	80 850	75.8	17.2	2.3	4.7	200 718
1987	86 632	76.2	17.0	2.1	4.7	215 370
1988	92 997	76.2	17.0	2.1	4.7	231 194
1989	96 934	76.0	17.1	2.0	4.9	240 499
1990	98 703	76.2	16.6	2.1	5.1	244 536
1991	103 783	76.1	17.1	2.0	4.8	257 777
1992	109 170	75.7	17.5	1.9	4.9	270 715
1993	115 993	74.7	18.2	1.9	5.2	286 189
1994	122 737	75.0	17.4	1.9	5.7	301 741
1995	131 176	74.6	17.5	1.8	6.1	321 116
1996	135 192	73.5	18.7	1.8	6.0	330 335
1997	135 909	71.4	20.4	1.8	6.4	329 198
1998	136 184	70.9	20.8	1.8	6.5	329 162
1999	140 569	70.6	21.5	2.0	5.9	341 163
2000	145 531	69.2	22.2	2.2	6.4	350 270
2001	150 406	68.3	21.8	2.4	7.5	357 497
2002	159 431	68.0	22.3	2.4	7.3	379 340
2003	183 792	69.8	21.2	2.5	6.5	442 352
2004	213 456	69.5	21.3	2.5	6.7	512 448
2005	235 997	70.8	19.8	2.6	6.8	567 796
2006	258 676	71.1	19.3	2.9	6.7	622 987
2007	280 508	71.1	18.8	3.3	6.8	674 395
2008	291 448	70.3	18.3	3.7	7.7	693 089
2009	306 647	70.4	17.9	3.9	7.8	728 452
2010	324 939	68.0	19.0	4.4	8.6	760 804
2011	348 000	69.7	18.2	4.6	7.5	826 201

表 2

1985—2011 年各个投入的要素数据

年　份	总　计（百万吨）	GDP1978（亿元）	资　本（亿元）	劳动力（万人）	能　源（百万吨标煤）
1985	76 682	7 032	12 162	49 873	76 682
1986	80 850	7 655	13 751	51 282	80 850
1987	86 632	8 541	15 589	52 783	86 632
1988	92 997	9 503	17 578	54 334	92 997
1989	96 934	9 889	19 003	55 329	96 934
1990	98 703	10 269	20 247	64 749	98 703
1991	103 783	11 213	21 712	65 491	103 783
1992	109 170	12 809	23 760	66 152	109 170
1993	115 993	14 595	26 611	66 808	115 993
1994	122 737	16 506	30 048	67 455	122 737
1995	131 176	18 310	33 794	68 065	131 176
1996	135 192	20 143	37 834	68 950	135 192
1997	135 909	22 013	42 005	69 820	135 909
1998	136 184	23 738	46 805	70 637	136 184
1999	140 569	25 549	51 647	71 394	140 569
2000	145 531	27 700	56 833	72 085	145 531
2001	150 406	30 000	62 713	73 025	150 406
2002	159 431	32 727	69 774	73 740	159 431
2003	183 792	36 007	79 182	74 432	183 792
2004	213 456	39 638	90 762	75 200	213 456
2005	235 997	43 695	105 597	75 825	235 997
2006	258 676	48 627	124 009	76 400	258 676
2007	280 508	54 704	146 214	76 990	280 508
2008	291 448	59 045	158 885	77 480	291 448
2009	306 647	64 182	171 218	77 995	306 647
2010	324 939	70 792	197 022	78 061	325 000
2011	348 000	77 305	218 499	76 420	348 000

表 3　　**低碳风险指标得**

年份	低碳生产率	得分(风险类别)	能源效率	得分(风险类别)	低碳生产力	得分(风险类别)	碳足迹	得分(风险类别)
1985	0.037	0.794 4(4)	9.17	0.758 7(4)	0	1(6)	1.795 8	0.018 8(1)
1986	0.038 1	0.788 3(4)	9.47	0.750 8(4)	0.003 1	0.69(4)	1.867	0.032 7(1)
1987	0.039 7	0.779 4(4)	9.86	0.740 5(4)	0.004 1	0.59(4)	1.970 4	0.053 0(2)
1988	0.041 1	0.771 7(4)	10.22	0.731 1(4)	0.004 2	0.58(4)	2.082 3	0.075 0(2)
1989	0.041 1	0.771 7(4)	10.2	0.731 6(4)	0.001 6	0.84(4)	2.133 9	0.085 1(2)
1990	0.042	0.766 7(4)	10.4	0.726 3(4)	0.001 6	0.84(4)	2.138 8	0.086 0(2)
1991	0.043 5	0.758 3(4)	10.8	0.715 8(4)	0.003 7	0.63(4)	2.225 6	0.103 1(2)
1992	0.047 3	0.737 2(4)	11.73	0.691 3(4)	0.005 9	0.41(4)	2.310 4	0.119 7(2)
1993	0.051	0.716 7(4)	12.58	0.668 9(4)	0.006 2	0.38(4)	2.414 8	0.140 2(3)
1994	0.054 7	0.696 1(4)	13.45	0.646 1(4)	0.006 3	0.37(4)	2.517 7	0.160 3(3)
1995	0.057	0.683 3(4)	13.96	0.632 6(4)	0.005 6	0.44(4)	2.651 2	0.186 5(3)
1996	0.061	0.661 1(4)	14.9	0.607 9(4)	0.005 5	0.45(4)	2.699 1	0.195 9(3)
1997	0.066 9	0.628 3(4)	16.2	0.573 7(4)	0.005 7	0.43(4)	2.662 9	0.188 8(3)
1998	0.072 1	0.599(4)	17.43	0.541 3(4)	0.005 2	0.48(4)	2.638 3	0.184 0(3)
1999	0.074 9	0.583 9(4)	18.18	0.521 6(4)	0.005 3	0.47(4)	2.712 2	0.198 5(3)
2000	0.079 1	0.560 6(4)	19.03	0.499 2(4)	0.006 1	0.39(4)	2.763 6	0.208 5(3)
2001	0.083 9	0.533 9(4)	19.95	0.475 0(4)	0.006 4	0.36(4)	2.80 11	0.215 9(3)
2002	0.086 3	0.520 6(4)	20.53	0.459 7(4)	0.007 2	0.28(4)	2.953 1	0.245 7(3)
2003	0.081 4	0.547 8(4)	19.59	0.484 5(4)	0.007 4	0.26(4)	3.423 1	0.337 9(4)
2004	0.077 4	0.570 0(4)	18.57	0.511 3(4)	0.007 1	0.29(4)	3.942 3	0.439 7(4)
2005	0.077	0.572 2(4)	18.52	0.512 6(4)	0.007 1	0.29(4)	4.342 4	0.518 1(4)
2006	0.078 1	0.566 1(4)	18.8	0.505 3(4)	0.007 9	0.21(3)	4.739 4	0.596 0(4)
2007	0.080 3	0.553 9(4)	19.31	0.491 8(4)	0.008 2	0.18(3)	5.104 1	0.667 5(4)
2008	0.085 2	0.526 7(4)	20.26	0.466 8(4)	0.007	0.3(4)	5.219	0.690 0(4)
2009	0.088 1	0.510 6(4)	20.93	0.449 2(4)	0.007 1	0.29(4)	5.458 6	0.737 0(4)
2010	0.093	0.483 3(4)	21.78	0.426 8(4)	0.008 7	0.13(3)	5.673 8	0.779 2(4)
2011	0.093 6	0.480 0(4)	22.21	0.415 5(4)	0.007 9	0.21(3)	6.132	0.869 0(5)

分和风险分类

零碳能源比重（%）	得分（风险类别）	人均GDP（元）	得分（风险类别）	GDP增长率	得分（风险类别）	碳排放总量（亿吨）	得分（风险类别）	煤炭占比能源创新	得分（风险类别）
4.9	0.49(4)	664	0.889 3(5)	—	—	19.01	0.190 0(3)	75.8	0.88(6)
4.7	0.53(4)	712	0.881 3(5)	0.088 6	0.114(2)	20.07	0.200 7(3)	75.8	0.88(6)
4.7	0.53(4)	781	0.869 8(5)	0.115 7	0.25(2)	21.54	0.215 4(3)	76.2	0.92(6)
4.7	0.53(4)	856	0.857 3(5)	0.112 6	0.25(2)	23.12	0.231 2(3)	76.2	0.92(6)
4.9	0.51(4)	877	0.853 8(5)	0.040 6	0.594(4)	24.05	0.240 5(3)	76	0.9(6)
5.1	0.49(4)	898	0.850 3(5)	0.038 4	0.616(4)	24.45	0.244 5(3)	76.2	0.92(6)
4.8	0.52(4)	968	0.838 7(5)	0.091 9	0.081(2)	25.78	0.257 8(4)	76.1	0.91(6)
4.9	0.51(4)	1 093	0.817 8(5)	0.142 3	0.25(3)	27.07	0.270 7(4)	75.7	0.87(6)
5.2	0.48(4)	1 231	0.794 8(4)	0.139 4	0.25(3)	28.62	0.286 2(4)	74.7	0.77(5)
5.7	0.43(4)	1 377	0.770 5(4)	0.130 9	0.25(3)	30.17	0.301 7(4)	75	0.8(5)
6.1	0.39(4)	1 512	0.748(4)	0.109 3	0.25(1)	32.11	0.321 1(4)	74.6	0.76(5)
6	0.4(4)	1 646	0.725 7(4)	0.100 1	0.25(1)	33.03	0.330 3(4)	73.5	0.65(4)
6.4	0.36(4)	1 781	0.703 2(4)	0.092 8	0.072(1)	32.92	0.329 2(4)	71.4	0.44(4)
6.5	0.35(4)	1 903	0.682 8(4)	0.078 4	0.216(3)	32.92	0.329 2(4)	70.9	0.39(4)
5.9	0.41(4)	2 031	0.661 5(4)	0.076 3	0.237(3)	34.12	0.341 2(4)	70.6	0.36(4)
6.4	0.36(4)	2 186	0.635 7(4)	0.084 2	0.158(3)	35.03	0.350 3(4)	69.2	0.22(4)
7.5	0.25(3)	2 351	0.608 2(4)	0.083	0.17(3)	35.75	0.357 5(4)	68.3	0.13(3)
7.3	0.27(4)	2 548	0.575 3(4)	0.090 9	0.091(2)	37.93	0.379 3(4)	68	0.1(3)
6.5	0.35(4)	2 786	0.535 7(4)	0.100 2	0.25(1)	44.24	0.442 4(4)	69.8	0.28(4)
6.7	0.33(4)	3 049	0.491 8(4)	0.100 8	0.25(1)	51.24	0.512 4(4)	69.5	0.25(4)
6.8	0.32(4)	3 342	0.443(4)	0.102 4	0.25(1)	56.78	0.567 8(4)	70.8	0.38(4)
6.7	0.33(4)	3 699	0.383 5(4)	0.112 9	0.25(3)	62.30	0.623 0(4)	71.1	0.41(4)
6.8	0.32(4)	4 100	0.316 7(4)	0.114	0.25(3)	67.44	0.674 4(4)	71.1	0.41(4)
7.7	0.23(3)	4 446	0.259(4)	0.09	0.1(2)	69.31	0.693 1(4)	70.3	0.33(4)
7.8	0.22(3)	4 809	0.198 5(3)	0.087	0.13(3)	72.85	0.728 5(4)	70.4	0.34(4)
8.6	0.14(3)	5 279	0.120 2(2)	0.103	0.25(3)	76.08	0.760 8(4)	68	0.1(3)
7.6	0.24(3)	5 738	0.043 7(1)	0.092	0.08(1)	82.62	0.826 2(5)	69.7	0.27(4)

参考文献

[1] 周富华,陈雄. 国内外低碳经济评价初探[J]. 当代经济,2011(9).

[2] 何雄浪,马永坤,恩佳. 低碳经济下战略性新兴产业发展研究——基于层次分析法的价值指标评析[J]. 当代经济管理,2011(9).

[3] 刘安兵. 低碳经济下经济责任审计目标和内容的探讨[J]. 湖北经济学院学报(人文社会科学版), 2011(7).

[4] 何帆. 浅谈低碳经济下我国会计体系的构建[J]. 改革与开放,2011(18).

[5] 荆有印,王保生,齐永霞. 循环流化床锅炉循环倍率的通用数学模型[J]. 动力工程,2003(3).

[6] 范爱军,王丽丽. 中国技术效率的地区差异与增长收敛——基于省际数据的研究[J]. 经济学家, 2009(4).

[7] 课题组中国未来研究会未来研究中心低碳经济评价研究[R]. 2010 各国低碳经济评价课题研究报告. 未来与发展,2011(5).

[8] 徐晓飞,赵琛,崔艳娟. 区域低碳经济发展的评价体系研究[J]. 科技管理研究,2011(16).

[9] 袁宏路. 低碳审计在我国低碳经济发展中的应用分析[J]. 企业导报,2011(8).

[10] 张欣,赵涛. 基于DEA的我国省级区域低碳经济的效率评价研究[J]. 西安电子科技大学学报(社会科学版),2011(5).

[11] 李刚,王忠东,张明. 基于循环修正思路的低碳经济评价模型研究——以秦皇岛市低碳经济评价为例[J]. 东北大学学报(自然科学版),2011(12).

[12] 刘利群. 低碳经济下企业业绩评价体系的改进——基于平衡计分卡的研究[J]. 会计之友, 2011(10).

[13] 张小军. 关于低碳经济竞争力评价体系构建的研究[J]. 商业时代,2011(34).

[14] 昝月梅. 基于财税政策对低碳经济的作用机理分析我国低碳经济发展状况[J]. 经济论坛, 2011(3).

[15] 张明星,贺立. 低碳经济下煤炭企业战略经营业绩评价指标构建[J]. 内蒙古农业大学学报(社会科学版),2011(4).

[16] 司晋娟,张素蓉. 低碳经济下的碳战略业绩评价体系建设[J]. 北华航天工业学院学报,2011(2).

[17] 王曙光,刁晓君,慕楠. 关于借鉴环境监测经验构建低碳经济监管体系的探讨[J]. 环境污染与防治,2011(10).

[18] 周惠军,高迎春. 绿色经济、循环经济、低碳经济三个概念辨析[J]. 天津经济,2011(11).

[19] 李虹,周莹莹. 基于低碳经济视角的项目投资决策模式研究[J]. 会计研究,2011(4).

[20] 李志萌,张宜红. 鄱阳湖流域生态与低碳经济发展综合评价研究[J]. 鄱阳湖学刊,2011(2).

[21] 王小李,等. 基于可变模糊分析的省区低碳经济评价体系探索[J]. 生态经济(学术版),2011(2).

[22] 张晨. 浅议低碳经济评价体系构建[J]. 现代商业,2011(30).

[23] 梁日忠. 长三角区域低碳经济发展状态评价研究——以上海市为例[J]. 中国发展,2011(5).

[24] 陈幼敏. 基于灰色系统的低碳经济企业财务绩效综合评价[J]. 中国证券期货,2011(9).

[25] 陈幼敏. 基于低碳经济的企业财务评价指标体系重构[J]. 经济师,2011(9).

[26] 李刚,等. 基于基尼系数赋权的低碳经济评价模型及实证[J]. 科技管理研究,2011(21).

[27] 张小军. 低碳经济背景下我国科技竞争力评价体系构建[J]. 商业时代,2011(7).

[28] 张文华. 大力发展低碳经济是解决经济发展与环境保护问题的有效途径[J]. 对外经贸,2011(12).

[29] 李宇. 清洁生产、循环经济与低碳经济:政府行为博弈市场边界[J]. 改革,2011(10).

[30] 颉茂华,胡伟娟. 低碳经济下的煤炭企业经营绩效评价指标体系构建[J]. 煤炭经济研究,2012(1).

[31] 华瑶,李学超. 低碳经济风险评价及应对研究[J]. 工业技术经济,2011(3).

[32] 何宜庆,文静,袁莹莹. 基于因子分析的江西省城市低碳经济发展评价分析[J]. 企业经济,2011(12).

[33] 付加锋,郑林昌,程晓凌. 低碳经济发展水平的国内差异与国际差距评价[J]. 资源科学,2011(4).

[34] 梁毕明,蒋文春. 低碳经济下生产型企业综合绩效评价的构建[J]. 会计之友,2011(12).

[35] 文琪. 低碳经济下企业业绩评价的内涵[J]. 商业会计,2011(24).

[36] 张莎莎. 基于低碳经济的企业业绩评价探讨[J]. 东方企业文化,2011(22).

[37] 郑晓青. 低碳经济、企业环境成本控制:一个概念性分析框架[J]. 企业经济,2011(6).

[38] 张小军. 低碳经济视角下的科技竞争力评价体系构建及其评价[J]. 商业时代,2011(31).

[39] 岳冬冬. 基于碳排放强度的低碳经济发展阶段划分研究[J]. 中国渔业经济,2011(4).

[40] 权微微. 基于印度低碳经济发展的中国低碳经济发展建议[J]. 财经界(学术版),2011(3).

[41] 许为男. 低碳经济下公路交通运输业发展对策研究[J]. 现代营销(学苑版),2011(5).

[42] 徐泓,朱秀霞. 低碳经济视角下企业社会责任评价指标分析[J]. 中国软科学,2012(1).

[43] 肖彦. 低碳经济视角下钢铁企业社会绩效评价[J]. 会计之友,2011(22).

[44] 何军兵. 低碳经济下的电子送达方式正当性研究[J]. 企业经济,2011(11).

[45] 陈俊红,姜翠红,李红. 都市型现代农业低碳经济进程评价及建议——以大兴区为例[J]. 生态经济(学术版),2011(1).

[46] 马靖忠. 基于 AHP 法的城市低碳经济评价指标体系构建[J]. 商业时代,2011(21).

[47] 刘畅. 论低碳经济下企业业绩评价体系的构建[J]. 中小企业管理与科技,2011(10).

[48] 杨家金,杨易. 民族地区低碳经济发展问题研究——以湘西州永顺县为例[J]. 企业

经济，2011(11).

[49] 吴未,路平山. 县域低碳经济发展评价——以惠民县为例[J]. 安徽农业科学,2011(22).

[50] 李达,肖彦. 低碳经济背景下钢铁企业环境绩效评价[J]. 会计之友,2011(26).

[51] 刘淑华. 论我国发展低碳经济法律制度的完善[J]. 特区经济,2011(5).

[52] 陈永国，褚尚军,李宗祥. 低碳经济内涵与四象限评价法[J]. 河北经贸大学学报，2011(6).

[53] 龙昀光,等. 低碳经济下企业绩效评价体系的构建与探讨[J]. 中小企业管理与科技,2012(1).

[54] 郑林昌,付加锋,李江苏. 中国省域低碳经济发展水平及其空间过程评价[J]. 中国人口. 资源与环境,2011(7).

[55] 杨睿娟. 低碳经济是保障石油生态安全的现实选择[J]. 企业经济,2011(6).

[56] 康颖. 低碳经济下企业业绩评价体系——基于平衡计分卡(BSC)的研究[J]. 东方企业文化，2011(22).

[57] 王棣华,杨琳琳. 低碳经济环境下的投资决策方法探讨[J]. 辽东学院学报(社会科学版)，2011(3).

[58] 陈亚娟. 低碳经济环境下企业绩效评价体系构建——以廊坊市为例[J]. 财会通讯，2011(27).

[59] 冯碧梅. 湖北省低碳经济评价指标体系构建研究[J]. 中国人口. 资源与环境,2011(3).

[60] 祝福冬. 低碳经济时代企业碳管理探析[J]. 企业经济,2011(7).

[61] 乌力吉图,王东亚. 低碳经济发展评价指标体系构建及实证研究——以江浙沪动态对比为例[J]. 江苏商论,2011(12).

[62] 查建平,唐方方,傅浩. 中国工业技术效率及其影响因素研究——基于碳排放的约束条件[J]. 山西财经大学学报,2011(4).

[63] 黄金波,周先波. 中国粮食生产的技术效率与全要素生产率增长：1978—2008[J]. 南方经济,2010(9).

[64] 王丽丽,赵勇. 基于DEA的中国制造业效率评估[J]. 山东大学学报(哲学社会科学版),2010(1).

[65] 王兵,卢金勇,陈茹. 环境约束下的中国火电行业技术效率及其影响因素实证研究[J]. 经济评论，2010(4).

[66] 刘玉海,武鹏. 能源消耗、二氧化碳排放与区域经济增长效率——基于APEC视角的面板数据分析[J]. 山西财经大学学报，2011(10).

[67] 赵昕,郭晶. 中国低碳经济发展的技术进步因素及其动态效应[J]. 经济学动态，2011(5).

第十一章　中国经济运行的微观主体风险

一、绪论

（一）研究背景

2011年以来，全球经济企稳的迹象日益明显，美国制造业开始缓慢复苏，中国经济表现抢眼，但国际、国内市场尚存在一系列的不确定因素，可能给未来经济发展带来负面影响。

从国际上看，全球经济还未全面摆脱低迷的状态：日本受地震和海啸严重灾害冲击后经济上出现了衰退，虽略有反弹但增长缓慢；希腊主权债务危机成为新的欧洲风险点，而大选变数给支持欧盟和国际货币基金组织的财政紧缩政策带来不确定性；同时法国大选结果也给欧洲的财政契约履行带来某种不确定性。此外，流动性过剩引发的通货膨胀预期、财政和货币政策刺激的退出趋势不减，在失业率、经济景气程度没有发生大逆转的前提下，全球经济能否依赖内生性增长取得强劲反弹还有待观察。美国虽然短期数据时好时坏，但市场意愿已经好转，无论是经济增速还是失业率数据都发出了积极的信号；与此同时，房地产行业仍没有明显好转迹象，因经济危机造成的银行资产负债表恶化仍然对实体经济带来负面的影响。此外，大选带来的财政改革提案可能中断，美元中长期走弱趋势不减，以原油、黄金等为代表的大宗商品价格的大幅波动以及资本市场波动加剧等不利因素都对企业的投融资活动及生产经营产生了负面影响。

从国内看，扩张性财政政策的刺激效果逐步淡化，经济转型进一步推进，经济增长开始向自主增长转变，国民经济朝着宏观调控的期望方向发展。人民币升值步伐不减、制造业经理人采购指数不乐观、物价上涨压力等因素，给中国经济的持续快速上升带来了负面影响：一方面，持续性的人民币升值压力对中国出口及有关实体经济造成了潜在风险；另一方面，在宏观调控不放松、经济结构调整逐步深化的背景下，微观主体面临融资难、成本高、利润薄的多重压力，企业运营环境面临着较大的不确定性。

虽然风险管理研究日益受到重视，但由于开展风险研究时间较短，人们对风险的认识有限。在整个风险管理研究中，微观主体风险的度量和评价研究相对较少。本章从影响宏观经济运行的微观主体角度出发，分析微观主体风险形成的机理和传导机制，并在此基础上采用计量经济学、完全贝叶斯聚类模型等方法对微观主体风险进行度量和评价，为宏观经济管理和微观风险管理研究的有效衔接搭建一个基础性的研究平台，为宏观经济决策、有效的识别、评价自身风险、降低风险提供理论指导。

（二）微观主体风险的界定

微观主体风险是指未来的不确定性对微观主体实现其经营目标的不利影响。根据风险因素的不同，国际清算银行将金融企业所面临的风险划分为经济风险、经营风险、市场风险、利率风险、信用风险、法律风险、交易对象风险以及流动性风险。1994年美国的发起人委员会

COSO在《内部控制——整体框架》报告中，将内部控制理论推进到内部控制整体框架阶段。COSO框架实现了控制要素由三要素到五要素的突破并首次将风险评估纳入内部控制整体框架之内。2004年，COSO对原有的内部控制报告进行了拓展，形成了新的《企业风险管理——整体框架》，明确提出了企业风险管理的概念。按照他们的定义，企业风险管理是一个过程，它由一个主体的董事会、管理当局和其他人员实施，应用于战略制定并贯穿于企业之中，旨在识别可能会影响主体的潜在事项，管理风险以使其在该主体的风险容量之内，并为主体目标的实现提供合理保证。这个定义反映了几个基本概念：企业风险管理是一个过程，它持续地流动于主体之内；由组织中各个层级的人员实施；应用于战略制定；贯穿于企业，在各个层级和单元应用，还包括采取主体层级的风险组合观；旨在识别一旦发生将会影响主体的潜在事项，并把风险控制在风险容量以内；能够向一个主体的管理当局和董事会提供合理保证；力求实现一个或多个不同类型但相互交叉的目标。

企业风险管理包括八个相关要素：内部环境、目标设定、事件识别、风险评估、风险应对、控制活动、信息与沟通和监督。企业风险管理的八个组成部分是一个有机的整体，体现的是一个动态的过程。1995年安德森提出管理经营风险的概念，将企业经营风险分为三个层面：环境流程风险、决策用资讯风险和作业流程风险。他认为环境流程风险属于政治、经济、社会等的系统性风险，此类风险影响企业经营，但企业对之几乎无影响力；决策用资讯风险主要来自竞争、信誉、政府法律法规等，此类风险影响企业经营活动，企业可以影响此类风险但无力控制；作业流程风险主要来自市场、科技、人员等，企业对此具有相当控制力。尽管不同的理论研究对风险的识别和分类有所差异，但综合来看，经营风险（运营风险）和财务风险是微观主体所面临的主要风险。

1. 经营风险

经营风险是指企业在采购活动、生产活动和销售活动中产生的风险，具体表现为采购风险、生产风险和资金回收风险。采购风险是由于采购物资的时间、数量、质量和货款支付方面的不确定性，所带来的物资不能满足生产需要或积压和不能按期支付货款的可能性。生产风险是由于生产质量控制、成本控制和新产品开发方面的不确定性，所带来的资金回收的不确定性。资金回收风险是指由于企业在产品资金转化为结算资金、结算资金再转化为货币资金的过程中，存在时间上和金额上的不确定而导致资金不能回收的风险，主要表现为应收账款的回收在时间上和金额上的不确定所导致的风险。在时间上具体表现为无法实现由产品资金到结算资金转变的风险和结算资金的拖欠风险；在金额上具体表现为结算资金不足以弥补资金成本和应收账款无法收回而形成坏账损失的风险。外部风险输入企业内部后，与企业以价值创造为导向的治理结构发生摩擦和碰撞，而且这种碰撞波及企业的方方面面，这就要求企业在复杂的形势下作出选择，也就是企业管理者作出决策。经营风险在企业内部的传递也是可以控制的，实际上风险控制是企业内部控制活动的主要内容。经营风险通过企业的内部控制、决策机制和管理机制影响企业的价值创造。经营风险从产生到在企业内部传递，本身不会消失，而且随着决策次数的增加，有加大的趋势。

2. 财务风险

对于财务风险的界定有两种不同的观点：第一种观点认为，企业财务风险是企业财务活动中由于各种不确定因素的影响，企业财务收益与预期收益发生偏离，因此造成蒙受损失的机会和可能。企业财务活动组织和管理过程中的某一方面和某个环节的问题，都可能促使这种风险转变为损失，导致企业盈利能力和偿债能力的降低。企业的财务活动分为筹资活动、投资活动、资金回收和收益分配四个方面，财务风险就分为筹资风险、投资风险、资金回收风险和收益分配风险。第二种观点认为，财务风险是企业用货币资金偿还到期债务的不确定性。这种观点认为的财务风险与负债经营相关，财务风险是因偿还到期债务而引起的。本研究采纳的是财务风险的第一种观点，即财务风险是指企业的筹资活动、投资活动、资金回收和收益分配四个方面的风险。

（三）微观主体风险的研究思路

本研究将严格遵循风险相关问题研究的规范思路。首先，本研究对影响微观主体风险的因素进行识别，对引致的微观主体主要风险因素进行筛选，并判断中国宏观经济中的微观主体风险的类型；其次，本研究对微观主体的风险进行量化，以反映微观主体未来所面临的风险大小；最后，本研究提出管理或缓解微观主体风险的政策建议。

（四）主要研究内容及框架

本研究的主要内容有中国宏观经济运行中的微观主体风险引致因素分析，测度微观主体风险的方法综述及对微观主体风险的实证研究。在对微观主体相关的基本概念进行界定后，全书内容具体安排如下：

第一部分，对中国宏观经济中的微观主体运行的现状进行描述，并在此基础上，来分析和识别微观主体的主要风险因素。

第二部分，对中国经济运行中的微观主体风险因素进行识别。从中国经济运行现状出发，识别出微观主体风险因素，为风险的度量奠定了分析基础。

第三部分，微观主体风险的度量与预测分析。首先介绍了基于行业的微观主体风险度量的完全贝叶斯聚类模型，构建了各行业的风险预警指标体系，进行样本的选择和指标的选取，并基于行业对微观主体的风险进行预测与分析。

第四部分，结论与微观主体的风险管理措施。

二、中国经济运行中的微观主体风险因素的识别

（一）微观主体运行的现状

人民币不断升值、制造业经理人采购指数不乐观、物价上涨压力等因素，给中国经济的持续快速上升带来了负面影响。一方面，持续性的人民币升值压力对中国出口及有关实体经济造成了潜在的风险；另一方面，在宏观调控不放松、经济结构调整逐步深化的背景下，微观主体面临融资难、成本高、利润薄的多重压力，企业运营环境面临着较大的不确定性。综观 2011 年及 2012 年的内外部环境，对微观主体经营、财务等风险产生影响的因素主要集中在以下方面。

1. 全球经济仍然低迷，微观主体业绩增速放缓

2011 年以来，全球金融危机对中国经济的影响逐步减弱，美国经济尤其是制造业出现了一些积极的变化。在宏观调控的背景下，中国经济增速虽有所放缓，但公司业绩仍延续上升的趋势，营业收入、利润等再创新高。

根据央行公布的数据，2011 年 39 个工业大类行业中，37 个行业利润同比增长，发电量超过 4.6 万亿千瓦时，同比增长 12%。而来自上市公司的数据也给出了积极的信号。从表 11－1上市公司的整体（不含金融行业）情况看，2011 年营业收入的增幅为 32.62%；营业总成本增幅为 23.71%，营业收入的增幅超过营业总成本的增幅。营业利润和净利润均有所降低，

表 11 - 1

上市公司的整体情况(不含金融行业)

金额单位：万元

项目 \ 年份	2011	2010	增长率(%)
营业总收入	1 924 243 867.37	1 586 484 351.83	32.62
营业总成本	3 848 449 539.02	3 172 928 923.14	23.71
营业利润	7 696 796 125.60	6 345 780 257.91	−63.42
净利润(含少数股东损益)	15 393 498 068.26	12 691 478 278.82	−36.36

资料来源：Wind 数据库。

其中营业利润的降低幅度为 63.42%，净利润的降低幅度为 36.36%左右。

从各行业的每股收益来看(见表 11 - 2)，上市公司每股收益平均增长为 2.94%，各行业的增幅存在一定的差异：建筑业每股收益增幅最高为 24%；批发和零售贸易业每股收益增幅为 20.51%；传播与文化产业每股收益增幅为 18.18%；房地产业每股收益增幅为 8.82%；社会服务业每股收益增幅为 5%；农、林、牧、渔业每股收益增幅为 4%；信息技术业每股收益增幅为 2.13%。每股收益减少的行业有制造业和综合类。

表 11 - 2

2011 年各行业每股收益及增长情况

金额单位：元

行业名称 \ 年份	2011	2010	增长率(%)
传播与文化产业	0.52	0.44	18.18
电力、煤气及水的生产和供应业	0.22	0.24	−8.33
房地产业	0.37	0.34	8.82
建筑业	0.62	0.5	24.00
交通运输、仓储业	0.33	0.38	−13.16
农、林、牧、渔业	0.26	0.25	4.00
批发和零售贸易业	0.47	0.39	20.51
社会服务业	0.42	0.4	5.00
信息技术业	0.48	0.47	2.13
制造业	0.46	0.47	−2.13
综合类	0.22	0.3	−26.67
平　均	**0.40**	**0.38**	**2.94**

从盈利结构看，主营业务规模扩大、产品提价等带来的毛利率提升成为 2011 年上市公司业绩增厚的主要原因。从表 11 - 3 可以看出，各行业平均毛利率为 29.25%，销售净利率为 9.05%，净资产收益率为 10.36%，总资产净利率为 5.70%，每股经营现金流量为0.26

表11－3

2011年各行业盈利能力

行业名称＼指标	销售毛利率(%)	销售净利率(%)	净资产收益率(%)	总资产净利率(%)	每股经营现金流量(元)
采掘业	33.18	16.90	18.97	11.16	0.46
传播与文化产业	33.69	12.91	13.33	8.59	0.09
电力、煤气及水的生产和供应业	19.02	10.32	5.74	2.61	0.37
房地产业	39.44	−2.42	13.43	3.93	−0.08
建筑业	15.76	5.44	14.17	4.98	0.29
交通运输、仓储业	35.38	18.90	7.97	5.00	0.35
农、林、牧、渔业	25.58	3.85	3.75	4.59	0.23
批发和零售贸易业	18.34	−0.45	11.62	5.50	0.41
社会服务业	41.27	12.15	10.37	6.09	0.42
信息技术业	38.69	10.56	10.67	7.55	0.20
制造业	25.83	8.62	8.16	6.10	0.23
综合类	24.81	11.80	6.08	2.27	0.19
平　均	**29.25**	**9.05**	**10.36**	**5.70**	**0.26**

元。社会服务业、房地产业、信息技术业的销售毛利率较高；电力、煤气及水的生产和供应业、批发和零售贸易业、建筑业的销售毛利率较低，尤其是建筑业的毛利率只有行业的一半。交通运输、仓储业、采掘业的销售净利率较高；制造业，建筑业，农、林、牧、渔业，批发和零售贸易业，房地产业的销售净利率较低；采掘业的净资产收益率最高，综合类，电力、煤气及水的生产和供应业，农、林、牧、渔业的净资产收益率较低；从每股经营现金流量来看，综合类、传播与文化产业、房地产业等行业的每股经营现金流量很低，尤其是房地产行业，其每股经营现金流量为负数。

与此同时，市场对欧元区的担忧仍未改观，存在债务问题的国家情况相对脆弱，欧元区救助措施的有效性、平衡削减财政赤字和结构性改革的推进力度、财政一体化的进程等都存在不确定性，尤其是对希腊可能因财政紧缩政策受阻而被迫退出欧元区持悲观态度。法国大选结果使得财政紧缩方案的有效实施也存在较大不确定性，在带来金融市场剧烈动荡的同时，使得欧债危机仍在发酵。尽管中国的经常性项目顺差从2007年的超过10%，逐步降低至2011年的2.8%，国际收支平衡有优化迹象，但在美元汇率波动、人民币持续升值、大宗商品价格高位运行等因素的影响下，中国企业尤其是出口企业的经营受到了一定的影响。在政府货币紧缩和财政刺激政策退出的背景下，2012年中国经济结构调整和宏观调控将进一步深入，对公司的经营业绩产生的短期影响将是负面的。此外，在用工荒、最低工资标准上调的大趋势下，企业的人力资本将逐步提高，给企业业绩带来负面影响。

2012 年在成本压力增大、市场竞争激烈的前提下，多数企业的经济效益存在下滑的趋势。表 11 - 4 显示，各行业平均毛利率为 29.39%，销售净利率为 9.22%，净资产收益率为 10.54%，总资产净利率为 5.80%。房地产业、批发和零售贸易业出现了行业整体亏损。图 11 - 1显示，2012 年第一季度的各行业净资产收益率都低于去年同期水平。图 11 - 2 显示，各行业扣除非经常性损益后的净利润占净利润的比例明显低于去年同期。

表 11 - 4

2012 年第一季度各行业的盈利能力

指标 行业名称	销售毛利率(%)	销售净利率(%)	净资产收益率(%)	总资产净利率(%)
采掘业	33.00	16.74	19.22	11.16
传播与文化产业	33.69	12.91	13.33	8.59
电力、煤气及水的生产和供应业	20.08	10.58	5.84	2.67
房地产业	39.44	−2.42	13.43	3.93
建筑业	15.76	5.44	14.17	4.98
交通运输、仓储业	34.64	18.57	7.81	5.03
农、林、牧、渔业	27.04	4.45	4.07	4.70
批发和零售贸易业	18.34	−0.47	11.63	5.56
社会服务业	40.74	12.46	10.79	6.31
信息技术业	38.74	10.63	10.99	8.17
制造业	25.91	9.66	9.09	6.29
综合类	25.34	12.10	6.06	2.24
平　均	**29.39**	**9.22**	**10.54**	**5.80**

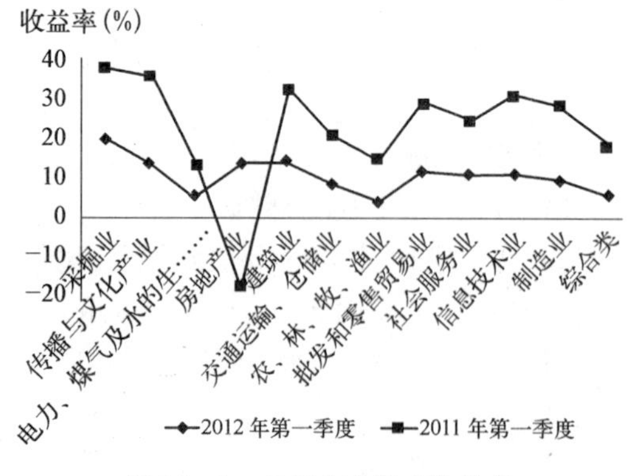

图 11 - 1　各行业净资产收益率

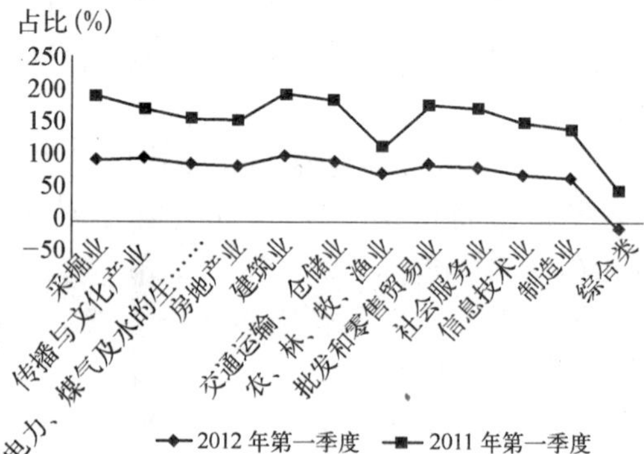

图1 - 2　扣除非经常性损益后的净利润占净利润比

上市公司经营活动现金流下降趋势明显：以深市主板上市的 472 家企业为例，2011 年每股经营性现金流量为负的公司达到 169 家，占比超过 35.80%。在能源、原材料价格高位运行，央行多次加息后，企业融资成本显著上升。尽管存款准备金有放松的趋势，但货币投放的速度和方向仍不能满足市场的普遍需求。

2. 融资结构发生变化，融资难度和融资成本上升

2011 年为配合国家宏观调控任务，央行实施的稳健货币政策使得存款准备金先后 6 次上调、1 次下调，存贷款基准利率也先后 3 次上调了 0.75%。尽管第四季度受经济增长和下调准备金等因素的影响，利率有所回落，但 12 月份的贷款加权平均利率仍高达 8.01%，执行上浮利率的贷款占比超过 66%。2011 年年底，非金融企业及其他部门贷款余额仍超过 41 万亿元，比上年增长近 12%，但结构发生了显著变化，其中短期贷款的比重从上年的 36%上升至 39%，而中长期贷款的比重则从 57.5%下降至 56.4%。微观主体的融资难度和融资成本显著上升，资本结构中占较大比重的间接融资仍取得超经济增速的增长，而通过资本市场进行的融资中债券类融资比重显著上升。从证监会公布的统计数据看，上市公司累计筹资额在 2010 年达到 1.26 万亿元的高点后，2011 年下滑明显，累计筹资额仅 7 506.22 亿元。其中：股票市场（包括首发和再融资）5 073.07亿元，占比 75%；债券市场融资 1 707.4 亿元，占比 25%，明显高于上年 12.85%的水平。在开辟绿色通道和监管部门的推动下，债券市场呈现出爆发式增长的态势，公司债券更是从上年的 603 亿元融资额上升至 2011 年的 1 262.2 亿元，增长 1 倍有余。央行公布的数据显示，2011 年企业债券的发行总规模达到了 2.3 万亿元，同比增长高达 43.5%。同时，伴随着 2011 年的中国概念股危机的爆发，国内公司赴美乃至赴海外上市的热情消减，直接融资的难度增大。

表 11－5 显示，资产负债率平均降低 10%。各行业的表现不同：传播与文化产业的资产负债率降低了 47.98%，信息技术业的资产负债率降低了 36.01%，社会服务业的资产负债率降低了 13.17%，制造业的资产负债率降低了 10.20%。

表 11－5

2011 年行业资产负债率情况

单位：%

行业名称	2011 年	2010 年	增长率
采掘业	41.32	41.68	－0.86
传播与文化产业	37.44	71.97	－47.98
电力、煤气及水的生产和供应业	60.76	60.1	1.10
房地产业	62.92	65.14	－3.41
建筑业	64.59	65.07	－0.74
交通运输、仓储业	45.4	44.43	2.18
农、林、牧、渔业	39.09	39.14	－0.13
批发和零售贸易业	56.24	57.44	－2.09
社会服务业	39.17	45.11	－13.17
信息技术业	38.55	60.24	－36.01
制造业	43.56	48.51	－10.20
综合类	99.46	97.51	2.00
平　均	**52.38**	**58.03**	**－9.11**

上市的房地产公司的流动负债增长速度为 27.70%。资产负债率在 70%以上的公司有 47 家,占 36.43%。

公司的偿债能力进一步弱化。图 11 - 3 显示,2011 年各行业平均已获利息倍数指标普遍低于 2010 年。从经营活动产生的现金流量净额与负债总额之比这一指标来看(见图 11 - 4),各行业普遍存在经营现金流占负债总额比的偏低情况,且 2011 年的情况不如 2010 年的情况,企业的偿债能力进一步弱化。

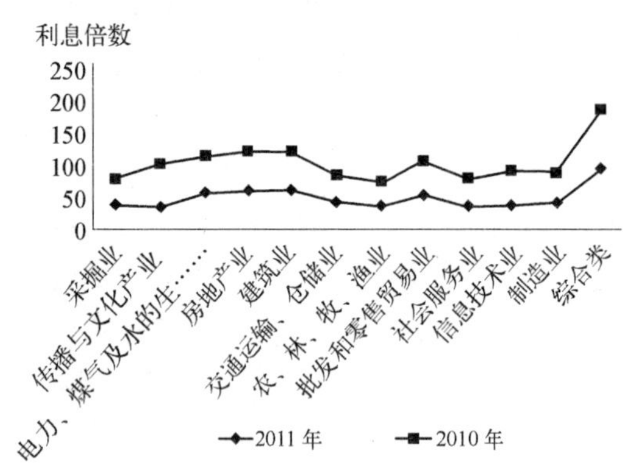

图 11 - 3 各行业已获利息倍数

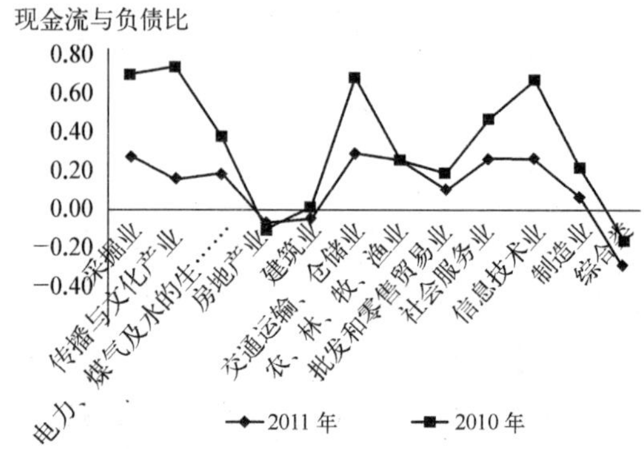

图 11 - 4 经营活动的现金流与负债总额之比

与此同时,房地产企业在证券市场的融资规模进一步萎缩,房地产企业在融资环境恶化的背景下通过海外市场融资或信托融资,隐性加重了公司的债务负担。如果宏观调控政策继续,日益紧张的资金链将迫使房地产行业的重整进一步深化。

3. 扩张性财政政策刺激效果淡化,增长不确定性增加

经济危机源于美国房地产泡沫的破裂。2011 年以来,尽管纽约、迈阿密、旧金山等少数地区房地产市场因国外投资者涌入而出现显著增长的局面,但其他大部分地区仍没有明显的触底反弹迹象,欧洲房地产市场复苏的步伐不一。央行报告显示,2011 年德国和法国的房地产价格继续上涨,英国的房地产价格先升后降且仍有下行压力。在全球经济复苏放缓、欧元区债务危机发酵等因素的影响下,欧元区外围国家房地产市场并不让人乐观。中国在综合采取土地、金融等政策措施的背景下,以限购令、房产税、利率、土地监察、央企退出、住房用地缩减等组合构成的房地产调控政策,在挤压投资、投机需求空间的同时,给房地产行业的未来成长带来很大的负面影响。尽管开发商以价换量有一定的效果,保障性安居工程建设快速推进,且商业地产升温带来的投资增加和信贷投放转向在一定程度上弱化了政策的影响,但房地产开发投资高位缓慢回落,商品房销售增速下降,经营性物业的价格波动大、政策不完善等潜在风险因素,同样给商业地产贷款和投资带来了不确定性,房价环比下降的城市个数增多,主要金融机构房地产贷款增速放缓。在严厉调控政策下,房地产库存持续增加,存货周转率下降明显。

表 11 - 6

2011 年房地产行业资产管理效率

	存货周转率(次)			应收账款周转率(次)			总资产周转率(次)		
	2011 年	2010 年	增长率(%)	2011 年	2010 年	增长率(%)	2011 年	2010 年	增长率(%)
行业平均	0.38	0.55	-30.36	586.30	616.40	-4.88	0.28	0.30	-6.47

表 11－6 表明，房地产行业存货周转速度明显降低，比 2010 年的周转次数减少了 30.36%；应收账款的周转次数也明显降低，比 2010 年的周转次数降低了 4.88%。总资产的周转速度降低了 6.47%。从表 11－7 显示的 2011 年各行业的情况来看，房地产行业的存货周转次数几乎最低。同时，融资渠道进一步变窄，融资成本上升明显，使得房地产市场短期内无法扭转下滑趋势，伴之而来的将是地方政府依赖土地财政收入的路径发生转移，隐性负债风险凸显。

表 11－7

2011 年各行业资产管理效率

指标 行业名称	存货周转率(次)	应收账款周转率(次)	总资产周转率(次)	总资产增长率(%)
采掘业	13.88	102.76	0.90	45.78
传播与文化产业	11.49	27.62	0.63	49.61
电力、煤气及水的生产和供应业	28.94	21.66	0.41	10.48
房地产业	0.38	586.30	0.28	14.14
建筑业	14.63	6.81	0.96	49.19
交通运输、仓储业	121.87	70.91	0.43	14.66
农、林、牧、渔业	3.77	35.99	0.57	24.08
批发和零售贸易业	15.13	133.88	1.54	23.65
社会服务业	109.65	58.47	0.74	34.29
信息技术业	18.37	8.88	0.71	57.66
制造业	52.33	170.49	0.82	31.18
综合类	32.41	35.52	0.55	7.36
平　均	**45.17**	**154.75**	**0.78**	**30.17**

从表 11－8 可以看出，各行业的收益质量有很大的差别。有些行业如电力、煤气及水的生产和供应业、制造业、综合类的营业外收支是利润的主要构成部分；而建筑业、传播与文化产业、社会服务业等行业的经常损益是净利润的主要来源，公司收益质量较高。

表 11－8

2011 年行业平均的收益质量

指标 行业名称	经营活动净收益/利润总额(%)	价值变动净收益/利润总额(%)	营业外收支净额/利润总额(%)	扣除非经常损益后的净利润/净利润(%)
传播与文化产业	34.00	8.93	16.19	82.85
电力、煤气及水的生产和供应业	−104.52	64.07	142.45	−77.58
房地产业	70.45	18.65	13.02	63.66
建筑业	80.22	15.66	7.95	92.56

（续表）

指标 行业名称	经营活动净收益/利润总额(%)	价值变动净收益/利润总额(%)	营业外收支净额/利润总额(%)	扣除非经常损益后的净利润/净利润(%)
交通运输、仓储业	−192.2	300.58	26.46	52.84
农、林、牧、渔业	67.69	11.43	25.39	61.88
批发和零售贸易业	45.62	44.07	16.29	57.01
社会服务业	77.70	16.22	9.85	82.95
信息技术业	55.88	26.01	28.23	60.99
制造业	−0.53	79.86	43.87	−15.76
综合类	−16.97	72.30	48.84	−99.01
平　均	**10.67**	**59.80**	**34.41**	**32.94**

“十二五”期间，战略性新兴产业在政策扶持下将实现超越平均水平的增长速度，以节能环保、新一代信息技术、生物、高端装备制造产业为代表的新兴产业将逐渐成为国民经济的支柱产业，而新能源、新材料、新能源汽车等产业则成为国民经济的先导产业，在行业整体向好的背景下迎来一轮发展高潮。但与此同时，部分行业已经出现产能过剩的迹象。在货币政策紧缩、市场需求尚未完全释放的背景下，部分企业资金链遭受严重考验。考虑到刺激政策的逐步退出，以投资推动经济增长的动力将进一步减弱，加上铁道部投资项目放缓等因素，工程机械行业虽将继续维持高速增长态势，但增速和盈余质量可能会受到负面影响。

在节能减排、产业升级的推动下，机械制造业中低端过剩、高端不足的现象短期内还没有根本改观。在产业政策扶持力度减弱、节能减排的要求提高、资源压力不断加大的未来，钢铁业的发展存在很多的负面影响因素。2011 年的生产呈现前高后低态势，总产量中粗钢、钢材仍分别同比增长 8.9%和 14.6%，供大于求的局面没有从根本上改善。在全行业微利或亏损、产品同质化的背景下，转型升级的压力进一步增大。

结构性减税和财政政策的调整，也将对私人部门的经济决策产生影响。以上市公司为例，2011 年 A 股上市公司中近半数公司的税负同比呈下降趋势，其中科技类上市公司的税负下降明显。国务院出台的、针对符合条件的软件企业的系列优惠政策，使得中国软件、久其软件等上市公司税负占比下降明显；同时，黑色金属尤其是钢铁行业因盈利微薄税负较低，类似的还有农林牧渔、餐饮旅游和公用事业等行业整体税负也呈下降趋势。但房地产行业因土地增值税清缴等因素的影响，140 余家 A 股房企缴纳的营业税及附加、所得税等合计超过 700 亿元，占同期营业收入的比重从 2009 年的 13.5%逐步抬升至 2011 年的 16.29%。此外，金融服务业和采掘业的税负也显著高于 10%的水平。

4. 研发投入增速明显，内部控制和风险管理逐步推进

在外部环境有所恶化的背景下，更多公司开始苦练内功以维持其竞争力。以上市公司为例，在分红、退市等制度和公司治理逐步完善的推动下，公司管理水平进一步提升。大股东侵占、关联方交易不透明、募集资金使用不规范、母子公司管控不力等问题受到重视并逐步得到解决。与此同时，上市公司的研发投入显著增加。根据中国证券报披露的数据，截至 2011 年 4 月 26 日，有可比数据的 1 413 家上市公司明确披露科研经费的总金额达到 1 164 亿元，同比

增幅近25%；而深交所公布的数据显示，战略新兴产业集中的中小板、创业板的研发投入增速分别达到31.22%和37.75%，投入额占营业收入的比重分别为2.53%和5.04%。

此外，在监管部门和上市公司的共同努力下，上市公司年报信息披露内容日益丰富，责任意识日益加强。以信息披露为例，在2008年财政部等五部委推出《企业内部控制基本规范》、2010年出台《内部控制应用指引》之后，审计指导意见、实施问题解释等配套制度的健全，为上市公司有效实施内部控制奠定了良好基础。从2011年年报中可以看出，仅沪市就有超过200家的公司以单独报告的形式公布了董事会内部控制自我评估报告，其中超过150家公司披露了审计师的内部控制审计意见。此外，还有多家公司在年报"公司治理结构"部分披露了公司财务报告内部控制制度的建立和运行情况，并以单独报告的方式披露内部控制规范体系的工作计划和实施方案，在披露内容和质量方面都有长足进步，表明上市公司的信息披露内容进一步丰富，风险防范能力和规范运作水平有了一定的提升。

（二）微观主体所面临的风险因素的识别

1. 经营风险因素的识别

经营风险具体地说，就是一个企业内部由于在人、过程和技术等方面失败而可能使经营发生失败的可能性。由于在人、过程和技术等方面失败的可能性可以预计，因此，在制订经营计划时将这些方面的风险考虑到其中，可以从微观主体的收益质量和资产的管理效率方面来看经营风险。表11－9显示，2011年传播与文化产业，电力、煤气及水的生产和供应业，房地产业，建筑业，交通运输、仓储业，农、林、牧、渔业，批发和零售贸易业，社会服务业，制造业等行业的营业收入增幅超过营业利润的增幅，存在较大的经营风险。采掘业、信息技术业、综合类的经营利润增幅大大地超过了营业收入的增幅，这些行业的经营风险较小。

表11－9

2011年各行业收入和利润增长情况

行业名称＼指标	营业总收入增长率(%)	营业利润增长率(%)	净利润增长率(%)
采掘业	29.08	40.12	51.91
传播与文化产业	31.47	4.13	－35.64
电力、煤气及水的生产和供应业	11.42	－125.93	－19.63
房地产业	23.19	9.89	34.56
建筑业	24.09	10.72	14.57
交通运输、仓储业	28.52	－115.5	－122.85
农、林、牧、渔业	25.57	－98.01	－186.65
批发和零售贸易业	22.95	0.14	12.93
社会服务业	80.28	52.44	14.81
信息技术业	39.53	161.04	12.68
制造业	33.03	－115.79	－57.86
综合类	32.61	46.00	92.82
平　均	**31.81**	**－10.90**	**－15.70**

表 11－10 中的数据显示，与 2010 年相比，2011 年存货周转率比 2010 年有所加快，平均增幅为 98.62%；应收账款周转率比 2010 年有所减缓，平均降幅为 7.79%；总资产周转率比 2010 年有所放慢，平均降低幅度为 1.24%。从行业上看，制造业，社会服务业，综合类，交通运输、仓储业和传播与文化产业等行业的存货周转率明显加快。电力、煤气及水的生产和供应业，房地产业，建筑业，传播与文化产业，农、林、牧、渔业及信息技术业的存货周转率明显减慢；交通运输、仓储业、信息技术业、制造业、综合类等行业的应收账款的周转明显加快。但传播与文化产业，电力、煤气及水的生产和供应业，房地产业，建筑业，农、林、牧、渔业，批发和零售贸易业及社会服务业的应收账款周转明显放慢。因此，电力、煤气及水的生产和供应业，房地产业，建筑业，传播与文化产业，农、林、牧、渔业，信息技术业，批发和零售贸易业是经营风险较高的行业。

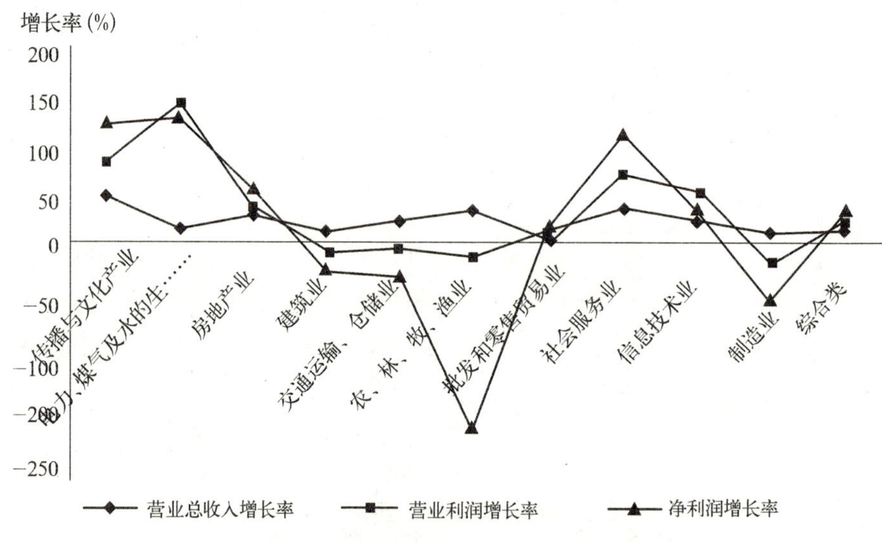

图 11－5 2012 年第一季度各行业收入和营业利润对比

图 11－5 显示，与 2011 年同期相比，2012 年第一季度传播与文化产业，房地产业，建筑业，交通运输、仓储业，农、林、牧、渔业，批发和零售贸易，社会服务业，制造业，综合类有一定的经营风险。

表 11－10

微观主体各行业资产管理效率

指标 / 行业名称	存货周转率(次)			应收账款周转率(次)			总资产周转率(次)		
	2011 年	2010 年	增长率(%)	2011 年	2010 年	增长率(%)	2011 年	2010 年	增长率(%)
采掘业	13.88	13.62	1.87	102.76	100.43	2.32	0.9	0.82	8.98
传播与文化产业	11.49	9.27	23.97	27.62	64.62	−57.27	0.63	0.66	−5.43
电力、煤气及水的生产和供应业	28.94	46.62	−37.94	21.66	22.45	−3.51	0.41	0.43	−2.66
房地产业	0.38	0.55	−30.36	586.3	616.4	−4.88	0.28	0.3	−6.47
建筑业	14.63	25.64	−42.91	6.81	7.92	−14.01	0.96	1.09	−12.21

（续表）

指标 行业名称	存货周转率(次)			应收账款周转率(次)			总资产周转率(次)		
	2011 年	2010 年	增长率(%)	2011 年	2010 年	增长率(%)	2011 年	2010 年	增长率(%)
交通运输、仓储业	121.87	102.64	18.74	70.91	50.7	39.86	0.43	0.41	3.83
农、林、牧、渔业	3.77	4.37	−13.81	35.99	53.06	−32.17	0.57	0.57	−0.92
批发和零售贸易业	15.13	14.55	3.99	133.88	499.89	−73.22	1.54	1.49	3.56
社会服务业	109.65	21.87	401.49	58.47	62.53	−6.5	0.74	0.64	15.54
信息技术业	18.37	21.09	−12.9	8.88	7.33	21.06	0.71	0.79	−10.83
制造业	52.33	5.56	840.89	170.49	157.43	8.29	0.82	0.87	−6.6
综合类	32.41	24.86	30.38	35.52	28.07	26.54	0.55	0.56	−1.71
平　均	**35.24**	**24.22**	**98.62**	**104.94**	**139.24**	**−7.79**	**0.71**	**0.72**	**−1.24**

2. 财务风险因素的识别

度量财务风险主要与微观主体的偿债能力相关。常用的财务指标可以分为三类：第一类为流动性指标，用于反映短期偿债能力，度量短期筹资风险，其中包括流动比率和速动比率等指标。通常这些比率越低，债权人得不到保障的可能性越大，微观主体的风险也就越大。第二类指标反映微观主体的长期偿债能力，一般包括资产负债率、产权比率、利息保障倍数等。一般来说，前两项指标越低，第三项指标越高，则微观主体的长期负债能力越强，筹资风险越小。现金债务总额比是衡量微观主体筹资风险的第三类指标，现金流量和债务的比率可以更好地反映微观主体的偿债能力。该比率越高，表明微观主体承担债务的能力越强。

表 11-11 显示，从短期偿债能力上看，房地产业，电力、煤气及水的生产和供应业，建筑业，批发和零售贸易业的短期偿债能力较高，财务风险很低；电力、煤气及水的生产和供应业、批发和零售贸易业的短期偿债能力较低，存在一定程度的财务风险。从长期偿债能力上看，批发和零售贸易业，房地产业，农、林、牧、渔业，制造业的偿债能力较强；而建筑业，交通运输、仓储业的偿债能力较弱。房地产业、建筑业、综合类、制造业经营活动的现金流不足，存在一定的财务风险。综上所述，电力、煤气及水的生产和供应业，批发和零售贸易业，建筑业，交通运输、仓储业，房地产业，综合类，制造业都存在一定程度的财务风险。

表 11-11

2011 年各行业的平均偿债能力

指标 行业名称	流动比率	速动比率	产权比率	资产负债率(%)	经营活动产生的现金流量净额/负债合计	已获利息倍数(EBIT/利息费用)
采掘业	5.37	5.07	1.06	41.32	0.26	24.00
传播与文化产业	4.02	3.64	0.82	37.44	0.16	121.99
电力、煤气及水的生产和供应业	1.01	0.85	2.93	60.76	0.18	33.53

（续表）

指标 行业名称	流动比率	速动比率	产权比率	资产负债率(%)	经营活动产生的现金流量净额/负债合计	已获利息倍数(EBIT/利息费用)
房地产业	2.04	0.7	2.67	62.92	−0.07	121.71
建筑业	1.74	1.23	2.85	64.59	−0.04	6.29
交通运输、仓储业	2.56	2.3	2.05	45.4	0.29	14.49
农、林、牧、渔业	3.24	2.28	1.4	71.51	0.27	12.71
批发和零售贸易业	1.57	1.18	2.25	50.02	0.10	363.37
社会服务业	2.65	2.33	1.17	51.56	0.26	18.88
信息技术业	6.13	5.66	0.66	33.53	0.26	−76.41
制造业	3.79	3.13	2.48	44.03	0.06	50.9
综合类	2.41	1.93	1.6	59.98	−0.27	14.95
平　均	**3.04**	**2.53**	**1.83**	**51.92**	**0.12**	**58.87**

图 11－6 显示，与 2011 年同期相比，2012 年第一季度有一定的财务风险。有风险的行业是采掘业，传播与文化产业，电力、煤气及水的生产和供应业，房地产业，建筑业，交通运输、仓储业，社会服务业，信息技术业，综合类有一定的财务风险。

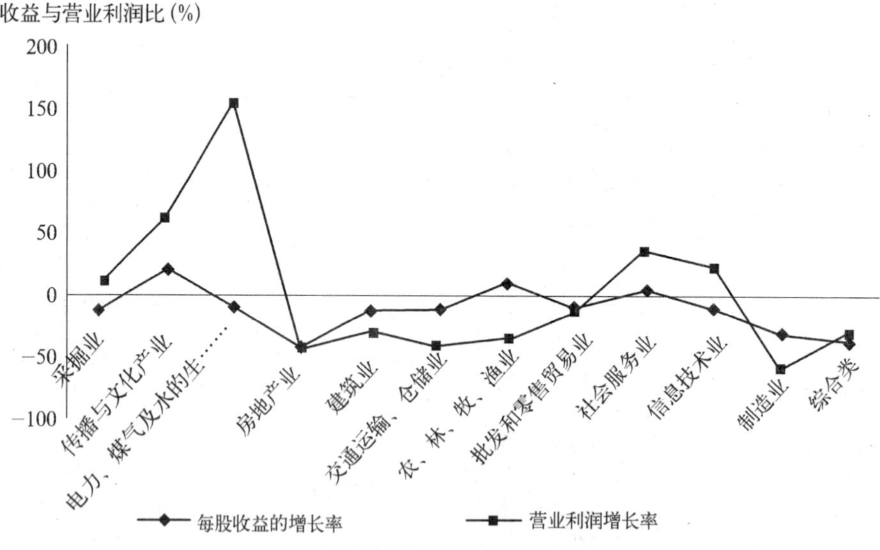

图 11－6　2012 年第一季度各行业每股收益和营业利润对比

三、风险度量与分析

（一）基于行业的微观主体风险度量的完全贝叶斯聚类模型

风险等级预测是风险预测的主要方式之一，传统的风险等级预测一般采用经典的统计方法，对样本数据的数量和质量要求较高，且不易将专家的主观知识与客观数据有机结合。随着计算机智能技术的发展，分类技术已成功用于风险等级预测(如信用风险、市场风险和操作风险等)。现已发展了许多著名的分类器，如朴素贝叶斯分类器、TAN 分类器、C4.5 分类器、支持向量机和神经网络等，它们各有特色，已在许多领域得到了广泛的应用。但这些分类器都需要一定数量的例子用于学习(训练)，当例子数量很少或某些类残缺时，由于分类器得不到有效的训练(许多参数无法估计)，将导致分类预测结果不可靠，甚至无法进行预测。朴素贝叶斯网络聚类适合于进行这类情况的预测，这种聚类技术不仅在例子少或例子残缺时能够进行有效的预测，甚至没有例子也可进行预测。经典的朴素贝叶斯网络聚类是结合朴素贝叶斯网络与EM(expectation-maximization)算法进行聚类，其中的条件密度一般选择高斯密度或高斯核密度。由于 EM 算法是对分布参数的局部贪婪寻优，因此对初始值敏感，易于陷入局部极值，参数迭代还可能收敛到并非似然函数极值的参数空间的边界，从而产生欺骗收敛，这可能导致聚类结果出现极端情况(类值聚集在少数类)。高斯密度可能会出现偏差，而高斯核密度又易于导致对例子的过度拟合。为避免这些问题和进一步提高聚类预测的可靠性，我们对去年所建立的朴素贝叶斯聚类预测方法进行扩展，在采用多元高斯核函数来估计属性条件联合密度(可使属性之间的条件依赖信息得到充分的利用)的基础上，建立完全贝叶斯聚类模型，并将其用于企业财务和经营风险预测。

用 $C, X_1, \cdots, X_n$ 表示类变量与属性变量，$c, x_1, \cdots, x_n$ 是具体的取值，D 表示数据集，N 是数据集中的记录数量。

1. 聚类结构与条件概率分解

由 $C, X_1, \cdots, X_n$ 构成的完全贝叶斯聚类结构是一个完全有向无环图(用 F 表示)，可使属性之间的条件依赖信息得到充分的利用，如图 11－7 所示。

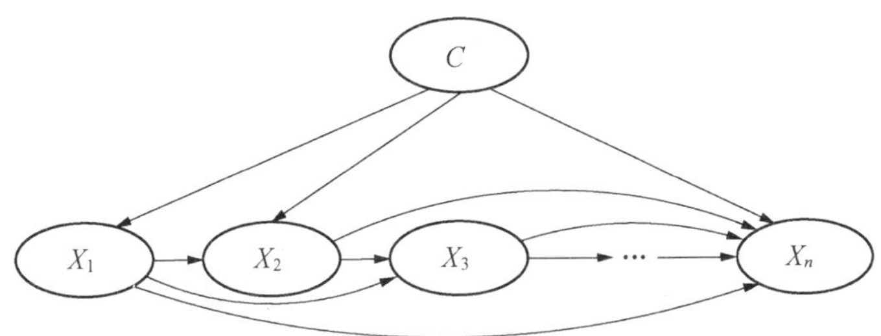

图 11－7　完全贝叶斯聚类结构

Gibbs sampling 要求采用满条件分布 $p(c \mid x_1, \cdots, x_n)$ 进行抽样，根据贝叶斯公式和贝叶斯网络理论可得：

$$p(c \mid x_1, \cdots, x_n) = \frac{p(c, x_1, \cdots, x_n)}{p(x_1, \cdots, x_n)} = \alpha p(c) p(x_1, \cdots, x_n \mid c) \tag{11-1}$$

式中　α ——与 c 无关的量；

$p(c)$ ——类边缘概率；

$p(x_1, \cdots, x_n \mid c)$ ——属性条件联合密度。

2. 确定类变量的值

采用统计多元核函数方法来估计属性条件联合密度，并在多元核函数中为每个属性引入平滑参数，来控制分类器与数据的拟合程度。随机初始化数据集中的 C 值，并对 C 值进行迭代修正。在每一次迭代中，按数据集中记录的顺序依次对 C 值进行修正，修正完所有记录中的 C 值实现一次迭代，直到满足终止条件结束迭代。

设在第 m 个记录 C 具有待修正值 c_m，X_i 的值为 x_{im}，$\hat{c}_m$ 表示 c_m 经过修正后的值，C 的可能取值为 $c^1,\cdots,c^{r_c}$。用 $D^{(k-1)}$ 表示第 k 次迭代修正前的数据集，$D_m^{(k-1)}$ 表示第 k 次迭代修正中对 c_m 修正后的数据集，$D^{(k)}$ 表示第 k 次迭代修正后的数据集。

用 $\hat{p}(x_1,\cdots,x_n \mid c,D)$ 表示在数据集 D 基础上的属性条件联合密度估计，基于统计多元核函数的属性条件联合密度估计一般形式为：

$$\hat{p}(x_1,\cdots,x_n \mid c,D)=\frac{1}{N(c)h_1,\cdots,h_n}\sum_{m=1}^{N}\left[\mathrm{sign}a(c_m)\prod_{i=1}^{n}\mathrm{K}_i\left(\frac{x_i-x_{im}}{h_i}\right)\right] \tag{11-2}$$

式中 $N(c)$ ——训练集中 $C=c$ 的情况数量；

$\mathrm{K}_i(\cdot)$ —— X_i 的高斯核函数；

$h_i(i=1,\cdots,n)$ ——X_i 的平滑参数。

$$\mathrm{sign}a(c_m)=\begin{cases}1, & c_m=c\\ 0, & c_m\neq c\end{cases}。$$

我们取 $\mathrm{K}_i(\cdot)$ 为高斯核函数（也可以取其他的核函数），即 $\mathrm{K}_i\left(\frac{x_i-x_{im}}{h_i}\right)=g(x_i;x_{im},h_i)$，

$g(x_i;x_{im},h_i)=\frac{1}{\sqrt{2\pi}h_i}\exp\left[-\frac{(x_i-x_{im})^2}{2h_i^2}\right]$。

根据联合高斯核密度的估计方法，可得：

$$\begin{aligned}&\hat{p}(c_m)\hat{p}^{(k)}(x_{1m},\cdots,x_{nm} \mid c_m,D_{m-1}^{(k)},F)\\&=\frac{1}{(N-1)h_1,\cdots,h_n}\sum_{v\neq m}\mathrm{sign}b(c_v)\prod_{i-1}^{n}g^{(k)}(x_{im},\ x_{iv},h_i \mid D_{m-1}^{(k)},F),\end{aligned} \tag{11-3}$$

其中 $\mathrm{sign}b(c_v)=\begin{cases}1, & c_v=c_m\\ 0, & c_v\neq c_m\end{cases}$，$\frac{1}{(N-1)h_1,\cdots,h_n}$ 与类无关，抽样时可以省略。

对 $\hat{p}^{(k)}(c_m)\hat{p}^{(k)}(x_{1m},\cdots,x_{nm} \mid c_m,D_{m-1}^{(k)},F)$ 进行归一化处理，记：

$$w(h)=\frac{\hat{p}^{(k)}(c^h,D_{m-1}^{(k)})\hat{p}^{(k)}(x_{1m},\cdots,x_{nm} \mid c^h,D_{m-1}^{(k)},F)}{\sum_{j=1}^{r_c}\hat{p}^{(k)}(c^j,D_{m-1}^{(k)})\hat{p}^{(k)}(x_{1m},\cdots,x_{nm} \mid c^j,D_{m-1}^{(k)},F)},h\in\{1,\cdots,r_c\}$$

对生成的随机数 λ，按如下方法确定类变量 C 的取值：

$$\hat{c}_m=\begin{cases}c^1, & 0<\lambda\leqslant w(1)\\ & \cdots\\ c^h, & \sum_{t=1}^{h-1}w(t)<\lambda\leqslant\sum_{t=1}^{h}w(t)\\ & \cdots\\ c^{r_c}, & \lambda>\sum_{t=1}^{r_c-1}w(t)\end{cases}。 \tag{11-4}$$

3. 迭代终止检验

采用相邻聚类变量值序列的一致性检验进行终止迭代判断。设相邻两次迭代所得到的聚类变量值序列分别为 $c_1^{(k)}, c_2^{(k)}, \cdots, c_N^{(k)}$ 和 $c_1^{(k+1)}, c_2^{(k+1)}, \cdots, c_N^{(k+1)}$，

$\text{sign}c(c_i^{(k)}, c_i^{(k+1)}) = \begin{cases} 0, & c_i^{(k)} = c_i^{(k+1)} \\ 1, & c_i^{(k)} \neq c_i^{(k+1)} \end{cases}$。对给定的阈值 $\eta > 0$，如果 $\frac{1}{N}\sum_{i=1}^{N}\text{sign}c(c_i^{(k)}, c^{(k+1)_i}) \leqslant \eta$，则结束迭代。

（二）样本和指标的选取

1. 样本的选取

此处选取了 2011 年和 2012 年第一季度公布的财务报告深、沪上市的 A 股公司作为研究样本。行业的划分以中国证监会 2001 年正式颁布的《上市公司行业分类指引》为依据。《上市公司行业分类指引》将上市公司所属行业划分为 12 个大类，总样本数和各行业的样本数见表 11 - 12。研究中使用的财务数据来源于 WIND 和 CCER 数据库。

表 11 - 12

2011 年和 2012 年第一季度样本的分布情况　　单位：样本数

行业名称＼时间	2011 年	2012 年第一季度
采掘业	56	56
传播与文化产业	33	33
电力、煤气及水的生产和供应业	77	76
房地产业	141	131
建筑业	52	50
交通运输、仓储业	82	77
农、林、牧、渔业	45	45
批发和零售贸易业	131	128
社会服务业	83	76
信息技术业	196	194
制造业	1 515	1 455
综合类	56	56
总　计	2 467	2 377

2. 指标的选取

企业财务和经营风险指标均包含两部分：风险等级指标和影响风险等级的相关其他指标。风险等级分为四个级别，分别是高风险（A 级）、较高风险（B 级）、有风险（C 级）和风险关注（D 级）。① 影响企业财务风险的相关因素指标为：销售毛利率、销售净利率、净资产收益率、总资产净利率、每股收益（基本）、产权比率、已获利息倍数（EBIT/利息费用）、资产负债率（平均）、现金债务总额比、每股经营现金流量。② 影响企业经营风险的相关因素指标为：存货周转率、应收账款周转率、总资产周转率、总资产增长率、固定资产/总资产、营业总收入增长

率、营业利润增长率、净利润增长率。

（三）基于行业的微观主体风险的预测与分析

邀请15位企业管理、财务管理和会计学等方面的专家，采用德尔菲法（Delphi Method）确定一部分企业的年度财务和经营风险的等级（经过三轮的专家评价，以各专家趋于一致的风险等级为最后的风险等级），以及财务和经营A级风险分布的参考值。基于完全贝叶斯聚类方法进行2011年和2012年第一季度企业财务和经营风险等级预测，并分析预测结果。

1. 聚类算法迭代收敛性分析

选择2011年四个行业（房地产业、批发和零售贸易业、社会服务业、信息技术业）的数据，分别取 $\eta=0.01$，财务风险 $\rho=0.001$，经营风险 $\rho=0.002$，四个行业的财务和经营风险聚类迭代收敛情况如图11-8所示。

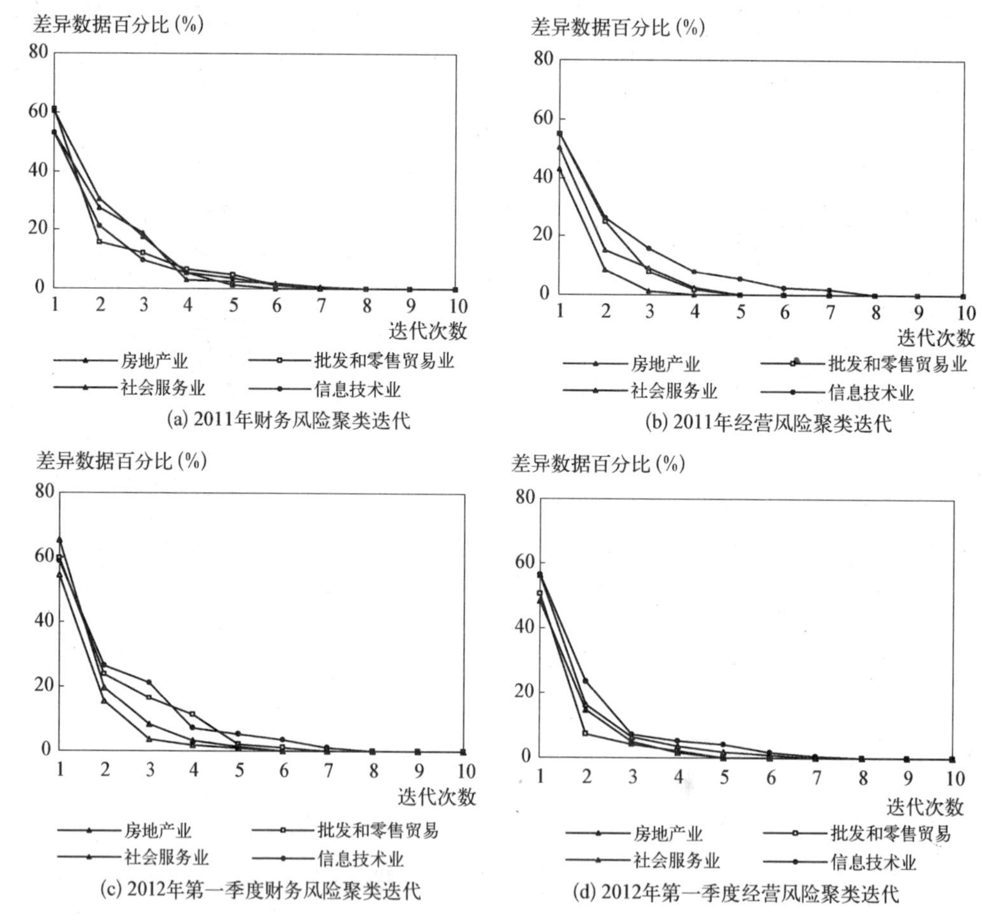

图11-8 聚类迭代收敛情况

从图11-8中可以看出，经过9次迭代后均收敛，显示了聚类迭代具有较高的效率，而且没有引起数据的较大波动，这表明聚类算法与数据中所蕴含的规则具有相容性。

2. 基于完全贝叶斯聚类的风险预测

在完全贝叶斯聚类过程中，依据行业A级风险分布的参考值调整平滑参数，最终获得每一个未知风险等级企业的风险等级，再经过简单统计得到的各行业风险分布情况，如表11-

13 至表 11－16 所示。

表 11－13

2011 年各行业的财务风险分布

行业名称＼风险等级	高风险（A 级）	较高风险（B 级）	有风险（C 级）	风险关注（D 级）
采掘业	0.107 1	0.203 5	0.357 1	0.332 3
传播与文化产业	0.151 5	0.221 2	0.372 7	0.254 6
电力、煤气及水的生产和供应业	0.203 8	0.233 7	0.354 8	0.207 7
房地产业	0.297 8	0.241 8	0.225 5	0.234 9
建筑业	0.215 3	0.215 3	0.284 6	0.284 8
交通运输和仓储业	0.146 3	0.209 7	0.378 2	0.265 8
农、林、牧、渔业	0.133 3	0.322 2	0.233 3	0.311 2
批发和零售贸易业	0.245 0	0.252 6	0.251 1	0.251 3
制造业	0.244 5	0.209 5	0.224 3	0.321 7
社会服务业	0.184 3	0.284 3	0.230 1	0.301 3
信息技术业	0.284 2	0.112 2	0.290 8	0.312 8
综合类	0.150 0	0.242 8	0.210 7	0.396 5

表 11－13 显示，2011 年财务风险等级主要为 A 级的行业有房地产业；财务风险等级主要为 B 级的行业有农、林、牧、渔业，批发和零售贸易业；财务风险等级主要为 C 级的行业有采掘业，传播与文化产业，电力、煤气及水的生产和供应业，交通运输和仓储业；财务风险等级主要为 D 级的行业有建筑业、制造业、社会服务业、信息技术业、综合业。

表 11－14 显示，2012 年财务风险等级主要为“高风险”（A 级）的行业是房地产业、信息技术业；财务风险等级主要为“较高风险”（B 级）的行业是交通运输和仓储业；财务风险等级主要为“有风险”（C 级）的行业是采掘业，电力、煤气及水的生产和供应业，建筑业，批发和零售贸易业，制造业，社会服务业；财务风险等级主要为“风险关注”（D 级）的行业是传播与文化产业，农、林、牧、渔业。

表 11－14

2012 年第一季度各行业的财务风险分布

行业名称＼风险等级	高风险（A 级）	较高风险（B 级）	有风险（C 级）	风险关注（D 级）
采掘业	0.167 8	0.242 8	0.346 6	0.242 8
传播与文化产业	0.112 1	0.272 8	0.263 6	0.351 5
电力、煤气及水的生产和供应业	0.173 6	0.284 4	0.317 8	0.224 2
房地产业	0.336 3	0.212 9	0.212 9	0.237 9
建筑业	0.260 0	0.220 0	0.310 0	0.210 0
交通运输和仓储业	0.116 8	0.294 8	0.293 6	0.294 8

（续表）

风险等级 行业名称	高风险 （A级）	较高风险 （B级）	有风险 （C级）	风险关注 （D级）
农、林、牧、渔业	0.117 7	0.171 2	0.300 0	0.411 1
批发和零售贸易业	0.162 5	0.181 2	0.353 1	0.303 2
制造业	0.209 9	0.229 5	0.325 3	0.235 3
社会服务业	0.118 4	0.205 4	0.381 5	0.294 7
信息技术业	0.308 2	0.208 4	0.273 1	0.210 3
综合类	0.142 8	0.232 3	0.346 4	0.278 5

表11－15显示，2011年经营风险等级主要为A级的行业有信息技术业；经营风险等级主要为B级的行业有交通运输和仓储业，农、林、牧、渔业，综合类；经营风险等级主要为C级的行业有建筑业、批发和零售贸易业、制造业、社会服务业；经营风险等级主要为D级的行业有采掘业，传播与文化产业，电力、煤气及水的生产和供应业，房地产业。

表11－15

2011年各行业的经营风险分布

风险等级 行业名称	高风险 （A级）	较高风险 （B级）	有风险 （C级）	风险关注 （D级）
采掘业	0.107 1	0.267 8	0.278 5	0.346 6
传播与文化产业	0.151 5	0.221 2	0.251 5	0.375 8
电力、煤气及水的生产和供应业	0.173 8	0.228 7	0.246 7	0.350 8
房地产业	0.190 7	0.256 7	0.268 7	0.283 9
建筑业	0.134 6	0.234 6	0.326 9	0.303 9
交通运输和仓储业	0.158 5	0.385 3	0.239 0	0.217 2
农、林、牧、渔业	0.100 0	0.322 2	0.222 2	0.355 6
批发和零售贸易业	0.160 3	0.283 9	0.328 2	0.227 6
制造业	0.243 5	0.251 3	0.301 8	0.203 4
社会服务业	0.232 5	0.180 7	0.333 7	0.253 1
信息技术业	0.298 9	0.246 9	0.214 5	0.239 7
综合类	0.250 0	0.367 8	0.125 1	0.257 1

表11－16显示，2012年经营风险等级主要为“较高风险”（B级）的行业是建筑业、信息技术业、综合类；经营风险等级主要为“有风险”（C级）的行业是传播与文化产业，房地产业，交通运输和仓储业，农、林、牧、渔业，批发和零售贸易业，社会服务业；经营风险等级主要为“风险关注”（D级）的行业是采掘业，电力、煤气及水的生产和供应业，制造业。

表 11－16

2012 年第一季度各行业的经营风险分布

风险等级 行业名称	高风险 （A 级）	较高风险 （B 级）	有风险 （C 级）	风险关注 （D 级）
采掘业	0.085 7	0.225 0	0.339 3	0.350 0
传播与文化产业	0.051 3	0.251 5	0.381 8	0.315 4
电力、煤气及水的生产和供应业	0.176 5	0.189 4	0.310 5	0.323 6
房地产业	0.213 7	0.312 9	0.351 1	0.122 3
建筑业	0.140 0	0.320 0	0.280 0	0.260 0
交通运输和仓储业	0.146 7	0.242 8	0.385 9	0.224 6
农、林、牧、渔业	0.111 2	0.344 4	0.222 2	0.322 2
批发和零售贸易业	0.118 7	0.348 6	0.281 2	0.251 5
制造业	0.279 7	0.189 1	0.241 2	0.290 0
社会服务业	0.163 1	0.257 8	0.331 3	0.247 8
信息技术业	0.285 5	0.290 7	0.214 3	0.209 5
综合类	0.221 4	0.332 3	0.232 1	0.214 2

表 11－17 和图 11－9 显示，2011 年微观主体所面临的财务风险主要为“有风险”（C 级）；所面临的经营风险主要为“有风险”（C 级）。

表 11－17

2011 年微观主体的风险分布

风险等级 风险种类	高风险 （A 级）	较高风险 （B 级）	有风险 （C 级）	风险关注 （D 级）
财务风险	0.196 9	0.229 1	0.284 4	0.289 6
经营风险	0.183 5	0.270 6	0.261 4	0.284 6

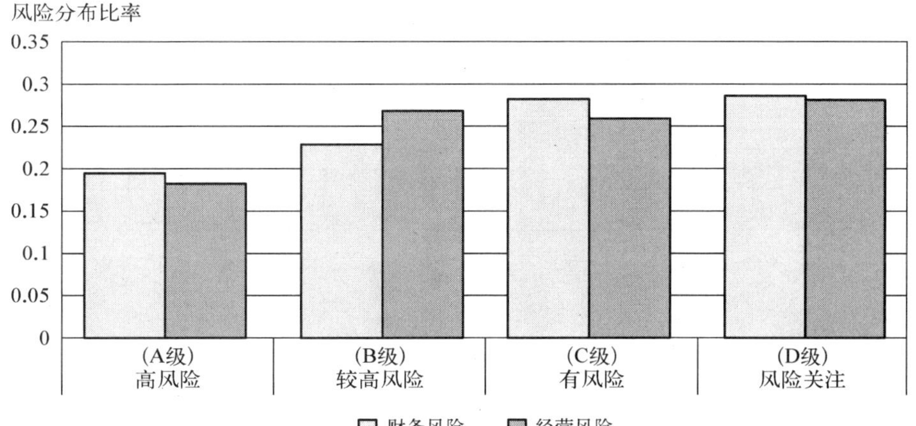

图 11－9 2011 年微观主体的风险分布

从 2012 年的数据看(见表 11 - 18 和图 11 - 10),微观主体所面临的财务风险主要等级为“有风险”(C 级);所面临的经营风险主要等级为“有风险”(C 级)。

表 11 - 18

2012 年第一季度微观主体的风险分布

风险等级 / 风险种类	高风险(A 级)	较高风险(B 级)	有风险(C 级)	风险关注(D 级)
财务风险	0.185 5	0.229 6	0.310 3	0.274 5
经营风险	0.166 1	0.275 4	0.297 6	0.260 9

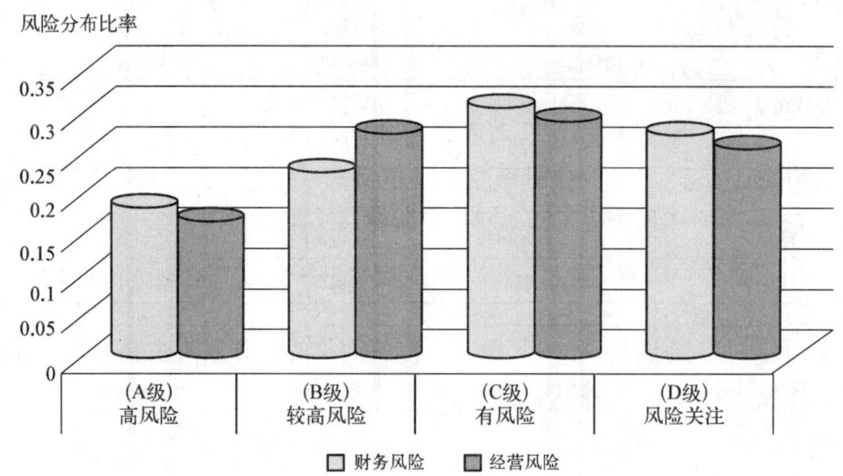

图 11 - 10　2012 年第一季度微观主体的风险分布

从风险的行业分布来看(见图 11 - 11 和图 11 - 12),2011 年高财务风险(“高风险”)主要集中在房地产业、信息技术业、建筑业、制造业;高经营风险(“高风险”)主要集中在：信息技术业、制造业、综合类、社会服务业、房地产业。图 11 - 13 和图 11 - 14 显示,2012 年高财务风险(“高风险”)主要集中在房地产业、信息技术业、建筑业、制造业;高经营风险(“高风险”)主要集中在信息技术业,制造业,综合类,房地产业,电力、煤气及水的生产和供应业。

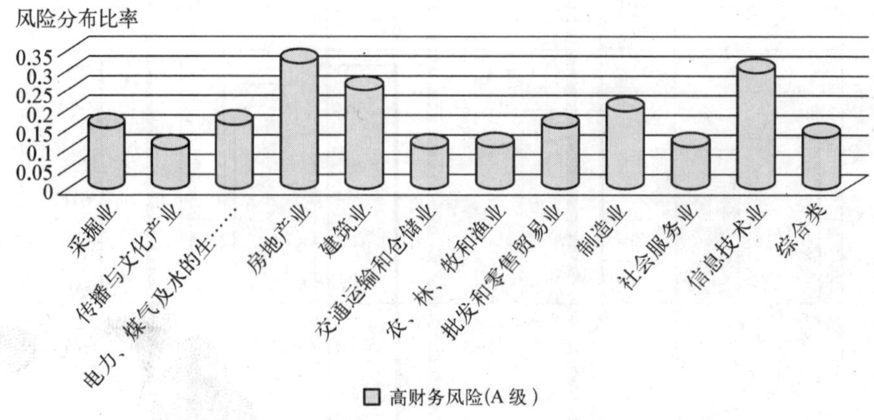

图 11 - 11　2011 年高财务风险(A 级)的行业分布

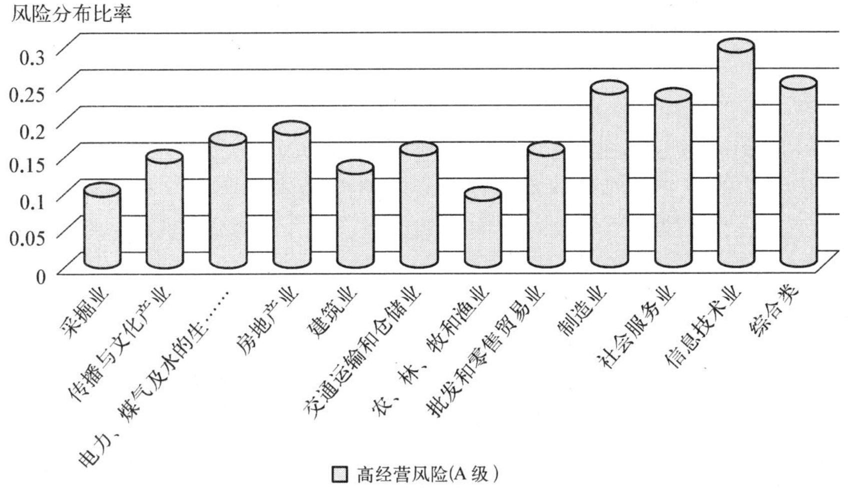

图 11-12　2011 年高经营风险(A 级)的行业分布

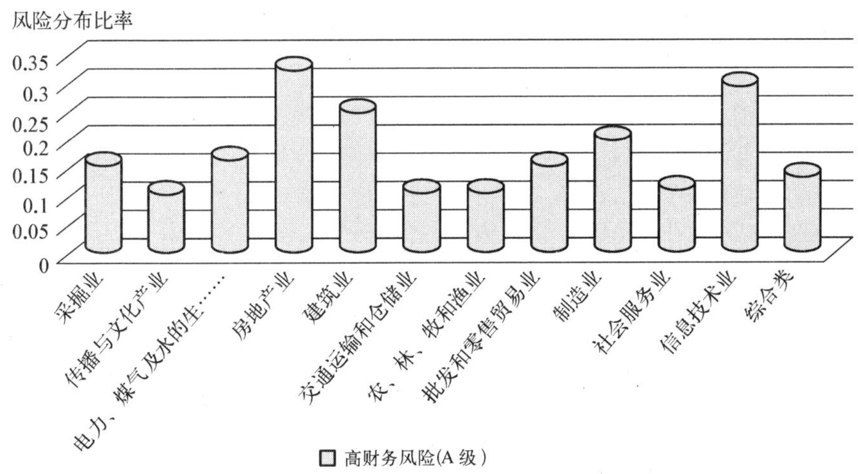

图 11-13　2012 年高财务风险(A 级)的行业分布

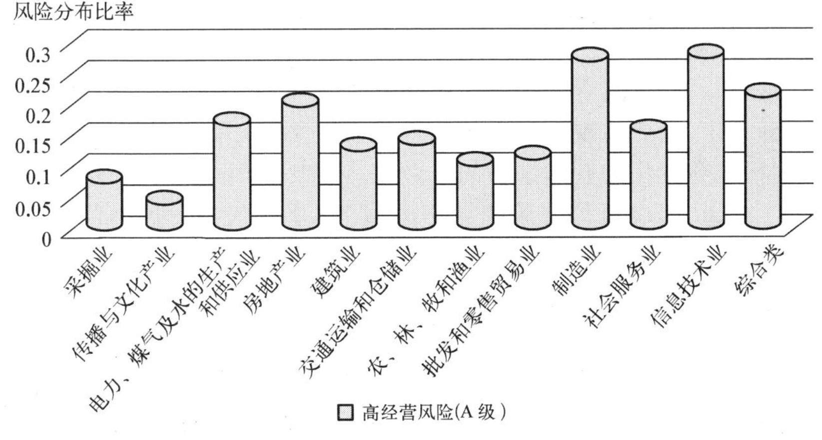

图 11-14　2012 年高经营风险(A 级)的行业分布

四、结论与风险管理措施

（一）结论

本研究探讨了影响中国经济运行的微观主体风险。通过建立各行业风险预警的完全贝叶斯聚类模型，构建了各行业的风险预警指标体系。研究结果表明：2012 年微观主体所面临的财务风险等级主要是“有风险”（C 级），所面临的经营风险等级主要是“有风险”（C 级）。

从风险的行业分布上看，微观主体的高财务风险（“高风险”）主要集中在房地产业、信息技术业、建筑业、制造业；高经营风险（“高风险”）主要集中在信息技术业，制造业，综合类，房地产业，电力、煤气及水的生产和供应业。交通运输和仓储业的财务风险等级主要是“较高风险”（B 级）；采掘业，电力、煤气及水的生产和供应业，建筑业，批发和零售贸易业，制造业，社会服务业的财务风险等级主要是“有风险”（C 级）；传播与文化产业，农、林、牧、渔业的财务风险等级主要为“风险关注”（D 级）。建筑业，信息技术业，综合类的经营风险等级主要是“较高风险”（B 级）；传播与文化产业，房地产业，交通运输和仓储业，农、林、牧、渔业，批发和零售贸易业，社会服务业的经营风险等级主要是“有风险”（C 级）；采掘业，电力、煤气及水的生产和供应业，制造业的经营风险等级主要是“风险关注”（D 级）。

（二）微观主体风险的管理措施

就微观主体整体而言，一方面可考虑全球经济环境的变化，尤其是经济增长、通货膨胀预期、就业、进出口等方面的变化趋势，作出合理的战略决策；另一方面则结合行业的特征，考虑影响该类企业的主要风险因素，在经营、财务安排上优先考虑相关的风险大小及控制措施，并通过公司治理结构的优化、持续有效的监控，将风险控制在可接受范围之内。微观主体应把握宏观经济政策的变动趋势，在战略制定的调整、经营活动的导向、投融资活动的安排等方面作出灵活应对，在财务、经营等方面选择更加符合国家产业政策、更符合企业自身风险偏好的策略，以帮助其更好地实现自身的目标。

就单个的微观企业而言，可以在以下方面有所改进，以更好地管理和应对风险。

1. 培育良好的风险管理文化

风险管理是企业战略的重要组成部分，一个组织的风险文化将决定微观主体如何成功地进行风险管理。良好的风险管理文化，将风险管理理念贯穿于微观主体的整个流程，培养全体员工风险管理的自觉意识和行为习惯，使风险管理体系不仅有其形，且具其神，确保风险管理机制有效发挥，政策和制度切实贯彻执行。风险管理的重心与微观主体业务的发展息息相关，风险管理文化与风险管理的重心如影相随。积极培育具有自身特色的风险管理文化，充分体现微观主体特色的发展愿景、积极向上的价值观、诚实守信的经营理念、履行社会责任和开拓创新的企业精神，以及团队协作和风险防范意识，以此引导和规范员工行为，形成整体团队的向心力，促进企业长远发展。董事、监事、经理和其他高级管理人员在微观主体风险管理文化建设中发挥主导和垂范作用，以自身的优秀品格和脚踏实地的工作作风，带动影响整个团队，共同营造积极向上的风险管理文化环境。同时，微观主体还要加强风险管理文化的宣传贯彻，促进文化建设在内部各层级的有效沟通，并确保全体员工共同遵守；将风险管理文化建设融入生产经营全过程，切实做到风险管理文化建设与发展战略的有机结合，增强员工的责任感和使命感，规范员工行为方式，使员工自身价值在微观主体的发展中得到充分体现。

2. 建立有效的风险防范机制

构筑以“岗位牵制、合规管理和内审监督”三道内控防线为特征的风险管理架构，进一步明晰风险管理、合规管理、内部审计等职能定位，在此基础上制定并实施“分类管理、合理承担、全面控制”的风险管理策略。对于资产负债率过高，投资冲动强的企业，在考核时，将流动比率、速动比率和现金流作为主要的考核指标。根据自身发展战略目标、资产负债管理需要和经营目标确定资金运用的风险偏好、风险限额、收益要求等风险控制总目标。

企业决策部门必须增强风险防范意识，不论是对外投资还是对内融资，也不论是研制产品还是销售产品，都应预测估计可能产生的风险以及企业的承受能力，加强对企业管理人员的业务培训，增强他们认识风险、分析风险和防范风险的能力，提高管理决策水平，降低决策的随意性。同时，不断提高财务管理人员的风险意识，做到责、权、利相统一。财务风险存在于企业财务管理工作的各个环节，任何环节的工作失误都可能会给企业带来财务风险，必须将风险防范贯穿于工作的始终。企业应设置高效的财务管理机构，配备高素质的财务管理人员，规范各项规章制度，强化各项基础工作，使财务管理人员的风险意识不断提高。在利益分配方面，应兼顾企业各方利益，以调动各部门参与企业财务管理的积极性，真正做到责、权、利相统一。引进科学的风险管理程序，加强制度建设，建立健全财务风险管理机制，确定应付风险的方案和措施。制订企业财务战略和计划，优化财务决策和控制方法，健全财务信息的控制系统，出现风险及时处理减少损失。建立科学的内部决策制度，对风险较大的经营决策和财务活动，要在微观主体内部的各职能部门中进行严格的审查、评估、论证，通过集思广益，尽量避免因个人决策失误而造成的风险。

3. 构建基于全面风险管理的组织架构

组织架构为企业风险管理提供了计划、执行、控制和监督其活动的框架，包括确定职责和责任的关键界区，以及确立恰当的报告途径。在建立企业组织架构时，应立足于形成“CEO 最终负责、高层决策、专职统筹、部门支持、全员参与、董事会监督”的企业风险管理运行体系，实行上级风险管理部门对下级风险管理部门负责人和同级业务部门“风险管理岗”负责人的直接管理和考核；下级风险管理人员在所管辖的区域和领域内全面监控、执行风险管理政策，包括搭建运作组织，推广风险管理工具，量化评估与分析报告等，以利于总风险管理部门综合归纳各区域、各领域的风险暴露，进行全面风险整合，实现对微观主体的积极风险配置。

4. 进一步完善内部控制体系

内部控制是由企业董事会、监事会、经理层和全体员工实施的、旨在实现控制目标的过程。实践证明，健全有效的内部控制可以合理保证企业经营管理合法合规、资产安全、财务报告及相关信息真实完整，提高经营效率和效果，促进企业实现发展战略。2010 年 4 月 26 日，财政部会同证监会、审计署、国资委、银监会、保监会等部门发布了《企业内部控制配套指引》。该配套指引连同 2008 年 5 月发布的《企业内部控制基本规范》，共同构建了中国企业内部控制规范体系，自 2011 年 1 月 1 日起首先是在境内外同时上市的公司施行，自 2012 年 1 月 1 日起扩大到在上海证券交易所、深圳证券交易所主板上市的公司施行；在此基础上，择机在中小板和创业板上市公司施行。同时，鼓励非上市大中型企业提前施行。加强内部控制，有助于企业及时识别内外经营环境急剧变化形成的各类风险，有助于企业不断健全在战略风险、财务风险、合规风险、安全生产风险、环境风险等方面的管控措施，获得更多更好的发展机会，提升可持续发展能力。建设与实施内部控制，也有助于企业完善治理结构和内部约束机制，有助于企业提高资源管理与利用的安全性和有效性，促进经济资源的有效配置，推动健全现代市场体系。

5. 建立敏感的风险识别系统及有效的风险报告渠道

建立敏感的风险管理识别系统，需要微观主体对内外部环境，尤其是不确定性事件或者因素，进行准确的预测和分析。不断地加大内部信息系统建设的投入，使信息系统的开发具有前瞻性和连续性，使信息系统能够涵盖微观主体所有的业务活动，充分满足企业的需求。建立适当的组织结构、完善的工作制度和通畅的交流渠道，保证风险信息的充分流动。借鉴国际先进风险管理信息系统的经验，考虑国内市场环境，利用现有资源和历史数据，构建风险管理信息系统，涵盖风险监测、风险分析等风险管理环节。针对各类风险的不同特点，制定差别化的风险信息传导机制。建立纵向报送与横向报送相结合的信息交流线路，保证信息的真实准确，实现信息共享，使风险政策能够得到良好的贯彻。制定对外信息披露管理办法，对信息披露的内容、格式、频度及职责等进行规范。

参考文献

[1] 曹德芳，夏好琴. 基于股权结构的财务危机预警模型构建[J]. 南开管理评论，2005(6).

[2] 姜秀华，任强，孙铮. 上市公司财务危机预警模型研究[J]. 预测，2002(3).

[3] 马若微. KMV 模型运用于中国上市公司财务困境预警的实证检验 [J]. 数理统计与管理，2006(9).

[4] 孙星，邱菀华. 企业财务危机预警双基点距离比值法[J]. 管理工程学报，2005(3).

[5] 吴世农，卢贤义. 我国上市公司财务困境的预测模型研究[J]. 经济研究，2001(6).

[6] 王宗军，熊银平，邓晓岚. 非财务信息与财务危机预警——来自我国上市公司的证据[J]. 价值工程，2006(8).

[7] 张玲，陈收，张昕. 基于多元判别分析和神经网络技术的公司财务困境预警[J]. 系统工程，2005(1).

[8] 王双成，邵军，杜瑞杰. 企业风险等级预测的集成聚类方法研究[J]. 中国管理科学，2010(18).

[9] 唐海燕，贾德奎. 中国经济运行风险研究报告 2010. [M]. 上海：立信会计出版社，2010.

[10] 唐海燕，贾德奎. 中国经济运行风险研究报告 2011. [M]. 上海：立信会计出版社，2011.

[11] COATS, PAMELA K, FANT L F. Recognizing financial distress patterns using a neural network tool[J]. Financial Management 22,1993.

[12] OHLSON, JAMES A. Financial ratios and the probabilistic prediction of bankruptcy. Journal of Accounting Research 18,1980.

[13] PLATT, HARLAN D, PLATT, MARJORIE B. Predicting corporate financial distress: reflections on choice-based sample bias. Journal of Economics and Finance 26,2002.

第十二章　宏观经济周期波动研究

一、中国宏观经济第10轮经济周期仍处在下行通道中

在2009年的中国经济运行风险研究报告中，我们判断了2007年是新中国成立后第10个经济周期的转折点——峰谷。2011年中国经济仍然处在下行通道中，图12-1显示了1990—2011年GDP增长率波动轨迹。它描述了新中国成立以来第9、第10轮经济周期的运行情况。从2007年开始，第10轮经济周期达到峰顶，开始步入下行。

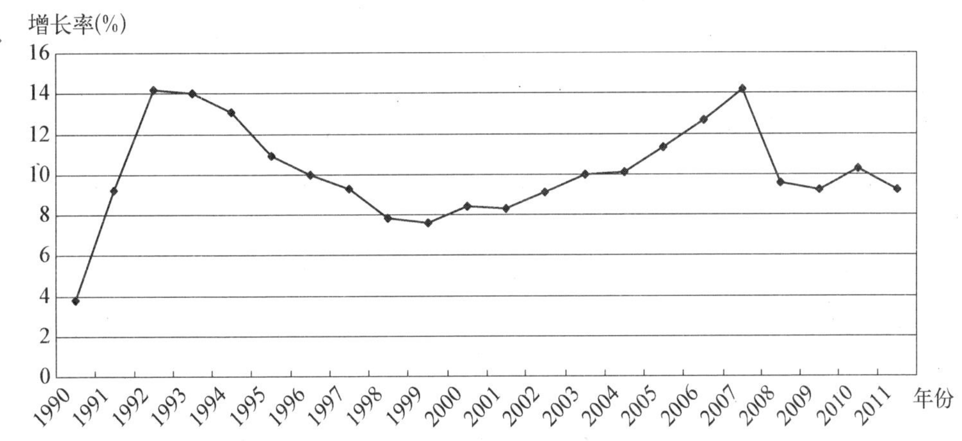

图12-1　1990—2011年GDP增长率波动轨迹

数据来源：Wind数据库。

2011年，全球经济在动荡不安中蹒跚前行。欧债危机恶化蔓延，殃及实体经济，全球经济增长放缓。以美国为代表的发达经济体失业率高企，经济复苏乏力，它们普遍实施了较为宽松的宏观经济政策；主要新兴经济体同时面临经济放缓和通胀的压力，货币政策逐渐由紧转松。

2011年是中国"十二五"开局之年，实行了积极的财政政策和稳健的货币政策。经济继续朝着宏观调控的预期方向发展，经济增速基本稳定，全年GDP增长水平为9.2%，物价涨幅得到初步抑制，房地产调控初见成效。中国经济在低迷的世界经济格局中一枝独秀。

2011年，宏观经济运行的总体情况如下。

1. 经济增速逐季回落，经济复苏步入疲软期

受稳健偏紧货币政策以及外部经济恶化的影响，2011年中国经济增长逐季回落。2011年四个季度的GDP同比增长率均低于2010年，四个季度GDP同比增长率分别是9.7%、9.6%、9.4%、9.2%，逐季回落，全年累计9.2%，经济复苏步入疲软期。见图12-2。

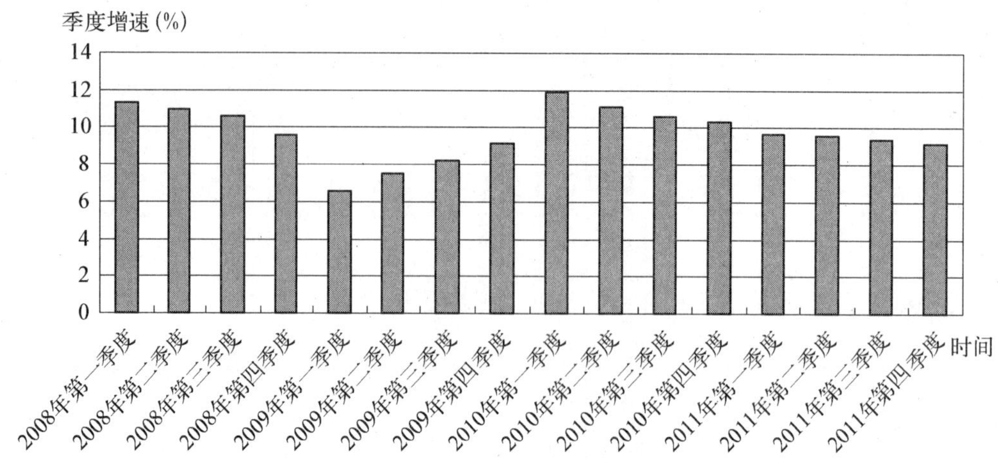

图 12-2 2008—2011 年中国 GDP 季度增速波动轨迹

资料来源：WIND 数据库。

2. 固定资产投资保持平稳较快增长，中西部投资增速明显快于东部

固定资产投资保持较快增长，全年固定资产投资 471 563.7 亿元。2011 年第一季度至第四季度，固定资产投资同比增长率分别是 25%、25.6%、24.9%、23.8%，全年增长 23.8%，略低于 2010 年的增长水平，扣除固定资产投资价格上涨因素，实际增长 16.1%。分地区看，东部、中部、西部地区投资分别增长 21.3%、28.8%和 29.2%，中西部地区明显高于东部。

3. 消费需求增长乏力

全年社会消费品零售总额 183 919 亿元，同比增长率为 17.1%，与 2010 年相比，下降了 1.2个百分点。扣除价格因素，实际增长 11.6%，与 2010 年的实际增长率 14.8%相比，下降了 3.2 个百分点，消费对经济增长的作用明显下降。2011 年 1 月，社会消费品零售总额同比增长率为全年最高值 19.9%，然后一路下滑，12 月为 17.1%。

4. 流动性呈现前松后紧的特点，通货膨胀年中见顶

2011 年，在稳健货币政策以及发达经济体季度宽松货币政策等因素的影响下，中国的流动性呈现前松后紧的特点。全年第一季度、第二季度、第三季度、第四季度的 $M0$ 同比增长率分别是 14.8%、14.4%、12.7%、13.8%；$M1$ 同比增长率分别是 15%、13.1%、8.9%、7.9%；$M2$ 同比增长率分别是16.6%、15.9%、13%、13.6%；金融机构贷款同比增长率分别是 16.19%、15.24%、14.32%、14.35%。

在稳健货币政策、全球大宗商品价格持续上升、价格治理以及翘尾因素等多重因素的作用下，通货膨胀预期不断加大，其中，1 月份、2 月份、3 月份、4 月份的 CPI 分别为 4.9%、4.9%、5.4%、5.3%，6 月、7 月、8 月、9 月 4 个月份的 CPI 均突破 6%，从 10 月份开始回落，12 月份回落到 4.1%。全年居民消费价格比上年上涨 5.4%，比 2010 年上升 2.1 个百分点。

5. 工业生产平稳增长，呈现“前高后低”的发展态势

受消费持续下滑以及进出口增速回落的影响，工业生产平稳增长。2011 年，全国规模以上工业增加值同比增长 13.9%，低于去年 1.8 个百分点。全年工业增加值同比增速仍然呈现“前高后低”的发展态势。2011 年 4 月、5 月、6 月工业增加值同比增长率分别为 13.4%、13.3%和 15.1%，7 月之后，逐月下滑，12 月为 12.8%。

工业企业效益增加幅度有限。全国规模以上工业企业实现利润 5.5 万亿元，同比增长 25.4%，明显低于 2010 年的水平。企业景气指数四个季度分别是 133.8，135.6，133.4，128.2；企业家信心指数四个季度分别是 137.4，132.4，129.4，122。两个指数都是持续回落，均低于 2010 年同期水平。

6. 制造业经理采购指数持续回落

2011 年，PMI 连续回落，1～5 月，均高于临界值 2～3 个百分点，从 6 月份开始，高于临界值约 1 个百分点，11 月回落到 49%，低于临界值，这是自 2009 年 3 月份以来首次回落到 50% 以内，显示出经济增速回落趋势仍将延续。

7. 宏观经济景气指数显示中国经济增速放缓

2011 年，从先行指数、一致指数和预警指数的走势可以看出，中国经济回缓幅度逐月扩大。先行指数全年最高为 4 月份的 102.1，12 月最低，为 100.2；一致指数全年基本在 102～103 之间徘徊，12 月最低为 99.3；而且这些指标都低于 2010 年同期水平。如图 12－3 所示。

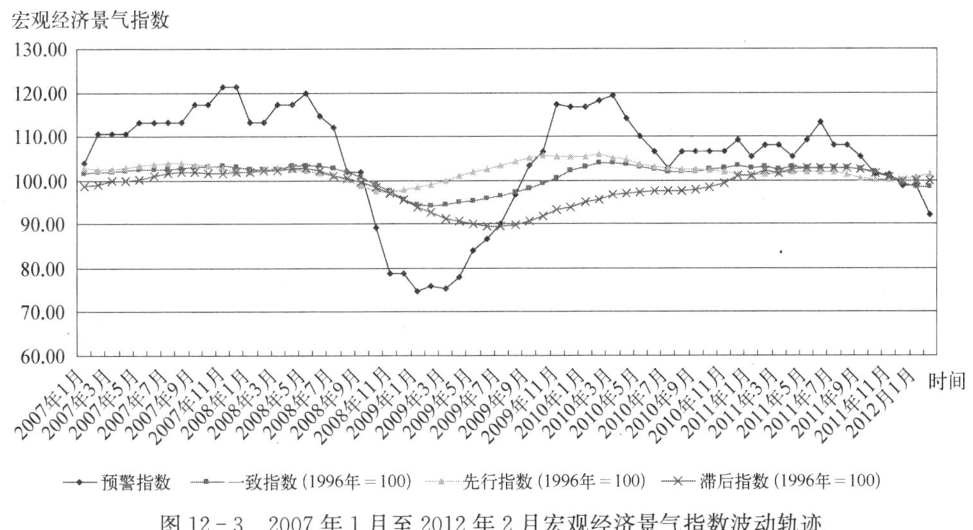

图 12－3　2007 年 1 月至 2012 年 2 月宏观经济景气指数波动轨迹

资料来源：Wind 数据库。

二、2011 年主要经济变量波动对宏观经济的影响分析

1. 工业增加值的波动对宏观经济的影响

按照常规的中国经济增长模式，5.1%的工业增长对应的应该是 3.5%的 GDP。① 由于缺少 GDP 的月度数据，所以我们用月度工业增加值来衡量月度经济总量。从图 12－4 可以看出，2011 年全年，工业增加值同比增长率在 6 月份达到最高值 15.1%后，缓慢回落，11 月、12 月分别下滑到 12.4%和 12.8%。全年累计规模以上工业增加值同比增长 10.7%，低于 2010 年 4.2 个百分点。2012 年开始回升，1 月为 17.05，2 月为 21.3%。

2. 社会消费品零售总额的波动对宏观经济的影响

2011 年，经济结构调整和国际复杂多变的环境使得中国经济增长速度逐季放缓，出口增

① 投资仍然是拉动中国经济增长的重要引擎，www.chinagate.com.cn，2009 年 4 月 21 日。

速出现下滑，贸易顺差大幅度减少。在这种环境下，全年社会消费品零售总额实现 183 919. 9 亿元，比 2010 年名义增长 17. 1%。名义增速比 2010 年低 1. 2 个百分点。扣除价格因素，实际增长 11. 6%，增速比 2010 年下降 3. 2 个百分点，实际增速创近 6 年来新低。同时，物价全面上涨，高物价迫使消费下移。消费对经济增长的贡献大大降低。从图 12 - 5 中可以看出，2011 年各月社会消费品零售总额增长率均低于 2011 年的同期水平。

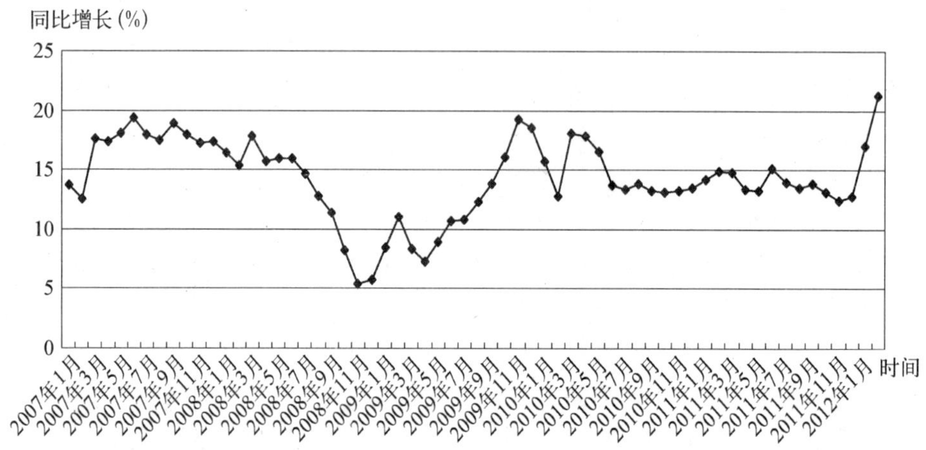

图 12 - 4 2007 年 1 月至 2012 年 2 月工业增加值同比增长率

资料来源：Wind 数据库，图中，各年度 1 月份工业增加值增长率的数据为前后两个月度数据的平均值。

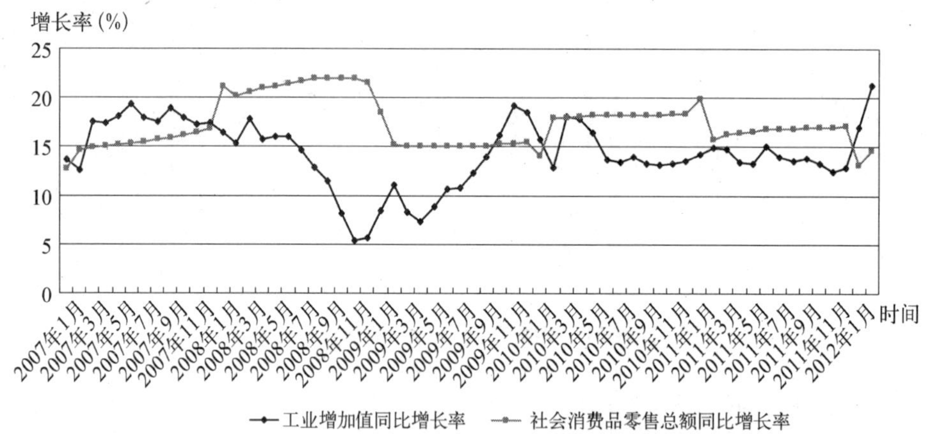

图 12 - 5 2007 年 1 月至 2012 年 2 月社会消费品零售总额增长率、工业增加值增长率波动轨迹

资料来源：Wind 数据库。

3. 居民消费价格指数、工业品出厂价格指数的波动对宏观经济的影响

从图 12 - 6 可以看出，2011 年居民消费价格指数、工业品出厂价格指数一路延续了 2010 年的升势，持续上升；居民消费价格指数各个月份均超过了 3%的警戒线，直到 11 月开始才略有回落。2010 年 12 月工业品出厂价格指数为 101. 69，居民消费价格指数为 104. 1。

4. *M*2 的波动对宏观经济的影响

从图 12 - 7 可见，2011 年全年，在稳健货币政策的作用下，*M*2、各项贷款的增长率都低于

2010 年同期水平。它们的增长与工业增加值的增长基本同步，$M2$ 与工业增加值的增速缺口进一步收窄，基本咬合在一起。

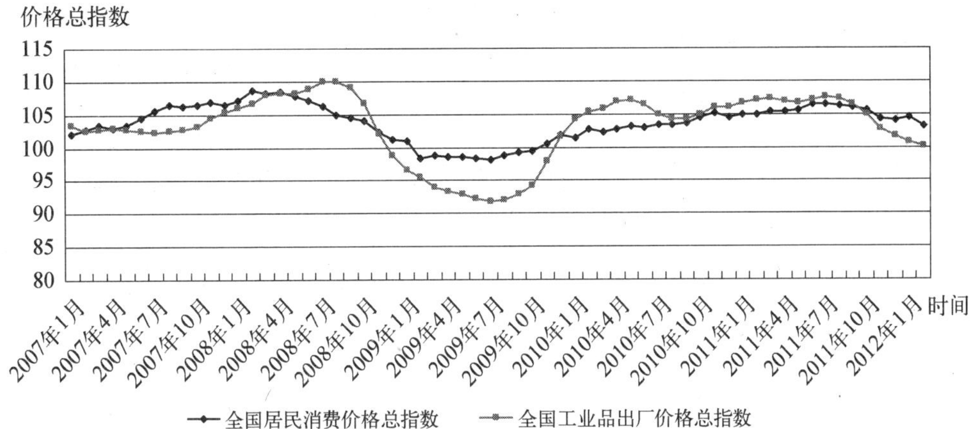

图 12-6 2007 年 1 月至 2012 年 2 月全部工业品出厂价格指数、居民消费价格指数变动轨迹

资料来源：Wind 数据库。

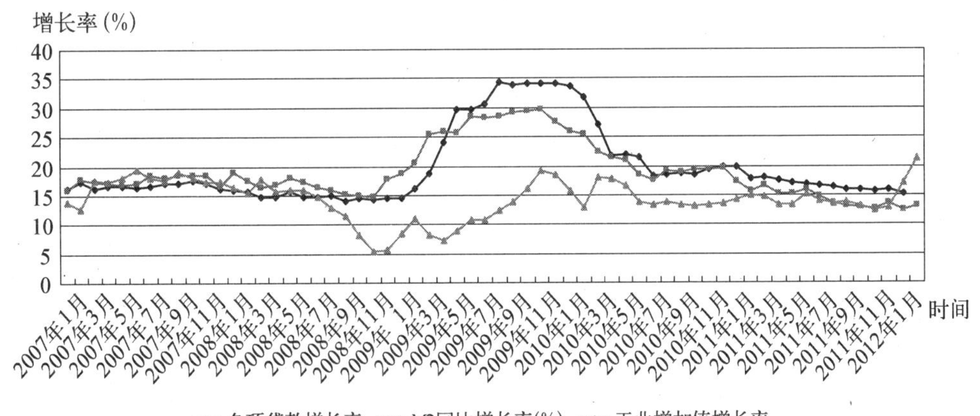

图 12-7 2007 年 1 月至 2010 年 2 月各项贷款增长率、
$M2$ 增长率与工业增加值增长率波动轨迹

资料来源：Wind 数据库，工业增加值增长率、各项贷款增长率各年份 1 月的数值是前后两个月的平均值。

5. 出口、进口的波动对宏观经济的影响

2011 年，在严峻的外贸形势下，中国仍然实现外贸进出口总值 36 420.6 亿美元，同比增长 22.5%。

从全年来看，在稳出口政策作用下，2011 年上半年延续了 2010 年的良好发展态势，出口保持了较快增长，全年出口 18 986 亿美元，增长 20.3%。但从 9 月份开始，出口增速持续走低。从图 12-8 可以看出，2011 年出口增长率的波动幅度还是较大的，但小于 2010 年的波动幅度。

在多种扩大进口的措施下，2011 年全年进口 17 435 亿美元，增长24.9%，进口创出新高。从图 12-9 可以看出，除 12 月外，2011 年全年进口增长率都高于工业增加值增长率。

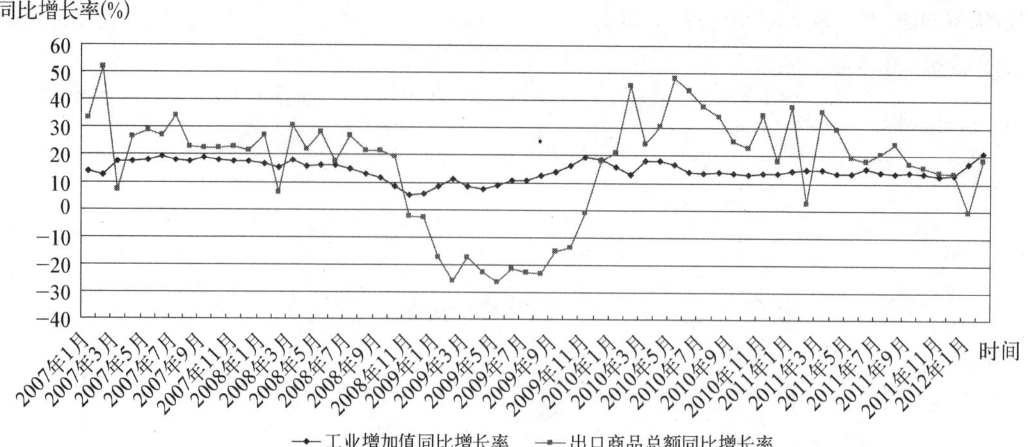

图 12 - 8 2007 年 1 月至 2012 年 2 月出口增长率与工业增加值增长率波动轨迹

资料来源：Wind 数据库。

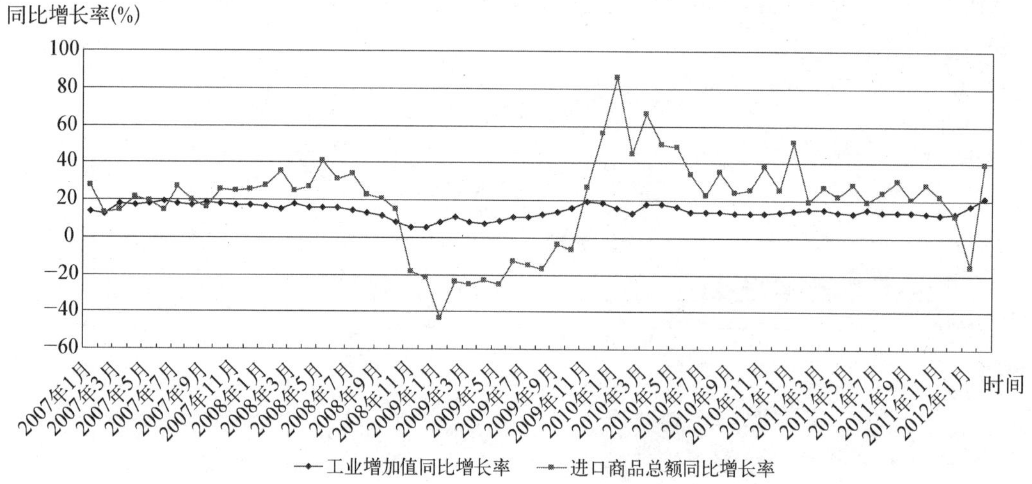

图 12 - 9 2007 年 1 月至 2012 年 2 月进口商品总额增长率与工业增加值增长率波动轨迹

资料来源：Wind 数据库。

在"扩大进口"政策的引导下，中国进口增速高出同期出口增速 4.6 个百分点，外贸顺差在 2010 年同比收窄 7.2%的基础上继续收窄 14.5%，与外贸总值的比值为 4.3%，比 2010 年降低 1.8 个百分点。贸易顺差连续 3 年下降，贸易发展更趋平衡。从图 12 - 10 可以看出，2011 年全年，进口增长率基本上都大于出口增长率。从图 12 - 11 可以看出，2011 年，贸易顺差增长率波动幅度较大。

6. 固定资产投资的波动对宏观经济的影响

在宏观调控下，2011 年固定资产投资增速呈逐步放缓态势，全年固定资产投资增长率基本在 25%左右，最高为 5 月的 25.8%，最低为 12 月的 23.8%。见图 12 - 12。全年固定资产投资 301 933 亿元，比上年增长 23.8%，扣除固定资产投资价格上涨因素，实际增长 16.1%。其中：第一产业投资 6 792 亿元，比上年增长 25%；第二产业投资 132 263 亿元，增长 27.3%，增速提高 0.3 个百分点；第三产业投资 162 877 亿元，增长 21.1%，增速回落 1.3 个百分点。

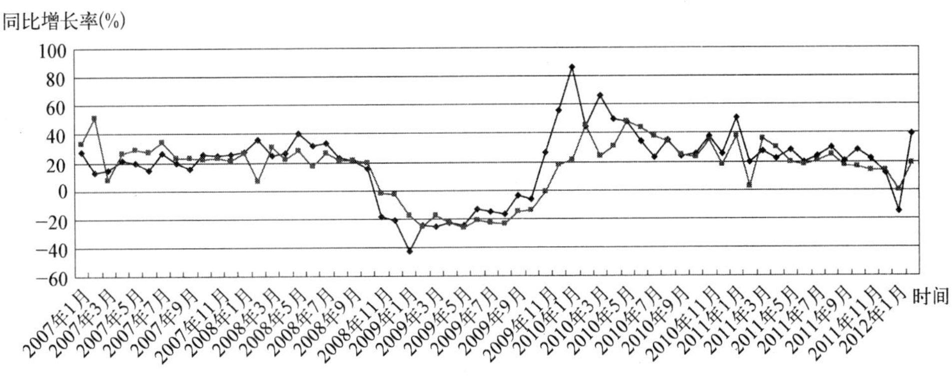

图 12－10　2007 年 1 月至 2012 年 2 月进、出口增长率波动轨迹

资料来源：Wind 数据库。

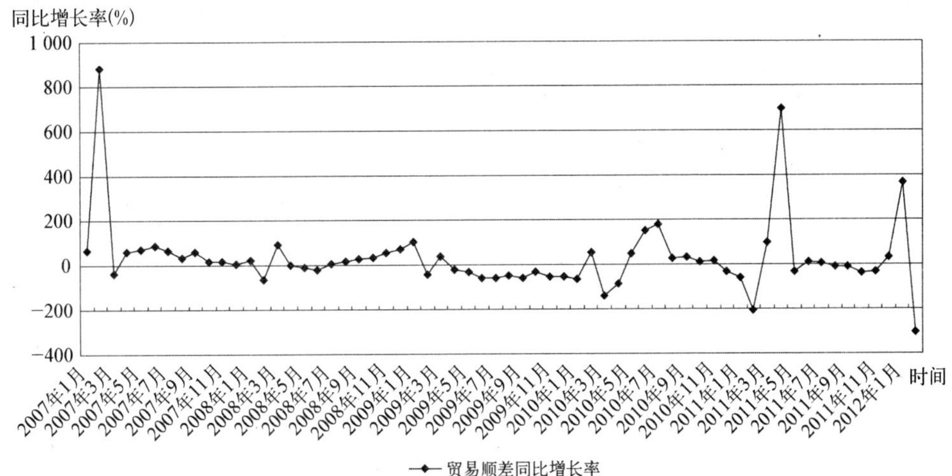

图 12－11　2007 年 1 月至 2012 年 2 月贸易顺差同比增长率波动轨迹

资料来源：Wind 数据库。

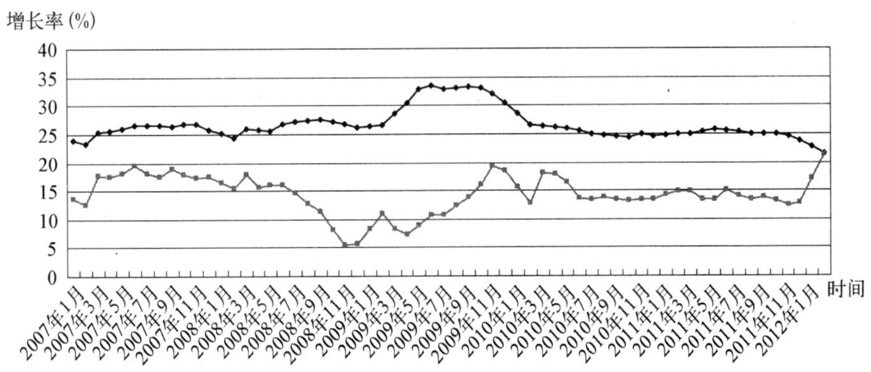

图 12－12　2007 年 1 月至 2012 年 2 月固定资产投资额增长率与工业增加值增长率波动轨迹

资料来源：Wind 数据库。各年度 1 月份的数据为前后 2 个月的平均值。

7. 财政收入的波动对宏观经济的影响

2011 年，全国财政收入 103 740 亿元，比 2010 年增长 24.8%，这是中国年度财政收入首次突破 10 万亿元。但从月度增幅来看，增幅逐步回落，尤其是 8 月之后，回落幅度加大。见图 12-13。8 月财政收入同比增长率为 34.3%，9 月、10 月、11 月、12 月依次为 17.3%、16.9%、10.6%、1.44%。财政收入增幅回落的主要原因是经济增长放缓。

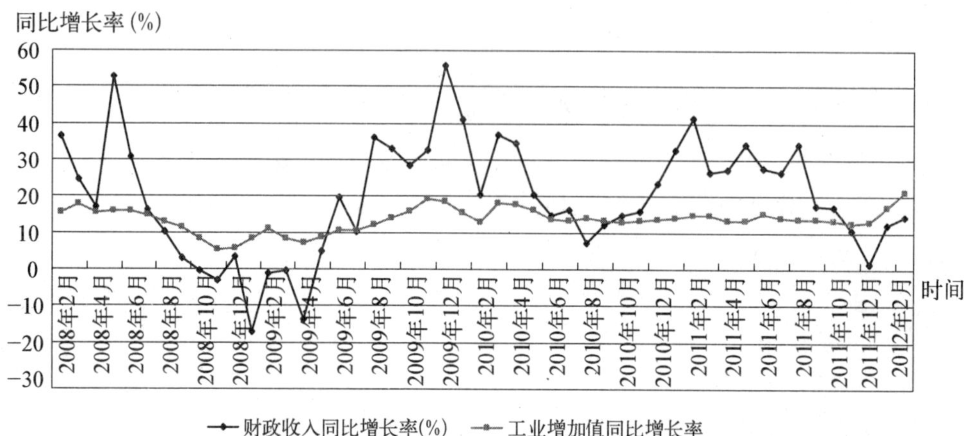

图 12-13 2008 年 2 月至 2012 年 2 月财政收入增长率与工业增加值增长率波动轨迹

资料来源：Wind 数据库。各年度 1 月份的数据为前后 2 个月的平均值。

三、2012 年中国经济面临的风险

2012 年是决定世界经济是继续低速增长还是重新陷入衰退的关键一年。目前，外部形势依然严峻复杂，世界经济二次探底风险加大，中国经济稳定发展依然面临诸多风险与挑战。

1. 国际环境的不确定性风险

2012 年，欧债危机蔓延恶化，美国经济复苏乏力，新兴市场经济增速放缓以及中东、北非局势动荡，都是影响世界经济复苏的风险点。这里主要谈两点。

首先，欧债危机的发展趋势仍然存在较大的不确定性。2011 年下半年，欧债危机呈现出新的特点。财政危机从希腊、葡萄牙、爱尔兰蔓延到意大利和西班牙，严重的财政危机引发了新一轮的金融危机。随着欧债危机形势不断恶化，在最危急的时刻，欧洲央行采取了一系列紧急政策，缓解了欧债危机。采取的主要措施就是由央行执行变相的量化宽松，同时，制定财政协议。但总体来看，目前对于欧债危机的救助措施是治标不治本的。因为，现有措施没能解决欧元区的结构性差异，同时，欧元区正面临财政、信贷双重紧缩的冲击，南欧国家的经济衰退进程不断加剧，陷入了衰退与紧缩的恶性循环，制约了经济增长。

其次，新兴市场经济存在经济硬着陆的风险。金融危机以来，新兴市场经济国家在全球经济复苏中发挥了重要作用。但 2011 年，以 7～8 月欧债危机升级为界，新兴经济体普遍经历了经济增速上的“前高后低”、通胀压力的前升后降，以及国际资本的大进大出。2011 年，新兴市场和发展中国家实际 GDP 增长 6.2%，较 2010 年 7.3%的增速有较大幅度回落。原因在于，面对高通胀困局，新兴国家持续的货币紧缩和政策累积效应，加上国内需求下降等因素，使得新兴市场国家的经济增长出现放缓。由此，2012 年以来，新兴市场国家保增长的政策主调更

加明确，各国经济政策开始转向。然而，欧债危机仍将继续拖累全球经济增长，欧洲银行“去杠杆化”可能加速，将加大新兴市场经济下行压力和金融市场的脆弱性。一旦在信贷和房地产领域累积的泡沫突然破裂，将导致新兴市场经济体“硬着陆”。

2. 实体经济下行风险

实体经济下行风险一方面源于上述国际环境所带来的外需的下降，另一方面来源于国内。2008 年实施的扩张性货币政策，向市场投放了大量货币，贷款大幅度增加。当时大量贷款都贷给了国有企业和大企业，中小企业和民营企业获得的贷款相对较少。但 2010 年 2 月后，为了防止通胀国家采取的一系列宏观紧缩措施，在信贷收缩方面形成了对大小国有与民营企业一刀切的效应，使得中小企业资金链条开始断裂。根据《2011 · 中国企业经营者问卷跟踪调查》的调查结果，关于企业目前的流动资金情况，认为资金“紧张”的企业经营者占 48.3%，认为“正常”的占 45.6%，认为“宽裕”的占 6.1%；认为“紧张”的比认为“宽裕”的多 42.2 个百分点，这一数据比 2010 年提高了 18.1 个百分点。加之原材料涨价、工资成本提高、汇率升值，造成企业利润增长持续回落，亏损面扩大，亏损额增加，甚至有些企业还被迫关闭停产。同时，一部分企业热衷于资本运作，炒作房地产等各种资产，在资产泡沫中获利，实体经济和非实体经济之间投资反差巨大。在这种情景下，实体经济步履艰难。

如图 12 - 14 所示，2011 年，GDP 季度增长率持续回落，2012 年第一季度 GDP 同比增长率为 8.1%，仍然延续了 2011 年的回落。从三大产业来看，2011 年第二产业与第三产业同步回落，2012 年回落仍然在延续。

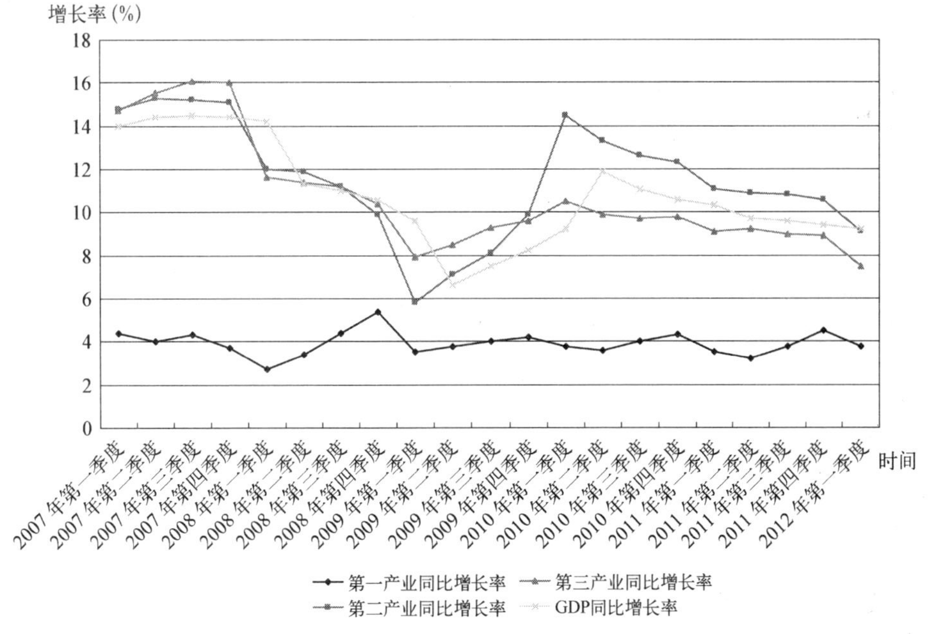

图 12 - 14　2007 年第一季度至 2012 年第一季度三大产业及 GDP 同比增长率

资料来源：Wind 数据库。

在制造业增速回落的引领下，工业增速趋缓较为明显。如图 12 - 15 所示，PMI 指数自 2011 年 3 月的全年最高值 53.4 下降到 11 月的最低值 49，跌破临界值 50 的水平。2012 年 PMI 略有回升，2 月为 51。与此同时，规模以上工业企业增加值出现下滑。2011 年全年，工业增加值同比增长率在 6 月份达到最高值 15. 1%后，然后缓慢回落，11 月、12 月分别下滑到 12. 4%和 12. 8%。全年累计规模以上工业增加值同比增长 10. 7%，低于 2010 年4. 2个百分点。2012 年开始回升，1 月为 17. 05%，2 月为 21. 3%。

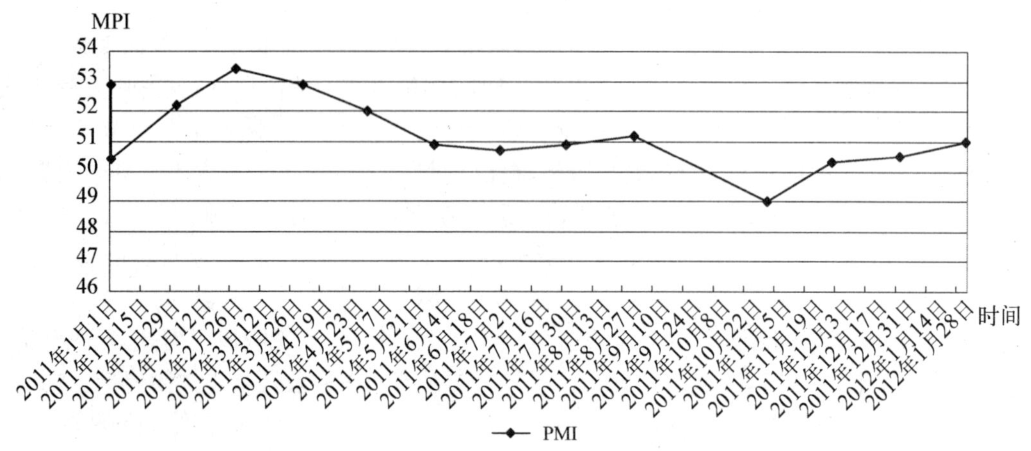

图 12－15　2011 年 1 月至 2012 年 1 月 PMI 波动轨迹

资料来源：Wind 数据库。

3. 金融风险

2009—2010 年，物价和资产价格双双高位运行，资金大量向泡沫领域积聚，经济泡沫开始涌现；同时，货币政策从过度宽松向偏紧快速转变，导致传统渠道资金投放出现偏向性的紧缩，大量资金脱离金融监管进行体制外套利活动。一些银行资金通过理财、信托投资等形式流向民间，一些国有企业、大型企业、上市公司从国有银行获得资金后大量贷给中小企业和民营企业开展套利，非正规金融公司业务激增，高利贷等民间融资泛滥。这些脱离正规渠道监管的金融活动蕴藏着很大的风险。

另外，2008 年以来，地方政府融资平台和地方政府债务得到了较大规模和较高速度的扩张。国家审计署发布的 2011 年第 35 号公告数据显示，截至 2010 年年底，全国地方政府性债务余额高达 107 174. 91 亿元，相当于 1997 年 2 994. 82 亿元的 36 倍，地方政府负有偿还责任的债务率为 52. 25%。对这些债务的偿还，大多数地方政府都寄希望于非预算收入，特别是由土地出让和房地产开发带来的收入。在当前宏观调控的背景下，地方政府的非预算收入必然减少，偿还债务的能力降低，由此将使地方债务矛盾暴露，风险增加。

4. 房地产泡沫风险

2011 年以来，随着紧缩性货币政策的实施，以“限购”和“限贷”为核心的房地产调控政策进一步加码，房地产行业的信贷快速扩张以及销量和售价的急剧攀升目前已经初步得到政府的控制。2011 年，全国房地产开发投资 61 740 亿元，比上年增长 27. 9%，增速比上年回落 5. 3 个百分点；全国商品房销售面积 10. 99 亿平方米，比上年增长 4. 9%，增速比上年回落 5. 7 个百分点；房地产开发资金来源合计 83 245 亿元，比上年增长 14. 1%，增速比上年回落 12. 1 个百分点。其中，银行贷款同比增速与上年持平，资金来源中的应付款累计同比增长率全年各月都突破 40%；2012 年仍然处于高位，2 月为 74%，3 月为 57. 6%。图 12－16 分别描述了全国房地产开发投资增速、全国商品房销售面积增速、全国商品房销售额增速、全国房地产开发企业本年资金来源增速波动情况。房地产市场的回落导致了各投机领域的资金链条出现紧张，房地产行业的资金链开始恶化，房地产的泡沫风险增大。

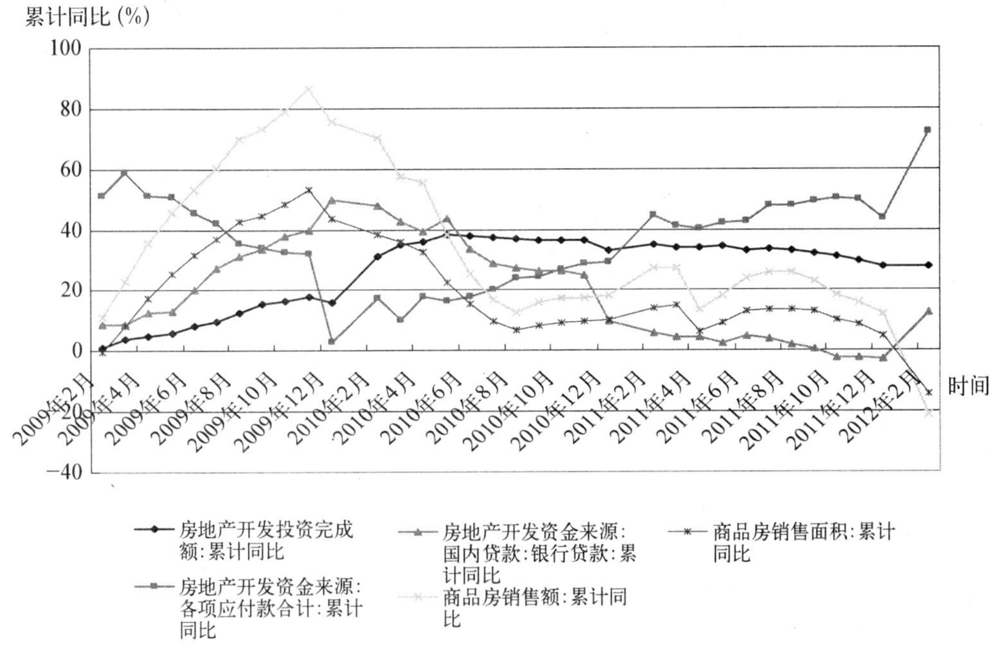

图 12-16　2009 年 2 月至 2012 年 2 月房地产开发情况

资料来源：Wind 数据库。

5. 通货膨胀风险

2011 年经历了高通胀以后，年底物价有所回落，但当前物价回落的基础仍不稳固，刺激价格上涨的不可控因素仍然较多。首先，2008 年以来货币超发形成的流动性过剩的压力还比较大，短期内要消除这些因素还比较困难；2002 年以来，中国 M2/GDP 比例关系一直很高，而且还迅速上升，2002—2008 年两者比例保持在 150%～160%，2009—2011 年，该比例由 179%上升到 192%。其次，全球性宽松货币政策还在继续。美国投放了大量货币，2012 年还有可能出台 Q3；其他发达国家和发展中国家也都在降低利率，放松银根，全球经济面临着滞涨的风险；中东局势依然动荡，国际油价可能再次飙升，推动国内物价上升。最后，劳动工资成本不断上升和基础商品价格上调，推动物价上涨的压力将继续存在。

6. 国内消费需求增长乏力的失衡风险

2011 年，全年社会消费品零售总额比 2010 年名义增长 17.1%，实际增速创近 6 年来新低。2011 年中国企业经营者问卷跟踪调查报告结果显示：认为消费需求“不足”或“严重不足”的企业经营者占 54%，比 2010 年高了 7.4 个百分点；认为“合适”的占 23.5%，比 2010 年低 6.6个百分点；认为“很旺”、“较旺”的分别占 2.7%和 19.8%，其合计比重略低于 2010 年。最近几年，在中国经济增长中，出口和投资被过度倚重，但在目前国际市场大幅度萎缩的背景下，消费的潜力如果得不到释放的话，未来经济增长就将失去重要支撑。

四、经济周期波动转折点的动态贝叶斯网络方法预测

经济周期波动是宏观经济学研究的主题之一，而转折点是揭示经济周期波动规律的关键点，根据是否为转折点能够判断出下一个时期经济增长的总体走势。因此，研究建立可靠实用的经济周期波动转折点预测模型，以及基于模型对转折点的预测在理论与应用两方面均有重要意义。

动态贝叶斯网络(Dynamic Bayesian Networks)是描述多变量随机过程的图形模式，是贝叶斯网络的时序扩展。它具有如下特点：① 动静结合性。可在统一的测度框架下将静态和动态信息融为一体，形成网络时序过程。② 高效性。动态贝叶斯网络能够充分利用时序变量之间的条件独立性关系来分解联合概率，因此能够有效降低运算的复杂性。③ 智能性。能够将数据转化为知识(具有形象直观的知识表示形式)，并利用这些知识进行推理(具有类似于人类思维的推理方式)来解决实际问题。④ 多功能性。通过量化推理，可用于解决分析、预测和控制等方面的问题。⑤ 有效性。已被广泛用于语音和行为识别、基因分析、医疗诊断和系统监控等，其有效性得到了充分的验证。⑥ 开放性。是一个能够集成相关智能技术与数据处理方法的平台，通过集成可进一步扩展功能和提高可靠性。

可见，动态贝叶斯网络是经济周期波动转折点预测的有力工具，用于预测的动态贝叶斯网络一般称为动态贝叶斯网络分类器。由于影响 GDP 的相关指标的时序数据量小，使用复杂的动态贝叶斯网络分类器将得不到有效的训练，而且指标也不适合于离散化(离散化会导致信息丢失，也可能造成指标对 GDP 的变化不够敏感，从而降低分类预测的可靠性)。为此，我们最初选择了动态朴素贝叶斯分类器(Dynamic Naive Bayesian Classifiers，简记为 DNBC)进行 GDP 波动转折点预测，这是一种特殊的动态贝叶斯网络分类器，也可以看作是隐马尔科夫模型(Hidden Markov Models)的扩展，不需要许多时序数据用于训练，而且能够直接处理连续指标。但这种分类器存在两个有待研究和解决的问题：一个是目前所采用的高斯函数和高斯核函数估计属性条件密度恰是两个极端，易于出现偏差或过拟，从而会降低分类器的泛化能力；另一个是如何减弱条件独立性假设，使分类器能够有效利用属性之间的依赖信息，以提高分类器的分类预测准确性。针对这两个问题，我们曾为 DNBC 增加隐藏变量层，建立了含有隐藏变量层的 DNBC，以利用属性之间的依赖信息；接着我们又选择一些动态贝叶斯网络分类器建立集成分类器。这两种改进均能够一定程度地提高分类器的可靠性，但提高的幅度不够显著。我们又从属性条件密度估计的优化方面来改进 DNBC，采用高斯核函数来估计属性条件密度，并在高斯核函数中引入平滑参数，以控制分类器与数据的拟合程度，收到了较好的效果。本年度采用将 DNBC 进行树结构依赖扩展而得到的分类器(简记为 TDNBC)，进行 GDP 波动转折点预测，其目的是使属性之间的依赖信息得到更有效的利用，从而提高分类器的分类准确性。

(一) DNBC 的树结构依赖扩展

DNBC 不能有效地利用属性之间的依赖信息，这会影响分类器的分类预测准确性，对 DNBC 进行依赖扩展是充分利用属性之间依赖信息的最有效方法。

1. DNBC

DNBC 是朴素贝叶斯网络分类器与时间序列的结合，能够有效利用类变量的动态时间序列信息和属性对类的静态依赖信息，适合于多变量时间序列的分类预测。DNBC 分类器由结

构和参数两部分构成，根据结构和时序例子数据可估计出参数。

分别用 $X_i[1], X_i[2], \cdots, X_i[T]$（$1 \leqslant i \leqslant n$）和 $C[1], C[2], \cdots, C[T]$ 表示属性和类变量序列，$x_i[1], x_i[2], \cdots, x_i[T]$ 和 $c[1], c[2], \cdots, c[T]$ 是具体的取值；$D[1], D[2], \cdots, D[T]$ 是累计时间片数据集序列，$D[1] \subset D[2] \subset, \cdots, \subset D[T]$，$N[1], N[2], \cdots, N[T]$ 是对应时序数据集中的例子数量。

1）DNBC 结构

DNBC 结构是建立分类器的基础，在结构中，类变量时间序列构成马尔科夫链，给定类变量时，所属的属性之间条件独立，与其他时间片内的变量也条件独立，图 12-17 给出的是 DNBC 结构（用 $S[t]$ 表示）。

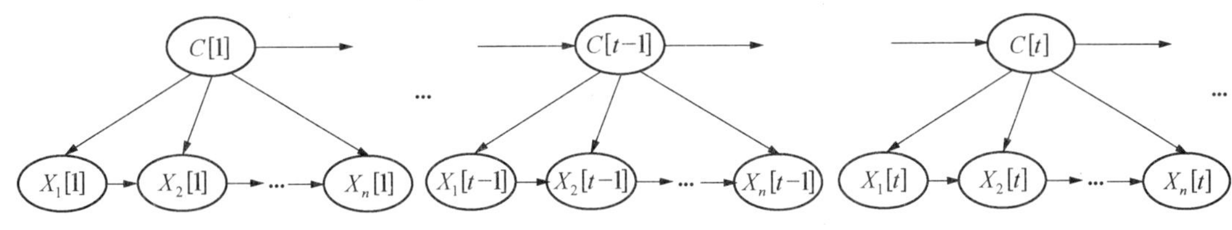

图 12-17　DNBC 结构

2）DNBC 表示形式

根据贝叶斯网络理论、贝叶斯公式和图 12-17 中的条件独立性关系可以得到：

$$
\begin{aligned}
&p(c[t] \mid c[1], \cdots, c[t-1], x_1[1], \cdots, x_n[1], \cdots, x_1[t], \cdots, x_n[t], S[t]) = \\
&\quad p(c[t] \mid c[t-1], x_1[t], \cdots, x_n[t], S[t]) = \\
&\quad \frac{p(c[t], c[t-1], x_1[t], \cdots, x_n[t], S[t])}{p(c[t-1], x_1[t], \cdots, x_n[t], S[t])} = \\
&\quad \alpha p(c[t] \mid c[t-1]) \prod_{i=1}^{n} p(x_i[t] \mid c[t])
\end{aligned}
\tag{12-1}
$$

式中　α——与 $c[t]$ 无关的量。

DNBC 分类器表示形式为：

$$
\begin{aligned}
&\underset{c[t](c[1],\cdots,c[t-1],x_1[1],\cdots,x_n[1],\cdots,x_1[t],\cdots,x_n[t])}{\operatorname{argmax}} \Big\{ p(c[t] \mid c[1], \cdots, c[t-1], \\
&\quad x_1[1], \cdots, x_n[1], \cdots, x_1[t], \cdots, x_n[t], S[t]) \Big\} = \\
&\underset{c[t](c[t-1],x_1[t],\cdots,x_n[t])}{\operatorname{argmax}} \{ p(c[t] \mid c[t-1], x_1[t], \cdots, x_n[t], S[t]) \} = \\
&\underset{c[t](c[t-1],x_1[t],\cdots,x_n[t])}{\operatorname{argmax}} \Big\{ p(c[t] \mid c[t-1]) \prod_{i=1}^{n} p(x_i[t] \mid c[t]) \Big\}
\end{aligned}
\tag{12-2}
$$

式中　$p(c[t] \mid c[t-1])$——类转换概率；

$p(x_i[t] \mid c[t])$——属性条件概率或密度。

2. DNBC 的依赖扩展

虽然在 DNBC 中引入平滑参数能够实现分类器的优化，但仍无法有效利用属性之间的依赖信息，而这部分信息往往也是分类的重要信息，通过属性依赖扩展能够使依赖信息得到有效的利用。

1）TDNBC 结构

对 DNBC 进行树结构依赖扩展后，类仍然构成马尔科夫链，但时间片内的局部结构不再是星形结构，而是类约束的最大权重跨度树，TDNBC 的结构如图 12－18 所示（用 $G[t]$ 表示）。

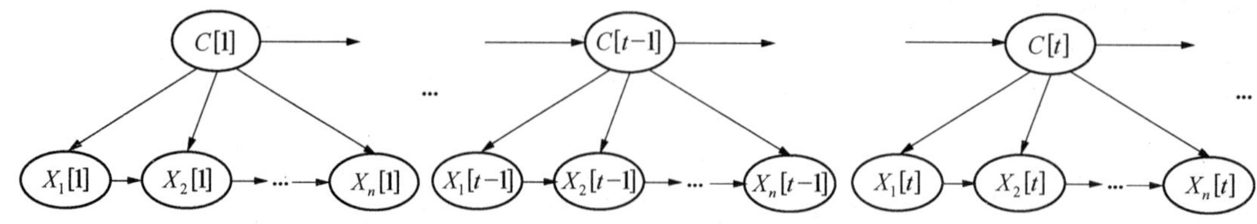

图 12－18　TDNBC 结构

2）TDNBC 表示形式

根据贝叶斯网络理论、贝叶斯公式和图 12－18 中的条件独立性关系可以得到：

$$p(c[t]\mid c[1],\cdots,c[t-1],x_1[1],\cdots,x_n[1],\cdots,x_1[t],\cdots,x_n[t],G[t])=$$

$$\alpha p(c[t]\mid c[t-1])\prod_{i=1}^{n}p(x_i[t]\mid \pi_i[t],c[t],G[t]),\qquad(12-3)$$

式中　α——与 $c[t]$ 无关的量；

$\pi_i[t]$——$X_i[t]$ 的属性父结点 $\prod_i[t]$ 的取值。

TDNBC 表示形式为：

$$\underset{c[t](c[t-1],x_1[t],\cdots,x_n[t])}{\operatorname{argmax}}\left\{p(c[t]\mid c[t-1])\prod_{i=1}^{n}p(x_i[t]\mid \pi_i[t],c[t],G[t])\right\}\qquad(12-4)$$

3）DNBC 的依赖扩展方法

给出连续属性的条件互信息计算方法，在此基础上建立以条件互信息为权重的约束最大权重跨度树，并使用约束最大权重跨度树对 DNBC 进行树结构依赖扩展。

（1）连续属性的条件互信息计算。命题 1 在高斯分布假设下，连续属性 $X_i[t]$ 和 $X_j[t]$ 的条件互信息公式为：

$$I(X_i[t],X_j[t];C[t])=-\frac{1}{2}\sum_{c[t]}p(c[t])[\log(1-\rho[t]^2_{x_i[t]x_j[t]\mid c[t]})]\qquad(12-5)$$

式中　$\rho[t]^2_{x_i[t]x_j[t]\mid c[t]}$——$X_i[t]$ 和 $X_j[t]$ 在 $C[t]$ 约束下的相关系数。

证明：由互信息的定义可知：

$$I(X_i[t],X_j[t])=\iint p(x_i[t],x_j[t])\log\left(\frac{p(x_i[t],x_j[t])}{p(x_i[t])p(x_j[t])}\right)\mathrm{d}x_i[t]\mathrm{d}x_j[t]=$$

$$H(x_i[t])+H(x_j[t])-H(x_i[t],x_j[t])\qquad(12-6)$$

式中　$H(\cdot)$——微分熵；

$p(x_i[t])$——$X_i[t]$ 的密度函数。

$$H(X_i[t])=-\int p(x_i[t])\log p(x_i[t])\mathrm{d}x_i[t];\qquad(12-7)$$

基于高斯分布的假设，通过计算可以得到 $X_i[t]$ 的熵为：

$$H(X_i[t])=\frac{1}{2}\log(2\pi e\sigma^2_{X_i[t]}) \tag{12-8}$$

由于 $X_i[t]$ 和 $X_j[t]$ 服从联合高斯分布，则 $p(x_i[t],\ x_j[t])\sim N\left(\begin{bmatrix}\mu_{x_i[t]}\\ \mu_{x_j[t]}\end{bmatrix},\sum_{x_i[t]x_j[t]}\right)$。式中：$\mu_{x_i[t]}$ 和 $\mu_{x_j[t]}$ 分别是 $X_i[t]$ 和 $X_j[t]$ 的均值；$\sum_{x_i[t]x_j[t]}$ 是协方差矩阵，$\sum_{x_i[t]x_j[t]}=\begin{bmatrix}\sigma^2_{x_i[t]} & COV(x_i[t],X_j[t])\\ COV(x_i[t],X_j[t]) & \sigma^2_{x_j[t]}\end{bmatrix}$；$\sigma^2_{x_i[t]}$ 和 $\sigma^2_{x_j[t]}$ 是 $X_i[t]$ 和 $X_j[t]$ 的方差。

由式(12－6)、(12－7)和(12－8)得到 $X_i[t]$ 与 $X_j[t]$ 的互信息为：

$$\begin{aligned}I(X_i[t],X_j[t])&=\frac{1}{2}\log\left(\frac{\sigma^2_{x_i[t]}\sigma^2_{x_j[t]}}{\sigma^2_{x_i[t]}\sigma^2_{x_j[t]}-COV\,(X_i[t],X_j[t])^2}\right)=\\&\frac{1}{2}\log\left(\frac{1}{1-\dfrac{COV\,(X_i[t],X_j[t])^2}{\sigma^2_{x_i[t]}\sigma^2_{x_j[t]}}}\right)=\\&-\frac{1}{2}\log(1-\rho^2_{x_i[t]x_j[t]})\end{aligned}$$

式中 $\rho^2_{x_i[t]x_j[t]}=\dfrac{COV(X_i[t],X_j[t])}{\sigma_{x_i[t]}\sigma_{x_j[t]}}$ 是 $X_i[t]$ 和 $X_j[t]$ 的相关系数，$COV(X_i[t],\ X_j[t])=E(X_i[t]X_j[t])-E(X_i[t])\cdot E(X_j[t])$。

则 $X_i[t]$ 和 $X_j[t]$ 在给定类 $C[t]=c[t]$ 条件下的互信息为：

$$\begin{aligned}&I(X_i[t],X_j[t]\mid C[t])=\\&\sum_{c[t]}\iint p(x_i[t],\ x_j[t],\ c[t])\log\left(\frac{p(x_i[t],\ x_j[t]\mid c[t])}{p(x_i[t]\mid c[t])p(x_j[t]\mid c[t])}\right)\mathrm{d}x_i[t]\mathrm{d}x_j[t]=\\&\sum_{c[t]}\iint p(c[t])p(x_i[t],\ x_j[t]\mid c[t])\log\left(\frac{p(x_i[t],\ x_j[t]\mid c[t])}{p(x_i[t]\mid c[t])p(x_j[t]\mid c[t])}\right)\mathrm{d}x_i[t]\mathrm{d}x_j[t]=\\&\sum_{c[t]}p(c[t])\iint p(x_i[t],\ x_j[t]\mid c[t])\log\left(\frac{p(x_i[t],\ x_j[t]\mid c[t])}{p(x_i[t]\mid c[t])p(x_j[t]\mid c[t])}\right)\mathrm{d}x_i[t]\mathrm{d}x_j[t]=\\&\sum_{c[t]}p(c[t])I(X_i[t],X_j[t]\mid C[t])=\\&\sum_{c[t]}p(c[t])\left[-\frac{1}{2}\log(1-\rho[t]^2_{x_i[t]x_j[t]\mid c[t]})\right]=\\&-\frac{1}{2}\sum_{c[t]}p(c[t])[\log(1-\rho[t]^2_{x_i[t]x_j[t]\mid c[t]})]\text{，命题 1 得证。}\end{aligned}$$

(2) 构建最大权重跨度树。采用在 Chow 和 Liu 算法基础上改进的 Friedman 算法建立类约束最大权重跨度树，具体步骤如下：① 计算每一对连续属性的条件互信息 $I(X_i[t];X[t]_j\mid C[t])$，并递减排序。② 依据不产生环路的原则，按照边权重由大到小的顺序选择边。直到选取 $n-1$ 条边，建立最大权重跨度树。③ 选择一个结点作为根结点，由根结点向外的方向为边定向，得到有向树。④ 增加类结点及类结点指向所有属性结点的有向边。

建立类约束最大权重跨度树需要 $\dfrac{n(n-1)}{2}$ 次条件互信息计算，时间复杂度是 $O(n^2)$。

(3) 条件密度计算。命题 2 在高斯分布假设下，

$$p(x_i[t] \mid \pi_i[t], c[t], G[t]) = N_{c[t]}(\mu_{x_i[t]} + \rho[t]\frac{\sigma_{x_i[t]}}{\sigma_{\pi_i[t]}}(\pi_i[t] - \mu_{\pi_i[t]}), \sigma^2_{x_i[t]}(1-\rho[t]^2)) \quad (12-9)$$

式中 $N_{c[t]}(\cdot)$ ——类 $C[t]$ 约束下的高斯分布；

$\mu_{x_i[t]}$ 和 $\sigma^2_{x_i[t]}$ ——属性 $X_i[t]$ 的均值和方差；

$\mu_{\pi_i[t]}$ 和 $\sigma^2_{\pi_i[t]}$ —— $X_i[t]$ 的父结点 $\Pi_i[t]$ 的均值和方差；

$\rho[t] = \dfrac{COV(X_i[t], \prod_i[t])}{\sigma_{x_i[t]}\sigma_{\pi_i[t]}}$ —— $X_i[t]$ 和 $\prod_i[t]$ 之间的相关系数。

证明：根据高斯分布的假设，可得：

$$p(x_i[t] \mid \pi_i[t], c[t], G[t]) = \frac{p(x_i[t], \pi_i[t] \mid c[t], G[t])}{p(\pi_i[t] \mid c[t], G[t])} = \frac{1}{2\pi\sigma_{x_i[t]}\sigma_{\pi_i[t]}\sqrt{1-\rho[t]^2}}$$

$$\frac{\exp\left\{-\frac{1}{2(1-\rho[t]^2)}\left[\frac{(x_i[t]-\mu_{x_i[t]})^2}{\sigma^2_{x_i[t]}} - 2\rho[t]\frac{(x_i[t]-\mu_{x_i[t]})(\pi_i[t]-\mu_{\pi_i[t]})}{\sigma_{x_i[t]}\sigma_{\pi_i[t]}} + \frac{(\pi_i[t]-\mu_{\pi_i[t]})^2}{\sigma^2_{\pi_i[t]}}\right]\right\}}{\frac{1}{\sqrt{2\pi}\sigma_{\pi_i[t]}}\exp\left\{-\frac{(\pi_i[t]-\mu_{\pi_i[t]})^2}{2\sigma^2_{\pi_i[t]}}\right\}} =$$

$$\frac{1}{2\pi\sigma_{x_i[t]}\sqrt{1-\rho[t]^2}}\exp\left\{-\frac{1}{2(1-\rho[t]^2)}\left(\frac{x_i[t]-\mu_{x_i[t]}}{\sigma_{x_i[t]}} - \rho[t]\frac{\pi_i[t]-\mu_{\pi_i[t]}}{\sigma_{\pi_i[t]}}\right)^2\right\} =$$

$$\frac{1}{2\pi\sigma_{x_i[t]}\sqrt{1-\rho[t]^2}}\exp\left\{-\frac{1}{2\sigma^2_{x_i[t]}(1-\rho[t]^2)}\left[x[t] - (\mu_{x_i[t]} + \rho[t]\frac{\sigma_{x_i[t]}}{\sigma_{\pi_i[t]}}(\pi_i[t]-\mu_{\pi_i[t]}))\right]^2\right\} =$$

$N_{c[t]}(\mu_{x_i[t]} + \rho[t]\frac{\sigma_{x_i[t]}}{\sigma_{\pi_i[t]}}(\pi_i[t]-\mu_{\pi_i[t]}), \sigma^2_{x_i[t]}[1-\rho[t]^2)]$，命题 2 得证。

（二）*GDP 增长率波动转折点预测*

选择对 GDP 有较大影响的 16 个宏观经济指标，从国家统计局和相关数据源获取这些宏观经济指标的年度时序数据，通过建立 TDNBC 模型来对 GDP 波动转折点进行预测。

1）影响 GDP 增长率的相关指标

仍然选择下面的指标作为 TDNBC 的属性：第一产业同比增长率（$X_1[t]$），第二产业同比增长率（$X_2[t]$），第三产业同比增长率（$X_3[t]$），$M0$ 同比增长率（$X_4[t]$），$M1$ 同比增长率（$X_5[t]$），$M2$ 同比增长率（$X_6[t]$），储蓄存款同比增长率（$X_7[t]$），各项贷款总额同比增长率（$X_8[t]$），社会固定资产投资总额同比增长率（$X_9[t]$），社会消费品零售总额同比增长率（$X_{10}[t]$），居民消费价格总指数（$X_{11}[t]$），全国商品零售价格指数（$X_{12}[t]$），出口商品总额同比增长率（$X_{13}[t]$），进口商品总额同比增长率（$X_{14}[t]$），财政预算收入同比增长率（$X_{15}[t]$）和财政预算支出同比增长率（$X_{16}[t]$）。

2）TDNBC 结构和表示形式

使用最大权重跨度树的建树方法可获得 TDNBC 结构，依据结构便能够得到 TDNBC 的表示形式。

（1）分类器结构。一个时间片内的 TDNBC 结构如图 12－19 所示。

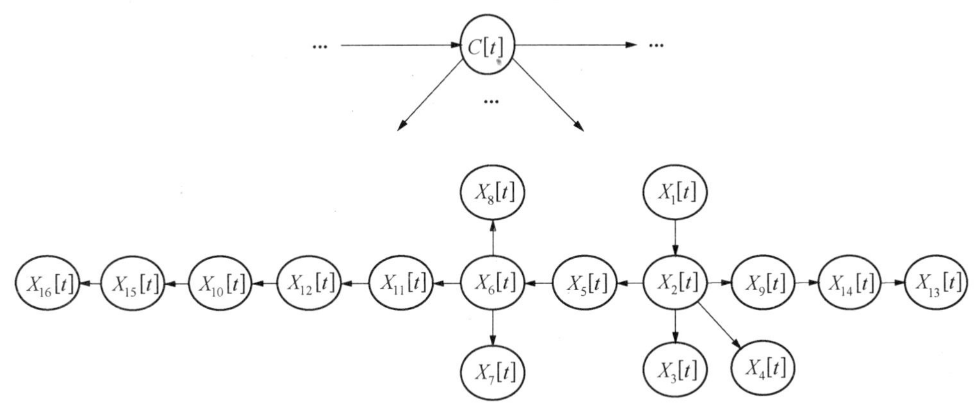

图 12－19　用于 GDP 波动转折点预测的 TDNBC 结构

（2）分类器表示形式。根据图 12－19 显示的分类器结构得到分类器的表示形式为：

$$\underset{c[t](c[t-1],\, x_1[t],\ldots,\, x_{16}[t])}{\operatorname{argmax}}\{p(c[t] \mid c[t-1])p(x_1[t] \mid c[t])p(x_2[t] \mid x_1[t],\, c[t])p(x_3[t] \mid x_2[t],\, c[t])p(x_4[t] \mid x_2[t],\, c[t])p(x_5[t] \mid x_2[t],\, c[t])p(x_6[t] \mid x_5[t],\, c[t])p(x_7[t] \mid x_6[t],\, c[t])p(x_8[t] \mid x_6[t],\, c[t])p(x_9[t] \mid x_2[t],\, c[t])$$

$$p(x_{10}[t] \mid x_{12}[t],\, c[t])p(x_{11}[t] \mid x_6[t],\, c[t])p(x_{12}[t] \mid x_{11}[t],\, c[t])p(x_{13}[t] \mid x_{14}[t],\, c[t])p(x_{14}[t] \mid x_9[t],\, c[t])$$

$$p(x_{15}[t] \mid x_{10}[t],\, c[t])p(x_{16}[t] \mid x_{15}[t],\, c[t])\}$$ 。

（3）转折点预测。使用对 DNBC 进行树结构依赖扩展而得到的 TDNBC 模型，我们对 2001—2010 年 GDP 增长率波动的转折点情况进行了预测准确性测试，预测准确率是 90%，如表 12－1 所示。对 2011 年 GDP 波动转折点的预测情况为：是转折点的概率为 0.010 8，不是转折点的概率为0.989 2。这意味着 2012 年 GDP 增长率相对于 2011 年 GDP 增长率，以 0.989 2的可能性会下降。

表 12－1

2001—2010 年 GDP 波动转折点预测

是否为转折点	2001 年	2002 年	2003 年	2004 年	2005 年	2006 年	2007 年	2008 年	2009 年	2010 年
是转折点	0.008 5	0.494 0	0.037 8	0.025 3	0.000 7	0.000 2	0.586 2	0.010 3	0.999 9	0.957 7
不是转折点	0.991 5	0.506 0	0.962 2	0.974 7	0.999 3	0.999 8	0.413 8	0.989 6	0.000 1	0.042 3

五、政策建议

根据上述预测结果，建议主要从以下几方面进行政策的完善。

（1）调整结构，转换经济发展模式，使经济发展可持续。政府应加快经济发展方式的转变，在防范、化解风险的同时，把握好世界经济格局调整、国内物价下行的有利时机，从追求速度效益转向结构优化效益，积极推进改革和结构调整，提高增长的质量和效益。

（2）深化金融体制改革。破除垄断，缓解中小企业贷款难；加强监管，防治资金体外套利行为；推动利率市场化，增强金融市场功能。

(3) 推进收入分配改革。要发挥消费对经济的促进作用,必须构建扩大消费的长效机制。因此,需要提高居民收入在国民收入分配中的比重,提高劳动报酬在初次分配中的比重,降低税收,推进收入分配改革。

(4) 进行资源要素和公共服务价格改革。利用市场的力量,将各类生产要素的价格上调到合理区间,让参与市场的各类要素获得应有的收入分配,调动参与各方的积极性和消费能力。

(5) 加大结构性减税力度,增强经济内生性增长动力。通过税收手段降低企业税负,加大对小、微企业技术创新和改造的支持力度,提高经济的活力。

参考文献

[1] 投资仍然是拉动中国经济增长重要引擎. www.chinagate.com.cn. 2009-04-21.

[2] 中国企业家调查系统. 2012·中国企业经营者问卷跟踪调查报告.

[3] 中国人民大学课题组. 中国宏观经济分析与预测(2011—2012).

后　　记

经过《中国经济运行风险研究报告2012》(以下简称本报告)项目研究团队的辛勤工作,作为集体智慧的结晶,本报告终于定稿付梓。这是我们自《中国经济运行风险研究报告2007》出版以来,连续公开出版的第六本关于中国宏观经济运行风险的研究成果。

作为中国立信风险管理研究院的标志性科研成果之一,本报告以校内学术骨干为主体,并整合了校外研究学者的力量;不论报告框架的构建和研究思路的确定,还是研究主题的选择和具体内容的撰写,无不凝结着本报告项目组全体成员的辛勤耕耘和智慧。

在本报告出版之际,要特别感谢上海市教委领导和相关部门的资助和支持,同时也对学校各位领导的关心支持及为报告研究工作所创造的良好环境表示诚挚的谢意;学校学科办、科研处和财务处等职能部门对本报告的研究工作也提供了莫大的帮助,这些支持和帮助都是本报告得以顺利完成的根本保证。另外,立信会计出版社的领导及编辑为本报告的顺利出版、发行付出了大量卓有成效的劳动,他们的工作态度和敬业精神尤其值得尊敬,在此一并表示最诚挚的谢意。

本报告的出版,是我们继去年工作的进一步探索,欢迎风险管理领域的同仁批评指正,也非常希望风险管理研究领域的专家、学者们提出宝贵建议,提供无私帮助。我们希望本报告的出版,能为有志于风险管理研究和实践的同行们提供一个交流平台,也非常愿意看到我们的工作能够使得越来越多的人关注中国宏观经济运行中的风险问题,关心风险管理相关领域的学术研究工作。虽然本报告有可能在许多方面仍存瑕疵,但我们会尽力在明年的研究报告中继续改进和完善,并且,我们坚信能在中国宏观经济运行风险研究这条路上走得更远。